OLDENBOURG GRUNDRISS DER GESCHICHTE

OLDENBOURG
GRUNDRISS DER
GESCHICHTE

HERAUSGEGEBEN
VON
JOCHEN BLEICKEN
LOTHAR GALL
HERMANN JAKOBS

BAND 17

DAS DRITTE REICH

VON

KLAUS HILDEBRAND

5. Auflage

R. OLDENBOURG VERLAG
MÜNCHEN 1995

CIP-Titelaufnahme der Deutschen Bibliothek

Oldenbourg-Grundriss der Geschichte / hrsg. von
Jochen Bleicken ... – München : Oldenbourg.

NE: Bleicken, Jochen [Hrsg.]; Grundriss der Geschichte

Bd. 17. Hildebrand, Klaus: Das Dritte Reich. – 5. Aufl. – München 1995

Hildebrand, Klaus:
Das Dritte Reich / von Klaus Hildebrand. – 5. Aufl. – München :
Oldenbourg, 1995
(Oldenbourg-Grundriss der Geschichte ; Bd. 17)
ISBN 3-486-49095-8

Rosenheimer Straße 145, D-81671 München
Internet: http://www.oldenbourg.de

Umschlaggestaltung: Dieter Vollendorf
Gedruckt auf säurefreiem, alterungsbeständigem Papier (chlorfrei gebleicht).

Satz: Robert Hurler GmbH, Notzingen
Druck- und Bindearbeiten: R. Oldenbourg Graphische Betriebe GmbH, München

ISBN 3-486-**49095**-8

VORWORT DER HERAUSGEBER

Die Reihe verfolgt mehrere Ziele, unter ihnen auch solche, die von vergleichbaren Unternehmungen in Deutschland bislang nicht angestrebt wurden. Einmal will sie – und dies teilt sie mit manchen anderen Reihen – eine gut lesbare Darstellung des historischen Geschehens liefern, die, von qualifizierten Fachgelehrten geschrieben, gleichzeitig eine Summe des heutigen Forschungsstandes bietet. Die Reihe umfaßt die alte, mittlere und neuere Geschichte und behandelt durchgängig nicht nur die deutsche Geschichte, obwohl sie sinngemäß in manchem Band im Vordergrund steht, schließt vielmehr den europäischen und, in den späteren Bänden, den weltpolitischen Vergleich immer ein. In einer Reihe von Zusatzbänden wird die Geschichte einiger außereuropäischer Länder behandelt. Weitere Zusatzbände erweitern die Geschichte Europas und des Nahen Ostens um Byzanz und die Islamische Welt und die ältere Geschichte, die in der Grundreihe nur die griechisch-römische Zeit umfaßt, um den Alten Orient und die Europäische Bronzezeit. Unsere Reihe hebt sich von andern jedoch vor allem dadurch ab, daß sie in gesonderten Abschnitten, die in der Regel ein Drittel des Gesamtumfangs ausmachen, den Forschungsstand ausführlich bespricht. Die Herausgeber gingen davon aus, daß dem nacharbeitenden Historiker, insbesondere dem Studenten und Lehrer, ein Hilfsmittel fehlt, das ihn unmittelbar an die Forschungsprobleme heranführt. Diesem Mangel kann in einem zusammenfassenden Werk, das sich an einen breiten Leserkreis wendet, weder durch erläuternde Anmerkungen noch durch eine kommentierende Bibliographie abgeholfen werden, sondern nur durch eine Darstellung und Erörterung der Forschungslage. Es versteht sich, daß dabei – schon um der wünschenswerten Vertiefung willen – jeweils nur die wichtigsten Probleme vorgestellt werden können, weniger bedeutsame Fragen hintangestellt werden müssen. Schließlich erschien es den Herausgebern sinnvoll und erforderlich, dem Leser ein nicht zu knapp bemessenes Literaturverzeichnis an die Hand zu geben, durch das er, von dem Forschungsteil geleitet, tiefer in die Materie eindringen kann.

Mit ihrem Ziel, sowohl Wissen zu vermitteln als auch zu selbständigen Studien und zu eigenen Arbeiten anzuleiten, wendet sich die Reihe in erster Linie an Studenten und Lehrer der Geschichte. Die Autoren der Bände haben sich darüber hinaus bemüht, ihre Darstellung so zu gestalten, daß auch der Nichtfachmann, etwa der Germanist, Jurist oder Wirtschaftswissenschaftler, sie mit Gewinn benutzen kann.

Die Herausgeber beabsichtigen, die Reihe stets auf dem laufenden Forschungsstand zu halten und so die Brauchbarkeit als Arbeitsinstrument über eine längere Zeit zu sichern. Deshalb sollen die einzelnen Bände von ihrem Autor oder einem anderen Fachgelehrten in gewissen Abständen überarbeitet werden. Der Zeitpunkt der Überarbeitung hängt davon ab, in welchem Ausmaß sich die allgemeine Situation der Forschung gewandelt hat.

Jochen Bleicken Lothar Gall Hermann Jakobs

Für Daniel

INHALT

Vorwort IX

Vorwort zur 3., überarbeiteten und ergänzten Auflage XI

I. Darstellung 1

A. „Machtergreifung" und „Gleichschaltung" (1933–1935) 1

1. Die Errichtung der totalitären Diktatur 1
2. Die Anfangsphase der nationalsozialistischen Außenpolitik .. 15
Zusammenfassung 20

B. Die Vorbereitung des Krieges (1936–1939) 24

1. Deutsche Außenpolitik zwischen Revision und Expansion ... 24
2. Herrschaftsausbau und Rüstungswirtschaft 43
Zusammenfassung 52

C. Deutschland im Zweiten Weltkrieg (1939–1942) 55

1. Hitlers Außenpolitik und Kriegführung 55
2. Innere Entwicklung, Besatzungs- und Rassenpolitik des Dritten Reiches 70
Zusammenfassung 85

D. „Weltmacht oder Untergang" (1943–1945) 87

1. „Endsieg"-Hoffnungen im „Totalen Krieg" 87
2. Nationalsozialistischer Terror und deutscher Widerstand ... 94
Zusammenfassung 102

Schlußbetrachtung: Das Dritte Reich in der deutschen und europäischen Geschichte 106

II. Grundprobleme und Tendenzen der Forschung 115

1. Zeitgenössische Deutungen des Nationalsozialismus und des Dritten Reiches 123
2. Das Phänomen Hitler und der europäische Faschismus 135
3. Wirtschaft, NSDAP und Drittes Reich 156
4. Herrschaft und Alltag im Dritten Reich 178

5. Die Außen- und Rassenpolitik des Dritten Reiches 189
6. Der deutsche Widerstand 209
7. Das Dritte Reich im Urteil der Geschichtswissenschaft 222

III. Quellen und Literatur 235

A. Quellen 235

1. Aktenwerke 235
2. Editionen und Dokumentationen 236
3. Selbstzeugnisse, Reden und – in beschränkter Auswahl – Memoiren 238

B. Literatur 242

1. Gesamtdarstellungen und Grundsätzliches 242
2. Hitler 244
3. Nationalsozialismus, Faschismus, Totalitarismus 246
4. Innenpolitik 251
   a) Allgemeine Geschichte und grundlegende Probleme 251
   b) Geschichte der NSDAP 253
   c) Ideologie und Herrschaftssystem 255
   d) Gesellschaft 256
   e) Alltag, Regionales, Lokales 259
   f) Propaganda 261
   g) Kirchen 262
   h) Recht 264
   i) Kultur 265
5. Außenpolitik 267
   a) Allgemeine Darstellungen, Überblicke und prinzipielle Fragen 267
   b) 1933–1939 270
   c) 1939–1945 276
6. Rassenfrage 281
7. Militär (Heer, Marine, Luftwaffe) 285
8. Wirtschaft und Rüstung 287
9. Widerstand 292
10. Deutungen 297

Anhang 300

Zeittafel 300
Karte 311
Abkürzungsverzeichnis der wichtigsten Zeitschriften 312
Register 313

VORWORT

Die Geschichte des Dritten Reiches auf denkbar knappstem Raum darzustellen, birgt zweifellos ein Wagnis. Die Schwierigkeit des Gegenstandes und die Vielfalt seiner Probleme, von einer überaus produktiven Forschung erörtert und abgehandelt, machen die gebotene Beschränkung nicht leicht. Das Unternehmen erfordert also Auswahl, die zu einem nicht geringen Teil persönlich begründet ist, im Prinzip aber durch den Rahmen begrenzt wird, den die Diskussion der internationalen Geschichtswissenschaft steckt. Mithin werden in erster Linie jene Sachverhalte und Probleme der Geschichte des Dritten Reiches Beachtung finden, die vor dem Hintergrund einer gut dreißigjährigen Forschungstradition als maßgeblich gelten.

In diesem Sinne werden die Probleme der *politischen* Geschichte der nationalsozialistischen Zeit im Mittelpunkt der Darstellung stehen. Selbstverständlich berücksichtigt sie dabei auch die wirtschaftliche und soziale Dimension, so weit sie zu ihrem Verständnis notwendig ist. Je nach den spezifischen Bedingungen des historischen Verlaufs rücken zum einen eher die innenpolitischen und zum anderen stärker die außenpolitischen Vorgänge in den Mittelpunkt der Betrachtung. Daß beide aber in einem sich gegenseitig bedingenden Wechselverhältnis zueinander stehen und als die beiden aufeinander bezogenen Seiten der Geschichte des Dritten Reiches anzusehen sind, beschreibt den Ausgangspunkt unseres Vorhabens, Entstehung, Entwicklung und Ende der totalitären Diktatur Hitlers möglichst umfassend darzustellen.

Wenn davon die Rede war, daß es nicht einfach sein würde, eine angemessene Auswahl der zu behandelnden Gegenstände zu treffen, so sei darüber hinaus auf eine gewiß noch größere Schwierigkeit des Buches zumindest kursorisch verwiesen. Sie liegt darin, daß die auf die Benutzung der Verstehenskategorie angewiesene Geschichtswissenschaft in der Begegnung mit dem Ungeheuerlichen des Dritten Reiches an ihre methodischen Grenzen stößt. Denn es fällt ihr schwer, der nationalsozialistischen Herrschaft gegenüber jene Objektivität zu entwickeln, die nach der klassischen Lehre der deutschen Geschichtswissenschaft ihre unabdingbare Voraussetzung in der Sympathie findet. Daher wurden in der Historiographie für lange Zeit vornehmlich zwei Wege beschritten, um sich dem „widrigen Gegenstand" (G. Mann) zu nähern bzw. um ihn zu meiden. Zum einen dominierte eine „verurteilende" Sicht der Dinge, die zu einer negativen Dämonisierung jenes Zeitraums deutscher Geschichte beitrug. Gewiß erfüllte sie ein individuell oftmals verständliches und allgemein wohl auch notwendiges Bedürfnis der Nachkriegszeit. Mögen ihre politischen Funktionen daher zweifellos Gewicht haben, in wissenschaftlicher Hinsicht kann sie uns heute insgesamt doch nicht mehr befriedigen. Zum anderen folgten viele Zeitgenossen und Historiker dem Beispiel

Benedetto Croces, der 1950 sinngemäß äußerte, er werde niemals die Geschichte des italienischen Faschismus schreiben, da er ihn zu sehr hasse, um die nötige Objektivität aufbringen zu können. Auch diese durchaus zu respektierende Tendenz, vor dem Schrecken des Dritten Reiches in ruhigere Gefilde der Geschichte zu flüchten, neigt sich schon seit einiger Zeit, wohl auch durch den Generationenwechsel bedingt, dem Ende zu. Heute geht es unter wissenschaftlichem und politischem Gesichtspunkt nicht mehr darum, über Moral und Unmoral des Dritten Reiches zu streiten – diese Frage ist entschieden! Unsere Aufgabe ist es vielmehr, auch die Geschichte des nationalsozialistischen Deutschland mit Hilfe der Methoden der gegenwärtigen Geschichtswissenschaft so weit wie eben möglich darzustellen – nicht um zu moralisieren, sondern um auch diese Zeit historisch, d. h. in ihren geschichtlichen Wurzeln und epochalen Bezügen zu verstehen und von da her über sie zu urteilen. In diesem Sinne wird selbst Hitlers Diktatur erst einmal „an ihrem eigenen Wesen und [am] Ideal ihrer selbst" zu messen sein, um sodann freilich „diesen fremden Geist mit dem des eigenen Zusammenhangs zu vergleichen" (E. Troeltsch). Denn die einzige Art, dem Abgrund zu entgehen, so hat Cesare Pavese einmal geäußert, sei die, ihn zu betrachten, zu messen, auszuloten und hinabzusteigen.

Bei der Aufgabe, diese Geschichte des Dritten Reiches zu verfassen, hat mir besonders Professor Dr. Andreas Hillgruber (Köln) mit Rat und Kritik geholfen. Ihm gilt mein herzlicher Dank, in den ich auch Dr. Jost Dülffer (Köln), Stefan Martens (Münster i. W.), Dr. Wolfgang Michalka (Frankfurt am Main) und Dr. Gregor Schöllgen (Münster i. W.) einschließen darf. Sie scheuten nicht die Mühe, mein Manuskript zu lesen und sachkundig zu kommentieren. Dem Mitherausgeber der Reihe, in der dieses Buch erscheint, Professor Dr. Lothar Gall (Frankfurt am Main), möchte ich dafür danken, daß er die Darstellung angeregt und ihren ersten Entwurf einer eingehenden Durchsicht unterzogen hat.

Zum Schluß möchte ich nicht versäumen, Frau M. Hopmann, die das Manuskript rasch und zuverlässig in eine lesbare Form übertrug, herzlich zu danken.

Münster i. W., im Juni 1978 K. H.

VORWORT
zur 3., überarbeiteten und ergänzten Auflage

Die hiermit vorgelegte 3., überarbeitete und ergänzte Auflage ist darum bemüht, die während der Jahre von 1978 bis 1986 mächtig vorangeschrittene Entwicklung der Forschung über die Geschichte des Dritten Reiches angemessen zu spiegeln, das heißt: Sie möchte die vorwaltenden Tendenzen ebenso wie bemerkenswerte Einzelheiten des Untersuchungsgegenstandes sichtbar machen, die in den zurückliegenden acht Jahren maßgeblich hervorgetreten sind. In diesem Sinne eine Bilanz der wissenschaftlichen Arbeit zu ziehen, schlägt sich in der neu präsentierten Fassung des Buches in zweierlei Hinsicht nieder:

Zum einen ist die „Darstellung", in freilich begrenztem Ausmaß, ergänzt und präzisiert, korrigiert und revidiert worden, soweit die Resultate der Geschichtsschreibung bereits als gesichert gelten dürfen oder sich in Zusammenhängen verdichtet haben, die eine Anpassung des ursprünglich vorgelegten Textes an eine inzwischen gewandelte Sachlage erforderlich machen.

Zum anderen ist der Abschnitt „Grundprobleme und Tendenzen der Forschung" (und damit eng zusammenhängend derjenige über „Quellen und Literatur") in ganz erheblichem Umfang, der teilweise einer Neufassung der Studie gleichkommt, überarbeitet worden, da es der Sinn dieses zweiten Teils der Monographie ist, den Stand der wissenschaftlichen Beschäftigung mit dem Dritten Reich möglichst umfassend und aktuell vorzustellen.

Die Tatsache, daß das Pendel der Diskussion in vielen Bereichen der Forschung noch heftig ausschlägt und daß neu bestellte Felder, beispielsweise der Alltags-, Regional- und Lokalgeschichte des Dritten Reiches, durchaus schon ihre Früchte tragen, über deren Gehalt jedoch noch kein gültiges Urteil möglich ist, bringt es mit sich, daß die erheblichen Überarbeitungen im Hinblick auf die „Grundprobleme und Tendenzen der Forschung" nicht notwendig eine grundlegende Veränderung der „Darstellung" nach sich ziehen. Thesen müssen eben zuerst der Prüfung durch die kritische und kontroverse Erörterung im Rahmen der internationalen Geschichtswissenschaft standhalten, ehe sie als Erträge eine so allgemeine Anerkennung erfahren, daß sie bis dahin gültige Tatbestände und Deutungen ablösen können oder ersetzen müssen.

In solcher Perspektive gehört das von Martin Broszat vorgetragene „Plädoyer für eine Historisierung des Nationalsozialismus" gewiß zu den nicht unumstrittenen und im folgenden intensiv erörterten Anstößen, die der Forschung, ohne darüber Grenzen und Risiken einer solchen Betrachtungsweise zu verkennen, neue Perspektiven und weitreichende Impulse zu verleihen vermögen bzw. schon verliehen haben. Sie sind dazu geeignet, selbst einem sich gegenüber diesem Vorgang immer wieder sperrenden Untersuchungsgegenstand wie dem

Dritten Reich seine spezifische Historizität zu verleihen: also seinen Ausnahmecharakter im Rahmen der deutschen, europäischen und globalen Entwicklung ebenso zu betonen, wie seine Zugehörigkeit zu diesen Zusammenhängen der Geschichte zu erkennen; sein verbrecherisches Telos zu konstatieren und seine normalen Züge nicht zu übersehen; Hitlers Diktatur somit jenseits von Dämonisierung und Trivialisierung als ein Objekt der Wissenschaft zu betrachten, das innerhalb der Menschheitsgeschichte ebenso existiert hat, wie es danach strebte, eben diese Bedingungen historischer Existenz in einer biologischen Utopie außer Kraft zu setzen und zu überwinden.

Eine so verstandene Historisierung der Hitler-Zeit, die sich aus ganz unterschiedlichen Motiven und mit ebenso unterschiedlichen Zielen im Hinblick auf die Geschichte des Nationalsozialismus vollzieht, sei es, daß sie bewußt intendiert wird, sei es, daß sie sich im Zuge differenzierter bzw. erweiterter Forschungsanstrengungen als Ergebnis gleichsam einstellt, redet keineswegs einer Verharmlosung der nationalsozialistischen Vergangenheit das Wort, vermag aber zu ihrem geschichtlichen Verständnis und zu historischen Einsichten über ihr Wesen und ihre Erscheinung beizutragen. Denn selbst das Dritte Reich und der Totalitarismus des 20. Jahrhunderts, die die scheinbare Absurdität menschlicher Existenz so grausam versinnbildlichen, brauchen nicht als Schicksal blind hingenommen zu werden. Davon befreit nicht zuletzt die erkennende und darstellende „Sisyphusarbeit" des Historikers, dessen Suche nach Wahrhaftigkeit die Herrschaft des Schreckens bekämpft, dessen Bewußtsein von der Vorläufigkeit und Unfreiheit des Menschen die Voraussetzung seiner Transzendenz und Freiheit bildet und dessen wissenschaftliches Handeln, auch noch in der Gewißheit des Scheiterns, individuellen und allgemeinen Sinn stiftet – zumal wir uns heute, anders als in der Antike, „Sisyphus als einen glücklichen Menschen vorstellen" (A. Camus) können. Doch erfolgreiche Therapie setzt erst einmal die umfassende Diagnose voraus, die diese neue Ausgabe der Geschichte des Dritten Reiches zu liefern versucht.

Bei der Aufgabe, eine 3., überarbeitete und ergänzte Auflage zu verfassen, hat mir Professor Dr. Andreas Hillgruber (Köln) wieder einmal mit Rat und Kritik geholfen. Ihm gilt mein herzlicher Dank, in den ich auch den verantwortlichen Mitherausgeber der Reihe, in der dieses Buch erscheint, Professor Dr. Lothar Gall (Frankfurt am Main), einbeziehen darf, der meine Überarbeitungen und Ergänzungen einer eingehenden Durchsicht unterzog.

Nicht versäumen möchte ich, Herrn Rainer Lahme (Bonn), vor allem aber Herrn Christoph Studt M. A. (Bonn), die mir bei der oftmals schwierigen Materialbeschaffung umsichtig geholfen und die die Transkription meiner handschriftlichen Fassung in einen für die Drucklegung lesbaren Text übernommen haben, herzlich zu danken.

Bonn, im September 1986 K. H.

I. Darstellung

A. „MACHTERGREIFUNG“ UND „GLEICHSCHALTUNG“ (1933–1935)

1. Die Errichtung der totalitären Diktatur

Als Hitler am 30. Januar 1933 vom Reichspräsidenten von Hindenburg zum Kanzler ernannt wurde, trat er an die Spitze einer Koalitionsregierung der sogenannten „nationalen Konzentration“. In ihr besaßen die konservativen Vertreter scheinbar eindeutig das Übergewicht. Denn vorerst bekleideten neben Hitler nur zwei weitere Nationalsozialisten Regierungsämter. Das Innenministerium übernahm Wilhelm Frick, und Hermann Göring wurde zunächst Minister ohne Portefeuille, vom 28. April an Minister für Luftfahrt, stand gleichzeitig in kommissarischer Funktion dem preußischen Innenministerium vor und wurde am 10. April Ministerpräsident dieses größten Landes im Reich. Selbst als am 13. März Joseph Goebbels an die Spitze des neugeschaffenen „Ministeriums für Volksaufklärung und Propaganda“ trat und die nationalsozialistische Fraktion im Kabinett verstärkte, verschoben sich – rein äußerlich gesehen – die Gewichte kaum. Denn neben den scheinbar starken Männern der Regierung, dem Wirtschafts- und Landwirtschaftsminister Hugenberg, und dem Vizekanzler und Reichskommissar für Preußen, von Papen, standen mit Außenminister von Neurath, Finanzminister Graf Schwerin von Krosigk, Justizminister Gürtner und Post- und Verkehrsminister Frhr. von Eltz-Rübenach vier Mitglieder des Papenschen „Kabinetts der Barone“ bereit, die zusammen mit dem Reichswehrminister von Blomberg und dem mit dem Amt des Arbeitsministers betrauten Stahlhelm-Führer Seldte Gewähr dafür bieten sollten, die Nationalsozialisten in der Regierung einzurahmen und im konservativen Sinne zu kontrollieren. Das Zähmungskonzept von Papens schien aufzugehen. „Wir haben ihn uns engagiert“, – mit diesen Worten gab er seiner Einschätzung der Lage Ausdruck und wies von konservativer Seite aus vorgebrachte Bedenken gegenüber Hitler und dem Nationalsozialismus selbstsicher und für die meisten in- und ausländischen Beobachter durchaus glaubhaft zurück: „In zwei Monaten haben wir Hitler in die Ecke gedrückt, daß er quietscht“.

Regierung der „nationalen Konzentration“

Zähmungskonzept von Papens

Demgegenüber hatte der nationalsozialistische Parteiführer schon am Tage der

„Machtergreifung“, unmittelbar vor der Vereidigung der Regierung durch Hindenburg, einen ganz entscheidenden Sieg über seine konservativen Minister und insbesondere über Hugenberg, den Führer der Deutschnationalen Volkspartei, errungen. Bereits jetzt vermochte er zu demonstrieren, daß er keineswegs eine Marionette der Gewaltigen aus Reichswehr und Großagrariertum, Bürokratie und Wirtschaft war. Entgegen einer Vereinbarung zwischen der DNVP und der NSDAP in den Koalitionsverhandlungen erhob Hitler nunmehr die Forderung, nach der Bestellung der neuen Regierung den im November 1932 gewählten Reichstag aufzulösen und Neuwahlen auszuschreiben. Mit Recht fürchtete Hugenberg, daß solche Neuwahlen nicht eben zugunsten seiner Partei ausgehen würden. Hinzu kam, daß er grundsätzlich weiteren Wahlen ablehnend gegenüberstand, vielmehr für einen Ausbau der präsidialen Gewalt eintrat. Zudem lag angesichts der Tatsache, daß NSDAP und DNVP seit den letzten Reichstagswahlen zusammen über 42 Prozent der Stimmen verfügten und das Zentrum der Regierung seine tolerierende bzw. aktive Mitarbeit in Aussicht stellte, kein zwingender Grund für Neuwahlen vor. Hitler forderte sie jedoch in der Hoffnung, im Besitz der Regierungsgewalt die Mehrheit zu gewinnen. Er setzte sich schließlich gegen Hugenberg durch, da ansonsten die Regierungsbildung gefährdet erschien und man den für die Zeremonie der Amtsübergabe bereit stehenden greisen von Hindenburg nicht länger warten lassen wollte.

Reichtags-auflösung

Am 1. Februar 1933, zwei Tage nach Hitlers Ernennung zum Kanzler, wurde der Reichstag aufgelöst. In dem bis zur Neuwahl am 5. März 1933 andauernden Wahlkampf richtete sich der nunmehr staatlich gedeckte Terror der Nationalsozialisten offen gegen alle politischen Gegner, in erster Linie gegen Kommunisten und Sozialdemokraten. Entscheidend für die jetzt einsetzende und sich stufenweise vollziehende Eroberung der Macht, bei der terroristische und legale Maßnahmen oft nur schwer unterscheidbar ineinander übergingen, war die Tatsache, daß dem totalitären Rezept des modernen Staatsstreiches gemäß die Nationalsozialisten im Reich und in Preußen das Innenministerium besaßen und damit über die Polizeigewalt verfügten. Ja, an der Spitze des preußischen Polizeiapparates stehend, ließ Göring sogar eine Hilfspolizei von 50000 Mann aufstellen, unter denen sich 40000 SA- und SS-Leute befanden. Die Schlägerbanden der nationalsozialistischen „Bewegung“ erhielten damit polizeiliche Befugnisse. Am 17. Februar 1933 forderte Göring dann in dem „berüchtigten Schießbefehl“ an die preußische Polizei die Beamten „zum fleißigen Gebrauch der Schußwaffe“ (121: W. HOFER) auf.

National-sozialistischer Terror

Schon in den ersten Februartagen des Jahres 1933 begannen die neuen Machthaber anhand von Notverordnungen, die noch auf den Artikel 48 der Weimarer Verfassung gegründet waren, damit, die Tätigkeit der anderen Parteien zu behindern, die Pressefreiheit einzuschränken und sich den Beamtenapparat durch „Säuberungen“ verfügbar zu machen. Der Prozeß der Unterwerfung und Umgestaltung der bestehenden Bürokratien, der einerseits durch äußere Eingriffe der Partei und andererseits durch innere, politisch bedingte Anpassung der Beamten bewirkt wurde, mündete in das „Gesetz zur Wiederherstellung des Berufsbeamtentums" vom 7. April 1933 ein. Es gab der Partei und dem Staat die vollkommene Macht über mißliebige Beamte, da nunmehr jeder vergleichsweise willkürlich entlassen werden konnte, dessen berufliche Eignung angezweifelt wurde, der „nicht arischer Abstammung" war und der aufgrund seiner bisherigen Vergangenheit Anlaß zu Bedenken darüber gab, ob er „jederzeit rückhaltslos für den nationalen Staat" eintreten werde.

Gesetz zur „Wiederherstellung des Berufsbeamtentums"

Den wohl entscheidenden Schritt auf den Stufen zur nahezu uneingeschränkten Macht nahm Hitler jedoch nach dem Reichstagsbrand vom 27. Februar 1933. In diesem Zusammenhang ist nicht in erster Linie die umstrittene Frage nach der Täterschaft wesentlich [vgl. II. S. 179, und III, Nr. 338, 339, 349, 357 und 325]. Ausschlaggebend war vielmehr, wie dieses Ereignis von den Nationalsozialisten genutzt wurde, um die Macht zu erobern und zu festigen. Die einen Tag nach dem Reichstagsbrand, der die Bevölkerung zutiefst erschüttert hatte, von Reichspräsident von Hindenburg auf Kabinettsbeschluß hin erlassene „Verordnung zum Schutz von Volk und Staat" setzte praktisch die politischen Grundrechte der Weimarer Verfassung außer Kraft, die ja während der zwölfjährigen Dauer des Dritten Reiches formell weiterexistierte. Im Prinzip war damit der permanente Ausnahmezustand erklärt, und die Verfolgung sowie Terrorisierung politischer Gegner durch die Regierung erhielten damit den Schein des Legalen.

Reichstagsbrand und „Brandverordnung"

In diesem Klima der gesetzmäßigen Rechtsunsicherheit und des offenen Terrors, der sich erst einmal vornehmlich gegen die KPD richtete, aber auch bereits gegen die SPD und – freilich nicht mit der gleichen Schärfe – gegen das Zentrum zielte, fanden die letzten „halbfreien" Wahlen in Deutschland statt. An ihnen konnten die beiden Parteien der politischen Linken, KPD und SPD, allerdings schon nicht mehr regulär teilnehmen. Selbst in diesen im Vergleich mit der Praxis der parlamentarischen Demokratien Europas illegalen Wahlen gewann die NSDAP nur 43,9 Prozent der abgegebenen Stimmen. Sie ist also niemals von der Mehrheit des deutschen Volkes gewählt worden. Denn die Plebiszite während des Dritten Reiches, die dem „Führer" regelmäßig mit über 90prozentiger Zustimmung akklamierten, fanden unter den spezifischen politischen und psychologischen Bedingungen einer weit vorangeschrittenen bzw. etablierten totalitären Diktatur statt, in der solche Ergebnisse „normal" sind.

Märzwahlen 1933

Durch die Neuwahlen vom 5. März 1933 hatte die Koalitionsregierung von NSDAP und DNVP 51,9 Prozent der Stimmen erhalten. Demgemäß hätte sie im Sinne verfassungsmäßiger Zustände unter der Aufsicht des Reichstages regieren können. Doch über das am 21. März 1933 von dem Reichspräsidenten von Hindenburg erlassene, die „Brandverordnung" vom 28. Februar 1933 ergänzende „Heimtückegesetz" („zur Abwehr heimtückischer Angriffe gegen die Regierung der nationalen Erhebung") hinaus strebte Hitler mit Hilfe des nun vorgelegten „Ermächtigungsgesetzes" danach, das Parlament und die verfassungsmäßigen Kontrollorgane endgültig auszuschalten. Denn das dem Reichstag am 23. März 1933 vorgelegte Gesetz, das der Zustimmung einer Zweidrittelmehrheit der Par-

„Ermächtigungsgesetz"

lamentarier bedurfte, sah vor, der Regierung vier Jahre lang das Recht einzuräumen, Gesetze ohne die Mitwirkung des Reichstages und des Reichsrates zu erlassen. Die Parteien von der DNVP über das Zentrum bis hin zu den bürgerlichen Mittelparteien standen mithin vor der Frage, ob sie ihrer Selbstentmachtung zustimmen sollten. Trotz vielfältiger Bedenken willigten sie letztlich in den als unvermeidlich empfundenen Gang der Dinge ein. Dabei leitete sie die Überlegung, daß man nicht durch Ablehnung und Verweigerung, sondern nur durch Zustimmung und Mitarbeit Einfluß auf die Regierung nehmen und Schlimmeres verhüten könne. Auf diese Weise hofften sie, die Regierung auf die Legalität zu verpflichten, auf die Durchführung des „Ermächtigungsgesetzes" einzuwirken, durch Anpassung den eigenen Parteiapparat zu retten und persönliche Schäden von Parteiführern, -funktionären und -mitgliedern abzuwenden. Im Grunde entsprangen diese Erwartungen einem an den Kategorien des Rechtsstaates orientierten Denken, das die autoritären Kabinette Brüning, von Papen und von Schleicher prinzipiell nicht verletzt hatten und das sich von der Praxis der nationalsozialistischen Diktatur qualitativ wesentlich abhob. Daß es gegenüber einem totalitären Regime keine Mitgestaltung, sondern lediglich Unterwerfung oder Widerstand geben kann, vermochten sie aufgrund fehlender Erfahrung nicht zu wissen. Allein die SPD unter ihrem Parteivorsitzenden Otto Wels stimmte mutig gegen das „Ermächtigungsgesetz", das den Reichstag schließlich mit der nötigen Zweidrittelmehrheit passierte.

Das „Nein" der Sozialdemokraten bestätigte dem bürgerlichen und konservativen Deutschland wiederum, daß man nach wie vor auf der richtigen Seite der Front aller „nichtmarxistischen" Kräfte unter Führung der NSDAP stehe. Der Gegner befand sich offensichtlich auf der politischen Linken, zumal am 21. März 1933, zwei Tage vor der Abstimmung über das „Ermächtigungsgesetz", dieser Eindruck durch eine große Demonstration der Einheit zwischen Hitlers neuem Deutschland und der althergebrachten Tradition Preußens bestätigt worden war. Während eines feierlich inszenierten Festaktes in der Potsdamer Garnisonskirche hatte dabei der nationalsozialistische Reichskanzler Adolf Hitler dem greisen Generalfeldmarschall und Reichspräsidenten von Hindenburg, einer Symbolfigur für die Mehrheit der Deutschen, die Reverenz erwiesen. Die Versöhnung des alten Preußen mit der jungen „Bewegung" schien vollzogen zu sein, das konservative und bürgerliche Deutschland vereinigte sich mit der Partei des Reichskanzlers und ahnte nicht, daß alles von Goebbels bewußt als „Rührkomödie" geplant und organisiert worden war, um die konservativen Partner Hitlers in Sicherheit zu wiegen und die Seriosität des „Führers" zu unterstreichen.

Festakt in der Potsdamer Garnisonskirche

Anfänge des „Doppelstaates"

Dabei war Hitler schon längst nicht mehr das Roß, das die konservativen Herrenreiter gehorsam und rasch an das von ihnen bestimmte Ziel trug. Inzwischen waren die Rollen bereits vertauscht, ohne daß dies im sich etablierenden „Doppelstaat" [276: E. FRAENKEL] so ohne weiteres erkennbar geworden wäre. Denn für die Mehrheit der Bürger ging das Leben normal weiter und lief nicht selten ungehinderter ab als in den stürmischen Zeiten am Ende der Republik. Freilich war der

Preis für Ruhe und Ordnung unverhältnismäßig hoch, da im politischen Bereich der Terror an die Stelle des Rechts getreten war. Die NSDAP begann ihrerseits damit, die Gesellschaft mit einem Netz von Parteigliederungen und -verbänden zu überziehen, die vorerst noch zu bestehenden Einrichtungen in Konkurrenz traten, sich dann aber mehr und mehr durchsetzten und vorhandene Organisationen aufsaugten bzw. verdrängten. Als SA und SS, als HJ und NS-Frauenschaft, als NS-Deutscher Studentenbund und NS-Deutscher Dozentenbund, als NS-Deutscher Ärztebund und NS-Lehrerbund, als Reichsbund der Deutschen Beamten und als NS-Bund Deutscher Technik etc. dienten sie der totalen Organisation und Kontrolle der deutschen Bevölkerung durch die Partei. Dies alles vermittelte den Eindruck der so lange vermißten Ordnung, es vollzog sich im Gleichschritt auf einer Einbahnstraße in die Diktatur, es vermied die Unbequemlichkeiten und Unübersichtlichkeiten parlamentarischer Prozedur und war nicht zuletzt deshalb einem großen Teil der Deutschen vertraut und nicht unwillkommen.

„Judenboykott“

Auch der „Judenboykott“ vom 1. April 1933, der sich unter anderem gegen jüdische Geschäfte richtete, konnte an jene Aversionen appellieren, die auch in anderen europäischen Ländern seit langem als „Normalantisemitismus“ vorhanden und aktivierbar waren. Nachdem die NSDAP sich in ihrer Propaganda während der letzten Jahre der Weimarer Republik mit antisemitischer Agitation eher zurückgehalten hatte und den Kampf gegen den Kommunismus als für die konservative Seite überzeugendere Parole betont hatte, brach nunmehr die antisemitische Komponente der Weltanschauung Hitlers und des nationalsozialistischen Staates hervor. Während die rassische Hetze in ihrer Funktion als „Sündenbockantisemitismus“ dazu geeignet war, beispielsweise integrierend auf die unzufrieden und unruhig ihre Bestimmung in Hitlers Staat suchende SA zu wirken, verwies sie darüber hinaus bereits auf das Bewegungsgesetz des nationalsozialistischen Regimes und auf die radikale Zielsetzung seines „Führers“. Gleich nach der „Machtergreifung“ wurden die eugenischen Maßnahmen der Nationalsozialisten eingeleitet. Sie sahen durch das am 1. Januar 1934 in Kraft tretende Gesetz „zur Verhütung erbkranken Nachwuchses“ vom 14. Juli 1933 für Personen, die an Erbkrankheiten wie Schizophrenie, zirkulärem Irresein, Epilepsie, Veitstanz, erblicher Blindheit oder Taubheit, schweren erblichen Mißbildungen sowie schwerem Alkoholismus litten, die Zwangssterilisation vor, über die von den am 25. Juli 1933 neu eingerichteten „Erbgesundheitsgerichten“ zu entscheiden war. Zusammen mit den „Nürnberger Gesetzen“ vom 15. September 1935, die mit dem „Reichsbürgergesetz“ und dem „Gesetz zum Schutz des deutschen Blutes und der deutschen Ehre“ die jüdische Bevölkerung u. a. als bloße „Staatsangehörige“ zu Bürgern minderen Rechts herabwürdigten und sie insgesamt diskriminierten bzw. entrechteten, wird damit schon vergleichsweise früh die nationalsozialistische Rassenpolitik Hitlers sichtbar. Mit ihren Forderungen nach Vernichtung sog. „unwerten Lebens“ und der Züchtung einer überlegenen biologischen Rasse beschrieb sie den historischen Auftrag und das ideologische Ziel, kurzum: die negative Raison des Dritten Reiches. Das Vorgehen der Nationalsozialisten gegen die

Gesetz „zur Verhütung erbkranken Nachwuchses“

„Nürnberger Gesetze“

Juden stieß in der Bevölkerung zwar einerseits auf Bedenken, andererseits aber war Antisemitismus bis zu einem gewissen Maße populär.

„Verbrennung undeutschen Schrifttums

Auch die nun einsetzende Emigration aus Deutschland und die Hetze gegen dem Regime mißliebige Intellektuelle, Schriftsteller und Wissenschaftler, die in der von Goebbels organisierten öffentlichen „Verbrennung undeutschen Schrifttums" durch die nationalsozialistische Studentenführung auf dem Berliner Opernplatz am 10. Mai 1933 einen ersten Höhepunkt fand, wurden von der Bevölkerung hingenommen und dabei kaum als der Verlust im geistigen Leben der Nation erkannt, als der er sich rückblickend herausstellte. Das kulturelle Leben wurde vom September 1933 an über die am 22.9.1933 neugeschaffene Reichskulturkammer weitgehend von Goebbels im Dienste des nationalsozialistischen Staates gesteuert.

„Gleichschaltung" der Länder

Bedenken gegenüber dem sich immer deutlicher dokumentierenden Monopolanspruch der neuen Machthaber entstanden auch auf konservativer Seite, als auf einer nächsten Stufe der „Machtergreifung" zwischen dem 31. März und dem 7. April 1933 die „Gleichschaltung" der Länder betrieben wurde. Appelle an vorhandene Ressentiments gegenüber dem Partikularismus begleiteten das Vorhaben der Nationalsozialisten, das als Vorgang der Vereinheitlichung des Reiches propagiert wurde. Daß an die Stelle der Eigenständigkeit der Länder längst schon der Partikularismus wild wuchernder Ressorts im dualistischen System von Staat und Partei getreten war, spielte in diesem Zusammenhang keine Rolle. Er gehörte ebenso wie eine „eigentümlich anmutende Strukturlosigkeit des nationalsozialistischen Herrschaftssystems" [121: W. HOFER] als Kennzeichen zur Diktatur Hitlers. Gerade das Kompetenzenchaos der mannigfachen und einander befehdenden Institutionen erforderte und ermöglichte die jeweils notwendige Führerentscheidung und ist somit in gewisser Hinsicht als Basis der Macht Hitlers einzuschätzen. Die Länder, auf deren Seite nicht zuletzt der bayerische Ministerpräsident Held bis zum Sturz seiner Regierung am 9. März 1933 dem Nationalsozialismus entschieden Paroli zu bieten versucht hatte, leisteten auch jetzt Widerstand gegen das „Gesetz zur Gleichschaltung der Länder mit dem Reich" vom 31. März 1933. Letztlich blieb er jedoch deshalb erfolglos, weil die Länder bereits vorher während des soeben vorübergegangenen Wahlkampfes durch den nationalsozialistischen Zugriff auf ihre jeweilige Polizeigewalt einen wesentlichen Teil ihrer Selbständigkeit eingebüßt hatten. Die „Gleichschaltung" erstreckte sich bald auch, wie die Gemeindeordnung vom 30. Januar 1935 zeigte, auf die kommunale Ebene, fand in der Einsetzung der Reichsstatthalter durch das Gesetz vom 7. April 1933 ihren Ausdruck und wurde durch das „Gesetz über den Neuaufbau des Reiches" vom 30. Januar 1934 sowie die Aufhebung des Reichsrats vom 14. Februar 1934 schließlich vollendet.

„Gleichschaltung" der Gewerkschaften

Mochte die „Gleichschaltung" der Länder auch in manchen Kreisen der konservativen Partner Hitlers Ernüchterung bewirkt haben, so fanden die am 2. Mai gegen die Gewerkschaften durchgeführten Aktionen der Nationalsozialisten, die einen weiteren entscheidenden Schritt zur Errichtung der totalitären Diktatur markierten, in den traditionellen Führungsschichten und im Bürgertum Zustimmung. Offensichtlich hatte die NSDAP die Macht der Gewerkschaften gefürchtet, deren Einfluß sie auch bei den im März 1933 stattfindenden Betriebsratswahlen nicht brechen konnte. Daher vermied sie die offene Konfrontation mit dem ADGB und der Arbeiterschaft und wählte vorerst eine doppelte Strategie, in der freundschaftliche Gesten der Verfolgung und Gewalt vorausgingen. In diesem Sinne wurde der 1. Mai zum „Feiertag der nationalen Arbeit" erklärt und im Zusammenwirken mit den Gewerkschaften in riesigen Massenveranstaltungen begangen. Wie es vorher schon die Parteien versucht hatten, so war jetzt auch der ADGB unter seinem Vorsitzenden Leipart weiterhin darum bemüht, trotz Übergriffen der SA gegen die Gewerkschaften durch Anpassung zu überleben und vor allem das Organisationsgefüge der Gewerkschaften zu retten. In diesem Sinne versicherte der Vorstand der Freien Gewerkschaften, sich aus politischen Fragen völlig heraushalten und sich, „gleichviel welcher Art das Staatsregime ist", allein auf den sozialen Bereich beschränken zu wollen. Geleitet wurden die Gewerkschaftsführer dabei von der Hoffnung, die Nationalsozialisten würden eine Einheitsgewerkschaft zulassen. Diese Erwartung schien am 1. Mai tatsächlich noch Aussicht auf Erfolg zu haben und erwies sich doch schon einen Tag darauf als Illusion. Auf die Feiern des 1. Mai folgte nämlich einem geheimen und festliegenden Plan zufolge am 2. Mai die gewaltsame Besetzung der Gewerkschaftshäuser und die Verhaftung führender Gewerkschaftsvertreter. Überführt wurden die Gewerkschaften nunmehr jedoch nicht in die bestehende und entsprechende Organisation der NSDAP, die „Nationalsozialistische Betriebszellenorganisation", sondern in die „Deutsche Arbeitsfront" (DAF), die am 10. Mai gegründet wurde und an deren Spitze der Stabsleiter der Politischen Organisation der NSDAP, Robert Ley, trat. Die DAF war (nach ihrer Umorganisation im November 1933) eine – zwar nicht gesetzlich verordnete, aber praktisch existierende – Zwangsvereinigung, in der Unternehmer, Angestellte und Arbeiter, kurzum: alle „im Arbeitsleben stehenden Menschen ohne Unterschied ihrer wirtschaftlichen und sozialen Stellung" (Aufruf vom 27. 11. 1933) zusammengefaßt waren. Mit der Zerschlagung der Gewerkschaften wurde auch die Tarifhoheit der Sozialpartner beseitigt. Sie fiel zukünftig der mit dem Gesetz vom 19. Mai 1933 neu geschaffenen Institution des staatlichen „Treuhänders der Arbeit" zu.

„Deutsche Arbeitsfront"

Diese Entwicklung zeigt beispielhaft, daß das Dritte Reich trotz seiner unternehmerfreundlichen Politik nicht allein und auch nicht in erster Linie als ein Instrument der Gegenrevolution zu begreifen ist. Zum einen sind gerade im Bereich der Arbeits- und Sozialpolitik gewisse Standesunterschiede einebnende und sozial egalisierend wirkende Züge nicht zu übersehen, die ihm politische Qualität sui generis verliehen und die es nicht primär als arbeitgeberfreundlich oder arbeitnehmerfeindlich erscheinen lassen. Zum anderen begannen Staat und Partei bereits 1933 damit, ihre Macht auch in den Betrieben den Unternehmern gegenüber darzustellen. Denn trotz aller Begünstigungen der Arbeitgeber in Lohnfragen durch das neue Regime war unübersehbar, daß mit der Einrichtung des staatlichen

Egalisierende Tendenzen

„Treuhänders der Arbeit", durch die Gewährung von Kündigungsschutz und von bezahltem Urlaub für die Arbeitnehmer und durch die Verpflichtung der Betriebe zu verbesserten sozialen Leistungen der traditionelle „Herr im Haus"-Standpunkt der Unternehmer teilweise entscheidender eingeschränkt wurde als durch die Tätigkeit der Gewerkschaften in den Jahren der Weimarer Republik. Zudem führte die am 27. November 1933 gegründete Freizeitorganisation „Kraft durch Freude" (KdF) der „Deutschen Arbeitsfront" sozial fortschrittlich empfundene Neuerungen beispielsweise in bezug auf die Freizeit- und Urlaubsgestaltung breiterer Schichten (bis hin zur KdF-Sparaktion für den Volkswagen) ein, die dazu geeignet waren, die Bevölkerung auf das Regime zu verpflichten. In gesellschaftlicher Hinsicht wirkten sie dazu in gewissem Maße egalisierend und beabsichtigten wie der am 26. Juni 1935 eingerichtete, für alle Jugendlichen verpflichtende „Reichsarbeitsdienst" Standesunterschiede in der „Volksgemeinschaft" des Dritten Reiches zu überwinden. Diese sozialen Umgestaltungen zeitigten über den politischen Bereich hinaus wirtschaftliche und gesellschaftliche Wirkungen, deren modernisierende Effekte teilweise erst später erkennbar wurden, wenn sie auch ohne Zweifel insgesamt dazu dienten, das Volk in allen seinen Schichten zu beherrschen und auf die Ziele der Kriegs-, Expansions- und Rassenpolitik festzulegen.

„Reichsarbeitsdienst"

Wirtschaftliche Entwicklung 1933/34

Dabei war allerdings erst einmal gar nicht zu verkennen, daß Hitlers weitgehend von Hjalmar Schacht, dem Reichsbankpräsidenten (seit dem 17. März 1933) und seit dem 30. Juli 1934 auch Reichswirtschaftsminister und preußischer Wirtschaftsminister, gestaltete Wirtschaftspolitik den Unternehmern weit entgegenkam. So wurden etwa die Löhne auf dem Niveau der Weltwirtschaftskrise vom Jahre 1932 eingefroren. Daran änderte sich auch nicht allzuviel, als in der zweiten Hälfte der dreißiger Jahre Facharbeiter rar wurden und sich ein „grauer Markt" herausbildete, auf dem die Unternehmer die verbotenen direkten Lohnerhöhungen umgingen und durch verschleierte Leistungen und indirekte Zuwendungen Arbeitskräfte zu gewinnen und zu halten versuchten.

Nach der „Machtergreifung" entwickelte sich die deutsche Wirtschaft insgesamt positiv, und die Arbeitslosenzahlen gingen zurück. Vor dem Hintergrund einer sich langsam erholenden Weltwirtschaft knüpfte die neue Regierung tatkräftig an jene Arbeitsbeschaffungsprogramme an, die bereits unter den vorhergehenden Regierungen angelaufen waren. Mit der Forderung, den „Rationalisierungswahnsinn" zu bekämpfen und auf den Einsatz „maschineller Hilfsmittel" zu verzichten, betrieb sie Beschäftigungspolitik. Die Gesetze „zur Verminderung der Arbeitslosigkeit" vom 1. Juni 1933 und 21. September 1933, Ehestandsdarlehen und ein steuerbegünstigtes „Instandsetzungsprogramm" für die private und kommerzielle Bautätigkeit und der am 27. Juni 1933 gesetzlich geregelte Bau der Reichsautobahn schufen ebenso Voraussetzungen zur Linderung der Arbeitslosigkeit wie der „freiwillige" Arbeitsdienst, die Beschäftigung von Arbeitslosen als gering bezahlte Landhelfer oder ihre Heranziehung „zu schlecht entlohnten Notstandsarbeiten" [121: W. Hofer]. Zusammen mit den Auswirkungen der am 16. Mai 1935 eingeführten Wehrpflicht, des vom 26. Juni 1935 an verpflichtenden

„Reichsarbeitsdienstes“ und mit den sich seit der Jahreswende 1933/34 aus der Aufrüstung ergebenden wirtschaftlichen Konsequenzen halfen sie maßgeblich dabei mit, die Zahl der Arbeitslosen vom Januar 1933 bis zum Juli 1933 um über 1 Million Menschen auf unter 5 Millionen zu senken, sie sodann beständig und rasch auf 1 Million im Herbst 1936 fallen zu lassen. Es waren stets Leistung und Terror, Zuckerbrot und Peitsche, die die Zustimmung zum Regime erklären und seine Dynamik verständlich machen.

Landwirtschaft

Während die Gewerkschaften zwangsweise in der „Deutschen Arbeitsfront“ aufgegangen waren, wurden die agrarischen Interessenverbände in den (durch das Gesetz vom 13. September 1933 gegründeten) „Reichsnährstand“ der Bauern übergeleitet. Sie wurden auf Grund der angestrebten landwirtschaftlichen Autarkie und der durch Devisenknappheit beschränkten Lebensmitteleinfuhren zu Lasten der Verbraucher gefördert. Um eine möglichst rasche Steigerung der landwirtschaftlichen Erzeugung zu erreichen, verzichtete die neue Regierung auf die Aufteilung des Großgrundbesitzes. Im Sinne der von Richard Walter Darré, dem Reichsminister für Ernährung und Landwirtschaft und preußischen Landwirtschaftsminister, vertretenen nationalsozialistischen Agrarpolitik, die auf der „Blut und Boden“-Ideologie basierte und „das Bauerntum als Lebensquell der nordischen Rasse“ (R. W. Darré) zu sichern plante, wurde indes am 29. September 1933 das „Reichserbhofgesetz“ erlassen, „which was often applied less rigorously than it might have been“ [365: J. E. Farquharson]. Dadurch wurden Bauernhöfe von mehr als 7 1/2 Hektar und (in der Regel) weniger als 125 Hektar unter der Voraussetzung, daß die „Blutreinheit“ der Besitzer bis zum 1. Januar 1800 nachzuweisen war, zu „Erbhöfen“ erklärt. Zwar konnten sie von nun an nur noch ungeteilt vererbt werden und waren „grundsätzlich unveräußerlich und unbelastbar“. Doch damit wurden sie auch der Kommerzialisierung von Grund und Boden entzogen.

„Reichserbhofgesetz“

Großindustrie (1933–1936)

Anders als die Arbeitnehmer- und die Bauernschaft blieb die Großindustrie vom Zugriff der Partei erst einmal verschont. Im Widerspruch zur mittelständischen Ideologie der NSDAP hatten die die Existenz des selbständigen Mittelstandes bedrohenden Großunternehmen, Kaufhäuser und Banken vorläufig nicht mit staatlichen Eingriffen zu rechnen. Ihre Entwicklung und ihre Tendenz zur Konzentration schritten vielmehr auch im Dritten Reich weiter voran, und sie konnten sich einer in anderen gesellschaftlichen Bereichen durchgeführten „Gleichschaltung“ vorläufig entziehen. Zwar hieß der „Reichsverband der Deutschen Industrie“ in terminologischem Zugeständnis an die weitgehend auf die Propaganda beschränkte Ständeideologie des Dritten Reiches vom 19. Juni 1933 an „Reichsstand der Deutschen Industrie“, wahrte aber unter der Leitung von Krupp von Bohlen und Halbach seine vergleichsweise Selbständigkeit. Daran änderte auch das am 27. Februar 1934 verkündete „Gesetz zur Vorbereitung des organischen Aufbaus der deutschen Wirtschaft“, das im Grundsatz darauf zielte, die Eigenständigkeit der Wirtschaft zugunsten des Staates erheblich einzuschränken, ebensowenig wie die erst einmal 1934 vollzogene Neuorganisation der industriellen

Verbände in der „Reichsgruppe Industrie". Das Dritte Reich war auf die Mitarbeit dieses nach wie vor mächtigen Partners angewiesen und hat ihm eine gewisse Autonomie auch nach der für das Verhältnis von Wirtschaft und Politik entscheidenden Wende im Jahre 1936 belassen. Freilich dokumentierte sie den Primat der Politik gegenüber der Ökonomie deutlich und bezeugte insgesamt die in politischer Hinsicht die Unternehmer und Arbeiter grundsätzlich gleichermaßen treffende Entrechtung im Zeichen des „full fascism" [959: A. SCHWEITZER].

Noch war Hitler auf die freiwillige Mitwirkung der Wirtschaft ebenso wie auf die der Reichswehr in hohem und entscheidendem Maße angewiesen, um seine ehrgeizigen und utopischen außen- und rassenpolitischen Ziele ansteuern zu können.

Wirtschafts-. politische Konzeptionen

Fälschlicherweise glaubte der in den Anfangsjahren des Dritten Reiches so allmächtig scheinende „Wirtschaftsdiktator" Schacht daran, als er mit riskanten Mitteln der Kreditbeschaffung (sog. Mefo-Wechsel, die von den Lieferanten des Staates auf eine mit geringem Kapital ausgestattete sog. „Metall-Forschungs-GmbH" gezogen werden konnten, die vom Staat gegenüber der Reichsbank garantiert wurden und zu deren Diskontierung die Reichsbank sich verpflichtete) die Aufrüstung ermöglichte, er könne diese Entwicklung zu dem Zeitpunkt souverän und rationell anhalten, wenn die Volkswirtschaft in genügendem Maße angekurbelt und eine sozialpolitische Konsolidierung erfolgt sei. Erst spät, zu spät, erkannte er, daß sich seine Vorstellungen über Aufrüstung, Wirtschaft und Politik grundsätzlich von denen Hitlers unterschieden, der nicht daran dachte, die Rüstung zu drosseln, als die Wirtschaft sich erholt hatte. Ihm ging es vielmehr darum, weiterzurüsten, um Krieg führen zu können, entstehende Schulden durch Beute atavistisch zu decken und endlich die existierende Sozialordnung in nationaler und internationaler Perspektive zu zerstören. Noch ahnte Schacht nicht,

Schachts „Neuer Plan"

daß er Hitlers Spiel spielte. Sein „Neuer Plan", der seine gesetzliche Grundlage in der am 24. September 1934 in Kraft getretenen „Verordnung über den Warenverkehr" vom 4. September 1934 fand, sah im Kern die Bilateralisierung des Außenhandels vor, regelte quantitative Importbeschränkungen und Einfuhrplanung nach einer „nationalwirtschaftlichen Dringlichkeitsskala" (H. FLAIG) und förderte die Ausfuhr auf der Grundlage von Austausch- und Kompensationsgeschäften. Er leitete eine außenwirtschaftliche Exportoffensive ein, die nicht zuletzt auch inneren Motiven der als notwendig erachteten sozialen Konsolidierung diente, dabei außenpolitische Konflikte beispielsweise mit den USA in sich überschneidenden Zonen ökonomischer Expansion (Südosteuropa; Lateinamerika) durchaus riskierte und eine realistischere politische Alternative zu Hitlers weltanschaulichen und kriegerischen Zielen darstellte. Noch lebte das Dritte Reich im Hinblick auf sein Verhältnis zur Wirtschaft in jener Phase des „partial fascism" [959: A. SCHWEITZER], in der Hitler gar kein Interesse daran haben konnte, gegenüber

Zusammenarbeit von Staat und Wirtschaft

der mächtigen Industrie auf Kollisionskurs zu gehen, da sich die Interessen teilweise deckten und die Konservativen durch Mitwirkung in ihrem Bereich die Machtzunahme des Regimes förderten, ja damit ihre eigene Entmachtung betrieben. Wenn die Kompetenzen der verschiedenen „Reichsgruppen der gewerblichen Wirtschaft“ beispielsweise durch das seit dem Sommer 1934 entwickelte System von Überwachungs- und Prüfungsstellen für die Devisen- und Rohstoffzuteilung sowie die Preisgestaltung auch staatlich reglementiert wurden und der Vorwurf der Wirtschaftssabotage stets drohend erhoben werden konnte, so schienen Wirtschaft und Politik, Industrie und NSDAP, die erst in den letzten Wochen der untergehenden Republik zueinander gefunden hatten, doch alles in allem miteinander auszukommen. Denn es war ja keineswegs so, daß die Großindustrie und „das Kapital“ Hitler in entscheidendem Maße an die Macht gebracht hätten. Sie unterstützten ihn vielmehr erst in finanziell erheblicher Weise, als es nach der „Machtergreifung“ darum ging, die Kosten der Märzwahlen des Jahres 1933 zu bestreiten. Jetzt flossen den die Regierung unterstützenden Parteien, an der Spitze Hitlers „Bewegung“, Mittel in Höhe von 3 Millionen RM von seiten der Großindustrie zu, nachdem die NSDAP der politisch entscheidende Faktor geworden war und nachdem Göring den Vertretern aus der Industrie- und Finanzwelt am 20. Februar 1933 anläßlich der Rede des „Führers“ vor einem ausgewählten Kreis von Repräsentanten der deutschen Wirtschaft im Reichspräsidenten-Palais versprochen hatte, daß dies für zehn, vielleicht sogar für hundert Jahre die letzten Wahlen sein würden. Am Ende der Weimarer Republik aber, der sie gewiß ablehnend gegenüberstanden, unterstützten die maßgeblichen Vertreter der deutschen Wirtschaft durchweg nicht Hitlers NSDAP, sondern von Papens Modell eines „neuen Staates“ und versuchten sich generell mit allen politischen Kräften zu arrangieren, solange sie nicht die Abschaffung des Privateigentums propagierten.

NSDAP und Großunternehmen am Ende der Weimarer Republik

Vor dem Hintergrund einer im wesentlichen bereits errichteten totalitären Diktatur vollzog sich endlich im Juni und Juli 1933 auch die „Selbstgleichschaltung“ der Parteien, die vor der Allmacht und dem Terror der NSDAP resignierten und kapitulierten. Nach dem Verbot der SPD am 22. Juni 1933 unterwarf sich als letzte der demokratischen Parteien am 5. Juli 1933 das Zentrum dem Monopolanspruch des von den neuen Machthabern bereits am 14. April 1933 proklamierten „Einparteistaates“. Einer allerdings umstrittenen wissenschaftlichen These (vgl. dazu S. 188) zufolge soll dieser Schritt nicht zuletzt auch durch die Aussicht auf das der katholischen Kirche günstig erscheinende Konkordat vom 20. Juli 1933 mit veranlaßt worden sein, dessen Garantien für den deutschen Katholizismus eine Rechtsbasis für seinen Widerstand gegen das Dritte Reich schufen.

„Selbstgleichschaltung“ der Parteien

Kirchen und Drittes Reich

Während die katholische Kirche die Auseinandersetzung mit dem nationalsozialistischen Staat als Kampf um die Nicht-Anpassung an das Regime geschlossen aufnehmen konnte, war innerhalb der evangelischen Kirche der Konflikt zwischen den verschiedenen älteren und neueren Richtungen: den Anhängern der liberalen Theologie und des religiösen Sozialismus einerseits, den „Jungreformatoren“ und den „Evangelischen Nationalsozialisten“, die als „Deutsche Christen“ auftraten, andererseits bereits in vollem Gange, bevor Hitler sich am 25. April 1933 öffentlich hinter die Bewegung der „Deutschen Christen“ stellte und den Königsberger Wehrkreispfarrer Ludwig Müller zu seinem „Bevollmächtigten für die Angelegenheiten der evangelischen Kirchen" ernannte. Über die Frage, wer Reichsbischof der geplanten deutschen Reichskirche werden sollte, kam es zwischen „Deutschen Christen", die für Müller eintraten und ihn zum Reichsbischof ausriefen, und dagegen opponierenden Vertretern der evangelischen Landeskirchen, die den Pastor Fritz von Bodelschwingh wählten, zum Konflikt. Nach staatlichen und parteipolitischen Eingriffen in kirchliche Fragen, die sich nicht zuletzt in der massiven Unterstützung der „Deutschen Christen" durch die NSDAP im Wahlkampf für die Kirchenwahl vom 23. Juli 1933 niederschlugen, wählte eine von den aus den Wahlen siegreich hervorgegangenen „Deutschen Christen" beherrschte Nationalsynode Müller am 27. September 1933 zum Reichsbischof. Der Kirchenkampf in Deutschland, der die Geschichte des Dritten Reiches durchzog, begann damit erst recht. Denn gegen die neuen Kirchenbehörden und die „Deutschen Christen" organisierte sich der kirchliche Widerstand im Rahmen des von Pfarrer Niemöller im September 1933 in Berlin-Dahlem gegründeten „Pfarrer-Notbundes", aus dem zu Anfang des Jahres 1934 die am 22. April in Ulm erstmals gemeinsam auftretende „Bekennende Kirche" hervorging, ebenso wie in Gestalt der Barmer Bekenntnissynode vom 29.–31. Mai 1934, deren Protest für die Entwicklung des Kirchenkampfes bedeutsam wurde. Doch ungeachtet der Tatsache, daß sich erste oppositionelle Stimmen aus dem Lager des konservativen und bürgerlichen Deutschland regten und die grundsätzlich im Sinne ihrer eigenen absoluten Weltanschauung und totalitären Praxis motivierte Widerstandshaltung der Kommunisten vom Standpunkt verletzter Interessen und mißachteter Sachkenntnis aus ergänzten und variierten, ist nicht zu verkennen, daß sie insgesamt mit ihren Vorhaltungen nicht sehr erfolgreich waren (vgl. beispielsweise Franz von Papens Marburger Rede vom 17. Juni 1934).

Kirchenkampf

Nachdem Hitler und Frick bei verschiedenen Gelegenheiten vom Juli 1933 an die Revolution für beendet erklärt hatten, mußte der „Führer" endlich noch mit einem ihn herausfordernden Machtfaktor im Lager seiner eigenen „Bewegung" fertigwerden. Es stellte sich nämlich immer drängender die Frage, was mit jener „Sturmabteilung" (SA) werden sollte, die als eine ihrem „Führer" ergebene Bürgerkriegstruppe erheblich dabei mitgeholfen hatte, die Weimarer Republik zu zerstören, politische Gegner auf den Straßen zu bekämpfen und die „Machtergreifung" zu ermöglichen. Jetzt verlangte sie ihren Tribut, und dumpf drang aus den Reihen der SA-Männer der Ruf nach einer zweiten, einer sozialen Revolution, der, so unartikuliert er sich auch ausnahm, insgesamt doch an die Tradition jener 1930 aus der NSDAP ausgetretenen bzw. aus ihr entfernten „linken" Nationalsozialisten erinnerte. Die Führer der SA, vor allem ihr Stabschef Ernst Röhm, forderten den Oberbefehl über eine aus revolutionärer SA und konservativem Heer zu bildende Volksmiliz. Dabei sollte der „graue Fels" der Reichswehr in der „braunen Flut" der Parteitruppe untergehen. Diesem Verlangen stand das Offizierkorps unter von Blomberg selbstverständlich mißtrauisch und ablehnend gegenüber. Im Hinblick auf die angestrebte möglichst frühzeitige Kriegsbereitschaft des Deutschen Reiches entschied sich Hitler für die Zusammenarbeit mit den kon-

SA und „zweite Revolution"

servativen Offizieren und gegen die sozialromantischen Ideen der SA. Angebliche Putschpläne Röhms wurden zum Vorwand genommen, um die Führung der SA unter Mithilfe und Begünstigung durch die Reichswehr zu beseitigen, Hitlers Macht zu festigen, der konservativen Forderung vom Ende der Revolution nachzukommen, dem Militär die Sorge vor einem lästigen Konkurrenten zu nehmen und den Aufstieg der „Schutzstaffel" (SS) einzuleiten. Sie wurde nicht nur Hitlers Prätorianergarde, sondern mehr und mehr auch ideologische Vorhut und weltanschaulicher Orden für die nationalsozialistische Rassenpolitik. Ja, schon innerhalb des ersten auf die „Machtergreifung" folgenden Jahres gelang es der SS unter Himmler, in allen Ländern die Politische Polizei der Kontrolle der SA zu entwinden und sich anzueignen. Selbst in Preußen, wo Hermann Göring am 24. April 1933 das „Geheime Staatspolizeiamt" (Gestapa) als ein Willkürinstrument des terroristischen „Maßnahmestaates" geschaffen und die „Gestapo" unter anderem mit der Errichtung von Konzentrationslagern beauftragt hatte, erlangte die SS den entscheidenden Einfluß auf die Politische Polizei. Im April 1934 mußte der durch Gesetz vom 30. November 1933 zum Chef der „Gestapo" in Preußen ernannte Göring es zulassen, daß Himmler Inspekteur der Preußischen Geheimen Staatspolizei wurde, der seinerseits Heydrich an die Spitze des Geheimen Staatspolizeiamtes in Berlin stellte. Die Politische Polizei unterstand damit der Führung der SS unter Himmler und Heydrich.

„Röhm-Putsch" und Aufstieg der SS

Reichswehr und „Röhm-Putsch"

Um den Preis, von nun an unumstrittener Waffenträger der Nation zu sein, aber nahmen es die Reichswehr und ihr Offizierkorps hin, dabei zum Gehilfen zu werden, als im Zuge der sich an den sog. „Röhm-Putsch" anschließenden, teilweise wahllosen Morde an Regimegegnern durch Görings und Himmlers Schergen die Generäle von Schleicher und von Bredow umgebracht wurden. Aus den Begebenheiten des sog. „Röhm-Putsches" ist die Reichswehr zwar äußerlich gestärkt, moralisch jedoch stark korrumpiert hervorgegangen.

„Der Führer schützt das Recht"

Über die Morde innerhalb der SA-Führerschaft hinaus wurden auch mißliebige konservative Regimegegner und -kritiker wie Edgar Jung und von Bose, zwei der engsten Mitarbeiter von Papens, sowie der ehemalige Staatskommissar von Kahr und der Leiter der Katholischen Aktion in Berlin, Klausener, getötet. Hitlers Begründung für die Erschießungen der SA-Führer, er habe damit gegen die in diesen Kreisen grassierende Homosexualität einschreiten wollen, war nicht mehr als eine fadenscheinige Schutzbehauptung zur Bemäntelung einer politischen Machtfrage. Diese Tatsache war innerhalb der Bevölkerung nur wenigen klar, und die politisch Verantwortlichen wie beispielsweise von Papen hießen Hitlers Vorgehen gut, das von dem damals führenden deutschen Staatsrechtslehrer Carl Schmitt in einem Artikel mit der Überschrift gerechtfertigt wurde: „Der Führer schützt das Recht". Darin wurde dem „wahren Führer" die Aufgabe des Richtertums zugesprochen und ihm zugestanden, in Augenblicken der Gefahr „kraft seines Führertums als oberster Gerichtsherr unmittelbar Recht schaffen" zu können und zu müssen. Die Willkür des Diktators wurde damit zum Gesetz erhoben. Hitlers Macht war nunmehr im Grundsatz als unumschränkt anerkannt.

Abschluß der „Machtergreifung“

Als kurz darauf am 2. August 1934 Reichspräsident von Hindenburg starb und Hitler die Ämter des Reichskanzlers und des Reichspräsidenten in Personalunion übernahm, gab es neben ihm im politischen Bereich keine faktisch oder prestigemäßig konkurrierende Institution oder Persönlichkeit mehr. Die „Machtergreifung“ war abgeschlossen. Noch am 2. August 1934 wurde die Reichswehr auf Hitlers Person vereidigt – eine Maßnahme, die durch den Reichskriegsminister von Blomberg übereilig angeordnet wurde, um der Armee und seiner Person Hitlers Gunst zu sichern. In diesem Zusammenhang war es die Bindung des Eides an die Person des „Führers und Reichskanzlers“ und nicht an das Vaterland oder an die Verfassung, die dann später den Offizieren des Widerstandes so schwere Gewissenskonflikte bereiten sollte. Hitlers Regime aber erschien im Sommer 1934 gefestigt, seine Diktatur über Deutschland war errichtet, und in weitgehend noch traditionellen Formen schritt die „braune Revolution“ der Nationalsozialisten voran. Tradition und Revolution gehörten dabei gleichermaßen zum Profil des Dritten Reiches. Sie waren auch für die Anfänge seiner Außenpolitik kennzeichnend.

2. Die Anfangsphase der nationalsozialistischen Aussenpolitik

Neue Akzente der Außenpolitik

Im außenpolitischen Bereich knüpfte die neue Regierung einerseits an die Revisionsforderungen der Weimarer Kabinette an und verließ deren Linie andererseits in Zielsetzung und Methode doch unübersehbar. Dies gilt nicht nur im Vergleich zu Stresemanns nationaler Revisions- und Großmachtpolitik, die stets im europäischen und völkerrechtlichen Rahmen blieb. Vielmehr hob sich Hitlers nationalsozialistische Außenpolitik auch gegenüber der sich von Stresemanns Kurs bereits deutlich unterscheidenden Revisionspolitik der autoritären Kabinette ab. Sie hatten im Zeichen der weltwirtschaftlichen Krise rigoroser als zuvor und im nationalstaatlichen Alleingang die Revision der Versailler Bestimmungen zu erreichen gesucht. Diese von den Regierungen Brüning, von Papen und von Schleicher verfolgte äußere Politik repräsentierte eine durchaus eigenständige Stufe im Verlauf der Geschichte der preußisch-deutschen Außenpolitik. Ihren Platz fand sie zwischen Stresemanns national bestimmtem, stark außenwirtschaftlich prozedierendem und friedlich orientiertem Vorgehen sowie Hitlers rassisch fundierter, expansionistisch ausgerichteter und kriegerisch entworfener Strategie. Nicht zuletzt aufgrund der Tatsache, daß der konservative Reichsaußenminister von Neurath auch nach dem 30. Januar 1933 an der Spitze des Auswärtigen Amtes blieb, erhielten auch die ausländischen Politiker und Diplomaten den Eindruck einer Kontinuität in der deutschen Außenpolitik über das Datum der „Machtergreifung“ hinweg. Dies führte dazu, daß die deutsche Diplomatie weitgehend unfreiwillig dazu beitrug, den Bruch zwischen der revisionistischen Großmachtpolitik und der nationalsozialistischen Eroberungs- und Rassenpolitik schwerer erkennbar zu machen. Wenn die Beamten des Auswärtigen Amtes teilweise auch durchaus darum bemüht waren, einen eigenständigen Kurs zu verfolgen, so war doch unübersehbar, daß ihre Übereinstimmung im revisionistischen Bereich mit Teilzielen der Außenpolitik Hitlers einerseits zu groß war, um sich von ihm vorläufig wesentlich unterscheiden zu können und daß der Diktator auf der anderen Seite schon vergleichsweise früh in entscheidenden Fragen – wie der Neuorientierung der deutschen Ostpolitik gegenüber Rußland und Polen – das Steuer resolut in die Hand nahm.

Hitlers Rede vom 3. 2. 1933

Die neuen Akzente der nationalsozialistischen Außenpolitik wurden bereits am 3. Februar 1933 erkennbar, als Hitler in einer Ansprache vor den ranghöchsten Offizieren der Reichswehr ausführte, das Ziel der Außenpolitik des Dritten Reiches müsse es sein, „neuen Lebensraum im Osten“ zu erobern und diesen „rücksichtslos“ zu „germanisieren“. Daß diese programmatische Forderung einherging mit der von Hitler scheinbar gleichberechtigt als außenpolitische Alternative vorgetragenen Überlegung, die sog. Raumfrage des deutschen Volkes „vielleicht [durch] Erkämpfung neuer Exportmöglichkeiten“ zu lösen, steht im Einklang mit entsprechenden Bemühungen Hjalmar Schachts, durch eine außenwirtschaftliche

Offensive innen- und außenpolitische, soziale und nationale Probleme des Deutschen Reiches zu lösen (siehe oben S. 10). Hitler unterstützte diese Bemühungen Schachts und ließ ihn solange gewähren, als dieser damit seine politischen Pläne, insbesondere der Aufrüstung und der dafür nötigen Devisenbeschaffung, unterstützte. Ferner diente eine solche auf wirtschaftliche Expansionsmöglichkeiten deutscher Außen- und Außenwirtschaftspolitik abhebende Scheinalternative dazu, die Zuhörer neben der Bekanntmachung seiner kriegerischen Absichten immer wieder seiner angeblichen Friedensliebe zu versichern, die er gerade am Anfang seiner Regierungszeit zu wiederholten Malen, beispielsweise aus Anlaß des von Mussolini am 17. März 1933 unterbreiteten Viererpaktvorschlages in seiner Reichstagsrede am 23. März 1933, besonders aber in seiner großen „Friedensrede" vom 17. Mai 1933, vor aller Welt unterstrich.

Hitlers „Programm"

Dabei knüpfte er im außenpolitischen Bereich, in dem er nahezu absolut ein „persönliches Regiment" führte, sogleich an sein in „Mein Kampf" und im „Zweiten Buch" entworfenes außen- und rassenpolitisches „Programm" an. In universaler Perspektive zielte es letztlich darauf ab, „durch das siegreiche Schwert eines die Welt in den Dienst einer höheren Kultur nehmenden Herrenvolkes" eine globale „Pax Germanica" zu errichten. Auf den weltanschaulichen Triebkräften des Antisemitismus, des Antibolschewismus und der „Lebensraum"-Eroberung basierend, erschien darin die Sowjetunion als entscheidender machtpolitischer sowie ideologischer Feind des Deutschen Reiches. Der ins Auge gefaßte Krieg gegen Rußland sollte den Bolschewismus zerschlagen, damit einhergehend zu einer Lösung der „Judenfrage" führen und dem deutschen Volk den notwendigen „Lebensraum" zur Verfügung stellen. Anders als seine konservativen Partner in der Regierung der „nationalen Konzentration" wollte Hitler sich nicht mit der Wiedergewinnung der Grenzen von 1914 und der Restauration der deutschen Großmacht in Europa begnügen. Er strebte vielmehr danach, in Etappen über die Ziele der Revision hinaus die deutsche Vorherrschaft in Mittel- und Ostmitteleuropa zu gewinnen und endlich nach der Eroberung der Sowjetunion an der Spitze eines europäischen Kontinentalimperiums zu stehen, in dem das bislang hegemoniale Frankreich entweder besiegt oder zur Rolle eines Juniorpartners degradiert sein würde. In säkularer Perspektive ließ Hitler bereits in den zwanziger Jahren erkennen, wohin ihn seine politische Gedankenbildung trieb: An der Spitze eines rassisch höher gezüchteten Europa sollte das deutsche Volk in seinen künftigen Generationen endlich auch dazu fähig sein, selbst den damals von Hitler noch hoch eingeschätzten Vereinigten Staaten von Amerika „die Stirne zu bieten" und in Übersee als Welt- und Flottenmacht aufzutreten. Erst zu einem solchen, vorläufig noch in weiter Ferne liegenden Zeitpunkt war möglicherweise auch daran zu denken, das angestrebte Bündnis mit Großbritannien, das er für die zentrale Phase der in erster Linie gegen die Sowjetunion gerichteten kontinentalen Eroberungspolitik als Eckpfeiler seiner Bündniskonstellation ansah und zäh zu erreichen suchte, auf seine Opportunität hin zu überprüfen. Aus ideologischen und machtpolitischen Überlegungen, wie er sie anstellte, schien ihm England der geeignete Partner für

Idee des englischen Bündnisses

seine zukünftige Außenpolitik und Kriegführung zu sein. Angesichts der Großbritanniens imperiale Stellung wirtschaftlich, militärpolitisch und ideologisch bedrohenden Flügelmächte des Weltstaatensystems, der USA und der UdSSR, glaubte Hitler fest daran, England werde seine traditionelle europäische Gleichgewichtspolitik aufgeben, einer von ihm vorgeschlagenen Teilung der gegenseitigen Einflußsphären zustimmen und ins Bündnis mit dem nationalsozialistischen Deutschland einlenken. Das Deutsche Reich sollte dabei „freie Hand" im Osten Europas erhalten, während England sich, durch Flotten- und Kolonialforderungen wilhelminischer Art von seiten Deutschlands unbehelligt, seinem Weltreich zuwenden könnte. Der Gedanke, mit England zusammenzugehen, übertraf die gleichfalls vorgesehene Annäherung an Mussolinis Italien stets an Erheblichkeit. Die Idee des englischen Bündnisses trug Hitler bereits vor der „Machtergreifung" Besuchern aus Großbritannien immer wieder vor und suchte sie nach dem 30. Januar 1933 durch diplomatische, zu Anfang vor allem aber auch durch recht unorthodox erscheinende Initiativen einiger seiner engeren Mitarbeiter zu verwirklichen. Wenn auch die entsprechenden Englandmissionen dieser inoffiziellen Gesandten von Ribbentrop und Rosenberg erst einmal fehlschlugen, so gab es doch in der britischen Außenpolitik, die an sich recht verständnisvoll Deutschlands Revisionsforderungen als berechtigt anerkannte, scheinbar Anzeichen dafür, daß sein Grundplan aufgehen könne. Daß Motive und Ziele der britischen Appeasementpolitik sich von Hitlers Bündnisvorhaben grundsätzlich verschieden ausnahmen, wollte er jedoch auch nach dem Besuch des britischen Außenministers Simon am 25./26. März 1935 in Berlin immer noch nicht wahrhaben. Während Hitler darauf spekulierte, England durch ein bilaterales Abkommen an seine Seite zu ziehen, um Krieg gegen die Sowjetunion führen zu können, planten die Briten, Deutschland durch die entgegenkommende Behandlung revisionistischer Forderungen zu multilateralen Vereinbarungen zu bewegen, in völkerrechtlich verbindlichen Abmachungen festzulegen und auf diesem Weg Europas Frieden zu sichern.

Ziele und Methoden deutscher und britischer Außenpolitik

Doch im Vertrauen auf das Einlenken der Briten trieb Hitler erst einmal die für seine Zukunftspläne wichtige Aufrüstung voran, indem er nicht zuletzt auf Drängen seiner konservativen Regierungspartner die Abrüstungskonferenz am 14. Oktober 1933 verließ und den Austritt aus dem Völkerbund ankündigte, so daß das Reich von den der Aufrüstung angelegten Fesseln befreit wurde. Diese streifte der Diktator dann endgültig ab, als er am 16. März 1935 die militärischen Bestimmungen des Versailler Vertrages aufhob und die allgemeine Wehrpflicht in Deutschland wieder einführte.

Aufrüstung und allgemeine Wehrpflicht

Während der Anfangsphase der nationalsozialistischen Außenpolitik war Hitler im Zusammenwirken mit den konservativen Repräsentanten seiner Regierung zunächst bestrebt, zwei Ziele zu verfolgen, nämlich auf der einen Seite der drohenden Gefahr der Isolierung des Deutschen Reiches zu entgehen und seinem Konzept der zwanziger Jahre gemäß Bündnispartner zu finden und auf der anderen Seite die seit dem japanischen Ausgriff auf das chinesische Festland im Jahre 1931 das Staatensystem erschütternden Bewegungen zu forcieren und für seine Ziele auszunützen. Wie er es in „Mein Kampf" entworfen hatte, versuchte er nunmehr, sich Italien zu nähern, was ihm vorläufig jedoch nicht gelang. Mussolini neigte eher dazu, mit den Westmächten zusammenzugehen und zwischen den Status quo-Mächten und dem Reich das „Zünglein an der Waage" im europäischen Mächtegleichgewicht zu spielen. Anders als Hitler es in „Mein Kampf" vorgesehen hatte, in dem er Frankreichs Niederwerfung als Voraussetzung für die Eroberung des „Lebensraumes" im Osten angesehen hatte, begann Hitler nun damit, sich neben seinem Werben um Großbritannien auch um ein gutes Einvernehmen mit Frankreich zu bemühen. Wenn der Wille zu einer begrenzten Zusammenarbeit mit Paris auch niemals den bündnispolitischen Stellenwert seiner Werbungen um Großbritannien besaß, dem für die Verwirklichung seines „Programms" zentrale Bedeutung zukam, so erschien ihm ein Zusammengehen mit Frankreich doch aus verschiedenen Motiven heraus willkommen und opportun zu sein. Zum einen minderte es die für das Dritte Reich in jener „Risikozone" bestehenden Gefahren, von der Hitler am 3. Februar 1933 sprach, als er darauf hinwies, daß die Zeit der Aufrüstung insofern gefährlich sei, als in ihr Frankreich mit seinen ostmitteleuropäischen Satelliten über das Reich herfallen könne. Zum anderen besänftigte er durch seine Angebote zu friedlicher Zusammenarbeit den französischen Wehr- und Widerstandswillen. Letztlich dürfte er wohl die Macht Frankreichs zu Anfang der dreißiger Jahre nicht mehr so hoch eingeschätzt haben, wie er dies noch in den zwanziger Jahren tat. Damals hielt er es für unumgänglich, zuerst Frankreich zu besiegen, um sich den Rücken für den Krieg gegen die Sowjetunion freizukämpfen. Nunmehr scheint er angesichts des von innenpolitischen Krisen geschüttelten Landes davon ausgegangen zu sein, daß er – im Einvernehmen mit England – ohne einen Krieg gegen Frankreich, sondern vielmehr nach einer entsprechenden Vereinbarung mit Paris Rußland angreifen könne. Sodann aber würde er als Herr über Osteuropa so mächtig sein, daß die anderen Staaten Kontinentaleuropas die Hegemonie des Reiches anzuerkennen hatten. Innerhalb seiner programmatischen außenpolitischen Vorstellungen, die im Hinblick auf den „Lebensraum"-Krieg im Osten, das rassische Dogma, die Errichtung eines Kontinentalimperiums und eines sich später anschließenden Aufbaus einer Weltmachtstellung feststanden, entwickelte Hitler eine hohe Flexibilität der Prozedur. In diesem Sinne wurde von seiten des Reiches der am 24. Juni 1931 von der Regierung Brüning verlängerte Berliner Vertrag vom 24. April 1926 mit der Sowjetunion am 5. Mai 1933 ratifiziert und das Konkordat mit dem Vatikan am 20. Juli 1933 abgeschlossen. Weltanschaulich einander so entgegengesetzte und zum Nationalsozialismus konträre Vertragspartner arbeiteten mit dem Dritten Reich also politisch zusammen.

Haltung gegenüber Italien

Verhältnis zu Frankreich

Deutsch-sowjetischer Vertrag und Konkordat

Die außenpolitische Zielsetzung seines Regimes aber wurde schon deutlich erkennbar, als Hitler Anfang des Jahres 1934 einen diplomatischen und politischen Schachzug vollführte, der ihn vor der drohenden Isolierung durch die europäischen Mächte bewahrte, das Risiko der zu durchmessenden außenpolitischen Gefahrenzone minderte und den Blick auf seine neue Ostpolitik freigab. Am 26. Januar 1934 schloß er mit dem Polen des autoritär regierenden Marschall Pilsudski einen Nichtangriffspakt ab, der sensationell wirkte, da Hitler mit ihm das „Einmaleins“ der deutschen Ostpolitik umgekehrt hatte. Denn es war – grob gesagt – bis dahin die Linie der Weimarer Kabinette und des Auswärtigen Amtes gewesen, zusammen mit der Sowjetunion antipolnische Politik zu betreiben. Nunmehr wechselte Hitler die Partner und drehte die Stoßrichtung der deutschen Ostpolitik radikal um. Der Pakt mit Pilsudski verhalf ihm dazu, die französische Umklammerung des Reiches zu durchbrechen und koordinierte Übergriffe Frankreichs zusammen mit seinem ostmitteleuropäischen Ententepartner Polen unmöglich zu machen. Hitlers Entscheidung rief bei seinen konservativen Partnern Kopfschütteln und Kritik hervor, da sie Polen nach wie vor als Gegner deutscher Ansprüche an der Ostgrenze des Reiches einschätzten. Der Diktator aber leitete damit bereits vergleichsweise deutlich sichtbar seine gegen Rußland gerichtete, weltanschaulich motivierte Expansionspolitik ein.

Deutsch-polnisches Nichtangriffsabkommen

Einen großen außenpolitischen Erfolg, dessen innenpolitisch das Regime stabilisierende Wirkungen auf der Hand lagen, erzielte Hitler am 13. Januar 1935, als sich 91 Prozent der abstimmenden Saarländer für die Rückkehr ihrer Heimat ins Reich aussprachen. Gleichzeitig ging sein Bestreben in verstärktem Maße dahin, nach ersten Fehlschlägen und Erfahrungen mit England zu einem Übereinkommen mit den Briten zu gelangen. Schon im November 1934 hatte er gegenüber dem britischen Botschafter in Berlin, Sir Eric Phipps, verlauten lassen, daß das Deutsche Reich England im Hinblick auf eine freiwillig akzeptierte Beschränkung seiner Flottenrüstung entgegenzukommen bereit sei. Großbritannien nahm dieses Angebot auf. Es erschien ihm im nationalen Interesse günstig zu sein, da es die Gefahr eines erneuten Wettrüstens zur See, die für die internationale Situation vor dem Ersten Weltkrieg so charakteristisch und ruinös gewesen war, vermeiden konnte. In diesem speziellen Fall gelang es Hitler tatsächlich, Großbritannien vom Prinzip multilateraler Vereinbarungen abzubringen und ein bilaterales Abkommen mit England zu schließen. In ihm verpflichtete das Deutsche Reich sich im wesentlichen darauf, nur bis zu 35% des Bestandes der britischen Seestreitkräfte aufzurüsten und in bezug auf die U-Boot-Stärken vorerst ein Verhältnis von 45% zu 100% zu akzeptieren. Englands Vorteile lagen angesichts der globalen Überforderung des Landes auf der Hand. Ja, es bemühte sich bereits seit 1934 darum, ein ähnliches Abkommen für die Aufrüstung der Luftwaffen beider Nationen zu erreichen – ein Vorschlag, auf den Hitler bezeichnenderweise nie ernsthaft einging. Während der Vertrag vom 18. Juni 1935 die Briten über die getroffenen Abmachungen im engeren Sinne hinaus zu nichts verpflichtete, glaubten Hitler und sein Sonderbevollmächtigter von Ribbentrop trotz aller Rückschläge im einzelnen, daß man auch zu jenem großen Interessenausgleich im weiteren Sinne kommen werde, der Hitler stets vorschwebte.

Volksabstimmung im Saargebiet

Deutsch-englisches Flottenabkommen

Es schien zuweilen so, als habe Hitlers außenpolitisches „Programm“ Chancen, verwirklicht zu werden, da es weder auf konservativer Seite in Deutschland noch bei den verantwortlichen Staatsmännern im Ausland in seinen weitreichenden

Zielsetzungen erkannt werden konnte. Zwar wurden die innenpolitischen Auswüchse des Dritten Reiches im westlichen Ausland mit Abscheu betrachtet, und auf die Wiedereinführung der Allgemeinen Wehrpflicht in Deutschland am 16. März 1935 reagierten die Westmächte, wenn letztlich auch recht wirkungslos, mit der Bildung der „Stresafront" im April 1935 (Konferenz der Regierungschefs von Großbritannien, Frankreich und Italien in Stresa vom 11.–14. April 1935), die das deutsche Vorgehen in dieser Frage verurteilte und sich gegen die einseitige Aufkündigung von Verträgen wandte. Doch die auswärtigen Mächte wurden immer wieder dadurch beruhigt, daß alle Schritte des neuen Regimes von den Friedensbeteuerungen des Diktators und seiner Diplomatie begleitet waren. Ohne es zu wollen, verhalfen die konservativen Repräsentanten des Auswärtigen Amtes Hitlers „Strategie grandioser Selbstverharmlosung" [643: H. A. Jacobsen] zum Erfolg.

„Stresafront"

Daß die rassistischen Exzesse in der Innenpolitik des Regimes sozusagen schon auf die andere, die ideologische Seite nationalsozialistischer Außenpolitik verwiesen und den Blick auf das Bewegungsgesetz der Diktatur Hitlers schlaglichtartig freigaben, konnte noch kaum irgendeinem Beobachter so recht klar werden, der die verwirrende Szene deutscher Außenpolitik damals betrachtete. Denn neben Hitler und dem Auswärtigen Amt betrieben die „Dienststelle Ribbentrop" und das „Amt Rosenberg" sowie bald auch Dienststellen der SS und das Propagandaministerium quasi ihre eigene Außenpolitik. Diese außenpolitischen Aktivitäten liefen ohne Zweifel oftmals durcheinander, entwickelten eine teilweise recht ungezügelte Beschleunigung und provozierten Begebenheiten, die etwa im nationalsozialistischen Putsch in Wien vom 25. Juli 1934 ihren Ausdruck fanden und die Hitler zu diesem Zeitpunkt wohl noch nicht erwünscht waren. Mag die vom nationalsozialistischen Ämterchaos im außenpolitischen Bereich freigesetzte Dynamik den Diktator manchmal auch fortgerissen haben, im Prinzip mündete sie immer wieder in die von ihm gesteuerte Richtung der „großen Politik" ein.

Ämtervielfalt in der deutschen Außenpolitik

Putschversuch der Nationalsozialisten in Österreich

Zusammenfassung

Aus der Darstellung der Geschichte des Dritten Reiches während der Jahre 1933–1935 ergeben sich folgende Resultate und Schlußfolgerungen:

Umfang und Technik der „Machtergreifung"

Hitlers Ernennung zum Reichskanzler am 30. Januar 1933 markierte das Ende der Weimarer Republik und leitete eine neue Periode der deutschen Geschichte ein. Daß sie darüber hinaus den Auftakt zum Untergang des 1871 gegründeten preußisch-deutschen Nationalstaates legte, war damals nur wenigen Zeitgenossen so klar, wie wir dies heute rückblickend zu übersehen vermögen. Wohl keiner der Miterlebenden hatte das katastrophale Ende des Deutschen Reiches vor Augen, als die nationalsozialistische Führung der neuen Regierung der „nationalen Konzentration" im Zuge einer gleitenden, scheinbar legal ablaufenden Revolution, unter Verwendung der in erster Linie antimarxistisch verstandenen Einigungsparole von der „nationalen Erhebung" des deutschen Volkes und auf dem Wege der „Gleichschaltung“ des politischen, gesellschaftlichen und öffentlichen Lebens im Deutschen Reich daranging, nach und nach alle Macht zu erobern, Deutschland tiefgreifend umzugestalten und diese alle Bereiche einbeziehende „Machtergreifung“ im großen und ganzen mit erstaunlicher Schnelligkeit vollendete.

In den Begriffen der „Gleichschaltung“ und der „Machtergreifung“, die uns heute durchweg negativ und abstoßend vorkommen und die zeitgenössisch doch so weitgehend positiven und gewinnenden Klang besaßen, fand der Macht- und Monopolanspruch der NSDAP und ihres „Führers“ Adolf Hitler seinen Ausdruck. Unmittelbar im Anschluß an den Regierungswechsel vom 30. Januar 1933 setzte ein Prozeß zur Durchsetzung dieser Zielvorstellungen ein. In vergleichsweise kurzer Zeit unterwarf er das Deutsche Reich dem Willen seiner neuen Herren. In seinem Verlauf wurden mißliebige Persönlichkeiten des alten Staates entweder durch terroristische Mittel aus ihren Positionen vertrieben, oder die nationalsozialistischen Machthaber machten sich diese traditionellen Kräfte verfügbar. Der Vorgang der „Machtergreifung“ war im Prinzip schon am 2. August 1934 abgeschlossen, als Hitler nach Hindenburgs Tod neben dem Amt des Kanzlers auch das des Reichspräsidenten übernahm.

Teilidentität der Interessen

Zumindest vorläufig konnten sich aber, von den Kirchen einmal abgesehen, noch zwei große und wesentliche gesellschaftliche und politische Kräfte, die Wirtschaft und das Militär, dem im Grundsatz totalitären Machtanspruch der Regierung entziehen, ehe auch sie 1936 bzw. 1938 das Diktat der nationalsozialistischen Partei und des „Führerstaates“ stärker zu spüren bekamen. Solange allerdings die unübersehbare Teilidentität der Interessen zwischen den Belangen der Wirtschaft und des Militärs einerseits und den Zielen Hitlers andererseits die erst später klarer zutage tretenden Gegensätze verdeckte, vermochte sich die wirtschaftliche und militärische Elite eine vergleichsweise hohe Selbständigkeit zu bewahren. Das Regime hatte mit ihnen als Machtfaktoren nach wie vor zu rechnen und respektierte sie in gewissem Maße bis auf weiteres, um mit ihnen zusammenarbeiten zu können.

Partei und Staat

Der im August 1934 im wesentlichen abgeschlossene Prozeß der „Machtergreifung“ und „Gleichschaltung“ fand danach allerdings in zweifacher Weise seine charakteristische Fortsetzung: Zum einen war das Regime grundsätzlich weiter darum bemüht, bislang mehr oder minder unbehelligt fortbestehende Bereiche, Institutionen, Verbände und Vereine des Staates und der Gesellschaft zu erfassen und sich willfährig zu machen. Zum anderen schritt der unmittelbar 1933 eingeleitete Vorgang beständig voran, das gesamte Land mit nationalsozialistischen Organisationen zu überziehen, die nicht zuletzt in Konkurrenz zu bestehenden Einrichtungen des Staates traten. Trotz propagandistischer Beteuerungen von der Geschlossenheit des Dritten Reiches ließen sie den Dualismus zwischen Partei und Staat zum Kennzeichen nationalsozialistischer Herrschaft werden und dienten dem weltanschaulichen Führungsanspruch der Partei im neuen Staat.

Tradition und Revolution

Das Spezifische der „legalen Revolution“ Hitlers lag allerdings nicht allein darin, daß vorhandene Bürokratien durchdrungen, umorientiert und benutzt wurden, allerdings dabei auch noch für geraume Zeit Freiräume bargen, die zumindest in begrenztem Maße Gelegenheit für eigenständige, sich dem Regime entziehende und verweigernde Aktivitäten beließen. Charakteristisch für den am 14. Juli 1933 proklamierten „Einparteistaat", in dem das Ämterchaos die Grundlage und das Mittel des stets in maßgeblichen Fragen dominierenden Führerwillens bildete, war vielmehr die Tatsache, daß sich das Revolutionäre der „Machtergreifung" im Gewande der Tradition vollzog. Das Nebeneinander von überkommenen und neuen Elementen, von Überlieferung und Revolution, von Legalität und Terror kennzeichnete die „nationale Erhebung" der Nationalsozialisten. In diesem Sinne wurden „Machtergreifung" und „Gleichschaltung" „1. durch die Nutzung legaler Mittel, 2. durch ständiges Ausweiten der legalen Möglichkeiten, 3. durch Schaffung neuer Instanzen und 4. durch organisierte und durch spontane Aktionen von unten, von der Straße her unter Anleitung nationalsozialistischer Führer" [131: G. SCHULZ] langfristig entworfen und improvisiert verwirklicht. Insofern handelte es sich bei Hitlers „Machtergreifung" um einen tiefgreifenden, in seinen politischen, sozialen und wirtschaftlichen Auswirkungen teilweise erst Jahre später erkennbar werdenden Vorgang der innen- und außenpolitischen Umgestaltung eines Verfassungs- und Rechtsstaates zu einem totalitären „Doppelstaat". Er bewahrte die Werkzeuge des hergebrachten „Normenstaates" soweit, wie er ihm für die Erreichung seiner nicht zuletzt weltanschaulich entworfenen Ziele dienlich und als Maske willkommen war. Dahinter aber verbarg sich die andere, für die Geschichte des Dritten Reiches bestimmende Seite des terroristischen „Maßnahmestaates" und blieb doch genügend deutlich erkennbar, um stets drohend gegenwärtig zu sein.

Das Neuartige der „Machtergreifung"

Alles in allem handelte es sich bei der nationalsozialistischen „Machtergreifung" um eine „jener neuartigen Revolutionen des 20. Jahrhunderts, die bewußt und betont mit neuartigen Mitteln des Terrors, der Massensuggestion und -kommunikation, der Kontrolle und des Zwanges" [102: K. D. BRACHER] arbeiten. Dabei versprach die Parole von der „nationalen Erhebung" der Bevölkerung und ihren Führungsschichten Befreiung von der für das Deutsche Reich allgemein als außenpolitische Schmach und Demütigung empfundenen Friedensordnung von Versailles. Und der Tatbestand einer sich scheinbar legal vollziehenden Revolution vermied es, gerade einem damals den Werten von Ordnung und Gesetz so anhängenden Volk wie den Deutschen als Rechtsbruch verdächtig zu werden. Dadurch, daß Recht im Namen des Gesetzes gebrochen wurde, erhielt die „Machtergreifung" den Verwirrung stiftenden und Vertrauen heischenden Schein der Legalität, hinter dem Hitlers totalitäre Diktatur errichtet wurde. Das Rezept des nationalsozialistischen Erfolges bestand darin, mit dem Terror zu drohen und ihn auch tatsächlich dort einzusetzen, wo die bis zum äußersten ausgedehnten Mittel der Legalität und die große Bereitschaft des deutschen Volkes zur Anpassung an eine grundlegende Umgestaltung des parlamentarischen Verfassungsstaates nicht mehr ausreichten.

Voraussetzungen und Bedingungen der „Machtergreifung"

Daß in diesem Zusammenhang die weitgehend antiparlamentarische Orientierung der deutschen Eliten den Vorgang der „Machtergreifung" erleichterte, begünstigte und förderte, liegt ebenso auf der Hand, wie ein nicht zuletzt auch von der weltwirtschaftlichen Entwicklung mitgetragener Aufschwung der Volkswirtschaft der nationalsozialistischen Politik in der Anfangsphase des Dritten Reiches zugute kam. Die Tatsache, daß dabei eine wirtschaftliche Konjunktur entfacht wurde, die, wie sich in der zweiten Hälfte der dreißiger Jahre zeigte, in hohem Maße von einer nur schwer rückgängig zu machenden Rüstungswirtschaft mit ihren verhängnisvollen Begünstigungen der Kriegspolitik Hitlers abhängig war, wollten diejenigen, die sie nach der „Machtergreifung" in Gang setzten und souverän zu steuern glaubten, lange Zeit nicht sehen. Und daß der Zustand der trügerischen Ruhe, der in Deutschland einkehrte, damit erkauft wurde, daß der terroristische Ausnahmezustand an die Stelle des bürgerlichen Rechtsstaates trat, haben viele der konservativen Förderer und Partner Hitlers, die ihm zur Macht verhalfen und danach mit ihm zusammenarbeiteten, später mit dem Tode bezahlen müssen.

Rassistische Zielsetzung

Noch bestanden indes die nicht zu übersehenden konservativen Bastionen im „Führerstaat" Hitlers, der mit der Aktion des sog. „Judenboykotts" am 1. April 1933, dem Erlaß des Gesetzes „zur Verhütung erbkranken Nachwuchses" am 14. Juli 1933 und der sog. „Nürnberger Gesetze" am 15. September 1935 schon weit über die Gegenwart hinausweisend seine rassistische Zielsetzung als Triebkraft und Bewegungsgesetz des Dritten Reiches zu erkennen gab. Während Vertreter der alten Führungsschichten noch davon ausgingen, Hitler und seine „Bewegung" im sozialkonservativen Sinne zur Bewahrung der überlieferten Ordnung benutzen zu können, hatten er und seine Partei den Spieß bereits umgedreht und bedienten sich der traditionellen Eliten, ihres Sachverstandes und ihres Einflusses, so lange, wie sie ihnen nützlich sein konnten und wie man auf sie angewiesen war. Charakteristisch für die Anfangsphase der Geschichte des Dritten Reiches war eine sich aus unübersehbarer Interessenidentität ergebende Kooperation zwischen Nationalsozialisten und Konservativen, deren Zusammengehen ja letztlich auch das Schicksal der von beiden Partnern abgelehnten Weimarer Demokratie besiegelt hatte.

Planung und Improvisation

Neben allgemeinen Voraussetzungen der deutschen politischen Kultur (vgl. Schlußbetrachtung) und den planenden Absichten Hitlers kamen den Nationalsozialisten in den stürmischen Monaten der „Machtergreifung" und „Gleichschaltung" ohne Zweifel auch unvorhergesehene Situationen und historische Zufälle zu Hilfe. Sie wurden von der auf die Eroberung der Macht gerichteten Partei zwar improvisiert, aber doch gezielt genutzt. Mit der festen, wenn auch inhaltlich kaum klar umrissenen Absicht vor Augen, Deutschland grundsätzlich umzugestalten, der Partei und ihrem „Führer" im Inneren das unbestrittene Machtmonopol zu verschaffen und in außenpolitischer Hinsicht den internationalen Status quo weit über die revisionistischen Zielsetzungen des Weimarer Staates und des konservativen Deutschland hinaus zu revolutionieren, um endlich – in weiter Ferne – unter innen- und außenpolitischem Gesichtspunkt das utopische Ziel einer Rassendiktatur in globalem Maßstab zu verwirklichen, wurde aus sich jeweils ergebenden Gelegenheiten Kapital geschlagen und mit diabolischer Meisterschaft das Zufällige mit dem Beabsichtigten vereinbart.

B. DIE VORBEREITUNG DES KRIEGES (1936–1939)

1. Deutsche Aussenpolitik zwischen Revision und Expansion

Weltpolitische Bedingungen deutscher Außenpolitik

Es waren im Prinzip vier weltpolitisch wirksame Faktoren, die in den dreißiger Jahren wesentlich dazu beitrugen, daß Hitler seine revisionistisch erscheinende Expansionspolitik für lange Zeit zweifellos erfolgreich und vergleichsweise ungestört verfolgen konnte:

1. Die Aufmerksamkeit der Mächte, insbesondere Großbritanniens und der Vereinigten Staaten von Amerika, wurde immer wieder auf die ostasiatische Dauerkrise gelenkt. Sie war im September 1931 durch Japans kriegerisches Vorgehen gegen China in der Mandschurei zum Ausbruch gekommen und steigerte sich durch den japanischen Überfall auf Luk'ou-tchio vom 7. Juli 1937 zur bewaffneten Auseinandersetzung zwischen Japan und China.

2. Der Mittelmeerraum war durch den Krieg Italiens gegen Abessinien (Oktober 1935 – Juli 1936) und durch den alle Großmächte Europas sowie die UdSSR und die USA mehr oder minder intensiv einbeziehenden, zumindest in ihrer Aufmerksamkeit beschäftigenden Spanischen Bürgerkrieg (Juli 1936 – März 1939) zu einem weltpolitischen Krisenzentrum geworden, das neben dem ostasiatischen und dem kontinentaleuropäischen Schauplatz für die Wahrung der britischen Weltmachtinteressen maßgebend war und Englands Engagement stets beanspruchte.

3. In den dreißiger Jahren erwies sich zunehmend mehr, in welchem Maße sich das Pariser Friedenswerk (1919/20) problematisch und „künstlich" (R. Aron) ausnahm, da es zu viele Konflikte „zwischen etablierten Siegern, zu kurz gekommenen Siegern und Besiegten" [556: A. Hillgruber] ungelöst gelassen bzw. geschaffen hatte.

4. Der britisch-sowjetische Weltgegensatz, der sich in Ostasien, im Mittelmeerraum und in Kontinentaleuropa auswirkte, begünstigte die revisionistische und expansionistische Politik des deutschen Diktators für eine geraume Zeit. Im Grunde konnte er erst im Jahre 1941 notdürftig überbrückt und vorläufig vertagt werden, als Hitlers gleichzeitig gegen Großbritannien und die Sowjetunion gerichtete kriegerische Herausforderung die ideologischen und machtpolitischen Rivalen des Weltstaatensystems zur Partnerschaft zwang.

Unter Ausnutzung und im Windschatten dieser Spannungen, Krisen und Kriege verfolgte das Dritte Reich in den Jahren von 1936 bis 1939 zielstrebig und elastisch zugleich die programmatische Politik seines Diktators. Um sie zu verwirklichen, bemühte es sich in erster Linie darum, Großbritannien und angesichts des englischen Zögerns sodann mehr und mehr auch Italien und Japan für seine gegen die Sowjetunion gerichtete Strategie zu gewinnen.

Methoden der Englandpolitik

Dabei unternahm Hitler nach der ersten (1933 bis 1935) erfolglos verlaufenden Phase der Werbung um Großbritannien zwischen 1935 und 1937 den Versuch, England auch durch Drohungen gefügig zu machen, indem er beispielsweise am 7. März 1936 zum erstenmal offiziell für das Deutsche Reich koloniale Revision verlangte. Als ein mögliches Sanktionsmittel sollte diese Forderung Großbritannien wohl zum Einlenken in Hitlers Bündnisplan bewegen, während sie als Fernziel der Politik des Dritten Reiches erst nach der Verwirklichung der kontinentaleuropäischen Eroberungen Aktualität gewinnen würde. Vom Jahresende 1937 an steuerte Hitler gegenüber Großbritannien einen ambivalenten Kurs, den er in gewisser Hinsicht sogar noch nach dem 3. September 1939 weiterverfolgte. Einerseits arbeitete der Diktator nach wie vor auf die Ideallösung eines Bündnisses mit England hin, andererseits gewöhnte er sich nicht zuletzt auch unter dem Einfluß seines außenpolitischen Beraters von Ribbentrop doch mehr und mehr an den Gedanken, seine politischen Ziele möglicherweise an England „vorbei“ bzw. auch gegen Großbritannien durchsetzen zu müssen. Im Zuge seines Planes, zwischen der See- und Kolonialmacht England und der Land- und Hegemonialmacht Deutschland machtpolitische Interessensphären aufzuteilen, erachtete Hitler es als selbstverständlich, daß Großbritannien sich seiner Forderung nach Revision des Versailler Vertrages und seinen mittel- sowie osteuropäischen Expansionsvorhaben nicht entgegenstellen werde. Sein Bemühen um Englands Freundschaft, das im Zentrum seiner Bündnispolitik stand, konnte Hitlers Selbstverständnis gemäß nicht damit erkauft werden, daß er im kontinental- und osteuropäischen Bereich stillhielt. In diesem Sinne bewertete er jeden Schritt, den er nunmehr in der aktiven Phase seiner Außenpolitik unternahm, als einen Test auf Englands Haltung gegenüber seinen außenpolitischen Plänen, über deren Endziele die Briten ja lange Zeit im Dunkeln tappten.

Schon anläßlich seines Besuches am 25./26. März 1935 in Berlin hatte Außenminister Simon erkennen lassen, daß Großbritannien in Mittel- und Ostmitteleuropa den deutschen Forderungen entgegenzukommen bereit sein würde. Als Mussolini dann am 6. Januar 1936 dem deutschen Botschafter in Rom, von Hassell, erklärte, Italien habe nichts dagegen einzuwenden, daß Österreich ein „Satellit“ des Reiches werde, war eine Entwicklungslinie internationaler Politik vorgezeichnet.

Deutsch-österreichisches Abkommen

Zwar kam es aufgrund des deutsch-österreichischen Abkommens über die Wiederherstellung freundschaftlicher Beziehungen vom 11. Juli 1936 zur diplomatischen Normalisierung zwischen Wien und Berlin. Es ist aber nicht zu übersehen, daß sich die österreichische Regierung im öffentlichen Teil des „Juli-Abkommens“ dazu verpflichtete, in ihrer Politik der Tatsache Rechnung zu tragen, „daß Österreich sich als deutscher Staat bekennt“ und daß sie im vertraulichen Teil der Abmachungen versprach, ihre Außenpolitik „unter Bedachtnahme auf die friedlichen Bestrebungen der Außenpolitik der deutschen Reichsregierung zu führen“. Mit dem „Anschluß“ Österreichs an das Deutsche Reich im März 1938 fand diese Politik dann jedoch ihren Endpunkt.

Die Konzession Mussolinis war nicht zuletzt auch das Resultat eines von Hitler

Deutschland, Italien und der Abessinienkrieg

raffiniert betriebenen Doppelspiels, mit dem er im Abessinienkrieg agierte. Einerseits bestärkte er den „Duce" in seinem kriegerischen Vorgehen gegen Äthiopien und lieferte andererseits dem abessinischen Negus für seinen Kampf gegen die Italiener heimlich Waffen. Auf diesem Weg gedachte Hitler, den afrikanischen Konflikt möglichst zu verlängern, das Interesse der beiden Westmächte auf den mittelmeerisch-afrikanischen Bereich zu lenken, Mussolinis nicht zuletzt wehrwirtschaftlich bedingte Abhängigkeit vom Dritten Reich zu vergrößern und Rom dadurch an die Seite Berlins zu ziehen.

Einmarsch in die entmilitarisierte Zone des Rheinlandes

Die Briten boten auch kaum nennenswerten Widerstand, als Hitler im Schatten des abessinischen Krieges in einem Überraschungscoup am 7. März 1936 die entmilitarisierte Zone des Rheinlandes wiederbesetzen ließ, da dieser Schritt die Interessen der englischen Weltmacht kaum wesentlich zu berühren schien. Hitler wurde bei diesem Unternehmen nachdrücklich von seinen konservativen Regierungspartnern bestärkt, als er die Unterzeichnung des französisch-sowjetischen Beistandspaktes vom 2. Mai 1935 zum Anlaß nahm, sich im Westen die für seine Ostpolitik notwendige Rückenfreiheit zu schaffen. Frankreichs Reaktionsvermögen war aus innen- und militärpolitischen Gründen gelähmt, und Großbritannien demonstrierte – wie bereits angedeutet – sein Desinteresse an einem Vorgehen der Deutschen, dessen gewaltsame Methode es zwar verurteilte, dessen Ziele es jedoch im Grunde billigte. Insgesamt vermochte diese Begebenheit England nicht an dem Versuch zu hindern, mit Hitler doch noch zu einem friedlichen „Settlement" zu kommen. Der Diktator aber hatte ein entscheidendes Revisionsziel erreicht, das seine Popularität in der Bevölkerung steigerte.

Antisowjetische Ausrichtung der deutschen Außenpolitik 1936

Wenn die Spitzen der Wehrmacht und des Auswärtigen Amtes auch wichtige Rollen im Zusammenhang mit der Rheinlandbesetzung gespielt hatten, so war doch unübersehbar, daß Hitler zunehmend souveräner über die Außenpolitik des Reiches bestimmte, deren antisowjetische Ausrichtung gerade im Verlauf des Jahres 1936 immer deutlicher hervortrat. Fünf Tage nach dem Ausbruch des Bürgerkrieges in Spanien äußerte Hitler gegenüber dem japanischen Militärattaché General Oshima am 22. Juli 1936 in Bayreuth seine programmatisch festliegende Absicht, wonach „der Riesenblock Rußland wieder in seine ursprünglichen historischen Teile zerlegt" werden müsse. Im Zusammenhang damit ist auch die im August und September 1936 forcierte Propaganda des nationalsozialistischen Regimes gegen den Weltkommunismus und die Sowjetunion zu sehen. Einerseits war sie Ausdruck der ideologischen Ziele Hitlers, und andererseits sollte sie die Funktion erfüllen, das Deutsche Reich als Garanten einer großangelegten antibolschewistischen Politik in erster Linie für die Westmächte, insbesondere für Großbritannien, und im Falle eines Mißerfolgs ersatzweise auch für Japan und Italien als den einzig in Frage kommenden Bündnispartner erscheinen zu lassen.

„Achse Berlin-Rom" und „Antikomintern-Pakt"

Das erhoffte Einvernehmen mit Großbritannien stellte sich jedoch vorläufig nicht ein. Daher wählte Hitler mit der von Mussolini in seiner Mailänder Rede am 1. November 1936 proklamierten „Achse Berlin–Rom" und mit dem am 25. November 1936 mit Japan abgeschlossenen „Antikomintern-Pakt" vorläufige Aushilfslösungen, die folgenden Zielen dienen sollten: Zum einen sahen die Geheimklauseln des Vertrages mit Japan vor, gegenseitig wohlwollende Neutralität zu wahren, falls einer der vertragsschließenden Partner in einen Krieg mit der Sowjetunion gerate. Zum anderen gewann die Annäherung an Japan und Italien in Hitlers Gedankenbildung gewissermaßen Ersatzfunktion für den Fall, daß sich England nicht zum Bündnis bewegen lassen werde. Ja, damit einhergehend, erhielt insbesondere die deutsche Japanpolitik in von Ribbentrops Überlegungen jetzt bereits die Bedeutung einer alternativ entworfenen Konzeption zu Hitlers „Programm". Sie war ausgesprochen antienglisch orientiert und spekulierte auf eine sich von Japan bis Spanien erstreckende kontinentale Machtzusammenballung gegen Großbritannien (und die Vereinigten Staaten von Amerika). Während Hitlers Politik antisowjetisch und probritisch orientiert war, steuerte von Ribbentrop (ab 1938/39 deutlicher sichtbar) längerfristig einen eher auf die Bewahrung der sowjetischen Neutralität gerichteten und antienglisch bestimmten Kurs in der deutschen Außenpolitik. Die Verfolgung dieser Vorstellungen hinderte von Ribbentrop freilich vorläufig nicht daran, als Botschafter des Deutschen Reiches in London von 1936 bis 1938 ganz im Sinne Hitlers um Verständnis für Deutschlands Ostpolitik zu werben.

Von Ribbentrops außenpolitische Konzeption

Denn diesen Auftrag, ihm endlich das englische Bündnis zu bringen, hatte Hitler von Ribbentrop erteilt, als er ihn im August 1936 zum Nachfolger Leopold von Hoeschs auf den Botschafterposten berief. Seinen Wunsch nach „freier Hand" im Osten Europas bekräftigte Hitler auch im Gespräch mit dem neu ins Amt gekommenen italienischen Außenminister Graf Ciano, als dieser ihn am 24. Oktober 1936 auf dem Berghof besuchte und als im Verlauf der Unterhaltung der Mittelmeerraum, der Balkan und der Nahe Osten zum italienischen Einflußgebiet gezählt wurden.

Hitlers antikommunistische und antisowjetische Orientierung zeigte sich erneut deutlich, als er am 25. Juli 1936 dem Hilfeersuchen von General Franco nachkam und sich dazu entschloß, auf seiten der Rebellen in den Spanischen Bürgerkrieg einzugreifen – ein Schritt, der für den Sieg Francos wesentlich wurde. Erst nachdem Hitler sich aus politischen Gründen für diese Intervention entschieden hatte, wurde Spanien das Betätigungsfeld mannigfacher, vornehmlich von Hermann Göring betriebener wirtschaftlicher Aktivitäten, die jedoch für den Entschluß des Diktators sekundär blieben. Maßgeblich für die Entscheidung Hitlers war in erster Linie die politische Überlegung, angesichts der seit dem Juni 1936 in Frankreich amtierenden Volksfrontregierung zu verhindern, daß möglicherweise auch Spanien einen innenpolitischen Weg einschlagen würde, der das Land eher an die Sowjetunion als an das Deutsche Reich heranführen und der Deutschland der Rückenfreiheit für den beabsichtigten Schlag gegen die UdSSR berauben könne. In ideologischer und machtpolitischer Hinsicht ist die Intervention des Dritten Reiches in Spanien daher unter dem programmatischen Gesichtspunkt der gegen die Sowjetunion ausgerichteten Politik Hitlers zu beurteilen. Hinzu kam, daß sich Mussolini mit seinem Eingreifen auf der iberischen Halbinsel in wehrwirtschaftli-

Eingreifen in den Spanischen Bürgerkrieg

cher Hinsicht übernahm und sich für Hitler daraus die Chance ergab, das auf deutsche Unterstützung angewiesene Italien stärker an die Seite des Reiches zu ziehen. Darüber hinaus wurde in Berlin interessiert Englands Haltung zum Spanischen Bürgerkrieg beobachtet und auch im Hinblick auf diesen Test festgestellt, daß Großbritannien vor allen Dingen darauf bedacht war, einen großen Krieg in Europa zu vermeiden und Hitler ebenso wie Mussolini, aber auch Stalin in Spanien gewähren ließ. Im übrigen diente der sich hinziehende spanische Konflikt dazu, die Aufmerksamkeit der europäischen Großmächte zu fesseln und sie möglicherweise sogar militärisch zu beanspruchen. Die deutsche Hilfe für Franco stellt sich mithin als eine Funktion der gegen die Sowjetunion und auf die Durchführung der kontinentaleuropäischen „Blitzfeldzüge“ gerichteten Politik Hitlers dar.

Denkschrift zum „Vierjahresplan“ (August 1936)

Ihr Ziel wurde auch in der den „Vierjahresplan“ begründenden Denkschrift des Diktators vom Ende August 1936 deutlich: „Die deutsche Armee muß in vier Jahren einsatzfähig, die deutsche Wirtschaft in vier Jahren kriegsfähig sein“. Noch glaubte Hitler daran, daß es ihm gelingen werde, Großbritannien für seinen Bündnisplan zu gewinnen – eine Annahme, in der er beispielsweise durch den aus seiner Sicht erfolgreich verlaufenen Besuch des ehemaligen britischen Premierministers Lloyd George am 4. September 1936 auf dem Obersalzberg bestätigt wurde. Daß die im Mai 1937 ins Amt gekommene konservative Regierung Großbritanniens unter Neville Chamberlain demgegenüber durch eine systematisch betriebene Politik des „Appeasement“ auf friedlichem Weg zu einem „European Settlement“ kommen wollte, das sich grundsätzlich von Hitlers kriegerischer Methode und expansiven Plänen unterschied, erkannte und verstand er niemals. Klarer wurde ihm jedoch im Verlaufe des Jahres 1937, daß England seinen Plänen Schwierigkeiten machte und Frankreich gleichzeitig mehr und mehr in die Abhängigkeit der britischen Politik geriet. Daher schloß Hitler seit Ende des Jahres 1937 nicht mehr länger aus, im Notfall an England „vorbei“ oder „ohne England“ handeln und vielleicht sogar – dabei auf das von von Ribbentrop konstruierte „weltpolitische Dreieck“ Berlin-Rom-Tokio als „Ersatzlösung“ [556: A. HILLGRUBER] gestützt – eine gegen England gerichtete Politik verfolgen zu müssen, wenn er auch weiterhin durch Interviews, Gespräche und Kontakte darum bemüht war, das Bündnis mit Großbritannien doch noch zu erreichen.

Berlin–Rom–Tokio

Das Jahr 1937, das zwischen den „Überraschungen“ in der Anfangszeit des Dritten Reiches und den Krisen während der Zeit unmittelbar vor dem Kriegsausbruch lag, wurde für Hitler in gewissem Maße zu einem „Wendejahr“. Zwar hielt er programmatisch an der Idee des „Lebensraum“-Krieges fest, überdachte jedoch unter dem Eindruck der ihn befallenden Zeitnot die bündnispolitischen Voraussetzungen und veränderte sie schließlich notgedrungen.

„Wendejahr“ 1937

Insgesamt zeichnete sich damals im Rahmen des internationalen Systems eine den Gang der Weltpolitik beschleunigende Dynamik ab, die für Hitlers revisionistisch aussehende Expansionspolitik vorteilhaft war und durchaus nicht nur, wie bereits angedeutet wurde, auf Europa beschränkt blieb. Denn nicht allein der italienische Überfall auf Abessinien und der Spanische Bürgerkrieg hatten die internationale Ordnung erheblich erschüttert. Die Schwäche Frankreichs als europäischer Vormacht und kontinentaler Garantiemacht der Friedensverträge von 1919/20 war dabei auffällig enthüllt worden, der von Paris aus in erster Linie gegen Deutschland in Ostmitteleuropa errichtete Cordon sanitaire hatte sich nicht zuletzt auch angesichts des alles überlagernden britisch-sowjetischen Gegensatzes als recht fragwürdiges Abwehrinstrument erwiesen, und in ebenso entscheidendem wie klarem Maße war Englands attentistische Haltung gegenüber allen Fragen der internationalen Politik hervorgetreten. Darüber hinaus war jedoch seit der japanischen Invasion in der Mandschurei vom 18. September 1931 von Ostasien aus der globale Status quo schwerwiegend beeinträchtigt worden, und gerade seit dem 7. Juli 1937 rückte der japanisch-chinesische Kriegsschauplatz durch den Zwischenfall an der Pekinger Marco-Polo-Brücke wiederum ins Blickfeld. In kaum zu unterschätzender Weise band er die Aufmerksamkeit Großbritanniens und der Vereinigten Staaten von Amerika.

Entscheidung zugunsten Japans

Im andauernden ostasiatischen Konflikt entschied Hitler – entgegen der traditionellen Linie des Auswärtigen Amtes – am 18. Oktober 1937, nicht mehr länger China zu unterstützen und im japanisch-chinesischen Konflikt zu vermitteln, sondern künftig eindeutig zugunsten Japans Stellung zu nehmen. Ebenso wie im Falle des italienischen Beitritts zum „Antikomintern-Pakt“ vom 6. November 1937 war dabei neben den propagierten und tatsächlichen Möglichkeiten antisowjetisch orientierter Politik nicht zu übersehen, daß nach Englands Zögern, auf das angebotene Bündnis einzugehen, eine antibritische Ausrichtung deutscher Außenpolitik erkennbar wurde. Hitlers Selbstverständnis zufolge – und anders als von Ribbentrop es damals schon plante – vermochte sie allerdings niemals das eigentliche ideologische und machtpolitische Ziel des Dritten Reiches, die Eroberung von „Lebensraum“ im Osten des europäischen Kontinents und die Zerstörung der kommunistischen Sowjetunion, zu verdrängen.

In diesem Sinne wurde der Kampf gegen den Kommunismus auch weiterhin laut propagiert und politisch verfolgt. In einer Rede auf dem „Reichsparteitag der Arbeit“ am 7. September 1937 sprach Hitler vom „germanischen Reich“, das die deutsche Nation bekommen habe und das Bolschewismus und Judentum trotzen werde. Es waren mithin die ideologischen Triebkräfte des Antibolschewismus, der „Lebensraum“-Eroberung und des Rassismus, die für die Gestaltung der Außenpolitik des Deutschen Reiches letztlich immer ausschlaggebend waren. Sie bestimmten Hitler dazu, einen „Waffenstaat“ aufzubauen, um das Raumproblem zu lösen, wie er es anläßlich der Einweihung der Ordensburg Sonthofen am 23. November 1937 in einer Geheimrede programmatisch verkündete.

Hitlers Ansprache vom 5. 11. 1937 („Hoßbach-Niederschrift“)

Als eines der Grundmotive nationalsozialistischer Außenpolitik klang die „Lebensraum“-Frage auch in Hitlers geheimer Ansprache vor dem Reichsaußenminister von Neurath und den Oberbefehlshabern der drei Wehrmachtteile am 5. November 1937 an. In dieser Rede, deren von Oberst Hoßbach, dem Wehrmachtadjutanten Hitlers, angefertigte Niederschrift quellenkritisch nicht unproblematisch ist, inhaltlich allerdings mit zahlreichen anderen „Schlüsseldokumenten“ zur nationalsozialistischen Außenpolitik übereinstimmt, nahm Hitler Ziele seiner geplanten Expansionspolitik in Ostmitteleuropa, insbesondere im Hinblick auf Österreich und die Tschechoslowakei, ins Visier, die er möglichst im Verlauf des Sommers 1938 verwirklichen wollte. Darüber hinaus sprach er jedoch generell davon, daß die „Raumfrage" bis zum Zeitpunkt der Jahre 1943/45 gelöst sein müsse, da dann der Höhepunkt der militärischen Macht Deutschlands erreicht sein werde. Hitler fühlte sich also unter Zeitdruck. Das entsprang Überlegungen persönlich-biographischer Natur, hing aber auch mit der zukünftig für das Reich wahrscheinlich ungünstigen Entwicklung in der Weltpolitik zusammen.

Verhältnis zu den USA, der UdSSR und Großbritannien

Denn einen Monat vor Hitlers grundsätzlichen Ausführungen vom 5. November 1937 über den forciert zu verfolgenden Expansionskurs des Deutschen Reiches in den kommenden Jahren hatte der amerikanische Präsident Roosevelt in seiner „Quarantäne-Rede" in Chicago am 5. Oktober 1937 eine Warnung an die revisionistischen Staaten der Welt ausgesprochen, den Zusammenschluß aller friedlichen Nationen gefordert, mit dem Ausschluß der Rechtsbrecher aus der Völkerfamilie gedroht und zumindest versuchsweise seine Entschlossenheit demonstriert, die Vereinigten Staaten von Amerika aus ihrer politischen Abstinenz gegenüber den globalen Konflikten herauszuführen und Amerikas weltpolitische Rolle zu aktivieren. Doch entscheidender als das vorläufig fern und dumpf drohende Amerika und die gegenwärtig nicht zuletzt aufgrund der blutigen „Säuberungen" Stalins in der Roten Armee militärisch gering eingeschätzte Sowjetunion war für Hitler der „Faktor Großbritannien". England aber mußte er erst einmal unter die möglichen Gegner des Reiches rechnen. Nach wie vor war Großbritannien der Schlüssel zu Hitlers Außenpolitik. Mittlerweile hatte er sich dazu entschieden, die nicht zur Annäherung bereiten Briten durch eine Politik des Druckes zumindest im Windschatten der internationalen Politik zu halten, um seine Pläne verwirklichen zu können.

Lord Halifax auf dem Berghof

Als am 19. November 1937 Lord Halifax als Emissär der Regierung Chamberlain auf den Berghof kam und den „Führer" des Deutschen Reiches mit der vom neuen britischen Kabinett vorgeschlagenen Appeasementpolitik in Umrissen bekannt machte, waren die territorialen Veränderungsmöglichkeiten (Regelung der österreichischen, tschechischen und Danziger Frage im deutschen Sinne), die er Hitler als Konzessionen Londons in Ostmitteleuropa in Aussicht stellte, um das Deutsche Reich dafür in eine dauerhafte europäische Friedensordnung einzubinden, für den Diktator kaum noch interessant, da er Ostmitteleuropa ohnehin schon als Einfluß- und Hegemonialbereich Deutschlands ansah. Hitler verlangte „Alles oder Nichts". Er erstrebte das englische Bündnis sowie „freie Hand" im Osten, er scheute aber auch nicht davor zurück, im Konflikt mit Großbritannien seine programmatischen Ziele zu verwirklichen. Zum Einlenken ins Bündnis bzw. zur stillschweigenden Tolerierung seiner geplanten Ostpolitik war die Regierung Chamberlain auf gar keinen Fall bereit, und Hitlers Skepsis gegenüber England

Von Ribbentrops Englandbild

wuchs. In dieser Haltung wurde er durch von Ribbentrops im Dezember 1937 als Fazit seiner Londoner Botschaftertätigkeit verfaßten großen Bericht über die außenpolitische Lage und über Deutschlands Verhältnis zu England noch bestärkt. In ihm sprach von Ribbentrop über die Aussichtslosigkeit, im deutschen Sinne mit Großbritannien ein Übereinkommen zu finden. Vielmehr empfahl er, sich darauf einzurichten, gegen England Front machen zu müssen. Hitlers bündnispolitischer Plan wankte bedenklich, wurde durch politische Ersatzlösungen (Italien und Japan) unzulänglich substituiert und im Hinblick auf Großbritannien vom Diktator auch zukünftig versuchsweise immer wieder verfolgt.

Umgestaltungen in Wirtschaft, Wehrmacht und Auswärtigem Amt – Auftakt zur Expansion

Nach den Umgestaltungen im Bereich der Wirtschaft, der Wehrmacht und des Auswärtigen Amtes Ende 1937/Anfang 1938, mit der Entlassung Schachts als Reichswirtschaftsminister am 26. November 1937, mit den Veränderungen in der Wehrmacht im Zuge der sog. „Blomberg-Fritsch-Krise" im Januar/Februar 1938 sowie mit der gleichzeitig damit einhergehenden Ersetzung von Neuraths als Außenminister durch von Ribbentrop, waren die internen Voraussetzungen für die gewaltsame Verwirklichung der Politik territorialer Veränderungen in Ostmitteleuropa geschaffen. Daneben dienten diese spektakulären Aktionen jedoch auch dazu, die 1937/38 immer wieder aufbrechenden Spannungen in der deutschen Führungsspitze über den innen-, außen- und wirtschaftspolitischen Kurs des Deutschen Reiches zu verdecken und die Autorität des „Führers" zu stärken.

Verhältnis zu Österreich

Der erste außenpolitische Schlag des Dritten Reiches richtete sich dann gegen Österreich, mit dem erst am 11. Juli 1936 ein die beiderseitigen Beziehungen regelndes Abkommen geschlossen worden war. Noch Ende Dezember 1937 hatte Hitler in bezug auf die österreichische Frage geäußert, keine „Brachiallösung" herbeiführen zu wollen. Offenbar schwebte ihm vor, in Österreich den Nationalsozialisten zu einer ähnlich angelegten „Machtergreifung" zu verhelfen, wie sie in Deutschland stattgefunden hatte. Zur Regelung des mittlerweile gespannten Verhältnisses zwischen den beiden Ländern gelang es dem deutschen Botschafter in Wien, von Papen, ein Treffen zwischen Hitler und dem österreichischen Bundeskanzler von Schuschnigg auf dem Obersalzberg bei Berchtesgaden zu arrangieren, das am 12. Februar 1938 stattfand.

Österreichische Krise

In äußerst rüdem Ton sprang der deutsche Diktator dabei mit von Schuschnigg um und oktroyierte ihm eine recht einseitig abgefaßte Vereinbarung. Sie sah vor, die österreichischen Nationalsozialisten an der Regierung zu beteiligen, ihnen mit der Übernahme des Innenministeriums die Polizeigewalt zu übergeben und der Partei freie Betätigung zu erlauben. Um eine nationalsozialistische Machtübernahme zu verhindern, ergriff der österreichische Bundeskanzler am 9. März 1938 die Flucht nach vorn und beraumte für den 12. März 1938 eine Volksabstimmung an. In ihr sollten die Österreicher sich „Für ein freies und deutsches, unabhängiges und soziales, für ein christliches und einiges Österreich!" entscheiden. Das Wahlalter der Bevölkerung wurde auf 24 Jahre heraufgesetzt, um die zu großen Teilen vom Deutschen Reich und vom Nationalsozialismus begeisterte Jugend an der Stimmabgabe zu hindern. Improvisationen in der mangelhaften Wahlvorbereitung waren unübersehbar, und sie gaben Hitler endlich den Vorwand, Kurt von Schuschnigg zu einem Verzicht auf die Volksabstimmung zu zwingen.

Inzwischen drängten Göring und von Ribbentrop auf einen militärischen Einmarsch in Österreich. Mussolini erklärte Hitler, er werde anders als 1934 dieses Mal in die österreichischen Angelegenheiten nicht eingreifen. Am 11. März wich der österreichische Bundeskanzler dem Druck eines deutschen Ultimatums, das mit dem Einmarsch von Truppen für den Fall drohte, daß er nicht zurücktreten und dem Nationalsozialisten Seyß-Inquart sein Amt übergeben werde. Schuschniggs verzweifelter Appell an die europäischen Mächte verhallte ergebnislos, und Seyß-Inquart trat an seine Stelle. Als der österreichische Bundespräsident Miklas sich weigerte, den Nationalsozialisten zum Bundeskanzler zu ernennen, gab Hitler am 11. März 1938 den Befehl zum Einmarsch. Selbst ein spätes Einlenken des österreichischen Bundespräsidenten in der Nacht vom 11. auf den 12. März 1938 verhinderte die militärische Lösung nicht mehr. Den Vorwand lieferte ein von Göring veranlaßtes Telegramm, in dem der zur neuen österreichischen Regierung entsandte SS-Obergruppenführer Keppler unautorisiert einen Hilferuf der österreichischen Regierung an das Reich nach Berlin abgab.

„Anschluß" Österreichs

Am 12. März 1938 marschierten die deutschen Verbände nach Österreich ein, nachdem von Ribbentrop aus London Göring telefonisch versichert hatte, England werde nicht intervenieren. Während Hitler bei Beginn des Einmarsches noch vorhatte, Österreich im Zuge einer Union mit Deutschland zu verbinden, entschloß er sich angesichts des ihn und die deutschen Truppen empfangenden Jubels der Bevölkerung spontan, Österreich durch einen völligen „Anschluß" mit dem Deutschen Reich zu vereinigen. Im Prinzip war es aus seiner Sicht nicht entscheidend, in welcher Form Österreich dem Dritten Reich angeschlossen wurde, wenn es der deutschen Großmacht nur zur strategischen Umklammerung der Tschechoslowakei und als Satellit für die kommenden Auseinandersetzungen zur Verfügung stand. Unübersehbar dominierte nunmehr das Deutsche Reich in Kontinentaleuropa und schien zusammen mit Italien und Japan die Geschicke der Welt souverän zu steuern. Zwar verurteilte Großbritannien die Art und Weise des deutschen Vorgehens, erkannte jedoch den „Anschluß" innerhalb von vierzehn Tagen an. Hitler hatte gesehen, daß er auf Mussolini zu zählen vermochte und daß England nicht kämpfen würde. Er konnte darauf vertrauen, daß Japan, dessen Satellitenregime in Mandschukuo er am 17. Februar 1938 anzuerkennen bereit war, an seiner Seite stand und daß Amerikas Aufmerksamkeit durch Japan von Europa auf Ostasien gelenkt erschien.

Tschechoslowakische Krise

Vor diesem weltpolitischen Hintergrund faßte er am 28. März 1938 den Entschluß, die tschechoslowakische Frage „in nicht allzu langer Zeit zu lösen". Europa stand eine weitere Krise bevor, und Hitlers nächstes Ziel in Ostmitteleuropa rückte in Reichweite, während in Deutschland die Rüstung auf Hochtouren lief, die flotten- und kolonialpolitischen Vorbereitungen bereits auf die überseeische Stufe deutscher Weltmachtpolitik verwiesen und die rassenpolitischen „Maßnahmen" des Regimes auf das utopische Bewegungsgesetz der Politik des Dritten Reiches hindeuteten.

Am 28. März 1938 empfing Hitler den Führer der Sudetendeutschen Partei,

Konrad Henlein, empfahl ihm, stets höhere Forderungen zu stellen, als die Tschechen erfüllen könnten, und plante, die vom tschechoslowakischen Staat benachteiligten Sudetendeutschen als Sprengsatz seiner expansiven Politik zu benutzen. Die sog. „Sudetenkrise" nahm ihren von Deutschland aus gesteuerten Verlauf. Nachdem die Tschechen am 20. Mai 1938 in der unzutreffenden Annahme, ein deutscher Angriff stehe unmittelbar bevor, mobilisiert hatten, gleichzeitig England unter der Bedingung, daß Frankreich die Tschechoslowakei unterstützen werde, in Berlin Entschlossenheit zum Kampf bekundet hatte, während es ansonsten alles tat, das ohnehin schon zurückhaltende Frankreich zum Stillhalten zu bewegen, und alles in allem die europäische Öffentlichkeit den Eindruck gewonnen hatte, Hitler sei vor den Tschechen und Briten zurückgewichen, forcierte der Diktator das Tempo der Krise. Am 30. Mai erging seine Weisung an die Wehrmacht, daß es sein „unabänderlicher Entschluß" sei, „die Tschechoslowakei in absehbarer Zeit durch eine militärische Aktion zu zerschlagen". Dazu ließ er die Wehrmacht für den 1. Oktober 1938 in Bereitschaft setzen. Im gleichzeitig anlaufenden Propagandafeldzug wurde immer wieder beteuert, die Abtretung des Sudetenlandes sei die letzte territoriale Forderung des Deutschen Reiches.

Mobilmachung der Tschechoslowakei („Wochenendkrise")

Weisung an die Wehrmacht zur Zerschlagung der Tschechoslowakei

Die Krise spitzte sich zu, und alle Welt blickte auf England, dessen Regierung kühle Zurückhaltung wahrte gegenüber den gleichzeitig an sie herangetragenen Bitten des sich formierenden konservativen Widerstandes in Deutschland, Hitler dieses Mal entschiedener entgegenzutreten, um ihm eine außenpolitische Niederlage zu bereiten und um dadurch die Voraussetzung für einen innenpolitischen Umsturz in Deutschland zu schaffen. Neville Chamberlain war aus außen- und innenpolitischen Gründen nach wie vor eher daran interessiert, Europas Frieden offiziell im Zusammenwirken mit der deutschen Regierung und nicht konspirativ mit den oppositionellen „Jakobiten am Hof von Frankreich", wie ihm die Sendboten der Verschwörer vorkamen, zu bewahren. Er war dazu bereit, Deutschlands Wünschen nach Veränderungen des Status quo in Mittel- und Ostmitteleuropa großzügig entgegenzukommen sowie über wirtschaftliche Vergünstigungen und koloniale Entschädigungen für das Reich zu verhandeln, um den europäischen und globalen Status quo im großen und ganzen zu sichern und um vor allem der für England und das Empire als tödlich angesehenen Kriegsgefahr zu entgehen.

Daher flog der britische Premierminister auf dem Höhepunkt der Krise, nachdem Hitler auf dem Nürnberger Parteitag mit dem Einmarsch in die Tschechoslowakei gedroht hatte, am 15. September 1938 zu dem deutschen Diktator, um ihm auf dem Obersalzberg in persönlichen Verhandlungen die Übergabe der sudetendeutschen Territorien anzubieten, um damit zu verhindern, daß das Deutsche Reich sich den tschechoslowakischen Staat insgesamt einverleibte, und um den „Führer" vor allem von kriegerischen Schritten fernzuhalten. Als er nach Beratungen mit seinem Kabinett am 22. September 1938 wiederum in Deutschland, in Bad Godesberg, mit Hitler zusammentraf und die eine Woche zuvor ausgehandelte Anerkennung auf das Selbstbestimmungsrecht der Sudetendeutschen und die

Chamberlain und Hitler

Abtretung der Region nunmehr auch offiziell von seiten des britischen Kabinetts gebilligt worden war, verlangte Hitler von den Regierungen der beiden Westmächte darüber hinaus den unmittelbaren Einmarsch der Wehrmacht, eine Abstimmung in einem nicht genau fixierten Territorium und ermunterte Polen und Ungarn dazu, ihrerseits Gebietsforderungen gegenüber der tschechoslowakischen Republik zu erheben. Wenn es auch so schien, daß nach dem Scheitern der Godesberger Konferenz (22.–24.9.1938) Europa der Krieg nicht länger erspart bleiben könne, so hatte sich doch faktisch für die englische Seite kaum etwas geändert, das britische Interessen wesentlich verletzt und sie mithin zum Krieg gegen Deutschland hätte bewegen müssen. In dieser durch das auf den 28. September befristete deutsche Ultimatum und die Kriegsvorbereitungen der Westmächte gekennzeichneten internationalen Lage bat die britische Regierung den italienischen Diktator Mussolini um Vermittlung. Das Ergebnis war die Münchener Konferenz vom 29. September 1938.

Münchener Konferenz

Dort unterbreitete der „Duce" Großbritannien, Frankreich und dem Deutschen Reich einen Vorschlag, der von deutscher Seite vorbereitet worden war. Er kam aus jenen Kreisen im Auswärtigen Amt um Staatssekretär Frhr. von Weizsäker und in den Stäben des „Vierjahresplanes" um Hermann Göring, die ein Interesse daran hatten, den Krieg zu vermeiden. Anders als Hitler, der nunmehr unter Einsatz militärischer Mittel dazu übergehen wollte, die zentraleuropäischen Bedingungen für seinen Eroberungs- und Rassenkrieg gegen die Sowjetunion zu schaffen, waren sie die Vertreter einer eher traditionell ausgerichteten Großmachtpolitik. Sie strebten durchaus nach einer europäischen Vorherrschaft und kolonialen Ergänzungsräumen für das Deutsche Reich, aber sie rechneten damit, daß ihnen Großbritannien auch ohne und vielleicht gerade für den Fall des Verzichts auf kriegerische Lösungen angemessen entgegenkommen werde. In einem gar nicht zu übersehenden Gegensatz zu Hitlers Kriegskurs lancierten sie ihre alternativen Pläne zu dem gleichfalls auf Friedensbewahrung bedachten Mussolini, der sie sodann als Vermittler vorlegte.

Den Tschechen wurde im wesentlichen auferlegt, bis zum 1. Oktober 1938 das Sudetengebiet an das Deutsche Reich zu übergeben und sich mit weiteren Gebietsabtretungen an Polen und Ungarn abzufinden. Dafür sollten sie von den Großmächten eine Garantie auf die Existenz ihres Reststaates erhalten. Der Friede Europas und der Welt war noch einmal gerettet worden, und die am 30. September 1938 von Chamberlain und Hitler unterzeichnete deutsch-britische Nichtangriffs- und Konsultationserklärung bestärkte den englischen Premierminister in seinem festen Glauben, der deutsche Diktator werde letztlich doch noch in ein „General and European Settlement" einwilligen und sich durch Angebote des „Economic" und „Colonial Appeasement" befrieden lassen.

Deutsch-britische Nichtangriffs- und Konsultationserklärung

Daß Hitler demgegenüber nach wie vor seinen gegen die Sowjetunion gerichteten und auf „Lebensraum"-Eroberung im Osten Europas zielenden Kurs verfolgte, zeigte sich schon sehr bald in den Verhandlungen zwischen von Ribbentrop und dem französischen Außenminister Bonnet, die in gewisser Parallelität mit der zwischen Hitler und Chamberlain in München ausgetauschten deutsch-britischen Erklärung vom 30. September 1938 zur deutsch-französischen Nichtangriffserklärung vom 6. Dezember 1938 führten. In diesem Zusammenhang bestand der deutsche Außenminister hartnäckig und, wie er subjektiv annahm, auch erfolgreich auf dem französischen Einverständnis zu einer deutschen Politik der „freien Hand" in Osteuropa.

Deutsch-französische Nichtangriffserklärung

Die übergreifenden Ergebnisse und Konsequenzen der Münchener Konferenz lassen sich im Hinblick auf die deutsche und europäische Politik am Vorabend des Zweiten Weltkrieges so zusammenfassen:

Konsequenzen der Münchener Konferenz

1. Die Ereignisse der tschechoslowakischen Krise hatten Hitlers Kriegswillen deutlich werden lassen. Der Diktator gedachte, im Vertrauen auf Englands Neutralität die europäischen Etappen als Voraussetzungen seiner gegen Rußland gerichteten Politik mit militärischen Mitteln zu erreichen. Großbritannien sollte dabei auf den maritimen und überseeischen Bereich beschränkt werden. Daneben versuchte er, mit Frankreich ein Einvernehmen herzustellen, glaubte dann wieder daran, es einfach ignorieren zu können, und erwog auch erneut die Möglichkeit, es noch vor seinem Ausgreifen nach dem Osten Europas zu überfallen. Gleichzeitig ließ er bereits auf kolonial-, flotten- und rassenpolitischem Sektor Instrumentarien bereitstellen und Lösungen erörtern, um im Sinne der Realisierung seines „Programms" gerüstet zu sein. Denn es wurde immer deutlicher, daß sich der außen- und rassenpolitische Grundplan des Diktators nunmehr in zeitlicher Perspektive beträchtlich zusammenzog. Die ursprünglich viel langfristiger entworfenen überseeischen Weltmachtpläne des Deutschen Reiches rückten daher schon für die zweite Hälfte der vierziger Jahre, nachdem die Eroberung des Kontinentalimperiums im Osten Europas Hitlers Vorstellungen gemäß vollendet war, ins Blickfeld der deutschen Führung.

Hitler unter Zeitdruck

Darüberhinaus aber hatten die Ereignisse vom Herbst 1938 gezeigt, daß es auf deutscher Seite im außenpolitischen Feld unterschiedliche Strömungen gab. Über einige von ihnen konnte man zeitgenössisch kaum unterscheidend sagen, ob sie Hitlers Plänen dienten und zur Dynamik seines Vorgehens beitrugen oder ob sie als Alternativen einer eher auf Friedensbewahrung angelegten, für die übrigen Mächte akzeptableren Großmachtpolitik anzusehen waren und vor allem der radikalen und utopischen, der globalen und rassischen Züge des Hitlerschen Denkens entbehrten. Heute wissen wir, daß auch sie letztlich, wenn auch zuweilen wider den Willen oder ohne das Wissen ihrer Träger, mithalfen, Hitlers „Programm" zu verfolgen.

Strömungen in der deutschen Außenpolitik

2. Für den Fortgang der europäischen Großmachtpolitik entscheidend wurde die Tatsache, daß die Sowjetunion nicht an der Münchener Konferenz beteiligt worden war. Der englische Premierminister Neville Chamberlain war bestrebt, sowohl die Vereinigten Staaten von Amerika als auch die Sowjetunion als die beiden Flügelmächte des Weltstaatensystems aus dem von ihm nach wie vor als Zentrum der Staatenwelt angesehenen europäischen Geschehen herauszuhalten. Er wollte es vermeiden, dem wirtschaftlichen und imperialen Konkurrenzdruck der

Die Sowjetunion und die Münchener Konferenz

USA unmittelbar ausgesetzt zu sein, die sich anschickten, Großbritannien als Weltmacht abzulösen. Und er wollte dem ideologischen und machtpolitischen Ausgreifen der Sowjetunion, die er stets in höchstem Maße mißtrauisch und ablehnend beobachtete, nach Zentraleuropa hinein vorbeugen. Stalin zog seinerseits aus dieser „Auskreisung" seines Landes aus dem Konzert der europäischen Mächte die Konsequenz, die seit 1934/35 von der Sowjetunion betriebene Politik der „kollektiven Sicherheit" als gescheitert anzusehen. Er argwöhnte ein Zusammengehen der kapitalistisch-revisionistischen mit den kapitalistisch-antirevisionistischen Staaten gegen die kommunistische Sowjetunion. Daher folgerte er, es sei nunmehr dringend notwendig, eine von ihm auch bereits zuvor in den dreißiger Jahren gegenüber Deutschland in Erwägung gezogene und versuchsweise angedeutete Neuorientierung der sowjetischen Außenpolitik einzuleiten. Sie führte endlich dazu, sich aus einem subjektiv begreiflichen Sicherheitsbedürfnis heraus Hitlers Deutschland zu nähern, um der Gefahr einer gegen die Sowjetunion gerichteten „Einheitsfront" der kapitalistischen Staaten zu entgehen und um diese vielmehr ihrerseits untereinander in einen Krieg zu verwickeln. In München wurden mithin entscheidende Grundlagen für den Abschluß des deutsch-sowjetischen Nichtangriffspaktes vom 23. August 1939 gelegt.

3. Durch die Beschlüsse der Münchener Konferenz war deutlich geworden, daß Neville Chamberlain und sein „inneres Kabinett" um nahezu keinen Preis, gewiß aber nicht um den territorialer Zugeständnisse an das Reich in Mittel- und Ostmitteleuropa sowie der mehr oder minder offenen Hegemonie Deutschlands in dieser Region, von seinem Konzept des „Appeasement" als einer systematisch verfolgten und durch elementare Interessen englischer Außen- und Innenpolitik bestimmten Strategie abzubringen war. Offensichtlich hatte er die drohende Kriegsgefahr im September 1938 erfolgreich beigelegt, und es kam seinem Verständnis nach jetzt darauf an, die noch zwischen dem Deutschen Reich und Großbritannien stehenden Probleme auf kolonialpolitischem, wirtschaftlichem und rüstungspolitischem Sektor vernünftig und konfliktlos zu regeln.

„Appeasement"

Hitler aber stand im Herbst 1938 auf einem Höhepunkt seiner Macht und Popularität. Auf revisionistischem Gebiet hatte er erreicht, wovon die Mehrzahl der Politiker und Bevölkerung in Deutschland seit 1919 träumten, und er hatte es ohne Krieg erreicht. Daß der Diktator die friedliche Lösung von München nicht eben schätzte, wußten damals nur wenige Eingeweihte in Berlin. Doch die Triebkräfte der nationalsozialistischen Außenpolitik strebten über die revisionistische Dimension hinaus zur Verwirklichung der programmatischen Ziele Hitlers.

1938 begann die Marine damit, sich mit den Problemen einer Seekriegführung gegen England zu beschäftigen und über die kontinentalen Vorhaben deutscher Außenpolitik hinaus den Blick auf die in Hitlers Gedankenbildung vorläufig noch nicht aktuelle überseeische Weltmachtpolitik zu richten: „Wenn Deutschland nach dem Willen des Führers eine in sich gesicherte *Weltmacht*-Stellung erwerben soll", so heißt es in der Stellungnahme von Admiral Carls zur „Entwurfsstudie Seekriegführung gegen England" vom September 1938, „bedarf es neben genü-

Marineplanungen

gendem Kolonialbesitz *gesicherter Seeverbindungen und gesicherten Zugangs zum freien Ozean*". Es ist nicht bekannt, ob Carls von Hitlers Vorstellungen, eine Weltmachtstellung durch Unterwerfung Europas (einschließlich der Sowjetunion) und durch ein anschließendes Ausgreifen nach Übersee zu schaffen, im einzelnen wußte. Wahrscheinlich war dies nicht der Fall. Wichtig ist aber, daß er mit seinen Gedanken Hitlers um den Globus schweifenden Fernzielvorstellungen durchaus entgegenkam und empfahl, sie in die Planungen der Marine einzubeziehen.

Hitler selbst gab kurz darauf mit seiner Entscheidung für den Bau einer großen Überwasserflotte, dem sog. Z-Plan der Marineführung, Ende Januar 1939 zu erkennen, daß er – anders als er es ursprünglich in den zwanziger Jahren entworfen hatte – noch mit den Vorbereitungen für die Verwirklichung der kontinentaleuropäischen Stufe seines „Programms" beschäftigt, bereits dessen überseeische Etappe ins Auge nahm. Dem Entschluß, den Aufbau der deutschen Flotte bis zur Mitte der vierziger Jahre zu vollenden, lagen miteinander verwoben sowohl defensive als auch offensive Motive zugrunde. Gewiß sollte die Flotte dazu dienen, den nach wie vor nicht erwünschten, möglicherweise aber unvermeidbaren Krieg gegen ein sich den kontinentaleuropäischen Zielen Hitlers widersetzendes England zu führen bzw. durch ihre Existenz Großbritannien von einem Eingreifen gegen das Reich abzuschrecken. Neben dieser eher traditionellen Funktion war im Zusammenhang mit anderen gleichzeitig anlaufenden Planungen des Dritten Reiches jedoch nicht zu übersehen, daß Deutschland sich für die Zukunft als Führungsmacht des europäischen Kontinentalimperiums auf die als sicher erwartete globale Auseinandersetzung mit der Weltmacht Amerika einrichtete.

Kolonialpolitische Aktivitäten

In diesem Rahmen sind nicht zuletzt auch die verstärkten Aktivitäten des Kolonialpolitischen Amtes zu beachten, das als Kern des zukünftigen Kolonialministeriums fungierte. Im Zuge der kolonialen Propaganda und Forderungen, die einerseits ein taktisches Mittel der deutschen Außenpolitik gegenüber England darstellten, um Großbritannien zur Akzeptierung der kontinentaleuropäischen Ziele Hitlers zu veranlassen, und die andererseits doch schon auf die außenpolitische Stoßrichtung der deutschen Kontinentalmacht für die Zeit nach einem Feldzug gegen die Sowjetunion verwiesen, wurden die überseeischen Ziele des Dritten Reiches erkennbar. Im Auftrag Hitlers erhielt der designierte Kolonialminister Ritter von Epp vom Chef der Reichskanzlei, Lammers, am 9. März 1939 die Weisung, die Arbeiten „für eine koloniale Landnahme" in Afrika zügig voranzutreiben. Die Umrisse des „großdeutschen Weltreiches" zeichneten sich ab, wenn Goebbels nach der Einnahme Prags am 15. März 1939 die Presse auch ermahnte, den Gebrauch dieses Begriffs späteren Gelegenheiten vorzubehalten.

Großgermanisches Imperium

Gleichfalls von Weltmachtvorstellungen sprach der Reichsführer-SS, Himmler, gegenüber seinen „lieben Männern" in einer Rede, die er am 8. November 1938, also zu dem Zeitpunkt hielt, als Hitler in seiner traditionellen Ansprache im Münchener Bürgerbräukeller die Wehrmacht als das Vehikel seiner Großmachtpolitik pries. Himmler verkündete seinen SS-Führern, die Zukunft werde für Deutschland entweder das großgermanische Imperium oder das Nichts bringen – eine Alternative, die verblüffend an Hitlers Ausspruch in „Mein Kampf“, Deutschland werde entweder Weltmacht oder überhaupt nicht sein, erinnerte. Himmler versprach seinen Männern, der „Führer“ werde das „größte Reich“ schaffen, das „von dieser Menschheit errichtet wurde und das die Erde je gesehen hat“. Der Reichsführer-SS, Vorkämpfer jener im letzten das rationale Kalkül der Machtpolitik des nationalsozialistischen Staates dominierenden und zugleich unterlaufenden Ideologie vom neuen rassisch höherstehenden Menschen, spielte wohl mit diesen Worten seinem rassischen Dogma gemäß auf Weltherrschaftsideen eines zukünftig rassereinen germanischen Reiches an. Ob Himmler den weitgehend traditionell-machtpolitisch orientierten „Stufenplan“ [727: A. HILLGRUBER] Hitlers kannte, der ja praktisch kaum die Züge einer biologisch-revolutionären Politik zu erkennen gab, ist ungewiß. Mit den außenpolitischen Vorstellungen Himmlers und der SS aber wurden neben den Planungen der eher konservativen Marine und des Auswärtigen Amtes jene für den Verlauf des Dritten Reiches so typischen revolutionären und traditionellen Elemente seiner Außenpolitik deutlich, die zu ihrer Dynamik beitrugen, vorläufig einander noch ergänzten und Hitlers Politik und Kriegführung trugen.

Der Diktator aber forderte am Tag nach der „Reichskristallnacht“ vom 9. November 1938 in einer Geheimrede vor Vertretern der deutschen Presse, von der Friedenspropaganda abzugehen und von nun an den Krieg auch psychologisch vorzubereiten. Die antijüdischen Ausschreitungen der „Reichskristallnacht“ (siehe unten S. 44), die als Folge der Ermordung des deutschen Diplomaten Ernst vom Rath in Paris durch den Juden Herschel Grynszpan pogromartige Ausmaße erhielten, verwiesen auf die maßgebliche Triebkraft in der Politik des Dritten Reiches.

Antisemitismus als Triebkraft

Denn für das nationalsozialistische Deutschland Hitlers war der Antisemitismus anders als in der bisherigen Geschichte Europas weit mehr als nur ein gesellschaftliches und politisches Integrationsinstrument. Er erwies sich vielmehr als das zentrale Bewegungsgesetz und Ziel in der Außenpolitik Hitlers und seines Regimes. Noch konkurrierten zwar divergierende Überlegungen und Pläne, die innerhalb der traditionellen und der nationalsozialistischen Elite im „Doppelstaat“ Hitlers erörtert wurden, über verschiedene Lösungsmöglichkeiten der „Judenfrage“ miteinander. Sie erstreckten sich von Auswanderungs- und Deportationsplänen, die Hermann Göring unter dem Gesichtspunkt der für das Reich so entscheidenden Devisenfrage behandelte, bis zu dem Vorhaben des Chefs des Sicherheitsdienstes und der Geheimen Staatspolizei, Heydrich, die jüdische Bevölkerung aus dem Reich zu verdrängen und im Zusammenwirken mit zionistischen Organisationen die Auswanderung nach Palästina zu fördern. Rückblickend gesehen, stellten sie Zwischenstufen auf dem Weg zu der prinzipiell in Hitlers Gedankenbildung stets vorhandenen und bereits angelegten „Endlösung“ dar, die er als „die radikale rassenideologische Zielsetzung des kommenden Krieges“ [829: A. HILLGRUBER] vor dem Reichstag am 30. Januar 1939 zu erkennen gab (siehe auch

Erörterungen über die Lösung der „Judenfrage“

unten S. 80). Dunkel drohte er damals, der zukünftige Krieg werde „die Vernichtung der jüdischen Rasse in Europa“ zur Folge haben. Es war der öffentlich bekundete und ständig wirkende Wille Hitlers, die „Judenfrage“ möglichst total zu lösen, der entscheidend dafür war, daß später in den Jahren des Zweiten Weltkrieges ganz unterschiedliche Gelegenheiten und Anlässe dazu benutzt werden konnten, um die „jüdische Frage“ in ständiger Steigerung ihrer Vernichtungsintensität zu „lösen“.

Aber noch lagen die machtpolitisch zu verwirklichenden Aufgaben vor Hitler, die seinem Ausgriff nach Osten vorangehen sollten und die immer wieder das Problem der englischen Reaktion aufwarfen. Denn der Diktator jagte weiteren territorialen Zielen nach, die selbst mit Neville Chamberlains Politik des „Appeasement“ immer schwerer vereinbar wurden. Mißtrauisch beobachteten die Briten zudem die Flottenrüstung und die kolonialpolitischen Vorbereitungen des Reiches, während Hitler seinen Blick auf die Zerschlagung der „Resttschechei“ richtete und die „Lösung“ der polnischen Frage bereits anvisierte.

Verhältnis zu Polen 1938/39

Seit dem 24. Oktober 1938 bemühte das Deutsche Reich sich erneut und intensiver als zuvor bis zur polnischen Ablehnung des deutschen Angebots vom 21. März 1939 am 26. März 1939 darum, Polen in eine gegen die Sowjetunion gerichtete Bündniskonstellation einzubeziehen, und stellte Warschau dafür territoriale Gewinne auf Kosten der Sowjetunion in der Ukraine in Aussicht. Zu Anfang des Jahres 1939 zeichnete sich für die deutsche Seite die Alternative immer klarer ab, entweder zusammen mit Polen gegen die Sowjetunion Krieg zu führen oder aber in einer lokalisierten Aktion zuerst Polen niederzuwerfen und danach die Sowjetunion anzugreifen. Während die polnische Führung immer noch versuchte, zwischen beiden Großmächten in Ost und West einen unabhängigen Kurs zu verfolgen, ließ Hitler, über revisionistische und ethnische Forderungen erstmals eindeutig hinausgehend, den tschechoslowakischen Reststaat erobern.

„Griff nach Prag“

Am 15. März 1939 marschierten die deutschen Truppen in Prag ein, es wurde das Protektorat Böhmen und Mähren errichtet, und die Slowakei trat mit dem Abschluß des „Vertrages über das Schutzverhältnis zwischen dem Deutschen Reich und dem slowakischen Staat vom 18./23. März 1939“ in ein Vasallenverhältnis zu Hitlers Deutschland. Die Tschechoslowakei, von der nationalsozialistischen Propaganda stets als das „Flugzeugmutterschiff der Sowjetunion“ angegriffen, war zerstört. Hitlers Vorgehen stellte einen offenen Vertragsbruch dar und wurde von der Weltöffentlichkeit, insbesondere von den westlichen Demokratien, verurteilt. Doch trotz der in ihren improvisierten Passagen „harten“ Rede Chamberlains vom 17. März 1939 in Birmingham änderte sich im Prinzip nichts an dem Bemühen des englischen Premierministers, mit dem Reich zu einer umfassenden Verständigung zu kommen. Gewiß, es war die Grenze des für Großbritannien Zumutbaren erreicht, und stärker noch als bisher wurde in der englischen Regierung nunmehr auch die Möglichkeit einer Auseinandersetzung mit Deutschland in Betracht gezogen. Das Foreign Office hatte mit seiner Hitlers Deutschland gegenüber insgesamt skeptischeren Haltung recht behalten und wurde in seinem entschiedenen Oppositionskurs gegen Chamberlains Appeasementpolitik bestärkt. Die öffentliche Meinung des Landes begann sich von dem Premierminister und seiner Beschwichtigungspolitik abzuwenden, und der Kreis derjenigen, die ihn im Kabinett und im Parlament unterstützten, wurde im Laufe des Jahres 1939 zunehmend kleiner. Grundsätzlich aber gab es zumindest bis zum Beginn des Krieges im September 1939 für die britische Regierung keine Alternative zur weiterhin zäh verfolgten Appeasementpolitik. Freilich war England dazu entschlossen, sich nicht gewaltsam weitere, als untragbar eingeschätzte Konzessionen abtrotzen zu lassen.

Englische Garantieerklärung für Polen

Auch im Sinne dieser Haltung garantierte Großbritannien am 31. März 1939 Polens Unabhängigkeit. Dieser Schritt ist nicht als ein Zeichen unbedingter Entschlossenheit der Briten zum Krieg mit Deutschland zu verstehen, sondern als allerletztes Warnsignal, um Hitler von weiteren kriegerischen Schritten abzuhalten, um ihn für Verhandlungen zu gewinnen und um das Reich in eine allgemeine Friedensordnung einfügen zu können. Beide Flügelmächte des europäischen Staatensystems, Großbritannien und die Sowjetunion, bemühten sich auf ihre Art darum, mit Hitlers Deutschland zu einer ihnen vorteilhaften Regelung zu kommen. Während Versuche, die alte Vorkriegsallianz zwischen England und Rußland wiederzubeleben, im Verlauf des Sommers 1939 scheiterten, war Hitler nach wie vor dazu bereit, sich im Sinne seiner Vorstellungen eines „Ausgleichs" mit Großbritannien zu verbünden. Im Hinblick auf die nunmehr für Deutschland zur Disposition stehende polnische Frage schien jedoch ein Zusammengehen mit der Sowjetunion günstiger zu sein. Denn anders als die englische Regierung, die sich dazu verpflichtet hatte, für den Bestand Polens, falls er eindeutig bedroht sein sollte, einzutreten, näherte sich Stalin dem bislang als Todfeind propagierten nationalsozialistischen Deutschland.

Deutsch-britisch-sowjetisches Dreiecksverhältnis im Sommer 1939

Sowjetisch-deutsche Annäherung

Schon am 10. März 1939 hatte er auf dem 18. Parteitag einen entsprechenden Fühler ausgestreckt, indem er betonte, die Ukraine fühle sich vom Deutschen Reich keineswegs bedroht. Mit den von sowjetischer Seite aus vom 17. April 1939 an begonnenen Sondierungen wurde die Chance eines befristeten Arrangements zwischen Hitler und Stalin nach und nach wahrscheinlicher. Obwohl deutsch-englische Ausgleichsbemühungen auf verschiedenen Ebenen weitergingen, die teilweise im Umkreis Görings als eine friedliche Alternative im Gegensatz zu dem im Zusammenwirken mit der Sowjetunion verfolgten Kriegskurs Hitlers gefördert, teilweise vom „Führer" selbst als Versuche, doch noch in seinem Sinne zum Übereinkommen mit England zu gelangen, betrieben wurden, erschien dem deutschen Diktator die Option für ein Übereinkommen mit Stalin immer verlockender. Daher wurde der Abschluß des durch von Ribbentrop lancierten großen Bündnisplanes zwischen Deutschland, Italien und Japan, über den seit dem Sommer 1938 verhandelt wurde, erst einmal zugunsten des sich abzeichnenden Pakts mit der UdSSR zurückgestellt. Denn die Sowjetunion und Japan standen sich ja in Ostasien in einem kriegerischen Konflikt als Gegner gegenüber. Daher beschränkte das Deutsche Reich sich darauf, am 22. Mai 1939 das für Hitlers Politik

Deutsch-italienischer „Stahlpakt"

vorerst nicht allzu wertvolle Militärbündnis, den „Stahlpakt", mit Italien abzuschließen, das bei dieser Gelegenheit erklärte, nicht vor dem Jahre 1942 kriegsbereit zu sein. Das Arrangement mit der Sowjetunion dagegen eröffnete dem Dritten Reich die Möglichkeit, Krieg gegen Polen führen zu können, ohne fürchten zu müssen, von der Sowjetunion und den Westmächten zugleich in die Zange genommen zu werden. Es legte ferner die Hoffnung nahe, der Pakt zwischen Berlin und Moskau werde England und Frankreich doch noch vom Kriegseintritt abhalten, und es bot Hitler endlich die Chance, die für seine Rüstungsproduktion und Kriegführung notwendigen Rohstoffe durch Lieferungen aus der Sowjetunion decken zu können.

Auf dem Weg zum deutschen „Blitzkrieg" gegen Polen, der die „vierte Teilung" des Landes und die Aufteilung Ostmitteleuropas in eine deutsche und eine sowjetische Einflußsphäre einleitete, besetzten deutsche Truppen am 23. März 1939 das Memelgebiet. Am gleichen Tag schloß das Deutsche Reich einen Wirtschaftsvertrag mit Rumänien ab, der in Hitlers Selbstverständnis, anders als es für Göring und Repräsentanten aus seiner Umgebung der Fall gewesen sein mag, nicht eine friedliche Alternative zum Kriegskurs des Dritten Reiches darstellte, sondern die wehrwirtschaftlichen Bedingungen für die ins Auge genommenen „Blitzfeldzüge" verbesserte. Am 27. März 1939 trat Spanien dem „Antikominternpakt" bei. Eindrucksvoll und furchterregend demonstrierte das Deutsche Reich vor aller Welt, daß das Gesetz des Handelns in Europa offensichtlich bei den „Achsenmächten" lag!

Deutsch-sowjetischer Nichtangriffspakt

Am 23. Mai 1939 erklärte Hitler vor den Oberbefehlshabern der Wehrmacht seinen Entschluß, Polen militärisch niederwerfen zu wollen. Die Verhandlungen mit der Sowjetunion, die endlich am 23. August 1939 zum Abschluß des deutsch-sowjetischen Nichtangriffspaktes führten, schufen dafür die notwendigen Voraussetzungen. In einem geheimen Zusatzprotokoll zum „Hitler-Stalin-Pakt" erklärte das Deutsche Reich, daß Estland, Lettland, Finnland, Bessarabien und Polen östlich der Flüsse Narew, Weichsel und San außerhalb seiner Interessensphäre lägen. Die Sowjetunion bestätigte dafür ihr Desinteresse an dem polnischen Territorium westlich dieser Linie sowie an Litauen. Daß es sich bei dieser machtpolitischen Option Hitlers zugunsten der Sowjetunion jedoch nicht um eine grundsätzliche Revision seiner nach wie vor antisowjetischen Haltung handelte, hatte er zwölf Tage zuvor, am 11. August 1939, in einem Gespräch mit dem Hohen Kommissar des Völkerbundes in Danzig, Carl Jacob Burckhardt, zum Ausdruck gebracht. Denn mit einem vielleicht letzten Wink an die Adresse der Westmächte, doch noch einmal ihre Hitlers Bündnisangebote zurückweisende Politik zu überdenken, erklärte er: „Alles, was ich unternehme, ist gegen Rußland gerichtet; wenn der Westen zu dumm und zu blind ist, dies zu begreifen, werde ich gezwungen sein, mich mit den Russen zu verständigen, den Westen zu schlagen und dann nach seiner Niederlage mich mit meinen versammelten Kräften gegen die Sowjetunion zu wenden. Ich brauche die Ukraine, damit man uns nicht wieder wie im letzten Krieg aushungert".

Hitlers Angebot an England

Daß Hitler an seiner Lieblingsidee eines Zusammengehens mit England nach wie vor festhielt, demonstrierte sein an Großbritannien gerichtetes „großzügiges" Angebot vom 25. August 1939. In ihm stellte er den Briten für die Zeit *nach* der Niederwerfung Polens erneut eine den europäischen Kontinent und die überseeische Welt in eine deutsche und englische Interessensphäre aufteilende Zusammenarbeit in Aussicht. Nach dem Paktabschluß mit Stalin scheint Hitler in gewissem Maße darauf gehofft zu haben, England werde seine gegen Polen gerichtete Politik und Kriegführung letztlich doch tolerieren. Diese vage Hoffnung trog ebenso, wie die von Göring geförderten Friedensinitiativen des schwedischen Industriellen Birger Dahlerus, sogar über den Kriegsausbruch hinaus zwischen Berlin und London zu vermitteln, fehlschlugen.

Deutscher Angriff auf Polen und Kriegserklärungen der Westmächte

Als England und wenige Stunden darauf auch Frankreich am 3. September 1939 auf Hitlers kriegerischen Überfall gegen Polen vom 1. September 1939 mit ihren Kriegserklärungen an das Deutsche Reich reagierten, befand Hitler sich – an seinem ursprünglich entworfenen Bündniskonzept gemessen – in einer politisch „verkehrten" Frontstellung. Sie brachte es mit sich, daß Stalin in Europa eine Schlüsselposition einnahm, die er bereits seit den zwanziger Jahren erstrebt hatte. Die „imperialistischen" Staaten lagen nunmehr miteinander im Krieg, und die Sowjetunion konnte die Entwicklung als tertius gaudens abwarten.

Stalins Schlüsselposition

Hitlers Motive

Der Feldzug gegen Polen, der den Auftakt zum Zweiten Weltkrieg bildete, war, durch Stalins Partnerschaft mit dem Dritten Reich unmittelbar ermöglicht, auf Hitlers Kriegswillen zurückzuführen. Mit dem Abschluß des deutsch-sowjetischen Nichtangriffspaktes vom 23. August 1939 hatte Stalin seine Absicht bekundet, den sich im Sommer 1939 deutlich abzeichnenden Krieg nicht zu verhindern, „sondern ihn indirekt auszulösen, mit Hitler als Handelndem, der die ‚Entfesselung' besorgte" [634: A. HILLGRUBER], weil Krieg sein Programm war. Als Hitlers maßgebliche Motive und Ziele für den Beginn des Krieges sind dabei die außen- und rassenpolitischen Vorstellungen des Diktators zu werten. Demgegenüber sind wirtschaftspolitische Gründe, auf die er in seiner Ansprache vor den Oberbefehlshabern der Wehrmacht am 23. August 1939 als „rationale", zum Krieg treibende Motive hinwies und die doch lediglich als Folgen der mehr und mehr forcierten und sich bald schon überschlagenden Rüstungskonjunktur anzusehen sind, ihrer abgeleiteten Natur gemäß kaum als wesentlich für den Beginn des Feldzuges gegen Polen einzuschätzen. Hitlers kriegerische Politik und die in diesem Zusammenhang von ihm initiierte Rüstungswirtschaft des Dritten Reiches bewirkten jene im folgenden noch näher zu betrachtenden wirtschaftlichen und gesellschaftlichen Konsequenzen, die den vom Diktator eingeschlagenen und gesteuerten Kurs zwar verschärften, ohne ihn jedoch verursacht zu haben und ohne ihn wesentlich verändern zu können.

2. Herrschaftsausbau und Rüstungswirtschaft

Die innenpolitische Entwicklung des Dritten Reiches stand während der Phase der Kriegsvorbereitung zwischen 1936 und 1939 im Zeichen der außen- und rassenpolitischen Zielsetzungen des Regimes. Trotz aller Wechselwirkungen zwischen der inneren und äußeren Politik des nationalsozialistischen Deutschland war und blieb sie stets eine Funktion der kriegerischen Außenpolitik Hitlers.

Im Banne der Außenpolitik

In diesem Sinne sind auch die Vorgänge im Zusammenhang mit der nationalsozialistischen Einflußnahme auf die Wirtschaft, die Wehrmacht und das Auswärtige Amt in der Zeit zwischen dem Sommer 1936 und dem Winter 1937/38 zu sehen. Der Herrschaftsausbau der nationalsozialistischen Diktatur gegenüber diesen drei Bereichen und Institutionen des gesellschaftlichen und politischen Lebens ging in diesen Jahren einher mit parallelen Bestrebungen des Dritten Reiches gegenüber beiden christlichen Kirchen und mit den sich steigernden Angriffen gegen die jüdische Bevölkerung des Reiches.

In der Auseinandersetzung mit der katholischen Kirche hielt sich der nationalsozialistische Staat nicht an die Vereinbarungen des Konkordats vom 20. Juli 1933. Beispiel hierfür ist das Vorgehen gegen die katholische Bekenntnisschule seit 1935. Schon vom September 1933 an mußte der Vatikan laufend Klage führen über Verletzungen des Konkordats durch das Dritte Reich. Durch die Enzyklika „Mit brennender Sorge“, in der der Papst am 14. März 1937 „die Lage der Katholischen Kirche im Deutschen Reich“ „mit steigendem Befremden“ beobachtete, den „Leidensweg“ der Kirche beklagte und das antichristliche Regime angriff, erreichte der im Winter 1933/34 einsetzende Kampf zwischen katholischer Kirche und Drittem Reich, zwischen Katholizismus und Nationalsozialismus einen Höhepunkt. Ja, zunehmend deutlicher trat insgesamt die Unvereinbarkeit zwischen nationalsozialistischer Rassenpolitik und katholischem Wertesystem zutage.

Regime und katholische Kirche

Durch die Haltung der Widerstandsgruppen der evangelischen Kirche, die auf der zweiten Dahlemer Bekenntnissynode vom 19./20. Oktober 1934 ein „Kirchliches Notrecht“ in der Auseinandersetzung mit dem totalitären Staat für sich in Anspruch nahm, war die Kluft zwischen den verschiedenen, sich nach und nach in der „Bekennenden Kirche“ sammelnden Protestanten und der nationalsozialistischen Diktatur, zwischen dem „Rat der Evangelischen Kirche“, der sich als „vorläufige Kirchenleitung“ konstituierte, und der Reichskirchenregierung unüberbrückbar geworden. Besonders scharf wurde die nationalsozialistische Weltanschauung als Wahnglaube und Antichristentum durch ein Wort der Bekenntnissynode der evangelischen Kirche der Altpreußischen Union an ihre Gemeinden vom 4./5. März 1935 gegeißelt und dabei insgesamt schon auf die Grenzen des Gehorsams des Christen gegenüber dem Staat hingewiesen. In diesem Zusammenhang hieß es, auch der Eid finde seine Grenze darin, daß allein Gottes Wort unbe-

Kampf der „Bekennenden Kirche“

dingt bindend sei. Um zwischen den kirchlichen Widerstandsgruppen und dem Regime zu vermitteln und die kirchliche Opposition unter anderem durch „Verordnungen mit rechtsverbindlicher Kraft" zu bändigen, wurde am 16. Juli 1935 Hanns Kerrl als „Reichsminister für kirchliche Angelegenheiten" eingesetzt. Erfolg war dem neuen Reichskirchenminister nur teilweise beschieden. Ein Teil der „Bekennenden Kirche" war zwar in gewissem Maße zur Zusammenarbeit in den zahlreichen, von Kerrl eingesetzten Kirchenausschüssen bereit, doch ein anderer Teil versagte sich vom Februar 1936 an dieser Mitarbeit entschieden. Einen Gipfel erreichte der Kampf zwischen der protestantischen Kirchenopposition und dem Dritten Reich gleichfalls im Jahre 1937. Zahlreiche Erlasse des Regimes höhlten die Autonomie der Kirchen aus, und eine Verhaftungswelle erfaßte im Laufe des Jahres an die 800 Mitglieder der „Bekennenden Kirche".

Der kirchenfeindliche Kurs des Dritten Reiches wurde, ohne daß sich in dieser Beziehung eine echte Liberalisierung abgezeichnet hätte, erst mit Beginn und in manchen Phasen des Krieges zumindest äußerlich kaschiert, um Spannungen in der „Volksgemeinschaft" abzubauen, während er tatsächlich weiterverfolgt wurde, um für die Zeit nach dem Sieg darauf vorbereitet zu sein, die Kirchen endgültig zu beseitigen.

„Maßnahmen" nationalsozialistischer „Judenpolitik" 1935–1938

Mit umgekehrter Intensität verlief die „Judenpolitik" des Regimes. Sie erreichte erst im Krieg ihre grausamste Ausformung. Bis zum Kriegsbeginn 1939 aber wurden in Ausführung und Weiterverfolgung der „Nürnberger Gesetze" vom 15. September 1935 in ca. 250 Gesetzen, Verordnungen, Verfügungen, Erlassen und Anordnungen die Juden aus zahlreichen Berufssparten gedrängt sowie des Rechtsschutzes beraubt. Vom Jahre 1938 an wurde unter dem Druck der radikalen Antisemiten in der Führungsspitze der NSDAP (Goebbels, Ley) nunmehr auch die Stellung der Juden in der deutschen Wirtschaft mehr und mehr beeinträchtigt, indem ihnen Tätigkeitsbereiche entzogen wurden und jüdische Geschäftsleute auf dem Verhandlungsweg aus Industrie, Bankwesen und Handel ausschieden.

„Reichskristallnacht"

Trotz der rechtlichen Diskriminierung, der rassischen Verfolgung und der wirtschaftlichen Benachteiligung wanderten bis zum Pogrom der „Reichskristallnacht" vom 9. November 1938 (siehe auch oben S. 38) nur etwa 170 000 Juden, d. h. rund ein Drittel des jüdischen Anteils der deutschen Bevölkerung aus. Im Rahmen der von Goebbels gesteuerten Ausschreitungen in der Nacht vom 9. zum 10. November 1938 kamen nach Heydrichs Angaben an Göring vom 11. November 1938 36 Menschen ums Leben und 36 wurden schwer verletzt. Der Sachschaden belief sich insgesamt auf mehrere hundert Millionen Reichsmark, unter anderem wurden 7500 jüdische Geschäfte zerstört und geplündert und etwa 250 Synagogen angezündet oder demoliert.

Im Anschluß an das Pogrom wurden innerhalb der nationalsozialistischen Führungsgruppe und Regierung verschiedene Möglichkeiten erörtert, die „Judenfrage" im Zuge der Auswanderung zu lösen (siehe oben S. 38). Schon vor Kriegsausbruch aber lebte die überwiegende Mehrheit der 375 000 Juden des „Großdeutschen Reiches" ohne Rechtsschutz, ohne Möglichkeit der Berufsausübung und daher auf Zwangsarbeit angewiesen, in einem „Ghetto ohne Mauern" [121: W. HOFER], das in der am 4. Juli 1939 gebildeten, dem Reichsinnenministerium resp. dem Chef des Sicherheitsdienstes, Heydrich, unterstellten „Reichsvereinigung der Juden in Deutschland" seinen organisatorischen Ausdruck fand.

Für die unmittelbare Verwirklichung der außenpolitischen und kriegerischen Ziele des Dritten Reiches im Zeitraum zwischen 1936 und 1939 aber wurde maßgeblich, daß Staat und Partei im nationalsozialistischen Regime ihre Herrschaft festigten und ausbauten, indem sie nunmehr daran gingen, die konservativen Bastionen in der Wirtschaft, in der Wehrmacht und im Auswärtigen Amt anzugreifen und sich zumindest gefügiger zu machen, als sie es zuvor waren.

Verschiedene Konzeptionen

Die innerhalb der NSDAP, im Rahmen der neuen nationalsozialistischen Elite und in der politischen Führungsspitze des Dritten Reiches immer wieder aufbrechenden Differenzen über die eher traditionelle oder stärker revolutionäre Orientierung der Politik des Regimes, jetzt nicht zuletzt auch über den Kriegs- oder Friedenskurs des Deutschen Reiches, entschied Hitler dabei jeweils zu seinen Gunsten. Dies galt beispielsweise in ganz besonderem Maße für die kurz vor Beginn des Zweiten Weltkrieges getroffenen Entscheidungen des Diktators. Denn nunmehr verstand er es, die schon seit 1936/37 eher für ein Konzept friedlicher Großmachtpolitik eintretenden Kräfte um Hermann Göring, die allerdings niemals zur offenen Opposition gegen den „Führer" aufstanden, sondern ihn durch alternative Überlegungen von seiner Kriegsentschlossenheit abzubringen versuchten, auf seinen außenpolitischen Kurs festzulegen und seinen Zielen dienstbar zu machen. In den für ihn entscheidenden außenpolitischen Belangen übte Hitler seine Autorität schon lange vergleichsweise uneingeschränkt aus – eine Tatsache, die es gebietet, Außenpolitik und Kriegführung des Dritten Reiches wesentlich unter dem Blickwinkel seiner Überlegungen und Entscheidungen zu betrachten.

Primat der Politik

Mit der Verkündung des „Vierjahresplanes" begann im August 1936 eine stärkere Einflußnahme des Staates und der Partei auf die Wirtschaft. Um die kriegerischen Vorhaben des Regimes und seines „Führers" verwirklichen zu können, wurde dem Deutschen Reich das Ziel gesetzt, nach einer unter den gegebenen Bedingungen auch sektoral wohl kaum oder nur schwer zu erreichenden wirtschaftlichen „Autarkie" zu streben, Vorräte bestimmter Rohmaterialien anzulegen und ergänzend dazu beispielsweise synthetisch hergestellte Treibstoffe zu produzieren. Zur Beschaffung der für die laufende Aufrüstung notwendigen Devisen gingen die schon ab 1934 maßgeblich von Hjalmar Schacht initiierten Exportoffensiven auf den Märkten in Südamerika und Südosteuropa weiter. Sie wurden von den verantwortlichen Wirtschaftsfachleuten in gewissem Maße wohl auch als ein alternatives außenhandelspolitisches Konzept zur Autarkiepolitik und zum Kriegskurs des Regimes verstanden, wenn sie vorerst auch außenpolitische Konflikte nicht nur mit den Vereinigten Staaten von Amerika und Großbritannien, sondern auch mit dem italienischen Partner des nationalsozialistischen Deutschland schufen.

Im Hinblick auf das Verhältnis von Staat bzw. Partei und Wirtschaft begann

1936 eine neue Phase der Entwicklung. Die relative Selbständigkeit der Wirtschaft wurde durch Zielsetzungen und Eingriffe der politischen Führung eingeschränkt, ohne daß man das Wirtschaftssystem im damaligen Deutschland als eine staatliche Planwirtschaft charakterisieren könnte. Trotz der Unterwerfung der Industrie unter den Willen des Diktators blieb die kapitalistische Grundlage der Wirtschaft im nationalsozialistischen Staat erst einmal bestehen: „Dabei nahm die Industrie in der besonderen Art ihrer Verklammerung mit staatlichen Interessen eine Form an, die völlig verschieden war von dem Bild der Wirtschaftsordnung, wie es sich in verschwommenen Umrissen in der nationalsozialistischen Ständeideologie findet" [114: K. D. ERDMANN]. Doch auch als Staatskapitalismus läßt sich diese Verbindung von Wirtschaft und Staat nicht angemessen beschreiben. Denn oftmals war kaum mehr zu unterscheiden, „wo die interessenpolitische Selbstverwaltung aufhörte und die staatliche Auftragsverwaltung anfing" [226: M. BROSZAT]. Die Übergänge zwischen staatlicher Lenkung und privater Initiative, zwischen Regime und Wirtschaft wurden im Zeichen der von Hitler verordneten Rüstungsproduktion fließend. Das Nebeneinander von wirtschaftlicher und politischer Macht war allerdings jetzt nicht mehr gleichrangig. Staat und Partei rissen vielmehr 1936 die wirtschaftliche und 1938 auch die militärische Führung eindeutig an sich und erniedrigten die „früheren Teilhaber zu zweitrangigen Machtträgern" (A. SCHWEITZER). Diese lebten von nun an mit jener ständigen Drohung, der Hitler bereits in seiner Denkschrift zum „Vierjahresplan" vom August 1936 unmißverständlich Ausdruck gab: „Das Wirtschaftsministerium hat nur die nationalwirtschaftlichen Aufgaben zu stellen und die Privatwirtschaft hat sie zu erfüllen. Wenn aber die Privatwirtschaft glaubt, dazu nicht fähig zu sein, dann wird der nationalsozialistische Staat aus sich heraus diese Aufgabe zu lösen wissen". Die *politische „Gleichschaltung"* der mächtigen Repräsentanten der Wirtschaft wurde nunmehr vollzogen, während ihre *ökonomische Privilegierung* vorläufig noch fortbestand.

Industrie im Dienste der Kriegsvorbereitung

Zunehmend mehr wurde die Industrie nun in den Dienst der Kriegsvorbereitung gestellt. Dabei sollte auf das Prinzip kapitalistischen Wirtschaftens, mit minimalem Einsatz maximalen Profit zu erzielen, zugunsten der politischen und kriegerischen Zielsetzung des Dritten Reiches verzichtet werden. Man stellte in Aussicht, daß entstehende Schulden und wirtschaftlicher Raubbau durch die in einigen Jahren zu erwartende kriegerische Beute gedeckt würden. Angesichts dieser von ihm scharf mißbilligten Entwicklung schied der in den Anfangsjahren der Geschichte des Dritten Reiches als allmächtig geltende „Wirtschaftsdiktator" Hjalmar Schacht am 26. November 1937 als Reichswirtschaftsminister aus der politischen Führung des Staates aus. Vergeblich versuchte er in seinem bis zum 20. Januar 1939 noch beibehaltenen Amt als Reichsbankpräsident das Geschehen im Sinne seiner sich vom Kurs des nationalsozialistischen Regimes mehr und mehr abhebenden wirtschaftlichen und politischen Vorstellungen zu beeinflussen. Weniger der offizielle Nachfolger Schachts in seinen Ämtern als Reichswirtschaftsminister und Reichsbankpräsident, Walther Funk, als vielmehr Hermann Göring wurde die im wirtschaftlichen Bereich entscheidende Persönlichkeit. Göring un-

Görings Rolle

terstützte den alle ökonomischen Notwendigkeiten kraß mißachtenden Rüstungs- und Kriegskurs Hitlers auf der einen Seite vorbehaltlos. Dennoch vertrat er auf der anderen Seite nicht zuletzt wohl unter dem Einfluß ihn beratender Fachleute aus dem Stab des „Vierjahresplanes“ wie Ministerialdirektor Wohlthat in mehr oder minder bewußter Anknüpfung an Schachts Wirtschafts- und Außenhandelspolitik alternative Vorstellungen im ökonomischen und außenpolitischen Feld. Nicht zuletzt aufgrund dieser Tatsache galt er während der Jahre 1938/39 im In- und Ausland vielen Zeitgenossen als Repräsentant einer traditionellen Großmachtpolitik, die sich von Hitlers Politik der ideologisch begründeten Kriegsentschlossenheit unterschied, stark an wirtschaftlichen Gesichtspunkten orientiert und um Friedensbewahrung bemüht war.

Ziviler Konsum und militärische Aufrüstung

Doch erst einmal wurde die deutsche Industrie ohne Rücksicht auf ihre von Schacht letztlich doch immer beachteten volkswirtschaftlichen Möglichkeiten und Grenzen weiterhin mit Nachdruck auf die Produktion von Rüstungsmaterial festgelegt. Darüber durften jedoch nicht die Erfordernisse des zivilen Konsums, der für die Erhaltung der innenpolitischen Machtstellung der Diktatur wesentlich war, dem ausdrücklichen Wunsch Hitlers zufolge allzu rigoros reduziert werden. Dennoch stiegen beispielsweise die Rüstungsausgaben im Deutschland der dreißiger Jahre zu Lasten des Wohnungsbaues beständig an und wuchsen im Vergleich mit den entsprechenden Posten in den Haushalten der westlichen Demokratien überproportional. Unüberhörbar und nicht ohne Folgen wurde im Zuge der Verkündung und Durchführung des „Vierjahresplanes“ an die Bereitschaft der Bevölkerung appelliert, im Ernährungssektor zugunsten der Rüstung Beschränkungen in Kauf zu nehmen, über deren gegenwärtige Härten die Aussicht auf zukünftigen Kriegsgewinn, auf Beute und auf „Lebensraum“ hinwegsehen lassen sollte. Im Vergleich mit der Rüstungsindustrie schrumpfte die Verbrauchsgüterindustrie in den dreißiger Jahren tatsächlich beträchtlich. Entfielen auf sie im Jahresdurchschnitt 1928/29 noch 31% der industriellen Gesamtinvestitionen, so sank dieser Anteil 1934/35 auf 25% und 1937/38 gar auf 17% ab. Unter bewußt in Kauf genommener Mißachtung wirtschaftlicher Rentabilitätsgesetze wurden im Sinne des Primats der Rüstung durch kostspielige Verfahren neue Rohstoffe wie beispielsweise Buna entwickelt, und durch Kohlehydrierung sollte zusätzlich Brennstoff gewonnen werden.

Vorbereitung des Krieges im Frieden

Trotz nicht zu verkennender Deckungsungleichheiten zwischen der nationalsozialistischen Propaganda und der Wirklichkeit des Dritten Reiches wurde alles in allem doch die Forderung Hitlers in seiner Denkschrift zum „Vierjahresplan“ realisiert, nämlich „den Krieg im Frieden vorzubereiten“. Der neue „Beauftragte für den Vierjahresplan“, Hermann Göring, machte in einer Rede am 17. Dezember 1936 vor führenden Vertretern der deutschen Wirtschaft und Industrie unmißverständlich klar, daß von nun an die Wirtschaft den Vorrang der von Hitler verfolgten Politik ohne Einschränkung anzuerkennen habe. Die sich daraus für kapitalistisches Wirtschaften ergebenden ungewöhnlichen und lästigen, ja letztlich – so schien es bereits kritischen zeitgenössischen Betrachtern – systemzerstörerischen Konsequenzen der Aufrüstung seien im Hinblick auf die politischen und kriegerischen Erfolgsaussichten der Zukunft erst einmal hinzunehmen: „Die Auseinandersetzung, der wir entgegengehen, verlangt ein riesiges Ausmaß an Leistungsfähigkeit. Es ist kein Ende der Aufrüstung abzusehen. Allein entscheidend ist hier der Sieg oder Untergang. Wenn wir siegen, wird die Wirtschaft genug entschädigt werden. Man kann sich hier nicht richten nach buchmäßiger Gewinnrechnung, sondern nur nach den Bedürfnissen der Politik. Es darf nicht kalkuliert werden, was kostet es. Ich verlange, daß Sie alles tun und beweisen, daß Ihnen ein Teil des Volksvermögens anvertraut ist. Ob sich in jedem Fall die Neuanlagen abschreiben lassen, ist völlig gleichgültig. Wir spielen jetzt um den höchsten Einsatz. Was würde sich wohl mehr lohnen als Aufträge für die Aufrüstung?"

Das Nebeneinander einer zwar zugunsten der Aufrüstung eingeschränkt, aber nach wie vor für den privaten Bedarf produzierenden Wirtschaft und einer hemmungslos expandierenden Rüstungswirtschaft brachte mancherlei krisenhafte Erscheinungen, Spannungen und Widersprüche im Verhältnis zwischen Politik und Wirtschaft hervor, die nicht zuletzt aus der immer empfindlicher werdenden Knappheit an Rohstoffen, Devisen und Arbeitskräften resultierten. Dabei bereitete sich die sowohl für die Bedürfnisse des Krieges als auch des Friedens arbeitende Wirtschaft des Dritten Reiches in diesen Jahren ja nicht einmal auf einen „langen" Abnutzungskrieg vor, der eine dementsprechend entworfene und geplante „Tiefenrüstung" vorausgesetzt hätte. Auch im wehrwirtschaftlichen Bereich wurde für kurze, zeitlich voneinander getrennt zu führende „Blitzfeldzüge" geplant, die in erster Linie eine angemessene „Breitenrüstung" erforderten. Hitlers „Blitzkriegs"-Konzept entsprang mithin einerseits der politischen Überlegung des Diktators, mit zeitlich und lokal begrenzten Schlägen einen diplomatisch isolierten Gegner überfallartig zu vernichten. Andererseits ist gar nicht zu übersehen, daß das beschränkte wirtschaftliche Potential des Dritten Reiches eine solche Form der Kriegführung nahelegte, falls der private Konsum nicht in einem die inneren Grundlagen der Diktatur möglicherweise gefährdenden und von Hitler niemals erwogenen Ausmaß gedrosselt werden sollte.

Wirtschaftspotential, „Breitenrüstung" und „Blitzkriegs"-Konzeption

Angesichts dieser Entwicklung zu einer maßlos überzogenen Aufrüstung spitzte sich die wirtschaftliche Lage in gewissem Maße zu einer für das Regime ernsten Herausforderung zu. Letztlich sollte sie durch Krieg, der unter diesem Blickwinkel auch als eine Flucht nach vorn zu verstehen ist, d.h. durch Verwertung des Rüstungsmaterials in Feldzügen und durch die in Eroberungen eingebrachte Beute gemeistert werden. Hitler war sich der Tatsache wohl bewußt, daß durch seine politischen Entscheidungen zur Kriegführung und Aufrüstung ein wirtschaftlicher und sozialer Kurs beschritten und forciert wurde, der seinerseits den Entschluß zum Krieg als ultima ratio der Politik des Dritten Reiches gleichsam zwanghaft nahelegen mußte. Diesen Sachverhalt sprach er noch einmal kurz vor Kriegsbeginn in seiner Rede vor den Oberbefehlshabern der Wehrmacht am 22. August 1939 an. Diese Politik der ständigen wirtschaftlichen „Krise", die von ihm politisch initiiert und bewußt in Kauf genommen wurde, die seinem Willen gemäß

„Krise" des Regimes?

zum Krieg führen mußte und auch widerstrebenden Gruppen und Repräsentanten seines Staates gar keine andere Wahl mehr lassen würde, als das Risiko kriegerischer Abenteuer zu wagen, sah Hitler Hoßbachs Niederschrift zufolge bereits in seiner Ansprache vom 5. November 1937 in recht klar beschriebener Perspektive als die Zukunft seines Regimes vor sich: „Auf der einen Seite die große Wehrmacht mit der Notwendigkeit der Sicherstellung ihrer Unterhaltung, auf der anderen Seite die Aussicht auf Senkung des Lebensstandards und Geburteneinschränkung ließen keine andere Wahl als zu handeln... Entschluß: spätestens 1943/45 die deutsche Raumfrage zu lösen". Denn auch gewisse Erfolge in der Handelspolitik des Deutschen Reiches konnten ebensowenig wie die Anstrengungen des – vom Prinzip des wehrwirtschaftlichen Autarkiegedankens und vom Zukunftsmythos des rassetragenden Bauerntums gespeisten – Agrarprotektionismus darüber hinwegtäuschen, daß die den Gesichtspunkt der Wirtschaftlichkeit grob mißachtende Rüstungsproduktion des Dritten Reiches zunehmend krisenhafter auf die Alternative von Bankrott oder Krieg zulief. Dementsprechende Schwierigkeiten traten zwischen 1936 und 1939 in mehr oder minder allen Sektoren der nationalsozialistischen Volkswirtschaft auf. Bald schon war beispielsweise an die Stelle der während

Mangel an Arbeitskräften

der Anfangsphase des Dritten Reiches herrschenden Arbeitslosigkeit ein vornehmlich durch den Arbeitskräftebedarf der Rüstungsindustrie unüberwindlicher Engpaß getreten. Er wurde nicht zuletzt auch durch die Heraufsetzung der allgemeinen Wehrpflichtdienstzeit auf zwei Jahre am 24. August 1936, durch die militärisch bedingten Bauvorhaben an der Westgrenze des Reiches („Westwall") sowie durch die neben Heer und Luftwaffe vom Jahre 1938/39 an spürbar einsetzende Aufrüstung der Marine verschärft und führte endlich zur „Menschenbewirtschaftung" der Arbeitskraft.

Insgesamt aber ist gar nicht zu verkennen, daß es der Masse der Arbeiter gegenüber den Jahren des Elends und der Arbeitslosigkeit zwischen 1929 und 1933 besser ging. Dennoch kam es im Zeitraum der forcierten wirtschaftlichen Kriegsvorbereitung zu Unzufriedenheit, ja teilweise auch zu Unruhen vor allem unter den in der Rüstungsproduktion überbeanspruchten Arbeitern, die sich gegen ihre physische Überforderung zu wehren versuchten. Dieser Sachverhalt verwies auf einen Grundwiderspruch im nationalsozialistischen Regime, der zwischen Propaganda und Wirklichkeit klaffte. Dem „Volk ohne Raum" fehlten bereits im angeb-

„Volk ohne Raum" – „Raum ohne Volk"

lich zu klein gewordenen Territorium des Deutschen Reiches die für seine ehrgeizigen Rüstungs- und Kriegspläne notwendigen Menschen. Wenn dieser Mangel auch im Zuge der territorialen Eroberungspolitik in den kommenden Jahren durch ausländische Zwangsarbeiter teilweise gelindert wurde, so stellte sich doch immer deutlicher heraus, daß Hitler endlich über einen riesigen „Raum ohne Volk" gebot, nicht aber der „Führer" eines „Volkes ohne Raum" war.

Doch auch die mannigfachen Schwierigkeiten wirtschaftlicher Art, die Richtungskämpfe zwischen den verschiedenen ökonomischen Interessenträgern wie die Auseinandersetzungen der ursprünglich im nationalsozialistischen Staat dominierenden Schwerindustrie mit der ab 1936 mehr und mehr hervortretenden

Großchemie und die bisweilen auftretenden Konflikte zwischen dem Regime und Teilen der Industrie-, Werft- und Bauarbeiterschaft wurden letztlich durch die Person des „Führers" und durch die Hitler eigene Integrationskraft überwunden. Sie vermochten endlich immer wieder dem politischen Willen des Diktators untergeordnet und in jene auf den Krieg drängende politische und gesellschaftliche Dynamik des Regimes gelenkt bzw. von ihr absorbiert zu werden, die Hitler bewußt ausgelöst hatte und die ihn jetzt zunehmend mehr vorantrieb. Demgegenüber war dem arbeitenden deutschen Volk, so ist einmal zutreffend geurteilt worden, die Möglichkeit fast gänzlich genommen, sich dagegen zu wehren, „in einen Produktionsprozeß eingespannt zu werden, der auf die Herbeiführung eines von seiner Mehrheit nicht gewünschten Eroberungskrieges angelegt war" [114: K. D. ERDMANN].

Hitlers Integrationskraft

NS-Jugendarbeit

Unterdessen wurde auch die Jugendarbeit mehr und mehr im nationalsozialistischen Sinne organisiert. Neben der entsprechenden weltanschaulichen Einflußnahme auf den Unterricht in den hergebrachten Schulen wurden in den eher antiintellektuell und im nationalsozialistischen Sinne elitär ausgerichteten „Adolf-Hitler-Schulen" und „Ordensburgen" sowie in der am 1. Dezember 1936 von der Partei- zur Staatsjugend formierten „Hitlerjugend", die als Pflichtorganisation für alle Jugendlichen zwischen zehn und achtzehn Jahren 1939 ungefähr acht Millionen Mitglieder zählte, die neue Führungsschicht und „Gefolgschaft" des Dritten Reiches herangebildet. Derlei Erziehungseinrichtungen und Massenorganisationen dienten nicht zuletzt auch dazu, überlieferte Werte und Privilegien der traditionellen Elite zu beseitigen und unter dem politischen Vormachtanspruch der Diktatur gesellschaftliche sowie mentalitätsmäßige Unterschiede zwischen den sozialen Schichten verschwinden zu lassen. Zusammen mit der am 26. Juni 1935 eingeführten, zunächst für Jungen, dann auch für Mädchen obligatorischen halbjährigen Arbeitsdienstpflicht, die im Zeichen des Arbeitskräftemangels zwischen 1936 und 1939 längst nicht mehr die Funktion der Arbeitslosenbekämpfung wahrnahm, sondern im ideologischen Sinne des Regimes die Gleichrangigkeit der körperlichen Arbeit mit intellektuellen Tätigkeiten demonstrieren und verwirklichen sollte, waren die nationalsozialistischen Erziehungsanstalten Instrumentarien in einem gesellschaftlichen Egalisierungsvorgang, den „Hitler's social revolution" [395: D. SCHOENBAUM] bewußt und folgenreich in Gang setzte. Jenseits aller traditionellen Klassen- und Schichtenunterschiede, die dem politisch allmächtigen Willen der Diktatur zu opfern waren, sollte aus ihr die letztlich rassisch geprägte Elite des neuen Reiches hervorgehen. Daß dieser mächtige gesellschaftliche Einebnungsprozeß wider den Willen des Regimes eine ganz andere, nämlich modernisierende Wirkung hatte, davon wird noch zu sprechen sein.

„Hitlerjugend"

Gesellschaftliche Egalisierung und neue Elite

Wurzeln des konservativen Widerstandes

Nicht zuletzt angesichts dieses immer drückender empfundenen nationalsozialistischen Weltanschauungsmonopols begann sich in den traditionellen Führungsschichten des Deutschen Reiches Widerstand zu regen. Nach und nach erreichte er, zumeist von sachlicher Opposition im Hinblick auf Détailfragen ausgehend, die ursprünglichen Partner Hitlers im Lager des konservativen Deutschland.

Nach der verstärkten Einflußnahme von Staat und Partei auf ihre wirtschaftliche Bastion im Sommer 1936 erfuhren sie um die Jahreswende 1937/38 die Macht des nationalsozialistischen Zugriffs in den ihnen bis dahin weitgehend bzw. teilweise verbliebenen Bereichen der Wehrmacht und des Auswärtigen Amtes.

„Blomberg-Fritsch-Krise“

Eine als unehrenhaft angesehene Heirat des Reichskriegsministers und Oberbefehlshabers der Wehrmacht, von Blomberg, der in der Anfangsphase des Dritten Reiches die Anpassung des Heeres an den nationalsozialistischen Staat mit allen Mitteln betrieben hatte, führte – von Himmler und dem auf die Nachfolge des Generalfeldmarschalls erpichten Göring intrigant inszeniert – zu Blombergs Rücktritt am 27. Januar 1938. Um gleichzeitig den Oberbefehlshaber des Heeres, Generaloberst Frhr. von Fritsch, als möglichen Mitbewerber um den Oberbefehl der Wehrmacht auszuschalten, beschuldigte Göring ihn Hitler gegenüber homosexueller Verfehlungen. Hitler, der sich während der Krise entschloß, den Oberbefehl über die Wehrmacht selbst zu übernehmen, ergriff die ihm gebotene Gelegenheit bedenkenlos, um den seinen Kriegsplänen ohnehin im Wege stehenden Fritsch los zu werden. Unter unwürdigen Begleitumständen wurde der zu Unrecht beschuldigte Offizier am 4. Februar 1938 entlassen und später in ebenso verlogener und unzureichender Weise vom Diktator rehabilitiert. Sein Nachfolger wurde der von Hitler leichter zu beeinflussende Generaloberst von Brauchitsch.

Hitler „Oberbefehlshaber der Wehrmacht“

Inzwischen hatte Hitler als „Oberbefehlshaber“ die Wehrmacht seinem Befehl unmittelbar unterstellt. Das neu eingerichtete Oberkommando der Wehrmacht verwaltete der seinem „Führer“ völlig ergebene General Keitel. An die Spitze der dem Oberkommando zugeordneten operativen Planungsstelle des Wehrmachtführungsamtes trat im August 1939 Generalmajor Jodl, der im Krieg Hitlers erster operativer Berater werden sollte. Der Diktator hatte die umorganisierte Wehrmachtführung seinem Willen unterworfen und trug damit zu einer Verwirrung der Kompetenzen zwischen den nicht zureichend koordinierten Behörden des Oberkommandos der Wehrmacht, des Oberkommandos des Heeres und dessen Generalstabes sowie der Marine, der Luftwaffe und später im Krieg auch der SS bei, die für die Kriegführung belastend waren, seine Herrschaft jedoch durch das nach Führerentscheidungen verlangende Kompetenzenchaos insgesamt stärkten.

Machtverlust des Offizierkorps

Nach der untätigen Hinnahme der Ermordung seiner Kameraden von Schleicher und von Bredow im Jahre 1934 hatte das Offizierkorps durch sein passives Verhalten in der „Blomberg-Fritsch-Krise“ seine bis dahin wenigstens teilweise noch vorhandene politische und gesellschaftliche Macht Hitler weitgehend überantwortet. Für diese Kapitulation verantwortlich war ohne Zweifel die durch innen- und außenpolitische Erfolge unbestreitbar hohe Popularität des „Führers“, auf dessen Person die Wehrmacht zudem geschworen hatte. Dazu trug aber auch die zunehmende Identifizierung jüngerer Offiziere mit dem nationalsozialistischen Regime erheblich bei. Vor allem aber sind ihre Gründe in der mangelhaften Information über die Einzelheiten der Diffamierungen und Ehrabschneidungen im Zusammenhang mit der „Blomberg-Fritsch-Krise“ zu suchen, die für die Gedankenwelt vieler preußischer Offiziere einfach unvorstellbar waren. Sicherlich spielte aber auch das Motiv karrierebedingter Anpassung für die kleinmütige Hinnahme dieser Begebenheiten eine nicht zu unterschätzende Rolle, die sich mit der von ihrem einst lebendigen Wertegefüge längst losgelösten preußischen Tradition von Befehl und Gehorsam verband. Nur wenige Offiziere der nun mehr und mehr gleichgeschalteten Wehrmacht waren es, die sich von jetzt an mit allerdings letztlich wenig erfolgreichen Widerstandsabsichten trugen. Allein der Generalstabschef des Heeres, Ludwig Beck, trat am 18. August 1938 vornehmlich aus moralischem Protest gegen Hitlers Kriegskurs von seinem Amt zurück.

Rücktritt Becks

Zusammen mit der Neuformierung und Umbesetzung an der Wehrmachtspitze wurde auch das Auswärtige Amt in institutioneller und personeller Hinsicht noch stärker als zuvor dem nationalsozialistischen Zugriff unterworfen. Am 4. Februar 1938 wurde der bisherige Botschafter in London, Joachim von Ribbentrop, Nachfolger des konservativen Reichsaußenministers von Neurath. Abgesehen von der Tatsache, daß die großen Linien deutscher Politik längst souverän von Hitler selbst bestimmt wurden, setzte nunmehr eine stärkere nationalsozialistische Durchdringung der bislang als konservatives Reservat geltenden Behörde ein.

Von Ribbentrop Reichsaußenminister

Diese nach der „Machtergreifung" des Jahres 1933 und nach der Ausschaltung rivalisierender Parteigliederungen im Sommer 1934 zwischen 1936 und 1938 in zwei weiteren Schüben vollzogene „Gleichschaltung" traditioneller gesellschaftlicher Gruppen und politischer Institutionen diente Hitler als Voraussetzung für die geplante kriegerische Expansion des Dritten Reiches. Der bevorstehende militärische Konflikt aber zeichnete sich für die Bevölkerung nicht zuletzt auch dadurch ab, daß am 27. August 1939 die Bewirtschaftung der Konsumgüter im Deutschen Reich in Kraft trat.

Stationen der „Gleichschaltung"

Rationierung von Konsumgütern

Zusammenfassung

Blickt man auf die innen- und außenpolitische Entwicklung der Jahre 1936–1939 zurück, so läßt sich Folgendes feststellen:

Während die ersten Jahre der Geschichte des Dritten Reiches vornehmlich im Zeichen tiefgreifender innenpolitischer Veränderungen standen, traten im Zeitraum von 1936 bis 1939 die außenpolitischen Ereignisse in den Vordergrund des Geschehens. Hitlers Deutschland war nunmehr die Kraft in der europäischen Politik, die den Gang der internationalen Entwicklung weitgehend bestimmte und vorantrieb. Gewiß ist darüber die innenpolitische Seite der konsolidierten nationalsozialistischen Diktatur nicht zu übersehen. Denn der Prozeß des Herrschaftsausbaus und der „Gleichschaltung" schritt weiter voran. Der ideologische und machtpolitische Anspruch des Dritten Reiches schlug sich damals nicht zuletzt in den Auseinandersetzungen des Regimes mit beiden christlichen Kirchen ebenso wie in den „Maßnahmen" auf dem Gebiet der „Judenpolitik" nieder.

Außenpolitik im Vordergrund

Mit der Verkündung des „Vierjahresplanes" im August 1936 unterwarfen Staat und Partei auch die Wirtschaft einer stärkeren Kontrolle. Durch die Umbildung

Ausdehnung nationalsozialistischer Kontrolle

der Wehrmachtführung zu Anfang des Jahres 1938 wurde eine weitere konservative Bastion im Sinne der Führerdiktatur mediatisiert, und mit dem Wechsel an der Spitze des Auswärtigen Amtes im Februar 1938 wuchs auch in diesem Bereich der nationalsozialistische Einfluß.

Alle diese Vorgänge auf dem Feld der Innenpolitik des Dritten Reiches sind jedoch ebenso wie die von Hitler ausgelöste, immer schwerer kontrollierbar werdende Dynamik auf dem Rüstungssektor, deren Konsequenzen sich zuweilen sogar zu verselbständigen schienen, im Dienste jener ehrgeizigen und letztlich utopischen außenpolitischen, kriegerischen und rassischen Ziele zu sehen, denen der Diktator nachjagte. Geraume Zeit waren sie nur schwer von den populären Forderungen des überkommenen außenpolitischen Revisionismus zu unterscheiden und ließen erst kurz vor Kriegsausbruch ihre wahre expansionistische Qualität sichtbar werden, die sich direkt aus Hitlers programmatischer Außen- und Rassenpolitik ableitete. Heute sind wir imstande zu erkennen, daß sich hinter der Folie der Revisionspolitik des nationalsozialistischen Deutschland die rassische Utopie der „Lebensraum"-Politik Hitlers verbarg. Über die Betrachtung der politischen Krisen und diplomatischen Konferenzen jener Jahre ist nämlich nicht zu verkennen, daß – an Überlegungen, Ankündigungen und Aktionen aus den ersten Jahren nach der „Machtergreifung" anknüpfend – beständig Pläne geschmiedet und auch Schritte unternommen wurden, die auf die Ziele der Rassen- und Weltmachtpolitik des Regimes und seines „Führers" wiesen. Vorstellungen, wenn auch einander noch widersprechender Natur, über die Lösung der sog. „Judenfrage", über die Vernichtung rassisch als minderwertig angesehenen Lebens und über die Heranbildung einer nationalsozialistischen Elite, die den im Prinzip global und total orientierten Herrschaftsanspruch des Dritten Reiches durchsetzen und verkörpern sollte, wurden erarbeitet. Dabei verdeckten die Hektik, aber auch die Normalität der im Vordergrund stehenden außenpolitischen Geschehnisse oftmals die eigentlichen Triebkräfte der programmatisch gespeisten Politik Hitlers. Ihre erst für wesentlich spätere Zeiten entworfenen Weltmachtplanungen wurden beispielsweise auf kolonial- und marinepolitischem Sektor bereits zeitgenössisch von einzelnen Ämtern und Ressorts des Staates und der Partei teilweise ohne Auftrag der Führungsspitze und auf eigene Faust vorbereitet und verfolgt und standen letztlich doch im Einklang mit den Endzielen der nationalsozialistischen Diktatur.

Hitlers Ziele

Für die Janusköpfigkeit des Dritten Reiches bezeichnend, ist rückblickend gerade in diesem Zusammenhang zu beobachten, wie Hitler sich aller Instrumente der Technik bediente, um sie einst in ferner Zukunft in der agrarischen Utopie überwinden zu können, ja wie er die Erfahrungen der Geschichte zu nutzen suchte, um ihr endlich zu entfliehen. Daß sich im Verlaufe einer so paradoxen Politik im wirtschaftlichen und technischen Bereich Eigengesetzlichkeiten entwickelten, die Hitlers Weltanschauung und der nationalsozialistischen Propaganda widersprachen, ihr auch entgegenwirkten und dann insgesamt doch wieder mit den Zielen des Diktators vereinbart wurden, seinen politischen Kurs aber zumindest nicht wesentlich zu verändern vermochten, darf nicht dazu führen zu übersehen, son-

Verselbständigung der Mittel – Primat des „Programms"

dern verweist vielmehr nachdrücklich darauf, daß Hitlers Vorstellungen den gewiß vielschichtigen und oft widerspruchsvollen Verlauf des Dritten Reiches jederzeit bestimmten. Gewiß lief manche Entwicklung in der gesellschaftlichen Praxis des Regimes vorläufig und scheinbar dem weltanschaulichen Anspruch entgegen. Sicherlich sah es zuweilen so aus, als sollten die Instrumentarien der modernen Welt Eigenmacht gewinnen und Übergewicht erlangen über Hitlers ideologische Ziele. Doch letztlich setzten die nationalsozialistische Weltanschauung und Hitlers „Programm" der Wirtschafts- und Gesellschafts-, der Innen- und Außenpolitik des Dritten Reiches Maß und Ziel.

Wirtschaft zwischen Kriegsvorbereitungen und Konsumbedürfnissen

In diesem Sinne gehörte es zu den Kennzeichen der nationalsozialistischen Diktatur, daß sie in wirtschaftlicher Hinsicht zugunsten der Aufrüstung zwar auf einen an den westlichen Demokratien gemessen hohen, im Vergleich mit der ihre Industrialisierung rapide forcierenden stalinistischen Sowjetunion jedoch niemals rigorosen Konsumverzicht drängte. Denn seine zweifellos große Popularität in der deutschen Bevölkerung, die für die Person des Diktators auch in der Arbeiterschaft vorhanden war, wollte Hitler keineswegs aufs Spiel setzen. Zudem hatte er ja nicht vor, eine große Auseinandersetzung im Stile des Weltkrieges 1914–1918 zu führen, die die Existenz einer auf Jahre funktionierenden Rüstungs- und Kriegswirtschaft zur Voraussetzung gehabt hätte. Vielmehr ging er davon aus, auf eine die Bedürfnisse der Kriegsvorbereitung und des Konsums gleichermaßen befriedigende Wirtschaft gestützt, in kleinen, zeitlich getrennt ablaufenden „Blitzkriegen" zum Herrn Kontinentaleuropas aufsteigen zu können. Dabei rechnete er zunächst damit, für seinen Krieg gegen die Sowjetunion die Unterstützung, zumindest jedoch die Tolerierung seines Vorhabens durch die Westmächte zu finden. Diese Hoffnung erwies sich als unzutreffend.

Hitlers „verkehrte" Frontstellung

Durch den Nichtangriffspakt mit Stalin vom 23. August 1939 abgeschirmt, vermochte Hitler den Krieg gegen Polen zu entfesseln, der allerdings zum Kriegseintritt der europäischen Westmächte führte und den Diktator in eine von ihm als „verkehrt" empfundene Frontstellung zwang. Im Verlauf der sich am Jahresende 1941 zum Weltkrieg steigernden europäischen Auseinandersetzung aber bestimmte der für das Dritte Reich charakteristische Gegensatz von weltanschaulich-rassischem Dogma und strategisch-politischem Kalkül sowohl Hitlers Außenpolitik und Kriegführung als auch die innere Entwicklung sowie die Rassen- und Besatzungspolitik des nationalsozialistischen Deutschland.

C. DEUTSCHLAND IM ZWEITEN WELTKRIEG (1939–1942)

1. Hitlers Aussenpolitik und Kriegführung

In dem am 1. September 1939 von Hitler gegen Polen begonnenen Krieg war – anders als die nationalsozialistische Propaganda es darstellte – Danzig einer Äußerung des „Führers" vor den militärischen Befehlshabern am 23. Mai 1939 zufolge gar „nicht das Objekt, um das es geht. Es handelt sich für uns um die Erweiterung des Lebensraumes im Osten und Sicherstellung der Ernährung sowie die Lösung des Baltikum-Problems. Lebensmittelversorgung ist nur dort möglich, wo geringe Besiedelung herrscht". Mit dem Eintritt in den Krieg und durch die damit hervorgerufene Kriegserklärung der Westmächte vom 3. September 1939 hatte sich die Lage des Deutschen Reiches im Rahmen des internationalen Systems jedoch vorerst und im Vergleich mit den triumphalen außenpolitischen Erfolgen Hitlers während der Jahre 1938/39 deutlich verschlechtert. Selbst der innerhalb von fünf Wochen über Polen errungene Sieg konnte über diese Tatsache nicht ohne weiteres hinwegtäuschen. Gemessen an seinem ursprünglichen Bündniskonzept, kämpfte der Diktator gegen das als Wunschpartner ins Auge genommene England.

Ziel des Krieges

Lage des Deutschen Reiches

Demgegenüber war aufgrund des am 23. August 1939 abgeschlossenen deutsch-sowjetischen Nichtangriffspaktes der Sowjetunion, die eigentlich nach wie vor als machtpolitischer und ideologischer Feind des Dritten Reiches galt, im Zuge einer Stalin ungemein begünstigenden internationalen Konstellation die Rolle des lachenden Dritten zwischen den sich bekämpfenden Staaten des „imperialistischen Lagers" zugefallen. Zudem hatten die für Hitlers Kriegführung notwendigen sowjetischen Rohstofflieferungen Deutschland in eine erhebliche Abhängigkeit von der UdSSR gebracht. Stalin, der die Rote Armee – unmittelbar nach der Beilegung des sowjetisch-japanischen Konflikts im Fernen Osten – am 17. September 1939 in Ostpolen einmarschieren ließ und zusammen mit Hitler die im geheimen Zusatzabkommen zum Vertrag vom 23. August 1939 bereits beschlossene „vierte Teilung" Polens besiegelte, trat auch keineswegs an der Seite des Dritten Reiches in den Krieg gegen die Westmächte ein. Ein solcher Schachzug, durch den die mit dem Abschluß des „Hitler-Stalin-Paktes" vollzogene taktische außenpolitische Wendung des Deutschen Reiches in großem Rahmen fortgeführt und erweitert worden wäre, hätte dem deutschen Diktator die Möglichkeit gegeben, auf England weltweiten Druck auszuüben, um es zum Einlenken in die deutschen Bedingungen zu bewegen. Die Gelegenheit hätte sich geboten, die „verkehrte" Frontstellung gegenüber Großbritannien zu berichtigen, um sich sodann möglicherweise doch noch gemeinsam gegen die Sowjetunion zu wenden. Doch es kam nicht zu mehr als zu einer deutsch-sowjetischen Erklärung im Zusammen-

„Vierte Teilung" Polens

hang mit der Vereinbarung des Grenz- und Freundschaftsvertrages zwischen dem Deutschen Reich und der Sowjetunion am 28. September 1939. Aus Hitlers Sicht begünstigte er die Sowjets noch einmal wie schon im Abkommen vom 23. August 1939 durch Zugeständnisse der deutschen Seite. Denn einen Tag nach der Kapitulation Warschaus wurde in Modifizierung des geheimen Zusatzprotokolls zum Vertrag vom 23. August 1939 (siehe oben S. 41) folgende Regelung in Moskau unterzeichnet: Die Demarkationslinie zwischen der deutschen und sowjetischen Interessensphäre wurde an den Bug zurückverlegt. Die Sowjetunion überließ dem Deutschen Reich damit die polnischen Woiwodschaften Warschau und Lublin, dazu einen Gebietszipfel bei Suwalki. Dafür kam Litauen mit Ausnahme des Südwestzipfels nunmehr in den sowjetischen Interessenbereich. Deutschland wurde insgesamt ein Territorium von ca. 118 000 qkm, der UdSSR ein Gebiet von 200 000 qkm zugesprochen. Im westlichen Polen begann damit die Herrschaft der SS, des SD und der Gestapo, ohne daß die künftige politische Gestalt des eroberten Gebietes klar gewesen wäre. Vorläufig wurde am 25. September 1939 eine deutsche Militärverwaltung unter Generaloberst von Rundstedt errichtet. Oberverwaltungschef dieses Provisoriums war Hans Frank, bis er nach Auflösung der Militärverwaltung am 12. Oktober 1939 zum Generalgouverneur für das von Deutschland eroberte Polen ernannt wurde. Aus dessen Bestand wurden am 1. November 1939 die Freie Stadt Danzig, die 1919 durch den Versailler Vertrag an Polen abgetretenen Territorien, das Gebiet um Lódź, das nach Osten vergrößerte Oberschlesien und der Bezirk von Ciechanów dem Reich eingegliedert.

„Generalgouvernement"

Engere deutsch-sowjetische Zusammenarbeit?

In einer Verlautbarung der beiden Vertragspartner, Deutschland und Sowjetunion, wurden die Westmächte angeklagt, für die Verlängerung des Kampfes verantwortlich zu sein. Für den Fall „einer Fortdauer des Krieges" aber kündigten die Regierungen Deutschlands und der Sowjetunion an, „sich gegenseitig über die erforderlichen Maßnahmen [zu] konsultieren". Die von Großbritannien und Frankreich bis zum 22. Juni 1941 immer wieder gehegten Befürchtungen, sich eines Tages einmal der geschlossenen militärischen Front der beiden totalitären Regime Hitlers und Stalins gegenüberzusehen, waren nicht ohne weiteres von der Hand zu weisen.

Angesichts einer für die nationalsozialistische Diktatur innenpolitisch nicht problemlosen Lage, die auch nach dem Waffenerfolg über Polen durch Distanz weiter Bevölkerungskreise zum Krieg gekennzeichnet war, angesichts einer außenpolitisch drohenden Isolierung, zu der das vorläufige Abrücken Italiens und Japans vom Deutschen Reich beitrug, angesichts einer militärisch unzureichenden Vorbereitung auf einen großen Krieg, für den Deutschland frühestens vom Jahre 1942 an gewappnet sein würde und angesichts der wirtschaftlichen Abhängigkeit des Reiches von ausländischen Lieferungen, die ungeachtet der im Rahmen des „Vierjahresplanes" unternommenen Anstrengungen nach wie vor bestand, blieb Hitler seinem eigenen Verständnis zufolge nichts anderes übrig, als zur Offensive überzugehen, also die „Flucht nach vorn" anzutreten. Dabei ging er davon aus, daß „die Zeit mit größerer Wahrscheinlichkeit als Verbündeter der Westmächte

Plan zur Offensive im Westen

denn als Verbündeter von uns" angesehen werden konnte. Mithin kam es für ihn darauf an, durch einen möglichst noch im November 1939 begonnenen, siegreich geführten Krieg gegen Frankreich Großbritanniens Einfluß vom europäischen Kontinent zu verdrängen. Danach, so glaubte er, würde es ihm gelingen, sich mit einer zur Einsicht in ihre „wahren" Interessen gekommenen britischen Regierung im Sinne seines Grundplans der zwanziger Jahre zu verständigen. Seine Idee einer Aufteilung weltpolitischer Interessensphären zwischen Großbritannien als der führenden See- und Kolonialmacht und dem Deutschen Reich als der Vormacht Kontinentaleuropas würde nach seinen Überlegungen England davor bewahren, von den Vereinigten Staaten von Amerika in seiner Rolle als Weltmacht zukünftig beerbt und abgelöst sowie durch die Sowjetunion ideologisch und machtpolitisch weiterhin herausgefordert und bedroht zu werden.

Zwischen USA und UdSSR

Denn über die Auseinandersetzung mit den europäischen Westmächten hinaus sah Hitler bereits im Oktober 1939 die eigentliche Gefahr für sein Vorhaben, ein europäisches Kontinentalreich unter deutscher Führung zu errichten, auf seiten der amerikanischen und sowjetischen Flügelmacht des internationalen Systems. Sie vermochten in erster Linie das geostrategisch und wehrwirtschaftlich eingeengt zwischen ihnen liegende Deutschland während einer vergleichsweise frühen Etappe seiner Expansion aufzuhalten: „Durch keinen Vertrag und durch keine Abmachung", so umschrieb Hitler am 9. Oktober 1939 diese Befürchtung, „kann mit Bestimmtheit eine dauernde Neutralität Sowjet-Rußlands sichergestellt werden... Die größte Sicherheit vor irgendeinem russischen Eingreifen liegt in der klaren Herausstellung der deutschen Überlegenheit bzw. in der raschen Demonstration der deutschen Kraft... Der Versuch gewisser Kreise der USA, den Kontinent in eine deutschfeindliche Richtung zu führen, ist im Augenblick sicher ergebnislos, kann aber in Zukunft doch noch zu dem gewünschten Ergebnis führen. Auch hier ist die Zeit als gegen Deutschland arbeitend anzusehen".

Nicht zuletzt im Banne dieses weltpolitischen Zugzwanges hatte Hitler sich gegen die Opposition, die seinen Plan, Frankreich anzugreifen, vereiteln wollte, durchgesetzt. Er war dazu entschlossen, den kontinentalen Ententepartner Großbritanniens zu besiegen. Charakteristischerweise hatte er schon am 27. September 1939 über die Absicht des geplanten Feldzuges im Westen geäußert, das Ziel sei es, „Frankreich zu zerschlagen". Demgegenüber beabsichtigte er, England lediglich gefügig zu machen und „auf die Knie zu zwingen". Auf diesem Wege kehrte Hitler nunmehr zu seinen Ideen der zwanziger Jahre zurück. Als machtpolitische Voraussetzung für ein deutsches Ausgreifen nach Osten war Frankreich auszuschalten und gleichzeitig damit einhergehend England seinen Angeboten gegenüber willfährig zu machen. In diesem Sinne betrachtete der Diktator den ins Auge genommenen Westfeldzug als eine Möglichkeit, um die für die Verwirklichung seines „Programms" wesentliche Bündniskonstellation auf militärischem Wege doch noch zu erreichen.

Ziele des Westfeldzuges

Aus verschiedenen Gründen wurde der Angriffstermin gegen Frankreich immer wieder verschoben, während Hitler Stalins Vorgehen in dem am 30. November

1939 begonnenen Krieg der UdSSR gegen Finnland mißtrauisch und interessiert zugleich beobachtete. Noch kurz vor dem Beginn des deutschen Angriffs im Westen ließ er sodann am 9. April 1940 Dänemark und Norwegen militärisch besetzen, um einem entsprechenden Schritt der Westmächte zuvorzukommen und um sich die über Norwegen laufende, für Deutschland lebenswichtige Erzzufuhr aus Schweden nicht abschneiden zu lassen. Mit diesem Schritt hatte Hitler zugleich in Übernahme entsprechender Marineplanungen die Enge des durch Ostsee, Nordsee und Ärmelkanal begrenzten Operationsgebietes der deutschen Seestreitkräfte großzügig erweitert und eine für die Atlantikkriegführung angemessenere, in defensiver wie in offensiver Hinsicht zu benutzende Basis für die überseeische Strategie einer künftigen deutschen Welt-, Flotten- und Kolonialmacht erworben.

Angriff auf Dänemark und Norwegen

Kriegsbeginn im Westen

Am 10. Mai 1940 begann der deutsche Angriff gegen die Niederlande, Belgien und Frankreich. Entgegen den Erwartungen der militärischen Experten wurde der Feldzug im Westen Europas ein Triumph der Kriegführung Hitlers. Nun aber stand der Diktator nicht nur auf dem Gipfel seiner Popularität in Deutschland. Vielmehr hatte er auch oppositionelle Strömungen im Offizierkorps besiegt und war für eine Vielzahl der Vertreter des alten Deutschland ebenso wie für die über den außen- und wirtschaftspolitischen Kurs des Dritten Reiches nach Kriegsausbruch 1939 weiterhin uneinige Elite des nationalsozialistischen Staates zur unumschränkten Autorität geworden.

Hitler auf dem Höhepunkt seiner Macht

In dem für den weiteren Verlauf des Weltkrieges so entscheidenden Jahr zwischen dem 22. Juni 1940, an dem der Waffenstillstand zwischen Frankreich und dem Deutschen Reich abgeschlossen wurde, und dem 22. Juni 1941, an dem Hitler die Sowjetunion überfiel, war „der Primat der Politik... in einem selten hohen Maße gesichert" [556: A. Hillgruber]. Die innenpolitischen Bedingungen für Hitlers außenpolitische Entscheidungen der kommenden Wochen und Monate sind in diesem Zusammenhang zutreffend einmal so umschrieben worden: „Der stufenweise vollzogene Prozeß der Konzentration der Macht in Deutschland bei Hitler und der nicht immer parallel dazu verlaufende Vorgang der Anerkennung seiner Führung durch die traditionellen Repräsentanten im Heer, in der Diplomatie und der Wirtschaft waren mit dem Sieg über Frankreich zusammengekommen. Hitler steckte in den nächsten Monaten – so ‚frei' wie nie zuvor und wie nie mehr in der Folgezeit – den großen Rahmen ab, in dem sich die Planungen und Erwägungen der wirtschaftlichen Organisation, der militärischen Führung und der Diplomatie vollzogen. Die noch vorhandenen Widerstandszentren, die sich in den Krisen 1938 und im Winter 1939/40 auf verbreitete Stimmungen aus der Bevölkerung hatten stützen können, waren nunmehr geschrumpft und gesellschaftlich von der geschlossener denn je der Führung Hitlers akklamierenden Nation weitestgehend isoliert" [556: A. Hillgruber].

Das „Problem England" 1940

Das außenpolitisch und strategisch entscheidende Problem blieb indes auch nach dem Sieg über Frankreich ungelöst. Bohrend quälte Hitler die Frage, warum England noch immer nicht auf seinen Vorschlag einer „Teilung der Welt" eingehe bzw. wann es sich endlich zur Annahme seiner Vorschläge entschließen werde.

Demgegenüber verblaßten für ihn alle anderen Entwicklungen und Ereignisse, die das siegreich vom Atlantik bis zur russischen Grenze über Europa gebietende Reich durchweg begünstigten. Souverän vermochte Deutschland sich nunmehr die Ressourcen des mitteleuropäischen „Großwirtschaftsraumes" nutzbar zu machen. Die Planungen der verschiedenen Ämter und Stäbe in Partei und Staat erstreckten sich darüber hinaus bereits auf die dazu als komplementär angesehenen kolonialen Ergänzungsräume in Übersee und nahmen damit eine noch in der Zukunft liegende Etappe in Hitlers „Stufenplan" vorweg, ohne diese für Hitlers Strategie verbindliche Denkfigur wohl genauer zu kennen.

Kriegseintritt Italiens

Das militärpolitische Prestige ließ die Anziehungskraft des Deutschen Reiches beträchtlich steigen. Am 10. Juni 1940 verließ Italien den im September 1939 für Hitler damals enttäuschend verkündeten Zustand der „Nichtkriegführung" und beteiligte sich jetzt – dem Diktator gar nicht willkommen – an der Liquidation des bereits geschlagenen Frankreich. Sogar der vorsichtige Franco rückte zu Anfang des Monats Juni 1940 Spanien mit dem Angebot eines Kriegseintritts auf deutscher Seite an das Reich heran. Doch die immens hohen territorialen und wirtschaftlichen Forderungen des Caudillo machten es Hitler unmöglich, auf dieses Angebot wirklich einzugehen. Von der Mitte des Monats Juni an näherte sich auch Japan wiederum dem Deutschen Reich. Dadurch wurden von Ribbentrops Vorstellungen über einen gegen England (und Amerika) gerichteten, sich von Ostasien bis Spanien erstreckenden „Kontinentalblock" erneut bestärkt. Aber auch Hitlers vorsichtig planende Erwägungen bestätigten sich, die Japan in Ostasien in erster Linie als ein politisches und militärisches Instrument einschätzten, das dazu geeignet erschien, die Vereinigten Staaten von Amerika im Pazifik zu binden und vom europäischen Schauplatz fernzuhalten. Denn trotz aller Macht, über die das Deutsche Reich in Europa verfügte, und trotz aller Reverenzen, die ihm in der Staatenwelt nun auch von seiten der Neutralen zuteil wurden, war unübersehbar, daß das seit dem 10. Mai 1940 von Winston Churchill als Premierminister geführte England in seinem entschlossenen Widerstand gegen Hitlers Deutschland ausharrte.

Großbritannien zwischen Deutschland und USA

Dem Urteil des „Führers" zufolge aber stand Großbritannien im Grunde vor der Wahl, entweder mit dem Deutschen Reich oder mit den Vereinigten Staaten von Amerika zu einem „Ausgleich" zu kommen und sein Überleben als Juniorpartner an der Seite der einen oder der anderen zukünftig in der Welt führenden Macht zu suchen. Daß England dabei im Rahmen der künftigen „Pax Germanica" oder „Pax Americana" eine der jeweils dominierenden Führungsmacht nur noch nachgeordnete, kaum mehr gleichberechtigte Rolle spielen würde, stand für den Diktator bereits während des noch andauernden Frankreichfeldzuges fest, als er sicher mit einem von ihm machtpolitisch erzwungenen Einlenken der Briten rechnete. Angesichts des als gewiß erwarteten Nachgebens der Engländer richtete er schon am 2. Juni 1940 im Stabsquartier der Heeresgruppe A in Charleville während der „Schlacht um Dünkirchen" (27. Mai – 4. Juni 1940) und bei anderer Gelegenheit noch einmal am 30. Juni 1940 den Blick auf das ihn eigentlich beschäftigende machtpolitische und ideologische Ziel seiner Außenpolitik und Kriegfüh-

Kriegsziel Sowjetunion

rung, nämlich auf die Sowjetunion. Dabei gab er seiner festen Überzeugung Ausdruck, daß er den ihm gegen seinen Willen aufgezwungenen Krieg mit England in absehbarer Zeit beenden könne, um sodann, den Aufzeichnungen des Chefs des Generalstabes Halder zufolge, programmgemäß „den Rücken . . . für den Osten" endlich frei zu haben. So bald wie möglich und ohne längere Unterbrechung, die dem Kriegswillen des deutschen Volkes nur abträglich sein konnte, sollte sich der „Lebensraum"-Krieg gegen Rußland anschließen.

Der Faktor Amerika 1940

Auf diesem Weg gedachte er nicht zuletzt auch einem trotz japanischer Präsenz im Pazifik stets befürchteten Eingreifen Amerikas, wo der Kampf zwischen „Isolationisten" und „Interventionisten" damals noch hin- und herging, in Europa zuvorzukommen. Dennoch rechnete Hitler jetzt im Unterschied zu seinen Überlegungen in den zwanziger Jahren (Erwartung einer eher defensiv vorgestellten Auseinandersetzung zwischen dem in Europa rassisch und machtpolitisch führenden Reich und den Vereinigten Staaten von Amerika um die Weltvorherrschaft als Aufgabe von ihm später einmal nachfolgenden Generationen) mehr und mehr mit der Möglichkeit eines Kampfes gegen die USA noch zu seinen Lebzeiten. Auch unter diesem Gesichtspunkt mag er die ihm von Raeder am 11. Juli 1940 nahegelegte verstärkte Wiederaufnahme des bei Kriegsbeginn zurückgestellten Baus der großen Überwasserflotte gebilligt haben. Dennoch befahl er der deutschen Marine, nachdem er sich seit Ende Juni/Anfang Juli 1940 dem Gedanken zunehmend mehr genähert hatte, den für Deutschland als notwendig erachteten „Lebensraum" durch Krieg gegen Rußland zu erobern, vorerst selbst angesichts der von Roosevelt in der zweiten Julihälfte 1940 durchgesetzten und sodann praktizierten „short-of-war"-Politik der Amerikaner im Atlantik äußerste Zurückhaltung gegenüber den sich häufenden amerikanischen Provokationen zu üben. Doch in einer Mischung von defensiven und offensiven Elementen, die sich an Entwicklungsmöglichkeiten des andauernden Krieges ebenso wie an den Zielvorstellungen seines „Programms" orientierten, ließ er die Vorbereitungen der Marine im Hinblick auf eine offensive Atlantikkriegführung, die Etablierung eines überseeischen Stützpunktsystems und den Bau einer Großflotte vorantreiben.

Raeders Konzeption

Damit übernahm Hitler nun aber keineswegs Raeders strategische Konzeption, die eher auf einen Ausgleich mit Rußland abhob, gegen Großbritannien und die Vereinigten Staaten von Amerika gerichtet war und in einigen entscheidenden Merkmalen durchaus von Ribbentrops außenpolitischen Überlegungen glich. Unverrückbar stand für den Diktator nach wie vor die Eroberung der Sowjetunion im Mittelpunkt seines „Programms".

Koloniale Kriegsziele

Dennoch ließ er zur gleichen Zeit in Ergänzung seines Erlasses vom März 1939 im Juni 1940 verfügen, die kolonialen Vorarbeiten zu dem „schleunigen Abschluß" zu bringen, den „die heutige Lage" erfordere, damit Deutschland in absehbarer Zeit dazu bereit sei, ein Kolonialreich in Afrika zu übernehmen und zu verwalten. Zu keiner Zeit des Jahres 1940 allerdings – von den kolonialen Forderungen während des Westfeldzuges über den Wunsch nach einem „zusammenhängende[n] West-Ost-Afrikanische[n] [Kolonialgebiet]" vom August 1940 bis hin zu von Ribbentrops Plan der „Südexpansion" der großen

Mächte Japan, Rußland, Italien und eben auch Deutschland – war das ins Auge gefaßte Ausgreifen nach Übersee eine „Alternative“ zu Hitlers programmatisch festliegendem Ziel im Osten. Immerhin scheint der Diktator 1940 daran gedacht zu haben, im Zuge des bis zum Ende des Monats Juni 1940 als sicher erwarteten Sonderfriedens mit Großbritannien Kolonialgebiete im Vorausgriff auf später anzuvisierende Ziele seiner Weltmachtpolitik zu erwerben. Aber vorläufig harrte England, das schon als friedensbereit angesehen und für den künftigen Gang der internationalen Politik eher als Juniorpartner denn als gleichberechtigte Macht eingeschätzt wurde, in seinem Kampf aus. Werbungen und Sanktionen, Friedensangebote und -fühler vermochten ebensowenig wie die Drohung mit der Invasion, die Hitler nur unter inneren Vorbehalten am 16. Juli 1940 vorzubereiten befahl, oder die am 13. August 1940 eröffnete Luftoffensive das Inselreich auf den – in Hitlers Sicht – „Weg des Klügeren“, wie der Generalquartiermeister Wagner es einmal formulierte, zu führen.

Invasionsvorbereitung und Luftoffensive gegen England

Denn seit der zweiten Julihälfte des Jahres 1940 stand Präsident Roosevelt unmißverständlich hinter Churchills „hartem“, sich Hitlers Erwartungen widersetzendem Kurs und rüstete sich für die von ihm als unausweichlich beurteilte Konfrontation Amerikas mit Deutschland und Japan. Daher ging es für das Deutsche Reich darum, in der verbleibenden Zeit, in der Amerika rüstungstechnisch noch nicht zureichend gewappnet war und durch Japan in Ostasien einigermaßen gebunden erschien, die Sowjetunion zu besiegen, das deutsche Kontinentalimperium für die Angelsachsen uneinnehmbar zu machen und das angesichts der amerikanischen Herausforderung im weltpolitischen, imperialen und außenhandelswirtschaftlichen Bereich vom Absinken in die Zweitrangigkeit bedrohte England von den USA abzusprengen und zum Frieden zu bewegen. Hitler mußte seinem Selbstverständnis und „Programm“ zufolge erneut, wie bereits im Anschluß an den Feldzug gegen Polen, dieses Mal freilich in globalem Rahmen offensiv werden und die letzte verbliebene Kontinentalmacht in Europa überrennen, um für den als sicher erwarteten Angriff der Angelsachsen gerüstet zu sein bzw. um die überseeische Stufe des „Programms“ zu verwirklichen und zur außereuropäischen Weltmacht aufzusteigen. Unterdessen ging die Sowjetunion ihrerseits systematisch daran, durch Besetzung der baltischen Staaten am 14./16. Juni 1940 und Bessarabiens sowie der nördlichen Bukowina am 28. Juni 1940 das strategische Vorfeld gegenüber dem deutschen Vertragspartner auszubauen.

Der Faktor Rußland

Am 31. Juli 1940 entwarf Hitler vor den militärischen Spitzen des Oberkommandos der Wehrmacht und des Oberkommandos des Heeres seine weltpolitische Lagebeurteilung und folgerte daraus: „Wenn [in England] [die] Hoffnung auf Rußland wegfällt, fällt auch Amerika weg, weil [dem] Wegfall Rußlands eine Aufwertung Japans in Ostasien in ungeheurem Maße folgt“. Vor dem Hintergrund dieser prinzipiell formulierten Überlegungen wurde sodann jener improvisierte Gesamtkriegsplan vom Herbst 1940 konzipiert, der vorsah, die Sowjetunion in einem weiteren „Blitzfeldzug“ anzugreifen und zu zerschlagen. Auf diesem Weg gedachte der Diktator, das zentrale Ziel seines macht- und rassenpolitischen

Besprechung vom 31. 7. 1940

Improvisierter Gesamtkriegsplan vom Herbst 1940

„Programms" zu verwirklichen und gleichzeitig damit England, das – entgegen den während des noch andauernden Krieges in Westeuropa bzw. unmittelbar nach dem Ende des siegreichen Feldzuges gegen Frankreich gehegten Erwartungen Hitlers auf ein Einlenken der Briten – ausgeharrt hatte, den russischen „Festlandsdegen" als Kriegsmittel aus der Hand zu schlagen, um es friedensbereit zu machen. Sollten die englische Neutralität bzw. das Bündnis mit England ursprünglich die Voraussetzung dafür bieten, um Rußland angreifen zu können, und sah der „Führer" diese für ihn grundlegende Bedingung des britischen Nachgebens unter dem Eindruck seines Triumphes über Frankreich, noch bis zur Mitte des Monats Juli, als gegeben an, so verquickten sich danach in einem politisch-militärischen Hazardspiel Mittel und Ziel miteinander. Der Sieg über Rußland sollte ihn sowohl zur Verwirklichung seiner zentralen weltanschaulichen Idee vordringen lassen als auch dazu führen, Großbritannien zum Frieden zu zwingen. Danach würde er für weitere, sich entweder unmittelbar an den russischen Feldzug anschließende oder aber nach einer „Pause" drohende bzw. sich einstellende Auseinandersetzungen mit Amerika bereit sein.

Mittel-Ziel-Strategem

In der Besprechung auf dem Berghof am 31. Juli 1940, in der im Prinzip der als Mittel-Ziel-Strategem vorgesehene Krieg gegen Rußland ins Auge genommen wurde, wies Hitler deutlich auf die von Amerika ausgehende Gefahr hin, der er vorläufig nur auf indirektem Wege und in der Hoffnung auf die durch Japan garantierte Neutralität der USA begegnen konnte. Im Augenblick dieser Überlegungen, d. h. im Sommer und Herbst 1940, rechnete Hitler mit dem Eingreifen der USA aufgrund ihrer mangelnden Kriegsbereitschaft erst für 1941/42. Der bereits im Ersten Weltkrieg auf seiten aller am Kampf beteiligten Staaten auftauchende Gedanke, noch während des Krieges sich bereits für den folgenden „zweiten" Krieg vorzubereiten, verdichtete sich auch in Hitlers Gedankenbildung im Hinblick auf den „Faktor Amerika" mehr und mehr und verkürzte das diese Stufe grundsätzlich ja bereits antizipierende „Programm" unter zeitlichem Aspekt erheblich. Jedenfalls näherte sich der Diktator im Sommer 1940 immer stärker dem Gedanken, in einer Auseinandersetzung um „Alles oder Nichts", d. h. in der militärischen Ostlösung die politische und strategische Initiative zu behalten. Der Krieg gegen Rußland erschien Hitler und der Mehrzahl der deutschen Offiziere allerdings nach der siegreichen Schlacht gegen Frankreich kaum mehr als ein „Sandkastenspiel" zu sein. Nach dem in wenigen Wochen zu erringenden Sieg aber würde Großbritannien endlich Frieden schließen. Aus einem autarken Europa heraus konnten ihm dann allerdings sogar die USA „gestohlen" bleiben.

„Kontinentalblock"-Konzeption

Noch einmal vor Beginn des Feldzuges gegen die Sowjetunion schien sich mit der durch von Ribbentrop entworfenen und von Hitler zeitweilig von Mitte September bis spätestens Ende Oktober widerwillig akzeptierten „Kontinentalblock"-Konzeption eine „Alternative" zu den Überlegungen des „Führers" anzubieten. Einige Wochen lang trat sie in den Vordergrund, als Hitler eingesehen hatte, daß England weder durch die Luftoffensive noch durch die Invasionsdrohung zum Einlenken zu bewegen war, daß die Unterstützung Großbritanniens von seiten der Vereinigten Staaten zunahm und daß der Feldzug gegen die Sowjetunion nicht mehr im Jahre 1940 durchgeführt werden konnte. Doch trotz des mit großem propagandistischem Aufwand verkündeten Abschlusses des „Dreimächtepakts" zwischen Deutschland, Italien und Japan am 27. September 1940, der in der Substanz das deutsch-japanische Verhältnis nur locker, ja unzulänglich regelte, scheiterte der durch von Ribbentrop gegen die angelsächsischen Mächte konzipierte, auf Beibehaltung der russischen Neutralität beruhende Plan am Widerstand der als potentielle Satelliten angesehenen Spanier und Franzosen, an Japans eigenständigen Kriegsplänen, an Stalins territorialen Forderungen und nicht zuletzt an Hitlers Option für die als Kriegsmittel und Kriegsziel gleichermaßen eingeschätzte militärische „Ostlösung".

„Dreimächtepakt"

Daher betrachtete der Diktator den negativen Ausgang seiner mit Franco und Pétain in Hendaye und Montoire am 23. und 24. Oktober 1940 geführten Verhandlungen über einen Kriegseintritt Spaniens und Frankreichs an der Seite des Reiches im Grunde als eine Bestätigung für die Richtigkeit des von ihm schon lange zuvor ins Auge gefaßten Entschlusses zum Krieg gegen die Sowjetunion. Auch Mussolinis vier Tage darauf eigenmächtig und für Deutschland überraschend begonnener Feldzug gegen Griechenland mußte seine Zweifel an der Möglichkeit einer von Ostasien bis Südeuropa sich erstreckenden Bündniskonstellation bestärken. Nunmehr war über die kaum miteinander zu vereinbarenden territorialen Forderungen Spaniens, Frankreichs und Italiens hinaus auch noch durch Mussolinis ehrgeizigen Schritt der Balkan in militärischer Hinsicht zu einer akuten Konfliktzone geworden.

Hitler–Franco–Pétain

Italienischer Angriff auf Griechenland

Schon eine Woche vor Molotows Besuch in Berlin am 12./13. November 1940 erklärte Hitler daher, es müsse alles getan werden, um bereit zu sein zur „großen Abrechnung" mit der Sowjetunion, die das „ganze Problem" Europas bleibe. Die Besprechungen mit Molotow boten sodann eine letzte Gelegenheit herauszufinden, ob das Reich und die Sowjetunion „Rücken an Rücken oder Brust an Brust" stünden. Der sowjetische Regierungschef und Außenkommissar ließ sich dabei keineswegs durch von Ribbentrops wohl nur schwer realisierbare Pläne täuschen. Sie sahen vor, Deutschland über Europa hinaus nach Mittelafrika ausgreifen zu lassen, Italien den Mittelmeerraum und Nordostafrika zuzuweisen, Japan unter Einschluß von China den Pazifik und Südostasien als Einflußsphäre zuzuerkennen und der Sowjetunion im Zuge einer „Südexpansion" der gemeinsam handelnden Großmächte Südasien und Indien zu überlassen. Demgegenüber gab Molotow die sowjetischen Territorialforderungen in Ostmitteleuropa und in Finnland, auf dem Balkan und in der Türkei deutlich zu erkennen, die in den von Deutschland beanspruchten Machtbereich hineinragten und das Deutsche Reich in seinen Interessen empfindlich beeinträchtigen mußten.

Molotow in Berlin

Hitler wurde in der Richtigkeit seines schon lange gehegten Vorhabens, die Sowjetunion anzugreifen, noch einmal bestätigt! Sodann kam hinzu, daß das am 11. März 1941 in den USA in Kraft getretene Leih- und Pachtgesetz die Unterstützung Amerikas für England erneut verstärkte. Mißtrauisch beobachtete Hitler darüberhinaus die sowjetischen und britischen Aktivitäten auf dem Balkan, insbesondere in Jugoslawien. Offensichtlich arbeitete die Zeit an allen Fronten gegen ihn. Nur der Sieg über die Sowjetunion – so schien es – vermochte ihm gegenwärtig Handlungsfreiheit zu erhalten und zukünftig Sicherheit zu bieten. In diesem Sinne erging bereits am 18. Dezember 1940 die „Weisung Nr. 21" für den „Fall Barbarossa", in der Hitler den Angriff auf die Sowjetunion vorzubereiten befahl und seine Zielsetzung erläuterte: „Die deutsche Wehrmacht muß darauf vorbereitet sein, auch vor Beendigung des Krieges gegen England Sowjetrußland in einem schnellen Feldzug niederzuwerfen". Daß Rußland in wenigen Wochen niedergerungen sein würde, bestätigten die militärischen Experten dem Diktator fast ohne Ausnahme, und ihr Urteil wurde übrigens auch im amerikanischen und englischen Generalstab geteilt.

„Weisung Nr. 21"

Balkanfeldzug

Während die Vorbereitungen für das „Unternehmen Barbarossa" liefen, wurden Jugoslawien und Griechenland während des April 1941 im Balkanfeldzug besiegt. Er war zu dem Zweck improvisiert worden, um den vorgesehenen Krieg gegen die Sowjetunion militärstrategisch zu flankieren und um die Möglichkeit einer alliierten Front in Südosteuropa auszuschließen. Hitlers Gedanken aber schweiften nicht zuletzt angesichts der drohenden amerikanischen Gefahr bereits weit in die Zukunft voraus. Schon am 17. Dezember 1940 hatte er dem Chef des Wehrmachtführungsstabes, General Jodl, gegenüber bekannt, „daß wir 1941 *alle* kontinentalen Probleme lösen müßten, da ab 1942 [die] USA in der Lage wären einzugreifen". Angesichts der sich daraus ergebenden Notwendigkeit einer gegenüber den Angelsachsen defensiven Kriegführung, die jedoch möglicherweise auch offensiv genutzt werden und dabei ursprünglich einmal visionär anvisierte Ziele unmittelbar ins Auge nehmen konnte, plante Hitler für die Zeit nach Beendigung des Feldzuges gegen die Sowjetunion.

Hitlers Pläne für die Zeit nach „Barbarossa"

Als Herr über ein bis zum „Ostwall" der Linie Archangelsk-Kaspisches Meer erobertes Kontinentalimperium gedachte er, die strategisch wichtigen Räume in der „östlichen Hemisphäre" von den „Dreierpaktmächten" gegen die Angelsachsen absichern zu lassen und durch Bastionen im Nahen bzw. Mittleren Osten und in Nordwestafrika sein kontinentales Großreich abzuschirmen. Dazu sollte bereits im August und September 1941 der Großteil der Infanterie-, Panzer- und Luftwaffenverbände aus Rußland abgezogen und der Schwerpunkt der Rüstung danach auf Marine- und Luftstreitkräfte gelegt werden. Den russischen Raum hatten 50–60 Divisionen zu sichern und sich dazu für eine militärische Operation über den Kaukasus hinaus in Richtung Iran-Irak bereitzuhalten. Zusammen mit geplanten Vorstößen von Libyen aus auf Ägypten und von Bulgarien und der Türkei aus auf Syrien würde die englische Nahoststellung in die Zange genommen und aufgebrochen werden, während Indien von Afghanistan aus bedroht werden konnte, wo Hitlers Anweisungen vom 17. Februar 1941 zufolge eine deutsche Operationsbasis zu errichten war. Daneben wurde für den Herbst 1941 die Eroberung Gibraltars geplant, um sodann in Nordwestafrika und auf den Azoren Stellung gegenüber den USA zu beziehen, wodurch Amerika in den Einflußbereich der deutschen Luftwaffe rücken würde. Fazit aller Überlegungen Hitlers am Vorabend des Feldzuges gegen die Sowjetunion, die sich in seinen Äußerungen und in den Ausarbeitungen des Wehrmachtführungsstabes vom 9. Januar, 17. Februar und 11. Juni 1941 niederschlugen, war es, nach der Niederringung der UdSSR über den blockadefesten und autarken Raum Kontinentaleuropas hinauszugreifen. Im Zuge eines „Weltblitzkrieges" [727: A. HILLGRUBER] galt es dann, eine strategische Stellung aufzubauen, die durch Basen in Nordwestafrika und auf den atlantischen Inseln abgesichert, durch eine erheblich vergrößerte Flotte und Luftwaffe geschützt und für die mit Gewißheit erwartete Auseinandersetzung mit den USA gewappnet war. Aus der Defensive heraus würde damit zugleich das Sprungbrett errichtet, das zur Verteidigung oder zum Angriff gegen die Vereinigten Staaten von Amerika jederzeit benutzt werden konnte, um Roosevelts Amerika Paroli bieten zu können.

Heß-„Mission"

Nachdem auch der letzte Versuch, England doch noch zur Einwilligung in das Bündnis zu bewegen und damit die Belastung eines Zweifrontenkrieges zu umgehen, nämlich die „Mission" des Stellvertreters des Führers, Rudolf Heß, dessen Flug nach Schottland von Hitler zwar nicht befohlen, möglicherweise aber doch gebilligt oder zumindest toleriert worden war, am 10. Mai 1941 fehlgeschlagen war, begann am 22. Juni 1941 der Krieg gegen die Sowjetunion. In seinem lange gehegten Entschluß, die Sowjetunion anzugreifen, wurde Hitler unmittelbar vor Beginn des Feldzuges noch einmal durch Informationen bestärkt, die er aus abgefangenen Telegrammen der Sowjetführung an ihre Missionen im Fernen Osten erhielt. Darin war (11. Mai 1941) nicht nur von der Absicht, mit Deutschland neue Interessensphären abzustecken, die Rede, sondern auch davon, das Dritte Reich zum Kampf gegen die angelsächsischen Mächte zu „benutzen" (21. Mai 1941).

Beginn des Krieges gegen die Sowjetunion

Trotz des am 12. Juli 1941 abgeschlossenen britisch-sowjetischen Beistandspaktes gab es in der deutschen Führung während der Monate Juni/Juli 1941 kaum einen Zweifel darüber, daß, wie Halder es am 3. Juli 1941 formulierte, „der Feldzug gegen Rußland innerhalb von 14 Tagen gewonnen" würde. „Die weiteren Aufgaben der Kriegführung gegen England" konnten „wieder in den Vordergrund treten und eingeleitet werden". In diesem Sinne verfügte Hitler am 14. Juli 1941, den Schwerpunkt der Rüstung vom Heer auf die für die Kriegführung gegen die Seemächte Großbritannien und Amerika entscheidenden Waffenteile der See- und Luftstreitkräfte zu legen.

Offensive gegen USA

Eben jetzt aber gingen Hitlers Überlegungen angesichts des so erfolgreich verlaufenden Krieges gegen die Sowjetunion über die Grenzen seines improvisierten Gesamtkriegsplanes vom Herbst 1940 hinaus. Dem japanischen Botschafter, General Oshima, schlug er am 14. Juli 1941 vor, im Zuge eines umfassenden Offensivbündnisses zwischen Deutschland und Japan gemeinsam die bereits als besiegt eingeschätzte Sowjetunion zu besetzen. Dabei sollten, wie es Außenminister von Ribbentrop zur gleichen Zeit vorschwebte, die Japaner von Wladiwostok aus bis nach Omsk vorrücken und die eroberten Territorien Sibiriens als ihr Einflußgebiet betrachten. Dann aber, so eröffnete Hitler es Oshima überraschend, würden sich

Deutschland und Japan zusammen gegen die andere Flügelmacht des internationalen Systems, die Vereinigten Staaten von Amerika, wenden: „Amerika drücke in seinem imperialistischen Geist 'mal auf den europäischen, 'mal auf den asiatischen Lebensraum. Von uns aus gesehen drohe im Osten Rußland, im Westen Amerika. Daher sei er der Meinung, daß wir sie gemeinsam vernichten müßten. Es gebe im Völkerleben Aufgaben, die hart seien. Man könne diese Aufgaben nicht dadurch lösen, daß man sich ihnen verschließt oder sich auf einen späteren Zeitpunkt verläßt."

In der Regel tendierte Hitler im Gegensatz zu seinem Außenminister von Ribbentrop dazu, Japan auf den ostasiatischen Bereich zu beschränken. Dort schien es ihm die Gewähr dafür zu bieten, daß die Vereinigten Staaten von Amerika im Pazifik gebunden blieben und sich nicht primär und vorzeitig gegen Europa wenden könnten. Den Feldzug gegen die Sowjetunion betrachtete er dagegen als „seinen" Krieg, den er bevorzugt und ohne die rassisch stets als minderwertig und unzuverlässig beurteilten „Gelben" zu gewinnen gedachte. Das wurde – bis zum Umschwung im Winter 1943 – auch schon bald wieder seine Maxime, als sich vom August 1941 an die ersten Verzögerungen im Ablauf des Rußlandfeldzuges bemerkbar machten und sich dann auch die im Gespräch mit Oshima anvisierte Offensive gegen Amerika, das seit dem 27. März 1941 für den Fall seines Kriegseintritts die „Germany first"-Strategie beschlossen und zusammen mit Großbritannien in der Atlantik-Charta vom 14. August 1941 selbstbewußt seinen Führungsanspruch für die Nachkriegszeit dokumentiert hatte, wieder in die weitere Zukunft verschob. Denn während Hitler noch am 25. Juli 1941 ein „scharfes Vorgehen auch gegen die USA" nach Abschluß des Feldzuges gegen Rußland in Aussicht nahm, äußerte er am 10. September 1941 vor der Tafelrunde im Führerhauptquartier erneut die seit den zwanziger Jahren bekannte Ansicht, der Entscheidungskampf gegen die amerikanische Union bleibe künftigen Generationen vorbehalten: „Ich werde es nicht mehr erleben, aber ich freue mich für das deutsche Volk, daß es eines Tages mit ansehen wird, wie England und Deutschland vereint gegen Amerika antreten. Deutschland und England werden wissen, was eines vom anderen zu erwarten hat. Wir haben dann den rechten Bundesgenossen gefunden". Am 25. Oktober 1941 bekräftigte er gegenüber dem italienischen Außenminister Ciano diesen Gedanken: „Eine spätere Generation würde sich mit dem Problem Europa-Amerika auseinanderzusetzen haben. Es würde sich [dann K. H.] nicht mehr um Deutschland oder England, um Faschismus, Nationalsozialismus oder entgegengesetzte Systeme handeln, sondern um die gemeinsamen Interessen Gesamteuropas innerhalb des europäischen Wirtschaftsgebietes mit seinen afrikanischen Ergänzungen".

Verzögerungen im Rußlandfeldzug

Atlantik-Charta

Amerika-Pläne

Stagnation des Rußlandfeldzuges

Einen Monat später wurde dem Diktator klar, daß der russische Krieg nicht programmgemäß zu Ende zu führen sei, und am 19. November 1941 sprach er erstmals davon, er erwarte, „daß die Erkenntnis, daß die beiden Feindgruppen sich nicht vernichten können, zu einem Verhandlungsfrieden führt". Angesichts des in der zweiten Novemberhälfte eingestandenen Scheiterns seines improvisierten Gesamtkriegsplanes vom Herbst 1940 äußerte Hitler am 27. November 1941 ganz im Sinne der sozialdarwinistischen Logik seiner Politik des „Alles oder Nichts“, falls das deutsche Volk versage, müsse es untergehen: „Wenn das deutsche Volk einmal nicht mehr stark und opferbereit genug sei, sein eigenes Blut für seine Existenz einzusetzen, so soll es vergehen und von einer anderen, stärkeren Macht vernichtet werden. Es verdiente dann nicht diesen Platz, den es sich heute errungen habe“. Damit war für die kommenden Jahre die rigorose Losung für Hitlers Kriegführung und Politik ausgegeben!

Vor dem Hintergrund der vom November 1941 an durch Resignation charakterisierten sowie durch Krisen und Spannungen in der militärischen Führung gekennzeichneten Lage erscheint Hitlers Kriegserklärung vom 11. Dezember 1941 an die USA eher als erzwungene Reaktion denn als freier Entschluß im Sinne der Verwirklichung seines „Programms“. Die stolze Geste, die diesen Schritt drei Tage nach der Kriegserklärung der Vereinigten Staaten von Amerika an Japan, vier Tage nach dem japanischen Überfall auf Pearl Harbor und zehn Tage nach dem Scheitern des deutschen Vormarsches vor Moskau begleitete, täuschte über ihre eher zwanghaften Motive hinweg. Hitler – der im Zuge der großen Führungskrise an der Spitze der Wehrmacht kurz darauf am 19. Dezember 1941 den Oberbefehl über das Heer persönlich übernahm – hatte in Fortsetzung seiner den Japanern im März und April 1941 im Hinblick auf Rußland und Amerika zugesagten Doppelgarantie am 21. November 1941 Tokio gegenüber erneut auf die japanische Anfrage hin, ob man für den Fall eines Krieges gegen die USA auf deutsche Unterstützung zu zählen vermöge, durch seinen Außenminister von Ribbentrop sagen lassen, Japan könne auch „außerhalb der im Dreimächtepakt ins Auge gefaßten Fälle“ mit deutscher Hilfe rechnen. Als das Deutsche Reich Japan diesen „Blankoscheck“ ausstellte, waren die Folgen noch kaum genauer zu übersehen, und über die hinter dem Rücken des deutschen Bündnispartners geführten Geheimverhandlungen zwischen Japan und den Vereinigten Staaten von Amerika um einen Ausgleich in China und im Pazifik war man in Berlin nicht informiert.

Kriegserklärung an USA

Mit seiner Zusage aber hatte Hitler, der sich in den Tagen zwischen dem 28. November und dem 4. Dezember 1941 zum Krieg gegen Roosevelts Amerika entschlossen hatte, nach seinem Verständnis gerade die Gefahr einer japanisch-amerikanischen Annäherung zumindest vorläufig gebannt. Denn Berlin und Tokio vereinbarten, „daß Japan sich gegen den Preis des deutschen Kriegseintritts verpflichtete, keinen Sonderfrieden zu schließen“ [735: E. JÄCKEL]. Daneben beabsichtigte Hitler, die USA nach ihrem Kriegseintritt gegen Japan unverzüglich mit einer zweiten Front zu belasten, um zu verhindern, daß sie Japan rasch besiegen und dann vergleichsweise ungehindert gegen Deutschland vorgehen könnten. Seine Sorge aber, daß Japan den angelsächsischen Mächten unterliegen könne, kam schon am 3. Januar 1942 Oshima gegenüber zum Ausdruck ebenso wie seine Ratlosigkeit über die zukünftige Kriegführung gegen die USA, über die er sagte, „wie man die USA besiege, wisse er noch nicht“. Worauf er in seinem verzweifelten Wettlauf gegen die Zeit hoffte, war 1. Amerika durch seine militärische Hilfe für

Japan möglichst lange in Ostasien zu binden, 2. im Sommer 1942 zusammen mit Japan die „östliche Hemisphäre" gegen die Vereinigten Staaten von Amerika abzusichern und 3. durch militärischen Druck auf Indien im Zuge eines Vorstoßes über den Kaukasus hinaus nach Süden Großbritannien zu einem Sonderfrieden zu zwingen und die große „unnatürliche Koalition" der Gegner zu sprengen.

Erneute Sieges-hoffnungen 1942

Tatsächlich keimten im Verlauf der ersten Hälfte des Jahres 1942 die deutschen Siegeshoffnungen noch einmal auf. Fast unaufhaltsam stürmten Hitlers Armeen im Sommer des Jahres 1942 sowohl in Rußland als auch in Nordafrika voran. Demgegenüber erreichte der mit der deutschen Kriegführung nicht koordinierte japanische Vormarsch nach dem spektakulären Fall Singapurs am 15. Februar 1942 bereits im März dieses Jahres seinen Höhepunkt, und vom Beginn des Monats August an wurde der Rückzug der Japaner schon deutlich erkennbar. Am 6. Januar 1942 hatte der amerikanische Präsident Roosevelt, seit langem der erbitterte Feind der Aggressoren, wiederum unmißverständlich bekundet, deren Herausforderung beantworten zu wollen, und am 14. Januar 1942, dem letzten Tag der Arcadia-Konferenz, hatten Churchill und Roosevelt die „Germany first"-Strategie bestätigt.

Während Japan auf dem Höhepunkt seiner Ausdehnung angelangt war und Hitler im März die Vernichtung der Roten Armee voraussagte, begannen in den Monaten März und April 1942 – nicht zuletzt auf Drängen Stalins hin – die angelsächsischen Überlegungen, in Frankreich und Nordwestafrika eine zweite Front zu errichten, um der „Achse" in den Rücken fallen zu können. Deutlich arbeitete die Zeit gegen Hitlers Politik und Kriegführung. Trotzdem wies er die schon Ende 1941 begonnenen und bis ins Jahr 1944 andauernden Versuche der Japaner, einen Frieden mit der Sowjetunion zu vermitteln, entschieden zurück. Seinem Verständnis nach mußte er sein zentrales Ziel, den Sieg über Stalin, erreichen, denn damit standen und fielen die Kriegführung und sein „Programm". Noch einmal schien es so, als sollte seine Rechnung aufgehen: Während Japan im Frühsommer dieses Jahres (Midway-Schlacht vom 4.–8.6.1942) und immer klarer nach der Landung der Amerikaner auf Guadalcanal am 7./8. August 1942 in die Defensive gedrängt wurde, erkämpften die deutschen Truppen Sieg auf Sieg, stießen bis zum Kaukasus und in Richtung auf Alexandria vor.

Die Alliierten in der Offensive

Doch zur gleichen Zeit, als der deutsche Angriff in Rußland im Frühherbst 1942 versiegte, am 5. November 1942 der britische Durchbruch bei El Alamein Rommels „Afrika-Korps" zum Rückzug zwang und am 19. November 1942 die sowjetische Gegenoffensive bei Stalingrad einsetzte, begannen die Angelsachsen damit, sich an den Rändern des Machtbereichs der Japaner, Italiener und Deutschen Stützpunkte zu sichern. Die Amerikaner landeten – wie erwähnt – in Guadalcanal, und die Engländer besetzten Madagaskar, während die dem französischen Vichy-Regime unterstehenden afrikanischen Überseebesitzungen vollzählig erst nach der alliierten Landung in Nordwestafrika im November 1942 zu de Gaulles „freiem Frankreich" überwechselten. Churchill und Roosevelt aber diskutierten unterdessen im Juni 1942 über die Möglichkeit, in absehbarer Zeit eine zweite

Front in Europa zur Entlastung der UdSSR zu schaffen. Hitler konnte dieser Bedrohung nur entgehen, wenn er den Rußlandkrieg bald beendete! Doch als Mussolini dem „Führer" am 1. Dezember 1942 riet, die Auseinandersetzung mit der Sowjetunion mit einem Sonderfrieden abzuschließen, hielt Hitler diese Forderung für unannehmbar. Obwohl er strategisch kalkulierend durchaus schon davon gesprochen hatte, das Ringen der Feindgruppen könne wohl von keiner Seite siegreich beendet werden, hatte er doch während des gesamten Jahres 1942 immer wieder versucht und gehofft, sein „Programm" zu verwirklichen, nämlich Rußland zu unterjochen und Großbritannien für sich zu gewinnen.

Macht- und Rassenpolitik

Nicht zuletzt das für Politik und Kriegführung des Dritten Reiches konstitutive rassische Dogma aber hatte in seinen Auswirkungen längst dazu beigetragen, über die davon eigenständig existierenden, weitausgreifenden Kriegszielprogramme der Alliierten, insbesondere der Sowjetunion, hinaus, die ohnehin riesige Widerstandskraft der Gegner anzufachen und das Machtkalkül der deutschen Strategie systematisch zu unterlaufen. Denn in ihrer Radikalität und Ungeheuerlichkeit übertraf Hitlers *Rassenpolitik* noch bei weitem seine auf Errichtung einer Weltmachtstellung bzw. Weltvorherrschaft zielenden *strategischen Planungen und Vorhaben*. Im Verlauf des Krieges wurde in der mit der Machtpolitik des Dritten Reiches untrennbar verwobenen, sie mehr und mehr behindernden und endlich die Überhand gewinnenden Rassen- und Besatzungspolitik die eigentliche Triebkraft des nationalsozialistischen Regimes sichtbar. Mit universalem Anspruch strebte sie nach rassischer Herrschaft und betrieb damit im Grunde die Zerstörung des Dritten Reiches.

2. Innere Entwicklung, Besatzungs- und Rassenpolitik des Dritten Reiches

Stimmung in der Bevölkerung

Der Kriegsausbruch 1939 ließ im deutschen Volk eine gedrückte Stimmung aufkommen, die in keiner Weise mit der Begeisterung im August 1914 vergleichbar war. Der Preis und die Fragwürdigkeit der bis dahin auf wirtschaftlichem, militärischem, politischem und teilweise auch auf gesellschaftlichem Gebiet bewunderten Leistungen Hitlers wurden schlagartig deutlich. Wenn auch die Rationierung der Lebensmittel dazu beitrug, die Versorgung der Bevölkerung mit Bedarfsgütern – teilweise allerdings zu Lasten der besetzten Gebiete – bis 1944 zu garantieren, so wurden doch insgesamt der weltanschauliche Herrschaftsanspruch und die

Ausbau des SS-Staates

terroristische Kontrolle des Regimes im Zeichen der kriegerischen Belastung fordernder und stärker. Vor allem die Macht der SS wuchs beständig. Seit Kriegsbeginn verfügte sie über einen institutionellen Apparat, „der alle staatlichen und militärischen Machtinstanzen in den Schatten stellte" [101: K. D. Bracher]. Im September 1939 wurde die Verschmelzung zwischen SS und Polizei weiter vervollkommnet, indem die bereits seit 1936 auf höchster Ebene bestehende Personalunion beider Bereiche durch Himmler, der „Reichsführer SS und Chef der deutschen Polizei" war, nunmehr auf die mittleren Instanzen ausgedehnt und der jeweils dienstälteste SS-Führer in den einzelnen Wehrkreisen zum „Höheren SS- und Polizeiführer" ernannt wurde. Gleichzeitig faßte man die Tätigkeit zwischen der Sicherheitspolizei (Sipo), die sich aus der Gestapo und der Kriminalpolizei zusammensetzte, und dem Sicherheitsdienst (SD) der SS, einer Parteiorganisation, verwaltungsmäßig in dem am 27. September 1939 gegründeten Reichssicherheitshauptamt zusammen, das insbesondere auch die Rassenfrage bearbeitete.

Konzentrationslager

Daneben aber standen vor allem die Konzentrationslager unter der Aufsicht der SS. Ihre Entwicklung „vom improvisierten Terror der Anfangsjahre zum riesigen KZ-System der Vernichtungsperiode" [101: K. D. Bracher] läßt den Ausbau des SS-Staates erkennen. Seit 1936 von der SS kontrolliert, gab es bei Kriegsbeginn sechs Konzentrationslager, 1942 fünfzehn, die danach noch einmal um drei vermehrt wurden. Ohne richterliches Urteil wurden dorthin anfangs in erster Linie „politische und religiöse Gegner" des Nationalsozialismus deportiert und „aus Sicherheits-, erzieherischen oder vorbeugenden Gründen", wie das Regime es offiziell nannte, eingesperrt. Neben solcher Art von „Schutzhaft" in den Konzentrationslagern gab es eine Vielzahl von Arbeitslagern, in denen die Häftlinge als Sklaven für die Belange der Kriegswirtschaft und der SS arbeiten mußten. Mehr und mehr, insbesondere seit dem Frühjahr 1942, waren die Konzentrationslager für die deutsche Rüstungsindustrie ein maßgeblicher Faktor. Zu den Häftlingen, deren Zahl von ca. 21000 im Jahr 1939 auf annähernd 800000 bei Kriegsende anstieg, zählten nunmehr auch Kriminelle und Kriegsgefangene sowie Geiseln aus den besetzten Gebieten. Sie wurden nicht zuletzt aufgrund von Hitlers sog. „Nacht- und Nebei-Erlaß" vom 7. Dezember 1941 verschleppt. Er erlaubte es, Personen, die des Widerstandes verdächtigt wurden, in die Konzentrationslager zu schaffen, ohne daß die Angehörigen etwas über ihr Schicksal erfuhren. Im Vernichtungssystem der KZ-Lager aber besaß die SS allmächtige Exekutivgewalt. Hatten Deportierte beispielsweise ihre Strafe verbüßt oder waren sie durch Sondergerichte freigesprochen worden, so konnten sie aufgrund anderer Erlasse der Gestapo übergeben werden und verblieben somit in Himmlers Machtbereich.

Kriegsverordnungen

Gegenüber der deutschen Bevölkerung wachte ein beständig perfektionierter und ausgebauter Polizeiapparat darüber, daß die für den Bestand der nationalsozialistischen Diktatur wichtigen „inneren Kriegsmaßnahmen" [121: W. Hofer], die Gesetze, Verordnungen und Bestimmungen, befolgt wurden. Nicht nur Verstöße gegen die Lebensmittelrationierung und Verbrauchsregelungsverordnungen, die dazu beitrugen, Hungersnöte wie im Ersten Weltkrieg zu vermeiden, wurden hart – vielfach sogar mit dem Tode – bestraft. Vielmehr wurde auch die „geistige Ausrichtung" der Bevölkerung kontrolliert. Die „Kriegssonderstrafrechtsverordnung" gab in ihrem § 5 über die „Zersetzung der Wehrkraft" dem Regime die Handhabe, jede kritische Bemerkung zum Kriegsgeschehen als todeswürdiges Verbrechen zu behandeln. Die „Rundfunkverordnung" untersagte das Hören ausländischer Sender und bedrohte das Verbreiten dort gehörter Nachrichten mit der Todesstrafe. Straftaten, die im Schutze der kriegsnotwendigen Verdunkelung begangen wurden, konnten anhand der „Volksschädlingsverordnung" mit dem Tode gesühnt werden.

Führerdiktatur und Kompetenzenchaos

Ungeachtet dieser Machtkonzentration bestand das Ämter- und Kompetenzenchaos des Dritten Reiches jedoch auch im Krieg nach wie vor weiter. Es konnte auch nicht gemindert werden durch die am 30. August 1939 gegründete Koordinationsstelle des Reichsverteidigungsrates, in dem unter Görings Vorsitz alle politischen Bereiche des Regimes – mit Ausnahme der Außenpolitik und Kriegführung, die Hitler sich ausdrücklich persönlich vorbehielt – vertreten waren. Mit Ausnahme der allerletzten Phase des Krieges, in der Hitler unter dem Eindruck der militärischen Niederlagen Entscheidungen mehr und mehr auswich, diente bis dahin gerade die Existenz der „autoritären Anarchie" im Dritten Reich der Entfaltung des absoluten Führerwillens, der dem Diktator am 26. April 1942 in der letzten Sitzung des „Großdeutschen" Reichstages von den „Volksvertretern" auch formell testiert wurde: „Der Führer muß daher – ohne an bestehende Rechtsvorschriften gebunden zu sein – in seiner Eigenschaft als Führer der Nation, als Oberster Befehlshaber der Wehrmacht, als Regierungschef und oberster Inhaber vollziehender Gewalt, als oberster Gerichtsherr und als Führer der Partei jederzeit in der Lage sein, nötigenfalls jeden Deutschen... mit allen ihm geeignet erscheinenden Mitteln zur Erfüllung seiner Pflichten anzuhalten". Insgesamt bestimmte der Diktator, „ganz abgesehen von der informellen und mittelbaren Prägekraft des ‚Führerwillens'" und ungeachtet eines gänzlich „unorthodoxen Stils der Regierungsführung und der Machtausübung", die den nationalsozialistischen Führerstaat keineswegs als „bloße Fortsetzung des Obrigkeitsstaates oder eine besonders brutale Variante des autoritären Verfassungsstaates", sondern vielmehr als einen „auf Hitlers Willkürherrschaft zentrierte[n] atavistische[n] Personenverband" [289: D. REBENTISCH] erscheinen läßt, selbst während des Zweiten Weltkrieges im weitesten Sinne die Richtlinien der inneren Politik des Dritten Reiches.

Der uneingeschränkten Diktatur Hitlers diente der Terror eines Justizapparates, der mit dem nunmehr begonnenen Aufbau einer „nationalsozialistischen Rechtspflege" in seine letzte und blutigste Phase eintrat, als am 24. August 1942 Roland Freisler, den Hitler bezeichnenderweise als den Wyschinskij seines Regimes apostrophierte, das Präsidium des Volksgerichtshofes übernahm.

Wirtschaftliche Lage im Krieg

Die wirtschaftliche Ausbeutung der eroberten Territorien war für die deutsche Kriegswirtschaft von maßgeblicher Bedeutung. Abgesehen von den Kriegszielentwürfen, für die Zukunft des „großgermanischen Reiches" einen Autarkie garantierenden europäischen „Großwirtschaftsraum" unter deutscher Führung zu organisieren und durch ein sich von der Atlantik- bis zur Pazifikküste erstreckendes Kolonialreich in Mittelafrika zu ergänzen, die bereits während des Feldzuges gegen Frankreich im Auswärtigen Amt am 30. Mai und 1. Juni 1940 vorgelegt wurden, spielte der Zusammenhang von der militärischen Eroberung fremder Gebiete und ihrer wirtschaftlichen Nutzung für Hitlers Kriegsplanungen von Beginn an eine entscheidende Rolle. Im Gegensatz zu einem Experten im Wehrwirtschafts- und Rüstungsamt des Oberkommandos der Wehrmacht wie General Thomas ging Hitler davon aus, daß es genüge, für seine „Blitzkriege", nicht aber für einen langen Krieg gerüstet zu sein. Denn jede territoriale Eroberung, die im Zuge der vorgesehenen „Blitzkrieg"-Führung gemacht wurde, sollte zugleich auch die wehrwirtschaftliche Lage des Reiches verbessern. Erst als die Zeit der „Blitzfeldzüge" zu Ende ging und Deutschland sich wider Willen auf einen langen Abnutzungskrieg mit einem an Menschen, Material und Rohstoffen sowie Wirtschaftskraft weit überlegenen Gegner einrichten mußte, wurde die deutsche Industrie vom Jahre 1942 an, also mit der „Ära Speer" einsetzend, auf umfassendere und intensivere Kriegsanstrengungen ausgerichtet und war den Alliierten doch allein schon aufgrund ihrer ungenügenden Voraussetzungen in diesem Bereich hoffnungslos unterlegen.

Ausbeutung eroberter Länder – Deportierung von Fremdarbeitern

Dennoch diente gerade die Ausbeutung der eroberten Länder Europas und der Territorien der Sowjetunion dazu, die Ernährungs- und Rohstofflage sowohl im Zeichen der „Blitzfeldzüge" als auch während des sich anschließenden Ermattungskrieges nicht zusammenbrechen zu lassen, sondern sogar vergleichsweise recht leistungsfähig zu gestalten. Die landwirtschaftliche und industrielle Produktion des kriegführenden Deutschland konnte nicht zuletzt durch die 6 bis 7,5 Millionen ins Reich deportierten Fremdarbeiter aus allen Teilen Europas aufrechterhalten werden. Trotz des stets spürbarer werdenden Arbeitskräftemangels war die Partei ihrer weltanschaulichen Überzeugung gemäß nur mit großen ideologischen Vorbehalten dazu bereit, Frauen in einem gewissen Umfang zur Arbeit in der Rüstungsindustrie heranzuziehen, wie dies gleichzeitig in Großbritannien geschah und wie es übrigens während des Ersten Weltkrieges in Deutschland in höherem Maße als zwischen 1939 und 1945 praktiziert worden ist.

Bevölkerung, Wehrmacht und Fremdarbeiter konnten alles in allem bis in das Jahr 1944 hinein zureichend ernährt werden. Dazu trug, wie erwähnt, die bereits am 27. August 1939 eingeführte, die Erfahrungen aus der zweiten Hälfte des Ersten Weltkrieges verarbeitende, umfassende Bewirtschaftung vornehmlich der Konsumgüter, aber auch aller anderen Produkte ebenso bei, wie die schon vor dem Krieg erzielte Steigerung der landwirtschaftlichen Erzeugnisse, die jetzt durch Zufuhr von Nahrungsmitteln aus den besetzten Gebieten, vor allem aus der Ukraine, ganz wesentlich ergänzt wurde.

Rohstofflage

Auch die stets schwierige Rohstofflage des Reiches wurde neben den im Zuge des „Vierjahresplanes" eingeleiteten, recht kostspieligen Maßnahmen zur Herstellung beispielsweise von Buna, von synthetischem Treibstoff und von Stahl, der aus minderwertigen deutschen Erzen gewonnen wurde, vor allem durch die Ausbeutung der Rohstoffvorräte in den eroberten Ländern gelindert. Dabei ist freilich nicht zu übersehen, daß die besetzten Gebiete einen beträchtlichen Eigenbedarf entwickelten, um überhaupt weiterhin fördern und arbeiten zu können. Und zu verkennen ist auch nicht, daß die Produktivität unter den Bedingungen der Besatzungsherrschaft teilweise beträchtlich nachließ. Dennoch wurde beispielsweise die Treibstofflage erst kritisch, als es bei sich ständig erhöhendem Bedarf aller drei Waffenteile im Sommerfeldzug 1942 nicht gelang, an das kaukasische Öl zu kommen, so daß man auf die deutsche Produktion und die rumänischen Ölvorräte angewiesen blieb. Als dann die systematischen Bombenangriffe der Westalliierten auf diesem Sektor erhebliche Schäden anrichteten und die sowjetischen Truppen am 30. August 1944 das Ölgebiet von Ploesti in Rumänien besetzten, war der Krieg unter wehrwirtschaftlichem Gesichtspunkt für Deutschland verloren.

Verbrauchsgüter- und Rüstungsproduktion

Insgesamt ist es als kennzeichnend für die nationalsozialistische Diktatur anzusehen, daß Hitler nur sehr zögernd und widerwillig vom Jahre 1942 an darin einwilligte, die Verbrauchsgüterherstellung zugunsten der Rüstungsproduktion einzuschränken. Großbritannien vollzog diesen Schritt sogleich bei Kriegsausbruch und führte beträchtlich eher und intensiver einen „totalen Krieg", als das Deutsche Reich dies tat. Die parlamentarische Demokratie konnte in der Gewißheit ihrer kaum in Zweifel gezogenen Legitimation und angesichts ihrer von der Bevölkerung geteilten moralischen Überzeugung, eine gerechte Sache zu verteidigen, vom Land Opfer verlangen. Hitler war demgegenüber ständig darauf bedacht, den zivilen Konsumbedürfnissen der Deutschen Rechnung zu tragen, um nicht zuletzt auch auf diesem Weg die ihn stets begleitende und belastende Furcht vor einer inneren Revolution zu bannen. Der „totale Krieg" fand in dieser Hinsicht auch nach Goebbels entsprechender Proklamation vom 18. Februar 1943, mit der psychologisch der Schock der Katastrophe von Stalingrad aufgefangen werden sollte (siehe unter S. 94), nur bedingt statt. Hitlers Rücksichtnahme auf die Stimmung im deutschen Volk, das er gleichzeitig durch Terror und Konzentrationslager in Schach hielt und zum Endziel der Weltmachtstellung bzw. in den Abgrund des Untergangs treiben wollte, ließ ihn im Hinblick auf die Herstellung von Konsumgütern durchweg einen vergleichsweise nachgiebigen Kurs verfolgen. Ebenso beschritt er im Bereich der Kriegsfinanzierung nur ungern den Weg der Steuererhöhungen bzw. der Kriegszuschläge auf Verbrauchsgüter. Bevorzugt wurde vielmehr eine unter Inkaufnahme hoher Inflationsraten erreichte indirekte Mittelbeschaffung, die der Bevölkerung vorläufig nicht weh tat. Weit entfernt vom propagandistisch proklamierten Ideal des „totalen Krieges" lebte ein großer Teil der neuen Elite des nationalsozialistischen Staates zudem in einem unverhältnismäßigen Luxus. Auch das im wirtschaftlichen Bereich aus der Vorkriegszeit überlieferte und sich mit Görings Machtverfall steigernde Kompetenzenchaos trug nicht eben dazu bei, die Einheitlichkeit und den Erfolg der wirtschaftlichen Kriegführung des Deutschen Reiches zu fördern.

Erst unter dem Eindruck des großen Rückschlages der Wehrmacht im Winter 1941/42 erhielten der Leiter des am 17. März 1940 geschaffenen Reichsministeriums für Bewaffnung und Munition, Todt, und der nach dessen Tod am 8. Februar 1942 zu seinem Nachfolger bestellte Speer den Auftrag, die Wirtschaft des Dritten Reiches entschieden auf Kriegswirtschaft umzustellen. In diesem Sinne steigerte Speer zwischen 1942 und der Mitte des Jahres 1944 die Organisation und Effizienz der deutschen Rüstungsproduktion, ohne das für sie charakteristische Chaos beseitigen zu können. Denn nach wie vor wachte beispielsweise das Wehrwirtschafts- und Rüstungsamt unter Thomas eifersüchtig über seine Belange, obwohl Speer diese Dienststelle seinem Ministerium einzugliedern verstand. Formell war er selbst „als Generalbevollmächtigter für Rüstungsaufgaben im Vierjahresplan" dem an Einfluß mehr und mehr verlierenden „Wirtschaftszaren" des Dritten Reiches, Hermann Göring, unterstellt, der sich als Oberbefehlshaber der Luftwaffe im Bereich der Luftrüstung der Speer von Hitler erteilten Generalvollmacht immer wieder entzog. Entsprechendes galt für den Sektor der Marinerüstung, zumindest solange Raeder Oberbefehlshaber war (bis 31. Januar 1943). Der von Hitler am 21. März 1942 zum Sonderbevollmächtigten für den Arbeitseinsatz ernannte und für die Beschaffung der Fremdarbeiter zuständige Gauleiter von Thüringen, Sauckel, entwickelte sich immer mehr zum Gegenspieler Speers, bis er zusammen mit dem nach Heß' Englandflug (10. Mai 1941) zum Leiter der Parteikanzlei ernannten, in der Innenpolitik des kriegführenden Deutschland immer mehr an Macht zunehmenden Bormann diesen 1944/45 in den Hintergrund drängte. Speer hatte mit seinem organisatorischen Prinzip weitgehender wirtschaftlicher Selbstverwaltung vor allem in der Großindustrie eine zwischen 1942 und 1944 trotz der Zerstörungen durch Fliegerangriffe sich ständig steigernde Produktion an Rüstungsgütern erreicht. Sie hielt allerdings keinen Vergleich mit den alliierten Mächten aus und war in Deutschland und Japan zusammen im Jahre 1942 zweieinhalbmal geringer als im Lager der „unnatürlichen Allianz". Insgesamt war Speer bestrebt, nicht kriegswirtschaftlich genutzte Zweige der deutschen Wirtschaft aufzusaugen und für die Möglichkeiten und Notwendigkeiten der „totalen" Kriegführung bereitzustellen.

„Ära Speer" (1942–1944)

Bormanns Machtstellung

Wirtschaft und Staat im Krieg

Nach seiner sich schleichend vollziehenden Entmachtung nahm dann jedoch in den letzten Monaten des Krieges – im Zusammenhang mit einer während dieser

Schlußphase des Dritten Reiches allgemein einhergehenden Wiederbelebung der nationalsozialistischen Parteiorganisation, die sich nicht zuletzt in der „Zusammenarbeit von Partei und Wehrmacht" (Erlaß Hitlers vom 13. Juli 1944) bei der „Vorbereitung für die Verteidigung des Reiches" (Keitel am 19. Juli 1944) niederschlug und vor allem die Position der in den bedrohten Ost- und Westprovinzen Deutschlands zu Reichsverteidigungskommissaren ernannten Gauleiter stärkte – die NSDAP erneut, wie schon zwischen 1936 und 1939/41, stärkeren Einfluß auf die Wirtschaft. Die effizienter und industriefreundlicher orientierte „Ära Speer", die mit der Einführung eines Mindestmaßes an rationellem Wirtschaften die Kriegführung im Zeichen des Abnutzungskrieges zu ermöglichen half, ging zu Ende, und die Drohung der Partei mit Verstaatlichung von Wirtschaftszweigen nahm wiederum zu. Die Tendenz einer Bevormundung der Wirtschaft durch NSDAP und Staat, die die Geschichte des Dritten Reiches begleitete, im „antikapitalistischen" Flügel der „Bewegung" frühzeitig sichtbar geworden war und sich mit Ausnahme der „Ära Speer" mehr und mehr durchsetzte, kann rückblickend ebenso wenig übersehen werden, wie nicht zu verkennen ist, daß der Krieg im Gegensatz zur nationalsozialistischen Ideologie dazu beitrug, den Konzentrationsprozeß innerhalb der Industrie zu Lasten mittelständischer Unternehmen zu verstärken. In diesem Bereich wurde den Erfordernissen der Kriegsproduktion die Weltanschauung vorläufig geopfert. Dies festzustellen, darf indes nicht darüber hinwegtäuschen zu erkennen, daß die Großindustrie trotz hoher Gewinne nicht mehr als ein funktionierendes Instrument darstellte, um auf militärischem Wege eine Sozial- und Herrschaftsordnung etablieren zu helfen, die letztlich auch ihre eigene Existenz prinzipiell in Frage gestellt hätte. Damit sind aber wieder die politischen Ziele des Dritten Reiches in den Mittelpunkt der Betrachtung gerückt, die sich nicht zuletzt in der Besatzungs- und Rassenpolitik des Regimes zusammenzogen.

Deutsche Besatzungspolitik in Polen

Als erstes erobertes Land bekam Polen die „harte Hand der deutschen Herrschaft" (Hans Frank) zu spüren. Das Ziel der nationalsozialistischen Volkstumspolitik war es, vor allem die „Eingegliederten Ostgebiete" (siehe oben S. 56) einer rigorosen Germanisierungspolitik zu unterwerfen. Von Hitler mit dieser Aufgabe betraut wurde der am 7. Oktober 1939 zum „Reichskommissar für die Festigung deutschen Volkstums" ernannte Himmler. Er ging daran, die rein polnischen Einwohner deportieren, vertreiben oder ausrotten zu lassen und die „Eindeutschung" des Territoriums durch Assimilation der deutsch-polnischen Mischbevölkerung sowie durch „Einsiedelung" von Deutschen aus den der Sowjetunion zufallenden baltischen Staaten zu betreiben. Polen wurden ihrer bürgerlichen Rechte fast gänzlich beraubt und zu sog. „Schutzangehörigen" des Reiches degradiert. Während in den „Eingegliederten Ostgebieten" ein Vernichtungskampf gegen das polnische Volk, namentlich gegen die Vertreter seiner Intelligenz und seiner Kultur, sofort eingeleitet wurde, der den polnischen Charakter dieser Gebiete auszulöschen suchte und in vielen Zügen bereits auf die Besatzungspolitik in der Sowjetunion verwies, unterschied sich die Lage im „Generalgouvernement" (siehe oben

S. 56) davon zumindest vorläufig. Gegenüber diesem polnischen „Reststaat" stand anfangs die wirtschaftliche Ausbeutung im Vordergrund der deutschen Besatzungspolitik. Aber auch hier begann die Himmler allein unterstehende Polizei schon recht bald damit, durch Terror und Mord die nationalsozialistische „Volkstumspolitik" zu verwirklichen. Die Ausrottung der polnischen Führungsschicht setzte hier ebenso ein wie die Verfolgung der polnischen Juden, die während des Zeitraumes von 1939–1940 in großen Ghettos konzentriert wurden. Ungeachtet der sich im Zeichen der totalitären Herrschaft des Nationalsozialismus später vor allem in den eroberten Territorien der Sowjetunion vollziehenden Zusammenarbeit zwischen der Wehrmacht und der SS, dem SD und der Sipo auf dem Gebiet der Rassenpolitik, machte der gegenüber dem unmenschlichen Vorgehen der Verbände Himmlers von militärischer Seite aus vorgetragene Protest doch bereits in Polen den Gegensatz zwischen dem Militär und teilweise auch der zivilen Verwaltung auf der einen Seite und Himmlers SS und Polizei auf der anderen Seite deutlich, der allgemein für die Besatzungspolitik des Dritten Reiches kennzeichnend wurde und der den Widerspruch zwischen traditionellen und revolutionären Elementen in der Politik und Kriegführung des nationalsozialistischen Deutschland hervortreten ließ. Alles in allem hob sich die deutsche Besatzungspolitik in Polen erheblich von der in Skandinavien und in Westeuropa geübten Praxis ab.

Deutsche Besatzungspolitik in Dänemark

Denn in Dänemark blieb beispielsweise die Regierung bis zum 28. August 1943 im Amt. Als „Reichsbevollmächtigter" fungierte der deutsche Gesandte von Renthe-Fink, der auf diesem Posten am 5. November 1942 durch Dr. Werner Best abgelöst wurde. Als der Widerstand gegen das Besatzungsregime im dänischen Volk in den letzten Kriegsjahren zunahm, trat Best im August 1943 an die Spitze der Verwaltung des Landes, und der deutsche Wehrmachtbefehlshaber, General von Hanneken, übernahm die vollziehende Gewalt. Am 29. August 1943 wurde der Ausnahmezustand erklärt, das dänische Heer wurde entwaffnet, und die Flotte versenkte sich selbst.

Deutsche Besatzungspolitik in Norwegen

Demgegenüber wichen die norwegische Regierung und König Haakon am 7. Juni 1940 nach England aus, bildeten dort eine Exilregierung und organisierten von London aus den Widerstand gegen die deutschen Okkupanten. Im Land selbst war nur eine Minderheit, die Nasjonal-Samling des ehemaligen Kriegsministers Vidkun Quisling, bereit, mit den Deutschen zusammenzuarbeiten. Trotz seiner Sympathien für den Nationalsozialismus hat Quisling niemals eine Zusage Hitlers erhalten, daß Norwegen in einem künftigen, vom Reich geführten „Bund der germanischen Völker" seine Unabhängigkeit bewahren könne. Wenn Quisling auch am 1. Februar 1942 eine Regierung bildete und die norwegische Verfassung außer Kraft setzte, so war er doch nie mehr als eine Marionette Josef Terbovens, des ehemaligen Gauleiters von Westfalen, den Hitler am 24. April 1940 zum Reichskommissar für die besetzten norwegischen Gebiete ernannt hatte. In seinem Bemühen, die „nationalsozialistische Revolution in Norwegen" [747: H.-D. Loock] einzuleiten, hatte sich Terboven in einem chaotisch anmutenden Kampf widerstreitender Institutionen und Ämter zu behaupten. Vor allem mußte er sich der Proteste erwehren, die der deutsche Wehrmachtbefehlshaber in Norwegen Generaloberst von Falkenhorst, und der Kommandierende Admiral in Norwegen, Generaladmiral Boehm, gegen die Maßnahmen der Zivilregierung und der Polizei erhoben. Die Versuche Großadmiral Raeders, Boehm zum Reichskommissar avancieren zu lassen und Norwegen in erster Linie dem Einfluß der Marine zu unterstellen, die sich teilweise mit den aus den dreißiger Jahren stammenden Plänen Alfred Rosenbergs und seines Außenpolitischen Amtes trafen, Norwegen in eine „nordische Schicksalsgemeinschaft“ einzufügen, blieben letztlich ergebnislos, da Hitler zu keiner eindeutigen und endgültigen Entscheidung über die Zukunft Norwegens zu bewegen war und Terboven trotz wachsender Kritik von seiten des Auswärtigen Amtes, seit Ende 1941 aber auch von seiten des SD im Kompetenzenkampf schließlich immer wieder die Oberhand behielt.

Deutsche Besatzungspolitik in den Niederlanden

Auch in den Niederlanden amtierte nach einer kurzen Zeit der militärischen Verwaltung eine Zivilverwaltung, nachdem der österreichische Nationalsozialist und ehemalige Reichsstatthalter der „Ostmark“ (1938–1939), Seyß-Inquart, am 19. Mai 1940 als Reichskommissar eingesetzt worden war und sich bei seiner Regierung auf ein aus niederländischen Staatssekretären gebildetes Gremium stützte.

Deutsche Besatzungspolitik in Belgien

Demgegenüber blieb Belgien unter einer Militärverwaltung mit General von Falkenhausen an der Spitze, der auch die beiden französischen Departements Nord und Pas-de-Calais unterstanden. Der erst am 18. Juli 1944 ergangene Befehl zur Umwandlung der Militärverwaltung Belgien-Nordfrankreich in eine von der Partei abhängigere Zivilverwaltung unter dem als Reichskommissar vorgesehenen Gauleiter Grohé wurde aufgrund des Zusammenbruchs der deutschen Front in Frankreich nicht mehr verwirklicht.

Deutsche Besatzungspolitik in Luxemburg

In Luxemburg bemühte sich Gauleiter Simon als Hitler direkt unterstellter Chef der Zivilverwaltung darum, das „alte deutsche Reichsland“ zurückzugewinnen, und geriet dabei in dauernden Konflikt mit den zuständigen Wehrmachtbehörden. Am 6. August 1940 wurde die Auflösung des Landes verfügt, das dem Gau Koblenz-Trier angeschlossen und am 30. August 1942 de facto in das Reich eingegliedert wurde.

Deutsche Besatzungspolitik in Frankreich

Das mit Frankreich am 22. Juni 1940 vereinbarte Waffenstillstandsabkommen teilte das besiegte Land in eine Zone, die von der Wehrmacht besetzt wurde, und in eine andere, die bis zum 11. November 1942 unbesetzt blieb. Zum besetzten Frankreich gehörten unter Einschluß von Paris und des nordfranzösischen Industriegebietes zwei Drittel des französischen Territoriums. Es erstreckte sich vom Norden bis etwa zur Loire und zog sich als ein breiter Gebietsstreifen an der Kanal- und der Atlantikküste bis zur spanischen Grenze hin. Unterstellt war das besetzte Frankreich dem in Paris residierenden Militärbefehlshaber, General von Stülpnagel, während die Regierung des unbesetzten Frankreich unter Marschall Pétain ihren Sitz in den mittelfranzösischen Badeort Vichy verlegte. Das Deutsche Reich bemühte sich darum, Pétains autoritären Staat für ein Zusammengehen gegen Großbritannien zu gewinnen, zeigte ihm deshalb in gewissem Maße Entgegenkommen und ließ ihm die Hoheit über das französische Kolonialreich. Der Verständigung standen allerdings jene deutschen Bemühungen kraß entgegen, die darauf zielten, auch das französische Wirtschafts-, Rüstungs- und Arbeitskräftepotential so weit wie möglich für die deutsche Wehrwirtschaft verfügbar zu machen. Aber auch die de-facto-Rückführung von Elsaß-Lothringen ins Reich trug nicht eben dazu bei, Pétains attentistische Haltung zugunsten eines Kriegseintritts auf der Seite Deutschlands zu ändern.

„Neuordnung" Südosteuropas

Bei der „Neuordnung" Südosteuropas überließ das Deutsche Reich seinem italienischen Juniorpartner in Griechenland bis auf wenige Reservate das Besatzungsregime. Auf dem Territorium Jugoslawiens, dessen staatsrechtliches Ende von Deutschland und Italien gemeinsam am 8. Juli 1941 erklärt worden war, entstand der bereits am 10. April 1941 von einem der kroatischen Ustascha-Führer, Kvaternik, ausgerufene „Unabhängige Staat Kroatien" unter dem „Poglavnik" (Staatsführer) Ante Pavelić. In Abhängigkeit von Mussolinis Italien nahm der autoritäre Ustascha-Staat einen grausamen Nationalitäten- und Religionskampf auf, der vor allem gegen die auf kroatischem Gebiet lebenden orthodoxen Serben zielte. Demgegenüber wurde in Serbien eine deutsche Militärverwaltung eingerichtet, während die unter ihrer Aufsicht am 30. August 1941 gebildete serbische Regierung unter dem früheren Kriegsminister General Milan Nedić nur in sehr bescheidenem Maße Autorität besaß. Montenegro wurde unter italienischem Protektorat die „Unabhängigkeit" gewährt und Slowenien zwischen Deutschland und Italien geteilt, wobei die Untersteiermark und Teile von Krain zum Reich kamen.

In Skandinavien, in Westeuropa und in Südosteuropa ließen die Tatsache und die Praxis der Besatzungspolitik ebenso wie die seit 1942 das gesamte deutsch beherrschte bzw. beeinflußte Europa ergreifende Judenverfolgung nationale Widerstandsbewegungen entstehen, deren Bedeutung beständig wuchs und die die Kriegführung des Deutschen Reiches mehr und mehr belasteten. Sieht man von dem „nationalsozialistischen Volkstumskampf" in Polen ab, so dominierte im Rahmen der deutschen Besatzungspolitik in Skandinavien und Westeuropa bis 1944 noch die wirtschaftliche Ausbeutung über die spezifisch nationalsozialistische Rassenpolitik. Ihre für die Zukunft des „Großgermanischen Reiches" bestimmenden Ideen waren jedoch stets vorhanden und wurden auch teilweise verwirklicht. Mit den Vorbereitungen und mit dem Beginn des Rußlandfeldzuges aber erreichte die deutsche Kriegführung und Besatzungspolitik – über die bekannten Formen der beispielsweise in besonderem Ausmaß in der Ukraine praktizierten ökonomischen Ausbeutung hinaus – eine neue Qualität, die sich im Begriff vom „rassischen Vernichtungskrieg" niederschlug.

Unterschiede in der Besatzungspolitik

Bereits Hitlers Ansprache vor über zweihundert höheren Offizieren am 30. März 1941 forderte als ein Kriegsziel für den Feldzug gegen die Sowjetunion die „Vernichtung der bolschewistischen Kommissare und der kommunistischen Intelligenz". Ferner wurde in ihr verlangt, Kommissare und GPU-Leute, die „Verbrecher" seien, „als solche" zu behandeln. Insgesamt prognostizierte der Diktator, der bevorstehende „Kampf werde sich unterscheiden vom Kampf im Westen. Im Osten sei Härte mild für die Zukunft". Dementsprechend wurden Befehle erlassen, die sich über geltendes Kriegsrecht und überlieferte Moral hinwegsetzten.

Bekannt und berüchtigt wurden etwa die Richtlinien für die Behandlung politischer Kommissare, der sog. „Kommissarbefehl“ vom 6. Juni 1941, der vorschrieb, die politischen Kommissare der Roten Armee, „wenn im Kampf oder Widerstand ergriffen, grundsätzlich sofort mit der Waffe zu erledigen...“. Solche Weisungen machten klar, „daß die im Polen- und Westkrieg noch durchgehaltene Trennung von Militär- und SS-Bereich nunmehr vollends zu einer Fiktion geworden und ihre wechselseitige Durchdringung mit dem Durchbruch zu den ‚Endzielen‘ verbunden war“ [556: A. HILLGRUBER]. Zusammen mit dem Angriff auf Rußland – sowohl im Zeichen des sich zwischen Juni und August/September scheinbar abzeichnenden Sieges als auch danach im Banne des drohenden Scheiterns des Unternehmens „Barbarossa“ – erreichte die nationalsozialistische Rassenpolitik ihren Höhepunkt.

„Kommissarbefehl“

Einen Tag nachdem Hitler gegenüber dem japanischen Botschafter Oshima am 14. Juli 1941 seine ausgreifenden machtpolitischen Pläne im Zenit der Siegeszuversicht offenbart hatte, legte der Leiter des Planungsamtes im Stabshauptamt des „Reichskommissariats für die Förderung des deutschen Volkstums“, Meyer-Hetling, den Entwurf des dann von Himmler am 12. Juni 1942 modifiziert gebilligten „Generalplans Ost“ vor. Damit kam er einem Auftrag Himmlers vom 24. Juni 1941 nach. Meyer-Hetling schlug vor, Polen, das Baltikum, Weißruthenien und Teile der Ukraine innerhalb von 30 Jahren mit Deutschen zu besiedeln, während 31 Millionen der dort ansässigen Bevölkerung nach Westsibirien vertrieben werden und 14 Millionen sog. Gutrassiger bleiben sollten. Am 16. Juli 1941, einen Tag später, entwickelte Hitler seine Vorstellung über die Errichtung der vier „Reichskommissariate“ in Rußland, Ukraine, Ostland, Moskowien und Kaukasien, von denen nur die beiden ersten eingerichtet wurden. Vor Göring, Keitel, Rosenberg, Bormann und Lammers, den mit Ausnahme von Himmler versammelten Spitzen aus Heer, Partei und Staat, faßte er seine Vorstellungen über das künftige Schicksal der Sowjetunion so zusammen: „Die Bildung einer militärischen Macht westlich des Ural darf nie wieder in Frage kommen“. Am 17. Juli 1941 erließ der „Reichsminister für die besetzten Ostgebiete“, Rosenberg, Richtlinien für die „Verwaltung der neubesetzten Ostgebiete“. Entscheidender aber wurde, daß Himmler am gleichen Tag „die politische Sicherung der neubesetzten Ostgebiete“ übertragen wurde und damit die Stellung der SS im eroberten „Lebensraum“ Osteuropas von Anfang an dominierend war.

Entwurf zum „Generalplan Ost“

SS und „neubesetzte Ostgebiete“

Nur wenige Tage später, im sicheren Gefühl des Sieges über die Sowjetunion, äußerte Hitler sich im Gespräch mit dem kroatischen Verteidigungsminister Kvaternik über die „Judenpolitik“ des nationalsozialistischen Deutschland und sprach davon, die jüdische Bevölkerung aus Europa heraus „nach Sibirien oder nach Madagaskar“ deportieren zu wollen: „Denn, wenn auch nur ein Staat aus irgendwelchen Gründen eine jüdische Familie bei sich dulde, so würde diese der Bazillenherd für eine neue Zersetzung werden. Gäbe es keine Juden mehr in Europa, so würde die Einigkeit der europäischen Staaten nicht mehr gestört werden“. Am 31. Juli 1941 beauftragte dann Göring im Namen des „Führers“ Heydrich damit,

Entfernung der Juden aus Europa als Ziel

„Vorbereitungen für eine Gesamtlösung der Judenfrage"

„unter Beteiligung der dafür in Frage kommenden deutschen Zentralinstanzen alle erforderlichen Vorbereitungen für eine Gesamtlösung der Judenfrage im deutschen Einflußbereich in Europa zu treffen". Sie sollte sich nunmehr über die bereits angelaufenen Tötungsaktionen der Einsatzgruppen des SD und der Sipo in der Sowjetunion hinaus nicht mehr allein auf Osteuropa, sondern auch auf den Westen des Kontinents erstrecken.

Phasen nationalsozialistischer „Judenpolitik"

Diskriminierung Enteignung Bedrohung

„Territoriale Endlösung"

Die „Judenpolitik" des Dritten Reiches vollzog sich mit zunehmender Radikalisierung in verschiedenen, zeitlich voneinander getrennten Phasen, die jedoch teilweise ineinander übergingen und mit ihren charakteristischen Erscheinungsformen auch nebeneinander bestanden. Der *ersten Phase* nationalsozialistischer „Judenpolitik", die vom Jahre 1933 bis zum Kriegsausbruch andauerte und sich in ihren verschiedenen Stadien als rechtliche Diskriminierung, wirtschaftliche Entmachtung und persönliche Bedrohung verwirklichte (siehe oben S. 5 und S. 44), folgte im Zeichen des siegreich verlaufenden Krieges im Westen eine *zweite Phase* nationalsozialistischer „Judenpolitik", in der der Gedanke einer „territorialen Endlösung" ins Auge genommen wurde. Dabei dominierte anfangs die Idee, Europas Juden aus dem Kontinent heraus auf die von Frankreich zur Verfügung zu stellende Insel Madagaskar zu bringen.

„Madagaskar-Plan"

Der „Madagaskar-Plan" knüpfte in gewissem Sinne an Deportationsvorhaben an, die im Kreise der über die Behandlung der „Judenfrage" keineswegs einigen nationalsozialistischen Führungsspitze während der Jahre 1938/39 erwogen worden waren (siehe oben S. 38). Als Idee von Hitler am 18. und am 20. Juli 1940 in Gesprächen mit Mussolini und Raeder erwähnt, entstand er im Zuge der Vorarbeiten für einen künftigen Friedensschluß als „Aufzeichnung des Legationssekretärs Rademacher" von der „Abteilung Deutschland" des Auswärtigen Amtes. In diesem am 3. Juli 1940 als „Lösung der Judenfrage" entwickelten Plan schwang wesentlich noch die zweckrationale Überlegung mit, die „nach Madagaskar deportierten Juden", die dort unter SS-Bewachung gestellt werden sollten, „als Faustpfand in deutscher Hand" im Rahmen einer zukünftigen Weltmachtdiplomatie des Deutschen Reiches benutzen zu können. Die Aktualität des „Madagaskar-Plans" war angesichts der Niederlage Frankreichs und der damit in Reichweite gerückten Möglichkeit gegeben, die Insel von Frankreich für diesen Zweck zu erhalten. Er verlor völlig an Bedeutung, als sich für Hitler im Rußlandfeldzug machtpolitisches Kalkül und weltanschauliches Dogma in zeitlicher und räumlicher Kongruenz zu realisieren schienen. Formal wurde der „Madagaskar-Plan" zwar erst am 10. Februar 1942 ad acta gelegt, als den verantwortlichen Stellen im Auswärtigen Amt der „Entschluß" des „Führers" mitgeteilt wurde, „daß die Juden nicht nach Madagaskar, sondern nach dem Osten abgeschoben werden sollen", da „der Krieg gegen die Sowjetunion... inzwischen die Möglichkeit gegeben" habe, „andere Territorien für die Endlösung zur Verfügung zu stellen". Zwar sprach Hitler noch einmal am 29. Mai 1942 im Kreise seiner Tafelrunde im Führerhauptquartier davon, es sei am besten, die Juden Westeuropas nach Afrika in ein für Europäer unverträgliches Klima zu transportieren und erwähnte den „Madagaskar-Plan" auch noch zuvor während des „rassischen Vernichtungskrieges" als eine Möglichkeit der „Lösung" der „Judenfrage". Dennoch ist nicht zu übersehen, daß der „Madagaskar-Plan" mit dem Beginn des Rußlandkrieges, der in Hitlers Vorstellung stets aufs engste mit einer Vernichtung von Bolschewismus und Judentum zusammenhing, in den Hintergrund der Überlegungen der deutschen Führung geriet. Im Rahmen der „territorialen Endlösung" wurde nunmehr vage erwogen, Europas Juden nach Sibirien zu vertreiben. Dabei wurden schon vorab die hohen physischen Verluste in Rechnung gestellt, die mit der Vertreibung der jüdischen Bevölkerung in die unwirtlichen Gebiete östlich des Ural einhergehen würden.

Vertreibung nach Sibirien?

Neben dieser Idee, die Hitler Kvaternik gegenüber am 21. Juli 1941 erwähnte, lief aber bereits eine *dritte Phase* nationalsozialistischer „Judenpolitik" an. Sie ging über die territoriale und letztlich auch bereits auf „Liquidation" großer Teile des europäischen Judentums abhebende Deportation nach Madagaskar oder Sibirien hinaus und leitete zur direkt und systematisch betriebenen „physischen Endlösung" über. Im Zeichen der Vorbereitungen zum Rußlandkrieg fiel Hitlers dafür verantwortliche Entscheidung, die dann neben der gleichzeitig erwogenen und geplanten „territorialen (Madagaskar-Sibirien-)Lösung" in den unmittelbar am 22. Juni 1941 beginnenden Mordaktionen der Einsatzgruppen des SD und der Sipo im eroberten Rußland verwirklicht wurde. Von nun an handelte es sich überhaupt nicht mehr darum, Juden beispielsweise von bestimmter Herkunft und aus gewissen Schichten zu verfolgen, sondern das Kriterium der systematischen Erschießungsaktionen war jetzt allein das Merkmal, Jude zu sein.

„Physische Endlösung"

Mordaktionen in der Sowjetunion

Zur gleichen Zeit im Juni 1941 befahl Himmler unter Berufung auf Hitler dem Kommandanten des Konzentrationslagers von Auschwitz, für die Bereitstellung von Vergasungsanlagen mit vergleichsweise großer Kapazität zu sorgen. Damit erreichte die „physische Endlösung" ihre letzte Ausprägung, die endlich mit technischer Perfektion vom Dezember 1941 an dazu beitrug, daß über fünf Millionen europäischer Juden ermordet wurden. Diese letzte Steigerung der nationalsozialistischen „Judenpolitik" zur technisch durchgeführten „physischen Endlösung", eine Radikalisierung der von Hitler bereits im Zusammenhang mit der Vorbereitung des Krieges gegen die Sowjetunion gefaßten Entscheidung zur physischen „Liquidation" des Judentums schlechthin, fiel in jenen Zeitabschnitt des Krieges im Osten, in dem ein Scheitern der militärischen Pläne abzusehen war. Die im Zuge des sog. „Euthanasieprogramms" (siehe unten S. 84), das insbesondere nach Protesten von kirchlicher Seite aus im August 1941 auf Befehl Hitlers erst einmal angehalten wurde, in „wilder" Form unter größter Geheimhaltung freilich seinen mörderischen Fortgang nahm, erprobten Einrichtungen der Gaskammern und ihr Bedienungspersonal wurden jetzt dem dafür zuständigen SS-Brigadeführer Globocnik, dem früheren Gauleiter von Wien, zur Verfügung gestellt. Die gegenüber den russischen Juden durch die Erschießungskommandos eingeleitete „physische Endlösung" wurde nunmehr auch auf die westeuropäischen Juden ausgedehnt. Nicht zuletzt durch die Umstände des im Oktober/November 1941 stokkenden Krieges im Osten vorangetrieben, wenn auch keineswegs dadurch verur-

Vergasung der Juden

sacht, kam vom Dezember 1941 an die auf Hitlers – allerdings wohl nirgendwo schriftlich formulierte – Weisung hin bereits spätestens seit dem Sommer 1941 vorbereitete „physische Endlösung“ in ihrer jetzt technisch perfektionierten Form zum Zuge.

„Wannsee-Konferenz“

Die Weisungen, die auf der „Wannsee-Konferenz“ am 20. Januar 1942 den Staatssekretären der wichtigsten deutschen Ministerien vom Chef des Reichssicherheitshauptamtes, Heydrich, erteilt wurden und die das Mittel der sog. „Evakuierung“ der europäischen Juden in den Osten als Teil der bereits im wesentlichen überholten „territorialen Endlösung“ noch immer erwähnten, ließen im übrigen gar keinen Zweifel daran, daß die Ankündigung „anderer Maßnahmen“ und Formulierungen wie „natürliche Verminderung“ oder „entsprechende Behandlung“ der jüdischen Bevölkerung allein die rhetorische Verharmlosung der biologischen Vernichtung darstellten, die nunmehr anlief.

Hitler und die „Endlösung“

Die bis zum Oktober 1944 praktizierte „Endlösung“ der „Judenfrage“ ist mit ihrer vom Jahresende 1941 an verwirklichten Methode nicht direkt und schlüssig aus Hitlers Programmschrift „Mein Kampf“ nachzuweisen. Dennoch ist sie auch in ihrer radikalen Form im Keim in der Gedankenbildung des Diktators, in seiner Weltanschauung und in seinem Herrschaftsentwurf angelegt. Die Vernichtung der Juden Europas war das zentrale Ziel seiner Politik, das schon zu Beginn seiner Karriere feststand, als er am 16. September 1919 „unverrückbar die Entfernung der Juden überhaupt“ forderte, und das ihn bis zum letzten Satz seines Testaments vom 29. April 1945 begleitete, in dem er seine „Gefolgschaft... zum unbarmherzigen Widerstand gegen den Weltvergifter aller Völker, das internationale Judentum“ aufrief.

Während des Krieges bekannte Hitler sich wiederholt und öffentlich zu dem in globalem Sinne nach Weltherrschaft strebenden Rassendogma seines „Programms“, wenn er beispielsweise am 24. Februar 1942 ausführte: „... meine Prophezeiung wird ihre Erfüllung finden, daß durch diesen Krieg nicht die arische Menschheit vernichtet, sondern der Jude ausgerottet werden wird. Was immer auch der Kampf mit sich bringen oder wie lange er dauern mag, dies wird sein endgültiges Resultat sein“. Und Joseph Goebbels notierte einen Monat später unter dem Datum des 27. März 1942: „Die Prophezeiung, die der Führer ihnen [den Juden K.H.] für die Herbeiführung eines neuen Weltkrieges mit auf den Weg gegeben hat, beginnt sich in der furchtbarsten Weise zu verwirklichen“.

Rassendogma und Kriegführung

Immer eindeutiger beherrschten die dogmatisch gespeisten rassischen Vorstellungen die Politik und Kriegführung des Diktators. Selbst im Sommer 1942, als sich die Siegeshoffnungen des Deutschen Reiches noch einmal zu erfüllen schienen, konnte Hitler sich nicht zu einer eindeutigen Erklärung zugunsten einer Priorität der machtpolitischen Notwendigkeiten gegenüber den rassischen „Maßnahmen“ entschließen. Auf dem Höhepunkt des Rußlandfeldzuges nämlich, während des Vorstoßes auf Stalingrad, „als man hätte glauben können, alle Arbeitskräfte und alle Transportmittel würden für dieses eine Ziel benötigt, zu eben dieser Zeit rollten mit nahezu fahrplanmäßiger Regelmäßigkeit lange Eisenbahnzüge mit westeuropäischen Juden quer durch Europa in die Vernichtungslager im Osten, wo die Opfer zusammen mit ihren osteuropäischen Leidensgefährten im gleichen Augenblick ermordet wurden, in dem die Front jeden Rüstungsarbeiter und jeden Eisenbahnzug dringend brauchte. Transportdienststellen der Wehrmacht und das für die Endlösung der Judenfrage zuständige Reichssicherheitshauptamt stritten hartnäckig um die Prioritäten, aber nur um zu erfahren, beides sei gleichermaßen kriegswichtig" [167: E. Jäckel].

Während das Dritte Reich in der zweiten Hälfte des Weltkrieges militärisch vor der Übermacht der gegnerischen Koalition beständig an allen Fronten zurückwich, wurde die sog. „Endlösung" der „Judenfrage" weiter vorangetrieben. Zuweilen gewinnt man tatsächlich den Eindruck, als korrespondierten den militärischen Niederlagen der Wehrmacht die rassischen „Siege" Hitlers. Bis zum Oktober 1944 waren der „Führer" und die SS in ständiger Steigerung ihrer Anstrengungen darum bemüht, dem rassischen Dogma über politische und militärische Zweckmäßigkeitserwägungen zum Durchbruch zu verhelfen. Offensichtlich wollten sie wenigstens ein Ziel ihrer ehrgeizigen und weitreichenden Pläne verwirklichen, nämlich das europäische Judentum als Voraussetzung einer rassischen Neugestaltung Deutschlands und Europas zu vernichten. Klar ausgesprochen wurde diese Zielsetzung des Nationalsozialismus, die das Geschehen in der zweiten Kriegshälfte maßgeblich bestimmte, den Widerstand der kämpfenden und unterjochten Völker immer wieder anstachelte und die Aussicht auf Frieden mehr und mehr schwinden ließ, in Himmlers berüchtigter Rede vor den SS-Gruppenführern in Posen am 4. Oktober 1943, in der er „in aller Offenheit... ein ganz schweres Kapitel" erwähnte, nämlich „die Ausrottung des jüdischen Volkes". Diese der SS zufallende und von ihr durchgeführte Aufgabe bezeichnete Himmler als „ein niemals geschriebenes und niemals zu schreibendes Ruhmesblatt ihrer Geschichte". Und in der erst 1974 veröffentlichten Ansprache vor den Reichs- und Gauleitern in Posen am 6. Oktober 1943, also zwei Tage nach der erwähnten Rede vor den SS-Führern, nahm Himmler als „der eigentliche Verwalter [der] innersten Idee" [155: J. Fest] Hitlers und des Dritten Reiches wiederum „in diesem allerengsten Kreise" zur „Judenfrage" Stellung. Auch was in diesem Zusammenhang zur Sprache kam und was „in Himmler und in der SS zutage trat, war nie etwas anderes als der Vollzug dessen, was Hitler ausdrücklich gewollt oder was in der Konsequenz seines Willens lag" [155: J. Fest]. In diesem Sinne verkörperte die SS das Programm des Regimes, wenn Himmler über die Forderung: „Die Juden müssen ausgerottet werden" ausführte: „Ich bitte Sie, das, was ich Ihnen in diesem Kreise sage, wirklich nur zu hören und nie darüber zu sprechen. Es trat an uns die Frage heran: Wie ist es mit den Frauen und Kindern? – Ich habe mich entschlossen, auch hier eine ganz klare Lösung zu finden. Ich hielt mich nämlich nicht für berechtigt, die Männer auszurotten – sprich also umzubringen (!) oder umbringen zu lassen – und die Rächer in Gestalt der Kinder für unsere Söhne und Enkel groß werden zu lassen. Es mußte der schwere Entschluß gefaßt werden, dieses Volk von der Erde verschwinden zu lassen. Für die Organisation, die den Auftrag durchführen muß-

Himmlers Posener Reden

te, war es der schwerste, den wir bisher hatten. Er ist durchgeführt worden, ohne daß – wie ich glaube sagen zu können – unsere Männer und unsere Führer einen Schaden an Geist und Seele erlitten hätten... Damit möchte ich die Judenfrage abschließen. Sie wissen nun Bescheid, und Sie behalten es für sich. Man wird vielleicht in ganz später Zeit einmal überlegen können, ob man dem deutschen Volke etwas mehr darüber sagt. Ich glaube, es ist besser, wir – wir insgesamt – haben das für unser Volk getragen, haben die Verantwortung auf uns genommen (die Verantwortung für eine Tat, nicht nur für eine Idee) und nehmen dann das Geheimnis mit in unser Grab". Mit diesem Triumph des Dogmas über das Kalkül hatten in der Tat „Realität und Irrealität des Nationalsozialismus in der Judenvernichtung ihren furchtbaren Ausdruck erreicht" [101: K. D. BRACHER].

Völkermord und Kriegsverbrechen

Neben dem Völkermord an Europas Juden, der nicht mehr mit der Kategorie des gegen einen politischen Gegner gerichteten Terrors zu begreifen und auch nicht mit den auf allen Seiten im Weltkrieg begangenen Kriegsverbrechen zu vergleichen, sondern als „Ausmerzung" von „lebensunwertem Leben" und als dogmatischer Rassenkrieg im Zusammenhang mit der Züchtung eines neuen, biologisch höherstehenden „germanischen" Menschen zu sehen ist, liefen andere „Maßnahmen" des Regimes auf dem Gebiet der Rassenpolitik an. Abgesehen von den bisher zu wenig erforschten Bemühungen des nationalsozialistischen Staates um die biologische Heranzüchtung einer neuen Elite, die sich beispielsweise in den Heiratsvorschriften für Angehörige der SS andeuteten oder sich in den „blutsmäßigen Fischzüge[n] in der germanischen Bevölkerung Frankreichs" [101: K. D. BRACHER] und deren vorgesehener „Aufnordung" niederschlugen, ist in diesem Rahmen auch auf das Programm der sog. „Euthanasie" hinzuweisen, die zutreffender als Lebensvernichtung zu bezeichnen ist.

Heranzüchtung einer rassischen Elite

„Euthanasieprogramm"

Hitler ordnete in einem an den Leiter der „Kanzlei des Führers", Bouhler, und an seinen Begleitarzt, Brandt, gerichteten Führererlaß vom Oktober 1939, der auf den Tag des Kriegsbeginns, den 1. September 1939, zurückdatiert war, an, „die Befugnisse namentlich zu bestimmender Ärzte so zu erweitern, daß nach menschlichem Ermessen unheilbaren Kranken bei kritischer Beurteilung ihres Krankheitszustandes der Gnadentod gewährt werden kann". Zu den Beurteilungsmerkmalen dieser das „Gesetz zur Verhütung erbkranken Nachwuchses" nunmehr im Krieg steigernden Aktion gehörten neben dem Krankheitsbild auch die „Rasse" und die „Arbeitsleistung" der betroffenen Menschen. Die durch ausführende Tarnorganisationen verschleierten „Maßnahmen" wurden gerüchteweise in der deutschen Öffentlichkeit bekannt und riefen vor allem den ganz entschiedenen Widerstand von Vertretern beider Kirchen wie des Grafen von Galen, Bischof von Münster, und des Pastors von Bodelschwingh, Leiter der Anstalten der Evangelischen Inneren Mission in Bethel, hervor. Er erreichte, daß die Nationalsozialisten ihr Vorhaben gegen Ende des Jahres 1941 zumindest wesentlich einschränkten.

Gerade angesichts dieses Widerstandes gegen das sog. „Euthanasieprogramm" aus den Kreisen der Bevölkerung bemerkte Hitler erbost und resigniert zugleich, das deutsche Volk sei eben noch nicht reif für die von ihm entworfene Politik. Sein

Mißmut über diese Haltung trug seit den Rückschlägen im Osten dazu bei, immer häufiger und haßerfüllt davon zu sprechen, wenn die Deutschen ihm auf dem Weg zum Sieg nicht zu folgen bereit seien, dann müßten sie eben untergehen.

Zusammenfassung

Faßt man zusammen, was über die Geschichte Deutschlands im Zweiten Weltkrieg während der Jahre von 1939 bis 1942 ausgeführt wurde, so ergeben sich folgende Befunde und Konsequenzen:

Mit dem militärischen Überfall auf Polen am 1. September 1939 verwirklichte das Dritte Reich trotz der von Hitler als „verkehrt" empfundenen Frontstellung gegen die Westmächte, insbesondere gegen Großbritannien, eines der ihm vom Diktator gesetzten Ziele. Im Zuge kriegerischer Expansion strebte es nach der europäischen Hegemonie und trachtete danach, den als notwendig erachteten „Lebensraum" im Osten des Kontinents zu erobern. Mit dem Kriegsbeginn wurden aber auch die zerstörerischen Triebkräfte in der nationalsozialistischen Weltanschauung und im „Programm" des Diktators in besonderem Maße wirksam. Sie hatten über lange Zeit hinaus in einer Symbiose mit den Mitteln und Vorstellungen der überlieferten Großmachtpolitik des Deutschen Reiches für die Dynamik und den Erfolg des nationalsozialistischen Staates gesorgt, verselbständigten sich sodann in zunehmendem Maße und trieben endlich mit einer gewissen Notwendigkeit die Zerstörung des Dritten Reiches voran. Durch die Entfaltung der ideologischen Komponente des Nationalsozialismus trat im Krieg das für die Geschichte des Dritten Reiches so charakteristische, einander bedingende und doch widersprechende Verhältnis von Tradition und Revolution aufs neue und akzentuierter als in den zurückliegenden Jahren hervor.

Kalkül und Dogma

Unter den spezifischen Bedingungen der sich im Dezember 1941 zum Weltkrieg erweiternden europäischen Auseinandersetzung schienen das politisch-strategische Kalkül und das weltanschaulich-rassische Dogma in Hitlers Staat eine gewisse Zeitlang miteinander vereinbar zu sein, existierten nebeneinander und schlossen sich schließlich doch gegenseitig aus. Ihre zunehmend deutlicher werdende Unverträglichkeit blockierte endlich Politik und Kriegführung des Reiches. Existenz und Entfaltung des weltanschaulichen Dogmas, das Eigenmacht entwickelte und dessen Dominanz über das politisch-militärische Kalkül sich abzeichnete, trugen zu einem weit über Deutschland hinausreichenden Widerstand der europäischen Völker und der alliierten Staaten bei und wirkten mithin in internationalem Maßstab zerstörerisch auf das Deutsche Reich zurück. Während der Friedensjahre des Regimes hatten sich diese beiden Grundpfeiler des Dritten Reiches ergänzt, und ihre Gegensätze waren in der Dynamik des nationalsozialistischen Staates aufgegangen. Durch die wirtschafts- und innenpolitischen, nicht zuletzt aber auch durch die außenpolitischen Erfolge des nationalsozialistischen Regimes wurden sie überbrückt und durch den Terror als Drohung und Praxis der Diktatur immer wieder verdeckt. So halfen die Repräsentanten des alten Deutschland, die Hitler zu Beginn seiner Herrschaft freiwillig unterstützt hatten und danach von den Nationalsozialisten Zug um Zug entmachtet worden waren, geraume Zeit mit, diese innen- und außenpolitischen Erfolge des Diktators zu ermöglichen.

Zusammenarbeit traditioneller und neuer Eliten

Auch in den ersten Kriegsjahren arbeiteten traditionelle Führungsschichten und die „neue" Elite des Regimes, Offizierkorps und Partei, erst einmal scheinbar reibungslos und sichtbar erfolgreich zusammen. Nach wie vor verkörperten sie das dynamische Miteinander der eher rationalen und prinzipiell dogmatischen, der strategischen und weltanschaulichen Seite des nationalsozialistischen Staates. Nach dem besonders in Kreisen der alten Elite kaum erwarteten militärischen Triumph des Deutschen Reiches über Frankreich avancierte Hitler sowohl für weiteste Teile der deutschen Bevölkerung als auch für viele Repräsentanten des traditionellen Deutschland, die ihm gegen Ende der dreißiger Jahre mit wachsender Reserve, mit innerer Distanz und auch bereits mit politischer Opposition begegnet waren, zum anerkannten, unumstrittenen und bewunderten „Führer".

Dominanz der Weltanschauung im Rußlandkrieg

Doch militärisch-politische Notwendigkeiten und weltanschaulich-rassische Zielsetzungen des Regimes brachen gerade in dem Augenblick auseinander, als Hitler seinem Selbstverständnis gemäß mit dem Beginn des „Lebensraum"-Krieges in der Sowjetunion das „Kernstück" seines weitgespannten macht- und rassenpolitischen „Programms" verwirklichen wollte. Im Zuge des (west-)„europäischen Normalkrieges" [234: E. NOLTE] ließen sich die – teilweise allerdings schon im Verlaufe des Polenfeldzuges miteinander kollidierenden – Ansprüche der nationalsozialistischen Besatzungs- und Rassenpolitik auf der einen Seite und die militärischen sowie politischen Erfordernisse deutscher Kriegführung und Außenpolitik auf der anderen Seite noch miteinander vereinbaren. Nach dem Beginn des Rußlandfeldzuges (22. 6. 1941) klafften sie jedoch aufgrund der programmatisch und eigenmächtig in den Vordergrund drängenden ideologischen Prämissen und Aufgaben immer weiter auseinander, bis endlich die Übermacht des nationalsozialistischen Dogmas dazu beitrug, das Reich auf seinem ihm von Hitler vorgezeichneten, in internationaler und innenpolitischer Perspektive letztlich zerstörerischen Weg immer rascher voranzutreiben und in den Abgrund zu stürzen.

Bedeutung der Rassenpolitik Hitlers

In diesem Zusammenhang ist über die innenpolitische Entwicklung der nationalsozialistischen Diktatur und die europäische Besatzungspolitik des Dritten Reiches hinaus Hitlers Rassenpolitik als das zentrale Element seines Regimes zu beurteilen, deren Qualität durchaus singuläre Züge aufweist. Sie wurde für den Verlauf der deutschen Entwicklung ebenso wie für den Gang der internationalen Politik und der europäischen Geschichte in einem bis dahin weitgehend unbekannten und bis heute wirksamen Maße bestimmend und geschichtsmächtig. Ihre Existenz ist nicht vorstellbar ohne die Absicht und den Auftrag, ohne den Willen und die Gestaltung, zumindest aber nicht ohne die Billigung und die Tolerierung des Diktators, der auch das deutsche Volk im Zeichen der heraufziehenden militärischen Niederlage in den Untergang zu führen beabsichtigte, da es seiner radikalen Überzeugung gemäß bei dem Kampf um Weltmacht versagt hatte.

D. „WELTMACHT ODER UNTERGANG" (1943–1945)

1. „Endsieg"-Hoffnungen im „totalen Krieg"

Von der Jahreswende 1942/43 an war das Deutsche Reich in der Kriegführung auf die Defensive beschränkt. Hitler, im Grunde der Gefangene seiner eigenen Doktrin und Aktionen, erklärte sich zum Verteidiger der „Festung Europa". Dabei war die europäische Akzentuierung, die das Dritte Reich seinem Kampf nunmehr verstärkt gab, indem es behauptete, das Abendland gegen die westlichen Plutokratien, vor allem aber gegen den sowjetischen Bolschewismus zu verteidigen, kaum mehr als eine schlechte Tarnung seiner eigentlichen Eroberungsabsichten. Sie fand daher auch nur sehr beschränkten Widerhall in den von Deutschland besetzten Ländern Europas. Denn in den vorhergehenden Jahren war zu offenkundig geworden, daß es Hitler um nichts anderes als um die Errichtung einer brutalen Fremd- und Rassenherrschaft ging. In Rußland wurden die Möglichkeiten, nach der Invasion im Sommer 1941 beispielsweise die ukrainische Bevölkerung für sich zu gewinnen, die zu Anfang die deutschen Truppen als Befreier vom stalinistischen Joch begrüßt hatte, töricht und verbrecherisch zugleich vertan. Inzwischen war den Völkern der Sowjetunion längst klar geworden, daß die neuen Herren zumindest ebenso grausam, wenn nicht schlimmer herrschten als Stalins Schergen. Der angefachte Patriotismus ließ sie sodann in der Wahl zwischen zwei Übeln gegen den Aggressor, der kein Befreier war, im „vaterländischen Krieg" für die eigene Diktatur eintreten. Während die nationalsozialistische Europapropaganda mit wenig Erfolg darum bemüht war, Freiwilligenverbände aus allen Ländern des Kontinents für die Auseinandersetzung im Osten zu gewinnen, zeigte sich insgesamt, daß die in der Politik und Kriegführung des Dritten Reiches stets vorhandene nationalsozialistische Doktrin mehr und mehr hervortrat. Sie wurde keineswegs im Sinne europäischer Gemeinsamkeit und zur Steigerung der militärischen Schlagkraft rationellen Zweckmäßigkeitserwägungen zum Opfer gebracht. Hitlers Endziele waren in seiner Gedankenbildung und in der Räson des Regimes stets so dominant, daß sie letztlich die gesamte Welt herausforderten und unerreichbar bleiben mußten.

Nationalsozialistische Europapropaganda

Es war das Dogma von der Überlegenheit des deutschen Volkes und der germanischen Rasse, das Hitler und die deutsche Führung dazu bestimmte, die eigenen Kräfte permanent zu überschätzen, die der anderen Nationen – vielleicht mit Ausnahme des als Partner ins Auge gefaßten England – aber stets gering zu achten. Die Überschätzung der eigenen und die Geringschätzung der gegnerischen Kräfte sowie die Fixierung auf die rassische Doktrin ließen Hitler und das deutsche Heer im Grunde auch am Problem der Koalitionskriegführung scheitern. In dem Maße,

Überschätzung

in dem die Verbündeten des Dritten Reiches nach und nach von der Vormacht abfielen, aus dem an der Seite Deutschlands geführten Krieg austraten oder zum Gegner übergingen, sah sich Hitler – wollte er die von ihm stets abgelehnte Alternative einer Kapitulation nicht doch ins Auge nehmen – gezwungen, seine Herrschaft auf weitere Territorien, wie beispielsweise im September 1943 auf Italien (siehe unten S. 91) oder im März 1944 auf Ungarn (siehe unten S. 91) auszudehnen, um in hastiger Improvisation die „Festung Europa" vor Einbrüchen an ihren Peripherien zu bewahren.

Im Zuge dieser Entwicklung wurde die Führung des Deutschen Reiches 1943 zu folgenden strategischen Grundentscheidungen gezwungen:

1. Alle Überlegungen Hitlers im Hinblick auf die zweite überseeisch-atlantische Stufe seines „Programms" wurden nach der „Kriegswende vor Moskau" [764: K. Reinhardt] zurückgestellt und 1942/43 endgültig aufgegeben. Kolonien und Stützpunktsysteme als defensive und offensive Ausgangspositionen einer über Europa hinausgreifenden Weltpolitik lagen für das sich im Osten des Kontinents gegen die Sowjetunion, im Westen Europas, in Afrika und im Atlantik gegen Großbritannien und die USA verteidigende Reich in weiter Ferne.

2. Hitlers Kriegführung beschränkte sich (deutlich sichtbar nach dem Abbruch der Geleitzugbekämpfung durch die deutsche U-Boot-Waffe im Nordatlantik am 24. Mai 1943) allein noch auf die „Festung Europa", die der Diktator „fanatisch" bis zu dem der Bevölkerung von der Propaganda pausenlos verheißenen „Endsieg" zu halten gedachte. Dabei konnte er den riesigen Nachteil nur ohnmächtig hinnehmen, der darin bestand, daß diese sog. „Festung" nach den Worten des amerikanischen Präsidenten Roosevelt kein Dach besaß, die (west)alliierten Luftwaffen aber drückend überlegen waren.

Zerfall der alliierten Koalition?

3. Den erhofften Umschwung des Krieges erwartete Hitler von einem als sicher angesehenen Auseinanderbrechen der „unnatürlichen Koalition" zwischen der Sowjetunion und den Westmächten. Diese Spekulation war nicht völlig abwegig bei den machtpolitischen und ideologischen Spannungen zwischen Ost und West, die bald nach Kriegsende, unübersehbar seit 1947, in den „Kalten Krieg" einmündeten.

Hitlers Erwartung knüpfte im Prinzip an eine außenpolitische Tradition der jüngeren deutschen Geschichte an, die in der wilhelminischen Ära den machtpolitischen Gegensatz zwischen Großbritannien und Rußland stets zu hoch veranschlagt hatte, die Eigenmacht des Deutschen Reiches im Urteil der übrigen Mächte demgegenüber als zu gering einschätzte und letztlich vergeblich auf den internationalen (nach 1917 dann auch ideologischen) Systemzwang hoffte, der Ost und West zum deutschen Vorteil gegeneinander führen werde. Gewiß, der Streit zwischen den Alliierten über Stalins Forderungen nach der zweiten Front

Konflikte zwischen den Alliierten

und die Auseinandersetzungen um die sowjetischen Ansprüche auf Bestätigung der 1939 von Rußland in Ostmitteleuropa eroberten Gebiete waren auch nach der Moskauer Konferenz zwischen Churchill, Harriman und Stalin vom 12.–15. August 1942 nicht ausgeräumt worden und spitzten sich seit der Teheraner Konferenz (28. November–1. Dezember 1943) weiter zu. Doch selbst ein die polnisch-sowjetisch-britischen bzw. sowjetisch-amerikanischen Beziehungen so belastendes Ereignis wie die Entdeckung der Massengräber mit den Leichen von über 4100 polnischen Offizieren bei Katyn am 13. April 1943, die dem Befund neutraler Sachverständiger zufolge im Frühjahr 1940, also vor dem deutschen Einmarsch in die UdSSR, von den Sowjets erschossen worden waren, führte letztlich nicht zu dem von Hitler immer einseitiger als umfassende Lösung aller seiner Probleme angesehenen und ungeduldig herbeigewünschten Auseinanderbrechen der alliierten Koalition. Nicht zuletzt die rassen-, besatzungs- und bevölkerungspolitischen Untaten des Dritten Reiches hielten die übrige Welt zusammen. Das Reich kam schon aufgrund seines machtpolitischen Anspruchs auf Hegemonie und Eroberung den Westalliierten stets gefährlicher vor als Stalins ausladende Territorialforderungen. Angesichts der „deutschen Gefahr“ für Europa und die Welt wird unter anderem auch verständlich, warum Roosevelt und Churchill während der Konferenz von Jalta (4.–11. Februar 1945) und danach in gewissem Sinne auch Truman und Attlee während der Potsdamer Konferenz (17. Juli – 2. August 1945) bereit waren, dem sowjetischen Diktator Konzessionen zu machen und auf Formelkompromisse einzugehen.

Katyn

Die „deutsche Gefahr“

4. Hitlers immer monomaner geäußerte Hoffnung auf einen Zerfall der gegnerischen Koalition, der Deutschland erneut Bewegungsspielraum verschaffen werde, ist aber nach wie vor auch im Zusammenhang mit seinen programmatischen Ideen zu sehen. In diesem Sinne äußerte er während der zweiten Hälfte des Krieges wiederholt, zukünftig doch noch zusammen mit England die Welt in die Schranken zu weisen. Insofern hielt er an seiner bündnispolitischen Grundidee fest, Großbritannien zu sich herüber zu ziehen und sozusagen in letzter Minute doch noch gemeinsam gegen die Sowjetunion zu kämpfen. Neben dieser Lieblingsidee, die ihn nach wie vor beherrschte, wurde während der letzten Wochen des März und April 1945 in der verzweifelten Atmosphäre des Berliner „Führerbunkers“ auch auf die darüber hinausgehende Lösung spekuliert, zusammen mit den Vereinigten Staaten von Amerika gegen Rußland Krieg zu führen. Ja, in diesen letzten Tagen des „Tausendjährigen Reiches“ näherte Hitler sich sogar – parallel zu den von Goebbels seit 1943 ventilierten Überlegungen und in einem inzwischen allerdings illusionären Eingehen auf frühere, von Stalin in taktischer und/oder ernsthafter Absicht ausgestreckte Friedensfühler – der von ihm erstmals im März/April 1944 halbherzig erwogenen Möglichkeit, die freilich längst schon keine mehr war, sich nämlich mit seinem ideologischen und machtpolitischen Hauptfeind, der Sowjetunion, sozusagen in Wiederholung der dramatischen Wendung vom 23. August 1939 noch einmal zu arrangieren, um gegenüber den Westmächten auftrumpfen und überleben zu können.

Hitlers Hoffnungen

Separatfrieden mit Stalin?

Bis zum Jahr 1944 aber hatte Hitler alle Friedenssondierungen mit der Sowjetunion abgelehnt. Dagegen waren die Versuche, einen Separatfrieden im Westen zu schließen, auf den beispielsweise im Januar 1943 der stellvertretende rumänische Ministerpräsident Antonescu den italienischen „Duce“ nachdrücklich hingewiesen hatte, ohne Erfolg geblieben. Angesichts der immer drückenderen alliierten Überlegenheit wurden alle diese Friedenshoffnungen vom Jahre 1943 an zu Illusionen, wie nicht zuletzt die auf der Konferenz von Casablanca (14.–25. Januar 1943) von Roosevelt verkündete Forderung nach „bedingungsloser Kapitulation“ deutlich machte. Längst hatten die Amerikaner Verständnis gezeigt für Stalins ausladende Forderungen nach territorialen Gewinnen in Ost- und Ostmitteleuropa sowie gegenüber dem Deutschen Reich, die der sowjetische Diktator den Westmächten seit dem Besuch Edens in Moskau im Dezember 1941 beständig vortrug. Insgesamt entsprangen sie der Existenz eines unabhängig von Hitlers Politik und Kriegführung vom sowjetischen Diktator eigenständig entworfenen, durch den deutschen Angriff auf die Sowjetunion Plausibilität und Scheinlegitimation gewinnenden weitgespannten Kriegszielprogrammes der stalinistischen Ära. Unterdessen legten die Bomberflotten der Westmächte Deutschland in Schutt und Asche, und die Vergeltungsaktionen nationalsozialistischer Besatzungspolitik, die sich mit den Namen von Lidice (10. Juni 1942) und Oradour (10. Juni 1944) verbinden, sorgten immer wieder dafür, daß die betroffenen Völker das Motiv ihres Kampfes gegen den Nationalsozialismus und die Deutschen nicht vergaßen.

Konferenz von Casablanca – „Bedingungslose Kapitulation“

Lidice – Oradour

Alles in allem wurde seit der anglo-amerikanischen Landung in Nordafrika (7./8. November 1942) und insbesondere seit der Kapitulation der 6. deutschen Armee in Stalingrad (31. Januar – 2. Februar 1943) auch der deutschen Bevölkerung trotz pausenloser „Endsieg“-Propaganda und trotz eines erstaunlich festen Glaubens an die Führung des Reiches klarer, daß Deutschland den Krieg kaum noch gewinnen könne. Doch trotz ungeheurer Verluste, die sie insbesondere in Rußland erlitt, gelang es der deutschen Wehrmacht während des Frühjahrs 1943, die Front im Osten nochmals einigermaßen zu konsolidieren. Nunmehr versuchte Hitler zum letzten Mal, die Initiative gegenüber der Sowjetunion wiederzugewinnen, als er am 5. Juli 1943 das mit großen Erwartungen begleitete Unternehmen „Zitadelle“, den Sturm auf den Frontbogen bei Kursk, anlaufen ließ. Nachdem der Angriff in wenigen Tagen ins Stocken geraten war, plante er, die einmal gebildeten Fronten um jeden Preis starr zu halten und sich in Rußland auf einen Abnutzungskrieg einzurichten. Dem Atlantikwall im Westen, in dessen Schutz die erwartete Invasion der Briten und Amerikaner abgewehrt werden sollte, vergleichbar, schwebte Hitler vor, einen „Ostwall“ zu bauen, um sich in der „Festung Europa“ mit ihren Tausende von Kilometern umfassenden Fronten einzuigeln, dem „Feind... [die] Nutzlosigkeit seiner Angriffe“ vor Augen zu führen und den Westen zum Einlenken zu zwingen.

Unternehmen „Zitadelle“

Während die sowjetischen Armeen zwischen dem August 1943 und dem April 1944 die Ukraine zurückeroberten, entschloß sich Hitler, den Schwerpunkt seiner militärischen Abwehr vorerst auf den Westen zu verlagern. Er erließ am 3. November die Weisung Nr. 51 in der Absicht, durch Demonstration der deutschen Schlagkraft an der westlichen Front vor allen Dingen die Briten für seinen ursprünglichen Bündnisplan zu gewinnen, sie zumindest aber von der großen Koalition mit Amerika und der Sowjetunion abzusprengen. Die Idee eines Separatfrie-

Rückeroberung der Ukraine durch die Rote Armee

dens im Westen fand sowohl im Heer als auch in Himmlers SS Zustimmung. Demgegenüber dachte Goebbels daran, sich mit Stalins – dem Herrschaftssystem des Nationalsozialismus so verwandter – totalitärer Diktatur zu arrangieren, während von Ribbentrop seinem bekannten Konzept entsprechend darauf spekulierte, mit Japans militärischer oder diplomatischer Hilfe dem Kampf in Rußland ein Ende zu setzen. Hitler sah die letzte ihm noch verbleibende Chance darin, im Westen – beispielsweise bei der Abwehr der erwarteten Invasion der Briten und Amerikaner – eindrucksvolle Erfolge zu erringen, um sich letztlich doch noch mit England arrangieren zu können.

Westalliierte Landung in der Normandie

Unter diesem Gesichtspunkt wird auch erst Hitlers Reaktion auf die westalliierte Landung in der Normandie am 6. Juni 1944 voll verständlich, die er schon lange erwartet hatte und die er nunmehr mit einer gewissen Erleichterung aufnahm, da sie ihm die Chance bieten sollte, vor allem gegenüber den Engländern die Schlagkraft des Reiches noch einmal unter Beweis zu stellen. In der sich immer aussichtsloser gestaltenden Gesamtkriegslage – in Ostasien waren im Juni 1944 die amerikanischen Truppen auf Saipan gelandet, und in Rußland setzte am 22. Juni 1944 die von einer bislang beispiellos vorbereiteten Partisanentätigkeit eingeleitete gewaltige Sommeroffensive der Roten Armee ein – klammerte sich der Diktator an die illusionäre Hoffnung, mit einem demonstrativen Schlag gegen den Westen das Blatt doch noch in seinem Sinne wenden zu können. Dazu beitragen sollten ferner die tatsächlich nur begrenzt erfolgreichen Einsätze der V 1 – und V 2 – „Wunderwaffen", auf deren angeblich kriegsentscheidende Wirkung die deutsche Bevölkerung ihre noch vorhandenen „Endsieg"-Hoffnungen gründete.

„Wunderwaffen"

Rückzug aus Finnland und Südosteuropa

Zu diesem Zweck wurde auch die letzte große Offensive an der Westfront, die Ardennen-Offensive, von Hitler unternommen. Inzwischen waren aber Rumänien durch die von König Michael am 23. August 1944 befohlene Einstellung des Kampfes gegen die Rote Armee und Finnland durch den am 19. September 1944 unterzeichneten Waffenstillstand mit der Sowjetunion aus dem Krieg an der Seite Deutschlands ausgeschieden. Im gleichen Monat besetzten sowjetische Truppen Bulgarien, bis zum 2. November 1944 zog sich die deutsche Wehrmacht aus Griechenland (mit Ausnahme von Rhodos, Westkreta, Milos und einigen kleineren Inseln) zurück, und das am 19. März 1944 von deutschen Truppen besetzte Ungarn unternahm am 15. Oktober 1944 den freilich von den Deutschen vereitelten Versuch, einen Waffenstillstand mit der UdSSR zu erreichen, deren militärische Verbände am Jahresende 1944 in die Vorstädte von Budapest eindrangen.

Deutsche Kapitulation in Nordafrika. Landung der Alliierten in Sizilien. Sturz Mussolinis

Nachdem in Nordafrika die letzten deutschen Truppen bereits am 13. Mai 1943 kapituliert hatten und die Alliierten am 10. Juli 1943 auf Sizilien gelandet waren, brach Mussolinis Regime am 25. Juli 1943 zusammen, und der neue Ministerpräsident Italiens, Marschall Badoglio, unterzeichnete am 3. September 1943 einen allerdings erst fünf Tage später bekanntgegebenen Sonderwaffenstillstand mit den Alliierten. Daraufhin wurden die italienischen Streitkräfte von der deutschen Wehrmacht entwaffnet, die nunmehr in Italien die Aufgabe übernahm, sich dem Vormarsch der Briten und Amerikaner entgegenzustellen. Am 4. Juni 1944 besetzten die Alliierten Rom und rückten nach Norditalien bis zur Apenninen-Stellung vor, wo die Kämpfe bis zum 29. April 1945 andauerten.

Auch im Westen Europas war der Vormarsch der Alliierten nicht mehr aufzuhalten, am 25. August 1944 zog General de Gaulle an der Spitze französischer Verbände in das von den Deutschen geräumte Paris ein, und bereits im September 1944 erreichten die Briten und Amerikaner die Westgrenze des Deutschen Reiches, während die Russen im Oktober 1944 in Ostpreußen eindrangen und Japan auf dem ostasiatischen Kriegsschauplatz in der Luft-See-Schlacht bei Leyte (22.–25. Oktober 1944) entscheidend von den Vereinigten Staaten von Amerika geschlagen wurde.

Die Alliierten an den deutschen Grenzen

Ardennen-Offensive

Hitler aber plante, wie bereits angedeutet, im Gegensatz zu den führenden Militärs der Westfront, die nur bis zur Maas vorzustoßen und dort abzuwarten vorschlugen, wie die Lage sich entwickeln werde, im Rahmen der vorgesehenen Ardennen-Offensive bis Antwerpen vorzudringen, um den Alliierten die nach wie vor scheinbar ungebrochene Kraft der deutschen Wehrmacht vor Augen zu führen und England zum Einlenken zu zwingen. Der am 16. Dezember 1944 begonnene Vormarsch kam jedoch schon vier Tage darauf zum Stehen. Nachdem der Diktator alle Mahnungen – nicht zuletzt auch die des von den Nationalsozialisten inzwischen am 14. Oktober 1944 zum Selbstmord gezwungenen Generalfeldmarschalls Rommel –, den verlorenen Krieg zu beenden, verworfen hatte, klammerte er sich an die immer illusionärer werdende Aussicht, als „Spinne im Netz" der Mächte für den Fall eines Auseinanderbrechens der alliierten Koalition die Initiative doch noch wiederzugewinnen.

Eroberung Deutschlands

Doch der Vormarsch der Alliierten ging an allen Fronten, wenn auch von Stockungen begleitet, etappenweise voran. Im Februar und März 1945 eroberten sie die linksrheinischen Gebiete Deutschlands. Nachdem amerikanische Truppen am 7. März bei Remagen und britische Einheiten am 24. März bei Wesel den Rhein überschritten hatten, rückten die Amerikaner (zusammen mit der 1. französischen Armee) nach Süddeutschland vor. Sie besetzten auch Vorarlberg, Tirol bis zum Brenner, das Salzkammergut, Oberösterreich und den Westen Böhmens bis zur Linie Karlsbad-Budweis-Linz. Im Norden erreichten die Engländer am 19. April 1945 die Elbe bei Lauenburg, während amerikanische Verbände ins Zentrum des Reiches vorstießen und am 25. April 1945 mit den Sowjets bei Torgau zusammentrafen. Weiterzumarschieren lehnte der alliierte Oberbefehlshaber General Eisenhower jedoch aus politischen und militärischen Gründen ab, da er sich mit der Masse seiner Streitkräfte der Eroberung des deutschen „Alpen-Reduit", einem von den Alliierten ernstgenommenen Propagandaprodukt der Nationalsozialisten, zuwenden wollte.

„Alpen-Reduit"

Flucht der ostdeutschen Bevölkerung

Der Osten des Reiches wurde im Zeitraum vom Januar bis zum Mai 1945 von der sowjetischen Armee erobert, vor der Millionen von Deutschen unter unsagbaren Leiden nach Westen zu fliehen versuchten. Dabei schützten die Reste des deutschen Ostheeres „in einem ganz elementaren Sinne die Menschen in . . . [den] preußisch-deutschen Ostprovinzen" [1099: A. Hillgruber] vor der furchtbaren

Rache der heranrückenden Roten Armee und trugen, damit unauflöslich verbunden, doch gleichzeitig dazu bei, die Existenz des nationalsozialistischen Unrechtsregimes zu verlängern. In dieser Zeit wurde auch das mit schlesischen Flüchtlingen überfüllte Dresden am 13./14. Februar 1945 von alliierten Bombern grausam angegriffen und völlig zerstört. Die Zahl der Toten wurde nicht genau ermittelt. Manche Schätzungen gehen bis zu 245 000 Opfern, Berechnungen des Statistischen Bundesamtes nennen 60 000 Tote, während GÖTZ BERGANDER in seiner 1977 veröffentlichten, sehr eingehenden Untersuchung über „Dresden im Luftkrieg“ eine „Größenordnung“ von 35 000 Toten errechnet. Das Massaker von Dresden war der Höhepunkt jener zur Demoralisierung der deutschen Zivilbevölkerung unternommenen Bombenangriffe der Alliierten, die ihre Luftüberlegenheit demonstrierten und damit der nationalsozialistischen Propaganda so leichte und willkommene Handhabe boten, die „Terrorangriffe“ der Engländer und Amerikaner anzuprangern und an den Durchhaltewillen der Deutschen zu appellieren.

Bombardierung Dresdens

Kurz nach dem Selbstmord Hitlers am 30. April 1945 kapitulierte am 2. Mai 1945 die Reichshauptstadt Berlin und die nachfolgende Regierung Dönitz/Schwerin von Krosigk bemühte sich vor allem darum, einer möglichst großen Zahl deutscher Soldaten den Übergang aus dem sowjetischen Bereich in den der Westalliierten zu ermöglichen. Dabei war nicht zuletzt der gegen Ende des Krieges von Hitler ebenso wie von der Mehrzahl der führenden Repräsentanten und Schichten in Deutschland vertretene Gedanke, sich mit den Westmächten gegen die Sowjetunion zu verbünden, für die Regierung des Großadmirals Dönitz maßgeblich. Sie bezeichnete es als europäische Mission des Reiches, die UdSSR aus Mitteleuropa fernzuhalten. Aufgrund dieser entschiedenen Position von Dönitz und Schwerin von Krosigk gegenüber der Sowjetunion bezog Stalin verschärft Stellung gegen die neue Regierung, die sich geweigert hatte, ihren Sitz nach Berlin zu verlegen, sondern im britischen Machtbereich blieb.

Selbstmord Hitlers. Kapitulation Berlins. Regierung Dönitz/Schwerin von Krosigk

Am 7. Mai 1945 unterzeichnete Generaloberst Jodl die Gesamtkapitulation der deutschen Wehrmacht im Hauptquartier General Eisenhowers in Reims – ein Akt, der am 9. Mai durch Generalfeldmarschall Keitel, Generaloberst Stumpff und Generaladmiral von Friedeburg im sowjetischen Hauptquartier in Berlin-Karlshorst wiederholt wurde. Damit trat die Kapitulation am 9. Mai 1945, eine Minute nach Mitternacht, in Kraft, und der von Hitler entfesselte Krieg war in Europa beendet. In seiner Rundfunkansprache vom 8. Mai 1945 umschrieb Großadmiral Dönitz die Lage des besetzten Deutschen Reiches, die im Ausmaß der „bedingungslosen Kapitulation“ in der neueren Geschichte einzigartig ist, mit folgenden Worten: „Mit der Besetzung Deutschlands liegt die Macht bei den Besatzungsmächten“.

Deutsche Kapitulation

2. Nationalsozialistischer Terror und deutscher Widerstand

Propaganda und Terror

Mit den militärischen Niederlagen einhergehend, nahmen in Deutschland während des Zeitraums von 1943 bis 1945 der nationalsozialistische Terror gegenüber der Bevölkerung und die Ideologisierung aller Bereiche des öffentlichen und privaten Lebens beständig zu. Um für den „Endsieg" alle Kräfte „zur höchstmöglichen Entfaltung zu bringen" hatte schon eine Verordnung vom 27. Januar 1943 den Arbeitseinsatz aller Männer vom vollendeten 16. bis zum vollendeten 65. Lebensjahr und aller Frauen vom 17. bis zum 45. Lebensjahr verfügt. In der nationalsozialistischen Propaganda nahm Goebbels die Casablanca-Forderung Roosevelts und Churchills nach „bedingungsloser Kapitulation" auf, um ihr demagogisch die Forderung nach dem „totalen Krieg" entgegenzusetzen. Schon in seiner Rede am 30. Januar 1943, dem zehnten Jahrestag der nationalsozialistischen „Machtergreifung", hatte er, im Zeichen des Untergangs der 6. Armee in Stalingrad, jeden Gedanken an Kapitulation zurückgewiesen und den Fanatismus der Bevölkerung anzuregen versucht. In der berühmt-berüchtigten Berliner Sportpalast-Versammlung vom 18. Februar 1943 versuchte er sodann dem Eindruck der Niedergeschlagenheit, der sich im deutschen Volk nach der Katastrophe in Stalingrad ausbreitete, entgegenzuwirken, indem er in propagandistische und rhetorische Steigerungen flüchtete, die in der Frage kulminierten: „Wollt ihr den totalen Krieg? Wollt ihr ihn, wenn nötig, totaler und radikaler, als wir ihn uns heute überhaupt noch vorstellen können?" Seine Fragen wurden mit frenetischem Jubel bejaht, und Goebbels benutzte die Versammlung als Quasi-Repräsentanz der Nation, indem er folgerte und fortfuhr: „Ich habe euch gefragt, ihr habt mir eure Antwort gegeben. Ihr seid ein Stück Volk, durch euren Mund hat sich damit die Stellungnahme des deutschen Volkes manifestiert". Wenn es Goebbels wohl auch in erster Linie darum ging, den Schock der Kapitulation von Stalingrad propagandistisch zu überwinden, so mußten die Alliierten dem Beifall der Sportpalast-Versammlung die Richtigkeit für ihr Verlangen nach „bedingungsloser Kapitulation" entnehmen.

Verordnung über Arbeitseinsatz

Goebbels verkündet den „totalen Krieg"

In diesem Sinne wirkte aber nicht nur das Kampfinstrument der Propaganda in einem nicht zu unterschätzenden Maße kriegsverlängernd, sondern zumindest ebenso stark auch das Machtmittel des Terrors. Er richtete sich beispielsweise im Rahmen der „Aktion Gewitter" am 22. August 1944 gegen rund 5000 ehemalige Minister, Bürgermeister, Parlamentarier, Parteifunktionäre und politische Beamte der Weimarer Republik, unter denen sich auch Konrad Adenauer und Kurt Schumacher befanden, die verhaftet und festgesetzt wurden. Offensichtlich ging es der nationalsozialistischen Führung im Zeichen der heraufziehenden Niederlage darum, die für einen Regierungswechsel möglicherweise zur Verfügung stehende "politische Reserve Deutschlands" [158: S. Haffner] auszuschalten, um „bis fünf Minuten nach zwölf" weiterkämpfen zu können. Die inzwischen umfas-

„Aktion Gewitter"

sende Kontrolle der SS über das Deutsche Reich schlug sich nunmehr auch in formaler Hinsicht darin nieder, daß ihr Reichsführer Himmler am 24. August 1943 gleichzeitig Reichsinnenminister wurde. Angesichts der militärischen Rückschläge galt jetzt schon der vorsichtig geäußerte Zweifel am „Endsieg" als ein todeswürdiges Verbrechen, und im Berliner Witz fand diese bedrückende Stimmung nach einer Tagebucheintragung Ulrich von Hassells vom 8. März 1944 ihre makabre Ausprägung: „Ick will lieber an den Sieg jloben, als ohne Kopp rumlaufen".

Himmler Reichsinnenminister

Auch die allerletzten Reservate, beispielsweise in der Wehrmacht, wurden, wie die Einführung des „NS-Führungsoffiziers" am 22. Dezember 1943 zeigen mag, mehr und mehr beseitigt. Dadurch daß die Gauleiter das Amt von Reichsverteidigungskommissaren übernahmen (siehe oben S. 75), sollte der Vorrang der Partei gegenüber der Wehrmacht noch stärker zum Ausdruck kommen. Eine weitere Steigerung fand diese Entwicklung zur „totalen" Kriegführung, als im Oktober 1944 alle waffenfähigen deutschen Männer zwischen 16 und 60 Jahren zum „Deutschen Volkssturm" und am 12. Februar 1945 die deutschen „Frauen und Mädchen" zum Hilfsdienst für den Volkssturm aufgerufen wurden. Endlich wurde am 2. April 1945 noch die Bildung des „Werwolfs" proklamiert, der als Untergrundarmee in einem militärisch besiegten Deutschland bis zum „Endsieg" weiterkämpfen sollte. Dieser Plan wurde allerdings niemals verwirklicht und ebenso wie die Schimäre einer angeblich im Süden des Reiches ausgebauten Alpenfestung lediglich von den alliierten Gegnern (siehe oben S. 92) ernst genommen.

„Deutscher Volkssturm"

„Werwolf"

Bereits Hitlers letzte Weisung vom März 1945, insbesondere sein Befehl „Verbrannte Erde" vom 19. März 1945 („Nero-Befehl"), die für die Zukunft des deutschen Volkes lebensnotwendigen Industrie- und Versorgungseinrichtungen vor dem Rückzug der deutschen Truppen zu zerstören, wurden von der Wehrmacht im Einverständnis und Zusammenwirken mit verantwortungsbewußten Repräsentanten des Staates, der Partei und der Wirtschaft nicht mehr ausgeführt. In diesem historischen Zusammenhang beschrieb „Hitlers Götterdämmerungspathetik" für „moderne" Repräsentanten des Nationalsozialismus vom Schlage eines Speer oder Dönitz nicht mehr uneingeschränkt die sich in gewisser Hinsicht augenscheinlich wandelnde „Räson des Nationalsozialismus", „wie die ‚jungen' Leute der ‚Bewegung' ihn verstanden. Zwar dachten auch Speer und Dönitz in rassistischen Vorstellungen, sie gingen aber nicht so weit wie die Vertreter der ‚alten Garde' in der Partei. Dönitz wußte, daß das deutsche Volk auch nach der Niederlage weiterexistieren würde, und wenn Speer schon im Spätherbst 1944 unauffällig, aber wirksam auf dem wirtschaftlichen Sektor die Weichen für die Nachkriegszeit zu stellen begann, so sorgte Dönitz dafür, daß es nicht zu der von Hitler gewünschten demographischen Katastrophe, eben nicht zu einem Holocaust an den Deutschen kam" [882: M. SALEWSKI]. Der Diktator erreichte mithin keine der ihn programmatisch leitenden Alternativen ganz: Er führte Deutschland weder zur Weltmacht noch in den Untergang, doch verfehlte er beide Ziele in den Jahren 1940/41 bzw. 1944/45 nur knapp.

Hitlers „Nero-Befehl"

Denn im Banne der sich abzeichnenden militärischen Niederlage stiegen er und sein Regime insbesondere in der Reaktion auf das mißlungene Attentat vom 20. Juli 1944 innenpolitisch zu einer bis dahin niemals zuvor so ohne Maß und Grenze praktizierten Macht auf. Grausam dokumentierte sie sich in teilweise atavistischen Formen wie beispielsweise in der am 1. August 1944 verfügten und gegen die Familien der Männer des 20. Juli verhängten Sippenhaft. Gerade die Maßlosigkeit des nationalsozialistischen Terrors gegenüber den Mitgliedern des deutschen Widerstandes und ihren Angehörigen verweist auf die Bedeutung der Tat des 20. Juli 1944. Denn sie zog sowohl die Behauptungen des nationalsozialistischen Regimes als auch die alliierter Propaganda, Hitler mit dem deutschen Volk zu identifizieren, grundlegend und für die Zukunft Deutschlands wesentlich in Zweifel.

Formen des Widerstandes

Es gab im Dritten Reich keine einheitlich auftretende und handelnde deutsche Widerstandsbewegung. Nicht zuletzt auch deshalb bereitet es erhebliche methodische und sachliche Schwierigkeiten abzugrenzen, was Widerstand damals war, wo er anfing und in welchen Formen er sich vollzog. Nicht jeder, der den Organisationen der nationalsozialistischen Partei fernblieb, zählte zum Widerstand, und mancher, der in diesen Organisationen wirkte, fand allmählich zu ihm bzw. näherte sich der Partei überhaupt nur oder in erster Linie in der Absicht, im oppositionellen Sinne wirken zu können. Die Übergänge zwischen „privatem Nonkonformismus, oppositioneller Gesinnung, aktivem Widerstand und direkter Verschwörung zum Sturz Hitlers" [114: K. D. ERDMANN] erscheinen gleitend.

Kommunistischer Widerstand

Gewiß, von vorneherein zu aktivem Widerstand entschlossen waren die ihrerseits vom totalitären Herrschaftsanspruch der eigenen Ideologie geleiteten Kommunisten. Wenn sie auch von der „Machtergreifung" Hitlers überrascht wurden und auf einen offen geführten Massenwiderstand ebensowenig vorbereitet waren wie auf konspirative Tätigkeit im Untergrund, so gingen sie doch unmittelbar daran, vor allen Dingen gegen das Regime gerichtete agitatorische Aktivität zu entwickeln und konspirative Zellen und Gruppen aufzubauen. Gelenkt wurde ihre Arbeit weitgehend aus dem Ausland, und abhängig war die Führung der deutschen Kommunisten von den Weisungen des Exekutivkomitees der Kommunistischen Internationale. Schwächend auf die Arbeit in Deutschland wirkten sich darüber hinaus die stalinistischen Säuberungen während der dreißiger Jahre aus. Ihnen sind, so wird geschätzt, mehr führende deutsche Kommunisten zum Opfer gefallen als dem nationalsozialistischen Terror. Ein entscheidender Rückschlag für die kommunistische Widerstandsarbeit trat durch den Abschluß des „Hitler-Stalin-Paktes" vom 23. August 1939 ein, der die Tätigkeit der Kommunisten vielfach lähmte. Erst mit dem Überfall des Deutschen Reiches auf die UdSSR gewannen machtpolitisches Interesse und ideologische Frontstellung der Sowjetunion und der deutschen Kommunisten erneut Übereinstimmung. Die in Deutschland gegen das nationalsozialistische Regime kämpfenden Kommunisten, die teilweise auch während der Zeit zwischen dem 23. August 1939 und dem 22. Juni 1941 Widerstand geleistet hatten, wurden nach Beginn des Rußlandfeldzuges mehr und mehr von ihren Kommandozentralen im Ausland abgeschnitten. Durch ihre mit ungefähr 20 000 Menschenopfern bezahlte Widerstandstätigkeit errangen sie gegenüber der Moskauer Zentrale des Weltkommunismus zeitweise eine gewisse Selbständigkeit, die freilich nach Kriegsende von der aus der Sowjetunion zurückkehrenden deutschen Parteileitung rasch wieder eingeebnet wurde.

„Rote Kapelle“

Mit den Kommunisten in Verbindung stand eine Widerstand leistende und Spionage treibende Gruppe um den Oberregierungsrat im Reichswirtschaftsministerium, Arvid von Harnack, und den Oberleutnant im Luftfahrtministerium, Harro Schulze-Boysen, die sich mit sozialistischen Gedankenexperimenten für die Gestaltung der Zukunft beschäftigte. Teilweise hatten ihre Mitglieder Nachrichtenkontakt zur Sowjetunion, spekulierten auch auf ein künftiges Zusammengehen des Deutschen Reiches mit der UdSSR, verstanden sich aber, zumeist Künstler und Intellektuelle, keineswegs als orthodoxe Kommunisten Moskauer Provenienz. Nach ihrer Aufdeckung im August 1942 wurde ihnen der Prozeß gemacht, dessen Verlauf sie als „Rote Kapelle“ bekannt werden ließ und der für viele ihrer Mitglieder mit dem Todesurteil endete.

SPD und Widerstand

Gerade unter dem Eindruck der Enttarnung der „Schulze-Boysen-Gruppe“ hat es zum ersten Mal seit den dreißiger Jahren wieder Bemühungen darum gegeben, zu einer Zusammenarbeit zwischen Kommunisten und Sozialisten zu gelangen. Diese vorsichtige Annäherung in der zweiten Hälfte des Krieges markierte einen neuen Versuch, das seit den Jahren der Weimarer Republik stets schwierige und sich zwischen Ablehnung und Zusammenarbeit bewegende Verhältnis beider Parteien zueinander angesichts des übermächtigen nationalsozialistischen Feindes neu zu ordnen. Wenn auch die innerhalb Deutschlands arbeitende sozialistische „Gruppe Neubeginnen“ anders als die sozialdemokratische Parteileitung mit den Kommunisten stets Kooperation suchte und wenn nunmehr in der zweiten Hälfte des Krieges auch aus dem Kreisauer Kreis heraus die Sozialdemokraten Leber und Reichwein Kontakte zu Kommunisten knüpften, so ist für die Haltung der SPD insgesamt eher kennzeichnend, daß sie nicht wie die KPD konspirierte oder agitierte oder die Gemeinsamkeit des Kampfes gegen das Dritte Reich mit den Kommunisten in den Vordergrund ihrer Tätigkeit stellte. Vielmehr pflegte sie einerseits den personellen Zusammenhalt ihrer Mitglieder, an den sie 1945 so erfolgreich anknüpfen konnte. Zum anderen wirkte sie in Widerstandskreisen wie dem Kreisauer Kreis mit bürgerlichen und aristokratischen Gegnern des Regimes zusammen, um Hitler zu stürzen, und legte damit entscheidende Grundlagen für eine Zusammenarbeit der Parteien in der Zukunft.

Goerdeler-Beck-von Hassell-Gruppe und Kreisauer Kreis

Als führende Repräsentanten des deutschen Widerstandes gelten daher neben den Kommunisten in erster Linie die Mitglieder der Goerdeler-Beck-von Hassell-Gruppe auf der einen Seite, und die Vertreter des Kreisauer Kreises um Helmuth James Graf von Moltke und Graf Yorck von Wartenburg auf der anderen Seite, die sich auf dem schlesischen Gut Kreisau des Grafen Moltke zusammenfanden. Seit der Jahreswende 1941/42 rückten beide Gruppierungen, die eher konservativ orientierte der „Honoratioren“ um Goerdeler und die weltanschaulich eher in christlich-sozialistischem Sinne ausgerichtete der Kreisauer, näher zusammen. Es ist schwierig, ihre jeweiligen gemeinsamen oder unterschiedlichen Zielvorstellungen für die Zukunft zu beschreiben. Denn keiner ihrer Entwürfe war definitiv, und nichts war letztlich verbindlich, was führende Repräsentanten des deutschen Widerstandes in ganz unterschiedlichen Situationen formulierten. Zu konstatieren ist jedoch, daß die Kreisauer lange Zeit vor der Gewaltanwendung gegen den Tyrannen zurückschreckten, während Goerdeler von Anfang an die Beseitigung Hitlers als Voraussetzung für eine Neuorientierung ansah. Seiner Auffassung schlossen die Kreisauer sich später an. Diese Entscheidung hielt jedoch beispielsweise ihren führenden Kopf, den Grafen Moltke, nicht davon ab, auch weiterhin die völlige Niederlage des Deutschen Reiches als Bedingung für einen Neuanfang Europas anzusehen. Darüberhinaus wird erkennbar, daß führende Vertreter der Kreisauer in ihren innenpolitischen Vorstellungen einen von unten nach oben konstruierten Staatsaufbau vor Augen hatten und in wirtschaftlicher sowie sozialer Hinsicht einem undogmatisch und christlich orientierten Sozialismus anhingen. Ihre Idee eines über allen Klassengegensätzen stehenden neuen Menschenbildes bestimmte auch ihre außenpolitischen Vorstellungen über ein vereinigtes, sich aus kleinen, gleichberechtigten Selbstverwaltungskörperschaften zusammensetzendes Europa. Diese Friedensmacht sollte sich endlich von den Regeln des Jahrhunderte lang hin- und hergehenden Wettstreites um Hegemonie und Gleichgewicht befreien, und in diesem Rahmen würde das Deutsche Reich den von ihm angegriffenen und unterjochten Völkern bußfertig entgegenkommen.

Vorstellungen der Goerdeler-Beck-von Hassell-Gruppe

Wie weit diese moralische Sicht der Welt mit ihren Realitäten vereinbar war, ist immer wieder und nicht zuletzt gerade von Goerdeler sowie von dem Diplomaten Ulrich von Hassell und von dem preußischen Finanzminister Popitz, die zum Kreis des konservativen Widerstandes gehörten, als Frage aufgeworfen worden. Ihnen schwebte ein eher in der Tradition des Bismarck-Reiches stehender starker, ja autoritärer Staat vor, der jedoch als Rechtsstaat Toleranz gewährte, soziale Verpflichtungen anerkannte, angesichts der Herkunft und Erziehung der Mitglieder dieses Kreises allerdings verständlicherweise nicht die parlamentarische Demokratie als Ziel ihrer Wünsche anvisierte. In dem für ihr Bewußtsein entscheidenden außenpolitischen Bereich sahen die Konservativen wie selbstverständlich ihr Reich als die Ordnungsmacht und natürliche Vormacht Europas. Angesichts des freilich überschätzten englisch-sowjetischen Weltgegensatzes hofften sie darauf, Großbritannien werde es als in seinem Interesse liegend betrachten, Deutschland die Führung Kontinentaleuropas zu überlassen, um sich auf diese Art und Weise gegen die aus dem Osten drohende sowjetische Gefahr schützen zu können. Dabei erkannten die Vertreter des konservativen Widerstandes kaum, daß es gerade ihre außenpolitischen Hegemonialideen waren, durch die sie in Großbritannien in die Nähe des objektiv weit von ihnen entfernten Hitler rückten und durch die sie den Engländern und Amerikanern damals gefährlicher als die stalinistische Sowjetunion erschienen.

Legitimation des Widerstandes

Wie man rückblickend auch immer über Chancen und Scheitern der Pläne beider Widerstandsgruppen urteilen mag, ihre Legitimation bezogen sie nicht aus ihren diversen Planungen für die Zukunft. Sie bestand vielmehr in ihrem Eintreten gegen Hitler und in ihrem Opfer, das sie brachten und das über alle Zweckmäßigkeitsüberlegungen hinaus letztlich ethisch begründet war. Auch in den Erörterungen der konservativen Offiziere trat die anfangs stark im Vordergrund stehende Erwägung militärischer oder politischer Opportunität endlich gegenüber der moralischen Aufgabe zurück. Einer der führenden Repräsentanten des militärischen Widerstandes, Henning von Tresckow, erster Generalstabsoffizier der Heeresgruppe Mitte und zuletzt Chef des Stabes der 2. Armee, hat diese Einsicht im Sommer 1944 von der Ostfront aus an Graf Stauffenbergs Adresse so formuliert: „Das Attentat muß erfolgen, coûte que coûte. Sollte es nicht gelingen, so muß trotzdem in Berlin gehandelt werden. Denn es kommt nicht mehr auf den praktischen Zweck an, sondern darauf, daß die deutsche Widerstandsbewegung vor der Welt und vor der Geschichte den entscheidenden Wurf gewagt hat. Alles andere ist daneben gleichgültig".

Es war in erster Linie der militärische Widerstand, der aufgrund der ihm zur Verfügung stehenden Machtmittel das Regime in entscheidendem Maße bedrohen konnte. Dies festzustellen, bedeutet keineswegs, den Widerstand anderer Personen oder Gruppen geringschätzen zu wollen, wie beispielsweise die mutige Tat von Georg Elser, der als Einzelgänger Hitler durch Zündung einer Zeitbombe im Bürgerbräukeller am 8. November 1939 zu töten plante, oder die Aktionen der Münchener „Weißen Rose", einer studentischen Widerstandsgruppe um Hans und Sophie Scholl, Christoph Probst, Willi Graf, Alexander Schmorell und den Philosophieprofessor Kurt Huber aus katholisch-bündischer Tradition, die vornehmlich mit Flugblättern gegen den Nationalsozialismus kämpften und die 1943 fast alle hingerichtet wurden.

Elsers Attentat auf Hitler

„Weiße Rose"

Bezeichnenderweise war es jedoch das Attentat des Obersten Claus Graf Schenk von Stauffenberg, Chef des Stabes des Befehlshabers des Ersatzheeres, am 20. Juli 1944 gegen Hitler, das das Regime am empfindlichsten traf. Ihm ging eine vergleichsweise lange Vorgeschichte voraus, die bis ins Jahr 1938 zurückreicht. Sie demonstriert, daß es sich bei Stauffenbergs Attentat nicht in erster Linie um einen Verzweiflungsakt weniger Offiziere im Angesicht der sich abzeichnenden militärischen Niederlage handelte.

Vorgeschichte des 20. Juli 1944

Schon im Jahre 1938 hatten hohe Offiziere zusammen mit Diplomaten und Staatsbeamten versucht, sich gegen Hitler zu erheben und den Diktator abzusetzen. Als Motiv trieb sie die Erkenntnis, daß Hitlers außenpolitischer Kriegskurs die ganze Welt gegen Deutschland aufbringen müsse und daher in einer vernichtenden Niederlage des Deutschen Reiches enden werde. Entsprechende Sondierungen bei der englischen Regierung, von seiten Londons aus Hitler entschieden entgegenzutreten und somit der deutschen Widerstandsbewegung für den Fall eines außenpolitischen Rückschlages des Diktators eine reelle Handlungschance einzuräumen, mußten angesichts der Interessen und Möglichkeiten englischer Politik erfolglos bleiben. Dem konservativen britischen Premierminister Neville Chamberlain erschienen gerade die Vertreter des mißtrauisch angesehenen alten

Preußen, aus denen sich der damalige konservative Widerstand weitgehend rekrutierte, in keiner Weise vertrauenswürdiger als Hitler, den er als legitimen Regierungschef anerkannte. Als dann die britische Regierung in das Münchener Abkommen vom 29. September 1938 einwilligte, war der erste Versuch eines Staatsstreiches zunächst einmal unmöglich geworden, da Hitler als Sieger und Friedenswahrer zugleich in Deutschland von einer Welle der Popularität getragen wurde. Neue Versuche der militärischen Verschwörer, im Sommer 1939 den drohenden Krieg zu verhindern, scheiterten ebenso wie die Bemühungen im Winter 1939/40, den bevorstehenden Angriff auf Frankreich zu verhindern. Dabei schlug die vorgesehene Verhaftung Hitlers im Zuge eines geplanten Besuches des „Führers" in einem der Armeehauptquartiere fehl, weil der Diktator sein Erscheinen in letzter Minute absagte. Es war wiederum eine jener Gelegenheiten in den Jahren zwischen 1939 und 1944, bei denen Hitler sich wie durch ein Wunder den gegen ihn gerichteten Plänen der Verschwörer entzog.

Nach dem siegreichen Westfeldzug war jedoch an ein Losschlagen überhaupt nicht mehr zu denken. Diese Feststellung gilt ungeachtet der Tatsache, daß führende Vertreter des konservativen Widerstandes wie Beck und Goerdeler sich auch durch den Triumph in Frankreich nicht blenden ließen und ihre Distanz zum Nationalsozialismus zu keiner Zeit aufgaben. Ein aktives Vorgehen gegen „Führer" und Regime konnte erst wieder erwogen werden, wenn Hitlers Ansehen durch mögliche militärische Rückschläge in der Zukunft erschüttert sein würde. In eben dieser Überlegung wird aber auch das furchtbare Dilemma des deutschen Widerstandes deutlich, das ihn so grundsätzlich von den übrigen europäischen Résistancebewegungen abhob. Um das Vaterland retten zu können, mußten ihm die Verschwörer als notwendige Voraussetzung schwere Niederlagen wünschen. In diesem Sinne waren auch alle ihre Kontakte mit den alliierten Regierungen über die Schweiz, den Vatikan oder mit dem Bischof von Chichester stets umgeben mit dem Odium, im Krieg mit dem Feind hinter dem Rücken der eigenen Führung zu konspirieren. Selbst diese umstrittenen Bemühungen und die damit verknüpften vagen Hoffnungen wurden indes hinfällig, nachdem die Alliierten in Casablanca die Formel von der „bedingungslosen Kapitulation" auf ihre Fahnen geschrieben hatten und damit bis zu einem gewissen Grad zumindest die einmal geäußerte Ansicht bestätigten, wonach Kriegführende ihre Eigenschaften austauschen.

Dilemma des deutschen Widerstandes

Erst nach der auch für die Bevölkerung deutlich spürbaren Wende des Krieges im Jahre 1943 setzte die Tätigkeit des Widerstandes aufs neue verstärkt ein. Doch alle Attentatspläne und -versuche kamen nicht zur Ausführung oder scheiterten an einer manchmal nur schwer erklärbaren, Hitler begünstigenden Verkettung von Umständen. Dieser Sachverhalt trifft im Grunde auch auf den letzten Versuch zu, als Graf Stauffenberg es auf sich nahm, sowohl den Diktator in dessen ostpreußischem Hauptquartier zu töten als auch den Ablauf des Staatsstreiches in Berlin zu leiten. Stauffenberg war, nachdem er aufgrund seiner schweren Verletzung zum Befehlshaber des Ersatzheeres abkommandiert worden war, der „Generalstabschef des Widerstandes" geworden und hatte aufgrund seiner Funktion als Chef des

Stauffenberg und das Attentat vom 20. Juli 1944

Stabes des Befehlshabers des Ersatzheeres Zutritt zu den Lagebesprechungen in Hitlers Führerhauptquartier in Rastenburg. Als durch die Verhaftungen von Leber und Reichwein sowie durch die Fahndung nach Goerdeler im Juli 1944 der Verschwörerkreis entdeckt zu werden drohte, mußte endgültig gehandelt werden. Am 20. Juli 1944 zündete Stauffenberg die in einer Aktentasche deponierte Bombe während einer Lagebesprechung im Hauptquartier. Doch wiederum verhinderten zwei kaum vorhersehbare Umstände den Tod Hitlers: Einmal fand die Besprechung nicht im Bunker des Führerhauptquartiers statt, sondern wurde in eine leicht gebaute, für das Bombenattentat nicht allzu geeignete Unterkunft verlegt, und zum anderen wurde die Aktentasche, nachdem Stauffenberg den Raum verlassen hatte, so verstellt, daß Hitler vor einem größeren Schaden der Explosion bewahrt wurde. Hinzu kam, daß durch ein Mißverständnis bzw. einen Fehler in der Nachrichtenübertragung zwischen Ostpreußen und Berlin der Staatsstreich in der Reichshauptstadt erst anlief, als Stauffenberg dort wieder eintraf. Das Führerhauptquartier und der nur leicht verletzte Hitler regierten indes schon wieder, und das unter dem Kommando von Major Remer stehende Berliner Wachbataillon, das das Regierungsviertel abriegeln und besetzen sollte, wurde durch ein von Goebbels mit Hitler im Führerhauptquartier hergestelltes Telefongespräch auf den Diktator verpflichtet. Nachdem in der Reichshauptstadt immer klarer wurde, daß Hitler lebte, brach der Putsch im Verlauf des Nachmittags bis zum Abend des 20. Juli 1944 zusammen.

Staatsstreichversuch in Berlin

Auch in Paris, wo die entschlossen handelnden Verschwörer unter Führung des Militärbefehlshabers Frankreich, General von Stülpnagel, rasch die Polizei-, Gestapo-, SS- und SD-Quartiere besetzten, kam die erfolgreich angelaufene Aktion schließlich zum Erliegen. Denn als der stets schwankende Oberbefehlshaber West, Feldmarschall von Kluge, erfuhr, daß Hitler noch lebte, verlangte er die Rücknahme aller gegen Partei und SS gerichteten Schritte. Doch auch diese Anordnung konnte ihn nicht vor der Anklage der Mitverschwörerschaft retten, der er sich am 18. August 1944 durch Selbstmord entzog.

Staatsstreichversuch in Paris

Für den inneren Kreis des Widerstandes zählte jedoch die Tat als solche, und die Gewißheit, das Richtige getan zu haben, nahmen sie auch im Scheitern und in den Tod mit: „Ich halte Hitler nicht nur für den Erzfeind Deutschlands", so gab von Tresckow dieser Empfindung Ausdruck, „sondern auch für den Erzfeind der Welt. Wenn ich in wenigen Stunden vor den Richterstuhl Gottes treten werde, um Rechenschaft abzulegen über mein Tun und Unterlassen, so glaube ich mit gutem Gewissen das vertreten zu können, was ich im Kampf gegen Hitler getan habe. Wenn einst Gott Abraham verheißen hat, er werde Sodom nicht verderben, wenn auch nur zehn Gerechte darin seien, so hoffe ich, daß Gott auch Deutschland um unseretwillen nicht vernichten wird. Niemand von uns kann über seinen Tod Klage führen. Wer in unseren Kreis getreten ist, hat damit das Nessushemd angezogen. Der sittliche Wert eines Menschen beginnt erst dort, wo er bereit ist, für seine Überzeugung sein Leben hinzugeben".

Motive

Gegen die Verschwörer und ihre Familien begann nunmehr ein furchtbares

Verfolgung

Morden, das die SS sowie das Reichssicherheitshauptamt unter SS-Gruppenführer Kaltenbrunner organisierten. Einen hohen Blutzoll zahlte der in der Verschwörung führende preußische Adel. Zusammen mit der im Zuge der nationalsozialistischen Revolution bereits eingeleiteten Egalisierung und mit der sich anschließenden Zerschlagung ihres Besitzes im Osten des Deutschen Reiches durch Stalins Rote Armee trug ihr Tod im Angesicht der sich abzeichnenden Katastrophe mit zu der „deutschen Revolution" bei, die der Nationalsozialismus – teilweise beabsichtigt und zu einem noch größeren Teil wohl ungewollt – herbeiführte und die für die Entstehung und Entwicklung der Bundesrepublik Deutschland maßgeblich wurde.

Vermächtnis

Entscheidend wurde in diesem Zusammenhang, daß sich im Verlauf des Krieges Teile der Aristokratie, die sich zusammen mit anderen gesellschaftlichen Gruppen 1933 daran beteiligt hatten, Hitler zur Macht zu verhelfen, ehe sie erkannten, daß sie im totalitären nationalsozialistischen Staat ebenso rechtlos waren wie beispielsweise der von ihnen zuvor bekämpfte vierte Stand, dazu bereit fanden, Seite an Seite mit Repräsentanten aller Schichten, auch mit Sozialisten und Kommunisten, deren Abseitsstehen bzw. deren Aktionen zum Untergang der Weimarer Republik gleichfalls beigetragen hatten, gegen Hitler aufzustehen. Angesichts gemeinsamer Erfahrungen konservativer, bürgerlicher und sozialistischer Verschwörer im Kampf gegen den Nationalsozialismus bot die 1945 anbrechende neue Zeit, am Maßstab der im Dritten Reich geächteten Menschenwürde gemessen und über längst fragwürdig gewordene gesellschaftliche Schranken hinausweisend, in der Tat, wie es einmal sinngemäß von Ernst Nolte [235] formuliert worden ist, die Chance, das Bürgertum gegen totalitäre Überanstrengungen zu immunisieren und dem kommunistischen Gegner die Möglichkeit eines Wandels nahezulegen. In der Bundesrepublik Deutschland, die als Resultat des Zweiten Weltkrieges und des „Kalten Krieges" entstand und durch die Ergebnisse der „deutschen Katastrophe" und der „deutschen Revolution" gleichermaßen geformt wurde, erfüllte sich bislang nur die eine Erwartung, während sich die zweite Hoffnung in nationaler und internationaler Hinsicht kaum zu verwirklichen scheint.

Zusammenfassung

Als Resultate und Schlußfolgerungen unserer Darstellung über die Geschichte des Dritten Reiches im Zeitraum von 1943 bis 1945 seien festgehalten:

Wende des Krieges

Für den zeitgenössischen Beobachter schien die Kriegslage im Sommer 1942 erneut offen zu sein, als die deutschen Armeen in einem vorläufig noch siegreichen Wettlauf gegen die Zeit bis in den Kaukasus und nach Ägypten vorstießen. Die im Grunde schon im Dezember 1941 vor Moskau eingetretene Kriegswende konnte den Miterlebenden nicht so bewußt werden, wie wir sie heute rückblickend zu erkennen vermögen. Doch seit der Kapitulation der 6. deutschen Armee in Stalingrad zu Anfang des Jahres 1943 wurde auch der Bevölkerung allmählich klar, daß Hitler nicht mehr länger der Stärkere war, „der die Schwächeren und Unvorbereiteten beinahe nach Belieben zu Boden warf“. Ununterbrochene Niederlagen stellten in dieser sich lang hinziehenden Endphase des Krieges vielmehr eine Symmetrie zu den Jahren zwischen 1939 und 1941 her, die nicht mehr, wie Ernst Nolte [234] es umschrieben hat, „Ausgleich und Versöhnung, sondern totalen Untergang bedeutete“.

Dazu trugen nicht nur die vorrückenden feindlichen Armeen bei, die sich, neben der eigenständigen Existenz ihrer Kriegsziele durch Hitlers kriegerische Überfälle und durch den Terror der nationalsozialistischen Besatzungs- und Rassenpolitik provoziert, ihrerseits gleichfalls zu teilweise grausamen Ausschreitungen gegen deutsche Kriegsgefangene und gegen die Zivilbevölkerung, insbesondere im Osten des Reiches, hinreißen ließen. Hitler selbst sprach in diesen Jahren immer wieder davon, er werde für den Fall einer Niederlage dafür sorgen, „daß das deutsche Volk diese Schmach nicht überleben wird“. In dem Augenblick, in dem seine ehrgeizigen macht- und rassenpolitischen Vorhaben scheiterten, richtete sich sein dem vulgär-darwinistischen Rassendogma entspringender Haß gegen das eigene Volk, das er nunmehr dem Untergang weihte.

Sieg oder Untergang

Dem Ende des Dritten Reiches ging jedoch eine Steigerung des Schreckens in der totalitären Diktatur voraus, der die Nation vor allem in der zweiten Hälfte des Jahres 1944 fester als je zuvor in die Kontrolle der nationalsozialistischen Führung brachte. Je furchtbarer die Niederlagen an allen Fronten wurden, so hat einmal ein Historiker die Einführung des sog. „Deutschen Grußes“ am 23. Juli 1944 in der Wehrmacht als Reaktion auf das mißlungene Attentat vom 20. Juli 1944 kommentiert – und diese Feststellung läßt sich verallgemeinernd auf die deutsche Geschichte jener Zeit übertragen –, „desto siegreicher die Nazipartei“ [124: G. Mann]. Die Bevölkerung stöhnte unter dem beständig zunehmenden Terror der Polizei, der SS und der Parteiformationen. Immer wieder wurde sie jedoch mit eiserner Klammer an das Regime gekettet aus allgemein verbreiteter Angst vor einer ungewissen Zukunft, aus der im Osten des Reiches grassierenden Furcht vor der heranrückenden Roten Armee und nicht zuletzt aus ohnmächtiger Wut über die zunehmenden alliierten Bombenangriffe in der zweiten Hälfte des Krieges. Ihr teilweise zum Selbstzweck ausartender und damit sinnloser Schrecken wurde von der nationalsozialistischen Propaganda dazu benutzt, den Widerstandswillen der Deutschen anzufachen, die Zustände im Inneren vergessen oder Gedanken an die rassenpolitischen Vernichtungsaktionen im Osten des nationalsozialistischen Machtbereichs im einzelnen gar nicht erst aufkommen zu lassen.

Lage der Bevölkerung

Daher war es für die beständig zwischen den beiden Schrecken der feindlichen Bombenangriffe und des nationalsozialistischen Terrors existierende, über die rassistischen Untaten des Regimes nicht genauer informierte Bevölkerung keineswegs von vornherein selbstverständlich, den sich seit dem Jahre 1943 wieder regenden und aktiver werdenden deutschen Widerstand zu billigen oder zu unterstützen. Für seine Repräsentanten ging es im Zeichen der furchtbaren Doppelbela-

Haltung zum Widerstand

stung zwischen Krieg und Bürgerkrieg darum, über den äußeren Gegner hinaus die eigene Staatsführung als Feind betrachten und bekämpfen zu müssen: „Die Europa zu terrorisieren schienen, lebten selber unter dem gleichen Terror" [124: G. MANN]. Denn für die Zeitgenossen war der Widerstand keineswegs nur patriotische Erhebung, sondern stand auch immer im Geruch des Hoch- und Landesverrates. Die Mehrheit der deutschen Bevölkerung vermochte damals nicht mit der Klarheit zu sehen, was wir heute wissen, daß nämlich der alle Rechtsnormen in nationaler und internationaler Perspektive zerstörende Unrechtsstaat keinen legitimen Anspruch auf Gehorsam mehr erheben konnte und Widerstand längst zur moralischen Pflicht geworden war. Damals jedenfalls brachte es beinahe unüberwindlich große Schwierigkeiten mit sich, angesichts der die Grenzen des Reiches bedrohenden gegnerischen Koalition in der eigenen Staatsführung den Feind zu sehen. Während die Mitglieder der europäischen Résistancebewegungen in den einzelnen besetzten Ländern jeweils in der Bevölkerung Rückhalt fanden und ihr Widerstand gegen die Besatzungsmacht als Ausweis ihres Patriotismus galt, war die Lage der Vertreter des deutschen Widerstandes weit weniger eindeutig: Sie gingen „einsam zur Richtstätte . . ., beschimpft und ausgestoßen aus der Volksgemeinschaft" [124: G. MANN].

„Die deutsche Katastrophe"

Daher konnte ein großer Teil der Deutschen das Ende im Mai 1945 auch nicht nur als Befreiung von der nationalsozialistischen Diktatur empfinden, wie dies für die vom Dritten Reich unterdrückten Völker selbstverständlich war, zumal die von der Sowjetunion eroberten Länder Ostmittel- und Südosteuropas sowie der sowjetisch besetzten Zone Deutschlands rasch die Fragwürdigkeit ihrer neuen, ihnen von der UdSSR oktroyierten „demokratischen" Ordnung spürten. Gewiß herrschte in weiten Teilen aller Schichten des deutschen Volkes Erleichterung über das Ende des inneren Terrors und der äußeren Bedrohung. Darin mischte sich bald Bestürzung über die mehr und mehr bekanntwerdenden, im Namen des deutschen Volkes begangenen Untaten des Regimes.

Genugtuung über die neu gewonnene Freiheit und Erschütterung über die Greuel des Nationalsozialismus konnten insgesamt allerdings nicht darüber hinwegsehen lassen, daß mit dem Untergang des Hitler-Staates gleichzeitig auch das Ende des 1871 von Bismarck vergleichsweise spät gegründeten kleindeutschen Nationalstaates gekommen war. FRIEDRICH MEINECKE gab mit seinem Wort von der „deutschen Katastrophe" [1111] dem Empfinden weiter Kreise des deutschen Volkes über das Ende des Zweiten Weltkrieges Ausdruck, die die Befreiung vom Joch der Diktatur dankbar begrüßten, die rassistischen Untaten des Regimes noch gar nicht voll begriffen und die Zerstörung des Nationalstaates erst einmal fassungslos konstatierten.

Modernisierende Wirkungen

Daß mit dem Zerbrechen des Nationalstaates die zwölf Jahre lang entbehrte politische Freiheit zumindest in der auf dem Gebiet der westlichen Besatzungszonen etablierten Bundesrepublik Deutschland wieder einkehrte und sich entwickeln konnte, dafür waren als Voraussetzungen nicht zuletzt auch jene unfreiwillig sich einstellenden Modernisierungsresultate der Geschichte des Dritten Reiches in nicht unbeträchtlichem Maße mitverursachend. In der Katastrophe des Jahres 1945 wurden die Auswirkungen jener nationalsozialistischen Revolution nicht sofort sichtbar, die als Bedingungen für die Existenz der deutschen Demokratie wichtig wurden. Sie bestanden in gewissem Maße in der Tendenz zur Einebnung sozialer Unterschiede zwischen den verschiedenen Schichten durch die „Volksgemeinschaft" des Dritten Reiches, und sie wurden darüber hinaus relevant in der Zerschlagung des Kernstaates des Deutschen Reiches, Preußen, in der physischen Dezimierung sowie politischen Entmachtung seiner Führungsschicht und in ihrer Vertreibung aus den für die Nachfolgestaaten des Deutschen Reiches teilweise verlorengegangenen Territorien östlich der Elbe. Gerade ihre der Weimarer Republik gegenüber nicht eben gewogene Haltung hatte dazu beigetragen, Hitler als vermeintlichen Büttel zu berufen, um ihre Macht noch einmal zu festigen. Daß er ihr Henker wurde und viele von ihren dann in der Widerstandsbewegung aktiven Repräsentanten hinrichten ließ, das Deutsche Reich und Preußen zerstörte und im nationalen sowie internationalen Maßstab eigentlich zum Revolutionär par excellence wurde, erkannten sie spät und erlitten die Folgen dieser Einsicht, ohne sie noch verhindern zu können. Hitler aber wurde tatsächlich zum revolutionären Beweger der deutschen (und der europäischen) Geschichte, indem er unter zweifellos unverhältnismäßig hohen Opfern wie dem Völkermord und der Zerstörung des kleindeutschen Nationalstaates eine politische und soziale Revolution einleitete bzw. verursachte, deren Wirkungen weit über Deutschland hinausgingen und bis in unsere Zeit hineinreichen.

SCHLUSSBETRACHTUNG: DAS DRITTE REICH IN DER DEUTSCHEN UND EUROPÄISCHEN GESCHICHTE

Das utopische Ziel

Im Zuge einer letzten Steigerung europäischer Machtpolitik, die angesichts des unübersehbar gewachsenen Einflusses der Welt- und Flügelmächte im internationalen System, der Vereinigten Staaten von Amerika und der Sowjetunion, im Grunde schon anachronistisch anmutete, versuchte Hitlers Deutschland sich zum Herrn über den alten Kontinent aufzuwerfen. Es plante, Rußland zu überrennen und zu seiner Kolonie zu machen, um sodann für den als sicher erwarteten Kampf gegen die USA gewappnet zu sein. Insgesamt strebte das nationalsozialistische Deutschland danach, die Qualität der inneren und internationalen Politik durch eine in universalem Maßstab zu verwirklichende rassische Utopie zu verändern. In ihr sollten die Bedingungen des bislang bekannten Verlaufs der Geschichte ein für allemal außer Kraft gesetzt, jede soziale Bewegung im biologischen Mythos der Rassenherrschaft zum Stillstand gebracht und das germanische Großreich endlich zur Weltherrschaft geführt werden. Nicht zuletzt die Hybris dieses Entwurfs und die Radikalität seiner Praxis verurteilten den Grundplan Hitlers und seines Regimes zum Scheitern.

Revolutionäre Wirkungen

Zuvor allerdings trug der Diktator durch seinen ehrgeizigen Versuch, sein „Programm" zu verwirklichen, wesentlich, wenn auch teilweise unbeabsichtigt und teilweise sogar wider Willen dazu bei, Entwicklungen zum Durchbruch zu verhelfen, die für Deutschland, für Europa und für die Weltpolitik revolutionäre Folgen zeitigten.

Hitler plante, dem Deutschen Reich den Weg zur globalen Herrschaft zu bereiten und zerstörte damit – vielleicht unwiderruflich, sicherlich auf unabsehbare Zeit – die Existenz einer im Sinne traditioneller Machtpolitik voll souveränen deutschen Großmacht. Er wollte die Sowjetunion besiegen und den Vereinigten Staaten von Amerika die Stirne bieten und wirkte dadurch daran mit, ein bis in unsere Zeit andauerndes Zeitalter der weltweiten amerikanisch-sowjetischen Vorherrschaft zu etablieren. Er betrachtete Europa nach wie vor als Regulator des Staatensystems und untergrub doch endgültig seine Vormacht in der Welt. Er sah – streng genommen – die Erde als seine Kolonie an und förderte damit den Durchbruch der Dekolonisation. Er führte einen Vernichtungskampf gegen das Judentum und konnte doch die Gründung des Staates Israel nicht verhindern.

Paradoxe Resultate

Die angeführten Beispiele mögen auf die revolutionäre Paradoxie verweisen, die der Geschichte des Dritten Reiches und ihren weltweiten Folgen anhaftet. Zwar verfehlte Hitlers Staat in innen- und außenpolitischer Hinsicht jenes Ziel einer totalen und globalen Revolution, nach der er strebte. Ja, oftmals stellte sich im Bemühen darum das gerade Gegenteil vom ursprünglich Gewollten ein. Und doch erscheinen und wirken die oft paradox anmutenden Resultate seiner Geschichte revolutionär. Insgesamt demonstrieren die Ergebnisse der nicht zum Zuge gekommenen Politik Hitlers und des Dritten Reiches, daß und wie die Geschichte, die einer Verwirklichung der universal entworfenen nationalsozialistischen Rassenutopie schlechthin zum Opfer gefallen und zum Stillstand gekommen wäre, das „Tausendjährige Reich" überdauerte, wenn auch die menschlichen, sozialen und politischen (Un)Kosten dieses weltweiten Überlebens in einem bis dahin wohl kaum bekannten Ausmaß hoch waren.

Ambivalenz und Eigenständigkeit

Die tiefgreifenden Konsequenzen der mit ganz anderer Zielsetzung initiierten und letztlich gescheiterten revolutionären Politik des nationalsozialistischen Deutschland verweisen darüber hinaus auf die Tatsache, daß Ambivalenz in vielerlei Hinsicht Kennzeichen und Ausweis der Autonomie des Dritten Reiches war, das zu manchen weltanschaulichen, gesellschaftlichen und politischen Kräften in Beziehung stand, aber keiner von ihnen diente. Denn es war im Grunde weder der politischen Linken noch der politischen Rechten zuzuordnen, es war weder eindeutig revolutionär noch eindeutig reaktionär orientiert, sondern stellte ein Phänomen sui generis dar, das historische Eigenmacht besaß.

Hitlers januskopfige Diktatur

In diesem Sinne mag die Darstellung seiner Geschichte gezeigt haben, daß es nämlich nicht angemessen und möglich ist, das Dritte Reich bündig als „traditionell oder revolutionär, konterrevolutionär oder modernistisch, improvisiert oder planvoll" [197: K. D. BRACHER] zu charakterisieren. Der Grundzug seiner historischen Existenz war vielmehr von Beginn an doppeldeutig. Die totalitäre Diktatur errichtete es im Gewande der „legalen Revolution" und im Rausch der „nationalen Erhebung". Lange Zeit verband es kaum unterscheidbar globalen Expansionismus mit überlieferter Revisionspolitik. Es trieb einen für die Zeitgenossen faszinierenden Aufwand an Technik und pflegte gleichzeitig, ja gerade unter Zuhilfenahme technischen Einsatzes die Idee bäuerlicher Siedlungsromantik. Daß dabei das eine Mittel und das andere Ziel war, ließ sich nicht zuletzt deshalb schwer erkennen, weil die sich verselbständigenden Instrumente zuweilen die Oberhand zu gewinnen und die nationalsozialistische Weltanschauung unter der Übermacht technischer und wirtschaftlicher Sachzwänge und Entwicklungen zu verschwinden schien. Es verwob Überlegungen politischer Zweckmäßigkeit mit der Grundidee seiner rassenpolitischen Doktrin zu einer über lange Jahre hinweg für sein Selbstverständnis und seine Einschätzung kennzeichnenden, bewunderten und gefürchteten Dynamik. Sie erlahmte erst vergleichsweise spät, als das Zusammenwirken von machtpolitischem Kalkül und rassenpolitischem Dogma scheiterte und der Primat der Weltanschauung über sachliche Notwendigkeiten triumphierte.

Nationalsozialismus als dritter Weg

Denn das Dritte Reich lebte aus einer bis dahin in dieser Form nicht gekannten Verbindung von Tradition und Revolution, die seit den umwälzenden Veränderungen des 18. Jahrhunderts, seit der Französischen und der Industriellen Revolution, als Gegensätze die europäische und deutsche Geschichte in Bewegung und Unruhe gehalten hatten. Im Widerstreit zwischen „alte[r] Gesellschaft und...

neuen Massen“ [1111: F. MEINECKE] hatten sie soziale Verwerfungen und politische Spannungen ausgelöst, die sich der Kompromißfähigkeit des alten Staates ebenso wie der des liberalen Parlamentarismus mehr und mehr zu entziehen drohten. Insbesondere für das Empfinden weiter Kreise der deutschen Bevölkerung versöhnte der Nationalsozialismus endlich die beiden mächtigen, sich immer wieder aneinander brechenden Strömungen der Geschichte des 19. Jahrhunderts miteinander, den Nationalstaat und den Sozialismus, und schien einen dritten zukunftsweisenden Weg zwischen kapitalistischem Liberalismus und marxistischem Kommunismus zu bahnen. Die von dem deutschen Experiment ausgehende Attraktion und seine sozial beabsichtigten, ja teilweise auch erreichten Wirkungen, Standesunterschiede in der „Volksgemeinschaft“ des Dritten Reiches zumindest in sozialpsychologischer und politischer Hinsicht zu überwinden, verdeckten dabei über geraume Zeit das eigentliche Bewegungsgesetz des Hitlerschen Nationalsozialismus, die Rassenidee.

Rassenidee als Bewegungsgesetz

Gerade sie aber war, einmal ganz abgesehen von ihrem zeitweise in doppelter Hinsicht wirksamen Charakter als Instrument politischer Integration und Ziel nationalsozialistischer Vernichtungspolitik, Kennzeichen für die präzedenzlose Eigenständigkeit der neuen Weltanschauung und Praxis des Dritten Reiches. Diese unterschieden sich ebenso radikal vom liberalen Bekenntnis zur Idee der Weltzivilisation wie vom marxistischen Glauben an einen über den Klassenkampf zu erreichenden Zustand irdischer Erlösung, wie sie gleichzeitig gegenüber diesen beiden Phänomenen ihrer Zeit in historischer Tradition bzw. antagonistischer Verwandtschaft existierten und eben solche geschichtliche Verhaftetheit ans Überlieferte und Entgegengesetzte der eigenen Erscheinung total zu überwinden trachteten. Sie hatten darüber hinaus im Prinzip nichts mehr gemein mit der Nationalstaatsidee der Moderne, die die nationalsozialistische Diktatur mit ihrer Vision vom rassisch gestalteten und biologisch geordneten Reich radikal verneinte. Eben dieser Tatsache hat der Generaloberst Beck einmal in einem Gespräch mit FRIEDRICH MEINEKKE zutreffenden Ausdruck verliehen, als er über Hitler feststellte: „Dieser Mensch hat ja gar kein Vaterland“. Und intuitiv erkannte der Historiker Otto Hintze die jeden Glauben und alle Ideologien der Geschichte hinter sich lassende ungeheuerliche Eigenmacht des Dritten Reiches, die sich in Hitlers archaischem Haß auf jede Art von Tradition zerstörerisch zusammenzog, als er äußerte: „Dieser Mensch gehört ja eigentlich gar nicht zu unserer Rasse. Da ist etwas ganz Fremdes an ihm, etwas wie eine sonst ausgestorbene Urrasse, die völlig amoralisch noch geartet ist“ [1111].

Erst spät, man ist geneigt zu sagen: in letzter Minute gelang es den so radikal herausgeforderten Mächten, der liberalen Weltzivilisation der Angelsachsen und dem sowjetischen Kommunismus, den universalen Herrschaftsanspruch des Dritten Reiches zurückzuweisen und zu zerstören. Daß das nationalsozialistische Deutschland zu solcher Macht aufsteigen und zu solchem Erfolg gelangen konnte, läßt sich jedoch nicht allein damit erklären, daß es in einem bis dahin nur selten bekannten Maße gewalttätig war und auch nicht damit, daß seine innen- und außenpolitischen Partner und Gegner sich überspielen ließen. Daneben ist gar nicht zu übersehen, daß es mit seinen vorerst mehr propagierten als praktizierten Losungen von der „Volksgemeinschaft" und dem „Adel der Arbeit" sowie mit seiner Idealisierung rückwärtsgewandter Bauernromantik und der Vermittlung des organisierten Massenerlebnisses für den einzelnen weit verbreiteten Bedürfnissen und Sehnsüchten im deutschen Volk entgegenkam. Im Grunde entstammten sie einer dumpfen Angst weiter Bevölkerungskreise vor den Herausforderungen der modernen Zeit. Hitlers Nationalsozialismus versprach davon Heilung, indem er die Moderne schlechthin abzuschaffen plante. Unter virtuoser und perfekter Zuhilfenahme ihrer Instrumente trat er die Flucht nach vorn an, um die Welt zu erobern und rassisch zu erneuern. Am Ende blieb von alledem nichts als das Gegenteil des Erstrebten, und die Geschichte des Dritten Reiches beförderte eine politische, soziale und wirtschaftliche Modernisierung, die für die Entwicklung der parlamentarischen Demokratie in der Bundesrepublik Deutschland wesentlich wurde. Anziehungskraft

Wie weit aber war die für das Dritte Reich so vielfach kennzeichnende Ambivalenz, die es als historische Erscheinung sui generis ausweist, ein Grundzug der „Epoche des Faschismus" überhaupt? Ist Hitlers Nationalsozialismus mithin in erster Linie die deutsche Variante eines europäischen Faschismus, oder unterscheidet er sich vielmehr maßgeblich von den übrigen Faschismen der Zwischenkriegsära? Das widersprüchliche Miteinander von Tradition und Revolution und die „nicht identische Identität" von konservativen und faschistischen Elementen in vergleichbaren Bewegungen und Regimen zwischen 1919 und 1945 mögen als Antworten auf die Herausforderung des Kommunismus und die „Krise des liberalen Systems" [235: E. NOLTE] einen gemeinsamen Kern politischer Erscheinungsform beschreiben, der für die Existenz des sog. Faschismus als eines dritten Weges zwischen Liberalismus und Marxismus konstitutiv werden konnte. Bei genauerer Betrachtung überwiegen jedoch bei weitem die Unterschiede in den Voraussetzungen, in der Entfaltung, in der Ideologie und in der Zielsetzung zwischen zahlreichen phänomenologisch einander zwar gleichenden und dennoch oftmals arg generalisierend „faschistisch" genannten historischen Erscheinungen der Zwischenkriegszeit. Dieser differenzierende Vorbehalt trifft auch auf die beiden am meisten ausgebildeten Typen des sog. Faschismus zu, auf Mussolinis Italien und Hitlers Deutschland. Nationalsozialismus und Faschismus

Gewiß, untersucht man in erster Linie Basis, (in begrenztem Sinne auch) Funktion und Gestalt sog. faschistischer Diktaturen, so mögen auf manchen Feldern die Gleichheiten beispielsweise zwischen dem faschistischen Italien und dem nationalsozialistischen Deutschland unübersehbar sein. Fragt man jedoch nach den außen- und rassenpolitischen Zielen beider Regime, so sind grundsätzliche Unterschiede kaum von der Hand zu weisen. Denn Mussolinis Politik der Restauration des römischen „impero" und seine Forderung des „mare nostro" ist kaum ernsthaft mit der Eroberungs- und Rassenpolitik Hitlers sowie mit seinem universalen Herrschaftsanspruch zu identifizieren. Dem historisch Bekannten kontrastiert dabei die auf Überwindung des geschichtlichen Verlaufs ausgerichtete Utopie, Mussolinis Italien und Hitlers Deutschland oder mit FRIEDRICH MEINECKES [1111] in anderem Zusammenhang benutzten Worten sinngemäß ausgedrückt: „Aber nun kam durch Hitler etwas Neues, zwar nicht absolut, aber doch in seinen Konsequenzen und Zukunftsmöglichkeiten".

Über alle für die Epoche der Weltkriege und Revolutionen charakteristischen Gemeinsamkeiten der europäischen Geschichte hinaus, die dazu geeignet sind, die Entstehung des sog. Faschismus in gewissem Maße zu erklären – „Krise des liberalen Systems", Existenz des Kommunismus als prinzipielle Herausforderung an die bisher weitgehend homogen gestaltete Gesellschaftsordnung der Nationalstaaten und des internationalen Systems, spezifische wirtschaftliche Mißstände der zwanziger und beginnenden dreißiger Jahre –, sind wir im Grunde doch auf die Betrachtung der jeweils historischen Vorbedingungen der einzelnen Länder angewiesen, um begreifen zu können, warum z. B. das parlamentarische System in Großbritannien unter Wahrung seiner Identität auf die kommunistische und faschistische Herausforderung antwortete und warum die junge Republik von Weimar ihr erlag, d. h.: Es gilt in unserem Rahmen einen Blick auf den Verlauf der preußisch-deutschen Entwicklung im 19. und 20. Jahrhundert zu werfen, um den historischen Ort des Dritten Reiches in der Geschichte des modernen deutschen Nationalstaates bestimmen zu können.

Kontinuitäten und Bruch

Angesichts des dominierenden Einflusses der großagrarischen Führungsschicht in Preußen-Deutschland und ihrer Verhaltensnormen auf den Verlauf der modernen deutschen Geschichte und die Entstehung des Dritten Reiches ist HANS ROTHFELS' Feststellung über den zwar verschlungenen, aber unleugbar vorhandenen Weg deutscher Geschichte, der von Bismarck zu Hitler geführt habe, in gewissem Sinne beizupflichten. Diesen Tatbestand zu konstatieren, hat allerdings nur Sinn, wenn man an die – allerdings in nicht unwesentlichem Maße auch außenpolitisch geprägten – Bedingungen der „Ermöglichung" Hitlers denkt, nicht jedoch, wenn man den Blick auf die seit den zwanziger Jahren festliegenden Endziele seiner Herrschaft richtet, die ab 1936/37 immer bestimmender hervortraten. Für das Verhältnis von Innen- und Außenpolitik im Rahmen der modernen deutschen Geschichte zwischen 1862 und 1945 bedeutet diese Unterscheidung jedoch erst einmal, daß die Politik des Reiches nicht in erster Linie als sozialer Imperialismus, d. h. als eine im konservativen Sinne betriebene Strategie der Ableitung innenpolitischer Schwierigkeiten auf das Gebiet der äußeren Politik begriffen werden kann. Denn der qualitative Unterschied zwischen Bismarcks und Hitlers Politik liegt gerade darin, daß der eine nach der Reichsgründung darum bemüht war, im Zeichen außenpolitischer Friedenserhaltung die bestehende innenpolitische Ordnung im großen und ganzen eher zu bewahren und der andere im Zuge eines kriegerischen Expansionismus daran ging, eben dieses Sozial- und Herrschaftsgefüge rigoros zu zerstören.

Bismarck und Hitler

Antiparlamentarische Tradition

Dabei wird die nationalsozialistische „Machtergreifung" als Bündnis zwischen alten Führungsschichten und nationalsozialistischer „Bewegung" plausibel, wenn man den Neuanfang des Jahres 1933, wie er ab 1936/37 unübersehbar und „revolutionär" deutlich wurde, vor dem Hintergrund der langen Vorherrschaft der großagrarischen Tradition und ihrer häufig antiparlamentarischen Politik in Deutschland betrachtet. Erst als der Terror des etablierten und sich verselbständigenden nationalsozialistischen Regimes „integrierend" an die Stelle des zuvor wirksamen Nationalismus und der Führerideologie getreten war, bemerkten die Mitschöpfer der Diktatur im Lager des konservativen Deutschland, daß sie eigentlich zu den Opfern des Nationalsozialismus zählten bzw. wohl bald zählen würden.

Zwar sollen in diesem Rahmen auf der einen Seite die Ansätze zu einer Parlamentarisierung in der „Ära Bismarck" oder im wilhelminischen Reich keinesfalls übersehen werden. Und auf der anderen Seite dürfen auch nicht die ja ihrerseits gleichfalls durch spezifisch krisenhafte Erscheinungen begleiteten Entwicklungen in den westlichen Nationalstaaten allzu stark in normativem Sinne als Vorbilder idealisiert werden. Ja, es ist beispielsweise kaum zu bestreiten, daß sich das Bismarck-Reich im Hinblick auf die sog. Industrialisierung der Moderne als außerordentlich leistungsfähig und in bezug auf die damit anfallenden „Kosten" im Vergleich mit den nationalen Industrialisierungsvorgängen im England des 18./19. Jahrhunderts oder in der Sowjetunion des 20. Jahrhunderts als relativ human erwies. Schließlich können an dieser Stelle auch nicht im einzelnen – den Grad ihrer historischen Berechtigung als die Frage nach ihrer politischen Funktion sorgfältig abwägend – die Gründe für die lange Vorherrschaft der agrarischen Elite in Preußen-Deutschland ausführlich erörtert werden. Dennoch ist bei angemessener Berücksichtigung aller dieser hier nur kursorisch angeführten Überlegungen und Argumente insgesamt doch festzustellen, daß der nicht zu unterschätzende, ja erhebliche Einfluß des Großagrariertums auf die politische und soziale Verhaltensweise der in Generalität, Bürokratie und in der Wirtschaft führenden Schichten für den Weg deutscher Geschichte zu Hitler entscheidend geworden ist.

„Faschismus und Kapitalismus"

Daher kann auch gesagt werden, daß es keineswegs der Kapitalismus an sich war, sondern zugespitzt formuliert: der Mangel an Kapitalismus innerhalb eines nicht parlamentarisierten und in entscheidenden Bereichen noch vormodernen Staates, der als Ursache für Hitlers Aufstieg und als Voraussetzung für den Erfolg des Nationalsozialismus unübersehbar ist. „Fascism was not the ‚last gasp of monopoly capitalism'", so charakterisiert John Weiss diesen Aspekt der Faschismusdiskussion und fährt fort: „If anything, it was the ‚last gasp of conservatism'". Und Heinrich August Winkler [322] konkretisiert diese Einsicht, wenn er sagt, „daß nicht der Kapitalismus in abstracto, sondern seine Rückversicherungschancen bei vorindustriellen Stützschichten den Erfolg faschistischer Bewegungen" ausmachten, was im Hinblick auf den Nationalsozialismus gewiß richtig ist.

„Ermöglichung" und Eigenmacht des Dritten Reiches

Endlich zerstörte dann Hitlers als konservativ mißverstandene, im Prinzip revolutionäre Politik, die danach strebte, einen neuen Menschen auf der Grundlage globaler und rassischer Eroberung und Höherzüchtung im Rahmen eines agrarwirtschaftlich organisierten „Großgermanischen Reiches" zu schaffen, den sozialen und politischen Einfluß gerade der Großagrarier innerhalb der deutschen Führungsschichten. Wider Willen gebar der spezifisch preußisch-deutsche Konservativismus jenen Revolutionär, der ihm nur scheinbar diente und ihn in Wirklichkeit zerstörte. In Deutschland wehrten sich die führenden Schichten lange und erfolgreich gegen die Entscheidung zur politischen Anpassung an Konsequenzen, die etwa die britische Elite im Rahmen des Parlaments und im Zuge einer zwar keineswegs unumstrittenen, jeweils nur behutsam praktizierten, aber niemals prinzipiell zurückgewiesenen Reformpolitik aus den Folgen der industriekapitalistischen Entwicklung ihres Landes gezogen hatte. Demgegenüber trug die antiparlamentarische Politik im Deutschen Reich zunehmend zu einer krisenhaften Entwicklung bei, die sich in Bismarcks Deutschland bemerkbar machte und im wilhelminischen Zeitalter verschärfte. Am Ende der Weimarer Republik schienen einflußreichen Repräsentanten der traditionellen Führungsschichten nur noch Hitler und seine „Bewegung" die Gewähr dafür zu bieten, ihre z. T. wirklich und z. T. nur vermeintlich bedrohten politischen und sozialen Positionen zu retten. Am 30. Januar 1933 kulminierte und endete zugleich diese konservative Politik spezifisch preußisch-deutscher Provenienz. Ihr jahrzehntelang tatsächlich und tendenziell durchgeführter Versuch einer die Parlamentarisierung eher ablehnenden Politik, die für Preußen-Deutschland bis zum Jahre 1933 verbindlich bzw. maßgeblich blieb, mündete endlich – wenn auch keineswegs notwendig – in die nationalsozialistische „Machtergreifung" ein und ermöglichte allerdings nur indirekt, für die Repräsentanten des konservativen Deutschland nicht vorhersehbar und im Grunde auch gegen ihren Willen, die Realisierung jenes von Hitler entworfenen rassen- und außenpolitischen „Programms" mit seiner totalitär orientierten und global ausgerichteten Zielsetzung.

Singularität der Politik Hitlers

Die mit der Verwirklichung dieser Politik des Diktators verbundenen Drohungen einer rassischen Revolutionierung der Weltgeschichte und einer damit einhergehenden biologischen Veränderung der menschlichen Spezies können freilich kaum noch angemessen als historische Folgen der preußisch-deutschen Entwicklung auf ihrem Weg von Bismarck zu Hitler bewertet werden. Denn sie entstanden wider die Absicht und im Prinzip auch fernab von der Vorstellungswelt jener deutschen Führungsschichten, die sich über Gebühr lange und ohne Gespür für den politischen Kompromiß an inzwischen wohl fragwürdig gewordene Positionen geklammert und dagegen gesträubt hatten, den – rückblickend betrachtet – anscheinend unumgänglich gewordenen Tribut der Geschichte in Form von politischen Reformen bzw. ihrer Akzeptierung zu entrichten. Am Ende dieses deutschen Experiments, mit den Bedingungen der modernen Welt fertig zu werden, nämlich: ihren Erfordernissen zu entfliehen, stand die Katastrophe des Jahres 1945. Entgegen dem Ziel und Willen des dafür verantwortlichen Diktators barg sie ihrerseits indes durchaus „positive" Bedingungen für den parlamentarischen Neuanfang in der Bundesrepublik Deutschland.

Scheitern des Dritten Reiches

Über den Charakter des Ganzen der Geschichte des Dritten Reiches entscheidet zweifellos das Abscheulichste und Gemeinste seiner Untaten, dem die freundlicheren Seiten seiner Entwicklung stets untergeordnet waren. Daher dürfte das Dritte Reich insgesamt auch kaum zutreffend als jakobinische Phase eines lang andauernden revolutionären Vorgangs in Deutschland zu erklären sein, da es im Zeichen der „Herrschaft des Schreckens“ endete und Wandlungen seiner Gestalt, zumindest von geschichtsmächtiger Qualität, nicht erlebte. In einem für die Beurteilung des nationalsozialistischen Staates entscheidenden Maße haben wir vielmehr festzustellen, daß Hitlers Drittes Reich durch seine radikale Revolte gegen alles Bestehende gescheitert ist und sein totaler Protest ihm die Chance echten Überlebens als lebendige Erinnerung und politische Tradition verwehrt hat, weil keine historische Notwendigkeit Ziele und Mittel seiner Politik in ihrer Radikalität des Prinzipiellen und Praktischen zu rechtfertigen vermag.

II. Grundprobleme und Tendenzen der Forschung

Die wissenschaftliche Literatur über die Geschichte des Dritten Reiches ist auch für den Spezialisten kaum mehr überschaubar. Daher kann der folgende Überblick über Entwicklungslinien der Forschung auch nur einige ihrer wesentlichen Grundprobleme und Tendenzen skizzieren und erörtern.

Daß sich die Erforschung des Nationalsozialismus quantitativ reichhaltig und qualitativ alles in allem durchaus fruchtbar entwickelt hat und dieser Zeitabschnitt deutscher Geschichte inzwischen als einer der am intensivsten bearbeiteten Untersuchungsgegenstände in der modernen Geschichte überhaupt angesehen werden kann, liegt zwar nicht allein, aber doch auf gar keinen Fall unterschätzbar an den außerwissenschaftlichen Anstößen, Motiven und Bedingungen der Zeitgeschichte. Sie bestimmten dazu, sich mit den zwölf Jahren der Herrschaft Hitlers, ihrer Vorgeschichte und ihren Folgen besonders eingehend auseinanderzusetzen.

Insgesamt gesehen nahm die Geschichtswissenschaft den Weg von der Suche nach individueller sowie kollektiver Schuld für die „deutsche Katastrophe" über die Frage nach ihren geschichtlichen Ursachen zum historisch einordnenden Urteil über das Dritte Reich und beginnt nunmehr mit dem in vielfacher, im einzelnen noch näher zu entfaltender Hinsicht außerordentlich schwierigen Versuch einer „Historisierung des Nationalsozialismus" [108: M. Broszat], das heißt: Jenseits von negativer Faszination durch die Tyrannei Hitlers und in deutlicher Distanz zu verwerflicher Verharmlosung seines Schreckensregiments ist sie darum bemüht, die Geschichte der „braunen" Diktatur als Geschichte der nationalsozialistischen Zeit zu verstehen, neben der totalitären Uniformität des Phänomens die Vielfältigkeit seiner Erscheinungen in Politik und Lebenswelt zu erkennen und dabei stets das „zusammenzusehen und gleichzeitig auseinanderzuhalten", was für diesen Zeitraum deutscher Geschichte in seiner unauflösbaren Verbundenheit von Herrschaft, „Verführung und Gewalt", von Terror, Ekstase und Alltag kennzeichnend war: „das Nebeneinander und die Interdependenz von Erfolgsfähigkeit und krimineller Energie, von Leistungsmobilisation und Destruktion, von Partizipation und Diktatur" [ebd. 379].

Für die Historiographie wirkte sich in diesem Zusammenhang insbesondere eine Tatsache vorteilhaft aus: Seit Anfang der sechziger Jahre standen der Forschung die deutschen Archivbestände – zumindest soweit sie den westlichen Alliierten als „Beuteakten" in die Hände gefallen waren – umfassend zur Verfü- Archivlage gung [J. Henke, Das Schicksal deutscher zeitgeschichtlicher Quellen in Kriegs- und Nachkriegszeit. Beschlagnahme – Rückführung – Verbleib, in: VfZg 30 (1982), 557–620]. Auch aufgrund dieser Sachlage konnte die Beschäftigung mit der modernen deutschen Geschichte zu einem der ganz zentralen Anliegen und Themen für die internationale Historiographie in der Nachkriegszeit werden. Dabei waren freilich, vornehmlich zu Anfang, aber auch später immer wiederkehrend, Verzerrungen in der Darstellung der Geschichte des Dritten Reiches und seiner Probleme fast unvermeidlich. Sie resultierten nicht nur aus der bis ca. 1960 engen Quellenbasis, aus der zu großen Nähe des Betrachters und aus den Betroffenheit vermittelnden Nachwirkungen. Vielmehr waren sie auch in einer aus verständlicher moralischer Empörung entstandenen Verurteilung dieser zwölf dunklen Jahre begründet. Die Fehler und Einseitigkeiten, die Korrektur- und Ergänzungsbedürftigkeit mancher Urteile hingen und hängen ferner in gewissem Maße mit der Tatsache zusammen, daß der Forschung die für vergleichende, abwägende und urteilende Betrachtung notwendigerweise heranzuziehenden Bestände aus den Archiven der anderen Staaten, die das Geschehen in den dreißiger und vierziger Jahren des 20. Jahrhunderts maßgeblich gestaltet oder doch zumindest daran mitgewirkt hatten, bis heute nur partiell zugänglich sind. Zwar wurden die englischen und amerikanischen Archivalien seit Anfang der sechziger Jahre fortlaufend freigegeben, was gerade in den letzten Jahren ein zunehmend umfassenderes Verständnis der äußeren Politik des Dritten Reiches im internationalen Kontext sichtbar gefördert hat (vgl. dazu S. 199f.). Demgegenüber sind aber beispielsweise die französischen und sowjetischen Archive oder die eines neutralen Staates wie Schweden nach wie vor teilweise oder ganz gesperrt.

Daß die Revisionsbedürftigkeit so manchen zeithistorischen Resultats aber auch mit einem zuweilen gar nicht zu übersehenden Mangel im Hinblick auf die Praxis der äußeren und inneren Quellenkritik der Disziplin zu tun hat, liegt angesichts der Auseinandersetzung um die gefälschten „Hitler-Tagebücher" auf der Hand. Wohlgemerkt: Dieses Defizit zu benennen, bedeutet nicht, einen allgemeinen Tatbestand zu reklamieren. Denn „es wäre ungerecht, der deutschen Zeitgeschichtsforschung insgesamt unkritischen Umgang mit den Quellen vorzuwerfen" [K. Repgen, Vom Fortleben nationalsozialistischer Propaganda in der Gegenwart. Der Münchener Nuntius und Hitler 1933, in: Festschrift für Andreas Kraus zum 60. Geburtstag, Kallmünz 1982, 473; vgl. beispielsweise im positiven Sinne: D. Rebentisch, Reichskanzlei und Partei-Kanzlei im Staat Hitlers. Anmerkungen zu zwei Editionsprojekten und zur Quellenkunde der nationalsozialistischen Epoche, in: Arch. f. SozG 25 (1985), 611–633]. Zudem macht „Quellenkritik allein . . . nicht Geschichtswissenschaft aus. Aber Zeitgeschichte ohne ständige und eindringliche Quellenkritik ist nicht Wissenschaft . . ." [K. Repgen, ebd.].

Probleme historischer Urteilsbildung

Angesichts des faktischen Endes des preußisch-deutschen Nationalstaates gingen im Jahre 1945 der deutschen Geschichtsschreibung die bis dahin verbindlichen Maßstäbe der nationalhistorischen Betrachtung verloren, die in vielen der übrigen Staaten Europas und der Welt – im Grunde bis heute – weiterexistieren. Im Rückblick auf das Dritte Reich und die neuere deutsche Geschichte, teilweise aber auch weiter zurückgreifend im Urteil über das „Alte Reich", die deutschen Territorien und ihre Fürsten und Stände, machte sich eine nationalgeschichtlich unvoreingenommenere Sicht der Dinge bemerkbar, die zu einer grundlegenden, ja radikalen Überprüfung überlieferter Geschichtsbilder drängte.

Dieser Verlust des nationalhistorischen Maßstabes war für deutsche Historiker zumal der damaligen älteren Generation ein zuweilen schmerzhaft als politische und wissenschaftliche Orientierungslosigkeit empfundener Nachteil, dessen historiographische Vorteile jedoch nach und nach immer deutlicher wurden. Zwar hatte die deutsche Geschichtswissenschaft vertraute Urteile und Kategorien eingebüßt, doch begab sie sich dadurch notgedrungen auf die Suche nach neuen Methoden und Wegen der Darstellung, die sie zumindest über die als zu eng und nicht mehr angemessen empfundene nationalgeschichtliche Betrachtungsweise hinausführten. Daß die auf diese Art mit der zugleich als Gefährdung und als Chance wirkenden, neu gewonnenen Freiheit konfrontierte historische Wissenschaft zuweilen auch zu sehr bestreitbaren Resultaten gelangte, wurde alles in allem doch durch eine bis heute lebhaft debattierende Forschung mit Regelmäßigkeit korrigiert und zurechtgerückt, indem stets auch „die andere Seite" eines jeden Ereignisses und Problems aufgeblättert und dargestellt wurde. Selbst wenn angesichts der üppigen Zahl von Neuerscheinungen zum Untersuchungsgegenstand hin und wieder der Eindruck gar nicht zu unterdrücken ist, „daß kaum etwas die bisherigen Forschungsergebnisse Umstoßendes darunter ist" [A. Hillgruber, Literaturbericht. Innen- und Außenpolitik Deutschlands 1933–1945, in: GiWuU 35 (1984), 401], so schreitet die Wissenschaft doch insgesamt zu einer immer genaueren Kenntnis der Dinge voran, die ihrerseits, oftmals gar nicht spektakulär wirkend und sich dennoch beharrlich die Bahn brechend, den Weg für ein neues Gesamtbild über das Dritte Reich allmählich zu bereiten scheinen: Der Gang durch die Forschung wird diesen genuin wissenschaftlichen Vorgang der Differenzierung im einzelnen zeigen und vielleicht verständlicher, wenn damit auch nicht akzeptabler machen können, warum die Anzahl übergreifender erzählender „Gesamtdarstellungen" zur nationalsozialistischen Zeit nach wie vor vergleichsweise klein ist.

Gesamtdarstellungen

Insgesamt überwiegen die gelehrten und unverzichtbaren Monographien selbstverständlich bei weitem die großen zusammenfassenden Werke zur Geschichte des Nationalsozialismus, des Dritten Reiches [vgl. besonders die beiden grundlegenden Darstellungen von 101: K. D. Bracher, Deutsche Diktatur, und 114: K. D. Erdmann, Nationalsozialismus und Zweiter Weltkrieg – Gebhardts Handbuch] oder zur Persönlichkeit und Politik Hitlers. Mit Hans-Ulrich Thamers in der Reihe „Die Deutschen und ihre Nation" unter dem Titel „Verführung und Gewalt. Deutschland 1933–1945" [140] erschienenen Buch liegt jedoch nunmehr ein alle Perspektiven und Resultate der Forschung zumindest versuchsweise berücksichtigendes und eigenständig verarbeitendes opus magnum vor, das – ungeachtet gar nicht zu übersehender Schwächen und bestreitbarer Urteile – auf absehbare Zeit als die auch literarisch angemessen gestaltete Summe der Wissenschaft gelten darf.

Bibliographien und Literaturüberblicke

Auch in dem die Entwicklung der Forschung reflektierenden Bereich gibt es eher Bibliographien als Darstellungen [F. HERRE/H. AUERBACH, Bibliographie zur Zeitgeschichte und zum Zweiten Weltkrieg für die Jahre 1945–1950, München 1955, sowie die regelmäßig veröffentlichte Bibliographie im Anhang zu den VfZg; P. HÜTTENBERGER, Bibliographie zum Nationalsozialismus, Göttingen 1980; The Nazi Era 1919–1945. A Select Bibliography of Published Works from the Early Roots to 1980. Compiled by H. KEHR/J. LANGMAID, London 1982; The Third Reich, 1933–1939: A Historical Bibliography, Santa Barbara/Denver/Oxford 1984; The Third Reich at War: A Historical Bibliography, Santa Barbara/Denver/Oxford 1984] sowie fortlaufend publizierte, knapp kommentierte und dennoch aufschlußreiche Überblicke über das Schrifttum [GiWuU 1 (1950) ff.; Hist. Jb. 70 (1951) ff.; NPL 2 (1957) ff.]. Darüber hinaus informieren immer wieder Forschungsberichte über Spezialprobleme der Geschichte des Dritten Reiches [vgl. beispielsweise zum Thema „Hitler" 168: E. JÄCKEL, Rückblick auf die sogenannte Hitler-Welle, und 164: A. HILLGRUBER, Tendenzen, Ergebnisse und Perspektiven der Hitler-Forschung; zum Thema „Regional- und Lokalgeschichte" 430: H. KUSS, Die Ausbreitung nationalsozialistischer Herrschaft im westlichen Teil des Deutschen Reiches. Ein Bericht über neuere regional- und lokalgeschichtliche Arbeiten, in: Blätter für deutsche Landesgeschichte 121 (1985), 539–582; zum Thema der Geschichte und Geschichtsschreibung des Dritten Reiches insgesamt 1100: W. HOFER, 50 Jahre danach. Über den wissenschaftlichen Umgang mit dem Dritten Reich, in: GiWuU 34 (1983), 1–28]. Ferner bieten wissenschaftliche Monographien nicht selten einleitend ein einschlägiges, oftmals aber auch den engeren Untersuchungsrahmen überschreitendes Resümee der bis dato vorliegenden Ergebnisse der Forschung, um den Ort und das Anliegen der eigenen Untersuchung erkennbar zu machen [vgl. beispielsweise 631: K. HILDEBRAND, Vom Reich zum Weltreich, 13–25; 663: W. MICHALKA, Ribbentrop, 9–15]. Umfassendere Darstellungen der Forschungsgeschichte des Dritten Reiches zählten dagegen für geraume Zeit zu den Raritäten der Zeitgeschichtsschreibung und wurden zuweilen an leider abgelegenerem Ort veröffentlicht.

Forschungsberichte

Dies gilt freilich nicht für HANS MOMMSENS [126] die Forschung in Ost und West vergleichenden Bericht über den „Nationalsozialismus" in der Enzyklopädie „Sowjetsystem und demokratische Gesellschaft". In der Gedankenführung und Aussage des Artikels unübersehbar, fühlt sein Autor sich einem wissenschaftlichen Verständnis verpflichtet, dessen Repräsentanten sich seit den sechziger Jahren darum bemühen, die bis dahin erarbeiteten Urteile der Forschung über den Nationalsozialismus und das Dritte Reich einer gründlichen Revision zu unterziehen. Desungeachtet informiert er kenntnisreich über die Hauptströmungen der nationalen und internationalen Forschungsgeschichte zum Nationalsozialismus.

Zuerst im „Informationsdienst für die Auslandsvertretungen des Auswärtigen Amtes" veröffentlicht, liegt der Bericht „Zum Forschungsstand über die Geschichte des Nationalsozialismus" aus der Feder von ANDREAS HILLGRUBER mittlerweile auch in gedruckter Form vor [119: A. HILLGRUBER, Endlich genug über Nationalsozialismus]. Im Prinzip ebenso wie HANS MOMMSEN die Grundprobleme und Tendenzen der Forschung zum Nationalsozialismus verfolgend und behandelnd, kann er als willkommenes Pendant zu MOMMSENS Ausführungen gelten. Denn er ist dem traditionellen Verfahren der politischen Geschichtsschreibung stärker verbunden, während MOMMSENS Perspektive durch die Methoden und Ergebnisse der Wirtschafts- und Sozialgeschichte sowie der sog. „Strukturgeschichte" bestimmt wird. In diesem Sinne erscheinen MOMMSENS Überlegungen von dem Grundsatz geleitet, Hitlers Politik und Persönlichkeit weitgehend als Spiegelung und Funktion überpersönlicher Vorgänge oder einschlägiger: „struktureller Prozesse" zu verstehen, ohne damit einen unaufhebbaren „Rest" individuellen Handelns bestreiten zu wollen. Demgegenüber geht HILLGRUBER zentral von dem aus, „was man das ‚Problem Hitler' nennen kann" [119: Endlich genug über Nationalsozialismus, 11], ohne dessen „Ermöglichung" (E. DEUERLEIN) im sozialhistorischen Zusammenhang zu übersehen.

Speziell mit diesen beiden für den Stand der Forschung zum Nationalsozialismus und zum Dritten Reich nach wie vor kennzeichnenden kontroversen Interpretationsvorschlägen setzte sich KARL DIETRICH BRACHER [197: Zeitgeschichtliche Kontroversen] in verschiedenen Aufsätzen eingehend auseinander, die souverän einige der wesentlichen Entwicklungslinien der Forschungsgeschichte informativ nachzeichnen und abwägend beurteilen, ohne damit jedoch einen den Artikeln von HANS MOMMSEN oder ANDREAS HILLGRUBER vergleichbaren Überblick über Grundprobleme und Tendenzen der Forschung geben zu wollen. Wie er es bereits in seinen beiden großen, inzwischen als Standardwerke geltenden Pionierarbeiten über „Die Auflösung der Weimarer Republik" [264] und (in den von ihm verfaßten Abschnitten) über „Die nationalsozialistische Machtergreifung" [265] getan hat, bemüht er sich darum, sowohl einem übertriebenen „Strukturalismus" als auch einer zu engen „Hitlerzentrik" der Betrachtungsweise zu entgehen. Allgemeine und persönliche, funktionale und intentionale Elemente der Herrschaft Hitlers bezieht er dabei angemessen in sein Urteil ein und betont doch mit Recht, daß die Geschichte des Nationalsozialismus und des Dritten Reiches ohne die Person Hitlers nicht denkbar sei: „dieser Mann und seine Intentionen und Aktionen werden stets im Zentrum jeder NS-Geschichte stehen" [197: K. D. BRACHER, Zeitgeschichtliche Kontroversen, 85].

Der Aufgabe, einen einigermaßen repräsentativen Bericht über die Geschichte der Forschung zu unserem Gegenstand zu schreiben, haben sich sodann WOLFGANG WIPPERMANN [144: ‚Deutsche Katastrophe' oder ‚Diktatur des Finanzkapitals'] und WOLFGANG MICHALKA [177: Wege der Hitler-Forschung] unterzogen. Der eine nimmt „Zur Interpretationsgeschichte des Dritten Reiches im Nachkriegsdeutschland" (aber aspekthaft darüber hinaus auch in internationalem, besonders die kommunistische Forschung in der Sowjetunion und Osteuropa berücksichtigendem Rahmen) unter dem in die ebenso aktuelle wie bereits klassische Debatte über die Entstehung, den Verlauf und den Untergang des Dritten Reiches einführenden Titel „‚Deutsche Katastrophe' oder ‚Diktatur des Finanzkapitals'" Stellung. Von Betrachtungen über die allgemeinen Bedingungen deutscher und europäischer Geschichte im 19. und 20. Jahrhundert ausgehend, stößt er dabei auch zu den Besonderheiten des „Falles Hitler" vor. Demgegenüber wählt der andere die eher umgekehrte Methode, indem er die „Wege der Hitler-Forschung" nachzeichnet und im Zuge dieser „Zwischenbilanz" auch die allgemeinen Voraussetzungen der Geschichte des Nationalsozialismus und des Dritten Reiches spiegelt.

Monographien zum Forschungsstand

Inzwischen stehen uns jedoch in monographischer Form verschiedene Studien zur Verfügung, die die Entwicklung der Historiographie und der Deutungen über das Dritte Reich, also den von JOHN HIDEN und JOHN FARQUHARSON in ihrer Monographie über „Historians and the Third Reich" abgehandelten Vorgang des „Explaining Hitler's Germany" [1092] umfassend spiegeln. PIERRE AYÇOBERRY [99: La question nazie] und GERHARD SCHREIBER [179: Hitler. Interpretationen] stellen, in jeweils vorbildlicher Manier, nicht zuletzt die zeitgenössischen Interpretationen über Hitler und den Nationalsozialismus dar und lassen in ebenso aufschlußreicher wie weiterführender Art und Weise erkennen, daß die in der Gegenwart über den Untersuchungsgegenstand vorwaltenden Anschauungen und die sich an ihm entzündenden Kontroversen ihre historische Entsprechung in der Literatur der Zwischenkriegsära und des Zweiten Weltkrieges finden. Und von je unterschiedlichem Standpunkt aus, der eine eher an der Person und Politik Hitlers und der andere stärker an sozialgeschichtlichen Befunden und funktionalen Handlungsabläufen interessiert, reflektieren ANDREAS HILLGRUBER [119: Endlich genug über Nationalsozialismus] und IAN KERSHAW [122: Nazi Dictatorship], jeder um solide Information und wissenschaftliche Objektivität bemüht, „Forschungsstand und Literatur" sowie „Problems and Perspectives of Interpretation" zur Geschichte des Dritten Reiches.

Methode und Probleme der folgenden Abhandlung

An das Genus dieser hier kurz vorgestellten Forschungsberichte anknüpfend, sie sachlich und vielleicht auch gedanklich ergänzend und variierend, sollen im folgenden erst einmal zeitgenössische Deutungen des Nationalsozialismus und des Dritten Reiches betrachtet werden. Dem heute auf eine über vierzigjährige Forschungstradition zurückblickenden Historiker bietet sich die dabei oftmals erstaunliche Einsicht, wie im Grunde umfassend und hellsichtig sich bereits im Verständnis der den Gegenstand äußerst widersprüchlich einschätzenden Miterlebenden die Probleme ihrer Zeit ausnahmen. Denn es ist beispielsweise gar nicht zu übersehen, daß die bis heute im Zentrum der wissenschaftlichen Auseinandersetzung stehenden und miteinander ringenden Positionen historischer Interpretation, das Dritte Reich nämlich eher mit dem Begriff des Faschismus oder besser mit dem des Totalitarismus zu erfassen, in ihren Grundzügen und wesentlichen Merkmalen bereits in der Zwischenkriegszeit und während des Zweiten Weltkrieges ausgeprägt und formuliert wurden.

Vergleichbares gilt auch für andere Abschnitte dieser die Forschungsgeschichte betrachtenden Abhandlung. In diesem Sinne wird etwa die Entwicklung des bis heute zutiefst unterschiedlich beantworteten Problems aufgenommen und verfolgt, das sich in der Frage zusammenzieht, ob in erster Linie das „Phänomen Hitler" oder vielmehr ein allgemein für Europas Geschichte in den Jahrzehnten zwischen den beiden Weltkriegen verbindlicher Faschismusbegriff für Entstehung und Verlauf des Dritten Reiches als konstitutiv zu bewerten sind. Eng im Zusammenhang damit verlangt das seit den dreißiger (und im Zusammenhang mit dem sog. Faschismus schon seit den zwanziger) Jahren immer wieder umstritten betrachtete Verhältnis zwischen Wirtschaft, NSDAP und Hitlers Diktatur seine entsprechende Behandlung im Lichte einer auf diesem Gebiet immer noch voranschreitenden und nach wie vor Neuland erschließenden Entwicklung in der Forschung, die freilich gerade in letzter Zeit zu durchaus beachtlichen Fortschritten und gesicherten Resultaten geführt hat. Ob das Herrschaftsgefüge des Dritten Reiches stärker dem totalitären Willen seines „Führers" untergeordnet war oder einem polykratischen Chaos glich, ist im Rückblick eine ebenso alte wie bis heute kontrovers behandelte Frage, während der Alltag im Dritten Reich erst seit wenigen Jahren die verstärkte Aufmerksamkeit der historischen Wissenschaft findet. Das mit der Frage nach dem Wesenskern der Führerdiktatur eng verbundene Problem, ob Hitler die Außen- und Rassenpolitik des Dritten Reiches eigenmächtig und geleitet von früh fixierten Grundsätzen und Zielvorstellungen führte oder sich von den diversen, miteinander konkurrierenden und zentrifugal wirkenden Kräften in der nationalsozialistischen Polykratie sowie der sich jeweils bietenden Gelegenheit zu letztendlich objektloser Expansion fortreißen ließ, schließt sich im Zuge der Betrachtung sodann sinngemäß an und wird im Grunde von den dreißiger Jahren an bis heute diskutiert.

Die eingangs erwähnte, politisch motivierte Orientierungslosigkeit, deren wissenschaftlich positive Auswirkungen der historischen Disziplin freilich zugute kamen, spiegelt besonders ein Blick auf die Geschichte der Forschung zum deutschen Widerstand und auf die immer wieder unternommenen Versuche, das Dritte Reich in die moderne Geschichte einzuordnen bzw. die Hitler-Zeit zu historisieren.

Im Hinblick auf das Genozid und die bewußt entworfene sowie teilweise verwirklichte Rassenutopie des Nationalsozialismus hat über einen langen Zeitraum hinweg der im Rahmen der europäischen Geschichte, vergleichbare Vorgänge in der außereuropäischen Vergangenheit wahrscheinlich nicht intensiv genug berücksichtigende Eindruck über die historische Singularität des Dritten Reiches selbst im Blick auf die andere, in ihrer Radikalität des Ideologischen und Praktischen gleichermaßen verwerfliche, totalitäre Diktatur des 20. Jahrhunderts vorgeherrscht. Mit voranschreitender Forschung erweitern sich jedoch unsere allerdings nach wie vor ungenügenden Kenntnisse über vergleichbare Vorgänge und die ihnen inhärente Vernichtungsqualität in der Geschichte des nachrevolutionären Rußland. Daher stellt sich die Aufgabe, im Zuge künftiger Studien, beispielsweise durch Vergleiche mit der stalinistischen Sowjetunion, und im Zusammenhang von ferner Vergangenheit und aktueller Gegenwart, mit Exempeln von der Art des kambodschanischen Steinzeitkommunismus, die Frage nach einer Historisierung der Geschichte des Dritten Reiches auch in dieser Perspektive zu klären (vgl. dazu S. 199ff.).

Eine solche Aufgabe wird gewiß von furchtbaren wissenschaftlichen Befunden und von schmerzlichen menschlichen Erfahrungen begleitet sein. Dennoch führt kein Weg daran vorbei, den Sachverhalt mit eben der Tatkraft und Ausdauer zu untersuchen und abzuhandeln, mit der sich die Forschung auch bislang der Geschichte der nationalsozialistischen Diktatur gewidmet hat. Im Lichte des gegenwärtig verfügbaren Erkenntnisstandes und seines Beurteilungsmaßstabes aber wird nun im folgenden über Ergebnisse und Wertungen der mit der Entstehung, der Entwicklung und dem Ende des Dritten Reiches befaßten Geschichtswissenschaft berichtet.

1. Zeitgenössische Deutungen des Nationalsozialismus und des Dritten Reiches

Wie in der Einleitung zu diesem Überblick über die Grundprobleme und Tendenzen der Forschung angedeutet wurde, sind maßgebliche, die wissenschaftliche Diskussion bis heute bestimmende Interpretationsansätze über den Nationalsozialismus und das Dritte Reich bereits in der Zwischenkriegszeit und im Zweiten Weltkrieg vorgetragen und erörtert worden. Die nach wie vor andauernde Auseinandersetzung darüber, den Nationalsozialismus und das Dritte Reich angemessener mit dem Begriff des Faschismus oder dem des Totalitarismus erfassen zu können [206: K. D. Erdmann, Nationalsozialismus-Faschismus-Totalitarismus; 197: K. D. Bracher, Zeitgeschichtliche Kontroversen, 13–32 und 33–61; 256: Totalitarismus und Faschismus], reicht durchaus in diese Jahre zurück. Damit verbunden kreisten schon damals die Debatten um das nach wie vor umstrittene Problem, ob der Nationalsozialismus und das Dritte Reich in erster Linie als von der bestehenden kapitalistischen Wirtschafts- und Gesellschaftsordnung abgeleitete Phänomene einzuschätzen sind oder ob sie nicht vielmehr als unabhängige historische Erscheinungen politische Autonomie besitzen.

Orthodox marxistischer Faschismusbegriff

In diesem Zusammenhang kann der orthodox marxistische Faschismusbegriff als der älteste Erklärungsversuch des Nationalsozialismus angesehen werden. In ihm wurzelt das ursprünglich auf die „Sowjetformel" (K. D. Bracher) vom „deutschen Faschismus" zurückgehende Verständnis des Nationalsozialismus und des Dritten Reiches als einer spezifisch nationalen Variante der für Europas Geschichte in der Zwischenkriegsära als allgemein verbindlich unterstellten Erscheinung des Faschismus. Diese Deutung des Nationalsozialismus als einer Spielart des europäischen Faschismus hat sich mittlerweile in der westlichen Forschung in mehr oder minder weitgehendem Maße von ihrer orthodoxen Herkunft gelöst. Insbesondere seit den sechziger Jahren, als im allgemeinen das marxistische Denken in der westlichen Welt eine Renaissance erfuhr und als im speziellen die bis dahin von der politischen Historiographie vorgelegten Resultate über die Geschichte der nationalsozialistischen Diktatur einer kritischen Revision durch eine eher sozial- und wirtschaftsgeschichtlich sowie „strukturhistorisch" ausgerichtete Forschung unterzogen wurden, trug sie in erheblichem Maße zur Diskussion um den Begriff und die Qualität des Nationalsozialismus bei.

Mit der isoliert gestellten und damit Antworten einseitig vorformenden Frage nach dem „cui bono" im Verhältnis zwischen Wirtschaft, Faschismus und Staat versuchten kommunistische Politiker und marxistische Denker bereits zeitgenössisch das Wesen des italienischen Faschismus und dann auch des deutschen

Nationalsozialismus entlarven zu können, indem sie es auf seine angeblich gesellschaftliche Funktion reduzierten. Ihrer Überzeugung gemäß bestand sie für die sog. faschistischen Bewegungen darin, als Agenten (sog. „Agententheorie") im Dienste kapitalistischer Wirtschaftsinteressen und ihrer traditionellen Trägerschichten in sozialkonservativer bzw. reaktionärer Hinsicht zu wirken. Im Solde der etablierten Eliten bewahrten sie diese dem orthodox marxistischen Verständnis zufolge vor den politischen, wirtschaftlichen und sozialen Veränderungen im Zeichen der krisenhaften Erschütterungen, die die Weltpolitik und Weltwirtschaft im Gefolge der russischen Oktoberrevolution und des Ersten Weltkrieges bestimmten. In diesem Sinne wurde die inzwischen für die orthodox marxistische Interpretation klassische und für die Geschichtsschreibung in der Sowjetunion und im Ostblock nach wie vor weitgehend gültige (wenn auch beispielsweise in Polen und in Ungarn versuchsweise vorsichtig modifizierte) Faschismusformel definiert und auf den Nationalsozialismus und das Dritte Reich angewendet, die das XIII. Plenum des Exekutivkomitees der Komintern 1933 verkündete und die den Faschismus monokausal an die Existenz des Kapitalismus bindet: „Der Faschismus ist die offene terroristische Diktatur der am meisten reaktionären, chauvinistischen und imperialistischen Elemente des Finanzkapitals" [Der Faschismus in Deutschland, XIII. Plenum des EKKI, Dezember 1933, 1934, Feltrinelli repr. 1967, 277].

„Agententheorie"

Faschismusformel der Komintern

Ausgehend von diesem in den zwanziger und beginnenden dreißiger Jahren für die Sowjetunion und die kommunistische Weltbewegung im großen und ganzen verbindlichen Verständnis des italienischen Faschismus und des deutschen Nationalsozialismus lassen sich zeitgenössisch zwei damit zwar noch zusammenhängende und sich doch unübersehbar davon unterscheidende Interpretationsmodelle des Nationalsozialismus beobachten, die zum einen in unmittelbar politischer und zum anderen mit zeitlicher Verzögerung in wissenschaftlicher Hinsicht erheblich wurden. Einmal handelt es sich dabei um die in wissenschaftlich unberechtigter Vergröberung von Sinowjew und Stalin propagierte Sozialfaschismustheorie, deren politische Folgen für die Geschichte der Zwischenkriegszeit von kaum zu unterschätzender, ja verhängnisvoller Auswirkung waren. Demgegenüber zeichnet sich auf der anderen Seite eine wissenschaftlich differenzierend vorgehende Erklärungsvariante des Faschismus ab. Anstelle der „Agententheorie" ging sie auf die relative Eigenständigkeit und die neue Qualität des faschistischen und nationalsozialistischen Staates und seiner „Bewegungen" ein und wird beispielsweise durch die Namen von vergleichsweise unabhängigeren marxistischen Denkern wie dem deutschen Rechtskommunisten August Thalheimer oder dem Theoretiker des Austromarxismus Otto Bauer repräsentiert.

Sozialfaschismustheorie

Absicht und Ziel der Sozialfaschismusideologie war es, im (damals so verstandenen) Interesse der sowjetischen Führung, den Faschismus mit der Sozialdemokratie zu identifizieren und damit die Sozialdemokratie als einen „Flügel des Faschismus" zu denunzieren, wie Sinowjew es auf dem V. Komintern-Kongreß im Juni/Juli 1924 behauptete [Protokoll, Fünfter Kongreß der Kommunistischen Internationale, Band 1, Erlangen 1973, 67]. Wenig später kennzeichnete STALIN Faschismus und Sozialdemokratie als „Zwillingsbrüder" [J. STALIN, Werke, Band 6, 253] und ließ die Theorie des sog. Sozialfaschismus endlich 1928/29 – nicht zuletzt auch im Zusammenhang mit der Übernahme der Kanzlerschaft im Deutschen Reich durch den der westlich orientierten SPD angehörenden Hermann Müller am 28. Juni 1928 – zur offiziellen Ideologie der von Moskau abhängigen kommunistischen Weltbewegung erheben. Bis zum Übergang der sowjetischen Politik zur Volksfronttaktik im Jahre 1934/35 wurde die Sozialdemokratie in diesem Sinne als eine besonders gefährliche Variante der „faschistischen Entwicklung" diffamiert, und Hitlers „Machtergreifung" erschien demgemäß „als Bestätigung der These vom sozialfaschistischen Charakter der Sozialdemokratie" [246: W. SCHIEDER, Faschismus, 457]. „Ideologische Scheuklappen" (TH. WEINGARTNER) hinderten Stalin und die Komintern daran, den wesentlichen Unterschied zwischen der NSDAP und der SPD auszumachen, den selbständigen Charakter der „braunen Bewegung" und des Dritten Reiches zu erkennen und dabei die qualitative Differenz zwischen dem Weimarer Parlamentarismus, den autoritären Kabinetten Brüning, von Papen und von Schleicher und der totalitären Herrschaft Hitlers angemessen zu begreifen. Die Konsequenzen dieser im Banne ökonomistischer Beurteilung zustandegekommenen Fehleinschätzung des Nationalsozialismus wurden nicht nur für den Untergang der Weimarer Republik und die Errichtung der nationalsozialistischen Diktatur von erheblicher Bedeutung, sondern zeitigten in mittelbarem Sinn darüber hinaus auch für den Gang der Geschichte der internationalen Politik in den dreißiger und vierziger Jahren des 20. Jahrhunderts folgenschwere Wirkungen.

Wesentlich davon abweichend entwickelten unabhängigere Marxisten ein differenziertes Faschismusverständnis. Es war dadurch charakterisiert, daß es sich von der „Agententheorie" löste, die neuartige und autonome Substanz der faschistischen bzw. nationalsozialistischen Exekutive beachtete und dementsprechend seit den sechziger Jahren im Zeichen einer Wiederbelebung marxistischen Denkens in der westlichen Welt aufgenommen und fortentwickelt wurde [vgl. zusammenfassend 203: J. DÜLFFER, Bonapartism, Fascism and National Socialism].

Thalheimers Faschismusverständnis

Kurz nach seinem Ausschluß aus der KPD ging AUGUST THALHEIMER 1930 daran, den Faschismus des 20. Jahrhunderts mit jenem von Karl Marx in seiner Studie über den 18. Brumaire des Louis Bonaparte untersuchten Bonapartismus zu vergleichen. Dabei bewertete er die gewiß als gravierend einzuschätzenden Unterschiede der jeweils ganz andersartigen historischen Epochen als im Grunde geringfügig, sah die für seine erstmalig dezidiert auf Marx zurückgreifende Faschismusinterpretation ausschlaggebende Gemeinsamkeit zwischen Faschismus und Bonapartismus vielmehr darin, beide als „eine Form der offenen Diktatur des Kapitals" [187: A. THALHEIMER, Über den Faschismus, 28] einzuschätzen und sprach nicht mehr länger im dogmatischen Sinne vom Faschismus als *der*, sondern als *einer* Form der offenen „Diktatur der Bourgeoisie" [ebd.]. Ja, im Zuge seiner vergleichsweise genauer beobachtenden Beschäftigung mit dem Faschismus lenkte er den Blick auf die zwischen „Bürgertum" und „Arbeiterschaft" relativ autonom bestehende Macht des Staates und beschrieb damit über die Beachtung der sozialen Funktion der Exekutive hinaus ihre tendenziell eigenständige politische Rolle.

Doch wie THALHEIMER im Prinzip am „marxistischen Grundmodell" (W. SCHIEDER) einer letztlich kausalen Zuordnung von Kapitalismus und Faschismus festhielt, so hat auch der von allen unorthodox marxistischen Faschismustheoretikern (neben THALHEIMER und BAUER sind in diesem Zusammenhang beispielsweise FRANZ BORKENAU, DANIEL GUÉRIN, IGNAZIO SILONE und MAX HORKHEIMER zu nennen) vielleicht am stärksten die Verselbständigungstendenzen der faschistischen Staatsmacht akzentuierende OTTO BAUER den funktionalistischen Erklärungsansatz marxistischen Faschismusverständnisses nie aufgegeben. Zu seinen dennoch weiterführenden Einsichten über die Tatsache einer gewissen Eigenmacht des Faschismus gelangte BAUER durch die Überlegung, den Faschismus als Ergebnis eines seinerzeit zu beobachtenden Gleichgewichts der Klassenkräfte zwischen der sog. Bourgeoisie und dem vierten Stand anzusehen. „Die Schwäche beider Klassen", so erklärt er Entstehung und Entwicklung der relativen Eigenständigkeit des Faschismus, „ist der Sieg des Faschismus, der die Arbeiterklasse im Dienste der Kapitalisten niederwirft, aber im Solde der Kapitalisten ihnen so über den Kopf wächst, daß sie selbst ihn schließlich zu unbeschränkten Herren über das ganze Volk und damit auch über sich selbst machen müssen" [O. BAUER, Zwischen zwei Weltkriegen? Die Krise der Weltwirtschaft und des Sozialismus, Bratislava 1936, 129]. Doch im Sinne des „marxistischen Grundmodells" heißt es dann weiter: „Aber wenn die faschistische Diktatur auch über die Kapitalistenklasse herrscht, so wird sie dennoch unvermeidlich zum Vollzugsorgan der Bedürfnisse, der Interessen, des Willens der Kapitalistenklasse", d. h.: BAUER zufolge wird angesichts einer teilweisen Zertrümmerung der sog. Bourgeoisie im Grunde nur mit Hilfe der „faschistischen Konterrevolution" der „Übergang von der durch die demokratischen Institutionen beschränkten Klassenherrschaft der gesamten Bourgeoisie zu der unumschränkten Diktatur der Großkapitalisten und Großgrundbesitzer" forciert.

Bauers Faschismusbegriff

Auch die unorthodoxen marxistischen Faschismustheoretiker der Zwischenkriegszeit (sowie die Mehrzahl ihrer gegenwärtigen Rezipienten) vermochten in ihren Studien, die in gewissem Maße durchaus die Eigenständigkeit des Faschismus und des Nationalsozialismus hervorhoben, niemals die funktionalistische Betrachtungsweise des letztlich überproportional und essentiell auf die ökonomische Dimension festgelegten „marxistischen Grundmodells" in ihren Interpretationen über den Nationalsozialismus abzustreifen. Noch viel weniger aber waren sie dementsprechend dazu imstande, die für den Verlauf der deutschen und europäischen Geschichte so ausschlaggebende Wirkung der Politik und Persönlichkeit Hitlers verständlich zu machen, der für das orthodox marxistische

Das „marxistische Grundmodell"

Verständnis niemals mehr als eine austauschbare Marionette im Dienste der etablierten wirtschaftlichen und politischen Eliten darstellte, mittlerweile aber auch unorthodox an Marxschen Kategorien orientierten sowie nichtmarxistischen Historikern in der westlichen Welt als ein nur mehr oder minder gewichtig angesehener „Rest" im „strukturellen" Zusammenhang der Geschichte des Nationalsozialismus erscheint.

Jäckels Deutung: Klassengleichgewicht und Führerabsolutismus

Einen sich davon zwar abhebenden und dennoch damit zusammenhängenden – in verschiedenen, gedanklich ständig weiterentwickelten Variationen entworfenen – Versuch [169: E. Jäckel, Wie kam Hitler an die Macht?; 170: Ders., Hitler und die Deutschen; 171: Ders., Der Machtantritt Hitlers], Thalheimers Bonapartismustheorie mit der lange zuvor zwischen 1845 und 1847 von Engels und Marx aufgestellten Absolutismustheorie zu verbinden, in dem aus solcher Perspektive für die Endphase der Geschichte der Weimarer Republik beobachteten „ungefähre[n] Gleichgewicht der führenden Klassen" [171: E. Jäckel, Der Machtantritt Hitlers, 137] die „grundlegende Bedingung" einer sodann „von den Klassen weithin gelöste[n] Alleinherrschaft" [ebd.] Hitlers zu diagnostizieren und in schließlich eindeutiger Transzendierung des „marxistischen Grundmodells" und seiner differenzierenden Erklärungsmöglichkeiten die Autonomie der Politik Hitlers zu betonen, hat noch unlängst Eberhard Jäckel unternommen [vgl. auch 173: E. Jäckel, Hitlers Herrschaft, 139–146]. Seine in bezug auf die Interpretation der nationalsozialistischen „Machtergreifung" von ihm selbst als „Hochseilakt – einer neuen Erklärung – ohne Netz und doppelten Boden" [169: E. Jäckel, Wie kam Hitler an die Macht? – Diskussion, 313] charakterisierte „Hypothese" [ebd., 305], die nur im Zusammenhang mit Jäckels Urteil über Hitlers Herrschaft ihren vom Autor beabsichtigten Sinn gewinnt, ist darum bemüht, klassische, von Engels und Marx gelieferte Kategorien auf einen Untersuchungsgegenstand des 20. Jahrhunderts anzuwenden und zu benutzen, die freilich für das Verständnis des etablierten Dritten Reiches nicht mehr ausreichen und ersetzt werden. Ungeachtet dieses in methodischer Hinsicht interessanten Experiments ist Jäckels Einschätzung der Geschichte der Weimarer Republik und des Machtantritts Hitlers doch umgehend entgegengehalten worden, eine gesellschaftliche Gesamterklärung liefern zu wollen „und dann darauf zu verzichten, etwa im Sinne der alten Klassentheorie präzise anzugeben, welches die Elemente dieser Erklärung sind" [169: E. Jäckel, Wie kam Hitler an die Macht? – Diskussion, Beitrag von K. D. Bracher, 315]. Zudem habe es, „wenn sie überhaupt jemals existierte" [ebd.], in der Weimarer Republik eine klar abgegrenzte Klassengesellschaft schon nicht mehr gegeben. Es gelingt mit diesem am Grundmuster einer Klassenherrschaft orientierten Modell eben nicht, die Neuartigkeit eines Phänomens wie das des Nationalsozialismus als einer „totalitären Integrationspartei" [ebd.] zu begreifen: „Es entsteht im sogenannten Bürgertum außerhalb des marxistischen Lagers eine Partei, die bestimmte Züge aufweist, die die marxistischen Parteien im 19. Jahrhundert ausgebildet haben, aber gleichzeitig den Anspruch erhebt, mehr zu sein als eine Klassenpartei" [ebd].

Was aber die Erhellung des für alle marxistischen Interpretationen gleich welcher Art sperrigen „Phänomens Hitler" angeht, das in JÄCKELS eigenwilliger Deutung seine durchaus angemessene Beachtung gefunden hat, so trug dazu auch die über die ökonomistische Interpretationsperspektive der marxistischen Kapitalismuskritik hinausreichende, geistesgeschichtlich argumentierende und phänomenologisch ausgerichtete Faschismusdeutung kaum Wesentliches bei. Sie wurde erst 1963 mit ERNST NOLTES Werk „Der Faschismus in seiner Epoche" [234] entwickelt und knüpfte doch in gewissem Maße an zeitgenössische Beobachtungen und Überlegungen an, die beispielsweise THOMAS MANN 1938 in seinem Aufsatz „Dieser Friede" über die „massigen Zeit-Tendenzen" anstellte, „die man unter dem Namen des ‚Faschismus' zusammenfaßt" [TH. MANN, Gesammelte Werke, Frankfurt a. M. 1960, Band 12, 831]. Diese „Zeitkrankheit", die THOMAS MANN wenig später in seinen Betrachtungen über „Schicksal und Aufgabe" erwähnte, „die überall zu Hause und von der kein Land frei ist" [ebd., 930], schien sensiblen zeitgenössischen Beobachtern auf eine den Nationalsozialismus zwar einschließende und doch weit über ihn hinausreichende politische und geistige Strömung in Europa hinzudeuten. Ihre Erscheinung, ihre Ideologie und ihr Lebensgefühl vermittelten den Eindruck einer epochal charakteristischen Gemeinsamkeit und ließen THOMAS MANN – auch noch nach dem Ende des Zweiten Weltkrieges – von der „faschistischen Epoche des Abendlandes" [ebd., Band 9, 702] sprechen. Vergleichsweise unergiebig blieb sie freilich, wie gesagt, erst einmal für das Verständnis des „Falles Hitler", den die Zeitgenossen bewunderten oder verachteten, von dem sie aber auf jeden Fall fasziniert waren und über den sie eine Erklärung verlangten.

Thomas Manns Beobachtungen

Die in Ansätzen bereits von Zeitgenossen entwickelte und bis heute entscheidende wissenschaftliche Gegenposition zum marxistischen und nichtmarxistischen Faschismusverständnis bildet die Totalitarismustheorie. Ihr gilt der Nationalsozialismus nicht in erster Linie als politische und soziale Konterrevolution gegen die Ideen und Konsequenzen der russischen Oktoberrevolution, sondern vielmehr als antidemokratische Revolution gegen den liberal-parlamentarischen Verfassungsstaat. Dabei erscheint ihr das für den Nationalsozialismus bestimmende Kennzeichen nicht in der Tatsache zu liegen, daß er – in gewissem Maße selbstverständlich auch – ein Kind des Kapitalismus war. Vielmehr akzentuiert sie seine Affinität, ja Identität mit der kommunistischen Diktatur in der Sowjetunion. „Rote" und „braune" Gewaltherrschaften werden dabei von der Warte der westlich-parlamentarischen Werteordnung aus, die sich mit der Verfassungsentwicklung in den liberalen Demokratien ausgebildet hat, gleichermaßen verurteilt und abgelehnt.

Totalitarismustheorie

Daß die Totalitarismustheorie nicht, wie oft fälschlicherweise behauptet wird, ein Kind des „Kalten Krieges" ist, sondern vielmehr als Sache und Terminus der Zwischenkriegsära des 20. Jahrhunderts entstammt, hat JENS PETERSEN in einer Abhandlung über „Die Entstehung des Totalitarismusbegriffs in Italien" [241] materialreich nachgewiesen – wobei im übrigen die Erörterung, ob bzw. in welchem Grade der italienische Faschismus totalitär zu nennen ist, nach wie vor andauert [230: M. Michaelis, Anmerkungen zum italienischen Totalitarismusbegriff]. Auch von seiten des Vatikan wurde bereits am 26. April 1931, im Streit mit Mussolini, in einer die Vereinbarkeit eines „Omnikompetenz" beanspruchenden „Stato totalitario" mit der „anerkannten Lehre von der kirchlichen Äquidistanz gegenüber den verschiedenen Staatsformen" [K. Repgen, Vom Fortleben nationalsozialistischer Propaganda in der Gegenwart. Der Münchener Nuntius und Hitler 1933, in: Festschrift für Andreas Kraus zum 60. Geburtstag, Kallmünz 1982, 456–457] eingehend und differenzierend prüfenden Art und Weise zum Totalitarismus Stellung genommen.

Entstehung

Ohne den Begriff zu benutzen, mit dieser Position aber unübersehbar verwandt und ihrem interpretatorischen Grundmuster sowie ihrer politischen Überzeugung durchaus verpflichtet, sprach bereits 1930 der deutsche Historiker Friedrich Meinecke davon, das demokratische Bürgertum in Deutschland sehe sich gleichzeitig dem bedrohlichen Ansturm von Bolschewismus und Nationalsozialismus ausgesetzt [F. Meinecke, Politische Schriften und Reden, Darmstadt 1958, 444]. Ja, im Zeichen der beiden die westliche Welt und ihren verfassungsmäßigen Freiheitsbegriff gleichermaßen herausfordernden Diktaturen Hitlers und Stalins, deren antagonistische Verwandtschaft im Zuge voranschreitender Forschung auch im Hinblick auf die Existenz von Nationalsozialismus und Kommunismus immer stärker hervortritt [C. Fischer, Class Enemies or Class Brothers? Communist – Nazi Relations in Germany 1929–33, in: EHQ 15 (1985), 259–279; siehe dazu die Erwiderung von D. Geary, Nazis and Workers: A Response to Conan Fischer's „Class Enemies or Class Brothers?", in: EHQ 15 (1985), 453–464, und die Antwort darauf von C. Fischer, The KPD and Nazism: A Reply to Dick Geary, in: EHQ 15 (1985), 465–471], die vom 23. August 1939 bis zum 22. Juni 1941 miteinander paktierten und die in dieser Zeit Polen zum vierten Mal in der neueren Geschichte teilten [562: A. Hillgruber/K. Hildebrand, Kalkül zwischen Macht und Ideologie], fand im November 1939 in den Vereinigten Staaten von Amerika ein „Symposium on the Totalitarian State" statt. Es arbeitete Übereinstimmungen zwischen den Regimen Mussolinis, Hitlers und Stalins heraus und trug als wirkungsvolle Anregung zu der – in den folgenden Jahren allerdings noch manch erstaunlicher, politisch bedingter Entwicklung unterworfenen – Fortbildung des Totalitarismusbegriffs bei.

An diese zeitgenössischen Vorläufer knüpften dann in den fünfziger und sechziger Jahren die Studien aus der Feder von Hannah Arendt sowie von Carl J. Friedrich in Zusammenarbeit mit Zbigniew Brzezinski [193: H. Arendt, Elemente und Ursprünge; 210: C. J. Friedrich, Totalitäre Diktatur] über den gegen den Nationalsozialismus und den Kommunismus gerichteten und für das Selbstverständnis der freien Welt maßgeblichen Totalitarismusbegriff an. Im Blick auf die markanten Realtypen totalitärer Herrschaft entwickelte Friedrich [vgl. dazu: A. Stoll, Die Totalitarismuskonzeption von C. J. Friedrich in Kri-

C. J. Friedrichs Definition

tik und Gegenkritik, Diss. Bayreuth 1980] die Wesenszüge, die der nationalsozialistischen und kommunistischen Diktatur gemeinsam waren und die somit den Begriff des Totalitären konstituieren. Es sind dies „die sechs folgenden [Kennzeichen K. H.]: eine Ideologie, eine Partei, eine terroristische Geheimpolizei, ein Nachrichtenmonopol, ein Waffenmonopol und eine zentral gelenkte Wirtschaft. Aus ihnen setzt sich das Modell zusammen" [ebd. 80].

Benutzbarkeit des Totalitarismusbegriffs

Trotz methodischer Vorbehalte, die gegenüber jedem Vergleich zweier letztlich in sich ruhender historischer Phänomene anzuführen sind, hält gerade die neuere Forschung an der Sinnfälligkeit und Benutzbarkeit des Totalitarismusbegriffs fest [221: W. LAQUEUR, Totalitarismus] – mit großem wissenschaftlichem Ertrag, wie nicht zuletzt KARL DIETRICH BRACHERS bedeutendes Werk über „Die Krise Europas 1917–1975" [102] überzeugend demonstriert. Maßgeblich für diese „Renaissance" [218: E. JESSE, Renaissance der Totalitarismuskonzeption?] ist nicht zuletzt die Tatsache, daß die Erkenntnisse über „das Wesen des Sowjetregimes" [1077: R. ARON, Die letzten Jahre, 124] und dessen nach wie vor andauernde Existenz wiederum schärfer ins Bewußtsein der Wissenschaft rückten und zuweilen sogar „das national-sozialistische Regime . . . wesentlich weniger" totalitär erschien „als die Sowjetunion unter Stalin, ja sogar unter Breschnew" [ebd.]. Und die lange Zeit im Hinblick auf die Rassenutopie des Dritten Reiches übereinstimmend als Tatsache akzeptierte Einsicht in die Singularität der programmatischen Politik Hitlers wurde zunehmend mehr durch die Frage nach der Vergleichbarkeit mit den Zielen, den Wirkungen und der Vernichtungsqualität des Stalinismus der Kritik unterzogen (vgl. dazu S. 207). Gerade in dieser Perspektive aber wird sich die Tragfähigkeit des Totalitarismusbegriffs aufs neue zu bewähren haben oder zur wissenschaftlichen Differenzierung seiner Plausibilität drängen, wenn es darum geht, die ebenso schrecklichen wie utopischen Phänomene des im Namen von Rasse oder Klasse systematisch betriebenen Massenmordes einerseits und der planmäßig angelegten Heranbildung oder -züchtung einer neuen Klasse oder Rasse andererseits vergleichend darzustellen (vgl. dazu S. 207).

Insgesamt scheinen Aussagefähigkeit und Interpretationskraft des Totalitarismusbegriffs für die Beschreibung und Erklärung der modernen Geschichte im 20. Jahrhundert angesichts der zwischen den verschiedenen europäischen Faschismen immer markanter hervortretenden fundamentalen Unterschiede [vgl. beispielsweise 257 bzw. 973: H. A. TURNER, Faschismus und Kapitalismus in Deutschland, 157–182; 208: R. DE FELICE, Der Faschismus; 197: K. D. BRACHER, Zeitgeschichtliche Kontroversen, 13–32] dem Gebrauch des Faschismusbegriffs gegenwärtig überlegen zu sein, und ein „Brückenschlag" zwischen beiden, den JÜRGEN KOCKA [256: Totalitarismus und Faschismus, 39–44] „unter starker Formalisierung der Problematik versuchte" [A. HILLGRUBER, Literaturbericht. Innen- und Außenpolitik Deutschlands 1933–1945, in: GiWuU 33 (1982), 323], ist offensichtlich mißlungen.

Doch lange Zeit scheiterten beide vergleichend gewonnenen und auf die

Geschichte des Nationalsozialismus und des Dritten Reiches applizierten Begriffe – der ursprünglich einmal marxistischem Verständnis entstammende, davon in der westlichen Forschung zwischenzeitlich teilweise bzw. weitgehend abgelöste Faschismusbegriff und der aus der parlamentarischen Abwehrhaltung gegen die den westlichen Freiheitsbegriff der Verfassungsstaaten elementar bedrohenden Diktaturen geborene Totalitarismusbegriff – gleichermaßen, wenn es darum ging, die mit hoher Autonomie ausgestattete und dementsprechend geschichtsmächtig handelnde Persönlichkeit Hitlers und seine Politik zu verstehen. Zumindest ansatzweise lieferte eine im Zeichen des Totalitarismusbegriffs das miteinander vollzogene und gegeneinander gerichtete Handeln der Diktatoren der stalinistischen Sowjetunion und des nationalsozialistischen Deutschland beobachtende Untersuchung durchaus Aufschlüsse zum Verständnis Hitlers [562: A. Hillgruber/K. Hildebrand, Kalkül zwischen Macht und Ideologie, 35–61], ohne damit jedoch einen bevorzugten Zugang zur Hitler-Deutung gebahnt zu haben.

Hitler in zeitgenössischen Urteilen

Auf die Erheblichkeit des „Faktors Hitler" für die Entwicklung der nationalsozialistischen „Bewegung" und des Dritten Reiches verwiesen in zeitgenössischem Rahmen [vgl. dazu sorgfältig und umfassend 179: G. Schreiber, Hitler. Interpretationen, 17–156; zur Würdigung und Kritik siehe K. Hildebrand, in: HZ 241 (1985), 744–748] beispielsweise schon früh Theodor Heuss mit seinem 1932 veröffentlichten Buch über „Hitlers Weg" [161] und sodann „durch die Kühnheit der Fragestellungen und die Freiheit des Urteils noch heute beispielhaft" [155: J. Fest, Hitler, 1045] der Journalist Konrad Heiden, der in den dreißiger Jahren eine nach wie vor beachtenswerte zweibändige Hitler-Biographie [160] vorlegte. Darin behandelt Heiden unter anderem bereits damals die bis heute kontrovers beantwortete Frage, ob Hitler eher improvisiert oder stärker zielgerichtet agiert habe. Während er den prinzipienlosen Opportunismus des Diktators als grundlegend für die Persönlichkeit Hitlers beurteilt, verkennt er doch nicht die systematischen Elemente in der Politik des „größten Menschenerschütterer[s] der Weltgeschichte" [160: K. Heiden, Hitler, Band 1, 6] und stellt bereits 1937 zutreffend fest: „So beruhen alle wirklichen politischen Handlungen Hitlers auf dem Programm von ‚Mein Kampf' . . ." [ebd., Band 2, 255].

Heidens Hitler-Biographie

Rauschnings „Revolution des Nihilismus"

Gegenüber Heidens eher zwiespältigem Urteil über die Gleichzeitigkeit von Zielgerichtetheit und Opportunismus in Hitlers Gedankenbildung und Politik neigte ein anderer, sich mit dem „Fall Hitler" überaus intensiv beschäftigender Zeitgenosse, Hermann Rauschning, in seinem von konservativem Blickwinkel aus [vgl. dazu die neben Rauschning auch Plessner, von Hayek, Rüstow, Röpke u. a. behandelnde Dissertation von W. Ender, Konservative und rechtsliberale Deuter des Nationalsozialismus 1930–1945. Eine historisch-politische Kritik, Frankfurt a. M./New York/Bern 1984] geschriebenen, gedankenreichen und tiefschürfenden Werk über „Die Revolution des Nihilismus" [1119] stark dazu, Hitler als einen auf die Selbstzerstörung zueilenden schrankenlosen Machiavellisten einzuschätzen, obwohl seit THEODOR SCHIEDERS 1972 publizierter Untersuchung über „Hermann Rauschnings ‚Gespräche mit Hitler' als Geschichtsquelle" [579] nicht mehr länger zu übersehen ist, daß RAUSCHNING in Hitlers Gedankenbildung und Politik durchaus schon kontinuierliche Elemente diagnostiziert hat. Was im übrigen THEODOR SCHIEDERS grundlegende Studie [579] in sorgsam abwägender und dennoch prägnanter Form über den begrenzten Quellenwert dieses Dokuments ausgeführt hat, wurde kürzlich unter ungerechtfertigten Attacken auf den inzwischen verstorbenen Kölner Historiker auf freilich einseitig ausfallende Art und Weise bestätigt, als die „Gespräche" als „Propaganda-‚Kampfschrift'" scheinbar entlarvt wurden [W. HÄNEL, Hermann Rauschnings „Gespräche mit Hitler" – Eine Geschichtsfälschung. Überarbeitete Fassung des ungekürzten Vortrages auf der Tagung der Zeitgeschichtlichen Forschungsstelle Ingolstadt am 14. Mai 1983, Ingolstadt 1984; vgl. dazu auch, nicht zuletzt wegen der Mitteilung über neu zugänglich gewordene Dokumente im „Fall Hermann Rauschning", den Beitrag von M. BROSZAT, Enthüllung? Die Rauschning-Kontroverse, in: Nach Hitler. Der schwierige Umgang mit unserer Geschichte. Beiträge von Martin Broszat. Hrsg. von H. GRAML, u. K.-D. HENKE, München 1986, 249–251].

Wegbereiter einer „Struktur-geschichte"

Auch die von der modernen Forschung stark betonte Janusköpfigkeit des Dritten Reiches, dessen Charakter zugleich modern und antimodern, traditionell und revolutionär, abgeleitet und eigenständig, ingeniös und improvisiert, monolithisch und polykratisch war, entging dem zeitgenössischen Urteil keineswegs.

Fraenkels „Dual State"

In ERNST FRAENKELS 1941 veröffentlichter Darstellung über den „Dual State" [276] kommt diese Erkenntnis teilweise schon im Titel des Buches zum Ausdruck, das die Kluft zwischen Staat und Partei im nationalsozialistischen Deutschland, zwischen herkömmlichem „Normenstaat" und terroristischem „Maßnahmestaat" bis heute wohl unübertroffen darstellt und dabei – der Überzeugung des Verfassers vom Doppelstaat gemäß – den fortschreitenden, „ideologisch dirigierte[n], aber unkontrollierte[n] Normenzerfall im Maßnahmesystem" [249: G. SCHULZ, Faschismus-Nationalsozialismus, 153] beschreibt. Der Befund über den Dualismus zwischen Staat und Partei, ja die Einsicht in den Widerspruch zwischen dem in seiner propagandistischen Selbstdarstellung postulierten und behaupteten Totalanspruch des Dritten Reiches und seiner tatsächlichen inneren Anarchie wurden unter anderem in Fortentwicklung der Ergebnisse FRAENKELS zu einem Leitmotiv der in den sechziger Jahren einsetzenden Revisionsbemühungen im Hinblick auf das bis dahin über das Dritte Reich entworfene Geschichtsbild. Denn nunmehr wurden neben der Darstellung vom monolithisch organisierten Führerstaat, ja diese teilweise ungerechtfertigterweise mehr und mehr verdrängend, die Kennzeichen der „autoritären Anarchie" (W. PETWAIDIC) und des institutionellen Kompetenzenchaos als Charakteristika der nationalsozialistischen Diktatur – freilich oft allzu einseitig und überspitzt – in den Vordergrund des wissenschaftlichen Bewußtseins und Interesses gerückt.

Dabei konnten sich die sog. „Revisionisten" [vgl. zu dem in diesem Kontext ins Auge gefaßten Inhalt des Begriffs, der im Hinblick auf seine Repräsentanten mit voranschreitender Forschung natürlicherweise andauerndem Wandel unterliegt 164: A. HILLGRUBER, Tendenzen, Ergebnisse und Perspektiven der Hitler-Forschung, 612, und 103: K. D. BRACHER, Zeitgeschichte im Wandel, 640] neben FRAENKELS Studie auf ein weiteres, 1944 veröffentlichtes Standardwerk über die innere Geschichte des Dritten Reiches, nämlich auf FRANZ NEUMANNS „Behemoth" [286] beziehen. „Structure and Practice of National Socialism", der dem Autor als das politische System eines „totalitären Monopolkapitalismus" galt, wurden NEUMANN zufolge im „vertikalen Pluralismus" des nationalsozialistischen Staates von vier selbständigen Machtträgern, der Partei, der Armee, der Bürokratie und der Industrie, geprägt, und schließlich, so folgerte er, würden nur noch Partei und Armee die permanente Konkurrenz überleben.

Neumanns „Behemoth"

Beide Studien, die von FRAENKEL und die von NEUMANN, verweisen bereits stark auf die Dimension der inneren Verfaßtheit und auf die Bedeutung der sozialökonomischen Grundlagen des Dritten Reiches. Sie wurden erst mit einer gewissen zeitlichen Verzögerung seit den sechziger Jahren rezipiert, zum Modell der (angeblich) polykratischen Herrschaft des Dritten Reiches weiterentwickelt und nunmehr durch die von DIETER REBENTISCH vorgelegte Frankfurter Habilitationsschrift über „Führerstaat und Verwaltung im Zweiten Weltkrieg. Verfassungsentwicklung und Verwaltungspolitik im sogenannten Altreich 1939–1943" [289] in einer qualitativ grundlegend gewandelten Form aufgearbeitet (vgl. S. 183).

Kontinuitätsproblem in zeitgenössischer Sicht

Gleichfalls schon von Zeitgenossen wurde immer wieder der Versuch unternommen, das Dritte Reich in eine Kontinuität deutscher Geschichte einzuordnen. Ohne den uns heute politisch recht abwegig und wissenschaftlich unhaltbar vorkommenden Versuchen nationalsozialistischer Propaganda und nationalistischer Geschichtsschreibung im einzelnen nachgehen zu können, die Hitlers Drittes Reich beispielsweise als das legitime historische Erbe des Bismarck-Staates und des friderizianischen Preußen verstanden und teilweise bis zu Luther und den mittelalterlichen Kaisern zurückführten, wurde dieser „Stammbaum deutscher Größe" (K. O. FRHR. VON ARETIN) zur gleichen Zeit bereits im negativen Lichte betrachtet und als der ewig verfehlte Weg der Deutschen in die Kriege und Katastrophen Europas dargestellt. Diese den positiv verstandenen Kontinuitätsbegriff deutscher Geschichte spiegelbildlich verkehrende Konstruktion wurde im zeitgenössischen Zusammenhang während des Krieges wohl am drastischsten in den 1941 als „Black Record" veröffentlichten Rundfunkansprachen Robert Vansittarts, des ehemaligen englischen Ständigen Unterstaatssekretärs im Foreign Office, propagiert. Die Absurdität dieser Geschichtsklitterung reflektiert bis zu einem gewissen Grad das Bemühen des Dritten Reiches um Ahnensuche und muß nicht zuletzt, wenn auch keineswegs ausschließlich als kriegsbedingte Feindpropaganda verstanden werden. Vor dem Hintergrund solcher Verurteilung des Dritten Reiches als des angeblich kontinuierlich und logisch hervorgebrachten Ergebnisses der deutschen Geschichte entzündete sich unmittelbar nach dem Krieg die bis heute unterschiedlich beantwortete [durch die sog. FISCHER-Kontroverse – vgl. dazu S. 225f. – in den sechziger Jahren noch einmal besonders akzentuiert aufgeworfene – vgl. dazu K. HILDEBRAND, Von Erhard zur Großen Koalition 1963–1969 (Geschichte der Bundesrepublik Deutschland, Band 4), Stuttgart/Wiesbaden 1984, 130–131, und passim] Frage nach der Existenz eines sogenannten Sonderweges der Deutschen und nach dem Ort des Nationalsozialismus in der modernen Geschichte Deutschlands und Europas. War Hitlers Drittes Reich in diesem Sinne ein notwendiges, wahrscheinliches oder zufälliges Ergebnis der deutschen Entwicklung auf ihrem Weg vornehmlich im 19. und 20. Jahrhundert, oder muß es nicht doch eher als eine übernationale, freilich radikale Ausprägung des europäischen Faschismus angesehen werden? Nicht zuletzt in Anbetracht dieses Problems bewegen sich die Interpretationen über die Geschichte des Dritten Reiches in einem Rahmen, der – vor dem Hintergrund eines sich neu definierenden Verständnisses (vgl. S. 128–129) vom nationalsozialistischen Totalitarismus – einerseits durch die Beschäftigung mit dem „Phänomen Hitler" und andererseits durch die Frage nach der Existenz und dem Begriff des europäischen Faschismus abgesteckt ist.

2. Das „Phänomen Hitler“ und der europäische Faschismus

„Hitler-zentrik“ – „Struktur-geschichte“

Lange Zeit waren zwei zwar entgegengesetzte und doch aufeinander angewiesene Interpretationsmodelle für unser Verständnis der Geschichte des Dritten Reiches bestimmend. Wenn diese die Forschung so intensiv beschäftigende Erörterung auch allmählich durch einen sich auf Untersuchungsgegenstände der Alltags- und Regionalgeschichte (vgl. dazu S. 186ff.) konzentrierten Themenwechsel in gewisser Hinsicht relativiert wird und vielleicht gerade auf diesem Wege aus möglicherweise noch ganz unbekannten Perspektiven neue Aufschlüsse gewinnen wird, so beschreibt sie natürlich nach wie vor ein ganz zentrales Interesse der Disziplin. Was die miteinander ringenden Positionen der Wissenschaft angeht, so handelt es sich dabei zum einen um den traditionell, mit unbestreitbarem Erfolg praktizierten biographischen Ansatz der Historiographie. Ausgangspunkt des wissenschaftlichen Interesses, das auf diesem Weg auch zur allgemeinen Betrachtung der Geschichte seiner Zeit vordringt, sind dabei die Persönlichkeit und Politik Hitlers. Die Fruchtbarkeit biographischer Darstellungen über die Geschichte des Nationalsozialismus und des Dritten Reiches empfand Waldemar Besson bereits 1961, als er seiner Überzeugung Ausdruck verlieh, daß die für lange Zeit „beste Gesamtdarstellung des Nationalsozialismus . . . in Gestalt einer *Hitler*-Biographie“ aus der Feder von Alan Bullock vorliege [W. Besson, Zeitgeschichte, in: Geschichte. Fischer Lexikon 24, Frankfurt a. M. 1961, 344]. Auch angesichts eines sodann unverkennbar hervortretenden Trends innerhalb der historischen Zunft zur Sozial-, Wirtschafts- und „Struktur“-Geschichte sind Wert und Berechtigung des biographischen Zugangs zur Geschichte des Nationalsozialismus ernsthaft kaum zu bestreiten. Denn es war nun einmal Hitler, der seine „Bewegung“ und seinen Staat in einem so außerordentlich hohen, ja ausschlaggebenden Maße repräsentiert und gestaltet hat, daß Raymond Aron 1981 einmal gesprächsweise bemerkte, es mute „idiotisch“ an, das Dritte Reich ohne die oder unter Vernachlässigung der Person Hitlers interpretieren zu wollen [in: W. Scheel (Hrsg.), Die andere Deutsche Frage. Kultur und Gesellschaft der Bundesrepublik Deutschland nach dreißig Jahren, Stuttgart 1981, 269]: „Yet to write about National Socialism while omitting to confront Adolf Hitler who was at the heart of it“, so umschreibt George Mosse diesen Tatbestand, „means shirking a true confrontation with the past“ [132: G. L. Mosse, Introduction: Towards a General Theory of Fascism, 36]. Hitlers für die allgemeine Geschichte der Zwischenkriegsära entscheidende Politik und Persönlichkeit aber wurde bislang noch von keiner allgemeinen Theorie über den Faschismus oder den Totalitarismus auch nur in annäherndem Maße befriedigend erklärt.

Zum anderen hat die für das biographische Genus konstitutive, aber auch monographische Untersuchungen zuweilen dominierende „Hitlerzentrik" insofern ein wissenschaftliches Unbehagen hinterlassen, als der „personalistische" Ansatz die allgemeinen Bedingungen vornehmlich wirtschaftlicher und sozialer Art, die zweifellos zur Erklärung der „Ermöglichung" Hitlers und zum Verständnis seiner Politik und Kriegführung beitragen können, manchmal nicht genügend berücksichtigt. Diesen Mangel hat eine eher „strukturell" orientierte Richtung in der zeitgeschichtlichen Forschung insbesondere seit den sechziger Jahren zu beheben versucht. Mehr und mehr wurde der Nationalsozialismus dabei in eine übernationale und vergleichende Perspektive gerückt und als Teil eines vorher nur „zuweilen" [W. Besson, Zeitgeschichte, in: Geschichte. Fischer Lexikon 24, Frankfurt a. M. 1961, 340] so genannten europäischen Faschismus erklärt. Erst allmählich aber beginnt der „Faktor Hitler" in diesem Rahmen seine über geraume Zeit vernachlässigte Beachtung zu finden (vgl. dazu S. 138–150). Denn die sog. „Strukturgeschichte" neigt eben im Zuge einer Überpointierung ihres Ansatzes und einer Verabsolutierung mancher ihrer Resultate unübersehbar dazu, die Hitler zukommende, für die Geschichte des Dritten Reiches ausschlaggebende und unverwechselbare Rolle im historischen Zusammenhang seiner Zeit allzu gering einzuschätzen, ihn in zu hohem Maße als austauschbar anzusehen und in mancher Hinsicht sogar als „schwachen Diktator" [126: H. Mommsen] mißzuverstehen. Freilich hat dieses extreme, ein grundlegend verändertes Verständnis der nationalsozialistischen Zeit andeutende Urteil innerhalb der Wissenschaft eher Ablehnung als Zustimmung gefunden. In dem Maße, in dem die Auffassung über das Dritte Reich als „concept of a monolith", wenn es denn so ohne weitere Einschränkung jemals in einer gewissen Periode ihrer Entwicklung die gültige Lehre der Zeitgeschichtsschreibung dargestellt haben sollte, zerstört erscheint, wird gleichzeitig festgestellt, „that the idea of a ‚weak dictatorship' is unsatisfactory as an overall explicatory model of the Third Reich" [1092: J. Hiden/J. Farquharson, Explaining Hitler's Germany, 80].

Beide Positionen der Zeitgeschichtsforschung und ihre davon ausgehenden verschiedenen Interpretationsvarianten verdanken einander wohl mehr und sind zweifellos stärker aufeinander angewiesen, als dies auf den ersten Blick in der teilweise mit einem kräftigen Schuß von wissenschaftlicher Polemik geführten Debatte auf den ersten Blick deutlich geworden sein mag [vgl. beispielsweise den Disput zwischen K. Hildebrand, Nationalsozialismus oder Hitlerismus? und H. Mommsen, Nationalsozialismus oder Hitlerismus? In: M. Bosch (Hrsg.), Persönlichkeit und Struktur in der Geschichte, Düsseldorf 1977, 55–61 und 62–71, und zwischen K. Hildebrand, Nationalsozialismus ohne Hitler? Das Dritte Reich als Forschungsgegenstand der Geschichtswissenschaft, in: GiWuU 31 (1980), 289–304 sowie ders., Die verfolgende Unschuld, in: GiWuU 32 (1981), 742, und W. J. Mommsen, Die „reine" Wahrheit über das nationalsozialistische Herrschaftssystem?, in: GiWuU 32 (1981), 738–741]. Beide Richtungen der Forschung befinden sich in durchaus intensiver und alles in allem auch ertragreicher Entfaltung ihrer Positionen, die sich, von ganz unterschiedlichen Standpunkten ihren Ausgang nehmend, im Bemühen um eine erst umrißhaft sich abzeichnende Historisierung des Dritten Reiches zu treffen und eine neue Qualität in der Auseinandersetzung mit der Geschichte der nationalsozialistischen Zeit zu gewinnen scheinen (vgl. dazu S. 232).

Die Vertreter des faschismustheoretischen Ansatzes sind nach wie vor darum bemüht, das Vorhandensein des Phänomens sowie die Schlüssigkeit des Begriffs vom Faschismus zu überprüfen, um damit einhergehend sodann auch ihre Annahme über den Nationalsozialismus als einer dem europäischen Faschismus zugehörigen Spielart entweder zu bestätigen oder zu verwerfen. Die von Hitler als dem Bezugspunkt ihres Interesses ausgehende Forschung schickt sich, nachdem ihr interdisziplinäres Zusammenwirken mit der Psychologie nur in begrenztem Rahmen zu historisch neuen Erkenntnissen über die Persönlichkeit und Politik des Diktators geführt hat, nicht zuletzt im Bereich der nationalsozialistischen Außenpolitik mehr und mehr an, die Aktivitäten des „Führers" im internationalen Kontext zu betrachten und in bezug auf seine Handlungschancen zwischen den oftmals kaum zu unterscheidenden Alternativen von Offenheit und Zwang, von Intention und Reaktion noch stärker als bisher schon zu differenzieren (vgl. dazu S. 198). Darüber hinaus aber hat sie sich nach wie vor der großen Aufgabe zu unterziehen, die Geschichte der nationalsozialistischen Rassenpolitik Hitlers, d. h. nicht nur die der sog. „Judenfrage" (vgl. Abschnitt 5), sondern auch die des sog. „Euthanasieprogramms" und der Züchtungsversuche des „neuen Menschen" im Dritten Reich zusammenhängend darzustellen, um dem für die europäische Geschichte bis dahin Neuartigen und Singulären, mithin: um dem Ausschlaggebenden und Essentiellen des Nationalsozialismus überhaupt näher zu kommen und einordnend festzustellen, inwieweit das Dritte Reich auch in dieser Hinsicht als ein „Teil der Menschheitsgeschichte" zu begreifen ist, „der nicht bloß Wesenszüge der Vergangenheit noch einmal in äußerster Konzentration zum Vorschein brachte, sondern der zugleich Zukünftiges vorwegnahm und in der Gegenwart Naheliegendes vollzog" (E. Nolte).

Biographie als historiographisches Genus

Es braucht nicht besonders betont zu werden, daß die Arbeiten beider Richtungen an sich und für einander gleich wichtig sind. Daher erscheinen kühne Behauptungen, denen zufolge es angeblich „leichter" falle, eine Biographie zu schreiben als „Strukturgeschichte" darzustellen, auf gar keinen Fall plausibel oder richtig. Denn einerseits dürfte es innerhalb der Geistes- und Humanwissenschaften kaum ein schwierigeres Unternehmen geben, als der ungemein vielschichtigen, häufig verborgenen und oftmals gebrochenen Individualität eines Menschen nachzuspüren, und zum anderen wird in dem für die Geschichtsschreibung nach wie vor klassischen biographischen Genus ja mit der Suche nach der Individualität stets auch „diejenige überpersönlicher Art mitverstanden" (W. Besson). Gleichzeitig damit steht die Biographie in ihrem Bemühen darum, das Individuelle in dem es tragenden und begrenzenden sowie von ihm repräsentierten und gestalteten historischen Rahmen des Allgemeinen sichtbar zu machen, beständig vor dem wohl diffizilsten Problem der Geschichtswissenschaft, nämlich das Ineinanderwirken von Freiheit und Notwendigkeit im politischen und persönlichen Handeln des Menschen zu erkennen und verständlich zu machen. Daher wird auch die Legitimität der Biographie als eine der ganz maßgeblichen und spezifischen Darstellungsformen der Historiographie kaum mehr bestritten.

Mit einigen Ausnahmen wird die Bedeutung, die Hitler als dem Repräsentanten und Gestalter des Nationalsozialismus und des Dritten Reiches zukommt, von der Forschung insgesamt (vgl. Abschnitt 4) als überragend beurteilt. In diesem Sinne hat bereits vor Jahren einer der besten Sachkenner der modernen deutschen Geschichte, NORMAN RICH, die Summe seiner Forschungen über die Geschichte der Außenpolitik des nationalsozialistischen Deutschland in der lapidar formulierten Einsicht zusammengefaßt: „Hitler was master in the Third Reich" [577: N. RICH, Hitler's War Aims, Band 1, 11]. Und erst kürzlich hat DIETER REBENTISCH aus seiner intensiven Beschäftigung mit dem innenpolitischen Herrschaftsgefüge des Nationalsozialismus, gegenläufige Beispiele und Strömungen ausgiebig und ausgewogen berücksichtigend, ja selbst gleichsam über den hergebrachten Fronten zwischen „Hitlerzentrik" und „Strukturalismus" stehend, in einer Betrachtung über das „gebändigte Chaos" des „Führerstaates" die Schlußfolgerung gezogen: „Der nationalsozialistische Führerstaat war . . . [ein K. H.] auf Hitlers Willkürherrschaft zentrierter atavistischer Personenverband, nichts anderes als ‚Hitlers Regime, Hitlers Politik, Hitlers Sieg und Hitlers Niederlage' [H. Frank K. H.], in jedem Falle aber Hitlers eigene Schöpfung und insofern mehr als nur ein Fall totalitärer Herrschaft" [289: D. REBENTISCH, Führerstaat und Verwaltung, Schlußbetrachtung]. Solche Einschätzungen legen es aber nahe, die allgemeinen Interpretationen, die das Dritte Reich als eine Variante des europäischen Faschismus zu verstehen versuchen, nicht zuletzt auch daraufhin zu überprüfen, ob sie dazu imstande sind, „Hitler und sein Programm" [114: K. D. ERDMANN] angemessen zu interpretieren oder ob sie nicht weitgehend scheitern an dem sog. „Rest" Hitler, der eben für die Geschichte des Nationalsozialismus und des Dritten Reiches augenscheinlich so maßgeblich war.

Stand der Faschismusforschung

Um die Tragfähigkeit des Faschismusbegriffs zu demonstrieren, wurden in erster Linie vier Erklärungsmöglichkeiten und Theorien im Bereich der allgemeinen Faschismus-Forschung herangezogen, die geraume Zeit bevorzugte Beachtung gefunden haben. Es sind dies: 1. die heteronomistische Deutung der Marxisten verschiedenster Provenienz. Sie ist im Grunde so alt wie der Faschismus selbst, glaubt das Problem durch die Frage nach dem „cui bono" zu klären und geht von einer weitgehenden bzw. vollkommenen Identität zwischen Wirtschaft und Politik aus, 2. ERNST NOLTES Versuch, den Faschismus als „nicht identische Identität" und als Aufstand gegen jede Art der dem Menschen zugehörenden Transzendenz zu begreifen, 3. die hier einmal so genannte strukturell-funktionale Theorie einer sich jenseits des Historismus stellenden Historikerschule, die den Faschismus als eine politisch relativ eigenständige Erscheinung vor dem

Hintergrund spezifischer Verlaufs- und Organisationsformen des Industriekapitalismus interpretiert, und 4. der Vorschlag, den Begriff des Faschismus im Zusammenhang mit dem Problem der Modernisierung zu erörtern.

Mit ihnen unübersehbar verwandt und dennoch in einer entscheidenden Hinsicht eigenständig, tritt ihnen gegenwärtig 5. eine weitere Deutung im Sinne der Verwendbarkeit des Faschismusbegriffs zur Seite, deren Entwicklung noch nicht in dem Maße vorangeschritten ist, wie das für ihre Vorläufer, zumindest teilweise, der Fall zu sein scheint. Zentral und widersprechend geht sie auf das die übergreifende Gültigkeit eines allgemeinen Faschismusbegriffs bezweifelnde Argument ein, wonach die Rassenpolitik und der Vernichtungswille des Dritten Reiches im Vergleich mit den anderen faschistischen Bewegungen und Regimen so singulär gewesen sei, daß die Plausibilität eines umfassenden Terminus letztlich nicht existiere.

Marxistische Interpretationen

1. Die marxistischen Faschismus-Interpretationen, so unterschiedlich sie sich im einzelnen auch ausnehmen mögen, scheitern allesamt daran, daß die Vielfalt politischer Artikulationsmöglichkeiten vor dem gemeinsamen Hintergrund kapitalistischer Wirtschaft eine Identifizierung von Kapitalismus und Faschismus ad absurdum führt. Sie vermögen insgesamt nicht zu erklären, warum bei vergleichbaren wirtschaftlichen und sozialen Erschütterungen in der großen Weltwirtschaftskrise des 20. Jahrhunderts beispielsweise Großbritannien an seiner politischen Kultur, dem Parlamentarismus, festhielt, während die junge Weimarer Republik ihren Herausforderungen erlag, d. h.: Die letztlich für den Verlauf der europäischen und deutschen Geschichte ausschlaggebenden, eben über die ökonomische und soziale Dimension hinausreichenden historischen Vorbedingungen der je verschiedenen Nationalgeschichten bewerten sie im allgemeinen kaum angemessen (vgl. Abschnitt 3). Wenn sich die Reichweite marxistischer Interpretationen in Ost und West auch von der orthodoxen „Agententheorie“ bis hin zu Erklärungsversuchen erstreckt, die der verselbständigten Exekutive innerhalb eines konservativ-faschistischen Machtkartells einen relativ höheren Rang beimessen, so sind sie doch mehr oder minder alle mit der Schwäche behaftet, den „Faktor Hitler“ innerhalb des Nationalsozialismus, d. h. seine für die Geschichte der dreißiger und vierziger Jahre ausschlaggebende Politik nicht zuletzt auch im internationalen Feld, vollständig oder zumindest doch in gewissem Maße als austauschbar anzusehen und mithin seine Autonomie zu unterschätzen. Gerade auch auf diesen Sachverhalt hat mit Nachdruck Heinrich August Winkler in seinen 1978 erschienenen Überlegungen [259: H. A. Winkler, Revolution, Staat, Faschismus] „zur Kritik neomarxistischer Theorien über den Nationalsozialismus“ hingewiesen, in denen er sich mit dem Verhältnis der bundesrepublikanischen „neuen Linken“ zum Faschismus gründlich auseinandersetzt. Kurzum: Eine direkte oder auch nur annähernde Zuordnung von Kapitalismus und Faschismus läßt die marxistischen Interpretationen die Multivalenz des Kapitalismus in bezug auf seine politischen Gestaltungsmöglichkeiten verkennen. Mithin wird ihnen nur allzu leicht der Weg in die Einsicht verstellt, daß

im Dritten Reich der „absolute Primat der politischen Zielsetzungen" (K. D. Bracher) dominierte. Ein vergleichsweise undogmatisch orientierter Marxist wie der englische Sozialhistoriker Timothy Mason hat diesen Sachverhalt so umschrieben: „Eine ideologisch bestimmte Politik siegte wieder über wirtschaftliche Kalkulation" [936: T. W. Mason, Primat der Politik, 492]. Ja, es gibt sogar unübersehbare Anhaltspunkte dafür, daß der Nationalsozialismus in seinem fortgeschrittenen Stadium mehr und mehr in einen – mit Axel Kuhn zugespitzt formuliert – „absoluten Gegensatz zum Kapitalismus" [220: A. Kuhn, Das faschistische Herrschaftssystem, 31] geriet. Im Grunde aber war der Nationalsozialismus in nicht mehr und nicht weniger ausgeprägtem Maße „ein Kind des kapitalistischen Systems", so hat Henry A. Turner diesen Sachverhalt einmal zutreffend erläutert, wie „auch jede andere vom modernen Europa ausgehende politische Bewegung, die liberale Demokratie ebenso wie der Kommunismus dem gleichen kapitalistischen System" [257 bzw. 973: H. A. Turner, Faschismus und Kapitalismus, 32] entstammen. Und gar nicht zu übersehen ist zudem die Tatsache, daß vor allem die orthodox marxistische Anschauung über Faschismus und Faschismusbegriff ein großes Forschungsdefizit aufweist und fast gänzlich der konstitutiven vergleichenden Perspektive entbehrt. In diesem Sinne sind „spezielle Beiträge zum Faschismus in den südosteuropäischen Ländern, in Italien, Portugal und Spanien" nahezu Mangelware, so daß die Voraussetzungen für „vergleichende Untersuchungen faschistischer Bewegungen und Regimes" [204: D. Eichholtz/K. Gossweiler, Faschismusforschung, 17] weitgehend fehlen.

Noltes phänomenologischer Ansatz

2. Ernst Noltes phänomenologische Betrachtungen über den „Faschismus in seiner Epoche", die er vor kurzem sehr aufschlußreich in den Kontext seines durch die Begriffe des Marxismus, des Faschismus und des „Kalten Krieges" charakterisierten, trilogisch entworfenen Gesamtwerkes eingeordnet hat [E. Nolte, Philosophische Geschichtsschreibung heute?, in: HZ 242 (1986), 265–289], münden darin ein, Faschismus als transpolitisches Phänomen und als Revolte gegen die Transzendenz zu verstehen. Der Janusköpfigkeit seiner Erscheinung entsprechend, versteht Nolte die Bewegung des europäischen Faschismus als eine Revolte gegen die beiden bis dato die europäische Geschichte beherrschenden Züge philosophischen Denkens und politischer Aktion. Nolte zufolge wendet er sich ebenso gegen die theoretische wie gegen die praktische Transzendenz des Menschen, d. h.: Er lehnt den Glauben einer theologisch oder philosophisch auf das Jenseits gerichteten Heilserwartung ebenso ab, wie er die Idee einer immanenten, nach irdischer Erlösung des Menschen strebenden Emanzipation bekämpft. Konkreter gesagt, bestimmt Nolte den Faschismus als jenen dritten Weg europäischer Geschichte, der im weitesten Sinne sowohl als antitraditional wie auch als antimodern zu begreifen ist, oder enger gefaßt: Noltes Verständnis zufolge stellt der Faschismus die Existenz der bürgerlichen Gesellschaft ebenso in Frage, wie er antimarxistisch orientiert ist. Diese Überlegungen mögen die „nicht identische Identität" und Autonomie des Faschismus

durchaus belegen und Ambivalenz als Kennzeichen seiner Erscheinung hervortreten lassen. Zurück aber bleibt als ungelöstes Problem, daß NOLTE im Zuge seiner geistesgeschichtlichen Bestimmung über das Wesen des Faschismus von dessen epochal vorhandener und begrifflich faßbarer Existenz einfach ausgeht, die aber gerade umstritten ist und bleibt. Zwar vermag die phänomenologische Betrachtungsweise übereinstimmende Erscheinungsformen eines faschistisch genannten Typs politischer Herrschaft und Organisation von recht unterschiedlicher Intensität innerhalb Europas zusammenzustellen und zu beschreiben. Damit belegt sie jedoch noch nicht den Bestand des Phänomens. Angesichts der gleichzeitig sowie gleichgewichtig vorhandenen Existenz des Parlamentarismus und des Kommunismus kann der mit dem von NOLTE entworfenen Faschismusbegriff erhobene Anspruch auf epochale Signatur jedoch nicht überzeugen und ist in diesem Sinne beispielsweise von RUDOLF LILL [224: Italienischer Faschismus und deutscher Nationalismus, 170] grundsätzlich bestritten worden.

Strukturell-funktionale Theorie

3. Die hier als strukturell-funktional gekennzeichnete Theorie versteht Faschismus bzw. „die Faschismen als eine besondere Form der Herrschaft in Gesellschaften, die sich in einer kritischen Phase des gesellschaftlichen Transformationsprozesses zur Industriegesellschaft befinden und zugleich objektiv oder in den Augen der herrschenden Schichten von der Möglichkeit eines kommunistischen Umsturzes bedroht sind" [W. J. MOMMSEN, Gesellschaftliche Bedingtheit und gesellschaftliche Relevanz historischer Aussagen, in: E. JÄCKEL/E. WEYMAR, Die Funktion der Geschichte in unserer Zeit, Stuttgart 1975, 219]. Diese Interpretation ordnet dem Faschismus vor dem Hintergrund einer besonderen historischen „Struktur" eine spezifische politische Funktion zu. Sie begreift Faschismus mithin als „eine bestimmte Stufe der gesellschaftlichen Entwicklung im Übergang von der bürgerlichen zur pluralistischen Industriegesellschaft" und leitet „seine enorme politische Stoßkraft . . . in erster Linie aus dem Widerstand residualer Eliten gegen deren [der Industriegesellschaft K. H.] egalitäre Tendenzen" [ebd. 220] ab.

Vor allem zwei Einwände dürften diese in Rezeption der Forschungen von ERNST NOLTE, MARTIN BROSZAT, HANS MOMMSEN und PETER DIEHL-THIELE gewonnene und weitgehend von der Betrachtung des Nationalsozialismus, der ihr als „eine Form faschistischer Herrschaft" [ebd. 219] gilt, abgeleitete Theorie beeinträchtigen und ihren Interpretationswert begrenzen: 1. Die „enorme Stoßkraft" des Faschismus wird primär auf den Widerstand „residualer Eliten" zurückgeführt. Eine solche Annahme vermag im deutschen Fall natürlich nur unzureichend das Wirken Hitlers zu erklären. Gewiß sind, wie in der Darstellung über die Geschichte des Dritten Reiches gezeigt wurde, Hitlers „Ermöglichung" und der gewaltsame Charakter des nationalsozialistischen Staates in einem gar nicht zu unterschätzenden Maße auch auf die vergleichsweise hartnäckige Ablehnung der Moderne durch die traditionell führenden Schichten in Preußen-Deutschland zurückzuführen. Was allerdings die spezifische Stoßkraft des etablierten Dritten Reiches mit Hitler an der Spitze angeht, so muß sie

sicherlich aus ganz anderen historischen Zusammenhängen heraus erklärt werden. Denn ihre Dynamik entstand ja zu weiten Teilen gerade erst aufgrund des Zusammenwirkens der Nationalsozialisten mit den konservativen Eliten [J. DÜLFFER, Die Machtergreifung und die Rolle der alten Eliten im Dritten Reich, in: 280: W. MICHALKA, Die nationalsozialistische Machtergreifung, bes. 192–193]. Darüber hinaus findet sie ihr Motiv und ihre Richtung, ihr(e) Maß(losigkeit) und ihr Ziel letztlich jedoch in Hitlers (den Einflüssen seiner Zeit einerseits verhafteter und sie andererseits radikalisierender) Desperado-Mentalität, auf deren schwer zu ergründende Bedeutung bereits relativ früh ALFRED WEBER sinngemäß hingewiesen hat [A. WEBER, Der dritte oder der vierte Mensch. Vom Sinn des geschichtlichen Daseins, München 1963, 1. Aufl. 1953, 43]. Die sich daraus entwickelnden politischen Zielvorstellungen des Dritten Reiches aber besaßen ein so hohes Maß an geschichtlicher Autonomie, daß sie als Phänomene sui generis zu beurteilen und vornehmlich in ihrer Entstehung erst noch zu untersuchen sind. Diese politischen Absichten, mithin das Wesentliche des Dritten Reiches, entziehen sich der Erklärung durch die strukturell-funktionale Theorie in entscheidendem Maße, weil ihre Intentionalität nur sehr bedingt mit den (ursprünglichen) Funktionen der Diktatur zusammenhängt und weil die in der Funktionalität des Regimes ohne Zweifel zutage tretenden und nicht vorhersehbaren Ergebnisse nationalsozialistischer Politik für den Gang der Geschichte in Hitlers Staat und in „Hitlers Europa" (A. TOYNBEE) maßgeblich wurden.
2. Es erhebt sich die Frage, auf welche Staaten der Zwischenkriegszeit das Kriterium, sich im Übergang von der bürgerlichen zur pluralistischen Industriegesellschaft zu befinden, eigentlich angewendet werden kann. Für den Bereich der deutschen Entwicklung mag diese Bedingung zutreffen. Doch konstituierte sich gerade hier nicht ein „Normalfaschismus", der „strukturellen" Erfordernissen gegenüber seine entsprechende politische Funktion erfüllt hätte, nämlich die überkommene Sozialstruktur zu bewahren und die Arbeiterschaft niederzuhalten [zur Ambivalenz im Verhalten „großindustrieller Aktivitäten", die von denen der alten großagrarischen Eliten selbstverständlich abzuheben sind, aber ebenso natürlich im Rahmen einer strukturell-funktionalen Faschismustheorie Beachtung verdienen, gegenüber Hitlers Kanzlerschaft vgl. R. NEEBE, Die Großindustrie und die Machtergreifung, in: 280: W. MICHALKA, Die nationalsozialistische Machtergreifung, 121]. Im Gegenteil: der Nationalsozialismus streifte die ihm ursprünglich noch eigene Funktionalität bald schon ab und entwickelte eine bis dahin kaum bekannte Eigenmacht und -gesetzlichkeit, die das überlieferte Gesellschaftsgefüge in nationaler (und dann auch in internationaler) Perspektive gerade zerstörte, es zumindest aber schwer erschütterte und beispielsweise die deutsche Industrie und Wirtschaft im Grunde beständig mit der Drohung der Verstaatlichung bedrängte (vgl. Abschnitt 3). Während die Pläne der gegen Hitler in der zweiten Hälfte der dreißiger Jahre opponierenden konservativen Kreise, die den Kriegskurs und die Rüstungswirtschaft der Diktatur aus innen-(wirtschaftlichen sowie gesellschaftlichen) und außenpolitischen Gründen

ablehnten und demgegenüber für die Errichtung einer aus konservativen Vertretern sowie gemäßigten Nationalsozialisten gebildeten, vielleicht als „normalfaschistisch" zu charakterisierenden Regierung (im Stile des italienischen Modells) möglicherweise unter Görings Führung [Sowohl 571: S. MARTENS, Hermann Göring, 10, als auch 346: A. KUBE, Pour le mérite und Hakenkreuz, 361, behandeln dieses Problem kaum erschöpfend.] eintraten, durchaus im Erklärungsbereich der strukturell-funktionalen Theorie liegen, vermag sie die Geschichte des sich entfaltenden Dritten Reiches kaum angemessen zu begreifen. Welche europäischen Staaten, so sei noch einmal gefragt, befanden sich aber überhaupt auf dem Weg von der bürgerlichen zur pluralistischen Industriegesellschaft [vgl. dazu auch 189: G. ALLARDYCE, What Fascism is Not, 367–398]? Auf Italien könnte diese Voraussetzung mit gewissen Einschränkungen zutreffen und somit auch den Aufstieg des Faschismus als den sich jenseits von stalinistischem Totalitarismus und „westlichem Modell" die Bahn brechenden italienischen Eigenweg in die Moderne erfassen [vgl. dazu 251: D. SETTEMBRINI, Fascismo Controrivoluzione Imperfetta]. Wie kann diese Bedingung jedoch auf die zumindest weitgehend noch agrarisch organisierten iberischen Staaten angewendet werden [vgl. dazu 240: S. PAYNE, Fascism, 139–160, sowie DERS., Fascism and Right Authoritarianism in the Iberian World – The Last Twenty Years, in: JCH 21 (1986), 163–178]? Faschismus in den Ländern Südost- und Osteuropas [vgl. dazu allgemein 222: S. U. LARSEN/B. HAGTVET/J. P. MYKLEBUST, Who were the Fascists, 350–416] zu erklären, dürfte anhand dieser Theorie sicherlich nicht möglich sein, da das Phänomen der Industriegesellschaft in welchem Entwicklungsstadium auch immer in diesen Regionen einfach fehlte [vgl. dazu insgesamt 255: H.-U. THAMER/W. WIPPERMANN, Faschistische und neofaschistische Bewegungen, und 261: W. WIPPERMANN, Europäischer Faschismus im Vergleich]. Und warum blieben – wohlgemerkt stets im Banne der strukturell-funktionalen Theorie gefragt – den skandinavischen Staaten [225: U. LINDSTRÖM, Fascism in Scandinavia] und der Schweiz [261: W. WIPPERMANN, Europäischer Faschismus im Vergleich, 164–168] der Faschismus erspart, obwohl sie sich teilweise gewiß schon in jenem Übergang zur Moderne befanden, der als Voraussetzung des Erklärungsmodells dient?

Faschismus und Modernisierung

4. In einer gewissen Verbindung mit der hier als strukturell-funktional charakterisierten Theorie kann der Versuch gesehen werden, den Faschismus im Zusammenhang mit der Theorie über die Modernisierung zu interpretieren. Dieser Theorie zufolge liegt der modernen Geschichte „der *eine* Vorgang zugrunde: die Verdrängung der traditionellen Gesellschaftsgefüge durch einen beispiellos durchgreifenden und schnellen Wandlungsprozeß, der im Grunde überall gleich verläuft und Industrialisierung, Verstädterung, Verweltlichung und Rationalisierung einschließt" [257 bzw. 973: H. A. TURNER, Faschismus und Kapitalismus, 159].

Wenn man vorerst einmal von den sich unbewußt einstellenden und nach dem Zusammenbruch des deutschen Nationalsozialismus und des italienischen

Faschismus sich abzeichnenden Modernisierungsergebnissen absieht und dafür der methodischen Empfehlung folgt, nach den Zielen der jeweiligen Führungsgruppen und Repräsentanten in faschistischen Staaten und Bewegungen zu fragen und festzustellen, ob sie den Vorgang der Modernisierung fortsetzen, aufhalten oder zurückdrängen wollten, so ergibt sich dieses Resultat: Es können kaum Zweifel darüber bestehen, daß es das Ziel der Politik des Dritten Reiches war, mit den Mitteln der Moderne in eine vor- bzw. antimoderne Utopie zu steuern – unabhängig, wie gesagt, von der Tatsache, daß sie im Banne ihres Antimodernismus, ja gerade um der Verwirklichung dieser ideologischen Aufgabe willen in manchen Bereichen und zeitweise eine allerdings nie Eigenständigkeit oder Dominanz erlangende partielle Modernisierung auslöste, die dann freilich nach dem Ende des Dritten Reiches für die Entwicklung der Bundesrepublik Deutschland Bedeutung gewann. Die politische Zielsetzung der nationalsozialistischen Diktatur läßt sich mithin als Revolution gegen die Moderne verstehen. In welchem Maße aber ist der antimoderne Zug für andere, faschistisch genannte Staaten konstitutiv, so daß ein allgemein gültiger Faschismusbegriff im Zeichen des Antimodernismus zu definieren wäre? Läßt sich der utopische Antimodernismus beispielsweise auch auf Mussolinis Italien anwenden? Diese (implizit auch das alte Problem des Faschismus als einer Entwicklungsdiktatur erneut aufwerfende) Frage ist nach wie vor umstritten und unentschieden [vgl. auch 253: H.-U. Thamer, Ansichten des Faschismus, 19–35]. Manche Forscher (E. Nolte; W. Sauer; M. Michaelis) betonen eher den antimodernen Zug des italienischen Faschismus, andere (R. Sarti; A. J. Gregor; E. R. Tannenbaum) verweisen dagegen stärker auf die faschistische Absicht der Modernisierung [vgl. dazu insgesamt 189: G. Allardyce, What Fascism is Not, 371–376, und 207: Der italienische Faschismus]. Im Hinblick auf weitere als faschistisch gekennzeichnete Staaten müßte überhaupt erst noch festgestellt werden (vgl. S. 143), ob der Antimodernismus das die Einheitlichkeit konstituierende Theoriemerkmal eines im europäischen Maßstab benutzten Faschismusbegriffs sein kann.

Deutscher Nationalsozialismus und italienischer Faschismus

Über den Bereich der Modernisierungsproblematik hinaus läßt aber gerade der Vergleich zwischen dem deutschen Nationalsozialismus und dem italienischen Faschismus [vgl. dazu allgemein 247: W. Schieder, Faschismus als soziale Bewegung; 252: M. G. Steinert, Fascisme et National-Socialisme] gar nicht zu übersehende Bedenken aufkommen gegenüber dem Sinn und der Benutzbarkeit eines übernational dimensionierten Faschismusbegriffs, die vor allem Rudolf Lill [224: Italienischer Faschismus und deutscher Nationalsozialismus] überzeugend zusammengefaßt hat. Demgemäß war das faschistische Italien eher ein autoritärer als ein totalitärer Staat, der weder einen totalen Krieg geführt noch eine totale Niederlage erlitten hat und in dem die „Resistenza", der italienische Antifaschismus, breiter verwurzelt gewesen ist, als oft angenommen wird. Zentral weist Lill in diesem Zusammenhang , die Untersuchungen von Renzo De Felice über die italienische Außenpolitik Mussolinis und von Andreas Hillgruber über die nationalsozialistische Außenpolitik Hitlers in vergleichender

Betrachtung beurteilend, auf das gut erforschte Feld der auswärtigen Politik und der Rassenpolitik hin, auf dem der Faschismusbegriff im Zuge einer komparatistischen Betrachtung zwischen Italien und Deutschland vor dem für die Geschichte der Epoche in ausschlaggebendem Maße bestimmenden Hintergrund der internationalen Politik nach LILLS Urteil scheitert.

Sieht man beispielsweise die Komponenten des Antisemitismus und der rassischen Höherzüchtung, das rassenpolitische Dogma in Hitlers Gedankenbildung und Politik, als konstitutiv für die nationalsozialistische Außenpolitik und ihre Ziele an, dann scheint im Hinblick auf Mussolinis italienischen Faschismus die gemeinsame Basis der Vergleichbarkeit zu entfallen. Mussolinis außenpolitische Forderungen nach einem faschistischen „impero Romano", nach kolonialer Herrschaft, nach dem „mare nostro" sowie seine Diplomatie des „peso determinante" („Zünglein an der Waage") sind letztlich nicht mit Hitlers Zielen zu vergleichen, die kriegerische Eroberung und rassische Herrschaft in globaler Dimension ins Auge faßten. Viel eher scheint hier die Differenz zwischen einer traditionell imperialistisch orientierten Außenpolitik und Hitlers „neuartiger" Kriegs- und Rassenpolitik hervorzutreten, deren qualitative Unterschiede mögliche Gemeinsamkeiten verdrängen. Die Überlegungen des einen bewegten sich durchaus noch in historisch vertrauten Kategorien, die des anderen sprengten eben diesen Rahmen, beabsichtigten den historischen Verlauf zu überholen und in einer biologischen Utopie letztlich stillzulegen. Zumindest in dem für Europa und die Welt so geschichtsmächtig und entscheidend gewordenen Feld der internationalen Politik läßt sich somit von einem für Deutschland und Italien konstitutiven und einheitlichen Faschismusbegriff kaum sprechen.

Faschismusbegriff – Pro und Contra

Was HENRY A. TURNER schon vor geraumer Zeit zu überlegen empfohlen hat, ob der – vom Anspruch her auch den Nationalsozialismus erklärend einbeziehende – Faschismus als Gattungsbegriff eher zur Klarheit der wissenschaftlichen Erkenntnis beitrage oder ob sein Gebrauch mehr dazu geeignet sei, Verwirrung zu stiften, ist heute gültiger denn je [vgl. 219: M. KNOX, Conquest, Foreign and Domestic, in Fascist Italy and Nazi Germany, 4]. In der Tat ist beim gegenwärtigen Stand der Forschung kaum zu übersehen, daß „Faschismus" als politisches Schlagwort so vielfältig und erfolgreich eingesetzt werden kann, wie er als wissenschaftlicher Begriff vorläufig noch der notwendigen Schärfe und Distinktion entbehrt.

Dieses Ergebnis der Forschung wird nun jedoch, durchaus in Anerkennung vieler seiner Einzelheiten, teilweise differenzierend, teilweise revidierend, zugunsten der Benutzbarkeit eines Deutschland und Italien umfassenden Faschismusbegriffs erneut in Zweifel gezogen [219: M. KNOX, Conquest, Foreign and Domestic, in Fascist Italy and Nazi Germany]. Da eine Reihe von Historikern sogar das Gegenteil von bislang Behauptetem, zumindest tendenziell, für richtig halten, beginnt sich 5. ein Erklärungsmodell zugunsten der Existenz eines übergreifenden Faschismusverständnisses zu entwickeln. Danach erscheint nicht zuletzt gerade die Tatsache der bislang als essentielles Unterschei-

Vernichtungswille und Faschismus

dungsmerkmal zwischen Mussolinis und Hitlers Herrschaft eingeschätzten Rassenpolitik und des damit einhergehenden Vernichtungswillens des Nationalsozialismus als das zumindest der Anlage nach die beiden Diktaturen, möglicherweise sogar darüber hinaus andere faschistische Bewegungen bzw. Regime, konstitutiv miteinander verbindende Element ihrer Übereinstimmung [vgl. dazu 242: J. PETERSEN, Il problema della violenza nel fascismo italiano].

Auf die in solcher Perspektive eben nicht vornehmlich als autoritär, sondern vielmehr als totalitär einzuschätzende Qualität des italienischen Faschismus haben neben WOLFGANG SCHIEDER, der in Anlehnung an ALBERTO AQUARONE von einem „unvollendeten totalitären Regime" [W. SCHIEDER in: 207: Der italienische Faschismus, 65] spricht, vor allem ADRIAN LYTTELTON [A. LYTTELTON, in: ebd., 59] und MEIR MICHAELIS [230: M. MICHAELIS, Anmerkungen zum italienischen Faschismusbegriff] hingewiesen. Während STANLEY G. PAYNE [240] den Völkermord des Dritten Reiches mit von ihm als verwandt eingeschätzten Exzessen des 20. Jahrhunderts vergleicht und in dieser Hinsicht Parallelen zwischen dem italienischen Faschismus und dem deutschen Nationalsozialismus entdeckt, haben ANGELO ARA und WOLFGANG SCHIEDER in einem im Ansatz unmittelbarer geführten Vergleich zwischen Italien und Deutschland die These, gerade aufgrund der beiden Regimen gemeinsamen Existenz ihres Vernichtungswillens einen übergreifenden Faschismusbegriff zu postulieren, exemplarisch anzureichern versucht. In diesem Sinne akzentuiert ARA die „ideologischen und strukturellen Ähnlichkeiten" zwischen beiden Phänomenen und hebt besonders hervor, daß der Antisemitismus des „Duce" ohne direkte Beeinflussung durch den Nationalsozialismus, somit autonom, entstanden sei [vgl. dazu im einzelnen 848: M. MICHAELIS, Mussolini and the Jews], um „dem faschistischen Menschen ein Rassebewußtsein zu geben und den ideologischen Gegensatz zu den westlichen Demokratien zu betonen" [A. ARA, Faschismus und Nationalsozialismus. Mussolini und Hitler, in: 294: W. TREUE/J. SCHMÄDEKE, Deutschland 1933, 137 u. 151]. Und WOLFGANG SCHIEDER sieht ungeachtet deutlicher Unterschiede zwischen Mussolinis und Hitlers Herrschaft in dem sich in der Entwicklung und Intensität freilich voneinander abhebenden gemeinsamen Vernichtungswillen beider Regime ein übergreifendes Element ihrer Wesensverwandtschaft, das die Existenz „des Faschismus" als Phänomen und Begriff mit zu konstituieren scheint: „In Abessinien versuchten die Faschisten nach der blutigen Eroberung des Landes ein regelrechtes Apartheid-System einzuführen. Gravierender noch ist, daß die amharische Führungsschicht offensichtlich ausgerottet werden sollte . . . Es paßt dazu, daß Mussolini sowohl in Libyen wie in Abessinien auch die Zivilbevölkerung mit Giftgas bekämpfen ließ . . . Zu einer organisierten Massenvernichtung der Juden ist es unter dem italienischen Faschismus allerdings nicht gekommen . . . Hierin besteht ein deutlicher Unterschied zwischen dem nur tendenziell totalitären Faschismus in Italien und dem in Deutschland. Er soll nicht verwischt werden. Angesichts der italienischen Vernichtungspolitik in Afrika sollte allerdings auch nicht auf jeden Vergleich des Vernichtungswillens der beiden faschistischen Regime verzichtet werden. Vielmehr ist festzuhalten, daß sich das Deutschland Hitlers und das Italien Mussolinis auch auf der Ebene der Verfolgung ihrer Opfer zwar in der Konsequenz und Unerbittlichkeit der Unterdrückung unterschieden, jedoch im Ansatz ähnlich waren" (W. SCHIEDER) [vgl. ausführlich dazu DERS., Das Deutschland Hitlers und das Italien Mussolinis, in 133: G. SCHULZ, Die Große Krise, 44–71]. Und über den deutsch-italienischen Vergleich hinaus erkennt WOLFGANG WIPPERMANN im Hinblick auf die Untaten der kroatischen „Ustascha" und der rumänischen „Eisernen Garde" keinen *grundlegenden* Unterschied zum nationalsozialistischen Genozid [261: W. WIPPERMANN, Europäischer Faschismus im Vergleich, 200]. Wie gesagt: Diese neu sich herausbildende Deutung, die über längst bekannte Ähnlichkeiten der faschistischen Bewegungen und Regime hinaus das bisher eher als prinzipielles Merkmal der Trennung gegenüber Hitlers Nationalsozialismus verstandene Element des Vernichtungswillens als die für einen allgemeinen Faschismusbegriff eben konstitutive Kategorie zu reklamieren sucht, erscheint durchaus bedenkens- und prüfenswert. Allerdings wird noch viel Detailforschung nötig sein, ehe der Vergleich zwischen Mussolinis Afrikapolitik und Hitlers Judenmord als das – neben anderen Kennzeichen – Gemeinsame ihrer Regime und „des Faschismus" wissenschaftliche Anerkennung finden wird.

Ja, ob die Existenz des Vernichtungswillens und der Vernichtungsqualität des nationalsozialistischen Deutschland den Vergleich mit der stalinistischen Sowjetunion nicht viel eher als den mit Mussolinis Italien erforderlich macht und in solchem Zusammenhang nicht den Gebrauch des Totalitarismusbegriffs als den des Faschismusbegriffs näher legt, ist bereits ausführlicher erörtert worden (vgl. S. 130–131).

Angesichts dieser Feststellung, die sich im Hinblick auf die die diversen Faschismen voneinander trennenden Unterschiede sogar noch beträchtlich untermauern läßt [189: G. ALLARDYCE, What Fascism is Not], neigen auf der einen Seite eine Reihe von Forschern (H. A. TURNER; R. DE FELICE; K. D. BRACHER) dazu, vorläufig eine individualisierende Begriffsbildung zur Charakteristik der deutschen Diktatur in den dreißiger und vierziger Jahren zu benutzen. KARL DIETRICH BRACHERS Urteil zufolge [197: Zeitgenössische Kontroversen, 32] läßt sich der Nationalsozialismus, will man seine totalitäre Herrschaft nicht verharmlosen und die kapitalistischen Wirtschafts- und Gesellschaftsordnungen im damaligen Europa nicht dämonisieren, kaum als eine Spielart des europäischen Faschismus erklären und als „deutscher Faschismus" oder als „Hitler-Faschismus" kennzeichnen. Sieht man aber einmal von denjenigen ab, die den Faschismusbegriff als politische Waffe einsetzen, um das sog. „kapitalistische System" zu bekämpfen und die mit der schillernden Formel vom „Antifaschismus" über die totalitäre Qualität des (sowjetischen) Kommunismus hinwegtäuschen, so ist auf der anderen Seite doch nicht zu übersehen, daß eine Reihe von Forschern nach wie vor mit sehr erwägenswerten Argumenten den Gebrauch des Faschismusbegriffs empfehlen. Im Sinne der Überlegungen, Studien und Anthologien von ERNST NOLTE, EUGENE WEBER, WALTER LAQUEUR, GEORGE L. MOSSE, STUART WOOLF und WOLFGANG SCHIEDER haben beispielsweise KARL DIETRICH ERDMANN und HANS-ULRICH THAMER sowie unlängst WOLFGANG WIPPERMANN die Überzeugung geäußert, die Übereinstimmungen in den verschiedenen Faschismen reichten aus, um an einem generischen Faschismusbegriff sinnvoll festhalten zu können.

Dabei scheint die Forschung gegenwärtig erst einmal dahin zu tendieren, die Tragfähigkeit des Begriffs in einem intensiver gezogenen Vergleich zwischen Deutschland und Italien zu überprüfen – eine arbeitstechnisch durchaus verständliche Einschränkung des ursprünglich und theoretisch viel weiter gehenden Begriffs vom europäischen Faschismus. Möglicherweise wird damit in gewissem Maße auch der Warnung KARL DIETRICH BRACHERS Rechnung getragen, der inflationäre Gebrauch des Faschismusbegriffs bedeute „im Grunde eine Bagatellisierung totalitärer Diktatur, weil damit alles in einen Topf geworfen wird: ob es sich um Militärregime, Entwicklungsdiktaturen, lateinamerikanische Oligarchien handelt oder ob gar westliche Demokratien an ihren Krisenpunkten als faschistisch beschimpft werden. Das läuft entweder auf eine Dämonisierung aller Diktaturtendenzen oder aber auf eine Bagatellisierung derjenigen Regime hinaus, die sich wie das nationalsozialistische Gewalt- und Vernichtungssystem auch vom italienischen Faschismus weit und prinzipiell unterscheiden“ [198: K. D. BRACHER, Der Faschismus, 551].

Differenzen zwischen dem Nationalsozialismus und dem Faschismus sieht KARL DIETRICH ERDMANN durchaus auch. Doch hält er an der Sinnfälligkeit des Faschismusbegriffs fest, da ihm „die festgestellten Unterschiede [als] Modifikationen bzw. stärkere oder schwächere Intensitätsgrade von beiden gemeinsamen Strukturelementen“ erscheinen: „Die Modifikation und unterschiedliche Intensität bestimmen die historische Individualität der beiden Bewegungen. Das hier wie dort kongruent angelegte Grundmuster erlaubt es jedoch, sie (abweichend von BRACHER) dem gleichen Typus zuzurechnen und den Terminus ‚Faschismus‘ trotz der genannten Vorbehalte als Gattungsbegriff zu verwenden“ [206: K. D. ERDMANN, Nationalsozialismus – Faschismus – Totalitarismus, 459]. Dementsprechend erkennt auch HANS-ULRICH THAMER „Unterschiede in den politischen und sozialen Voraussetzungen, in Ausprägung und Gewicht einzelner ideologischer Komponenten, in Tempo und Ausmaß der faschistischen Durchsetzungskraft bzw. Radikalität“. Allerdings wird seinem Urteil zufolge „in der prinzipiellen Heterogenität, im Bündnischarakter und Herrschaftskompromiß, in der nicht identischen Identität von konservativ-autoritären und faschistischen Kräften sowie in der Ambivalenz von Tradition und Revolution des Faschismus als Antwort auf eine spezifische Krisensituation . . . der gemeinsame Kern aller seiner Erscheinungsformen“ sichtbar und damit die „Legitimität eines generischen Faschismusbegriffs“ [253: H.-U. THAMER, Ansichten des Faschismus, 35] plausibel.

Wenn KARL DIETRICH ERDMANN in diesem Zusammenhang der historischen

Individualität des Nationalsozialismus innerhalb des europäischen Faschismus auch weit höhere Bedeutung beimißt, als sie in der sehr mißverständlichen Formel vom „deutschen Faschismus“ zum Ausdruck kommt, und wenn er auch im Gegensatz zu ERNST NOLTES Anspruch den Faschismusbegriff als Epochensignatur dezidiert ablehnt, so muß gegenüber seinem Vorschlag, an einem allgemein für die Zwischenkriegszeit in Europa verbindlich angesehenen Faschismusbegriff festzuhalten, doch der Einwand erhoben werden, daß der Nationalsozialismus im Hinblick auf die programmatische Rassenutopie Hitlers und der SS gegenüber anderen faschistischen Bewegungen und Regimen, zumindest bislang singulär erscheint und somit unvergleichbar bleibt. Eben das rassische Dogma aber wurde gerade für das Dritte Reich nicht zuletzt in seinen geschichtlich verheerenden und bis heute nachwirkenden Folgen zum entscheidenden Kennzeichen. Mögen auch manche Bereiche in den beiden Bewegungen einander ähneln, obwohl etwa RENZO DE FELICE in bezug auf Basis, Funktion und Ziele des italienischen Faschismus und des deutschen Nationalsozialismus eher die Unterschiede als die Gemeinsamkeiten betont [208: R. DE FELICE, Der Faschismus, passim], so korrespondiert das Wesen des Nationalsozialismus doch kaum mit dem der anderen Faschismen, und mithin bleibt die Einheitlichkeit des Begriffs vorerst problematisch.

Vorläufiges Resümee

Zumindest angesichts des uns bekannten Forschungsstandes dürften die von HENRY A. TURNER, RENZO DE FELICE und KARL DIETRICH BRACHER im wesentlichen vorgetragenen Bedenken, denen sich BERND MARTIN im Zuge eines über Deutschland und Italien hinaus auch Japan einbeziehenden und die „Tauglichkeit eines übergreifenden Faschismus-Begriffs“ infragestellenden Vergleiches angeschlossen hat [229: B. MARTIN, Zur Tauglichkeit eines übergreifenden Faschismus-Begriffs, 48–73; freilich ist in diesem Zusammenhang darauf hinzuweisen, daß die Massaker der kaiserlichen Armee Japans, beispielsweise in der zentralchinesischen Stadt Nanking vom Jahre 1937/38, noch eingehender Untersuchung bedürfen. Sie hätte zu klären, ob die Ausschreitungen der Soldateska, wie bislang angenommen wird, spontan, improvisiert und zufällig waren oder ob es sich dabei um zentral geplante Aktionen handelte], insofern berechtigt sein, als sie es nahelegen, im Hinblick auf Hitlers „Bewegung“ und Staat nicht vom „deutschen Faschismus“, sondern vom Nationalsozialismus zu sprechen. Denn so fragwürdig (beim Wort genommen) der Begriff eines übernational existierenden Faschismus vorläufig noch erscheint, so singulär stellt sich Hitlers deutsche Diktatur im Lichte der heutigen Forschung dar.

Bedeutung der Person Hitlers

Besonders in einem Zusammenhang, in dem die Deckungsgleichheit bzw. die Inkongruenz des „Falles Hitler“ mit dem europäischen Faschismus erörtert wird, erinnert man sich im Rückblick auf die Faschismusdiskussion der letzten Jahre an HENRY A. TURNERS Rat, für die Bestimmung des allgemeinen Phänomens des Faschismus nach den Vorhaben und Zielen der jeweils in Frage kommenden Führungsgruppen in Italien oder Deutschland zu fragen [257 bzw. 973: H. A. TURNER, Kapitalismus und Faschismus, 161]. Ohne dabei „personalistisch", wie der freilich oftmals allzu voreilig und einst modisch erhobene Vorwurf lautet, Hitler zu dämonisieren, ist gar nicht zu übersehen, daß die Geschichtsmächtigkeit seiner Persönlichkeit und Politik generalisierende Theorien über den Nationalsozialismus bis dato hat scheitern lassen. Tatsächlich kann wohl nicht nachdrücklich genug unterstrichen werden, was NORMAN RICH wiederholt in seinem großen Werk über Hitlers Kriegsziele betont hat und wonach der Diktator „undoubtedly possessed one of the most forceful leadership personalities in recorded history . . . and was indeed the Führer" [577: N. RICH, Hitler's War Aims, Band 1, 76–77]. Nach allem, was wir über Hitlers Diktatur wissen, klingt dieser Befund überzeugender als HANS MOMMSENS Urteil, der Hitler in mancher Hinsicht als „schwachen Diktator" [126: Nationalsozialismus, 702] einschätzt. Daher stellte WALDEMAR BESSON 1961 auch durchaus mit Recht fest, „die größte, wichtigste . . . Aufgabe einer Geschichte des Nationalsozialismus ist die Biographie Hitlers" [W. BESSON, Neuere Literatur zur Geschichte des Nationalsozialismus, in: VfZg 9 (1961), 329].

Hitler-Biographien

Unerfüllt, wie BESSON damals bemerkte, ist dieser Auftrag inzwischen jedoch nicht mehr. Unabhängig von vordergründig bedingtem politischem oder kommerziellem Interesse, das gewiß auch zu den sich immer aufs neue auftürmenden und danach wieder abebbenden „Hitler-Wellen" mit beitrug, liegen nach wie vor zwei große Studien über Hitler vor, die jede auf ihre Art bis heute gültig sind. Die eine – BESSON seinerzeit schon bekannte – wurde von ALAN BULLOCK [150: Hitler] verfaßt, die andere von JOACHIM FEST [155: Hitler]. Naturgemäß ist FESTS 1973 publizierte Studie dadurch, daß sie sich auf die Ergebnisse langjähriger, intensiver Zeitgeschichtsforschung stützen konnte, dem erstmals 1952 veröffentlichten und 1964 in einer völlig überarbeiteten Neuausgabe herausgegebenen Werk BULLOCKS in gewisser Hinsicht überlegen. Dennoch ist BULLOCKS Hitler-Biographie inzwischen keineswegs überflüssig geworden. Während FEST in stärker reflektierendem Verfahren den Umständen der Zeit und dem Außergewöhnlichen der Persönlichkeit des Diktators nachspürt und es literarisch gekonnt darstellt, besticht BULLOCKS „Studie über Tyrannei" durch seinen dichten und gediegenen Bericht über die Fakten, die vom Autor plausibel disponiert, in gewissem Maße für sich sprechen und erklären, wie es eigentlich gewesen ist.

Bullocks „Hitler"

In BULLOCKS Urteil erschien Hitler dabei ursprünglich als ein prinzipienloser Opportunist, den niemals Plan und Entwurf einer politischen Herrschaft leiteten, sondern der jeweils um der Macht willen die ihm günstig vorkommende Situation ergriff. Nicht zuletzt unter dem wissenschaftlichen Einfluß seines Landsmannes TREVOR-ROPER, der die Zielgerichtetheit in Hitlers programmatischer Politik betonte (vgl. Abschnitt 5), hat BULLOCK seine zentrale These mittlerweile modifiziert und war ungeachtet bzw. gerade aufgrund dieser Anpassung an die Entwicklung der Forschung bis zum Erscheinen des Buches von JOACHIM FEST ohne Konkurrenz. Denn Hitler-Biographien wie die von HEIBER [Adolf Hitler. Eine Biographie, Berlin 1960], GISEVIUS [Adolf Hitler. Versuch einer Deutung, München 1963] und DEUERLEIN [153: Hitler], um nur einige aus einer größeren Zahl anzuführen, reichten nach dem übereinstimmenden Urteil der Wissenschaft niemals an BULLLOCKS opus magnum heran.

Dies gilt auch für WERNER MASERS Hitler-Biographie [175: Hitler], die im Grunde ihrem Aufbau nach gar keine Biographie ist. Ihr Verdienst liegt zweifellos in der neue Erkenntnisse vermittelnden Darstellung über die Jugendzeit Hitlers, während die politische Karriere des Diktators im eigentlichen Sinne nicht mehr chronologisch behandelt, sondern in systematisch angelegten Kapiteln dargestellt wird. Ähnliches trifft mutatis mutandis auch auf DAVID IRVINGS Buch über „Hitler und seine Feldherren" bzw. „Hitler's War" [165] zu. Seine zuerst 1975 in deutscher, sodann 1977 in englischer Sprache veröffentlichte Ausgabe weichen voneinander ab, worüber im einzelnen EBERHARD JÄCKELS „Rückblick auf die sogenannte Hitler-Welle" [168] und ANDREAS HILLGRUBERS Artikel über „Tendenzen, Ergebnisse und Perspektiven der gegenwärtigen Hitler-Forschung" [164] eingehender informieren. Die von IRVING vertretene, prima vista sensationelle und am meisten beachtete These, derzufolge Hitler von den Judenmorden erst 1943 erfahren habe und Himmler als der eigentlich Verantwortliche für das nationalsozialistische Genozid anzusehen sei, ist von der internationalen Forschung einhellig zurückgewiesen worden (vgl. Abschnitt 5).

Fests „Hitler"

Demgegenüber liegt – ungeachtet eines inzwischen vorangeschrittenen Forschungsstandes und mancher ihr anhaftenden Schwächen im einzelnen – die nach wie vor als definitiv anzusehende Hitler-Biographie aus der Feder von JOACHIM FEST [155: Hitler] vor. Insbesondere die den chronologischen Verlauf der Erzählung unterbrechenden „Zwischenbetrachtungen" zeichnen Hitler als den seiner Zeit verhafteten Repräsentanten und als ihren zugleich einzigartigen, autonomen, freilich negativen Gestalter. Gewiß ist hier und da an FESTS pejorativ besetztem Revolutionsverständnis Anstoß genommen worden, und sicherlich bedürfen seine an RALF DAHRENDORF [1083: Gesellschaft und Freiheit, 260–299] und DAVID SCHOENBAUM [395 bzw. 1124: Die braune Revolution] orientierten Überlegungen über die modernisierenden Implikationen und Wirkungen des Nationalsozialismus noch vertiefender Erörterung, um schlüssiger auf die Frage antworten zu können, inwieweit Hitlers im ideologischen Grundsatz utopisch ausgerichtete Politik der „braunen Revolution" intentional und funktional Modernisierungseffekte in Deutschland auslöste und in welchem Maße seine „negative Größe" um einen allerdings unverantwortlich hohen Preis auch positive Folgen zeitigte.

Im Gefolge des Buches von FEST, in Auseinandersetzung damit oder unabhängig von ihm, erschienen in den siebziger und achtziger Jahren noch eine Reihe von Studien über Hitler, von denen hier nur auf das umfangreiche Porträt von JOHN TOLAND [183] verwiesen sei und über die man sich im einzelnen in verschiedenen Literaturberichten eingehender informieren kann [151: A. BULLOCK, The Schicklgruber Story, in: The New York Review of Books vom 7. 7. 1977; 168: E. JÄCKEL, Rückblick auf die sogenannte Hitler-Welle; 162: K. HILDEBRAND, Hitler: Rassen- contra Weltpolitik; 164: A. HILLGRUBER, Tendenzen, Ergebnisse und Perspektiven der gegenwärtigen Hitler-Forschung; 177: W. MICHALKA, Wege der Hitler-Forschung; siehe auch R. ZITELMANN, Hitlers Erfolge – Erklärungsversuche in der Hitler-Forschung, in: NPL 27 (1982), 47–69; 163: K. HILDEBRAND, Hitler, 1287–1291]. Mit seinen durchweg überzeugenden „Anmerkungen zu Hitler" hat SEBASTIAN HAFFNER [158] in gewissem Sinne bereits 1978 ein vorläufiges Resümee aus den bis dahin verfügbaren Arbeiten gezogen, das – ohne eine Biographie en miniature vorlegen zu wollen – bis heute gültig ist. In seinem Essay erörtert der Autor sehr gedankenreich entscheidende Stationen und Probleme des Lebensweges und der Politik Hitlers, die der Diktator „nach den Maßstäben seiner persönlichen Biographie machte" [ebd. 202]. Stets um geschichtliches Verstehen und historische Vergleiche bemüht, erliegt er doch niemals der Gefahr einer „comparative trivialization" (PETER GAY) der Herrschaft Hitlers. Ja, gerade die komparatistische Perspektive in seinen Betrachtungen und Urteilen über „Leben", „Leistungen" und „Erfolge", „Irrtümer" und „Fehler", „Verbrechen" und „Verrat" Hitlers läßt ihn die negative Singularität des nationalsozialistischen „Führers" betonen. Insgesamt bieten HAFFNERS Ausführungen über die Darlegung anerkannter Einsichten der Forschung hinaus manch neuen und anregenden Interpretationsvorschlag, der die Geschichtswissenschaft bis heute beschäftigt (vgl. auch Abschnitt 4 und 5). Mit HAFFNERS großem Essay in gewisser Hinsicht, was die intellektuelle Durchdringung des Untersuchungsgegenstandes angeht, verwandt, erscheinen EBERHARD JÄCKELS unter dem Titel „Hitler in History" [172] 1984 herausgegebenen Studien über den Diktator und die Deutschen, die eine erweiterte und aktualisierte Form älterer Abhandlungen des Autors repräsentieren, sowie JÄCKELS soeben publizierte Monographie über „Hitlers Herrschaft" [173]. Dagegen bereichern die jeweils mit einem hohen Anspruch auftretenden, 1980 bzw. 1981 veröffentlichten Darstellungen von WERNER MASER [176: Adolf Hitler. Das Ende der Führer-Legende] und von HANS-JÜRGEN EITNER [154: „Der Führer". Hitlers Persönlichkeit und Charakter] unseren Kenntnisstand über Hitler kaum. MASER zeichnet in seinem Hitler-Buch das schon bei seinem Erscheinen nicht mehr originelle Bild vom führungsschwachen und entscheidungsscheuen Hitler und gibt dies als ein neues Ergebnis der Forschung aus. Dagegen unternimmt EITNER den leider nicht gelungenen Versuch, „erstmals umfassend und präzise" ein aus den Quellen, nämlich den Äußerungen Hitlers während der verschiedenen Phasen seines Lebens, geschöpftes, wie ein Mosaik zusammengesetztes Porträt zu entwerfen. Während die Vertrautheit des Autors mit manchem Detail hervorgehoben und seine Bemühungen, Hitler zugleich als Künstler und als Politiker zu verstehen, gewürdigt worden sind, hat sein Werk doch insgesamt nicht zu überzeugen vermocht. „Hält sich die Darstellung", so lautet ANDREAS HILLGRUBERS Kritik [Literaturbericht. Innen- und Außenpolitik Deutschlands 1933–1945, in: GiWuU 34 (1983), 66], „bis 1924 an die Etappen des Lebens und überzeugt damit weithin, so werden im folgenden Hauptteil die verschiedenen Lebensbereiche Hitlers einer nach dem anderen ohne rechte Beziehung zueinander abgehandelt. Hier herrscht schlicht eine Addition von Quellenaussagen, vermischt mit Zitaten aus der kontroversen Literatur, vor, ein Verfahren, das das anfangs Erhellende des Versuchs des Autors ins Gegenteil umschlagen läßt".

Wenn Hans-Jürgen Eitner im Vorwort zu seiner Biographie ankündigt, seinen Untersuchungsgegenstand „ohne psychoanalytische Hypothesen oder interpretatorische Abenteuer einer modischen Psychohistorie" abhandeln zu wollen, so beschreibt diese methodische Bemerkung bereits eine Gegenbewegung zu dem mit hohen Erwartungen verfolgten Experiment psychohistorischer Deutungen über Hitlers Persönlichkeit und Politik. In diesem Zusammenhang hat vor allem Rudolph Binion unser Wissen über Hitler und den Nationalsozialismus ein gutes Stück weitergebracht. Nachdem die Geschichtswissenschaft sich über längere Zeit und manchmal auch recht einseitig darauf konzentriert hatte, vornehmlich die allgemeinen gesellschaftlichen und damit verbunden: die sozialpsychologischen Voraussetzungen und Bedingungen des Nationalsozialismus zu erforschen, gewann sodann ergänzend und notwendig die Beschäftigung mit der persönlichen Psychologie Hitlers Interesse, über die wir lange Zeit vergleichsweise wenig wußten. Aus der Zahl vorliegender Untersuchungen, über die Gerhard Schreiber in seiner Darstellung „Hitler. Interpretationen" [179, 316–327; vgl. auch 230: W. Michalka, Hitler im Spiegel der Psycho-History. Zu neueren interdisziplinären Deutungsversuchen der Hitler-Forschung] ausführlich und eingehend informiert, sei besonders auf Rudolph Binions inzwischen auch in deutscher Übersetzung vorliegende Studie über „Hitler und die Deutschen" [149] hingewiesen. Sie versucht eine Verbindung herzustellen zwischen Hitlers Judenhaß und dem Pasewalker Lazarettaufenthalt im Herbst 1918, zwischen dem übermächtigen Eindruck seiner Gasvergiftung, der deutschen Niederlage und dem Trauma, das ihm anhaftete, seitdem der jüdische Arzt Dr. Bloch auf Hitlers Drängen 1907 mit einer Überdosis Jodoform den Brustkrebs der bald darauf verstorbenen Mutter Hitlers behandelte. Hitler habe sich nunmehr, so folgert Binion in seinem ausgezeichnet dokumentierten Buch, beauftragt gefühlt, seine Mutter und Deutschland zu rächen. Gleichzeitig hätten auch die Deutschen seit 1918 unter einer Zwangsvorstellung gelitten, die sie dazu bewegt habe, Ludendorffs Ostraumexpansion in einem weiteren Krieg zu wiederholen.

Psychohistorische Deutungen

Man wird abwarten müssen, ob es der Psychohistorie gelingen wird, die bei der zünftigen Geschichtswissenschaft gar nicht zu übersehende Skepsis gegenüber ihren Methoden und Resultaten, der Alan Bullock in seinem Beitrag über die „Schicklgruber Story" [151] repräsentativen Ausdruck verliehen hat, zu beseitigen.

Personalisierung und Entpersönlichung

Insgesamt aber läßt sich im Blick auf den „Fall Hitler" und den europäischen Faschismus feststellen, daß das Pendel der Wissenschaft auf der einen Seite nach wie vor recht heftig ausschlägt zwischen den Polen von „Hitlerzentrik" und Faschismustheorie, zwischen dem Vorwurf der Personalisierung und dem Hang zur Entpersönlichung der Geschichte, zwischen Dämonisierung und Unterschätzung der Politik Hitlers und seines Dritten Reiches. Wenn Adolf Hitler vor solchem Hintergrund beispielsweise als „Opfer" des ihm „von der Propaganda und seinem Volk angedichteten Führer-Mythos" [M. Broszat in seiner „Einführung" zu „Problemen der Hitler-Forschung", die dem Buch von 341: I. Kershaw, Hitler-Mythos, 14, vorangestellt ist] charakterisiert wird, dann erscheinen damit die Resultate der sicherlich gar nicht zu unterschätzenden wirkungsgeschichtlichen Hitler-Forschung doch gewiß viel zu hoch veranschlagt zu sein. Auf der anderen Seite ist allerdings nicht zu übersehen, daß sich die gegensätzlichen Positionen der Zeitgeschichtsschreibung im gemeinsamen Ziel einer Historisierung des Dritten Reiches treffen und darum bemüht sind, den eine geraume Zeit lang sehr scharf und schließlich erschöpfend ausgetragenen Streit zugunsten einer qualitativ neuen und überlegenen Sicht der Dinge zu überwinden. Daß dabei die Persönlichkeit des Diktators auf gar keinen Fall als austauschbar anzusehen ist, findet einzelnen gegenteilig geäußerten Spekulationen zum Trotz breite Zustimmung in der Forschung. In einer zuvor und später selten beobachteten Autonomie und Allmacht repräsentierte, prägte und überwand Hitler seine Zeit, ging niemals in ihrem allgemeinen Zusammenhang auf, entzog sich damit bis heute jedem Reduzierungsversuch aufs Funktionale und gestaltete seinerseits freilich zerstörerisch das Allgemeine.

Hitlers historische Größe?

Die in diesem Rahmen immer wieder aufgeworfene Frage nach der historischen Größe Hitlers mag daher in gewissem Maße für den Stand der gegenwärtigen Einschätzung repräsentativ mit Karl Dietrich Erdmann immer noch so beantwortet werden: „Kann man ihm, der das Gewissen für eine jüdische Erfindung hielt, historische Größe zusprechen? Daß die weltgeschichtliche Persönlichkeit nicht mit normalen Maßstäben gemessen werden könne, war eine Überzeugung Hegels, und Burckhardt stellte für die historische Größe eine Dispensation von dem gewöhnlichen Sittengesetz fest. Aber beiden stand hierbei nicht die Möglichkeit von baren Verbrechen vor Augen, wie sie Hitler gegenüber den Juden, gegenüber anderen Völkern und nicht zuletzt gegenüber dem deutschen Volke selbst verübte. Diese Feststellung darf nun allerdings nicht den Blick dafür verstellen, daß in Hitler jenes erste Attribut, durch das Burckhardt die historische Größe bestimmt, gegeben ist, nämlich die ‚in einzelnen Individuen konzentrierte Weltbewegung' . . . Die welthistorische Größe Hitlers, der das Denken verwirrte, um nach kurzen Jahren eines steilen Aufstiegs seiner Macht die Welt in Flammen zu setzen und mit seinem Sturz sein Volk mit hinabzureißen, ist diabolisch" [114: K. D. Erdmann, Zeit der Weltkriege, 340–341].

Einem solchen Urteil mag möglicherweise entgegengehalten werden, es personalisiere unter Zuhilfenahme moralisch-philosophischer Kategorien das eigentlich im gesellschaftlichen Bereich liegende Problem des Faschismus. Eine solche Vorhaltung dürfte kaum angebrachter und vielleicht noch weniger zutreffend sein, als der der „Strukturgeschichte" gegenüber sehr pointiert erhobene Vorwurf, sie stelle die Wirklichkeit in erster Linie nicht dar, sondern konstruiere sie. Die theoretisch und empirisch experimentierende Faschismusforschung wird es sich letztlich zu ihrem eigenen Nutzen gefallen lassen müssen, ihre allgemein gewonnenen Erkenntnisse über den europäischen Faschismus und den deutschen Nationalsozialismus immer wieder an deren Vereinbarkeit mit dem „Fall Hitler" messen zu lassen, der als wesentlicher Indikator über die Tragfähigkeit und Reichweite jeder Faschismustheorie in hohem Maße mitentscheiden wird. Dies gilt nicht zuletzt auch für die gerade in diesem Zusammenhang während der letzten Jahre erfolgreich vorangetriebenen Forschungen über das Thema „Wirtschaft, NSDAP und Drittes Reich".

3. Wirtschaft, NSDAP und Drittes Reich

Aktueller Bezug

Das Verhältnis zwischen der Wirtschaft, der NSDAP und dem Dritten Reich hat schon seit geraumer Zeit die außerordentlich intensive Aufmerksamkeit der Forschung gefunden. Das hängt zum einen mit der in der Geschichtswissenschaft allgemein beobachtbaren Tendenz zusammen, sich stärker als zuvor den wirtschaftlichen und gesellschaftlichen Problemen der Disziplin zu widmen. Das liegt im Zusammenhang damit andererseits aber auch daran, daß das Thema nicht zuletzt im Rahmen der seit den sechziger Jahren zu beobachtenden Renaissance des marxistischen Denkens in der westlichen Welt in erster Linie auf die Betrachtung der Beziehungen zwischen „Kapitalismus und Faschismus" eingegrenzt wurde und wird. Unübersehbar mitbestimmt werden der Gang und die Intensität der wissenschaftlichen Debatte von dem Empfinden, daß mit der Klärung dieses Problems auch ein Urteil über die Legitimität der freiheitlichen politischen und gesellschaftlichen Ordnung des Westens gefällt wird. Denn „kapitalistische Wirtschaftsordnungen zu diskreditieren und repressive antikapitalistische Regimes zu legitimieren" [976: H. A. Turner, Großunternehmer und der Aufstieg Hitlers, 423], war nicht das geringste, vordergründig ins Auge springende oder hintergründig beabsichtigte Interesse so mancher um die Zusammenkoppelung von Kapitalismus und Faschismus bemühten orthodoxen oder „kritischen" Theorie. Insofern ist, wie Henry A. Turner schlicht feststellt, „das Thema . . . wichtig: entspricht die weitverbreitete Ansicht, daß der Faschismus ein Produkt des modernen Kapitalismus ist, den Tatsachen, dann ist dieses System kaum zu verteidigen. Ist diese Meinung jedoch falsch, dann ist es auch die Voraussetzung, auf der die Einstellung vieler Menschen im Osten wie im Westen zur kapitalistischen Wirtschaftsordnung beruht" [257 bzw. 973: H. A. Turner, Faschismus und Kapitalismus, 7].

Kontroverse Positionen und repräsentative Werke

Wenn auch die politische Bedeutung dazu anhält, dem Thema gebührende Aufmerksamkeit zu schenken, wenn außerwissenschaftliche Impulse für die Entwicklung der Forschung selbstverständlich gar nicht zu unterschätzen sind und wenn beispielsweise die gegenwärtig geführte Diskussion über das Problem einer „Wiedergutmachung" für vom Dritten Reich zum „Ausländereinsatz" gezwungene Fremdarbeiter [923: U. Herbert, Fremdarbeiter] eine Intensivierung der Firmen- und Unternehmensgeschichtsschreibung nach sich zu ziehen scheint (vgl. S. 171), so darf aktuelles Interesse doch nicht dazu führen, die Vergangenheit nur sektoral zur Kenntnis zu nehmen und über der Konzentration auf die ökonomischen und gesellschaftlichen Belange und Funktionen nationalsozialistischer Politik deren letztlich ausschlaggebende ideologische Dimension, die Rassendoktrin des Regimes, zu unterschätzen. Sicherlich hatte und hat es unter anderem mit dem Stand der Forschung, der durch kontroverse und oftmals kaum miteinander vereinbare Positionen gekennzeichnet ist [vgl. dazu 1092: J. HIDEN/J. FARQUHARSON, Explaining Hitler's Germany, 130–151, und 122: I. KERSHAW, Nazi Dictatorship, 42–60], zu tun, daß die westliche Forschung lange Zeit eher debattierende Einzelbeiträge [vgl. beispielsweise 964: D. STEGMANN, Zum Verhältnis von Großindustrie und Nationalsozialismus; 975: H. A. TURNER, Großunternehmertum und Nationalsozialismus] vorgelegt hat. Erst in letzter Zeit sind beispielsweise mit den großen Untersuchungen von LUDOLF HERBST [924: Der Totale Krieg und die Ordnung der Wirtschaft] und von HENRY A. TURNER [976: Großunternehmer und der Aufstieg Hitlers] Werke erschienen, die, so unterschiedlich sie sich im Hinblick auf ihren Untersuchungsgegenstand und ihren Untersuchungszeitraum, ihr Ziel und ihre Resultate, ihre historiographische Methode und ihre – eine Debatte eher fruchtbar anregende oder definitiv abschließende – wissenschaftliche Wirkung auch ausnehmen, in gewissem Sinne als repräsentativ gelten können.

Darstellungen

Darüber hinaus darf auch nicht das Vorhandensein einiger übergreifend angelegter Darstellungen vergessen werden, die, aus jeweils ganz andersartigen Gründen, allerdings nicht als die eine Summe der Forschung ziehenden Standardwerke über die Wirtschaft und das Dritte Reich anzusehen sind. Dazu zählen WOLFRAM FISCHERS Skizze über die „Deutsche Wirtschaftspolitik 1918–1945" [910] und CHARLES BETTELHEIMS vom marxistischen Standpunkt aus verfaßte Deutung über „Die deutsche Wirtschaft unter dem Nationalsozialismus" [892], die schon bald nach Kriegsende in französischer Sprache vorlag und inzwischen auch in einer deutschen Übersetzung publiziert ist. Dazu gehören ARTHUR SCHWEITZERS Buch über „Big Business in the Third Reich" [959] und DIETMAR PETZINAS Monographie über „Die deutsche Wirtschaft in der Zwischenkriegszeit" [947] sowie neuerdings das im Rahmen der „Deutschen Wirtschaftsgeschichte" [Band II: Vom Ausgang des 18. Jahrhunderts zum Ende des Zweiten Weltkrieges, München 1981, 368–465] erschienene Werk von HERMANN KELLENBENZ und die bevorzugt den „Interna des Reichswirtschaftsministeriums" nachspürende Studie von WILLI A. BOELCKE über „Die deutsche Wirtschaft 1933–1945" [896].

Marxistische Forschung

Doch zumindest ebenso charakteristisch wie solche Versuche zur Synthese dürften für den Stand der Forschungsdiskussion in diesem Bereich EIKE HENNIGS „Thesen zur deutschen Sozial- und Wirtschaftsgeschichte 1933 bis 1938" [920] sein. Im Rahmen eines überdimensional angewachsenen Forschungsberichts spiegeln sie vornehmlich jene auf seiten der politischen Linken (der verschiedensten Provenienz) dem unvoreingenommenen Leser oft sektiererisch vorkommenden Deutungen über den sog. „deutschen Faschismus" wider. Mit inbrünstig anmutender Gründlichkeit werden hier die nahezu unendlich zahlreichen Richtungen im orthodoxen und vor allen Dingen auch im unorthodoxen Marxismus in bezug auf ihre Deutungen über den Nationalsozialismus und das Dritte Reich nachempfunden, ohne daß sie hier im einzelnen dargestellt werden müßten. Denn an sich werden marxistische Interpretationen über das Verhältnis von Wirtschaft und Nationalsozialismus für die nichtmarxistische Forschung erst dann interessant, wenn in Weiterentwicklung des bonapartismustheoretischen Ansatzes der Marxisten (siehe Abschnitt 1) so offen und aufnahmebereit über die Unterwerfung der Wirtschaft unter die Verfügungsgewalt des Staates und über die Verselbständigung der Staatsmacht sowie ihrer Konsequenzen für das Verhältnis von Politik und Wirtschaft im Zeichen der nationalsozialistischen Diktatur diskutiert zu werden vermag, wie sich die nichtmarxistische Forschung den Anregungen und Ergebnissen marxistischen Denkens gegenüber schon seit längerer Zeit gezeigt hat und bis heute zeigt.

Nach wie vor stehen sich im Hinblick auf die Beurteilung der Beziehungen zwischen Wirtschaft, NSDAP und Drittem Reich zwei sehr gegensätzliche Grundpositionen gegenüber, die ungeachtet aller scharfsinnig vorgetragenen Versuche zur „Vermittlung" und Überwindung im Kern bestehenbleiben. Denn so ungenügend beispielsweise IAN KERSHAW das Urteil über den im Dritten Reich vorherrschenden „Primat der Politik" auch vorkommen mag und so wenig das Zusammenwirken von Staat, Politik und Wirtschaft im Rahmen der Rüstungs- und Kriegswirtschaft des nationalsozialistischen Regimes zu übersehen wäre, lautet auch KERSHAWS von der Überzeugung getragenes Urteil, Hitlers Staat eher als Polykratie denn als Monokratie zu betrachten: „To insist that ‚in the last instance' economic factors determine, seems indeed – to say the least – an inadequate explanation of the growing paramountcy of Nazism's radical nihilism over ‚rational' economic interest" [122: I. KERSHAW, Nazi Dictatorship, 60]. Nach wie vor beharrt die von der DIMITROFF-Definition des Faschismus bestimmte orthodox marxistische Interpretation des Nationalsozialismus in ihrem Urteil über das Verhältnis der Wirtschaft zur nationalsozialistischen Partei und zum Dritten Reich auf dem Dogma vom „Primat der Ökonomie", insbesondere der Großindustrie und des Großagrariertums. Mit unterschiedlich stark akzentuierten Modifikationen gilt dies auch für einen nicht geringen Teil der Beiträge im Rahmen der westlichen Faschismusdiskussion, die seit einer Reihe von Jahren bewußt oder unbewußt von einem unübersehbar antikapitalistisch ausgerichteten, gegen den demokratischen Parlamentarismus zielenden Affekt stark mit beherrscht wurde.

Primat der Ökonomie – Primat der Politik

Demgegenüber beschreibt die These vom „Primat der Politik" die Gegenposition zum ökonomischen Verständnis des Nationalsozialismus und des Dritten Reiches. Ihre Vertreter haben das auch für die Beziehungen von wirtschaftlichen und politischen Faktoren kennzeichnende totalitarismustheoretische Konzept der Nachkriegszeit längst weiterentwickelt und verfeinert, indem sie den Einfluß des wirtschaftlichen Bereichs auf die politische Gestaltung unvoreingenommen prüfen und dementsprechend kritisch berücksichtigen – obwohl nicht übersehen werden sollte, daß dies beispielsweise auch bereits die für das große Standardwerk von BRACHER/SAUER/SCHULZ über „Die nationalsozialistische Machtergreifung" [265] verpflichtende wissenschaftliche Praxis war. In der Einschätzung über das Verhältnis von Wirtschaft und Nationalsozialismus an der Priorität des Politischen festzuhalten, hat dabei schon lange nichts mehr gemein mit mancher eher apologetischen Verteidigung der Industrie aus den vierziger und fünfziger Jahren [vgl. beispielsweise L. P. LOCHNER, Die Mächtigen und der Tyrann. Die deutsche Industrie von Hitler bis Adenauer, Darmstadt 1955]. In gewissem Sinn hat der Gang der Forschung im Hinblick auf die Darbietung von Material und die Intensität der Reflexion auch Studien wie WILHELM TREUES Betrachtungen über „Die Einstellung einiger deutscher Großindustrieller zu Hitlers Außenpolitik" [970] hinter sich gelassen, die allerdings insofern nach wie vor zutreffend sind, weil sie mit Recht und Nachdruck die „Auffassung von der ‚Kommando'-Rolle Hitlers auch über die Wirtschaft" [119: A. HILLGRUBER, Endlich genug über Nationalsozialismus, 28] vertreten.

Differenzierung der Standpunkte

Der sich in der Differenzierung des Urteils bemerkbar machende Erkenntnisfortschritt ist wohl darauf zurückzuführen, daß die unmittelbar nach dem Ende des Zweiten Weltkrieges gegen die Großindustrie vorgetragenen Anklagen aus noch näher zu erläuternden politischen und wissenschaftlichen Gründen bald verstummten. In ihrer simplifizierenden Form, „böse Kapitalisten" als die Helfer oder Herren der nationalsozialistischen Diktatur dingfest zu machen, kann diese Auffassung teilweise auch für die kommunistische Geschichtswissenschaft der DDR nicht mehr allein als typisch gelten, wenn man beispielsweise an die „Geschichte der deutschen Kriegswirtschaft 1939–1945" von DIETRICH EICHHOLTZ [904] denkt.

Die inzwischen im Hinblick auf beide Grundpositionen – „Primat der Politik" und „Primat der Ökonomie" – beobachtbare Tendenz zur Überprüfung und Verfeinerung der Standpunkte darf jedoch nicht zu der pauschalen und das Voranschreiten der Forschung möglicherweise gefährdenden Meinung führen, nunmehr „verwischten" sich die widersprüchlichen Befunde [H.-E. VOLKMANN, Einleitung zu 912: F. FORSTMEIER/H.-E. VOLKMANN, Wirtschaft und Rüstung, 13] und könnten in der allgemeinen Formel gegenseitiger Abhängigkeit aufgehoben werden. Die ohnehin schon problematische Maxime, „die Unterscheidung zwischen ‚ökonomischen' und ‚nichtökonomischen' Faktoren" vom methodologischen Blickwinkel für „ebenso nutzlos wie unsinnig" (G. MYRDAL) zu halten, wirkt in bezug auf das Dritte Reich geradezu deplaciert, da sie den Blick auf die für die deutsche und europäische Geschichte wesentlichen politischen und ideologischen Triebkräfte und Ziele des Regimes und seines „Führers" eher verstellt als freigibt. Ausgehen könnte die wissenschaftliche Erörterung beider Erklärungsmodelle demgegenüber von der freilich von verschiedenen Ausgangspunkten her gewonnenen Einsicht in die Tatsache einer Autonomie des nationalsozialistischen Staates. Dieser Befund könnte zu weiterführenden Erkenntnissen über das Verhältnis von Politik und Wirtschaft im Dritten Reich verhelfen und würde damit zugleich auch der westlichen Forschung ermöglichen, die durch wissenschaftliche Interessen und daraus abgeleitete Studien ursprünglich vielleicht vernachlässigte, danach oftmals überbewertete Frage nach der Erheblichkeit des ökonomischen Problems im Vergleich mit anderen ideologischen, politischen, anthropologischen und sozial- bzw. individualpsychologischen Untersuchungsgegenständen aus dem Bereich der Geschichte der nationalsozialistischen Diktatur angemessener gewichten und einordnen zu können.

Bevorzugte Untersuchungsfelder

Im Rückblick auf die Forschung der vergangenen vier Jahrzehnte und im Urteil über die andauernde Diskussion ziehen sich die beiden so gegensätzlichen Thesen vom „Primat der Politik" bzw. dem „der Wirtschaft" im Grunde und vornehmlich in zwei intensiv und weitgehend noch kontrovers erörterten Untersuchungsbereichen zusammen:

1. Der eine ist im Rahmen mit der übergreifend aufgeworfenen Frage danach zu behandeln, inwieweit die sozialen Führungsschichten in Deutschland und in diesem Zusammenhang vor allem auch die Industrie Hitlers „Machtergreifung" beeinflußten und förderten, also für sie verantwortlich waren. Sie führt unmittelbar zum nächsten, damit zusammenhängenden Problem, das zu fragen veranlaßt, wie eine eventuelle Indienstnahme Hitlers für die Interessen des „Großkapitals" sich mit den sowohl gegen den „anonymen Kapitalismus" als auch gegen den „gleichmacherischen Sozialismus" gerichteten wirtschaftspolitischen Forderungen und Versprechungen der mittelständischen „Bewegung" Hitlers vereinbaren läßt. In enger Verbindung damit und bereits zum zweiten im Mittelpunkt des Forschungsinteresses stehenden Untersuchungsbereich überleitend, ist zudem immer wieder danach gefragt worden, ob gewisse Zielvorstellungen wie Aufrüstung, „Lebensraum- und Autarkieprogramm . . . richtungweisend für die Regierungszeit" [H.-E. VOLKMANN, Die NS-Wirtschaft in Vorbereitung des Krieges, in: 701: Das Deutsche Reich und der Zweite Weltkrieg, Band 1, 210] Hitlers geblieben sind, ob darüber hinaus, vor allem in der Anfangszeit des Regimes, nicht ganz andere, konjunkturpolitische Motive und Maßnahmen als gleichrangig oder dominierend anzusehen sind und ob nicht über Parolen des Nationalsozialismus und Intentionen des Diktators hinaus, ja sie verdrängend, eine sich oftmals und weitgehend verselbständigende Entwicklung wirtschaftlicher und gesellschaftlicher Provenienz für die Geschichte des Dritten Reiches bestimmend gewesen ist.

2. Der zweite Untersuchungsbereich bezieht sich dementsprechend auf den Verlauf des Verhältnisses zwischen Politik und Wirtschaft im Dritten Reich und gewinnt in der den Zeitfaktor gebührend beachtenden Frage Bedeutung, wer in den Beziehungen zwischen den Repräsentanten aus Politik und Wirtschaft wem zu welcher Zeit (in welchem Maße fordernd und erfolgreich) befahl.

Pauschalurteile

Zu 1: In der „Stunde Null" nach dem Ende des Zweiten Weltkrieges herrschte bei den Siegern, aber auch bei vielen der besiegten Deutschen große Einmütigkeit darüber, daß alle verantwortlichen Schichten in Deutschland, mithin auch und in ganz besonderem Maße das Geld der Kapitalisten, für Hitlers „Machtergreifung" verantwortlich zu machen seien. Diese Überzeugung fand ihren Niederschlag in den von den Alliierten geführten Kriegsverbrecherprozessen, in die die Repräsentanten der deutschen Wirtschaft einbezogen wurden. Ohnehin war sie ja bereits das ideologische Credo der Sowjetunion und der Kommunisten, und sie charakterisierte darüber hinaus das gefühlsmäßige Empfinden weiter Kreise in Deutschland. In diesem Bereich überdauerte einerseits, wie Ernst Nolte einmal bemerkte, die alliierte Siegerkoalition des Zweiten Weltkrieges für eine gewisse kurze Zeitspanne, und diese weit verbreitete Ansicht hatte andererseits wohl eng zu tun mit der antikapitalistischen Grundstimmung nach dem Ende des Zweiten Weltkrieges. Sie entsprach aber auch dem nur allzu verständlichen Bedürfnis nach einer Erklärung der Geschichte der zurückliegenden zwölf Jahre. Schuldige bei den Reichen und Mächtigen in der Wirtschaft, in der Industrie und in der Bankwelt zu suchen, bot sich dabei allzu leicht an. Betroffenheit über die nach und nach erst erkennbar werdenden Ungeheuerlichkeiten im nationalsozialistischen Deutschland und ganz gewöhnlicher Neid spielten dabei ebenso eine Rolle, wie die noch lange wirksame nationalsozialistische Ideologie mit ihren antikapitalistischen Losungen das ihre dazu beitrug und darin vielleicht auch eine für die moderne deutsche Geschichte durchweg charakteristische Tendenz einer Übermacht des Staates über die Wirtschaft jetzt wieder zum Vorschein kam. Es entsprach vielen scheinbar einleuchtenden und traditionell verbreiteten Vorurteilen, damals daran zu glauben, die Kapitalisten hätten Hitler und seine „Bewegung" für ihre Zwecke gekauft.

Erkenntnisfortschritte und neue Ergebnisse

Doch von diesem pauschalen Urteil der „Stunde Null" nach dem Zweiten Weltkrieg löste sich die Forschung mit zunehmendem Erkenntnisfortschritt mehr und mehr. Ohne in diesem Zusammenhang zu übersehen, daß im nun bald heftig einsetzenden „Kalten Krieg" die Vereinigten Staaten von Amerika die Entnazifizierung der Deutschen großzügiger behandelten und ihr Interesse an einer Verurteilung deutscher Wirtschaftsrepräsentanten schwand, da ihre Aufmerksamkeit und Kraft durch die neue totalitäre Herausforderung von seiten der kommunistischen Sowjetunion gebunden wurden, können doch nicht nur die so oft übertrieben beschworenen Tendenzen zur Restauration in der Bundesrepublik dafür verantwortlich gemacht werden, daß die Forschung sich in ihrem Urteil über die Beziehungen zwischen der Wirtschaft und dem Nationalsozialismus differenzierenderer Betrachtung zuwandte.

Wenn auch Wilhelm Treues Hinweise auf Oppositionsgruppen in deutschen Industriekreisen [970: Einstellung einiger deutscher Großindustrieller, 504] nach wie vor einer ausführlich untersuchenden Darstellung bedürfen und die „Nischen" für das Regime überlebende, durchaus mit ihm zusammenwirkende und ihm dennoch widerstehende Existenzen, beispielsweise im Rahmen der sich in letzter Zeit fruchtbar entwickelnden Unternehmensgeschichte, im einzelnen erst noch zu entdecken sind, so näherte sich die in die Bedingungen der nationalsozialistischen Diktatur eindringende Forschung doch mehr und mehr einer das Urteil der unmittelbaren Nachkriegszeit korrigierenden Einsicht. Ernst Nolte wies beispielsweise darauf hin, daß Staat und Partei des Dritten Reiches nicht nur die Arbeiter unterdrückten. In gewissem Maße vergleichbar entmachteten sie auch die „Kapitalisten" und unterwarfen ihren in privater Hand verbliebenen Besitz dem politischen Willen des Regimes [943: E. Nolte, Hitlers

Aufstieg und die Großindustrie, 193]. Darüber hinaus herrscht inzwischen in der nichtmarxistischen Forschung weitgehend Einigkeit darüber, daß andere, vormodern orientierte Repräsentanten der traditionellen deutschen Oberschichten eine größere, ja entscheidendere Rolle bei der „Ermöglichung" Hitlers und dem Heraufkommen der nationalsozialistischen „Machtergreifung" spielten als die, in dieser Frage uneinigen, mehrheitlich für ein Verbleiben des amtierenden Reichskanzlers von Schleicher oder für ein neuerliches Kabinett von Papen ohne Hitler entretenden Vertreter der Banken und der Schwerindustrie [vgl. auch 942: R. NEEBE, Großindustrie, Staat und NSDAP, 201]. Das zum 30. Januar 1933 führende Intrigenspiel „der Herren von Papen, Hugenberg, Hitler und der Umgebung des Reichspräsidenten" vollzog sich „ohne zwingende Logik" (K. BORCHARDT) einerseits vor dem Hintergrund der gar nicht zu übersehenden Tatsache, daß die Konjunkturdaten bereits wieder eine bessere Zukunft signalisierten und Hitlers Stern im Sinken zu sein schien, und gewinnt seine historische Dimension jedoch andererseits im Hinblick auf den gar nicht zu unterschätzenden Sachverhalt, daß die Weimarer Republik lange vor dem Einbruch der sogenannten „Großen Depression" eine vielfältig angelegte, durch ein „Leben über die Verhältnisse" charakterisierte „Krise vor der Krise" erlebte und „die Überlastung der . . . Parteien-Demokratie mit der Regelung von zu vielen und zu gewichtigen gesellschaftlichen Konflikten, vor allem Verteilungs-Konflikten" (K. BORCHARDT) für ihren Bestand ruinös wirkte [vgl. zu der sog. „Borchardt-Kontroverse" zusammenfassend 123: E. KOLB, Die Weimarer Republik, 203–204].

Es ist das Verdienst des amerikanischen Historikers HENRY A. TURNER, in mühevoller Kleinarbeit seit langem die zahlreichen Behauptungen und Vermutungen über finanzielle Unterstützungen, die Hitler in den zwanziger Jahren und im Vorfeld der „Machtergreifung" angeblich gewährt worden seien und die durchweg als erheblich eingeschätzt worden waren, weitgehend widerlegt und relativiert zu haben [257 bzw. 973: H. A. TURNER, Faschismus und Kapitalismus, und jetzt vor allem 976: DERS., Großunternehmer und der Aufstieg Hitlers]. PIERRE AYÇOBERRYS im Jahre 1979 getroffene Feststellung, wonach dieser Untersuchungsgegenstand ein Problem darstelle, „qui reste longtemps le champ privilégié des accusations et des plaidoyers, puis des discussions érudites sur les contacts, les cotisations et les encouragements de tel ou tel gros industriel", und sein Befund, wonach „le bilan de ces recherches reste mince" [99: P. AYÇOBERRY, La question nazie, 206], ist angesichts TURNERS großer Darstellung (vgl. dazu S. 167–168) revisionsbedürftig. Von empirischen Befunden geleitet, formulierte TURNER bereits lange zuvor seine generellen Zweifel an der These, daß Hitler vom Geld der Reichen gekauft worden sei, indem er nachwies, daß nicht Hitlers „Bewegung", sondern Vertreter autoritärer Staatsvorstellungen im Grunde bis 1933 die entscheidende Förderung aus Kreisen der Industrie und der Bankwelt fanden: „Hätte Geld politische Macht kaufen können, wäre auf die Republik Papens ‚Neuer Staat' gefolgt, und nicht Hitlers ‚Drittes Reich'" [257 bzw. 973: H. A. Turner, Faschismus und Kapitalismus, 19]. Alles in allem geriet Max Horkheimers oft zitierte Maxime, wer vom Kapitalismus nicht reden wolle, solle auch vom Faschismus schweigen, angesichts der sich immer vielschichtiger darstellenden Beziehungen zwischen Industrie und NSDAP im historischen Zusammenhang des Verhältnisses der sozialen Führungsschichten zur nationalsozialistischen „Bewegung" und zum Dritten Reich ins Zwielicht. Mittlerweile ist die Forschung über solche kaum aussagekräftigen und höchst bestreitbaren Gemeinplätze hinaus zu im einzelnen viel genaueren Erkenntnissen über die Wirksamkeit politischer und ökonomischer Faktoren im Zuge der „Machtergreifung" gelangt.

Dazu verhalf ihr ein Interpretationsansatz, der das spezielle, lange Zeit freilich dramatisch überschätzte Problem der Beziehungen zwischen Wirtschaft und Nationalsozialismus mit den Fragen nach der gesellschaftlichen Basis, der sozialen Funktion und den politischen Zielen der „Bewegung" Hitlers verband. Daß in einem solchen Rahmen die nationalsozialistische „Bewegung" weitgehend als eine Partei des Mittelstandes galt, schlägt sich bereits in Theodor Geigers zeitgenössischen Untersuchungen nieder, wenn auch die von ihm eher als spontane Reaktion auf die Auswirkungen der Weltwirtschaftskrise gedeutete These von der „Panik des Mittelstandes" sodann durch neuere Untersuchungen ergänzend korrigiert wurde, welche die „Verhaltensweisen des gewerblichen Mittelstandes in der Weimarer Republik als Resultat eines langwierigen historischen Prozesses" [322: H. A. Winkler, Mittelstand und Nationalsozialismus, 17] erscheinen ließen. Von den Motiven abgesehen, bestand jedoch lange Zeit in der marxistischen und nichtmarxistischen Geschichtswissenschaft Konsens darüber, daß die NSDAP die „Sammelpartei des Mittelstandes" (K. D. Bracher) gewesen sei und die Parteien „der bürgerlichen Mitte . . . ihren Wählerrückhalt beim Mittelstand und beim Landvolk zugunsten . . . der NSDAP verloren hätten" [119: A. Hillgruber, Endlich genug über Nationalsozialismus, 20, wo diese These bereits revidiert wird]. Einhergehend mit diesem Befund wurde in der marxistischen und nichtmarxistischen Forschung gleichermaßen einhellig festgestellt, daß sich der Zulauf der NSDAP „keinesfalls aus der Arbeiterschaft, dem Proletariat", rekrutiert habe, das „vielmehr bis zum ‚bitteren Ende' 1933 SPD bzw. KPD gewählt" habe [ebd.].

NSDAP und Mittelstand

Neuere Untersuchungen [300: J. W. Falter, Wer verhalf der NSDAP zum Sieg?; 301: ders., Radikalisierung des Mittelstandes oder Mobilisierung der Unpolitischen?; 302: ders. u. a., Empirische Analyse des Beitrags der Massenarbeitslosigkeit; 311: M. H. Kater, Nazi Party; 306: R. Hamilton, Who Voted for Hitler?] haben diesen zuletzt freilich nur noch mit ergänzenden Einschränkungen und dennoch vergeblich verteidigten [siehe dazu jetzt auch 389: M. Prinz, Vom neuen Mittelstand zum Volksgenossen] Befund vom Extremismus der Mittelschichten erheblich modifiziert, ja revidiert: Zwar ist ein vergleichsweise hoher „Anteil der mittelständischen bzw. ‚kleinbürgerlichen' Sozial- und Berufsgruppen" [266: M. Broszat, Hitlers Staat, 50] für die NSDAP durchaus

Oberschichten und Arbeiter in der NSDAP

kennzeichnend, so daß auch die neuere Historische Wahlforschung die NSDAP noch „teils (im Sinne der Mittelstandsthese)" als „Klassenpartei" begreift [303: J. W. Falter, Erste moderne Integrationspartei, 33]. Darüber hinaus ist jedoch – seit längerem bekannt und durch die Forschungen von Jürgen W. Falter differenzierend bestätigt – nicht zu vergessen, daß sie von allen nichtmarxistischen Parteien in der Weimarer Republik „den relativ höchsten Anteil von Arbeitern" [114: K. D. Erdmann, Zeit der Weltkriege, 354] besaß. Und seitdem wir durch die Studien von Michael H. Kater und Richard Hamilton wissen, daß mit dem sozialen Status die Neigung zum Parteieintritt zunahm, ist die lange Zeit vertretene „Mittelstandsthese" sozusagen „von oben" und „von unten" erschüttert worden. Daher kann es als relativ gesichertes Ergebnis angesehen werden, „daß es sich bei der NSDAP nach ihrer Wiederbegründung im Jahre 1925 immer um eine sozial gemischte, sowohl für Arbeiter als auch für Mittel- und Oberschichtangehörige (wenn auch natürlich in unterschiedlichem Maße) attraktive Partei handelte" [303: J. W. Falter, Erste moderne Integrationspartei, 33]. In diesem Sinne war sie eine die traditionellen Klassen- und Standesunterschiede sprengende, mithin moderne, freilich „negative Volkspartei" (H. Mommsen), in der beispielsweise, anders als lange Zeit angenommen und im Zuge ehrgeiziger (Faschismus-) Theoriebildung stilisiert, Angestellte als Mitglieder des „Neue[n], das heißt unselbständigen Mittelstand[es]", unter den Wählern und Mitgliedern der NSDAP „wohl unterrepräsentiert" waren [303: J. W. Falter, Erste moderne Integrationspartei, 33]. Ihre mittelständische Prägung aber konnte und wollte diese „offen antidemokratische . . . (im Sinne Sigmund Neumanns) ‚absolutistische' oder ‚totalitäre' Volkspartei" [411: H. A. Winkler, Mittelstandsbewegung oder Volkspartei, 112] bis hin zur (teilweisen) Herkunft ihrer Ideologie gerade aufgrund ihres Charakters als einer „relativen Volkspartei" (J. W. Falter) jedoch nicht abstreifen.

Ohne Zweifel ist die bislang als nahezu sicher beurteilte Eindeutigkeit im Verhalten der Arbeiterschaft in der Endphase der Weimarer Republik ebenso kräftig ins Wanken geraten [vgl. 304: J. W. Falter/D. Hänisch, Anfälligkeit; ferner 313: M. H. Kele, Nazis und Workers; C. Fischer, in: 137: P. D. Stachura, Shaping of the Nazi State, 131–159; 310: M. Jamin, Zwischen den Klassen], wie die mit voranschreitender Forschung deutlicher hervortretende Neigung der Oberschichten zur NSDAP neu zur Kenntnis zu nehmen ist. Daß in diesem Zusammenhang einer unterdurchschnittlichen Anfälligkeit von Arbeitern für die „braune Bewegung" eine überdurchschnittliche Hinwendung von Angehörigen der Mittel- und Oberschichten entspricht, legt, da die entscheidenden Differenzen viel zu gering sind, kein Fundament für die inzwischen als überholt anzusehende Mittelstandsthese. Die in den letzten Jahren im Hinblick auf die Geschichte der NSDAP intensiver betriebenen quantitativen Untersuchungen haben das von Gerhard Schulz schon vor längerer Zeit vorgelegte Resultat in vielerlei Hinsicht bestätigt: „Die Rekrutierungsreservoire der NSDAP-Mitgliedschaft erlauben es jedenfalls nicht, sie nur als eine Partei des bürgerlichen Mittelstandes zu bezeichnen . . . wohl aber als eine ‚Integrationspartei' aller sozialen Schichten" [292: G. Schulz, Aufstieg des Nationalsozialismus, 552]. Denn „wenn man . . . im Auge behält, daß wahrscheinlich weniger als zehn Prozent der zehn Millionen Industriearbeiter – von 67 Millionen Deutschen – in politischen Parteien organisiert waren, dann bildete die NSDAP doch neben der SPD, der KPD und dem Zentrum – und mit größerer Erfassungskraft als die beiden letzten – eine der großen Parteien, die die deutsche Arbeiterschaft politisierte und organisierte" [ebd. 551]. Und in mittlerweile notwendiger Ergänzung dazu läßt sich die Partei Hitlers „als eine Bewegung charakterisieren, die bis 1933 für viele Unterschiedliches bedeutet zu haben scheint: Bollwerk gegen eine damals wohl tatsächlich als real empfundene kommunistische Gefahr für die Oberschicht, Sammelpartei des sozialen und wirtschaftlichen Protestes für die Mittelschicht, nationale Alternative zu den beiden sozialistischen Parteien für Teile der Arbeiterschaft, Aufbruchsbewegung in eine bessere Zukunft für die Jugend (die zumindest unter den NSDAP-Mitgliedern eminent stark vertreten war) und Speerspitze für die völkisch-antisemitischen Gruppen, die zwar die Parteielite stellten, innerhalb der nationalsozialistischen Wählerschaft aber so wie zuvor im Kaiserreich und in der Weimarer Republik nur eine kleine Minderheit ausgemacht haben dürften. Vor 1933 war die NSDAP sowohl eine Partei des Mittelstandsextremismus als auch der radikalisierten Unpolitischen aller Couleur und sozialen Herkunft, sowohl Heils- als auch Protestbewegung" [303: J. W. Falter, Erste moderne Integrationspartei, 33].

NSDAP als Integrationspartei

Entscheidend für den Durchbruch der mittelständisch geprägten „Volkspartei" (H. A. Winkler) Hitlers, die Wolfgang Schieder treffend als „universale Ersatzpartei" charakterisierte, war aber, daß sie den für ihre „Machtergreifung" nötigen Rückhalt bei Vertretern aus den vormodern orientierten Eliten Preußen-Deutschlands fand (vgl. S. 162). Es bestimmte, wie Heinrich August Winkler, vom Handeln einzelner Repräsentanten auf das ihrer Schicht schließend, gefolgert hat, in erster Linie „nicht der Kapitalismus in abstracto", sondern es bestimmten in einem gewissen Maße „seine Rückversicherungschancen bei vorindustriellen Stützschichten den Erfolg faschistischer Bewegungen" [322: Mittelstand und Nationalsozialismus, 162]. Für die nationalsozialistische „Machtergreifung" zutreffend hat John Weiss diesen Sachverhalt in allgemeiner Perspektive beschrieben, in der die oft hypostasierte Rolle „des Kapitals" angemessen relativiert wird [J. Weiss, The Fascist Tradition. Radical Right-wing Extremism in Modern Europe, New York u. a. 1967, 5]: „Fascism was not the ‚last gasp of monopoly capitalsm'. If anything, it was the last gasp of conservatism" – eines Konservatismus spezifisch preußisch-deutscher Prägung, so sollte man ergänzen, dem die parlamentarisch reformerische Dimension des englischen Toryismus eher abging (vgl. auch oben S. 112).

Alte Eliten und „Machtergreifung"

Wenn auch manche der selbständigen ideologischen Ziele der „militärischen Desperados" des Dritten Reiches über ihre antagonistische Verwandtschaft mit und ihre entscheidende Verwurzelung in der Theorie und Praxis des totalitären

Kommunismus hinaus auch auf ihren mittelständischen Ursprung zurückgeführt werden [411: H. A. Winkler, Mittelstandsbewegung oder Volkspartei, 113], so erforderte Hitlers programmatische Politik in den dreißiger und vierziger Jahren (erst einmal), einen wirtschaftspolitischen Kurs einzuschlagen, der den antikollektivistischen und antikapitalistischen, auf die Sicherung der eigenen Existenz bedachten Wünschen des „Alten Mittelstandes" entgegenwirkte, der keineswegs geschlossen von Anfang an zu den „Stützen des NS-Systems" [393: A. von Saldern, Mittelstand, 241] gehörte, sich dann aber, alles in allem, bis zum Ende des Dritten Reiches davon nicht löste und auch in dessen Verlauf, in Übereinstimmung mit einer übergreifenden Tendenz der Moderne, zumindest in gewissen Bereichen seiner Existenz [vgl. dazu jedoch differenzierend 394: A. von Saldern, „Alter Mittelstand" im „Dritten Reich". Anmerkungen zu einer Kontroverse und auch bereits 393: dies., Mittelstand, 236–238] mehr und mehr zum „entbehrlichen Stand" [413: H. A. Winkler, Der entbehrliche Stand] wurde. Wie im Hinblick auf andere gesellschaftliche Kreise, so handelte die NSDAP auch in bezug auf den mittelständischen Teil ihrer Mitglieder und Wähler nicht im Dienste derer, die sie trugen und unterstützten. Die für die Verwirklichung der Ziele Hitlers nötige funktionale Modernisierung verstärkte den schon lange andauernden Vorgang der Entmachtung des Mittelstandes, wirkte seinen Interessen entgegen und förderte vorläufig und auf den wirtschaftlich-finanziellen Bereich beschränkt, die Interessen der Industrie.

Marxistische Deutungen der „Machtergreifung"

Stand Hitler letztlich also doch im Dienste der Wirtschaft und ihrer Repräsentanten, und sind sie mithin auch verantwortlich für seine „Machtergreifung"? Nach wie vor – von Fritz Kleins 1953 in der „Zeitschrift für Geschichtswissenschaft" erschienenem Aufsatz „Zur Vorbereitung der faschistischen Diktatur durch die deutsche Großbourgeoisie 1929" über Eberhard Czichons 1967 veröffentlichtes Buch über den „Anteil der deutschen Industrie an der Zerstörung der Weimarer Republik" [E. Czichon, Wer verhalf Hitler zur Macht? Zum Anteil der deutschen Industrie an der Zerstörung der Weimarer Republik, Köln 1967], über die von Wolfgang Schumann und Ludwig Nestler besorgte Dokumentation über die „Weltherrschaft im Visier" [588] bis hin zu Lotte Zumpes Darstellung über „Wirtschaft und Staat in Deutschland 1933 bis 1945 [986] – hält die orthodox marxistische Forschung an der These fest, „eine Mehrheitsgruppe deutscher Industrieller, Bankiers und Großagrarier [habe] Hitlers Kanzlerschaft gewollt und organisiert" [E. Czichon, Wer verhalf Hitler zur Macht?, 54]. In einer gewissen Verwandtschaft mit der Monopolgruppentheorie der DDR-Geschichtswissenschaft, also zwischen einer fortschrittlich-exportorientierten und einer reaktionär-binnenmarktorientierten „Fraktion" der Industrie versuchsweise unterscheidend, hat dann vor einigen Jahren der amerikanische Historiker David Abraham [The Collapse of the Weimar Republic. Political Economy and Crisis, Princeton 1981] im Zuge des Marxschen Bonapartismus-Modells und an neomarxistischen Überlegungen von Gramsci, Poulantzas, Offe and Habermas orientiert, das Scheitern der Weimarer Republik und Hitlers

Machtübernahme im Banne ökonomischer Zusammenhänge dargestellt. Die mit dem Erscheinen seines Buches verbundene Kontroverse [vgl. dazu vor allem T. W. MASON, in: AHR 87 (1982), 1122–1123, sowie H. A. TURNER, T. W. MASON und D. ABRAHAM, in: ebd. 88 (1983), 1143–1149; G. D. FELDMAN, D. ABRAHAM und D. A. UNFUG, in: CEH 17 (1984), 159–293; U. NOCKEN, in: VSWG 71 (1984), 505–527; D. ABRAHAM, in: ebd. 72 (1985), 329–352, sowie U. NOCKEN und D. ABRAHAM, in: ebd. 73 (1986), 61–62. Siehe ferner C. CAMPBELL, A Quarrel Over Weimar Book, in: The New York Times vom 23. 12. 1984, 1 u. 35] entzündete sich nicht in erster Linie an der Valenz dieser These als solcher, sondern vielmehr an der Tatsache, daß der Verfasser die dafür angeführten Zitate nicht mit der nötigen Sorgfalt aus den Quellen gehoben hat, die sein Werk überhaupt diskussionswürdig machen könnte.

Insgesamt besteht allerdings in der nichtmarxistischen Forschung und teilweise auch in der marxistischen Forschung des Westens eine gewisse Einigkeit darüber, daß Hitler nicht direkt vom Geld der Kapitalisten gekauft worden ist. Ein marxistischer Sozialwissenschaftler wie EIKE HENNING weist diese Interpretation beispielsweise zurück, wenn er sich gegen die Vorstellung wendet, die sich die nationalsozialistische „Machtergreifung" als „monokausalen Kaufakt" [E. HENNIG, Industrie und Faschismus. Anmerkungen zur sowjetmarxistischen Interpretation, in: NPL 14 (1969), 439] vorstellt. Dagegen schließt solche Einsicht die subtilere, allerdings kaum belegbare marxistische Deutung nicht aus, sondern legt sie, um im Gehäuse marxistischen Denkens verweilen zu können, sogar nahe, aus der Wirksamkeit der „sozioökonomischen Gesetzmäßigkeiten des Klassenkonflikts" [384: T. W. MASON, Sozialpolitik, 41] darauf zu schließen, hinter den handelnden Personen, durch sie und über sie hinaus, stifte der objektiv voranschreitende historische Prozeß, anonym und mächtig zugleich, die historische Verbindung zwischen Kapitalismus und Faschismus.

Großunternehmertum und Nationalsozialismus – Ergebnisse

Demgegenüber hat HENRY A. TURNER schon seit Jahren darauf hingewiesen, daß „die große Mehrheit der deutschen Großunternehmer Hitlers Triumph weder gewünscht noch materiell zu ihm beigetragen hat" [257 bzw. 973: H. A. TURNER, Faschismus und Kapitalismus, 30]. DIRK STEGMANNS seinerzeit an TURNERS damals noch vorläufig unterbreiteten Ergebnissen geübte Kritik und sein Vorschlag, unter gravierender Betonung des großindustriellen Anteils an der „Machtergreifung" den „deutschen Faschismus" als „eine Sonderform traditioneller autoritärer Herrschaftstechnik" [964: D. STEGMANN, Großindustrie und Nationalsozialismus, 441] zu verstehen und bis zum Jahre 1936 die „politische Herrschaft der Führer-Partei bei sozialer Herrschaft der Großwirtschaft" als „die spezifische deutsche Form vom Faschismus" zu bezeichnen [D. STEGMANN, Kapitalismus und Faschismus in Deutschland 1929–1934. Thesen und Materialien zur Restituierung des Primats der Großindustrie zwischen Weltwirtschaftskrise und beginnender Rüstungskonjunktur, in: Gesellschaft. Beiträge zur Marxschen Theorie 6, Frankfurt a. M. 1976, 68], hat sich, wie schon TURNERS alles in allem überzeugende Replik [975: Großunternehmertum und Nationalsozialismus] es zeigte, und wie es auch die vorsichtig abwägende Beurteilung KARL DIETRICH ERDMANNS erkennen ließ, „so nicht halten lassen" [114: K. D. ERDMANN, Zeit der Weltkriege, 359]. Denn TURNERS 1985 in amerikanischer Sprache und im gleichen Jahr in deutscher Übersetzung erschienenes opus magnum „Die Großunternehmer und der Aufstieg Hitlers" [976] weist überzeugend nach, daß die deutschen Großunternehmer und ihre Verbände für die nationalsozialistische „Machtergreifung" nicht verantwortlich waren und daß ihre Bedeutung im politischen Zusammenhang der Zeit kaum erheblich war, „wenn man sie mit der der Politiker und Militärs vergleicht, deren grobe Fehler und falsche Kalkulationen Hitlers Machtergreifung ermöglichten" [ebd., 422]. Vom Vorwurf eines das Großunternehmertum angeblich begünstigenden Umgangs mit den von TURNER umfassend, intensiv und sorgsam ausgewerteten Quellen einmal abgesehen (V. ULLRICH), wird TURNER sich unter anderem der Vorhaltung ausgesetzt sehen, er unterschätze den mittelbar sehr wohl bedeutenden Beitrag der großen Unternehmen für Hitlers Aufstieg und reduziere in letztlich personalisierender Methode vielschichtig und problemreich, aber stets ökonomisch gebunden sich vollziehende Vorgänge auf die Frage nach der Parteienfinanzierung. Es bleibt allerdings abzuwarten, ob und wie – beispielsweise in bezug auf das dafür notwendige Quellenmaterial – der Nachweis für einen so „strukturell" angenommenen Zusammenhang von wirtschaftlichen Interessen und nationalsozialistischer „Bewegung" tatsächlich zu führen ist.

Primat der Politik

TURNER selbst räumt übrigens durchaus ein, daß es „viele legitime Gründe gibt, den organisierten industriellen Großkapitalismus des zwanzigsten Jahrhunderts zu tadeln" – allein: „die Verantwortung für das Dritte Reich ist ihm nicht anzulasten" [976: H. A. TURNER, Die Großunternehmer und der Aufstieg Hitlers, 426]. Angesichts dieses Tatbestandes auf der einen Seite und einiger von HEINRICH AUGUST WINKLER im Zuge abwägender Kritik dazu geäußerten Einwände auf der anderen Seite dürfte nach wie vor gelten, was KARL DIETRICH ERDMANN, von der anklägerischen „Agententheorie" ebenso weit entfernt wie von apologetischer Mohrenwäsche, so zusammengefaßt hat: „Es wäre falsch, die Unternehmerschaft als ganze oder auch nur in ihrem überwiegenden oder wirtschaftlich bedeutendsten Teil direkt dafür verantwortlich zu machen, daß Hitler Kanzler wurde. Es besteht jedoch eine indirekte Verantwortung, und zwar darin, daß sie dem letzten Versuch, Hitler den Weg zur Macht zu versperren, ihre Unterstützung versagten". Ja, „daß es überhaupt zu einer Situation kommen konnte, in der das Schicksal Deutschlands in so entscheidendem Maße von den Hofintrigen um einen politisch seiner Aufgabe nicht gewachsenen Reichspräsidenten abhing, war das Ergebnis einer Entwicklung, in der das Großunternehmertum nicht neutral abwartend beiseite gestanden, sondern zu seinem Teil dazu beigetragen hatte, die Existenzvoraussetzungen der Weimarer Republik zu zerstören" [114: K. D. ERDMANN, Zeit der Weltkriege, 358].

Den Industriellen in gewisser Hinsicht vergleichbar verhielten sich aus freilich ganz entgegengesetzten Motiven auf ihre Art und Weise auch die Gewerkschaften, so daß der für die parlamentarische Demokratie lebenswichtige Kompromiß zwischen den entscheidenden gesellschaftlichen Gruppen und politischen Parteien seit dem Beginn des Jahres 1930 nicht mehr zustande kam [vgl. dazu A. Hillgruber, Die politischen Kräfte der Mitte und die Auflösung der Weimarer Republik, in: H. Bodensieck (Hrsg.), Preußen, Deutschland und der Westen. Auseinandersetzungen und Beziehungen seit 1789. Zum 70. Geburtstag von Professor Dr. Oswald Hauser, Göttingen/Zürich 1980, 155–175]. Daher neigt die seriöse Forschung heute bei der Bestimmung des Verhältnisses von politischen und ökonomischen Faktoren im Zusammenhang mit der nationalsozialistischen „Machtergreifung" insgesamt dazu, in dem in sich vielfältigen historischen Umfeld der Zeit unter Gewichtung aller in Frage kommenden Faktoren allzu „einsträngige" Aussagen zu vermeiden, selbstverständlich stärker zu differenzieren, als dies in den Anfangsjahren unserer Beschäftigung mit dem Untersuchungsgegenstand möglich war, und dennoch ohne die eine Zeitlang als notwendig angesehene Relativierung der Feststellung von einem „Primat der Politik" zu sprechen.

Zu 2: Eine Betrachtung des Verhältnisses von Politik und Ökonomie im Verlauf der Geschichte des Dritten Reiches läßt erkennen, daß andere Bereiche der Wirtschaft stärker dem Zugriff des Regimes unterworfen waren als die Industrie, die in der wissenschaftlichen Diskussion bevorzugt behandelt wird. In diesem Sinne hat beispielsweise Arthur Schweitzer darauf hingewiesen, daß sich aus ideologisch naheliegenden Gründen die Landwirtschaft bereits einem „Bauernsozialismus" näherte [vgl. dazu differenzierend 918: F. Grundmann, Agrarpolitik im Dritten Reich, sowie auch die leider in vielerlei Hinsicht problematische Darstellung von 900: A. Bramwell, Blood and Soil], während die Industrie noch ein viel höheres Maß an Selbständigkeit zu bewahren vermochte.

Vier Phasen

Um das sich im Verlauf der Geschichte des Dritten Reiches wandelnde Verhältnis zwischen der Großindustrie und dem Staat beurteilen zu können, unterscheidet die Forschung verschiedene Phasen, die ansatzweise schon relativ früh von Arthur Schweitzer vorgeschlagen wurden und mittlerweile unter anderem von Dietmar Petzina, Alan S. Milward und Timothy Mason kritisch und ergänzend entwickelt werden konnten:

Relative Unabhängigkeit der Industrie

1. In den Jahren zwischen 1933 und 1936 vermochte die Industrie im Zeichen des „partial fascism" (A. Schweitzer) ihre Unabhängigkeit gegenüber dem Regime in gewissem Sinne noch zu wahren, wenn auch nicht zu übersehen ist, daß sie vom Beginn des Dritten Reiches an im Dienste der festliegenden Ziele Hitlers handelte, daß ihre „Umstellung auf das nationalsozialistische Wirtschaftssystem im Frühjahr 1933 . . . Ergebnis einer ‚terroristischen Konsensbildung'" [942: R. Neebe, Großindustrie, Staat und NSDAP, 202] war und „daß die Aufrüstung von einem sehr frühen Datum an – im Grunde seit der Machtergreifung – eindeutig Priorität genoß und der Außenhandel ebenso wie die gesamte Wirtschaftspolitik sich ihr unterzuordnen hatte" [W. Fischer, in 912: F. Forstmeier/H.-E. Volkmann, Wirtschaft und Rüstung, 132]. Diese für die

Forschung insgesamt kennzeichnende Position hat HANS JOACHIM HENNING in seinem 1978 veröffentlichten Aufsatz über „Kraftfahrzeugindustrie und Autobahnbau in der Wirtschaftspolitik des Nationalsozialismus 1933 bis 1936" [922] zu differenzieren versucht. In diesem Sinne vermag er für die Anfangsphase des Dritten Reiches keine aufrüstungsrelevante Funktion dieses Industriezweiges zu entdecken, sondern gelangt vielmehr zu dem Resultat, daß es sich in diesem Bereich um eine vornehmlich volkswirtschaftlich beabsichtigte Initialzündung gehandelt habe, die den allgemeinen Aufschwung einleiten sollte. Daß – insbesondere während der frühen Entwicklung des Dritten Reiches – „dogmatische" und „kalkulierende", auf die Aufrüstung und den Aufschwung gerichtete Elemente in der deutschen Wirtschaftspolitik nebeneinander existiert haben [vgl. auch 896: W. A. BOELCKE, Deutsche Wirtschaft, 72], entspricht der auch in anderen Zusammenhängen für Hitlers Staat charakteristischen Janusköpfigkeit seines Regimes, das die Normalität mit dem Ausnahmezustand permanent zu verbinden verstand.

Staats- oder Privatwirtschaft?

2. Das von der Geschichtswissenschaft immer wieder erörterte Problem, ob die Wirtschaftsordnung des Dritten Reiches eher als Staats- oder als Privatwirtschaft einzuschätzen sei, stellte sich im Rückblick während der Phase des von ARTHUR SCHWEITZER vom Jahre 1936 an datierten „full fascism" einerseits klarer und andererseits schwieriger dar. Gewiß vollzog sich „unter der Herrschaft des Vierjahresplans . . . ein ökonomischer Qualitätswechsel" [896: W. A. BOELCKE, Deutsche Wirtschaft, IX], dessen Folgen, was das Ziel der wirtschaftlichen Kriegsvorbereitung anging, eindeutig, was freilich die Formen der sich neu organisierenden Rüstungswirtschaft anging, vielschichtig waren. Es ist nicht zuletzt der Studie von DIETMAR PETZINA über den Vierjahresplan [946] und dem Aufsatz von TIMOTHY MASON über den Primat der Politik [936] zu verdanken, daß wir auf der einen Seite recht deutlich erkennen können, wie stark die Privatwirtschaft der staatlichen Rüstungswirtschaft unterworfen war. Zwar blieben die Betriebe in den privaten Händen der Unternehmer, ohne Zweifel stiegen auch deren finanzielle Erträge aus der Rüstungskonjunktur. Doch wurde das für eine kapitalistische Wirtschaft verbindliche Prinzip der Zweck-Mittel-Rationalität im Banne der Rüstungsanforderungen und des Autarkieprinzips auf Befehl Hermann Görings mehr und mehr außer Kraft gesetzt. Ferner lebte die Wirtschaft beständig mit der Drohung der Staats- und Parteiführung, im Falle eines Versagens ihre verbliebenen Rechte zu verlieren. Daß darüber hinaus nicht nur Görings Streben, sondern auch das der SS darauf abzielte, in Konkurrenz zur Unternehmerschaft in eigener Regie Industrien aufzubauen, wissen wir beispielsweise schon seit der Darstellung von ENNO GEORG über „Die wirtschaftlichen Unternehmungen der SS" [915; vgl. auch 94: A. SPEER, Der Sklavenstaat. Meine Auseinandersetzungen mit der SS]. Auf der anderen Seite entwickelte sich etwa im Zusammenwirken zwischen der „Organisation des Vierjahresplanes" (M. BROSZAT) und den IG-Farben-Werken, ohne deren Sonderstellung innerhalb der nationalsozialistischen Rüstungswirtschaft damit freilich zu stark als

repräsentativ auszugeben, eine Verflechtung, die es schwer macht, die Grenzen zwischen staatlicher und privater Sphäre zu erkennen [das arg tendenziöse Buch von 899: J. BORKIN, Die unheilige Allianz der I. G. Farben. Eine Interessengemeinschaft im Dritten Reich, führt, wenn man von beachtenswerten Einzelheiten über die Aktivitäten des Konzerns im Zweiten Weltkrieg – „I. G. Auschwitz", 105–118 – absieht, zu keinen neuen Aufschlüssen]. Denn in den entsprechenden „Koordinierungs- und Planungsstäben halb staatlicher, halb privatwirtschaftlicher Natur verschmolz das der traditionellen Staatsorganisation aufoktroyierte führerstaatliche Prinzip mit den Führungs- und Koordinationsapparaturen der Großindustrie zu einer kaum noch unterscheidbaren Einheit" [266: M. BROSZAT, Staat Hitlers, 375] innerhalb der nationalsozialistischen „Kriegswirtschaft in Friedenszeiten" [906: R. ERBE, Nationalsozialistische Wirtschaftspolitik, 177].

Wirtschaftspolitische Alternativen?

Allerdings gab es neben dieser Form der partiellen Integration eines Wirtschaftsunternehmens in das nationalsozialistische System auch diejenige einer eher lockeren Kooperation, die beispielsweise für die Beziehung zwischen dem Ruhrkohlebergbau und dem Regime kennzeichnend war [917: J. GILLINGHAM, Industry and Politics, 163]. Daß in dieser Hinsicht unterschiedliche Möglichkeiten und Erscheinungstypen im Verhältnis zwischen Wirtschaft, Staat und Partei bestanden, liegt auf der Hand. Sie reichen von der Möglichkeit der selbst vollzogenen „Gleichschaltung" [961: G.-H. SEEBOLD, Stahlkonzern im Dritten Reich. Der Bochumer Verein, 308] bis zu der zwanghaft herbeigeführten Anpassung an das Regime und spiegeln, soweit sich das heute bereits erkennen läßt, eine insgesamt für das Leben im Dritten Reich charakteristische Tendenz einer Existenz zwischen Mitwirken und Distanz, zwischen Freiwilligkeit und Widerstand. Dringend notwendig sind gerade auf diesem Feld weitere firmen- und unternehmensgeschichtliche Untersuchungen, deren Ergebnisse es wahrscheinlich erst nach geraumer Zeit zulassen werden, in abstrahierender Weise zu allgemeinen und zuverlässigen Aussagen über diesen Untersuchungsgegenstand vorzudringen.

Ungeachtet gar nicht zu übersehender Fortschritte wissen wir auch in diesem Zusammenhang noch viel zu wenig über die in Staat und Partei zum tatsächlich verfolgten Wirtschaftskurs erörterten möglichen Alternativen, auf deren Bedeutung WOLFRAM FISCHER schon vor geraumer Zeit hingewiesen hat [W. FISCHER, in 912: F. FORSTMEIER/H.-E. VOLKMANN, Wirtschaft und Rüstung, 135]. In diesem Rahmen verfolgt WILLI A. BOELCKE [896: Deutsche Wirtschaft] beispielsweise Hjalmar Schachts Weg von der Mitwirkung im Regime über seine Kritik an dessen als wirtschaftspolitisch falsch und verhängnisvoll eingeschätzten Prinzipien und Praktiken zur Opposition gegen Hitler, wenn auch beileibe nicht erschöpfend und der in Anlehnung an FISCHER entworfenen Fragestellung nicht primär verpflichtet. Und ebenfalls aufschlußreich erscheint, was STEFAN MARTENS [571: Hermann Göring] und ALFRED KUBE [346: Pour le mérite und Hakenkreuz], wenn auch jeweils nur umrißhaft (vgl. S. 143), in dieser Perspektive über Hermann Görings politische und wirtschaftliche Vorstellungen und Aktivitäten zutage gefördert haben. Denn der „Zweite Mann im Reich" (S. Martens) gilt einerseits als Exponent der ruinösen Rüstungswirtschaft des nationalsozialistischen Staates, deren ultima ratio der Krieg und die in atavistischer Form vorgestellte Deckung von Schulden durch Beute war. Andererseits begegnete er in politischer Hinsicht Hitlers Kriegskurs durchaus skeptisch. Unter diesem Gesichtspunkt scheint er zuweilen, vielleicht ohne dies bewußt realisiert zu haben, den Erfordernissen einer vernünftigen Wirtschafts- und Außenpolitik gegenüber, für die auch sein Rivale Schacht eintrat, aufgeschlossen gewesen zu sein, die auch in den Stäben des Vierjahresplanes und in den Bürokratien verschiedener Ministerien als Alternativen zu Hitlers programmatischem Kriegskurs diskutiert wurden. Diese Tendenz, zu praktikablen, in mancher Hinsicht – in freilich grundsätzlich gewandeltem politischen Kontext – nach Kriegsende zum Zuge gekommenen Optionen zu gelangen, verstärkte sich vornehmlich während der zweiten Hälfte des Weltkrieges und vollzog sich, wie Ludolf Herbst [924: Der Totale Krieg und die Wirtschaft, besonders 341–452] gezeigt hat, teilweise sowie als Ausnahme im Widerstand gegen das Regime und teilweise sowie bevorzugt in Zusammenarbeit mit ihm und verweist in seiner spezifischen Gemengelage aus alten und neuen Elementen (Ohlendorf und der Neo-Liberalismus) auf die auch in anderem Zusammenhang (vgl. S. 95) zu beobachtende Möglichkeit einer sich schemenhaft andeutenden Metamorphose des radikalen zu einem modernen Nationalsozialismus, auf deren im einzelnen noch zu prüfende Existenz Michael Salewski [882: Das maritime Dritte Reich, besonders 147–148, Diskussion] aufmerksam gemacht hat.

Wirtschaftliche Bedingungen der „Blitzkriegs"-Konzeption

3. Der im Frieden vorbereitete „Blitzkrieg" [vgl. dazu H.-E. Volkmann, Die NS-Wirtschaft in Vorbereitung des Krieges, in 701: Das Deutsche Reich und der Zweite Weltkrieg, Band 1, 208–368] ist in der Forschung gerade auch unter wirtschaftspolitischem Gesichtspunkt interpretiert worden. Alan S. Milward hat gezeigt, warum im Streit um „Breiten" – (Hitler) oder „Tiefenrüstung" (Thomas) endlich die auf „Breitenrüstung" angelegte Form des „Blitzkrieges" als für das Dritte Reich angemessene Strategie gewählt wurde. Über Hitlers politische Entscheidung für die Kriegführung gegen einen zuvor isolierten Gegner und über die beschränkten wirtschaftlichen Möglichkeiten des Reiches hinaus entsprach sie, worauf Milward über das militärpolitische und ökonomische Motiv hinaus gleichfalls hingewiesen hat, in einem ganz umfassenden Sinn „der diplomatischen Lage der deutschen Regierung. Sie gehörte zu der politischen Lage des NS-Regimes. Sie gehörte zu der nationalsozialistischen Verwaltungsmethode. Und schließlich gehörte sie zur Struktur der nationalsozialistischen Gesellschaft" [A. S. Milward, in 912: F. Forstmeier/H.-E. Volkmann, Wirtschaft und Rüstung, 191]. Aus allen diesen Gründen bot sich „die Konzeption des Blitzkrieges als eine begrenzte Einbeziehung der Wirtschaft in den Krieg" für Hitler und sein Regime geradezu an [ebd. 194].

Sie erlaubte zudem, sogar noch im Zeichen des „totalen Krieges" andauernd,

Nationalsozialistische Sozialpolitik

die Existenz und Planung einer „Nationalsozialistische[n] Sozialpolitik im Zweiten Weltkrieg“, deren Motive und Ziele, deren Entstehung, Entwicklung und Ende MARIE-LUISE RECKER [392] eingehend untersucht hat. Daß soziale Leistungen und Entwürfe vor allem im andauernden Weltkrieg, der sie zugleich erforderlich machte und ermöglichte, integrierende Wirkung ausübten, tritt dabei ebenso deutlich zutage, wie die damit einhergehenden modernisierenden, nicht zuletzt eben gesellschaftlich egalisierenden Tendenzen auf eine mächtige säkulare Strömung der Moderne hindeuten, die sich bezeichnenderweise zur gleichen Zeit, wenn auch in einem grundlegend anders gestalteten politischen Rahmen, in dem im Dezember 1942 der Öffentlichkeit vorgestellten Beveridge-Bericht der britischen Regierung verdichtete. Freilich darf das „Nebeneinander ‚moderner‘ und ‚traditionaler‘ Elemente in der nationalsozialistischen Sozialpolitik . . . nicht darüber hinwegtäuschen, daß die politische Führung des Dritten Reiches darauf setzte, nach dem ‚Endsieg‘ eine neue Entwicklung einzuleiten, die die überkommene Gesellschaft im Sinne der ‚radikal antimodernen Zielsetzung‘ des Nationalsozialismus umgestalten würde“, so resümiert die Verfasserin das Resultat ihrer Darstellung und zieht die zum Problem der damit verbundenen entweder beabsichtigten oder sich einstellenden Modernisierung Stellung nehmende Schlußfolgerung: „Alle . . . Elemente einer partiellen Modernisierung waren insgesamt eher ein Mittel zur Steigerung der kriegswirtschaftlichen Leistungsfähigkeit und damit der militärischen Schlagkraft als ein eigenständiges Ziel nationalsozialistischer Politik, deren Blickrichtung in eine ganz andere Dimension wies. Der beabsichtigten Umgestaltung des eroberten ‚Lebensraums‘ im Sinne einer rassischen Neuordnung hätten sich in Zukunft alle anderen Elemente unterordnen müssen, sie wäre zum Zielpunkt auch im sozialpolitischen Bereich geworden“ [ebd., 300–301].

Rolle Speers

4. Erst als die „Blitzkrieg“-Strategie im Jahre 1941/42 scheiterte, wurde Albert Speer freie Hand gegeben, in gewissem Sinne mit ähnlichen Methoden, wie sie in den westlichen Ländern eingesetzt wurden, eine Kriegs- und Rüstungswirtschaft aufzubauen, die die Industrie an langer Leine führte, den privaten Konsum stärker einschränkte und auf den „langen“ Krieg gerichtet war, bis 5. die „Ära Speer“ [vgl. dazu die freilich hyperkritische Darstellung von 958: M. SCHMIDT, Albert Speer: Das Ende eines Mythos. Speers wahre Rolle im Dritten Reich] 1944/45 zu Ende ging, als Speers ideologische Gegner, allen voran Gauleiter Sauckel, wieder für eine stärkere Reglementierung des wirtschaftlichen Bereichs durch Staat und Partei sorgten. Angesichts der Tatsache, daß die in diesem Zeitraum entworfenen Nachkriegsplanungen der Industrie, die den Rahmen des „autoritäre[n] Wirtschafts- und Sozialmodell[s] des sogenannten ‚deutschen Sozialismus‘“ [924: L. HERBST, Der Totale Krieg und die Wirtschaft, 458] zwar häufig nicht sprengten und dennoch eine moderne wirtschaftliche Variante im Zusammenhang des nationalsozialistischen Deutschland darstellten, noch nicht zum Zuge zu kommen vermochten, ja durch die erneut an Einfluß zunehmende NSDAP sogar an Realisierungsmöglichkeiten Einbußen erlitten, erwies am Ende

der Geschichte des Dritten Reiches verstärkt die „prinzipielle Unvereinbarkeit der rassistischen und biologistischen Aspekte" einer Weltanschauung „mit den Anforderungen, die die moderne Industriewirtschaft an Rationalität und Effizienz stellt" [ebd., 16].

Arbeiten aus der DDR

Über alle diese hier nur angedeuteten Probleme im Verhältnis von Politik, Kriegführung und Wirtschaft liegt in der westlichen Forschung noch keine Darstellung vor, die beispielsweise dem zweibändigen Werk von DIETRICH EICHHOLTZ über die „Geschichte der deutschen Kriegswirtschaft 1939–1945" [904] korrespondierte. Dagegen finden die sechs Bände eines DDR-Autorenkollektivs über „Deutschland im zweiten Weltkrieg" [112], die ihrem Ansatz gemäß gerade auch dem Verhältnis von Wirtschaft und Staat intensive Aufmerksamkeit widmen, in gewissem Maße eine Entsprechung in dem vom „Militärgeschichtlichen Forschungsamt" in Freiburg i. Brsg. herausgegebenen, bislang vier Bände umfassenden Werk über „Das Deutsche Reich und der Zweite Weltkrieg" [701], das der wirtschaftlichen Seite des Geschehens, zumindest im ersten und vierten Band, ausführliche Beachtung schenkt. Während die Arbeiten der DDR-Historiker nach wie vor von einem ausschlaggebenden Einfluß der Wirtschaft auf die Formulierung der Kriegsziele des Dritten Reiches ausgehen [vgl. diese Position zusammenfassend: Die Kriegsziele Hitlerdeutschlands im zweiten Weltkrieg und die Ursachen ihres Scheiterns. Diskussionsmaterial für das internationale Historiker-Kolloquium in Weimar vom 26. bis 31. Mai 1975. Ausgearbeitet von einem Autorenkollektiv unter Leitung von W. SCHUMANN, o.O. 1975], herrscht in der westlichen Forschung bei allen teilweise tiefgreifenden Unterschieden im einzelnen doch weitgehender Konsens darüber, daß der umgekehrte Vorgang zutreffend ist. Hitlers politische und strategische Kriegsziele hatten stets vor allen wirtschaftlichen Erwägungen Vorrang. Eine Einflußnahme wirtschaftlicher Interessenverbände auf die Formulierung von politischen Kriegszielen, die es beispielsweise im Ersten Weltkrieg auf deutscher Seite gegeben hat, ließ der politische Primat in Hitlers nationalsozialistischer Diktatur nicht mehr zu (vgl. Abschnitt 5).

„Krisen"-Theorie

Eine interessante Interpretationsvariante dieser von der orthodox marxistischen Geschichtswissenschaft nach wie vor abgelehnten These vom „Primat der Politik" hat TIMOTHY MASON in der Einleitung zu seinem Dokumentenband über „Arbeiterklasse und Volksgemeinschaft" [383] vorgelegt. Seinem Selbstverständnis nach Marxist hat er schon vergleichsweise früh in einer in der wissenschaftlichen Diskussion stark beachteten Kontroverse über das Verhältnis von „Politik und Wirtschaft im Nationalsozialismus" [936: T. W. MASON, Primat der Politik; 903: E. CZICHON, Primat der Industrie; 937: T. W. MASON, Erwiderung; 905: D. EICHHOLTZ/K. GOSSWEILER, Politik und Wirtschaft] vom „Primat der Politik" gesprochen. An dieser These hat er, sie durch Material anreichernd, festgehalten. Dabei geht er von der Beobachtung aus, daß die im Dienste der außenpolitischen und kriegerischen Ziele des Regimes betriebene Wirtschaftspolitik die Möglichkeiten des Dritten Reiches zunehmend mehr überfordert habe. Diese Situation sei jedoch noch zusätzlich und entscheidend dadurch verschärft worden, daß Hitler aus Furcht vor einer Wiederholung der Revolution von 1918 stets auch den zivilen Konsum gefördert habe, um die von MASON in ihrem Widerstandswillen und ihrer entsprechenden Aktivität wohl überschätzte Arbeiterschaft bei der Stange zu halten. Die auf diese Art und Weise im Banne der politischen Zielsetzung sich mehr und mehr zuspitzende ökonomische und soziale „Krise" habe das Regime dann im Spätsommer 1939 zur „Flucht nach vorn" und in den Krieg gegen Polen getrieben.

Unbeschadet der Tatsache, daß wir durch MASONS Buch (besonders in seinem dokumentarischen Teil) über viele bislang unbekannte Sachverhalte und Einzelheiten zur Wirtschafts- und Sozialgeschichte informiert werden, ist doch diese zentrale These von der Krisenanfälligkeit des Dritten Reiches und des daraus abgeleiteten Zwanges zur „Flucht nach vorn" in der Forschung durchaus rezipiert, jedoch eher ablehnend aufgenommen worden [vgl. dazu vor allem H. A. WINKLER, Vom Mythos der Volksgemeinschaft, in: Arch. f. SozG 17 (1977), 488–489]. Zum einen blieben die sog. wirtschaftlichen Zwänge gegenüber Hitlers politisch autonomen Zielen sekundär. Sie liefen der Politik und Kriegführung des Diktators nicht entgegen, sondern wurden von ihnen initiiert, forcierten sie, dienten ihnen und fanden im „Blitzkrieg"-Konzept ihre politisch und wirtschaftlich entsprechende Strategie. Zum anderen überschätzt MASON Ausmaß und Qualität der sog. ökonomischen und sozialen „Krise" des Dritten Reiches. Für ihre Beurteilung gilt, was ERNST NOLTE in anderem Zusammenhang einmal so formuliert hat: „Eine Wirtschaftskrise kann Radikalisierung nur dann hervorbringen, wenn sie sich im Rahmen eines parlamentarischen Systems vollzieht" [943: E. NOLTE, Hitlers Aufstieg und die Großindustrie, 193]. Gewiß können „die prekäre wirtschaftliche Lage, die Zerrüttung der Staatsfinanzen und die hiervon ausgehenden inflationären Tendenzen, die staatliche Organisation des Arbeitskräftepotentials und die damit im Zusammenhang stehenden sozialpolitischen Probleme sowie die durch die Gesamtheit dieser Elemente nicht zu leugnende potentielle Gefährdung der innenpolitischen Basis des Regimes . . . bei einer Beurteilung der Kriegspolitik Hitlers zumindest ab 1936 nicht außer Betracht bleiben" [W. DEIST, Die Aufrüstung der Wehrmacht, in 701: Das Deutsche Reich und der Zweite Weltkrieg, Band 1, 530], und sicherlich befand sich die Wehrmacht, was „Rüstungsbeschleunigung und Inflation" [M. GEYER, Rüstungsbeschleunigung und Inflation. Zur Inflationsdenkschrift des Oberkommandos der Wehrmacht vom November 1938, in: MGM 30 (1981), 121–186] anging, „in der Kostenfalle" [DERS., Die Wehrmacht in der Kostenfalle. Finanzierung und Struktur der NS-Rüstungswirtschaft, in: Journal für Geschichte 4 (1982), 12–18], die nach einer radikalen Lösung verlangte. Dennoch war die sogenannte „Krise", die er letztlich immer mit Gewalt und Terror hätte unterdrücken können, für Hitlers Gedankenbildung und Entscheidungen nicht ausschlaggebend. Ja, man kann in diesem Rahmen auch nicht übersehen, daß Hitler im Zeichen seiner politischen Erfolge bis zum Sommer 1939 in der deutschen

Bevölkerung einschließlich der Arbeiterschaft Popularität besaß, die, zusammen mit materieller Privilegierung der deutschen Arbeiter und abschreckenden Drohungen für ihre Existenz, während des Zeitraums von 1939 bis 1945 dazu beitrug, daß die Kriegswirtschaft des Dritten Reiches niemals von aktivem oder passivem Arbeiterwiderstand gefährdet wurde [408: W. F. Werner, „Bleib übrig", 363–364; vgl. auch 382: G. Mai, „Warum steht der deutsche Arbeiter zu Hitler?"].

Der Kriegsentschluß des Diktators entstammte allein politischen Motiven und orientierte sich im „timing" primär an den Bedingungen der internationalen Konstellation. Ökonomische und gesellschaftliche Faktoren blieben funktional und wurden von ihm nicht zuletzt auch als Argumentationshilfen benutzt, um mit dem Hinweis auf wirtschaftliche Notwendigkeiten vor dem Kriegsentschluß zögernde Vertreter aus den konservativen Eliten zu überzeugen (vgl. oben S. 45ff.). Niemals bestimmten krisenhafte Eigengesetzlichkeiten im Dritten Reich den politischen Kurs des Regimes. Sie konvenierten vielmehr mit Hitlers Politik, und sie waren in ausschlaggebendem Maße nicht einmal für den Zeitpunkt der Kriegsauslösung dominierend. Denn der politischen Motiven entspringende, bis 1941 auch für die Funktionsfähigkeit der deutschen Kriegswirtschaft so entscheidende Pakt mit Stalin [vgl. 693: W. Birkenfeld, Stalin als Wirtschaftspartner Hitlers] war in diesem Zusammenhang für den Termin des Kriegsbeginns gegen Polen weit entscheidender [634: A. Hillgruber, Hitler-Stalin-Pakt und Entfesselung des Zweiten Weltkrieges, 339–361] als die von Mason scharfsinnig, aber überspitzt gezeichneten innenpolitischen und gesellschaftlichen Motive. Am eingehendsten hat wohl Heinrich August Winkler diese „anfechtbaren Thesen" Masons umsichtig kritisiert und zurückgewiesen: „Mason differenziert nicht genug, wenn er der sinkenden Arbeitsdisziplin generell ein politisches Motiv zuspricht und sie auf die Ebene des bewußten antifaschistischen Kampfes hebt. In Wirklichkeit war vieles von dem, was sich unter den Vorzeichen der Vollbeschäftigung in Deutschland abspielte, gar kein spezifisch nationalsozialistisches Phänomen. Auch in England gab es nach Kriegsausbruch, als das Land erstmals eine Phase der Vollbeschäftigung erlebte, zahlreiche Fälle von Leistungsverweigerung. Der verständliche Wunsch, in der Arbeiterklasse den aktiven Widerpart von Faschismus und Krieg zu sehen, sollte nicht zu einem idealisierenden Bild ihres Bewußtseins und ihres Verhaltens in einem totalitären System verleiten. Wenn aber das nationalsozialistische Herrschaftssystem von den Arbeitern in seiner Existenz nicht unmittelbar bedroht war, dann wird nicht nur Masons Behauptung von der politischen Krise des ‚Dritten Reiches' in den Jahren 1936 bis 1939 fragwürdig, sondern auch eine weitere These: Die soziale, wirtschaftliche und politische Krise habe der politischen Führung die Flucht nach vorn, den Entschluß zum Krieg nahezu aufgezwungen".

Wirtschaft im Dienst der Politik

Alle Versuche, Hitler und den „deutschen Faschismus" im weitesten Sinne als Exponenten und Derivate der Krisen und Verwertungsbedingungen des Kapitalismus zu beurteilen und das Dritte Reich in irgendeiner Indienstnahme für ökonomische Ziele zu interpretieren, lassen im Prinzip, wie der Gang durch die Forschung gezeigt haben mag, stets zwei Fragen ungelöst: Einmal die, warum es zu solcher Entwicklung gerade in Deutschland – und nicht in England oder den Vereinigten Staaten von Amerika – gekommen ist. Damit wird über die ökonomische Sphäre hinaus wiederum wie im Zusammenhang mit der Behandlung der „Machtergreifung" (vgl. oben S. 110ff.) erklärend auf den Bereich der politischen Kultur in historischer Perspektive verwiesen und möglicherweise sogar eingeräumt, daß es angesichts seiner mächtigen Staatstradition und seiner vormodernen Führung ein spezifischer Mangel an Kapitalismus in Deutschland gewesen sein könnte, der für die Entwicklung des preußisch-deutschen Nationalstaates charakteristisch wurde, nicht aber eine Dominanz der Wirtschaft über den Staat oder auch nur eine Deckungsgleichheit von wirtschaftlichen und politischen Faktoren. Zum anderen lassen solche Interpretationen das Problem offen, wie die Zweckgerichtetheit kapitalistischen Wirtschaftens mit der Rassenidee des Nationalsozialismus zu vereinbaren ist. Ihre unbestrittene Priorität in der Politik des Regimes beschreibt dessen Wesen und ist mit den Erfordernissen einer kapitalistischen Wirtschaft letztlich in allen Bereichen eher unverträglich als kongruent. Es mag sein und muß der Untersuchung durch künftige Forschungen vorbehalten bleiben, daß gegen Hitlers Kriegskurs bewußt oder unbewußt opponierende bzw. sich davon abhebende Repräsentanten des Regimes wie Schacht und in mancher Hinsicht sogar Göring, wie Speer und gewisse Kreise innerhalb der SS im Rahmen der bestehenden Diktatur, die sie in bezug auf ihre totalitäre Ausprägung unter Umständen zu wandeln vorhatten, eine stärkere Indienstnahme des Staates durch die Wirtschaft betrieben hätten. Bezeichnenderweise kamen sie jedoch nicht zum Zuge, so daß insgesamt NORMAN RICHS Urteil über das Verhältnis von Politik und Wirtschaft im Dritten Reich Anerkennung finden kann: „The Nazi use of economic assets was never characterized by efficiency, however, for almost all Nazi leaders, if not to the same extent as Himmler, regarded the economy primarily as a means to an end. It was therefore hardly surprising that the Nazi operation of the economy was almost exclusively determinded by political and ideological considerations" [577: N. RICH, Hitler's War Aims, Band 1, 58].

4. Herrschaft und Alltag im Dritten Reich

Organisierte oder improvisierte Herrschaft?

Nach dem Ende des Zweiten Weltkrieges stand die Mehrzahl der Zeitgenossen, besonders aber vom nationalsozialistischen Regime Verfolgte und Vertreter des Widerstandes gegen die Diktatur Hitlers, unter dem übermächtigen Eindruck, daß das Dritte Reich „ein rational durchorganisiertes, perfektes System terroristischer Herrschaft dargestellt habe" [126: H. Mommsen, Nationalsozialismus, 702]. Diese Vorstellung wurde durch die historische Forschung nach und nach differenziert. Im Hinblick auf die allmächtig und integrierend wirkende Führerpersönlichkeit Hitlers wurde dieses Bild zwar insgesamt bestätigt, in bezug auf die unübersehbar vorhandene Existenz und Kompetenzenvielfalt miteinander konkurrierender Ämter und Bürokratien im nationalsozialistischen Staat konnte es jedoch erheblich modifiziert und ergänzt werden.

Monokratie oder Polykratie?

Repräsentativ und im Grunde nach wie vor gültig hat Karl Dietrich Bracher bereits 1956 und danach in seinen verschiedenen Werken zur Geschichte der nationalsozialistischen Zeit diese für das Gefüge des Dritten Reiches kennzeichnende Ambivalenz von monokratischen und polykratischen Elementen beschrieben, die ihre Orientierung im Prinzip stets in der Persönlichkeit und Politik Hitlers fanden: „Der Antagonismus der Machtfunktionen ist einzig in der omnipotenten Schlüsselstellung des Führers aufgehoben. Gerade darin, nicht im Funktionieren des Staates per se, liegt die tiefste Absicht der keineswegs perfekten Gleichschaltung. Denn die Schlüsselstellung des Diktators ist gerade in dem unübersichtlichen Neben- und Gegeneinander der Machtgruppen und persönlichen Bindungen begründet. Auf dieser Verflechtung beruht auch die steigende Wirksamkeit der Kontroll- und Zwangsinstanzen im totalen Polizeistaat" [K. D. Bracher, Stufen totalitärer Gleichschaltung: Die Befestigung der nationalsozialistischen Herrschaft 1933/34, in: VfZg 4 (1956), 42].

Vor dem Hintergrund dieses umfassend alle charakteristischen Merkmale des Aufbaus und der Organisation der nationalsozialistischen Diktatur berücksichtigenden Befundes hat man nunmehr die gegenüber dieser unter anderem eben von Bracher vertretenen Einsicht kritische Forschungsdiskussion der folgenden Jahre zu betrachten. Lange andauernd, teilweise bis heute betont sie gegenüber der monokratischen Dimension stärker die pluralistischen bzw. die polykratischen Faktoren in „Hitlers Machtausübung" (M. Kater), zieht das Moment der inneren Rationalität der Diktatur und die Planmäßigkeit im Handeln des „Führers" in Zweifel und beurteilt die Tendenz zur Selbstzerstörung des Dritten Reiches als systemimmanente Notwendigkeit der a priori krisenhaft und ruinös wirkenden nationalsozialistischen Diktatur. Vergleicht man beide Positionen miteinander, so ist dies vorab festzuhalten: Die im Zeichen der Totalitarismustheorie stehende „ältere" Forschung hat durchaus angemessen und wissenschaftlich genau „die Diskrepanz zwischen dem monolithischen Herrschaftsanspruch und dem dualistischen oder polykratischen, vom anarchischen Kompetenzenwirrwarr eines ‚gelenkten Chaos' bestimmten Herrschaftsstrukturen erkannt und analysiert" [197: K. D. BRACHER, Zeitgeschichtliche Kontroversen, 64]. Diese Tatsache ist später „im Bemühen um einen ganz ‚neuen' Ansatz" [ebd.] – bis zu einem gewissen Grade vielleicht noch verständlich – zu häufig übersehen worden. Gerade die Arbeiten KARL DIETRICH BRACHERS, aber beispielsweise auch die von GERHARD SCHULZ, der den Begriff der Polykratie im Zusammenhang mit der Geschichte des Dritten Reiches ursprünglich einmal differenzierend in die wissenschaftliche Diskussion eingeführt hat [siehe dazu auch 132: G. SCHULZ, Neue Kontroversen in der Zeitgeschichte: Führerstaat und „Führermythos", bes. 269] kreisen ja gerade darum, „staatliche Ineffizienz und Willkür des NS-Führersystems" im „Verhältnis zum totalitären Anspruch der Führerdiktatur" [197: K. D. BRACHER, Zeitgeschichtliche Kontroversen, 64] als Problem zu erkennen und zu thematisieren, wenn sie freilich im Ergebnis auch alles in allem das Improvisierte und Chaotische eher als Voraussetzung und Bedingung des Führer-Absolutismus einschätzen, ohne damit der Gefahr einer Dämonisierung der Persönlichkeit und Politik Hitlers zu erliegen.

Hitler als gesellschaftliches Medium

Doch nicht zuletzt unter dem Eindruck der in die Bundesrepublik Deutschland zurückgeleiteten und der Forschung zugänglich gemachten Akten zur Geschichte des Nationalsozialismus wurde das bis dahin gültige Bild vom Dritten Reich mehr und mehr in Frage gestellt und im Sinne des bereits 1948 von WALTER PETWAIDIC gezeichneten Entwurfs einer „autoritären Anarchie" versuchsweise revidiert. Von empirischen Einzelbefunden ausgehend, die jedoch, wie z. B. die nach wie vor andauernde, 1979 und 1986 erneut angefachte Kontroverse um die Täterschaft des Reichstagsbrandes zeigen mag [vgl. III, B, 4, c: 325, 338, 339, 349, 357], alles andere als unumstritten sind, da auch die jüngsten von HANS MOMMSEN, UWE BACKES, KARL HEINZ JANSSEN und HENNING KÖHLER teilweise sehr unsachlich vorgetragenen Attacken [325] auf die von WALTHER HOFER vorgelegten Resultate über die nationalsozialistische Täterschaft nicht zu einer Klärung der Angelegenheit beitragen und eine detaillierte monographische Erwiderung auf die Hypothesen der von HOFER geleiteten Forschungsgruppe und ihrer Publikationen nach wie vor aussteht, prangerte HANS MOMMSEN die Überrationalisierung im Hinblick auf die Beurteilung des Dritten Reiches an. Ähnlich wie MARTIN BROSZAT in seiner auf diesem Gebiet führenden Darstellung über die innere Verfassung des Hitler-Staates stellt er „eine institutionelle Anarchie ohnegleichen und eine zunehmende Entsachlichung der Entscheidungsprozesse auf allen Ebenen des Systems" fest, „das äußerlich durch den Führermythos zusammengehalten wurde". Tatsächlich aber scheint ihm auch Hitler als ein „entscheidungsunwillige[r], häufig unsichere[r], ausschließlich auf Wahrung seines Prestiges und seiner persönlichen Autorität bedachte[r], aufs stärkste von der jeweiligen Umgebung beeinflußte[r], in mancher Hinsicht schwache[r] Diktator" [126: H. MOMMSEN, Nationalsozialismus, 702]. Damit waren „The Limits of Hitler's Power" (E. N. PETERSON) überdeutlich markiert, und das bis dahin geläufige Urteil über die nahezu unumschränkte Machtfülle des Diktators wurde mit dieser Behauptung grundsätzlich in Zweifel gezogen.

Während einige Historiker dieses Ergebnis einer Relativierung der Position Hitlers im Dritten Reich in erster Linie auf den innenpolitischen Sektor beziehen [328: R. BOLLMUS, Amt Rosenberg; 350: W. J. MOMMSEN, Das nationalsozialistische Herrschaftssystem], in der Außenpolitik dagegen nach wie vor von einem „persönlichen Regiment" (W. J. MOMMSEN) Hitlers ausgehen, versuchen HANS MOMMSEN [beispielsweise 284: Ausnahmezustand als Herrschaftstechnik, 30–45], MARTIN BROSZAT [beispielsweise 267: Soziale Motivation, 392–409] und in einem gewissen, noch näher zu bestimmenden Maße WOLFGANG SCHIEDER [580: Spanischer Bürgerkrieg und Vierjahresplan, 162–190] diese revidierte Sicht der nationalsozialistischen Diktatur auch auf die Außenpolitik des Regimes anzuwenden (vgl. dazu ausführlicher Abschnitt 5). Im Rahmen dieser Interpretationen erscheint Hitler als ein zwar mehr oder minder wichtiger, in erster Linie jedoch nicht autonom handelnder, sondern repräsentierender, ausführender, ja abhängiger Handlungsträger, der sich im Banne letztlich übermächtig wirkender Vorgänge bewegt. Demgemäß wird er vornehmlich nicht als politischer Gestalter, sondern weitgehend als gesellschaftliches Medium beurteilt. In diesem Sinne plädiert HANS MOMMSEN für eine „Normalisierung" des seines Erachtens dämonisierten Bildes vom Diktator. Ihm gilt Hitler lediglich als Repräsentant „des Faschismus in Deutschland" [282: H. MOMMSEN, Auflösung der Weimarer Republik, 1], dessen Entstehung er aus „strukturellen" Zusammenhängen zwischen der Spätphase der Weimarer Republik und der „Machteroberungsphase" zu erklären versucht.

Anarchische Züge

Dieser sich seit der Mitte der sechziger Jahre mehr und mehr ausbreitenden Anschauung vom nationalsozialistischen Staat als einem im innen- und außenpolitischen Bereich polykratischen Chaos ist unter anderem von KARL DIETRICH BRACHER [197: Zeitgeschichtliche Kontroversen, bes. 62–78] und ANDREAS HILLGRUBER [164: Tendenzen, Ergebnisse und Perspektiven der Hitler-Forschung] immer wieder entgegengehalten worden, „der Hinweis auf den polykratischen, oft anarchischen Charakter nationalsozialistischer Innenpolitik" [197: K. D. BRACHER, Zeitgeschichtliche Kontroversen, 64] treffe im Grunde gar nicht das Wesentliche des Regimes. Er beziehe sich mehr auf Unvollkommenheiten der „Durchführung", ohne damit die auch auf diesem Gebiet beobachtbare Ambivalenz als das Kennzeichen des Nationalsozialismus zu bestreiten. Sie erscheint „geradezu als das Wesen eines unverrückbar festgehaltenen Programms, oder besser einer ideologischen Fixierung, die durchaus Widersprüchliches einschloß, ohne von dem Ziel der radikalen Verwirklichung abzulassen", und ist auch nicht nur „im Sinne und als Folge eines geschickten Machiavellismus Hitlers" zu verstehen [ebd. 65]. Eben diesen Aspekt im Verhältnis von Führerdiktatur und Polykratie hat sodann SEBASTIAN HAFFNER erneut betont, indem er das Chaos im Dritten Reich als „Hitlers Schöpfung" charakterisierte. „Die

Die neue-alte These: divide et impera

Funktionsfähigkeit des Staates" habe der Diktator nämlich „zugunsten seiner persönlichen Allmacht und Unersetzlichkeit bewußt zerstört, und zwar von Anfang an". Absichtlich habe er einen Zustand hergestellt, „in dem die verschiedenen eigenständigen Machtträger unabgegrenzt, miteinander konkurrierend und einander überschneidend, nebeneinander und gegeneinander standen, und nur er selbst an der Spitze von allen . . . Denn er hatte das vollkommen richtige Gefühl, daß . . . absolute Herrschaft nicht in einem intakten Staatswesen möglich ist, sondern nur in einem gebändigten Chaos. Deswegen ersetzte er von Anfang an den Staat durch ein Chaos – und man muß ihm zugestehen, daß er es, solange er lebte, zu bändigen verstand" [158: S. HAFFNER, Anmerkungen, 58–59].

Hitlers Autonomie

Während also die „Revisionisten" davon ausgehen, Hitler sei im Grunde von der Polykratie des nationalsozialistischen Regimes abhängig gewesen und getrieben worden, hat beispielsweise auch ALAN S. MILWARD in einer gewissen Parallele zu HAFFNERS Ausführungen die genau umgekehrte These aufgestellt. Seinen Überlegungen und Beobachtungen zufolge waren es das Führerprinzip und der Primat der nationalsozialistischen Weltanschauung Hitlers, die das Kompetenzenchaos in gewissem Maße erforderlich machten, und gerade die (scheinbare) Vielfalt politischer Herrschaft kennzeichnete demgemäß die (tatsächliche Eigen-)Macht der Diktatur Hitlers. Denn die NSDAP „war äußerst mißtrauisch gegenüber jedem Verwaltungsapparat, der nicht ihrer eigenen Aufsicht unterstand und nicht von ihrer eigenen Weltanschauung durchtränkt war . . . Deshalb wurde es eine normale Erscheinung in der NS-Verwaltungspraxis, wenn wichtige Verwaltungsaufgaben erledigt werden mußten, einen neuen Leiter mit eigenem Verwaltungsapparat zu ernennen. Das Führerprinzip lief darauf hinaus, die Entschlußlosigkeit und Langsamkeit der Weimarer Bürokraten abzustellen und natürlich auch darauf, die persönlichen Entscheidungen des Führers über die Stufen der Verwaltungshierarchie ohne Verzögerung weiterzubefördern. Normalerweise war der Leiter jedes neuen Apparates entweder einem sehr hohen Leiter oder sogar direkt dem Führer selbst verantwortlich" [A. S. MILWARD, in 912: F. FORSTMEIER/H.-E. VOLKMANN, Wirtschaft und Rüstung, 197].

Ungeachtet der Frage, ob die pointiert vorgetragene Interpretation HAFFNERS über das Herrschaftsgefüge des Dritten Reiches nicht doch einer zu stark rationalisierenden Methode unterliegt, läßt sich, intentionale und funktionale Faktoren in Hitlers Staat gegeneinander abwägend, erst einmal dies feststellen: Im Nebeneinander von monokratischen und polykratischen Elementen im nationalsozialistischen Staat offene Gegensätzlichkeiten und nahezu Unvereinbares zu entdecken und zu beschreiben, kann nicht darüber hinwegtäuschen, daß die Existenz eines Kompetenzenchaos im nationalsozialistischen Regime nichts besagt „gegen den definitiven und letztlich auch konsequenten Willen Hitlers und seiner Politik" im Banne ihrer „Endziele" [197: K. D. BRACHER, Zeitgeschichtliche Kontroversen, 65].

Am nachdrücklichsten ist die Kritik der „Revisionisten" (zur Vielschichtigkeit

Tendenz zur Unterschätzung

des Terminus vgl. oben S. 132f.), die traditionelle Position stehe allzu leicht in Gefahr, das Dritte Reich zu überrationalisieren und Hitler zu dämonisieren, von Karl Dietrich Bracher zurückgewiesen worden. Er lehnt sowohl die „‚neulinke' und marxistische Dogmatik einer pauschalen Faschismus-Interpretation" als auch die „neuere revisionistische Interpretation" ab, „die sich gegen die ‚altliberale' Totalitarismusforschung wenden und einer relativierenden, die ‚improvisatorische' Macht- und Herrschaftspolitik des Nationalsozialismus betonenden Deutung das Wort reden. Sie möchten die Schuld- und Verantwortungsfragen zugunsten einer angeblich moderneren, realistischen Analyse hinter sich lassen, geraten dabei aber in die Gefahr einer neuerlichen Unterschätzung und Bagatellisierung des Nationalsozialismus selbst, wie sie auf andere Weise auch das linke Allerweltsgerede von Faschismus und Reaktion mit sich bringt" [197: K. D. Bracher, Zeitgeschichtliche Kontroversen, 62]. Ohne es zu beabsichtigen, könnten die „Revisionisten" tatsächlich Gefahr laufen, die ideologische und totalitäre Dimension des Nationalsozialismus zu verkleinern und möglicherweise zu verkennen, damit das Wesentliche der Geschichte des Dritten Reiches zu verfehlen und eine die totalitäre Diktatur verharmlosende, demgegenüber die freiheitlich westliche Verfassungs- und Gesellschaftsordnung über Gebühr belastende Interpretation zu fördern. Im Zuge ihres Versuchs, das Bild vom Dritten Reich zu normalisieren und die eigenständige Ambivalenz des Nationalsozialismus vornehmlich aus dem Vorhandensein bzw. im Dienste traditionell überlieferter „Strukturen" zu erklären, verkennen die „Revisionisten" Autonomie und Geschichtsmächtigkeit der Diktatur Hitlers und ihrer Ziele.

Intentionalisten contra Funktionalisten

Eine neue Aufgipfelung erfuhr die Kontroverse über den monokratischen oder polykratischen Charakter der Führerdiktatur im Rahmen einer in Cumberland Lodge (Großbritannien) vom Deutschen Historischen Institut London im Mai 1979 veranstalteten wissenschaftlichen Tagung über „Herrschaftsstruktur und Gesellschaft des Dritten Reiches", deren Ergebnisse sich, leider nur unzureichend und teilweise dokumentiert [vgl. dazu 132: G. Schulz, Neue Kontroversen in der Zeitgeschichte, 266], in einer Publikation niedergeschlagen haben [120: G. Hirschfeld/L. Kettenacker, Der „Führerstaat"; siehe dazu auch insgesamt 132: G. Schulz, Neue Kontroversen in der Zeitgeschichte]. In diesem Zusammenhang kennzeichnete Timothy Mason die stärker Hitlers Politik und Persönlichkeit als für die Entwicklung des Dritten Reiches wesentlich beurteilenden Historiker verkürzend als „Intentionalisten", während er ihre Kontrahenten als „Funktionalisten" etikettierte, ohne daß diese sich rasch in die wissenschaftliche Umgangssprache einfressenden Pauschalbegriffe dem Erkenntnisfortschritt der Forschung gedient hätten. Unversöhnlich standen sich die Lager gegenüber: Zwei Wirklichkeiten und Geschichten des Dritten Reiches scheint es zwischen 1933 und 1945 gegeben zu haben. Doch von nun an, durch neue Fragen angeregt und durch neue Quellen bestimmt, gelangte die Wissenschaft zu differenzierenden Einsichten über Abhängigkeiten und Interdependenzen in Hitlers Führerstaat, die dessen Geschichte, wie sie in ihrer widersprüchlichen

Abhängigkeiten und Interdependenzen in der Führerdiktatur Hitlers

Uniformität nun einmal existiert hat, jetzt aufs neue historisierend rekonstruierte. Daß Monokratie und Polykratie, daß „Verfolgung durch Terror" und „Verführung durch Normalität" [336: J. Henke, Verführung durch Normalität], daß „Lockung und Zwang" [378: A. Kranig, Lockung und Zwang], daß „Menschenführung" und „Verwaltung" [354: D. Rebentisch/K. Teppe, Verwaltung contra Menschenführung] zwei Seiten einer Medaille in Hitlers Hand waren, ja daß der Ausnahmezustand nationalsozialistischer Herrschaft und die Normalität deutschen Alltags in dieser Perspektive zusammengehören, deutete sich auch in repräsentativem Rahmen in den Beiträgen an, die im Zusammenhang mit der 1983 in Berlin veranstalteten „Internationalen Konferenz zur nationalsozialistischen Machtübernahme" – deren revolutionären Charakter Horst Möller überzeugend dargestellt hat [281: H. Möller, Nationalsozialistische Machtergreifung] – vorgetragen und publiziert wurden [272: Deutschlands Weg in die Diktatur].

Dieter Rebentischs neue Ergebnisse

Weit darüber hinausreichend und in gewisser Parallele zu den der Alltags- und Regionalgeschichte abgewonnenen neuartigen Ergebnissen Martin Broszats über Charakter und Erscheinung des Dritten Reiches ist es das Verdienst der Frankfurter Habilitationsschrift von Dieter Rebentisch [289: D. Rebentisch, Führerstaat und Verwaltung, und 288: ders., Innere Verwaltung, 732–774], durch intensives Quellenstudium die unfruchtbar gewordene Kontroverse über Monokratie und Polykratie, über Intention und Improvisation, über Planung und Zufall als gegensätzlich verstandene Wesenselemente des Dritten Reiches überwunden und der Forschung eine neue Qualität der Beurteilung gesichert zu haben, die er so umschreibt: „Zwar ist weder eine planmäßige, rational kalkulierende Vorausberechnung des verfassungspolitischen Handelns noch eine systematisch konzipierte Schrittfolge der verschiedenen Maßnahmen zu konstatieren, wohl aber eine ideologisch motivierte Zielstrebigkeit zur Vermehrung und Vollendung der Führerherrschaft und eine generelle, von radikalisierenden Schüben zeitweise verschärfte Tendenz zur Durchsetzung und Verwirklichung weltanschaulicher Programmpunkte des Nationalsozialismus, die den Prozeß der innerstaatlichen Strukturveränderungen wie eine zeitlich gestreckte Fortsetzung der Gleichschaltungsaktionen in der Machtergreifungsphase erscheinen lassen . . . Bei alledem sicherte sich Hitler, angesichts der formal und äußerlich betrachtet weitgehend erscheinenden Delegation der Rechtsetzungsbefugnis, die jederzeitige Einflußmöglichkeit und das letztinstanzliche Entscheidungsrecht." [289: D. Rebentisch, Führerstaat und Verwaltung, Schlußwort].

Systemimmanente Alternativen

Ob die Politik des Dritten Reiches, was im Zusammenhang mit einer Bestimmung seines Wesens stets eine Rolle spielt, zudem in jedem Fall mit innerer Notwendigkeit und ohne äußere Einwirkung zur Selbstzerstörung des Regimes führen mußte, ist darüber hinaus ein ungeklärtes und wohl nur schwer lösbares Problem, über das es in der Forschung durchaus kontroverse Ansichten gibt. Nicht zu übersehen ist dabei jedoch erst einmal die schlichte Tatsache, daß Hitlers Reich unter den Schlägen der alliierten Armeen zerbrach. Welche Rolle in diesem Kontext möglicherweise ein „Zuviel" oder, horribile dictu, ein „Zuwenig" an totalitärer Herrschafts- und Vernichtungsqualität, für sich genommen und vergleichend, gespielt hat, erscheint nach wie vor als offene und schwierig zu beantwortende Frage. Die Tendenz der Wissenschaft jedenfalls geht, wenn aus mannigfachen Motiven verständlicherweise auch nur zögerlich dahin, wie Wolfram Fischer es schon vor geraumer Zeit in anderem Rahmen beschrieben hat, weniger unter dem Blickwinkel des tatsächlichen Verlaufs und Endes der nationalsozialistischen Diktatur, als vielmehr „offener" nach systemimmanenten „Alternativen außer den verwirklichten" [W. Fischer, in 912: F. Forstmeier/H.-E. Volkmann, Wirtschaft und Rüstung, 135] zu fragen. Und Norman Rich hat in diesem Zusammenhang die bemerkenswerte These aufzustellen gewagt: „Had Hitler died soon after naming Göring as his successor, German policy during the Second World War might have been very different" [577: N. Rich, Hitler's War Aims, Band 1, 75].

Fern von jeder Apologie eines verbrecherischen Regimes und angesichts der Tatsache, daß die Frage nach der Moral oder Unmoral des Dritten Reiches geklärt ist, eröffnen sich der Forschung somit neue Wege, die prüfend abzuschreiten sind. Michael Salewskis Beobachtungen über die Entwicklung und Existenz einer neuen Generation von Protagonisten des Dritten Reiches, „die überzeugte Nationalsozialisten, gleichzeitig aber . . . keine Steinzeitfaschisten, keine Röhmtypen, sondern . . . Technokraten waren" und die sich beispielsweise in Speer und Dönitz repräsentierten, verweisen auf eine Aufgabe, die Salewski in Parallele zu Martin Broszats Bemühungen um eine recht verstandene Historisierung des Dritten Reiches so umschreibt: „Wir als Historiker sind verpflichtet, auch den Nationalsozialismus so darzustellen, wie er gewesen ist, und wir haben uns redlich Mühe gegeben, den Nationalsozialismus in seiner Entsetzlichkeit zu entlarven. Wir können aber nicht sozusagen die Augen davor verschließen, daß es auch innerhalb des Nationalsozialismus bestimmte Dinge gegeben hat, die bedenkenswert waren, und daß es vor allem Persönlichkeiten gegeben hat, die bis in die höchsten Staatsstellungen aufstiegen, ohne zur Kategorie jener verbrecherischen Typen zu gehören, die in der Frühphase des Nationalsozialismus tonangebend waren. Daraus ergibt sich das in der Historie bekannte Phänomen, daß revolutionäre Bewegungen sich abschwächen, sozusagen die verbrecherische Phase durchlaufen, um dann in ein etwas ruhigeres Fahrwasser zu geraten. Ich habe in meinem Vortrag zum Schluß angedeutet, wie das möglicherweise ausgesehen hätte unter einem Führer Dönitz" [882: M. Salewski, Das maritime Dritte Reich, Diskussion, 147–148].

Gegenwärtiger Forschungsstand

Es ist ein Verdienst der seit den sechziger Jahren unternommenen Differenzierungs- und Revisionsbemühungen in der Geschichtswissenschaft, im Hinblick auf die Beobachtung der monolithischen oder pluralistischen, der monokratischen oder polykratischen Organisation der nationalsozialistischen Diktatur auf die Gefahren und Grenzen einer „Hitlerzentrik" nachdrücklich hingewiesen und „die andere Seite" des nationalsozialistischen „Doppelstaates" näher betrachtet zu haben. Daß dabei teilweise erheblich über das Ziel hinausgeschossen wurde und die Forschung sich sodann mit den dementsprechend einseitig anmutenden Ergebnissen der „Revisionisten" auseinanderzusetzen hatte, darauf verwies bereits vor Jahren ANDREAS HILLGRUBER in seinem großen Bericht [164] über den Stand der Hitler-Forschung. Darin bemühte er sich, den revisionistischen Beitrag zur Erforschung der Geschichte des Dritten Reiches angemessen zu würdigen und einzuordnen, ohne allerdings über den von ihm als marginal, höchstens jedoch funktional beurteilten „Stellenwert" der „Polykratie-These" Bedenken aufkommen zu lassen. Damit befand er sich durchaus in Übereinstimmung mit einer repräsentativen Tendenz der internationalen Forschung, die bis heute [173: E. JÄCKEL, Hitlers Herrschaft] ihre Erheblichkeit behauptet hat. Stellvertretend für Historiker wie ALAN BULLOCK, NORMAN RICH, RENZO DE FELICE und EBERHARD JÄCKEL sei in diesem Sinne noch einmal das Urteil angeführt, das HUGH R. TREVOR-ROPER bereits vor über 30 Jahren abgegeben hat und das nach wie vor aktuell und zutreffend erscheint: „Emigranten, marxistische Theoretiker und verzweifelte Reaktionäre haben vorgegeben oder sich selbst eingeredet, daß Hitler selbst nur eine Schachfigur in einem Spiel war, das nicht er spielte, sondern einige andere Politiker oder gewisse kosmische Kräfte. Das ist ein fundamentaler Irrtum. Welche unabhängigen Kräfte immer er benutzt, welch zufällige Unterstützung er sich geborgt haben mag, Hitler blieb bis zum Schluß der alleinige Herr und Meister der Bewegung, der er selbst Leben eingehaucht, die er selbst gegründet hatte und die er selbst, durch seine persönliche Führerschaft, vernichten sollte" [184: H. R. TREVOR-ROPER, Hitlers letzte Tage, 70]. Inwieweit es in der sich vielfältig abzeichnenden und in manchen Bereichen voranschreitenden Entwicklung der Forschung, die sich um eine Historisierung des Dritten Reiches bemüht, gelingen wird, auch in dieser Hinsicht „das Nebeneinander und die Interdependenz" der für Hitlers janusköpfige Diktatur charakteristischen Antinomien „zusammenzusehen und gleichzeitig auseinanderzuhalten" [108: M. BROSZAT, Plädoyer für eine Historisierung des Nationalsozialismus, 379], also das – im negativen Sinne – Außergewöhnliche und Banale des „Führers", seine „Erfolgsfähigkeit" und seine „kriminelle Energie" [ebd.], seine singulären und seine typischen Züge, sein „Aus-der-Geschichte-Herausfallen" und sein „In-der-Geschichte-Verhaftetsein" zu begreifen, gehört zu den zentralen und interessantesten Aufgaben derer, die MARTIN BROSZATS „Plädoyer für eine Historisierung des Nationalsozialismus" [108] teilweise oder insgesamt für plausibel halten.

Traditionelle und neue Themen

Alle anderen Bereiche der Geschichte des Dritten Reiches werden gegenwärtig – über ihren Eigenwert hinaus, der der Erkenntnis und Darstellung eines jeden historischen Untersuchungsgegenstandes selbstverständlich zukommt – bewußt oder unbewußt einerseits im Zeichen der die Diskussion der Forschung beherrschenden Frage nach dem Verhältnis von Monokratie und Polykratie, von intentionalem und funktionalem Handeln des Regimes und andererseits unter dem Aspekt „der Historizität des Nationalsozialismus" [108: M. BROSZAT, Plädoyer für eine Historisierung des Nationalsozialismus, 379], also seiner Einordnung in die deutsche, europäische und globale Geschichte erforscht und beschrieben, ohne damit „die verhängnisvoll falsche historische Antwort, die Hitler auf die Grundfragen der Zeit und der deutschen Entwicklung gab" [ebd.], auch nur entfernt zu rechtfertigen. Über traditionelle Probleme der Geschichtsschreibung wie beispielsweise über die Beziehungen der Armee zum nationalsozialistischen Staat sind wir schon seit geraumer Zeit verhältnismäßig gut informiert [876: M. Messerschmidt, Wehrmacht im NS-Staat; 877: K.-J. Müller, Heer und Hitler] und wissen neuerdings durch die gewichtige Darstellung von Helmut Krausnick und Hans-Heinrich Wilhelm über die „Truppe des Weltanschauungskrieges" [839] umfassender als zuvor, in welchem Ausmaß die Wehrmacht in die rassenpolitischen Vernichtungsaktionen der Sicherheitspolizei und des SD verstrickt war. Demgegenüber finden zunehmend mehr sozialgeschichtliche Studien beispielsweise über die Stellung der Frauen im Dritten Reich (vgl. III, B, 4, d.) verstärkt das Interesse der Geschichtswissenschaft.

Alltags-, Regional- und Lokalgeschichte

Vor dem Hintergrund der sich seit den siebziger und vor allem dann in den achtziger Jahren intensivierenden Hinwendung zur lokal- und regionalgeschichtlichen Erforschung des Dritten Reiches, die sich teilweise des methodisch nicht unumstrittenen Mittels der „Oral History" bedient [435: L. Niethammer, „Die Jahre weiß man nicht . . ."], hat sich eine rasch an Popularität gewinnende Tendenz zur Beschäftigung mit der Alltagsgeschichte des Dritten Reiches entfaltet, die den einen als „Königsweg zu neuen Ufern" und den anderen als „Irrgarten der Illusionen" (H.-U. Wehler) vorkommt. Unbestreitbar erscheint, daß unsere Kenntnis über die Geschichte des Nationalsozialismus durch derlei Miniaturbilder bereichert wird; ebenso unbestreitbar ist, daß darüber die Konturen der Gesamterscheinung des Untersuchungsgegenstandes verschwimmen können. Gewiß erfahren wir auf diesem Wege mehr und Genaueres über die „Normalität" des „Kleinen Mannes"; ebenso gewiß kann damit aber auch eine nicht unproblematische Stilisierung des „Volkes" als Subjekt und Objekt der (deutschen) Geschichte einhergehen. Nicht zu übersehen ist, daß sich gerade am Muster der „Kritischen Theorie" orientierte „Gesellschaftshistoriker" wie Hans-Ulrich Wehler [Königsweg zu neuen Ufern oder Irrgarten der Illusionen? Die westdeutsche Alltagsgeschichte: Geschichte „von innen" und „von unten", in: „Geschichte von unten – Geschichte von innen". Kontroversen um die Alltagsgeschichte. Hrsg. von F. J. Brüggemeyer u. J. Kocka, Hagen 1985, 14–47] und Jürgen Kocka [Diskussionsbeitrag, in 416: Alltagsgeschichte der NS-Zeit, 50–53] scharf gegen eine solche „Modewissenschaft . . . ohne theoretisches Fundament" (H.-U. Wehler) ausgesprochen haben. Ihre entscheidenden „Kritikpunkte" gegenüber der einer gesamtgesellschaftlichen Perspektive entbehrenden Alltagsgeschichte lauten: „Antibegrifflichkeit, antiquantifizierende Tendenz, antistruktur- und prozeßgeschichtliche Neigung, Neigung zur Hochstilisierung der Unterschichten, Aufgabe des Klassen- und Schichtenbegriffs" [J. Kocka, Diskussionsbeitrag, in 416: Alltagsgeschichte der NS-Zeit, 53]. Nun, es

Chancen und Gefahren

ist nicht von der Hand zu weisen, daß in der verstärkten Hinwendung zur „kleinen Welt" als möglicher Idylle eine Verweigerung zum Vorschein kommen mag, den mit dem säkulären Vorgang der Modernisierung verbundenen Preis rapiden Wandels in Kauf nehmen zu wollen. Es ist aber ebensowenig zu verkennen, daß derlei ablehnende Urteile über die Beschäftigung mit der gemeinhin konservativen Lebens- und Wertewelt der „Kleinen Leute" ihre Maßstäbe einer teleologischen Theorie entnimmt, die darüber entscheidet, was „richtiges" und „falsches" Bewußtsein ausmacht. Wie auch immer: Einigkeit zwischen Befürwortern und Kritikern einer Beschäftigung mit dem Alltag des Dritten Reiches dürfte darin bestehen, daß „der historische Alltag" kaum als „ein Erkenntnisgegenstand von hinreichender Autonomie" [K. TENFELDE, in 416: Alltagsgeschichte der NS-Zeit, 37] anzusehen ist, in dem die Geschichte des Dritten Reiches aufgehen könnte. „Wenn . . . das Alltägliche nicht für sich genommen, sondern in Bezug gesetzt wird zur Politik als dem Außeralltäglichen", so hat HEINRICH AUGUST WINKLER diese methodische Grundlage und Grenze einer Alltagsgeschichte des Dritten Reiches umschrieben, „dann besteht nicht die Gefahr einer Trivialisierung, sondern die Chance vertiefter Erkenntnis" [ebd., 29].

Martin Broszats Position

In der Tat: Die reichen Möglichkeiten der neuen Teildisziplin sind in dem maßgeblich von MARTIN BROSZAT betreuten sechsbändigen Werk über „Bayern in der NS-Zeit" [417] in vielerlei Hinsicht überzeugend, wenn auch, wie könnte es anders sein, hier und da bestreitbar, zutage getreten. Denn die alltagsgeschichtliche Perspektive verhalf einerseits dazu, die Kluft zwischen „der (weitgehend nur basis-empirisch) feststellbaren Realität gesellschaftlich-politischer Erfahrungen und den mehr oder weniger abstrakten Gesellschaftstheorien" [421: M. BROSZAT, Plädoyer für Alltagsgeschichte. Eine Replik auf Jürgen Kocka, 1246] der Führung sichtbar zu machen, und sie trägt andererseits dazu bei, „manche scheinbar diametral entgegengesetzten Begriffe bei der Beurteilung des historischen Stellenwerts der NS-Zeit als durchaus interdependent besser zu verstehen" [DERS., in 416: Alltagsgeschichte der NS-Zeit, 19]. Sicherlich liegt in der Erkenntnischance, „die Stereotypen des bösen Nazis und des guten Antifaschisten" (J. KOCKA) aufzulösen, die sorgfältig zu vermeidende Gefahr, in jene Zone eines getrübten Urteils zu geraten, in der alle Katzen grau erscheinen. Dennoch: „Hautnahe alltagsgeschichtliche Betrachtung, die das sozial Konditionierte wie das Menschlich Allzumenschliche beiderseits der durchaus flüssigen Trennlinie von Nationalsozialistisch und Nichtnationalsozialistisch in Politik und Gesellschaft des Dritten Reiches besser sichtbar macht", so stellt MARTIN BROSZAT fest, „löst naturgemäß auch die überscharfen Konturen der Schwarz-Weiß-Beurteilung auf und verhilft zu größerer Gerechtigkeit und Differenziertheit der politisch-moralischen Bewertung . . . Zu dieser Gerechtigkeit gehört auch . . ., daß es der historischen Darstellung dieser Zeit gelingt, trotz der nötigen Klarheit der Beurteilung genügend Verständnis zu vermitteln für die gewichtigen Gründe der Unsicherheit, Orientierungslosigkeit und selbst des Zornes, die zahlreiche Menschen in Deutschland zu dem nicht allein von ihnen zu verantwortenden verhängnisvollen Irrtum der Hitlergläubigkeit trieben." Und den engeren methodischen Rahmen transzendierend, entwirft BROSZAT eine geschichtswissenschaftliche Perspektive, die den Zusammenhang zwischen der Alltagsgeschichte des Dritten Reiches und der Historisierung des Nationalsozialismus erkennbar werden läßt: „Das hilft vielleicht auch den Weg zu bahnen zu einer Historiographie dieser Zeit, die die nationalsozialistischen Subjekte dieses Geschehens nicht nur als monströse Figuren und Zerrbilder, sondern als verstehbare Menschen einsetzt. Ohne solche Voraussetzungen, die nichts mit Apologie zu tun haben, wird es jedenfalls schwer möglich sein, die problematische ‚Verinselung' der NS-Zeit in unserem Geschichtsbewußtsein zu überwinden und die auf die Dauer immer weniger überzeugende nur moralische Beurteilung dieser Vergangenheit in historische Hermeneutik zu verwandeln" [M. BROSZAT, in 416: Alltagsgeschichte der NS-Zeit, 20].

Alltagsgeschichte und Historisierung

Daß über derlei sich neu in der Forschung bemerkbar machende Tendenzen die Behandlung „klassischer" Themen jedoch kaum an Interesse eingebüßt hat, beweist nicht zuletzt die lebhafte Resonanz, die KLAUS SCHOLDERS erster Band seiner großen Darstellung über das Verhältnis beider Kirchen zum Dritten Reich – dessen zweiter Band vor kurzem erschienen ist – [485: Die Kirchen und das Dritte Reich] durchgehend gefunden hat [zu der im Zusammenhang damit relevanten „Scholder-Repgen-Kontroverse" über das Reichskonkordat vgl. III, B, 4, g; zum Stand der Forschung allgemein siehe 471: U. VON HEHL, Kirche und Nationalsozialismus]. Wie bereits angedeutet wurde, erstreckt sich der seit den sechziger Jahren verfolgte revisionistische Ansatz im Anspruch einiger seiner maßgeblichen Vertreter auch auf eine neue Interpretation der nationalsozialistischen Außen- und Rassenpolitik und führte damit zu einer auch auf diesem Feld offen ausgetragenen wissenschaftlichen Kontroverse. Dagegen machen sich die historisierenden Tendenzen in der Geschichtsschreibung über die Außen- und Rassenpolitik des Dritten Reiches nur allmählich bemerkbar und finden erst in allerjüngster Zeit ihren Niederschlag in der Forschung.

5. Die Aussen- und Rassenpolitik des Dritten Reiches

Marxistische Interpretationen

Im Sinne ihrer Theorie vom staatsmonopolistischen Charakter des Dritten Reiches interpretiert die orthodox marxistische Geschichtswissenschaft die nationalsozialistische Außenpolitik Hitlers und seines Regimes als Funktion der direkt oder indirekt wirkenden maßgeblichen Notwendigkeiten des kapitalistischen Wirtschaftssystems und seiner ökonomisch sowie politisch bestimmenden Gruppen und Vertreter. Dieser repräsentativ beispielsweise im Jahre 1975 von der DDR-Forschung in ihrem Dokumentenband „zu den Europa- und Weltherrschaftsplänen des deutschen Imperialismus von der Jahrhundertwende bis zum Mai 1945" [588: Weltherrschaft im Visier] vorgetragenen und im Grundsatz nicht veränderten [vgl. dazu den ersten, 1986 in dritter, durchgesehener Auflage erneut erschienenen ersten Band des sechsbändigen Werkes, das von einem Autorenkollektiv unter Leitung von Wolfgang Schumann unter dem Titel 112: „Deutschland im zweiten Weltkrieg" herausgegeben worden ist, sowie den Bericht von O. Groehler, Die Erforschung der Geschichte des zweiten Weltkrieges. Stand und Aufgaben, in: ZfG 33 (1985), 316–322] Deutung ist von nichtmarxistischer Seite aus wiederholt entgegengehalten worden [vgl. dazu zusammenfassend 553: K. Hildebrand, Innenpolitische Antriebskräfte, 637–640], sie verkenne ganz allgemein 1. den in Form einer so weitgehenden Autonomie etwa im wilhelminischen Deutschland nicht gegebenen Primat der Politik (vgl. oben S. 174), der Hitlers Diktatur, insbesondere aber seine Außenpolitik und Kriegführung, kennzeichnete. Darüber hinaus mißachtete sie 2. die schon in anderem Zusammenhang (vgl. oben S. 139) konstatierte Vielfalt politischer Gestaltungsmöglichkeiten der verschiedenen politischen Kulturen vor dem gemeinsamen Hintergrund eines kapitalistischen Wirtschaftssystems.

Im besonderen ist der marxistischen Interpretation gegenüber jedoch eingewendet worden, sie übersehe 1., daß Hitlers außen- und rassenpolitische Vorstellungen, die sich prinzipiell in seinem „Programm" zusammenzogen, bereits lange vor der „Machtergreifung" und vor jedem Kontakt mit Vertretern der Wirtschaft entworfen wurden. Hitler entwickelte und verfolgte sein „Programm" von ökonomischen Motiven vergleichsweise unbeeinflußt. In diesem Sinne, so ist immer wieder argumentiert worden, gibt es 2. kein einziges Dokument, in dem aus Kreisen der Wirtschaft auf eigene Initiative hin außenpolitische Forderungen an Hitler herangetragen und sodann vom „Führer" – sein „Programm" verändernd oder ergänzend – berücksichtigt worden wären [vgl. dazu jetzt auch die neue Darstellung von 173: E. Jäckel, Hitlers Herrschaft, 66–88]. Sowohl in den Friedensjahren des Regimes als insbesondere auch im Rahmen der nationalsozialistischen Kriegszielpolitik während des Zweiten Weltkrieges gingen beispielsweise die Initiativen zur Verwirklichung wirtschaftlicher Vorhaben in den besetzten Territorien in der Regel von Stellen des Staates, der Partei und der Wehrmacht, nicht aber von wirtschaftlichen Interessengruppen aus. Auch darin unterschied sich die Geschichte des Dritten Reiches maßgeblich von der des wilhelminischen Deutschland, wo Reichskanzler von Bethmann Hollweg zu Beginn des Ersten Weltkrieges Vorstellungen der verschiedenen „pressure groups" stärkere Beachtung zu schenken hatte, als Hitler dies jemals tat.

Primat der politischen Zielsetzungen

Hitlers programmatische Außenpolitik ist – allein schon im Hinblick auf ihre Genese – in erster Linie nicht als Bündelung wirtschaftlicher Zielvorstellungen und ihre Übertragung in die politische Sphäre anzusehen. Ihre Wurzeln reichen vielmehr in jene zweite Hälfte des Ersten Weltkrieges zurück, in der ein grundsätzlicher Wandel des politschen Denkens innerhalb der militärischen Führungsspitzen Preußen-Deutschlands über die Probleme zukünftiger Kriegführung und Friedensorganisation festzustellen ist [vgl. dazu 555: A. Hillgruber, Deutschlands Rolle, 58–67]. Zieht man 3. endlich das für die Geschichte des Dritten Reiches ausschlaggebende und mit seiner Außenpolitik ursächlich verbundene Problem der im Prinzip kapitalistischem Profitdenken diametral entgegenstehenden „Judenfrage" hinzu (vgl. oben S. 81ff.) – die in der orthodox marxistischen Geschichtswissenschaft bislang nur in funktionaler Perspektive interpretiert und damit mißverstanden, ja in gewisser Beziehung sogar verharmlost wird – so ist der „absolute Primat der politischen Zielsetzungen" (K. D. Bracher) kaum von der Hand zu weisen.

Instrumentalisierung der Außenpolitik?

Auch Interpretationsvorschläge, die sich von den Versuchen, wirtschaftliche Einflüsse auf die politische Gestaltung direkt und personell zu belegen, abheben, dafür aber von einem anonym und geschichtsmächtig wirkenden Prozeß ausgehen, auf diese Weise eine angeblich grundsätzlich vorhandene, mehr oder minder weitgehende Identität von Politik und Ökonomie konstruieren und eine – sich gleichsam hinter dem Rücken der Handlungsträger vollziehende und diese notwendigerweise prägende – prinzipielle Indienstnahme jeder Politik durch eine nahezu omnipotent vorgestellte kapitalistische „Struktur" annehmen, versagen am Beispiel der „Judenfrage", die die Dominanz einer rassischen Doktrin über ökonomische und rationelle Erwägungen demonstriert. Denn wirtschaftlicher Besitz und politische Macht fielen im Dritten Reich – ganz deutlich sichtbar auf dem Sektor der Außenpolitik, der Kriegführung und der Rassenpolitik – zunehmend mehr auseinander. Damit verstärkten sie im Grunde eine Tendenz, die sich – von den Jahren der Weimarer Republik abgesehen – in gewissem Maße als typisch für die moderne deutsche Geschichte erkennen läßt und mit zu der Erklärung beitragen kann, warum es in Preußen-Deutschland zu jenen Verwerfungen im Gesellschafts- und Verfassungsgefüge kam, die zur Vorgeschichte des Dritten Reiches gehören.

Weder als intentionales Handeln aktenkundig belegbar noch als „struktureller Prozeß" empirisch erschließbar, hat es die – im marxistischen Verständnis unterstellte – Instrumentalisierung der nationalsozialistischen Außenpolitik durch wirtschaftliche Belange und gesellschaftliche Bedürfnisse der traditionellen Führungsschichten Preußen-Deutschlands gegeben. Daher werden der Primat und die hohe Eigenständigkeit der Außenpolitik Hitlers in der nichtmarxistischen Forschung, wenn freilich auch mit charakteristischen Unterschieden im Hinblick auf die Beurteilung des Grades ihrer Autonomie, doch durchgehend betont.

Während die orthodox marxistische Geschichtswissenschaft ihre Interpretation der nationalsozialistischen Außenpolitik im Verlauf der Jahre nur nuancenhaft, nicht aber wesentlich veränderte, hat gerade auf diesem Gebiet im Rahmen der westlichen Forschung eine lebhafte Auseinandersetzung und eine damit einhergehende erkenntnismäßige Entwicklung stattgefunden [vgl. dazu auch K. HILDEBRAND, Die Geschichte der deutschen Außenpolitik (1933–1945) im Urteil der neueren Forschung: Ergebnisse, Kontroversen, Perspektiven. Nachwort zur vierten Auflage von 552: K. HILDEBRAND, Deutsche Außenpolitik, 183–206; DERS., Die Außenpolitik des „Dritten Reiches". Tatsachen, Kontroversen, Perspektiven, in: Rivista di Studi Politici Internazionali 198 (1983), 241–246, und den zu stark um die „Vermittlung" gegensätzlicher Positionen bemühte Beitrag von B.-J. WENDT, Außenpolitik, in 146: Lexikon des Dritten Reiches, 50–53].

Revisionsimus und Expansionismus

Längst ist die im Gefolge der Nürnberger Kriegsverbrecherprozesse vertretene Auffassung überholt, wonach die nationalsozialistische Außenpolitik in eine bis zum Jahre 1937 andauernde revisionistische Phase und eine sodann einsetzende expansionistische Periode zerfalle: „Von dem im Nürnberger Hauptkriegsverbrecherprozeß vorgelegten Dokumentenmaterial ausgehend, in dem – dem juristischen Zweck entsprechend – bestimmte Schlüsseldokumente eine – unter historischen Aspekten – überbewertete Rolle erhalten hatten, war lange Zeit bis etwa 1960 die Hoßbach-Niederschrift über die Besprechung Hitlers mit den Oberbefehlshabern der Wehrmachtteile und dem Reichsaußenminister vom 5. 11. 1937, bei der Hitler seine zum Kriege entschlossene Politik enthüllt hatte, als Wendemarke zwischen einer im wesentlichen noch die Revisionspolitik der Weimarer Republik fortsetzenden quasi-‚friedlichen' Phase zu einer kriegerischen Expansionspolitik großen Stils angesehen worden" [119: A. HILLGRUBER, Endlich genug über Nationalsozialismus, 33].

Hitler: Opportunist oder Programmatiker?

Auch die auf ALAN BULLOCKS (ursprünglich entworfenes) Hitlerbild (vgl. oben S. 150) zurückgehende, beispielsweise von dem Schweizer Historiker WALTHER HOFER vorgelegte, in ihrer neuesten Auflage durch einen den einschlägigen Forschungsstand reflektierenden Essay zu dem Problem „Gibt es eine Kriegsschuldfrage 1939?" ergänzte Deutung [640: Entfesselung des Zweiten Weltkrieges], die in gewisser Hinsicht den Eindruck vermitteln konnte, wonach Hitler in seiner Außenpolitik und Kriegführung als machiavellistischer Opportunist gehandelt habe, der den Krieg als Selbstzweck betrachtet und der genommen habe, was immer die Gunst der Stunde ihm bot, ist vom Autor selber interpretierend verdeutlicht worden [1100: W. HOFER, 50 Jahre danach] und kann für den Stand der Forschung nicht mehr als typisch angesehen werden. In seinem für den Gang der Geschichtswissenschaft in diesem Bereich grundlegenden Aufsatz über „Hitlers Kriegsziele" von 1960 betonte der englische Historiker HUGH R. TREVOR-ROPER [585] die seit den zwanziger Jahren festliegende Zielgerichtetheit und Konsistenz in der Außenpolitik des Diktators. Ihr programmatisches Ziel sei die „Gewinnung neuen Lebensraumes" im europäischen Rußland gewesen. Diese von der Forschung mit wenigen Ausnahmen – beispielsweise von DIETRICH AIGNER [541: Hitler und die Weltherrschaft, 48–49, neuerdings wieder abgedruckt in: H. W. KOCH (Hrsg.), Aspects of the Third Reich, London 1985, 251–266] – inzwischen weitgehend akzeptierte These ist sodann in zweifacher Hinsicht entwickelt worden: EBERHRAD JÄCKEL hat in seinem 1969 publizierten, 1981 in erweiterter und überarbeiteter Form neu herausgegebenen Buch über „Hitlers Weltanschauung" [167] TREVOR-ROPERS Anstoß aufgenommen, im Prinzip bestätigt und im einzelnen ausgeführt. Hitlers außenpolitisches Konzept und der Bündnisentwurf des Diktators wurden in diesem Rahmen ebenso rekonstruiert, wie JÄCKEL vor allem auf die für Außenpolitik und Kriegführung des „Führers" konstitutive antisemitische Komponente seiner Weltanschauung eingegangen ist. Als letztes Ziel der Außenpolitik Hitlers schätzt er die „Lebensraum"-Eroberung im Osten Europas und die rassische Neugestaltung des nationalsozialistischen Reiches ein.

„Kontinentalisten" versus „Globalisten"

Demgegenüber sehen andere Historiker weitergehende, über die kontinentaleuropäischen Grenzen hinausgreifende Ziele als für Hitlers Außenpolitik verbindlich an, deren Ausmaß und Realitätsgehalt MILAN HAUNER vor dem Hintergrund seiner Darstellung über „India in the Axis Strategy. Germany, Japan and Indian Nationalists in the Second World War" [723] in einem zusammenfassenden Aufsatz [549: Did Hitler Want a World Dominion?] alles in allem zustimmend geprüft hat. Schon 1937 sprach KONRAD HEIDEN davon, Hitlers letztes Ziel sei „die Neubildung einer arischen Elite und deren Weltherrschaft" [160: K. HEIDEN, Hitler, Band 2, 240]. 1961 hat GÜNTHER MOLTMANN diesen Gedanken in seinem Aufsatz über „Weltherrschaftsideen Hitlers" [576] wegweisend aufgenommen. In seiner 1965 veröffentlichten, 1982 wieder aufgelegten Marburger Habilitationsschrift über „Hitlers Strategie" [727], in deren „Nachwort zur 2. Auflage" über die ursprüngliche Fassung des Buches hinaus vor allem die Bedeutung der Vereinigten Staaten von Amerika für Hitlers Politik und Kriegführung sowohl in bezug auf die langfristige Perspektive der Gedankenbildung des Diktators als auch im Hinblick auf die Motive der deutschen Kriegserklärung an die USA vom 11. Dezember 1941 [zur Kontroverse über den Zeitpunkt des Entschlusses zu diesem Schritt vgl. 735: E. JÄCKEL, Die deutsche Kriegserklärung an die Vereinigten Staaten, 117–137, wonach Hitler sich am 4. Dezember 1941 entschieden habe, an Japans Seite gegen die USA Krieg zu führen, und 724: P. HERDE, Italien, Deutschland und der Weg, sowie 725: DERS., Japan, Deutschland und die Vereinigten Staaten im Jahre 1941, 51, wonach Hitler spätestens am 28. November 1941 diese Entscheidung getroffen habe] akzentuiert wird, zudem in weiteren Arbeiten wie in seinen Büchern über „Deutschlands Rolle in der

Hitler und die USA

Vorgeschichte der beiden Weltkriege" [555] und „Der Zweite Weltkrieg 1939–1945" [561] oder wie in seinen Aufsätzen über „Der Faktor Amerika in Hitlers Strategie 1938–1941" [558], „Die ‚Endlösung' und das deutsche Ostimperium als Kernstück des rassenideologischen Programms des Nationalsozialismus" [829] und neuerdings „Zweierlei Untergang" [1099] hat ANDREAS HILLGRUBER in einem für die Ausbildung dieser wissenschaftlichen Position entscheidenen Maße „vom Ansatz Trevor-Ropers ausgehend, jedoch die Perspektive auf Grund des inzwischen verfügbar gewordenen weitaus umfangreicheren Quellenmaterials ins Globale wendend . . . als Interpretationsmuster für die Außenpolitik Hitlers die Vorstellung eines ‚Stufenprogramms'" [119: A. HILLGRUBER, Endlich genug über Nationalsozialismus, 34] entwickelt: „Dieses endete nicht . . . bei der projektierten Eroberung neuen ‚Lebensraumes' im Osten, sondern war . . . weltweit angelegt. Auf die ‚Stufe' der Eroberung eines europäischen Kontinentalimperiums mit Rückhalt im eroberten Rußland sollte in einer zweiten ‚Stufe' imperialen Ausgreifens ein kolonialer ‚Ergänzungsraum' in Mittelafrika sowie ein Stützpunktsystem im Atlantik und im Indischen Ozean gewonnen werden, das einer starken deutschen Überwasserflotte als Basis dienen sollte. Im Bunde mit Japan, nach Möglichkeit auch mit . . . Großbritannien, sollten dabei die USA als weltpolitischer Hauptgegner zunächst auf dem amerikanischen Doppelkontinent isoliert und in der auf Hitler folgenden Generation – gleichsam in einem Kampf der Kontinente – gegen Amerika die Weltvorherrschaft des ‚Germanischen Reiches deutscher Nation' erkämpft werden" [ebd. 34–35].

„Lebensraum"-Eroberung und Rassenherrschaft

Gemeinsam ist beiden Positionen, der der „Kontinentalisten" und der der „Globalisten", daß sie die miteinander ursächlich verbundenen Elemente der „Lebensraum"-Eroberung und Rassenherrschaft als für „Hitlers Weltanschauung" programmatisch und als Kernstück seiner Politik ansehen [vgl. dazu auch durchgehend die Beiträge in dem 1985 erschienenen, von EBERHARD JÄCKEL und JÜRGEN ROHWER herausgegebenen Band 834: Der Mord an den Juden]. In diesem Sinne hat bereits NORMAN RICH in seinem großen Werk über „Hitler's War Aims" [577] den Rassegedanken als „the very rock on which the Nazi church was built" [Band 1,4] charakterisiert, hat die von ihm als maßgeblich beurteilten kontinentalen Ziele, insbesondere im Osten Europas und in der Sowjetunion, eingehend dargestellt und hat auch auf die darüber hinaus erkennbar werdenden außenpolitischen Vorstellungen Hitlers hingewiesen. Nach dem Erscheinen dieser für den Forschungsstand durchaus repräsentativen Synthese von RICH stellte JOCHEN THIES in seiner 1976 publizierten Dissertation über „Hitlers Endziele" [582: Architekt der Weltherrschaft] im Sinne der von ANDREAS HILLGRUBER vertretenen Position eine Vielzahl von teilweise bereits bekannten, teilweise aber auch neuen Belegen (nicht zuletzt aus dem Bereich der nationalsozialistischen Architekturpläne) zusammen, die die These über Hitlers Weltherrschaftsziel recht plausibel erscheinen lassen und durch einen über die Darlegungen von THIES hinausgehenden, von RAINER ZITELMANN im „Nachlaß Streicher" des

Koblenzer Bundesarchivs entdeckten Beleg über den von Hitler bereits am 13. November 1930 öffentlich für das deutsche Volk erhobenen „Anspruch . . . auf die Weltherrschaft" zusätzlich untermauert wurden [Brief R. ZITELMANN an J. THIES vom 6. 10. 1985].

„Programm" und „Stufenplan"

Wenn der (als heuristisches Instrument von HILLGRUBER eingeführte) Begriff vom „Stufenprogramm" oder „Stufenplan" in der Forschung auch „noch umstritten" ist, so hat sich dieses Konzept KARL DIETRICH ERDMANNS Urteil zufolge doch „auf jeden Fall . . . als ein fruchtbarer Anstoß" erwiesen [114: K. D. ERDMANN, Zeit der Weltkriege, 342]. Zwar mögen Begriffe wie „Stufenplan" und „Programm" Hitlers zuweilen ein zu hohes Maß an Systematik suggerieren und daher kritisiert werden. Zu beachten ist jedoch, daß sie keineswegs beabsichtigen, einen „Fahrplan zur Weltherrschaft" zu beschreiben. „Das Wort Plan" dürfe in diesem Zusammenhang eben nicht, so hat THEODOR SCHIEDER dieses Interpretamentum zutreffend charakterisiert, „im Sinne einer systematischen, auf rationale Weise kalkulierten Politik aufgefaßt werden" [130: Europa im Zeitalter der Weltmächte, 185]. Vielmehr möchte die von HILLGRUBER in die Forschungsdiskussion eingeführte Terminologie die wesentlichen Triebkräfte und zentralen Ziele der Außenpolitik Hitlers erfassen, die unverrückbar waren („Lebensraum"-Eroberung; Rassenherrschaft; Weltmachtstellung), ohne darüber die „Improvisationen" des Diktators (K. D. ERDMANN) und den hohen Grad seiner taktischen Wendigkeit zu verkennen.

Hitler und die Sowjetunion 1940

Die Überlegenheit dieses interpretatorischen Instruments hat sich erneut erwiesen, als BERND STEGEMANN 1982 versuchte, Hitlers „Entschluß zum Unternehmen Barbarossa" in erster Linie als ein militärstrategisches Mittel des Diktators zu begreifen, um dem im Sommer 1940 nach wie vor gegen Deutschland Krieg führenden England den russischen Degen aus der Hand zu schlagen und die Briten in die Knie zu zwingen. Dagegen gelang es HILLGRUBER, in historischer Perspektive ebenso wie durch minutiösen Quellennachweis zu verdeutlichen, daß Hitler, der im Juni/Juli 1940 die militärische Niederlage Großbritanniens als Tatsache erachtete, die „Wendung gegen die Sowjetunion" maßgeblich aus programmatischen Gründen vollzog [776: B. STEGEMANN, Entschluß zum Unternehmen Barbarossa, und 728: A. HILLGRUBER, Hitlers Wendung gegen die Sowjetunion].

Unkonventionelle und apologetische Interpretationen

Unter dem Eindruck dieser hier skizzierten Resultate der Historiographie haben die von A. J. P. TAYLOR [Die Ursprünge des Zweiten Weltkrieges, Gütersloh 1962; engl. 1961] und von DAVID L. HOGGAN [Der erzwungene Krieg. Die Ursachen und Urheber des 2. Weltkrieges, Tübingen 1961] vertretenen recht unorthodoxen bzw. apologetischen Interpretationen über Hitlers Außenpolitik in wissenschaftlicher Hinsicht ihre Wirksamkeit eingebüßt [zu TAYLOR vgl. differenzierend G. MARTEL (Hrsg.), „The Origins of the Second World War" reconsidered. The A. J. P. Taylor debate after twenty-five years, London 1986]. Wohl nicht zuletzt aus Opposition gegen die allgemein vorherrschende, Hitler belastende Meinung hat TAYLOR in seinem Buch die These aufgestellt, der deutsche Diktator sei im Grunde ein Revisionspolitiker gewesen, der sich nicht grundsätzlich von Gustav Stresemann unterschieden habe. Den Ausbruch des Zweiten Weltkrieges beurteilte der „most eccentric demythologizer of Hitler" [549: M. HAUNER, Did Hitler Want a World Dominion?, 17] dabei als einen von allen am Geschehen beteiligten Staaten verursachten Unfall in der langen Kette europäischer Kriege. Im Zuge solchen Verständnisses verkannte TAYLOR, wie ihm von der Forschung immer wieder entgegengehalten worden ist [vgl. beispielsweise 564: G. JASPER, Ursachen des Zweiten Weltkrieges], die fundamentalen Unterschiede zwischen der friedlichen Revisionspolitik Stresemanns und dem kriegerischen Expansionismus Hitlers ebenso, wie ihm die rassenideologischen Motive als Triebkräfte nationalsozialistischer Außenpolitik entgingen. Ja, im Rückblick auf seine Studien über den Kriegsbeginn 1939 stellte TAYLOR 1981 schließlich eine These auf, die Hitler als „normalen" Repräsentanten einer schlechthin „verrückten" Weltpolitik einschätzt: „I do not think he was mad at all, except insofar as anyone pursuing foreign or world policy is mad" [A. J. P. TAYLOR, 1939 Revisited. German Historical Institute London. The 1981 Annual Lecture, London o. J., 15]. Daß eine solche ebenso rigoristische wie undifferenzierte Sicht der Dinge die Natur und das Phänomen Hitlers verkennt, wie sie die Bewegungsgesetze und Erscheinungen der Weltpolitik mißversteht, liegt eindeutig auf der Hand. DAVID HOGGANS vornehmlich politisch eingefärbte Interpretation in seinem Buch „Der erzwungene Krieg", die in erster Linie den britischen Außenminister Lord Halifax für den Ausbruch des Zweiten Weltkrieges als verantwortlich anklagt, wurde von der seriösen Forschung niemals ernst genommen [vgl. 564: G. JASPER, Ursachen des Zweiten Weltkrieges] und auch von dem aus anderen Motiven, als sie für HOGGAN maßgeblich waren, geleiteten TAYLOR, dem es stets um eine „Normalisierung" des monströsen Diktators und eine „Dämonisierung" der „normalen" Geschichte ging, nicht akzeptiert [A. J. P. TAYLOR, 1939 Revisited. German Historical Institute London. The 1981 Annual Lecture, London o. J., 11].

„Struktur" nationalsozialistischer Außenpolitik

Bis heute steht vielmehr eine andere Kontroverse im Vordergrund der wissenschaftlichen Erörterung über die Probleme der nationalsozialistischen Außenpolitik. Von der Überlegung getragen, daß es nicht ausreiche, die Außenpolitik des Dritten Reiches vornehmlich oder allein aus dem Blickwinkel Hitlers zu betrachten, hat 1968 HANS-ADOLF JACOBSEN in seinem großen Werk über „Nationalsozialistische Außenpolitik" [643] deren „Struktur" zu zeichnen versucht und in diesem Rahmen die Vielzahl der Ämter und Institutionen beschrieben, die sich im Dritten Reich mit außenpolitischen Problemen beschäftigten [vgl. dazu auch die um gewisse Korrekturen der von JACOBSEN vorgenommenen Differenzierungen im Bereich der deutschen „Volkstumskunde" und „Volkstumsarbeit" bemühte Untersuchung von L. STEURER, Südtirol zwischen Rom und Berlin 1919–1939, Wien/München/Zürich 1980]. An Hitlers letztlich ausschlaggebender und programmatisch fixierter Kompetenz und Entscheidungsgewalt hat er dabei jedoch keinen Zweifel gelassen. Davon abgehoben und einem sog. „Konzeptionen-Pluralismus" als angeblichem Wesensmerkmal der Außenpolitik des Dritten Reiches nachspürend, haben WOLFGANG MICHALKA in seiner Studie über „Ribbentrop und die deutsche Weltpolitik" [663] und ALFRED KUBE in seiner Monographie über „Hermann Göring im Dritten Reich" [346] das Urteil über Hitlers ausschlaggebende Rolle in der deutschen Außenpolitik während der Jahre von 1933 bis 1941 einzuschränken versucht, während STEFAN MARTENS' gleichfalls der Politik und Person Görings gewidmete Darstellung [571] ebenso wie die von SEPPO KUUSISTO vorgelegte Untersuchung über „Alfred Rosenberg in der nationalsozialistischen Außenpolitik 1933–39" [653] – bei allen Unterschieden ihrer Methoden und Resultate im einzelnen – gerade die Vergeblichkeit solcher außenpolitischen Alternativen dokumentiert und deren Abhängigkeit von Hitlers Kurs betont haben.

Deutsche Intervention im Spanischen Bürgerkrieg

Insgesamt versucht ja eine „revisionistische" Schule innerhalb der deutschen Zeitgeschichtsschreibung (vgl. oben Seite 180) schon seit einer Reihe von Jahren, ohne bislang eine einschlägige, zusammenhängende Darstellung über den zur Diskussion stehenden Untersuchungsgegenstand vorgelegt zu haben, Hitlers nationalsozialistische Außenpolitik in ihren entscheidenden Elementen weitgehend als „ideologische Überhöhung einer gesellschaftlichen Dynamik" [580: W. SCHIEDER/CH. DIPPER, Spanischer Bürgerkrieg, 18] zu verstehen. In Auseinandersetzung mit den „Programmologen" [W. SCHIEDER, ebd. 163] schlagen ihre Vertreter vor, Hitlers Omnipotenz auch im außenpolitischen Bereich zu relativieren und „die polykratischen Machtstrukturen des sogenannten Führerstaates auch auf die Außenpolitik" [ebd. 166] zu übertragen. WOLFGANG SCHIEDERS dieser These verpflichteter Versuch freilich, die Entscheidung für die deutsche Intervention im Spanischen Bürgerkrieg vor dem Hintergrund der angeblich dominanten Polykratie des Dritten Reiches nicht als Hitlers Entschluß, sondern als das Werk Görings zu verstehen, ist fehlgeschlagen: Anhand der zur Verfügung stehenden Quellen hat HANS-HENNING ABENDROTH in einer Miszelle den Nachweis geführt, daß „die deutsche Beteiligung am Spanischen Bürgerkrieg . . . nicht auf dem Konto Görings, sondern auf Hitlers Konto zu verbuchen" [593: H.-H. ABENDROTH, Deutsche Intervention, 129] ist.

Den in dieser Hinsicht wohl reflektiertesten Versuch zu zeigen, „daß das polykratische Binnensystem des NS-Staates . . . sich auch auf die Außenpolitik auswirkte" [W. SCHIEDER in 580: Spanischer Bürgerkrieg, 169], hat MARTIN BROSZAT in seinem Aufsatz über „Soziale Motivation und Führer-Bindung des Nationalsozialismus" [267] unternommen. Er möchte das nationalsozialistische Herrschaftssystem und Hitlers Außenpolitik im Begriff der „ideologischen Metapher" miteinander verrechnen. Dabei begreift er die Endziele Hitlers als Symbole zur Begründung immer neuer Aktivität des nationalsozialistischen Regimes, dessen Gesetz die im Grunde inhalts- und ziellose Bewegung gewesen sei.

Eigenständigkeit der Außenpolitik Hitlers

Diese Auffassung, Hitlers Außenpolitik und Kriegführung nicht in erster Linie als eigenständige Phänomene, sondern als Funktionen gesellschaftlicher Abläufe zu interpretieren, ist bislang von der internationalen Forschung entweder nicht allzu lebhaft rezipiert oder beispielsweise von NORMAN RICH [577: Hitler's War Aims] in eher indirektem Verfahren zurückgewiesen worden. Sowohl die große zweibändige, 1970 und 1980 veröffentlichte, Darstellung von GERHARD L. WEINBERG über „The Foreign Policy of Hitler's Germany" [587] als auch das 1986 von CHARLES BLOCH vorgelegte opus magnum über „Le IIIe Reich et le monde" [100] nehmen von der „revisionistischen" Interpretation nationalsozialistischer Außenpolitik kaum Notiz. WEINBERG, der in Differenz zu bislang gültigen Resultaten der Forschung die Rolle Großbritanniens in Hitlers Politik nicht in erster Linie als die eines potentiellen Bündnispartners, sondern als die eines frühzeitig als Gegner eingeschätzten Faktors betrachtet, unterstreicht durchgehend die Bedeutung des Diktators für die Außenpolitik des Dritten Reiches [zur ausführlichen Einzelkritik an WEINBERGS Werk vgl. R. V. LUŽA, F. G. CAMPBELL, A. M. CIENCIALA, Stages to War: An Examination of Gerhard Weinberg's The Foreign Policy of Hitler's Germany, in: JMH 57 (1985), 297–315, und G. L. WEINBERG, Response, in: Ebd., 316–320], und CHARLES BLOCH geht von einem für Hitler verbindlichen, in fünf Etappen sich vollziehenden Plan global dimensionierter Eroberungspolitik aus, der sich vor dem Hintergrund der unumschränkten Machtstellung des „Führers" entfaltet: „Comme Hitler a réussi entre-temps à consolider son pouvoir personnel, c'est sa conception qui triomphe. Désormais, dans la mesure où une incohérence existe dans la politique, elle a sa source dans le comportement même du Führer, par exemple dans son attitude contradictoire envers l'Angleterre et ambigiguë envers le Japon." [100: CH. BLOCH, Le IIIe Reich, 511].

Die Werke von G. L. Weinberg und Ch. Bloch

Dagegen führte der „revisionistische" Versuch einer neuen Interpretation der deutschen Außenpolitik im Zeitraum zwischen 1933 und 1945 in der Bundesrepublik Deutschland zu einer noch immer andauernden Kontroverse, in der die umfassende Synthese aus der Feder eines der Repräsentanten der neuen Richtung, wie nochmals zu betonen ist, aussteht und zu der ihre in diversen Zusammenhängen unterbreiteten Vorschläge einer Uminterpretation von KARL DIETRICH BRACHER, ANDREAS HILLGRUBER und vom VERFASSER im wesentlichen mit folgenden Argumenten abgelehnt wurden [vgl. zusammenfassend 553: K. HILDEBRAND, Innenpolitische Antriebskräfte, 645–647]:

Außenpolitik als gesellschaftliche Funktion

1. Die revisionistische Interpretation nationalsozialistischer Außenpolitik übersieht die relativ hohe Eigenständigkeit des Hitlerschen „Programms", dessen inhaltlich umrissene Ziele vom Diktator als Intentionen formuliert und verwirklicht wurden. Sie zu stark zu funktionalisieren, verkennt darüber hinaus, daß Hitler im Prinzip nach der Überwindung, nicht nach der Perpetuierung des bestehenden Herrschafts- und Gesellschaftssystems trachtete.

2. Hitlers weltanschaulich fixierte Ziele in erster Linie als ideologisches Derivat gesellschaftlicher Vorgänge zu begreifen, wird kaum der Tatsache gerecht, daß beispielsweise Antisemitismus und Antibolschewismus des Diktators nicht allein und auch nicht vornehmlich funktional, sondern primär und eigenmächtig als politische Ziele einzuschätzen sind.

3. In diesem Sinne erliegen die „Revisionisten“ (vgl. zum Terminus S. 132f.) der Gefährdung, unbestreitbare Wirkungen und Konsequenzen der Politik Hitlers zu deren primären Zwecken zu erheben und zwischen dem Abgeleiteten und dem Ursächlichen nicht mehr angemessen zu unterscheiden.

4. Denn die sich im Gefolge der Realisierung programmatischer Ziele, die konkret entworfen und autonom verfolgt wurden, einstellende Dynamik des Systems, die immer schwerer von Hitler kontrolliert werden konnte, riß den Diktator niemals zu grundsätzlichen Alternativen fort, für die er nicht offen war. Sie berührte letztlich nicht die Formulierung der Endziele, die der Diktator sich und seinem Volk gesetzt hatte, ja sie drängte vielmehr programmatisch in ihre Richtung, betraf allerdings – und dies zum Teil gravierend – ihre Verwirklichung.

Möglichkeiten der „revisionistischen“ Interpretation

Diese Kritik darf allerdings nicht dazu führen, die Verdienste und Möglichkeiten gering zu achten, die der „revisionistischen“ Interpretation zukommen und die eine solche Sicht der Dinge vielleicht eröffnen kann:

1. Der neue Ansatz warnt eindringlich vor der früher auch schon erkannten Gefahr, Hitlers Außenpolitik zu stark im Sinne einer angenommenen Gesetzmäßigkeit und Kohärenz zu verstehen und darüber die Betrachtung der Aktivitäten anderer Institutionen und Personen zu vernachlässigen. Freilich entgeht ihm im Eifer des als ganz neuartig eingeschätzten Bemühens, daß sich die Beschreibung solcher Alternativen durchaus bereits in den Werken der „Programmologen“ und „Traditionalisten“ finden.

2. Mit ihrer Kritik treffen die „Revisionisten“ zweifellos einen Zug und Effekt in der Geschichte der Außenpolitik des Dritten Reiches, die zu ihrer Darstellung gehören. Ihr Vorbehalt gegenüber einer zu starken „Hitlerzentrik“ der Interpretation nationalsozialistischer Außenpolitik kann in diesem Zusammenhang so weit überzeugend wirken, wie er nicht seinerseits zu dem Irrtum führt, den Diktator als einen Funktionär gesellschaftlicher Vorgänge mißzuverstehen.

Tendenz zur Historisierung

3. Die so gewonnene Einsicht, den Diktator nicht allein als einen allmächtig Handelnden, sondern auch als einen vom Geschehen Getriebenen zu begreifen, trifft sich, was die Geschichte der nationalsozialistischen Außenpolitik im Rahmen des internationalen Systems der Zeit angeht, mit der in den letzten Jahren stärker zutage tretenden Tendenz, Hitlers Deutschland als Faktor im Zusammenhang der internationalen Politik darzustellen. Nachdem es gelungen ist, die Absichten und Aktionen, die „Weltanschauung“ und die „Herrschaft“ Hitlers weitgehend zu erforschen, ist die Geschichtswissenschaft darum bemüht, die äußere Politik des Dritten Reiches historisierend in ihren europäischen und globalen Kontext einzuordnen. „Internationales System und auswärtige Politik der Mächte“ [vgl. K. Hildebrand, Weltpolitik 1931–1941: Internationales System und Politik der Mächte. Bericht über die vierte Sektion des 31. Deutschen Historikertages in Mannheim 1976, in: Bericht über die 31. Versammlung deutscher Historiker in Mannheim 22.–26. September 1976, Stuttgart 1977, 86–94] während der dreißiger und vierziger Jahre des 20. Jahrhunderts synoptisch zu

betrachten, führt dazu, Autonomie und Abhängigkeit Hitlers, seine Intentionen und deren damit teilweise kongruente, teilweise aber auch deckungsungleiche Resultate, die Freiheit seiner Entscheidungen ebenso wie das Zwanghafte in den Aktionen des „Führers" genau zu erkennen.

In diesem Sinne hat beispielsweise ANDREAS HILLGRUBER durch die Betrachtung verschiedenartiger Entscheidungskonstellationen der internationalen Politik zu zeigen vermocht, in welchem Maße Hitlers Entschluß, am 1. September 1939 den Krieg gegen Polen zu beginnen, durch Stalins Politik ermöglicht wurde [634: A. HILLGRUBER, Hitler-Stalin-Pakt und Entfesselung des Zweiten Weltkrieges, 339–361], daß das japanische Zögern bzw. der Tokioter Entschluß, keine „zweite Front" gegen die Sowjetunion im Verlaufe des Jahres 1941 zu eröffnen, mit der Tatsache des in der „Schlacht von Smolensk" während der zweiten Juli-Hälfte 1941 zeitweise stockenden deutschen Vormarsches in Rußland eng zusammenhing [A. HILLGRUBER, Die Bedeutung der Schlacht von Smolensk in der zweiten Juli-Hälfte 1941 für den Ausgang des Ostkrieges, in: Felder und Vorfelder russischer Geschichte. Studien zu Ehren von P. Scheibert. Hrsg. von I. AUERBACH u. a., Freiburg i. Br. 1985, 266–279], und wie der amerikanische Präsident Roosevelt im Verlauf der zweiten Hälfte des Jahres 1941 über den japanischen „Bauern" ins „große Spiel" gegen Hitlers Deutschland einzutreten versuchte [561: A. HILLGRUBER, Der Zweite Weltkrieg, 68–87].

„Appeasement"

Solche Tendenz zu einer Historisierung der Außenpolitik Hitlers trifft sich mit einer neuen Bewertung der britischen und französischen Außenpolitik jener Jahre, die in gewissem Sinne an alte Urteile erinnert. Nachdem über eine geraume Zeit hinweg die Unumgänglichkeit und Alternativlosigkeit westmächtlicher Politik betont worden ist, wird in jüngeren Arbeiten [594: A. P. ADAMTHWAITE, The Making of the Second World War; 113: J. B. DUROSELLE, La Décadence, 1932–1939], an zeitgenössische Einschätzungen anknüpfend, wieder stärker auf deren Irrtümer und Versäumnisse hingewiesen, die sich in Churchills nach der Münchener Konferenz vom Jahre 1938 empört geäußertem Verdikt zusammenziehen: „Ihr habt die Schande auf euch genommen, um den Frieden zu retten; ihr werdet die Schande behalten und den Krieg haben".

Autonomie der Kriegsziele

Die sich darüber hinaus mehr und mehr abzeichnende Tatsache, daß die Briten und Amerikaner sowie insbesondere die Sowjets ihre weit ausgreifenden Kriegszielvorstellungen nicht in erster Linie nur als eine Reaktion auf Hitlers Politik und Strategie, sondern in hohem Maße unabhängig davon entwarfen [1099: A. HILLGRUBER, Zweierlei Untergang, 48–65], verweist zusammen mit „alt-neuen" Beobachtungen über die Vergleichbarkeit der nationalsozialistischen und stalinistischen Vernichtungsqualität [J. HOFFMANN, Die Kriegführung aus der Sicht der Sowjetunion, in 701: Das Deutsche Reich und der Zweite Weltkrieg, Band 4, 713–809] auf Wesensmerkmale eines Zeitalters, in dem Hitler, als Ausnahmeerscheinung und Repräsentant des Totalitären zugleich, die Weltgeschichte herausforderte.

„Zeitalter der Tyranneien"

Daß eine in dieser Perspektive sich abzeichnende Historisierung der nationalsozialistischen Außen- und Vernichtungspolitik nichts mit einer Relativierung ihrer Verbrechen zu tun hat, liegt selbstverständlich auf der Hand. Vielmehr dienen „Hinweise auf ähnliche Phänomene bei anderen Völkern" (K. D. BRACHER) dazu, die Singularität und das Typische der Erscheinung Hitlers vor dem Hintergrund des „Zeitalters der Tyranneien" (E. HALÉVY) besser zu verstehen [vgl. dazu auch 1095: K. HILDEBRAND, Der deutsche Eigenweg, wo auf zeitgenössische Stimmen und frühe Urteile der Forschung verwiesen wird, die das Phänomen Hitler im Rahmen der übergreifenden Strömungen des Totalitarismus im 20. Jahrhundert interpretieren]. Denn die Diabolik dieses Saeculums liegt ja gerade, will man seine allgemeine Signatur kennzeichnend markieren, in der nur schwer entwirrbaren Gemengelage von Moral und Unmoral, von Tätern und Opfern, und sie entfaltet sich auf außenpolitischem und internationalem Feld eben in der Gleichzeitigkeit des an sich Unvereinbaren von „Krieg im Frieden und Frieden im Krieg" [554: K. HILDEBRAND].

Gegenwärtiger Forschungsstand

Von derlei transzendierender Perspektive abgesehen, besteht in der internationalen Forschung (von der Kritik der „Revisionisten" abgesehen) weitgehend Einigkeit darüber, daß Hitler im außenpolitischen Bereich „ein persönliches Regiment" (W. J. MOMMSEN) praktizierte und daß seine Außenpolitik nicht, wie MARTIN BROSZAT annimmt, metaphorisch, also uneigentlich, sondern eigentlich, also auf Verwirklichung angelegt war. Sie zielte auch nicht vornehmlich auf innenpolitische Integration, sondern auf außenpolitische Expansion und Rassenherrschaft, und sie war keineswegs Produkt gesellschaftlicher Dynamik, sondern besaß vergleichsweise hohe Autonomie, von der sich die (freilich oftmals zur Verselbständigung drängende) Dynamik des nationalsozialistischen Regimes ableitete.

„Judenpolitik"

Im Zusammenhang mit der Auseinandersetzung über den eher autonomen oder funktionalen Charakter der Außenpolitik des Dritten Reiches ist eine andere Kontroverse näher zu betrachten, die den Bereich der mit der Außenpolitik ursächlich zusammenhängenden Fragen der Rassenpolitik Hitlers betrifft. In ihr geht es darum, den intentionalen oder improvisatorischen Charakter der nationalsozialistischen Judenvernichtung zu bestimmen [vgl. dazu insgesamt: 840: O. D. KULKA, Deutsche Geschichtsschreibung und „Endlösung", 599–640]. Angesichts der Tatsache, daß der Befehl Hitlers zum Mord an den Juden bislang noch nicht gefunden wurde und möglicherweise gar nicht in schriftlicher Form existiert, geht die traditionelle Forschung im allgemeinen davon aus, der Diktator habe einen entsprechenden, erst einmal auf die sowjetischen Territorien bezogenen, später auf das gesamte Europa ausgeweiteten Geheimbefehl im Zusammenhang mit den Vorbereitungen zum Rußlandkrieg, dem Kernstück seines ideologischen und politischen „Programms", gegeben [A. HILLGRUBER, Der geschichtliche Ort der Judenvernichtung. Eine Zusammenfassung, in 834: E. JÄCKEL/J. ROHWER, Der Mord an den Juden, 213–224]. Während EBERHRAD JÄCKEL diese Entscheidung des „Führers" auf den Sommer 1940 datiert, Helmut Krausnick sie auf den März 1941 verlegt und Hans-Günther Seraphim annimmt, sie sei erst Anfang Juli 1941, also kurz nach dem Beginn des Unternehmens „Barbarossa", gefallen [vgl. 830: A. Hillgruber, Gutachten zur Judenverfolgung, 35/Anm. 43], geht Andreas Hillgruber in einem 1978 erstellten „Gutachten" davon aus, daß Hitlers „mündlich Himmler oder Heydrich erteilte Weisung zur Erschießung aller Juden in Rußland Ende Mai 1941, also einige Wochen vor Angriffsbeginn, in der Grenzpolizeischule in Pretzsch (bei Wittenberg) vom Chef des Reichssicherheitshauptamtes, zugleich Chef der Sicherheitspolizei und des SD, R. Heydrich, mündlich den Führern der sog. „Einsatzgruppen" und „Einsatzkommandos" übermittelt wurde" [ebd. 9].

In diesem Zusammenhang hat Christopher Browning [809: Zur Genesis der Endlösung], vor allem die kontroverse Position Martin Broszats kritisch würdigend, differenzierend davon gesprochen, Hitler habe sich im Sommer 1941 grundsätzlich zur Vernichtung des europäischen Judentums entschieden, habe den „Vernichtungsplan" jedoch erst nach einer Phase der Erprobungen im Oktober oder November 1941 gebilligt. Auch nach dem Urteil von Wolfgang Scheffler [857: Entstehungsgeschichte der „Endlösung"] ziehen sich die Entscheidungen Hitlers und die Umstände der Kriegführung, deren von der Forschung zunehmend stärker betonter Sinn nicht zuletzt im Mord an den Juden gelegen hat, zu einem Prozeß zusammen, dessen Urheberschaft jedoch eindeutig auf Hitlers rassisches Dogma zurückgeführt wird. Den zeitlichen Beginn der „Endlösung" datiert Scheffler auf den März des Jahres 1941, als die Vorbereitungen für die Aufstellung der Einsatzgruppen des SD und der Sipo für den bevorstehenden „Weltanschauungskrieg" begonnen wurden. Der im Juli 1941 vorwaltenden Siegeserwartung Hitlers wird sodann eine beschleunigende Schubkraft für die Forcierung des Völkermordes (Ausdehnung des geplanten Massenmordes an den Juden auf das ganze von Deutschland beherrschte Kontinentaleuropa) beigemessen, während die in der zweiten Hälfte des Jahres 1941 nicht selten den Eindruck von Konzeptionslosigkeit vermittelnden Aktionen aus den Bemühungen einzelner Dienststellen erklärt werden, die sich unkoordiniert um eine Realisierung der jeweils von den Gegebenheiten des Kriegsverlaufs und der Besatzungspolitik abhängigen „Endlösung" bemühten.

Wenn auch die Frage nach der Existenz eines (schriftlich oder mündlich erteilten) Führerbefehls zur „Endlösung" ebenso unterschiedlich beantwortet wird, wie das Problem ihres Beginns im Zeitraum zwischen März und November 1941 umstritten ist, so läßt doch selbst ein bis zum Jahresende 1941 die Offenheit der Verwirklichungsmöglichkeiten betonender Forscher wie Hans-Heinrich Wilhelm [839: Truppe des Weltanschauungskrieges, 633–634] keinen Zweifel an Hitlers in diesem Zusammenhang maßgeblicher Rolle, an seinem ausschlaggebenden Eingriff, an seiner persönlichen Aktivität und an seiner direkten und vollen Verantwortung, die Gerald Fleming in seiner Darstellung über „Hitler und die Endlösung" [818] im Hinblick auf den Zeitraum der ersten Hälfte des Jahres 1941 überzeugend dokumentiert hat.

Hitlers Rolle

Judenvernichtung als Ergebnis unkontrollierter Dynamik

Während die 1975 vorgelegte Gesamtdarstellung zur „Judenfrage" im Dritten Reich aus der Feder von L. DAWIDOWICZ [814: The War against the Jews] nicht in erster Linie „The Twisted Road to Auschwitz" [858: K. A. SCHLEUNES], sondern vor allem die Zielgerichtetheit nationalsozialistischer Rassenpolitik nicht nur im Verlauf des Zweiten Weltkrieges, sondern auch während der Friedensjahre betont, hat UWE DIETRICH ADAM in seinem Buch über „Judenpolitik im Dritten Reich" [793] 1972 eine davon erheblich abweichende Meinung vorgetragen, die vor allen Dingen dadurch charakterisiert ist, daß Hitlers Rolle im Rahmen der „Judenpolitik" des Dritten Reiches insgesamt doch erheblich relativiert wird. Zwar veranschlagt auch er den Einfluß des Diktators auf die Behandlung der „Judenfrage" und auf den „Prozeß der Vernichtung" [ebd. 360] nicht eben gering. Doch sieht er in letztlich bestimmendem Maße das institutionelle Gefüge des Dritten Reiches als für die Entstehung des Vernichtungsbefehls verantwortlich an. Bereits das durch die Judentransporte in die besetzten Territorien des Ostens dort entstandene Chaos habe die für den Nationalsozialismus spezifische Planlosigkeit noch potenziert. Als dann im November/Dezember 1941 der deutsche Vormarsch in Rußland ins Stocken geriet, der für die Judendeportation zur Verfügung stehende Raum mithin noch knapper wurde und Eroberungen neuer Territorien unwahrscheinlich erschienen, habe die organisatorische Unfähigkeit des Regimes Hitler dazu getrieben, improvisierend den Judenmord zu befehlen: „Gewiß war der Befehl Hitlers zur Tötung von mehreren Millionen Menschen seine eigene, persönliche Entscheidung; doch letztlich ist die Dynamik und Entwicklung seines Staates nicht das Ergebnis eines ausgeklügelten Kalküls, sondern einer inneren Entwicklung, die auch Hitler zu einem nicht geringen Teil band" [ebd. 360; vgl. dazu differenzierend H.-H. WILHELM, in 839: Truppe des Weltanschauungskrieges, 634]. Diesen Befund hat HANS MOMMSEN daraufhin so umschrieben: „Es ist beispielsweise nicht nachzuweisen, daß der Befehl zur Endlösung von Hitler selbst gegeben worden ist, was nicht heißt, daß diese Politik nicht seine Billigung gefunden hätte. Daß die Endlösung ins Werk gesetzt wurde, ist keineswegs allein auf Hitler zurückzuführen, sondern auf die komplexe Struktur des Entscheidungsprozesses im Dritten Reich, die zu einer fortschreitenden kumulativen Radikalisierung führte" [H. MOMMSEN, Nationalsozialismus oder Hitlerismus? In: M. BOSCH (Hrsg.), Persönlichkeit und Struktur in der Geschichte, Düsseldorf 1977, 66].

Diese Auffassung HANS MOMMSENS, die „Endlösung der Judenfrage" als „die Realisierung des Utopischen" [850] und als selbstinduzierten Automatismus zu verstehen, hat MARTIN BROSZAT in einem scharfsinnig durchdachten und erwägenswert argumentierenden Aufsatz über „Hitler und die Genesis der ‚Endlösung'" [806] weiterentwickelt und auch in verschiedenen Beiträgen auf dem 1984 in Stuttgart veranstalteten Kongreß zum Thema „Der Mord an den europäischen Juden im Zweiten Weltkrieg – Entschlußbildung und Verwirklichung" [834: E. JÄCKEL/J. ROHWER, Der Mord an den Juden, 64–66, 179–184, 210–211, 239–242] vorgetragen. Nicht zuletzt hat er erst einmal – wie vor ihm HUGH R.

Trevor-Roper, Alan Bullock und Eberhard Jäckel – David Irvings in seinem Buch über „Hitler's War" vorgetragene These, Hitler habe von den Judenmorden erst im Jahre 1943 erfahren und es sei Himmler gewesen, der auf diesem Gebiet eigenmächtig gehandelt habe, überzeugend zurückgewiesen.

Improvisierte Juden-vernichtung

Davon abgesehen geht Broszat im Zuge seiner Interpretation der nationalsozialistischen „Judenpolitik" jedoch davon aus, daß es wahrscheinlich gar keinen einschlägigen Befehl Hitlers für das Genozid an den Juden gegeben habe. Er beurteilt vielmehr das Zusammenwirken von weltanschaulichem Dogma und pathologischer Improvisation als den entscheidenden Faktor für Hitlers Haltung zur „Judenfrage". Dabei schätzt er das Problem des Antisemitismus für die Außenpolitik des „Führers" so zentral ein, daß er die These wagt, der Diktator habe den Krieg im September 1939 auch deshalb riskiert, um das Judentum zu bekämpfen. Insgesamt aber bewertet er eben nicht die zielgerichtete Planung Hitlers, sondern die unkontrollierte, zur Improvisation drängende Dynamik des Regimes und ihre daraus sich entwickelnde, beständig steigernde sowie endlich überschlagende Radikalisierung als entscheidend für die Vernichtung des europäischen Judentums. Zwar bestreitet er nicht die in der nationalsozialistischen Weltanschauung grundsätzlich vorhandene Bereitschaft zur radikalsten Lösung der „Judenfrage". Doch sieht er die konkrete historische Lage als ausschlaggebend an für die in einzelnen Etappen und unkoordinierten Schüben sich vollziehenden Aktionen der „Judenpolitik". Broszat zufolge waren es der ins Stocken geratene Vormarsch in Rußland, die Ausweglosigkeit der durch die Deportationen entstandenen Situation in den besetzten Gebieten des Ostens und die selbständigen Initiativen lokaler Stellen, die die oberste Führung mehr und mehr unter Zugzwang setzten, die sie dann zur „Flucht nach vorn" fortrissen und die sich auf diesem Weg entwickelnde „Endlösung" endlich zum Programm erhoben: „Der Plan der großen Evakuierung der Juden sollte – so sah Hitler es sehr wahrscheinlich – keinesfalls gestoppt werden, weil die militärischen Schwierigkeiten und Belastungen im Osten sich als größer erwiesen als im Sommer 1941 angenommen. Aus dieser Situation heraus scheint es im Herbst 1941 einerseits zu einer Verlangsamung und Reduzierung der ursprünglichen Deportationspläne, andererseits zu Entschlüssen gekommen zu sein, die darauf hinausliefen, zumindest Teile der deportierten Juden ‚auf andere Weise', d. h. durch gezielte Tötungsaktionen aus der Welt zu schaffen. Die Judenvernichtung entstand, so scheint es, nicht nur aus vorgegebenem Vernichtungswillen, sondern auch als ‚Ausweg' aus einer Sackgasse, in die man sich selbst manövriert hatte. Einmal begonnen und institutionalisiert, erhielt die Liquidierungspraxis jedoch dominierendes Gewicht und führte schließlich faktisch zu einem umfassenden ‚Programm'" [806: M. Broszat, Hitler und die Genesis der „Endlösung", 752–753]. Allerdings gibt diese neue Sicht der Dinge Broszat nicht die geringste Veranlassung, an Hitlers Verantwortung zu zweifeln: „Wenn unsere Interpretation davon ausgeht, daß die Judenvernichtung auf solche Weise ‚improvisiert', nicht von langer Hand her geplant und durch einen einmaligen Geheimbefehl in die

Wege geleitet wurde, so schließt das ein, daß die Verantwortung und Initiative für die Tötungsaktionen nicht nur bei Hitler, Himmler oder Heydrich lagen. Es entlastet Hitler aber keineswegs" [ebd. 756]. Klar tritt er jedoch der traditionellen Auffassung entgegen, die Hitlers Judenpolitik als planvolle und früh fixierte Handlung deutet: „. . . sicher ist, daß der dogmatische ideologische Antisemitismus Hitlers nicht zeit- und aktualitätsunabhängig war. Er entfaltete sich nicht einfach ‚programmatisch', sondern pathologisch, wurde mehr oder weniger aufgeladen, und diese ‚Aufladungen' waren als Motiv der Entschlüsse und Handlungen mindestens ebenso wichtig wie das feststehende Dogma. Dem entspricht auch der Grundzug der nicht gleichmäßig und planvoll, sondern eher improvisiert und sprunghaft, durch jeweils forcierte Ad-hoc-Aktionen, vorangetriebenen Judenpolitik und -vernichtung" [ebd. 770].

Programmatischer Antisemitismus

BROSZATS Interpretationsvorschlag, „Hitler . . . für den Gesamtvorgang der Judenvernichtung" zwar als „unentbehrlich . . ., aber nicht unbedingt als de[n] acting leader, sondern als die unerläßliche Legitimationsinstanz" [in 834: E. JÄKKEL/J. ROHWER, Der Mord an den Juden, 211] einzuschätzen, hat Widerspruch gefunden, der sich unter anderem auf folgende Argumente stützt: 1. Daß bislang kein Befehl Hitlers zur Judenvernichtung aufgefunden wurde, schließt keineswegs aus, daß er nicht mündlich oder schriftlich gegeben worden ist. CHRISTOPHER BROWNING hat in seiner „Antwort an Martin Broszat" [809: Zur Genesis der „Endlösung"] überzeugend darauf hingewiesen, daß die von BROSZAT hoch veranschlagte Tatsache, wonach sich beispielsweise in den Goebbels-Tagebüchern kein Hinweis auf einen entsprechenden „Führerbefehl" finde, angesichts der das Gegenteil davon belegenden einschlägigen Aussagen von Eichmann und Höß maßgeblich an Gewicht verliere. Die von BROWNING und einer in sich wiederum differierenden Mehrheit der Historiker angenommene „Wahrscheinlichkeit" (CH. BROWNING), im Verlauf des sich vom März über den Juli bis zum November 1941 erstreckenden Prozesses der Genesis und Entwicklung der „Endlösung" das Dogma und die Entscheidungen Hitlers als maßgeblich anzusehen, hat im übrigen nichts zu tun mit einer sog. „idealistischem Intentionalismus" entspringenden „Konspirationskonstruktion" traditioneller Historiographie. Denn Geheimhaltung des vom „Führer" Beabsichtigten gehörte belegt und aktenkundig zum Prinzip der Politik des Dritten Reiches. Demgegenüber erscheint die Valenz der These vom improvisatorischen Charakter des Regimes nach wie vor eher als umstritten.

2. Die mit dem deutschen Einmarsch in die Sowjetunion koordiniert anlaufenden Erschießungsaktionen von russischen Juden, die ohne Ansehen ihrer Person, ihres Standes oder ihres Berufes und allein aufgrund der Tatsache ihrer Rassenzugehörigkeit ermordet wurden, vermag BROSZATS stärker funktionale und situationsgebundene Interpretation nicht zureichend zu erklären. Sie wurden vielmehr von Hitler befohlen und dementsprechend planmäßig durchgeführt. Als Auftakt zur „physischen Endlösung" hoben sie sich von deren letzter Stufe der technisch perfekt durchgeführten Vergasungen qualitativ im Prinzip nicht ab.

3. Selbst wenn man dazu bereit ist, der historischen Situation einen vergleichsweise hohen „Stellenwert“ für die Verwirklichung der nationalsozialistischen „Judenpolitik“ einzuräumen, so ist doch nicht zu übersehen, daß die Genesis der „Endlösung“ lange vorher in Hitlers programmatischen Überlegungen angelegt war und die Vernichtung der europäischen Juden auf das Vorhandensein des rassenideologischen Dogmas in der nationalsozialistischen Weltanschauung zurückgeht. Ohne deren Existenz hätte auch die angeblich so geschichtsmächtige Improvisation keinen Orientierungspunkt gehabt. Grundlegend für das nationalsozialistische Genozid war Hitlers Rassendogma. Es mag Situationen geschaffen haben, die im Sinne seiner Erfüllung auf die a priori mögliche und langfristig anvisierte radikalste Lösung beschleunigend drängten. Mit anderen Worten: Das situative Element nationalsozialistischer „Judenpolitik“ könnte in diesem Sinne sekundär zur Erfüllung des rassenpolitischen Dogmas beigetragen haben, keineswegs aber schuf es dieses neu, wesentlich und programmatisch.

In diesem Sinne haben 4. historische Situationen möglicherweise verstärkend auf das ursprünglich Gewollte und planmäßig (wenn freilich auch pathologisch) in Gang Gesetzte eingewirkt. Als primär und verursachend, als Motiv und Ziel, als Vorsatz und Fluchtpunkt der „Judenpolitik“ des Dritten Reiches aber sind nach wie vor Hitlers programmatische Ideen über Judenvernichtung und Rassenherrschaft einzuschätzen. Sie stifteten jene Dynamik des Regimes, die Hitlers Planungen gewiß verändernd beschleunigte, ihn jedoch niemals zu Lösungen fortriß, die er nicht schon lange vorher anvisiert und gefordert hatte.

Von einem methodisch gegenüber der „revisionistischen“ Interpretation unterschiedlichen Standpunkt aus hat Sebastian Haffner zum Problem der nationalsozialistischen „Judenpolitik“ im Zweiten Weltkrieg Stellung genommen und hat die im Dezember 1941 begonnene Form der technisch perfekt durchgeführten „physischen Endlösung“, die ab 1942 auf alle unter deutschem Einfluß stehenden Länder Europas ausgedehnt wurde, zu erklären versucht. In diesem Zusammenhang mißt er dem Kalkül Hitlers für Verursachung, Beginn, Entwicklung und Zeitplanung der Judenvernichtung die allein ausschlaggebende Bedeutung bei. Solange Hitler in Rußland noch auf einen ähnlich schnellen Sieg gehofft habe wie ein Jahr zuvor in Frankreich, sei für den Diktator damit die Hoffnung auf ein Einlenken Englands verbunden gewesen, das nach der russischen Niederlage ohne seinen letzten „Festlandsdegen“ dagestanden hätte. Zu diesem Zweck aber habe er für die Briten verhandlungsfähig bleiben müssen. Daher sei der „systematische Judenmord“ erst einmal auf Polen und Rußland beschränkt worden, „und seine umständliche Methode waren Massenerschießungen . . . Was er in Polen und Rußland tat, mochte er hoffen, wenigstens solange der Krieg dauerte, vor der Außenwelt geheimhalten zu können; Massenmord in Frankreich, Holland, Belgien, Luxemburg, Dänemark, Norwegen, auch in Deutschland selbst, mußte dagegen sofort in England bekannt werden und Hitler dort endgültig unmöglich machen, wie es ja auch geschah . . . Seinen lange gehegten

Judenvernichtung und Kalkül Hitlers

Wunsch, die Juden ganz Europas auszurotten, durfte er sich erst erfüllen, wenn er jede Hoffnung auf einen Ausgleichsfrieden mit England (und die damit verbundene Hoffnung, den Kriegseintritt Amerikas zu vermeiden) aufgab. Und das tat er erst nach dem 5. Dezember 1941, dem Tag, an dem ihn die russische Offensive vor Moskau aus seinem russischen Siegestraum riß" [158: S. HAFFNER, Anmerkungen, 178–179].

HAFFNER postuliert mithin zwischen den Massenerschießungen osteuropäischer Juden auf den Territorien Polens und der Sowjetunion bis zum Dezember 1941 und den (seit dem Juni/Juli 1941 vorbereiteten) danach praktizierten Massenvergasungen (auch west-)europäischer Juden in einem den europäischen Kontinent insgesamt ergreifenden Maßstab keinen qualitativen Unterschied. Vielmehr beurteilt er beide Vorgänge als verschiedene, lange zuvor geplante Phasen der „Judenpolitik" Hitlers und leitet ihre jeweilige Realisierung unmittelbar aus den strategischen und weltanschaulichen Entscheidungen des Diktators ab. Wie weit sich diese im Zuge scharfsinniger Konjektur vorgetragene Interpretation quellenmäßig erhärten läßt, um von der Forschung akzeptiert zu werden, bleibt dem künftigen Gang der wissenschaftlichen Beschäftigung mit der „Judenpolitik" des Dritten Reiches vorbehalten, deren gegenwärtig verbindlichen Stand der Forschung der von EBERHARD JÄCKEL und JÜRGEN ROHWER 1985 herausgegebene Band „Der Mord an den Juden im Zweiten Weltkrieg" [834] umfassend, d. h. im Hinblick auf die überwiegend als gültig akzeptierten Resultate ebenso wie im Hinblick auf die damit einhergehenden Differenzen im einzelnen sowie im Hinblick auf die grundsätzlich kontroversen Positionen spiegelt.

„Auschwitz und die Alliierten"

Über die wissenschaftliche Beschäftigung mit der Frage nach Genesis und Entwicklung der „Endlösung" hinaus haben sich WALTER LAQUEUR [842: Was niemand wissen wollte] und MARTIN GILBERT [821: Auschwitz und die Alliierten] intensiv mit der schon lange im Raum stehenden Frage auseinandergesetzt, warum die Alliierten nicht gegen den nationalsozialistischen Massenmord an den Juden vorgegangen seien. Verantwortlich für diese Unterlassung waren in erster Linie ein „Mangel an Vorstellungsvermögen, Mangel an Reaktion, Mangel an nachrichtendienstlicher Aufklärung, an Fähigkeit, das bereits Bekannte zu einem Gesamtbild zusammenzufügen und Schlüsse daraus zu ziehen, Mangel an Koordination, an Initiative und zuweilen auch an Solidarität mit den Verfolgten und Ermordeten" [821: M. GILBERT, Auschwitz und die Alliierten, 400], die eine Rettung vor dem „Holocaust" verhinderten, die, über sich hinausweisend, auf die ungeheuerlichen Verständnisschwierigkeiten im Umgang und in der Interpretation mit totalitären Diktaturen hindeuten und die ein zu holzschnittartiges Schwarz-Weiß-Gemälde über die moralisch durch nichts zu rechtfertigende Rassenpolitik des Dritten Reiches als ungenügend erscheinen lassen.

„Euthanasie"

Zunehmend stärker hat die Forschung ihre Aufmerksamkeit in den letzten Jahren auf den Zusammenhang zwischen der Ermordung des europäischen Judentums und der dieser Untat vorausgehenden „Vernichtung" des sog. „lebensunwerten Lebens" im Rahmen des verschiedene „Aktionen" umfassenden „Euthanasieprogrammes" [836: E. KLEE, „Euthanasie" im NS-Staat] konzentriert [vgl. 1099: A. HILLGRUBER, Zweierlei Untergang], die über das teilweise gemeinsam benutzte Mordinstrumentarium der Vergasungsanlagen hinaus [vgl. dazu 838: E. KOGON/H. LANGBEIN/A. RÜCKERL, Nationalsozialistische Massentötungen] ihre gemeinsame Wurzel im Vernichtungswillen und in der Rassenutopie Hitlers finden.

„Lebensborn"

Was demgegenüber das Züchtungselement nationalsozialistischer Rassenpolitik angeht, so fehlen nach wie vor Untersuchungen über das Problem der biologischen „Züchtungsmaßnahmen" des Regimes [vgl. beispielsweise 845: G. LILIENTHAL, Lebensborn, und 859: H. SEIDLER/A. RETT, Reichssippenamt], die auf Unterschiede zu Diktaturen von vergleichbarer Grausamkeit verweisen könnten und die zusammen mit der „Juden"- und der „Euthanasiepolitik" des Dritten Reiches als Teile der „Weltanschauung" und „Herrschaft" Hitlers zu begreifen sind, ja einander komplementär ergänzten.

Insgesamt hat die Erforschung der nationalsozialistischen Außen- und Rassenpolitik einen Punkt erreicht, an dem sich die nunmehr von ERNST NOLTE und JOACHIM FEST aufgeworfene „alt-neue" Frage drängend stellt, inwieweit der Eroberungswille, die Vernichtungsqualität und die Rassenutopie Hitlers singulär oder vergleichbar erscheinen. Gerade weil die entsprechenden Untersuchungen über die Kriegs- und Besatzungspolitik des Dritten Reiches [vgl. 884: CH. STREIT, Keine Kameraden] für die Bestimmung seines verbrecherischen Charakters so aufschlußreich waren, ist es an der Zeit, das Einzigartige des Nationalsozialismus in eine historische Perspektive zu rücken und auf seine Verwandtschaft hin zu befragen beispielsweise mit der zeitgleichen Praxis und Zielsetzung der stalinistischen Diktatur, mit dem Vorgang des Völkermordes an den Armeniern im Ottomanischen Reich während des Ersten Weltkrieges und mit der Existenz des kambodschanischen „Steinzeitkommunismus" in den 1970er Jahren [vgl. 1095: K. HILDEBRAND, Der deutsche Eigenweg], um auch in dieser Hinsicht durch die Historisierung des Untersuchungsgegenstandes das Singuläre seiner Erscheinung in den Verlauf der von Hitler so total und existentiell herausgeforderten Weltgeschichte, zumindest versuchsweise, einordnen zu können.

Desiderate der Forschung

Schließlich dürfte es, eben im Rahmen einer solchen Historisierung der Außen- und Rassenpolitik des Dritten Reiches, sinnvoll sein, in Fortführung und Entwicklung der Studien von ANDREAS HILLGRUBER [727: Hitlers Strategie], BERND MARTIN [752: Friedensinitiativen], WOLFGANG MICHALKA [663: Ribbentrop und die deutsche Weltpolitik] und STEFAN MARTENS [571: Hermann Göring] auch zukünftig der Existenz außenpolitischer (und außenhandelswirtschaftlicher) Varianten in der Politik des Dritten Reiches Beachtung zu schenken und den entsprechenden Vorstellungen und Entwürfen einer „zweiten Generation" technokratisch orientierter Nationalsozialisten nachzuspüren, auf deren Bedeutung MICHAEL SALEWSKI [882: Das maritime Dritte Reich] hingewiesen hat und die möglicherweise als systemimmanente bzw. systemverändernde Alternativen zur Außenpolitik Hitlers einzuschätzen sind.

Ihre Darstellung könnte nicht zuletzt auch Aufschluß geben über die Möglichkeiten und Grenzen der Tätigkeit oppositioneller Gruppen im Dritten Reich und deutlicher als bisher markieren, wie fließend in Hitlers nationalsozialistischer Diktatur oftmals die Übergänge zwischen Mitarbeit und Widerstand tatsächlich waren.

6. Der Deutsche Widerstand

Politische Funktionen der Widerstandsforschung

Sowohl in der Bundesrepublik Deutschland als auch in der DDR hat die wissenschaftliche Beschäftigung mit der Geschichte des deutschen Widerstandes in einem nicht zu übersehenden Maß politische Funktionen erfüllt. Darin unterscheiden sich die beiden deutschen Staaten freilich kaum von der Mehrzahl der anderen europäischen Nationen in West und Ost. Auch sie gewannen aus der Darstellung der unmittelbar zurückliegenden Zeit des Zweiten Weltkrieges, in der Patrioten aller Parteien und Schichten gegen die deutsche Besatzungsmacht gekämpft hatten, ihren Teil „für die Wiedergewinnung des nationalen Selbstbewußtseins und die Entwicklung der Europa-Idee, aber auch für den kommunistischen Helden- und Systemkult" [102: K. D. Bracher, Krise Europas, 217]

Diese Tendenz, den Widerstand gegen das Dritte Reich als legitimierende Folie zu verstehen und gegenwartsbezogen zu nutzen, hat sich fortgesetzt. Denn nicht selten dient die Beschäftigung mit dem sog. „Kleinen Widerstand" [1003] heute dazu, Haltungen von Nonkonformismus und Verweigerung, Sachverhalte wie Protest und Gesetzesbruch, die im totalitären Unrechtsregime eine ganz andere, nämlich existentielle Bedeutung besaßen, als ihnen im parlamentarischen Rechtsstaat zu eigen ist, aus ihrer Banalität und – teilweise – Illegalität in die historisch drapierte Dimension des Heroischen und Legitimen zu erheben.

In ihrem Urteil über den deutschen Widerstand, der sich von den europäischen Résistance-Bewegungen so maßgeblich, wenn nicht grundsätzlich unterschied (vgl. I. Darstellung. D.2), ging die orthodox marxistische Geschichtswissenschaft davon aus, „daß nur die kommunistische Widerstandsbewegung durchgängig von 1933 bis 1945 gegen die ‚faschistische' Herrschaft kämpfte und dabei die meisten Opfer brachte" [119: A. Hillgruber, Endlich genug über Nationalsozialismus, 43]. Demgegenüber würdigte sie aus der Zahl der übrigen Widerstandskämpfer nur wenige Persönlichkeiten, beispielsweise den Grafen Stauffenberg, ohne daß die im Zusammenhang damit gelieferten Urteile über Stauffenbergs „fortschrittlichen" Patriotismus in der nichtmarxistischen Forschung Zustimmung gefunden hätten, wie man Christian Müllers großer Biographie über diesen führenden Repräsentanten des deutschen Widerstandes entnehmen kann [1029: Stauffenberg, 18–20]. Es liegt auf der Hand, daß die ideologisch geprägte Interpretation des deutschen Widerstandes dazu diente, das staatliche Selbstverständnis der DDR und ihre Legitimation auch aus der Legende des allein als maßgeblich ausgegebenen kommunistischen Widerstandes gegen das Dritte Reich abzuleiten [vgl. dazu insgesamt G. Rossmann, Die Verfälschung des antifaschistischen Widerstandskampfes in der westdeutschen Geschichtsschreibung, in: ZfG 18 (1970), 5–22, und K. Mammach, Der antifaschistische deutsche Widerstand 1933–1939, Berlin-Ost 6. Aufl. 1984]. Allmählich macht sich indes, beispielsweise mit KURT FINKERS zuerst 1978 erschienener Darstellung über „Graf Moltke und der Kreisauer Kreis" [1000] einsetzend, im Zusammenhang mit dem Bemühen der DDR um eine umfassender angelegte Aneignung der deutschen Geschichte eine neue Linie in ihrer Geschichtsschreibung über den deutschen Widerstand bemerkbar, die nicht zuletzt den in der Historiographie der Bundesrepublik als Untersuchungsgegenstand teilweise bewußt hintenangestellten „20. Juli" als frühe Form einer „Koalition der Vernunft" zwischen Kräften des Bürgertums, des Adels und der militärischen Führung gegen Hitlers Regime darzustellen versucht.

In der westlichen Geschichtswissenschaft verlief die Entwicklung auf dem Gebiet der Erforschung des deutschen Widerstandes weit weniger planvoll und geradlinig [vgl. zu den verschiedenen Entwicklungsphasen der Forschung, zu ihren dominanten Tendenzen und zum aktuellen Stand der Geschichtsschreibung auf diesem Feld den 1986 vorgelegten knappen und notwendigerweise holzschnittartig verfahrenden Überblick von KLAUS-JÜRGEN MÜLLER und HANS MOMMSEN: Zur Historiographie des Widerstandes, in 1033: K.-J. MÜLLER, Der deutsche Widerstand, 13–21, und die 1985 erschienene ausführliche und differenzierte Abhandlung von 1062: PETER STEINBACH, Der Widerstand als Thema der politischen Zeitgeschichte, 11–74; siehe auch den 1983 publizierten Artikel von GÜNTER PLUM über Widerstand und Resistenz, in 109: M. BROSZAT/H. MÖLLER, Das Dritte Reich, 248–273, und den 1984 präsentierten ausführlichen Bericht von 1066: GERD R. UEBERSCHÄR, Gegner des Nationalsozialismus, die beide in ihrer Urteilsbildung durch die jüngeren Strömungen der Geschichtswissenschaft stärker beeinflußt sind als der gleichfalls 1984 veröffentlichte, trotz seiner Kürze konventionelle und moderne Themen einordnend und ausgewogen darstellende Aufsatz von WOLFGANG ALTGELD: Zur Geschichte der Widerstandsforschung, in 1020: R. LILL/H. OBERREUTER, 20. Juli, 377–383; als Summe der in sich alles andere als einheitlich erscheinenden Forschung zum deutschen Widerstand ist der von JÜRGEN SCHMÄDEKE und PETER STEINBACH 1985 herausgegebene Sammelband 1055: Der Widerstand gegen den Nationalsozialismus anzusehen, dessen Resümee über die „Diskussionen zur Geschichte des Widerstandes", 1119–1158, aufgrund seines umfassenden Informationsgehalts besondere Hervorhebung verdient]. Doch wird auch im Rahmen der bundesrepublikanischen Historiographie ein – allerdings nicht zu überschätzendes [vgl. E. KOSTHORST, Didaktische Probleme der Widerstandsforschung, in: GiWuU 30 (1979)] – Bemühen darum erkennbar, in einem vergleichbaren Maße aus der teilweise verklärenden und teilweise einseitigen Betrachtung der Geschichte des deutschen Widerstandes gegen Hitler heraus historische Kontinuität und politische Integrationskraft für den neuen westdeutschen Staat zu gewinnen.

Urteile der Nationalsozialisten und der Sieger

Zuerst dominierte allerdings – prima vista paradox und dennoch, wenn man sich STEPHAN HERMLINS Bekenntnis vor Augen führt: „Man konnte nicht für die Sowjetunion sein, ohne für Stalin zu sein" [M. REICH-RANICKI, Und Stalin? Stephan Hermlin im Gespräch, in: Frankfurter Allgemeine Zeitung vom 4. 9.1984, 25], im Hinblick auf das Räderwerk totalitärer Diktaturen ebenso charakteristisch wie für die sich in modernen Kriegen so leicht einstellende Symmetrie wechselseitiger Fehleinschätzungen kennzeichnend – in der Geschichtsschreibung der angelsächsischen Siegermächte die nationalsozialistische Propagandaformel: „Hitler ist Deutschland und Deutschland ist Hitler". Die berüchtigte Anklage des Diktators vom 20. Juli 1944, es sei im Grunde nur eine „kleine Clique ehrgeiziger Offiziere" gewesen, die gegen ihn geputscht habe, wurde gleichfalls übernommen. Bis in die sechziger Jahre hinein schätzten englische Historiker wie JOHN W. WHEELER-BENNETT und LEWIS NAMIER, in dieser Perspektive befangen, „die Akteure des 20. Juli als vom Nationalsozialismus politisch nur graduell unterschiedene Militaristen" ein, „die durch Opferung eines *Schuldigen* einen Verhandlungsfrieden erreichen und den deutschen Militarismus in der Katastrophe retten, damit aber die Alliierten um den vollen Sieg betrügen wollten" [1038: G. PLUM, Widerstandsbewegungen, 962]. Diese Auffassung ist mittlerweile ebenso einer angemesseneren Beurteilung des deutschen Widerstandes gewichen, wie „die extreme Gegenposition, daß Deutschland das ‚erste besetzte Land' der Nazis gewesen sei und folglich fast alle Deutschen mehr oder minder aktiv im Widerstand gegen eine kleine Clique von Usurpatoren gestanden hätten, in seriösen Arbeiten [keinen] Niederschlag" fand [119: A. HILLGRUBER, Endlich genug über Nationalsozialismus, 43–44].

Befreiung 1945?

Daß – damit im Zusammenhang stehend und dennoch weit darüber hinausreichend – das Ende des Zweiten Weltkrieges in und für Deutschland nicht einseitig als „Befreiung" zu verstehen ist, liegt angesichts der historischen Tatsachen auf der Hand. „Der Begriff ‚Befreiung'", so hat ANDREAS HILLGRUBER diesen vielschichtigen, ja von Tragik durchzogenen Sachverhalt einmal umschrieben, „impliziert eine . . . Identifizierung mit den Siegern, und natürlich hat er seine volle Berechtigung für die aus den Konzentrationslagern und Gefängnissen befreiten Opfer des nationalsozialistischen Regimes. Aber auf das Schicksal der deutschen Nation als Ganzes bezogen, ist er unangebracht. ‚Befreiung' umschreibt nicht die Realität des Frühjahrs 1945. Wollte man mit dieser Vokabel ernsthaft den Zusammenbruch des Reiches zu erfassen suchen, so setzte dies voraus, daß das Kriegsziel der Alliierten in West und Ost tatsächlich in nichts anderem bestanden hätte als in der Beseitigung des nationalsozialistischen Herrschaftssystems" [1099: A. HILLGRUBER, Zweierlei Untergang, 24].

Grundlegende Darstellungen. Der konservative Widerstand

Nach den ersten Bemühungen von seiten am Widerstand beteiligter Persönlichkeiten wie FABIAN VON SCHLABRENDORFF [Offiziere gegen Hitler, Zürich 1946], HANS BERND GISEVIUS [Bis zum bitteren Ende, 2 Bde., Zürich 1946] und RUDOLF PECHEL [Deutscher Widerstand, Erlenbach-Zürich, 1947] durch ihre 1946/47 in der Schweiz veröffentlichten Arbeiten ebenso wie durch die dort postum publizierten Tagebücher ULRICH VON HASSELLS [58: Vom andern Deutschland] Vorurteile zu korrigieren, war es dann besonders HANS ROTHFELS' erstmals 1948 in englischer Sprache veröffentlichte Darstellung über „The German Opposition to Hitler" [1048: Die deutsche Opposition], die in dieser Hinsicht erfolgreich wirkte. Sie trug wesentlich dazu bei, vor allen Dingen in den Vereinigten Staaten von Amerika ein vergleichsweise umfassendes, wissenschaftlich zuverlässiges und angemessenes Bild vom deutschen Widerstand zu zeichnen. Nicht zuletzt auch unter dem Einfluß dieses schon ein Jahr darauf in deutscher Sprache vorliegenden Buches konzentrierte sich das Interesse der Forschung mit einer gewissen, nicht zu verkennenden Einseitigkeit auf die Tätigkeit der konservativen Widerstandskräfte und führte im Zeichen der Ära des Kalten Krieges im allgemeinen, angesichts der beispielsweise in der Bundesrepublik Deutschland starken Stellung von Universitäten und Kirchen im besonderen, zu dementsprechenden „Überzeichnungen und zu Weglassungen" (A. Hillgruber). Der damaligen Einschätzung gemäß waren es in erster Linie die konservativen und bürgerlichen Vertreter des deutschen Widerstandes, die in einem freilich stets betonten Zusammenwirken mit Sozialdemokraten und angesichts einer allerdings niemals näher beschriebenen Verankerung im deutschen Volk die Erhebung vom 20. Juli 1944 getragen hatten.

Neben Hans Rothfels' Darstellung war es nicht zuletzt auch die andere für den Gang der Erforschung des deutschen Widerstandes wegweisende, 1955 veröffentlichte und 1984 neu herausgegebene Studie aus der Feder von Gerhard Ritter über „Carl Goerdeler und die deutsche Widerstandsbewegung" [1042], die die Behandlung des kommunistischen und des linkssozialistischen Widerstandes vernachlässigte bzw. die Tätigkeit der „Roten Kapelle" [vgl. dazu die aufschlußreiche Dokumentation von 1050: H. Scheel, Die „Rote Kapelle" und der 20. Juli 1944] als Verrat ablehnte. Im unbewußten oder bewußten Bemühen darum, durch die Beschäftigung mit dem deutschen Widerstand staatliches Selbstverständnis durch Traditionslegung zu entwickeln, wurde versucht, die innenpolitischen Zukunftsentwürfe der Verschwörer als Vorläufer dessen zu qualifizieren, was in der Bundesrepublik Deutschland „unter einer freiheitlichen Demokratie" [999: D. Ehlers, Technik und Moral einer Verschwörung, 16] verstanden wurde. Korrespondierend dazu gab es Versuche, in ihren außenpolitischen Planungen einen direkten Weg „Vom ‚Widerstand' zu den ‚Vereinigten Staaten von Europa'" [W. Ritter von Schramm, Erhebung 1944, in: Politische Studien 1954, 170] nachzuweisen. Daneben blieben die Publikationen über den kommunistischen und linkssozialistischen Widerstand, die in den vierziger und fünfziger Jahren beispielsweise von Hermann Brill [Gegen den Strom, Offenbach 1946] und von Günther Weisenborn [1071: Der lautlose Aufstand] vorgelegt wurden, vorläufig noch deutlich in der Minderzahl.

Die von dem Wunsch nach Schaffung einer historischen Tradition und eines sich daraus ableitenden Selbstverständnisses für die junge Bundesrepublik Deutschland mitgetragenen Urteile dieser Darstellungen, die sowohl im Sinne der Haltung der konservativen Verschwörer Goerdeler und Beck als auch der Repräsentanten des – von dem niederländischen Historiker Ger van Roon in seinem 1967 veröffentlichten Buch über „Neuordnung im Widerstand" [1044] ausführlich behandelten – Kreisauer Kreises stets maßgeblich die moralischen Motive der Widerstandskämpfer betonten, wurden vom Beginn der sechziger Jahre an zunehmend stärker in Frage gestellt. Eine wissenschaftliche Gegenbewegung innerhalb der Widerstandsforschung gewann an Bedeutung, die sich nicht zuletzt auch aus der Opposition gegenüber gewissen als restaurativ angesehenen Tendenzen in der Bundesrepublik Deutschland speiste, und ihrerseits symptomatisch für den einsetzenden Wandel des geistigen (und politischen) Klimas in der Bundesrepublik wurde.

Revision der Urteile. Der „linke" Widerstand

Die Revision der bis dahin gültigen Urteile über den deutschen Widerstand begann damit, daß jetzt Universitäten und Kirchen in ihrem Verhalten während des Dritten Reiches kritischer betrachtet wurden. Das Einverständnis darüber, sie hätten zumindest passiv Widerstand geleistet, schwand: „Nun wurden Opportunismus und Anpassung vieler Würdenträger an den Pranger gestellt", so hat Andreas Hillgruber die sich bemerkbar machende neue Tendenz der Geschichtsschreibung über den deutschen Widerstand einmal anschaulich umschrieben, „wobei sich die Stoßrichtung vielfach mehr gegen die kooperierenden Konservativen als gegen die Exponenten nationalsozialistischer Couleur, die es auch dort überall gegeben hatte, richtete" [119: Endlich genug über Nationalsozialismus, 44]. In diesem Rahmen waren es zu einem sehr maßgeblichen Teil Hans Mommsen und Hermann Graml, die in zwei die Forschung stark beeinflussenden Aufsätzen über „Gesellschaftsbild und Verfassungspläne des deutschen Widerstandes" und über „Die außenpolitischen Vorstellungen des deutschen Widerstandes" [in 1056: W. Schmitthenner/H. Buchheim, Der deutsche Widerstand, 73–167 und 15–72] zu einem Überdenken der Tätigkeit und vor allem der Planungen der verschiedenen Gruppen des deutschen Widerstandes beitrugen und der Forschung neue, nachhaltig wirkende Anstöße gaben. In seinen freilich sehr pointierten Ausführungen zeigte Hans Mommsen, daß die innenpolitischen Zukunftsentwürfe der Vertreter des konservativen Widerstandes mit den Erfordernissen einer „parlamentarischen Demokratie unter den Bedingungen der technisch-industriellen Arbeitswelt" wenig gemein hatten und eher im Hinblick auf den wilhelminischen Obrigkeitsstaat bzw. auf absolutistische Staatsvorbilder hin orientiert und mithin rückwärts gewandt erscheinen. Dementsprechend wies Hermann Graml darauf hin, daß eben diese Repräsentanten des konservativen Widerstandes auch in außenpolitischer Hinsicht über ihre nationalstaatliche Perspektive hinaus die Schaffung eines von Deutschland direkt oder indirekt beherrschten Mitteleuropa bzw. das Streben nach europäischer Hegemonie ganz im Sinne wilhelminischer Vorbilder als Orientierung und Ziel ihren Planungen zugrunde legten.

Damit einhergehend fand nunmehr gegenüber der bis dahin vorherrschenden Auffassung vom „Widerstand ohne Volk", wie Hans Mommsen die Ergebnisse der auf die Behandlung der konservativen Repräsentanten des Widerstandes konzentrierten Geschichtsschreibung zugespitzt zusammengefaßt hat, verstärkt die Existenz sozialdemokratischer, kommunistischer und gewerkschaftlicher

Widerstandstätigkeit Beachtung. Damit war ein mächtiger Impuls gegeben, der in der Forschung bis heute einflußreich wirkt, lange Zeit zumindest der Tendenz nach dominierte und nun allmählich durch die bevorzugte Beschäftigung mit Phänomenen nonkonformen, resistenten und protestierenden Verhaltens, auf die der Widerstandsbegriff nur mit Vorbehalten zutrifft (vgl. S. 209), seinerseits erneut relativiert wird. Die herkömmliche Betrachtung der Widerstandstätigkeit von Angehörigen aus Kreisen der traditionellen Eliten ist erst einmal vergleichsweise zurückgetreten und eine große Zahl von Regionalstudien und Darstellungen vornehmlich über den linken Widerstand sind entstanden. Zusammen mit Untersuchungen des lokalen und betrieblichen Widerstandes, die in der DDR über weite Strecken hin zu den bevorzugten Untersuchungsgegenständen der Forschung gehörten, fügten sie sich zu einem neuen, die bis in die sechziger Jahre hinein verbindlichen Maßstäbe und Ergebnisse teilweise ergänzenden, teilweise aber auch überlagernden und verdrängenden Bild vom deutschen Widerstand, das freilich schon bald in den siebziger und achtziger Jahren neue Züge und andere Konturen erhielt.

Kritik am konservativen Widerstand

Doch vorläufig erschienen die Vertreter des konservativen Widerstandes in erster Linie nicht mehr länger als das andere, bessere Deutschland, das gegen die Tyrannei Hitlers aufgestanden ist. Vielmehr wurde das angeblich „ewig Gestrige" ihrer Gedankenwelt hervorgehoben und die daraus abgeleitete innen- und außenpolitische Zukunftslosigkeit ihrer Entwürfe kritisiert – eine in der Bundesrepublik zwar nicht unwidersprochen akzeptierte, aber im Grunde bis heute oftmals „engagiert" vertretene Position, die in der DDR, wie bereits erwähnt, mittlerweile im Hinblick auf die als zukunftsweisend beurteilte Entscheidung dieser Repräsentanten zur Zusammenarbeit mit anderen gesellschaftlichen Kräften und zur Aktion gegen Hitler differenzierter eingeschätzt wird. In solch einseitig ausfallendem Rückblick konnten die Repräsentanten des konservativen Widerstandes beileibe nicht als geeignet angesehen werden, jenen Modernisierungsvorgang innerhalb der deutschen Entwicklung nachzuholen bzw. einzuleiten, der als geschichtsnotwendig bewertet und als eine Anpassung politischer Institutionen und sozialer Einrichtungen an die sog. Bedürfnisse einer Industriegesellschaft verstanden wird. Maßgebend für diese sich im Hinblick auf die Einschätzung des konservativen Widerstandes in den sechziger Jahren vollziehende Neuorientierung wurde ohne Zweifel RALF DAHRENDORFS 1961 [1083: Demokratie und Sozialstruktur in Deutschland] vorgetragene Kritik gegenüber der „vorindustriellen preußischen Oberschicht" [ebd. 292], die von der „Ära Bismarck" bis 1933 Deutschlands Weg in die Modernität blockierte. In seiner für das damalige politische Empfinden wohl bestürzenden Interpretation stellte er seinem äußerst skeptischen Urteil über die politischen Ideen der preußisch-deutschen Konservativen einschließlich der Widerstandskämpfer vom 20. Juli 1944, deren moralische Qualitäten jedoch auch für ihn außer Zweifel standen, jene These von den „unbeabsichtigten Konsequenzen" entgegen, die das „Hitler-Regime" nicht zuletzt auch durch die „nahezu völlige physische

Beseitigung der alten preußischen Oberschicht" [ebd. 293] hervorbrachte und die für die Entwicklung der westdeutschen Nachkriegsgesellschaft modernisierende Folgen zeitigte.

Zwischenbilanz

Insgesamt nahm sich die Situation der Geschichtswissenschaft auf dem Gebiet der Erforschung des deutschen Widerstandes bis in die siebziger Jahre hinein 1. fast genau umgekeht zu der in den fünfziger Jahren aus. Lag damals der Akzent überproportional stark auf der Betrachtung des konservativen Widerstandes, so stand, in der Mitte der sechziger Jahre beginnend, stark bevorzugt die Beschäftigung mit dem nicht-elitären und linken Widerstand im Mittelpunkt des Interesses.

Dem für die damalige Zeit charakteristischen Mangel, den linkssozialistischen und kommunistischen Widerstand zu unterschätzen und zu übersehen, entspricht die bis heute zumindest tendenziell vorherrschende Ablehnung der Repräsentanten des konservativen Widerstandes. Ihnen allerdings vorzuhalten, daß sie die innen- und außenpolitischen Maßstäbe, Werte und Ziele einer parlamentarischen Demokratie wie der Bundesrepublik Deutschland damals noch nicht als ihre eigenen betrachteten, heißt die politische Gedankenwelt der Widerstandskämpfer mit den für sie nicht verbindlichen und insgesamt für die damalige politische Kultur in Deutschland wohl auch nicht zeitgemäßen Maßstäben zu messen. Auf diesen Tatbestand wurde beispielsweise vom VERFASSER hingewiesen ebenso wie auf die damit verbundene Gefahr, fundamentale Unterschiede zwischen den innen- und außenpolitischen Vorstellungen des konservativen Widerstandes und Hitlers totalitärer Diktatur und ihrer rassistischen Expansionspolitik zu verwischen [1008: Ostpolitische Vorstellungen].

Zeitgemäßheit der Maßstäbe

Täter und Opfer

Die mittlerweile darüber hinaus unternommenen Versuche, Hitlers radikalen, auf umfassende Vernichtung angelegten Antisemitismus und Antibolschewismus mit der davon grundsätzlich abgehobenen, teilweise durchaus vorhandenen, teilweise aber auch strikt abgelehnten Existenz solcher Tatbestände und Begriffe in der Gedankenbildung von konservativen Repräsentanten des Widerstandes in enge Beziehung zu setzen [998: CH. DIPPER, Der deutsche Widerstand und die Juden; B. MARTIN, Das außenpolitische Versagen des Widerstandes, in 1055: J. SCHMÄDEKE/P. STEINBACH, Der Widerstand gegen den Nationalsozialismus, 1037–1060, und DERS., Diskussionen zur Geschichte des Widerstandes, in ebd., 1151], verweisen eindringlich auf die Gefahren, die mit einer insgesamt ja vielfältig dimensionierten Historisierung des Dritten Reiches einhergehen können und die allzu leicht Verfolger und Verfolgte, Täter und Opfer, Henker und Widerstandskämpfer, so vielfältig miteinander verstrickt sie auch zusammen handeln mußten, in eine Reihe rücken.

Die funktionalistisch allein auf die Bewertung der politischen Seite hin orientierte neue Interpretation der Opposition gegen Hitler und die damit einhergehende Geringschätzung der moralischen Antriebe und des ethischen Beispiels der Widerstandskämpfer, deren Leistung über alle Zweckmäßigkeitsüberlegungen hinaus erst einmal als Phänomen sui generis zu würdigen ist, wurde in der methodisch und sachlich aufschlußreichen Kontroverse über die historische Beurteilung des Generalobersten Beck zwischen Peter Hoffmann [1013: Generaloberst Becks militärpolitisches Denken] und Klaus-Jürgen Müller [1032: Militärpolitik, nicht Militäropposition! Eine Erwiderung] unübersehbar deutlich. Dennoch gilt, was Karl Dietrich Erdmann, in einen alles in allem ausgewogenen Bezugsrahmen eingepaßt, über die politische und moralische Seite *aller* am Widerstand beteiligten Gruppen ausgeführt hat und was sich ungeachtet aller Unterschiede in der vorwaltenden Tendenz und in den wissenschaftlichen Akzentuierungen auch mit Hans Mommsens „Bilanz" über „Die Opposition gegen Hitler und die deutsche Gesellschaft 1933–1945" [1028, 33–39] zu treffen vermag: „Es ist das Vermächtnis des 20. Juli, daß in der Auflehnung gegen die Gewalthaber die konservativen, bürgerlichen und sozialistischen Verschwörer ihr Leben opferten, um über die alten Gegensätze hinweg, an denen die Weimarer Republik zugrunde gegangen war, in einer undogmatischen, neue Wege suchenden Staatsgesinnung in der politischen Ordnung den Maßstab der Menschenwürde wieder zur Geltung zu bringen" [114: Zeit der Weltkriege, 578].

Würdigung des Widerstandes

Daß die aus mannigfachen Gründen lange Zeit vernachlässigte Auseinandersetzung mit dem „20. Juli" eben in diesem Sinne überragende Bedeutung verdient, weil sie dem historischen Augenblick ihre Beachtung schenkt, „in dem von Menschen verschiedenster sozialer und politischer Herkunft gegenüber dem totalitären Regime . . . die vielen Scheidelinien überwunden wurden, an denen die Weimarer Republik noch zugrunde gegangen war" [W. Altgeld, Zur Geschichte der Widerstandsforschung, in 1020: R. Lill/H. Oberreuter, 20. Juli, 382], ist in diesem Zusammenhang noch unlängst ebenso hervorgehoben worden wie die Tatsache, daß die forciert vorangetriebene „Entheroisierung" und „Entmonumentalisierung" des deutschen Widerstandes im Zusammenhang mit der Aktion vom 20. Juli 1944 gewisse – freilich selten anzutreffende, aber umso behutsamer zu behandelnde – Tatsachen und Bedingungen historischer Existenz aus dem Auge verliert, auf die Dolf Sternberger noch einmal nachdrücklich eingegangen ist: „Die jüngere Generation von Historikern . . . ist vielleicht nicht imstande, den seelischen Druck des totalen Krieges, die Anspannung des Gewissens nachzuvollziehen, welche die Stauffenberg, Beck, Witzleben, Stülpnagel, Goerdeler, Haubach, Moltke, Reichwein, Leuschner, Leber, Harnack erfuhren. Im äußersten Wagnis haben sie die ganze Existenz eingesetzt . . . Längst haben wir gewußt, daß diese Verschwörer unterschiedliche Vorstellungen von der künftigen Ordnung hatten, gewiß weithin andere als nachmals die Schöpfer der Verfassung von Bonn. Oft genug ist erörtert worden, welche technischen Fehler die Männer des zwanzigsten Juli begangen haben . . . Solche Erkenntnisse können jedoch den ethischen Rang ihres Unternehmens nicht mindern. Es gibt Augenblicke des Heldentums. Sie zu löschen hieße, Geschichte in einen Sumpf der Belanglosigkeit versinken zu lassen" [D. Sternberger, Es gibt Helden. Gedanken zum 20.-Juli-Gedenken, in: Frankfurter Allgemeine Zeitung vom 25. 7. 1984, 19].

Heldentum und 20. Juli?

Angesichts des zunehmend deutlicher zutage tretenden Erfordernisses einer differenzierend verfahrenden Darstellung des Widerstandes, vornehmlich seiner schwierigen Begriffsprobleme, auf die PETER HÜTTENBERGER 1977 in einem grundlegenden, eine ebenso kontroverse wie weiterführende Erörterung auslösenden Beitrag über „Vorüberlegungen zum ‚Widerstandsbegriff'" [1015] näher eingegangen ist, und seiner verwirrenden Mannigfaltigkeit der Existenzformen, wirkt die seit den endenden sechziger Jahren gleichfalls immer häufiger – teils bewußt lanciert, oft auch recht unreflektiert – benutzte Formel vom „Antifaschismus" einigermaßen deplaciert. Sie neigt in einem Rückfall in das politische Kampfvokabular der Zwischenkriegszeit dazu, gravierende Differenzen zwischen politischen Systemen vor dem gemeinsamen Hintergrund ähnlicher wirtschaftlicher Organisations- und Verlaufsformen folgenreich zu unterschätzen, den als „deutschen Faschismus" grob verzeichneten Nationalsozialismus mit dem Bestand der kapitalistischen Wirtschaftsordnung tendenziell gleichzusetzen und ein Monopol bzw. eine Vorherrschaft des kommunistischen bzw. linkssozialistischen Widerstandes im Kampf gegen Hitlers Diktatur zu suggerieren.

„Anti-faschismus"-Formel

Dagegen bewegte sich die Forschung – entsprechend dem im Zusammenhang der europäischen Geschichte einerseits aufeinander bezogenen und andererseits sich voneinander abstoßenden Begriffspaar von „Collaboration und Résistance" – dahin, Widerstand nicht als a priori feststehendes und ein für allemal vorgegebenes Phänomen zu verstehen. Vielmehr war sie darum bemüht, die dem Gefüge des nationalsozialistischen Regimes durchaus entsprechende Janusköpfigkeit auch dieses Phänomens zu erfassen, die sich zwischen der Anpassung an das Dritte Reich und dem Kampf gegen das Regime oszillierend darstellt. Daß „‚Mitmachen' und Widerstand . . . nicht als absolut entgegengesetzte Größen" anzusehen sind, sondern „graduell und zeitlich sehr genau" zu differenzieren sind [119: A. HILLGRUBER, Endlich genug über Nationalsozialismus, 47], demonstrierten beispielsweise schon die Studie von SAUL FRIEDLÄNDER über „Kurt Gerstein oder die Zwiespältigkeit des Guten" [Gütersloh 1968], die Edition der Papiere des Staatssekretärs von Weizsäcker durch LEONIDAS E. HILL [97] und sodann die neue Darstellung von MARION THIELENHAUS über die sich „Zwischen Anpassung und Widerstand" vollziehenden „politischen Aktivitäten der Beamtengruppe um Ernst von Weizsäcker im Auswärtigen Amt" [1064].

Neue Wege der Forschung

Daß die sich in den siebziger und achtziger Jahren im Zuge eines „Perspektivwechsels" (K.-J. MÜLLER/H. MOMMSEN) neuen Problemen und neuen Untersuchungsgegenständen zuwendende Forschung in entscheidenden Belangen, denkt man nur an den antagonistischen Zusammenhang von Kollaboration und Widerstand [vgl. über den deutschen Rahmen hinausgehend für die im Dritten Reich besetzten oder abhängigen Staaten: N. RICH, Resistance and Collaboration: Dilemmas and Paradoxes. In: Deutsche Frage und europäisches Gleichgewicht. Festschrift für Andreas Hillgruber zum 60. Geburtstag. Hrsg. von K. HILDEBRAND/R. POMMERIN, Köln/Wien 1985, 241–251], oder zieht man die Erkenntnis über die Abhängigkeit der Existenz, der Form und der Intensität des Wider-

Perspektivwechsel und Wirkungsgeschichte

standes vom historischen Entwicklungsverlauf des Dritten Reiches in Betracht, der einschlägigen Geschichtsschreibung vorhergehender Dekaden verpflichtet war, ist von PETER STEINBACH [1062: Der Widerstand als Thema der politischen Zeitgeschichte, 19] zutreffenderweise betont worden. Denn neben der noch einmal intensivierten Beschäftigung mit dem „Arbeiterwiderstand" [vgl. dazu zusammenfassend D. J. K. PEUKERT, Der deutsche Arbeiterwiderstand 1933–1945, in 1033: K.-J. MÜLLER, Der deutsche Widerstand, 157–181], neben der vertieften Auseinandersetzung mit dem Kampf der beiden Kirchen gegen das Regime [siehe dazu zusammenfassend G. VAN NORDEN, Widerstand im deutschen Protestantismus, in: Ebd., 108–134, und H. HÜRTEN, Selbstbehauptung und Widerstand der katholischen Kirche, in: Ebd., 135–156], neben der nicht unproblematischen Entdeckung über die „Verfolgung und den Widerstand . . . christlicher Demokraten gegen Hitler" [995: G. BUCHSTAB/B. KAFF/H.-O. KLEINMANN, Verfolgung und Widerstand 1933–1945] und neben den ersten Hinweisen auf die Existenz eines bislang nahezu übersehenen bzw. kaum vorhandenen „liberalen Widerstandes" [1049: H. R. SASSIN, Widerstand, Verfolgung und Emigration Liberaler, sowie: W. BENZ, Eine liberale Widerstandsgruppe und ihre Ziele. Hans Robinsohns Denkschrift aus dem Jahre 1939, in: VfZg 29 (1981), 437–471] bleiben nicht nur die gerade in den letzten Jahren auf solider, erst jetzt nach und nach zugänglicher Quellengrundlage vorgelegten biographischen Einzelstudien [siehe dazu beispielsweise die Titel in der „Annotierten Auswahlbibliographie" bei 1033: K.-J. MÜLLER, Der deutsche Widerstand, 216–217] diesen Einsichten der traditionellen Forschung ungeachtet aller neuen Erkenntnisse im einzelnen doch unübersehbar verhaftet.

„Alltäglicher Widerstand" und begriffliche Probleme

Selbst die Hinwendung zum „alltäglichen Widerstand" im nationalsozialistischen Regime, eng verbunden mit der Untersuchung lokal- und regionalgeschichtlicher Phänomene, beispielsweise auch des sogenannten, vielerlei Erscheinungsformen umfassenden „Jugendwiderstandes" [vgl. dazu 1034: H. MUTH, Jugendopposition; 1037: D. J. K. PEUKERT, Edelweißpiraten], und das damit einhergehende Ringen um eine neue Terminologie des Widerstandes, das zu mannigfachen Vorschlägen auf einer Begriffsskala vom aktiven Umsturz über die politische Opposition, die gesellschaftliche Verweigerung institutioneller und individueller Art bis zur weltanschaulichen Dissidenz [R. LÖWENTHAL, Widerstand im totalen Staat, in 1021: R. LÖWENTHAL/P. VON ZUR MÜHLEN, Widerstand und Verweigerung, 11–24] bzw. zur schlichten, möglicherweise aber für das Regime nicht tragbaren Selbstbehauptung oder zu einer unter rechtsstaatlichen und freiheitlichen Bedingungen „normalen", unter den Bedingungen einer totalitären Diktatur jedoch gefährlichen Protesthaltung [vgl. dazu auch 1018: CH. KLESSMANN/F. PINGEL, Gegner des Nationalsozialismus] führten, knüpften an Resultate an, die auch zuvor nicht unbekannt waren.

„Resistenz"

Neu, in gewisser Hinsicht durchaus fruchtbar für den Gang der Forschung, wenn auch nicht ohne Risiko für die Klarheit der sachlichen und begrifflichen Erkenntnis wirkte dann jedoch der schon in anderem Zusammenhang erwähnte, vor allem von MARTIN BROSZAT im Rahmen des großen Forschungsprojekts des „Instituts für Zeitgeschichte" über „Bayern in der NS-Zeit" [vgl. vor allem die Einleitung von M. BROSZAT zu 417: Bayern in der NS-Zeit, Bd. 2] schöpferisch unterbreitete und materialreich entfaltete Vorschlag einer Neuorientierung der mit dem Widerstand als Untersuchungsobjekt beschäftigten Historiographie, den GÜNTER PLUM einmal so umschrieben hat: „Mit der konzeptionellen Konzentration auf die Auswirkungen des Regimes auf das alltägliche Leben, das Agieren und Reagieren der Betroffenen gewann man einen Blick auf die Wechselbeziehungen zwischen Herrschaft und Gesellschaft, der Erkenntnisse vermittelte über die Ungleichförmigkeit der Herrschaftsausübung vor Ort, über den Zwang zur Anpassung nicht nur der Gesellschaft an die nationalsozialistische Herrschaft, sondern oft genug auch der Herrschaft an vorgegebene gesellschaftliche Bedingungen. Durch eine weitere Begrenzung der Forschungsperspektive auf die Konflikte und Konfliktfelder in den Wechselbeziehungen, präziser den Konflikt zwischen dem Durchsetzungswillen des nationalsozialistischen Regimes und den wirksamen Gegenkräften in der Gesellschaft, blieb das Projekt an der Widerstandsproblematik orientiert. Mit dieser Definition des Konflikts wurde der Aspekt der Wirkung in die Widerstandsdiskussion eingebracht und mit dem aus der medizinischen Terminologie stammenden Begriff der „Resistenz" gekennzeichnet". Nach kritischen Bemerkungen zu dieser dem naturwissenschaftlichen Bereich entlehnten Begriffswahl, auf die noch zurückzukommen sein wird, unterstreicht PLUM noch einmal die Methode des Forschungsvorhabens, wonach „für die Subsumierung von Vorgängen nicht Absichten, Motive oder Ziele, sondern – in gewisser Weise wertfrei – ausschließlich Wirkung, nämlich die Abwehr, Eindämmung oder Begrenzung von nationalsozialistischer Herrschaft oder Ideologie, maßgeblich sein sollte" [G. PLUM, Widerstand und Resistenz, in 109: M. BROSZAT/H. MÖLLER, Das Dritte Reich, 265]. Auf diese Art und Weise werden „Aktivitäten und Verhaltensweisen erfaßt, die erheblich unterhalb der Ebene des Systemumsturzes liegen" [K.-J. MÜLLER/H. MOMMSEN, Zur Historiographie des Widerstandes, in 1033: K.-J. MÜLLER, Der deutsche Widerstand, 18] und die in Begriffen wie dem der Resistenz, der Widerständigkeit, der Immunisierung oder Immunität versuchsweise Ausdruck finden sollen.

Abgesehen davon, daß dieses Vorgehen mannigfache, schattierende Erkenntnisse über die sich zwischen Ausnahmezustand und Normalität, zwischen Revolution und Tradition vollziehende menschliche Existenz unter den Bedingungen einer totalitären Diktatur erbringen kann, abgesehen davon, daß solche Historisierung der Betrachtung zu der auch in ganz anderem Kontext geforderten Identifizierung mit dem „Alltag" des „Kleinen Mannes" führt [vgl. dazu 1099: A. HILLGRUBER, Zweierlei Untergang, 23–25] und somit Erkenntnischancen eröffnet, und abgesehen davon, daß es die von KONRAD REPGEN, theoretisch und anschaulich zugleich, in vorbildlicher Klarheit herausgearbeiteten Stufen des Widerstandes gibt, die von punktuellen Dissonanzen wie Unzufriedenheit,

Stufen des Widerstandes

Nicht-Anpassung und öffentlichem Protest bei im übrigen loyaler Haltung zum Regime bis hin zur allgemeinen Loyalitätsaufkündigung, also zum eigentlichen, generellen und aktiven Widerstand reichen können [K. Gotto/ H. G. Hockerts/K. Repgen, Nationalsozialistische Herausforderung und kirchliche Antwort. Eine Bilanz, in 469: K. Gotto/K. Repgen, Kirche, Katholiken und Nationalsozialismus, 103–104], ist der Begriff der „Resistenz", in dem sich die Methode und Befunde der von Broszat verfolgten „Sozialgeschichte des Widerstandes" [992] zusammenziehen, doch immer wieder mit einer Anzahl ganz unterschiedlicher Argumente kritisiert worden, die Walther Hofer kürzlich so zusammengefaßt hat: „1. Der Begriff der *Resistenz* . . . meint inhaltlich das Gegenteil von *résistance* und *resistenza*, denen er zum Verwechseln gleicht. Während nämlich die französischen und italienischen Begriffe für den aktiven Widerstand gegen die deutsche Besatzungsmacht stehen und in der Forschung dieser Länder über Deutschland besonders der aktive Widerstand gegen Hitler am 20. Juli als *résistance* bezeichnet wird, steht es mit dem Begriff der *Resistenz* gerade umgekehrt: Die in Deutschland damit umschriebenen Handlungsweisen werden nämlich in der französischen und italienischen Forschung teilweise schon als *collaboration* bezeichnet . . . 2. . . . Wie schon andernorts gegen einen erweiterten Widerstandsbegriff eingewendet wurde, führt der Begriff der Resistenz zu einer Nivellierung von grundsätzlichem Widerstand gegen das System einerseits und Aktionen, die mehr oder weniger zufällige, äußerliche Erscheinungsformen kritisierten, andererseits: Der Tyrannenmörder erscheint auf derselben Stufe wie der Schwarzschlächter. Ich kann mich in diesem Zusammenhang auch wenig befreunden mit der Tendenz, die die Betonung von sittlicher Qualität und politschem Gehalt des Widerstands als moralisierende Geschichtsbetrachtung abqualifiziert und dabei von der Notwendigkeit spricht, das Forschungsthema Widerstand und Verfolgung aus monumentalistischer Erstarrung zu lösen, eine Erstarrung, die ich nicht recht zu erkennen vermag. Indem moralisch-politische Urteile aus der Widerstandsdebatte ausgeschlossen werden, huldigt man einer falschen Objektivität. 3. Der Mangel eines den Widerstandsbegriff auflösenden Resistenzbegriffes tritt am deutlichsten zutage, wenn wir uns vergegenwärtigen, in welchem analytisch-theoretischen Zusammenhang letzterer steht. Es besteht nämlich die Gefahr, daß die Fehler, die die Gegner des Nationalsozialismus in ihrer Analyse der Situation vor 1933 gemacht haben, nun in der Wissenschaft gewissermaßen wiederholt werden, indem aus der wirkungsgeschichtlichen Perspektive eine breite Skepsis und Verweigerung, ja eine effektive, relevante Machteinschränkung festgestellt und damit der totalitäre Charakter des Dritten Reiches abgestritten wird . . .". Hofers empfehlende Schlußfolgerung, die sich der Beachtung der vielfältigen Formen eines riskanten zivilen Muts keineswegs verschließt und auch die Schattierungen oppositioneller Tätigkeit durchaus differenzierend zur Kenntnis nimmt, den Qualitätssprung zum allgemeinen und intendierten, zum aktiv wagenden und bewußt existentiellen Widerstand davon jedoch klar und prinzipiell abhebt, lautet ebenso bündig wie

Walther Hofers Kritik und Empfehlung

überzeugend: „Meines Erachtens würde man am besten zwischen aktivem Widerstand einerseits und Opposition als weiter gefaßtem Begriff andererseits unterscheiden" [W. HOFER, Diskussionen zur Geschichte des Widerstands, in 1055: J. SCHMÄDEKE/P. STEINBACH, Der Widerstand gegen den Nationalsozialismus, 1120–1122]. Anstelle der pauschalen These vom „Volk ohne Widerstand" nunmehr von einem ebenso wenig existenten „Volkswiderstand" zu sprechen, würde die historische Wirklichkeit aufs neue verfehlen.

Wie in dem Bemühen darum, „die Singularität des Dritten Reiches nicht beseitigen, aber sie ... trotzdem als einen Teil der Menschheitsgeschichte erscheinen zu lassen" (E. NOLTE), so spiegelt sich auch in dem begrifflich freilich nicht gelungenen Versuch MARTIN BROSZATS die Absicht wider, über die grundlegende Abgrenzung von Verfolgung und Widerstand hinaus die Koexistenz des Gegensätzlichen als Wesensmerkmal der Diktatur Hitlers zu akzentuieren und in diesem Sinne alle Formen der Verweigerung sowie des Protests gegen weltanschauliche, disziplinäre und organisatorische Zumutungen des nationalsozialistischen Regimes zu erfassen.

Unübersehbar offenbaren sich dabei Chancen und Gefahren jener den Untersuchungsgegenstand des Dritten Reiches nach und nach umfassend ergreifenden Historisierung, die neben willkommener Differenzierung eines tatsächlich oftmals arg schwarz-weiß gemalten Bildes über diese Vergangenheit doch nicht die totalitäre Essenz des nationalsozialistischen Regimes verfehlen und die Trennungslinie zwischen aktivem Widerstand unter den Bedingungen einer Diktatur und verfassungsrechtlich garantiertem Protest im Rahmen einer Demokratie verwischen darf. Daß solche Risiken und Versuchungen vor allem im zeitlichen Abstand des Wechsels der Generationen heraufziehen können, hat schon Polybios zu einer Warnung veranlaßt, auf die PETER STEINBACH uns eben im Zusammenhang mit der Geschichte des Widerstandes sinnfällig hingewiesen hat: „Und solange noch welche da sind, die die Gewaltherrschaft der Oligarchen ausgekostet haben, sind sie mit dem augenblicklichen Zustand zufrieden und schätzen Gleichgewicht und Redefreiheit am höchsten. Wenn aber eine neue Generation heranwächst und die Demokratie den Enkeln übergeben wird, schätzen sie die Errungenschaften der Gleichheit und Redefreiheit nicht mehr hoch, da sie ihnen zur Gewohnheit geworden sind" [zit. nach 1062: P. STEINBACH, Der Widerstand als Thema der politischen Zeitgeschichte, 20].

Desiderat der Forschung

Festzuhalten ist, daß nach wie vor eine Apologie und Verurteilung gleichermaßen vermeidende und alle Gruppen der Opposition gegen Hitler umfassend berücksichtigende Darstellung über den deutschen Widerstand aussteht. Ihn annähernd zu verstehen, wird freilich nur dann möglich sein, wenn Widerstand in seiner Polarität als Antinomie zur Diktatur Hitlers, aber auch als Teil der Geschichte des Dritten Reiches und seines Ortes innerhalb der modernen deutschen Geschichte behandelt wird.

7. Das Dritte Reich im Urteil der Geschichtswissenschaft

Das Dritte Reich – Ergebnis oder Zufall deutscher Geschichte?

Wohl noch stärker als im zeitgenössischen Bedürfnis, den Nationalsozialismus und das Dritte Reich zu deuten, machte sich nach dem Ende der Diktatur Hitlers angesichts der nun voll sichtbar werdenden „deutschen Katastrophe" das Verlangen nach einer Erklärung des zurückliegenden Geschehens bemerkbar. Im Mittelpunkt der Erörterung stand dabei bald schon die Frage, ob das Dritte Reich als ein Ergebnis der deutschen Geschichte einzuschätzen oder als Bruch mit ihren Traditionen anzusehen sei.

Fragwürdige Urteile

In gewisser Übereinstimmung mit den grobschlächtigen Parolen der alliierten Kriegspropaganda befanden sich damals jene Interpretationen aus der Feder ausländischer Autoren, die Hitlers Staat als ein mehr oder minder konsequentes Ergebnis einer deutschen (Fehl-)Entwicklung bewerteten. Deren Wurzeln reichten den im Jahre 1946 veröffentlichten Ausführungen von William Montgomery McGovern zufolge „From Luther to Hitler" [The History of Fascist-Nazi Philosophy, London 1946]. Ja, noch 1961 vertrat William L. Shirer [Aufstieg und Fall des Dritten Reiches, Köln/Berlin 1961] die Ansicht, der Nationalsozialismus sei im Grunde das unumgängliche Resultat der deutschen Geschichte im 19. und 20. Jahrhundert gewesen. Und zu Anfang der fünfziger Jahre hatte der französiche Historiker Edmond Vermeil [L'Allemagne contemporaine 1890–1950, 2 Bde., Paris 1953/54] in einem zweibändigen Werk über den Gang der deutschen Entwicklung zwischen 1890 und 1950 versucht, die für das Heraufkommen und die Entfaltung des nationalsozialistischen Deutschland angeblich bestimmende obrigkeitsstaatliche und imperialistische Tradition bis auf den mittelalterlichen Reichsgedanken zurückzuführen. Aber nicht nur in den Arbeiten angelsächsischer und französischer Autoren wurde solch negative Ahnensuche betrieben. Wolfgang Wippermann hat darauf aufmerksam gemacht, daß auch sowjetische und polnische Historiker – an sich „im deutlichen Gegensatz zur marxistischen Auffassung" [144: W. Wippermann, ‚Deutsche Katastrophe' oder ‚Diktatur des Finanzkapitals'?, 13] – solche nationalgeschichtlich orientierten und nationalistisch eingefärbten Deutungen in der unmittelbaren Nachkriegszeit vortrugen und darin „den deutschen Drang nach Osten" über die Phase „junkerlich-imperialistischer Politik" hinaus bis ins Mittelalter zurück verlängerten.

Solche uns heute schon seit längerem nicht mehr haltbar und diskussionswürdig erscheinenden Konstruktionen wurden freilich aufgrund ihrer herausfordernden und provokativen Qualität innerhalb der deutschen Geschichtswissenschaft bis in die fünfziger Jahre intensiv diskutiert.

Bruch mit der preußisch-deutschen Tradition

Gegen die Vorstellung, deutsche Geschichte als einen direkt in die Katastrophe führenden Weg zu verstehen, protestierte am entschiedensten der damals wohl renommierteste deutsche Neuhistoriker, GERHARD RITTER [beispielsweise in 1121: Europa und die deutsche Frage], der als Konservativer zur Widerstandsbewegung Kontakt gehalten hatte und den Verfolgungen der Nationalsozialisten im Anschluß an das Attentat vom 20. Juli 1944 ausgesetzt gewesen war. Scharf trennte RITTER Hitlers Drittes Reich von der übrigen deutschen und preußischen Geschichte ab, suchte die Wurzeln des Nationalsozialismus vielmehr im demokratischen Jakobinismus der europäischen Entwicklung seit der Französischen Revolution und betonte darüber hinaus immer wieder die geschichtsmächtig wirkende Dämonie der Persönlichkeit Hitlers als für den Gang der deutschen und internationalen Politik während der zwölf zurückliegenden Jahre bestimmend.

Interpretationen aus großdeutscher Sicht

Weit entfernt von den oberflächlich skizzierten Linien einer wie weit im einzelnen auch immer angeblich zurückreichenden Kontinuität deutscher Geschichte, aber doch in deutlichem Gegensatz zu RITTERS Betrachtungsweise, die das Dritte Reich innerhalb der deutschen Entwicklung eher zu isolieren bestrebt war, interpretierten andere, in der großdeutschen Tradition der Historiographie stehende Repräsentanten des Faches wie FRANZ SCHNABEL 1949 [Das Problem Bismarck, in: L. GALL (Hrsg.), Das Bismarck-Problem in der Geschichtsschreibung nach 1945, Köln/Berlin 1971, 97–118] und HEINRICH RITTER VON SRBIK 1950 [Die Bismarck-Kontroverse. Zur Revision des deutschen Geschichtsbildes, in: ebd., 138–153] in kritischer Perspektive die Gründung des kleindeutschen Nationalstaates. Denn sie erschien ihnen im Grunde als der Beginn eines insgesamt als verhängnisvoll eingeschätzten Weges der deutschen Geschichte, ohne daß damit Bismarck und Hitler unzulässig eng aneinandergerückt worden wären. Dennoch war diese Sicht der Dinge für die damals vorherrschende Tendenz innerhalb der deutschen Geschichtswissenschaft nicht akzeptabel, wie beispielsweise GERHARD RITTERS entschiedener Widerspruch [Das Bismarckproblem und : Zur „großdeutschen" Frage, in: ebd., 119–137 und 154–156] erkennen läßt.

Europäische Machtpolitik – Preußisch-deutsche Kontinuität

Einen außerordentlich nachhaltig wirkenden Deutungsversuch, der die Kontinuität der preußischen Geschichte stets auch in den europäischen Rahmen internationaler Machtpolitik projizierte, unternahm in seiner erstmals 1948 veröffentlichten Studie über „Gleichgewicht oder Hegemonie" der Marburger Historiker LUDWIG DEHIO [1085], der diesen Weg zu einem kritischen Verständnis der nationalen Geschichte gedanklich nicht erst unter dem Eindruck des deutschen Zusammenbruchs, sondern bereits während seiner Jahre eines inneren Exils im Dritten Reich beschritten hatte. Angesichts aller für den Verlauf der preußisch-deutschen Geschichte charakteristischen Unterschiede in ihren verschiedenen Phasen zwischen Friedrich Wilhelm I. und Hitler und im Zuge einer für die Nationalgeschichte der Deutschen letztlich als ausschlaggebend eingeschätzten Würdigung der Vorgänge im Bereich der internationalen Politik diagnostizierte DEHIO sowohl in seinen geistreichen Überlegungen über „Gleichgewicht oder Hegemonie" als auch in seiner 1961 veröffentlichten Arbeit über den „Zusammenhang der preußisch-deutschen Geschichte 1640–1945" [1086] Ähnlichkeiten und Kontinuitäten in der Entwicklung des preußischen und deutschen Machtstaates und unterstrich den ihm für die Geschichte Preußens und des Deutschen Reiches insgesamt so kennzeichnend vorkommenden Zug zum innenpolitischen Zwang und die Tendenz zur außenpolitischen Expansion. Wiederum war es vor allem GERHARD RITTER, der diese Deutung DEHIOS leidenschaftlich ablehnte [siehe beispielsweise G. RITTER, Staatskunst und Kriegshandwerk. Das Problem des Militarismus in Deutschland, Band 1, 3. Aufl. 1965, 398]. Darin wurde er von EBERHARD KESSEL unterstützt, der mit einem 1961 veröffentlichten Aufsatz über „Adolf Hitler und der Verrat am Preußentum" [1107] auf DEHIOS pointierte These antwortete und darin ganz besonders die Unterschiede und Brüche zwischen Altpreußen, dem Bismarck- und Wilhelminischen Reich sowie Hitlers Diktatur akzentuierte.

Deutsche und europäische Voraussetzungen

Lange vor diesen Auseinandersetzungen der fünfziger und beginnenden sechziger Jahre hatte FRIEDRICH MEINECKE in seinen 1946 veröffentlichten „Betrachtungen und Erinnerungen" über „Die deutsche Katastrophe" [1111] eine im Grunde bereits umfassendere Sicht der zurückliegenden Begebenheiten entwikkelt, die die beiden später miteinander ringenden Positionen durchaus schon beachtete, dennoch kaum als kompromißhaft und harmonisierend zu kennzeichnen ist, sondern im Gegenteil erstaunlich kritisch ans Werk ging. Zwar betonte auch er die gesamteuropäischen Voraussetzungen des Nationalsozialismus im Zusammenhang mit dem im 19. Jahrhundert heraufziehenden Zeitalter der Massen und veranschlagte darüber hinaus Hitlers negative Persönlichkeit als in verhängnisvollem Maße geschichtsmächtig wirkend ein. Doch verwies er im Rahmen der deutschen Historiographie bemerkenswert früh und unmißverständlich auf Vorläufer des Nationalsozialismus im wilhelminischen Deutschland, als er schrieb: „Im Inneren trat man damals mit harter Herrennatur allen Regungen und Möglichkeiten entgegen, die die bestehenden Machtverhältnisse zwischen Arbeiterschaft, Arbeitgebern und Staatsbehörden, zwischen den Polen der Ostprovinzen, den Dänen Nordschleswigs und dem Staate in freiem humanem Geist umzubilden versuchten. Die Hakatisten in Polen und Westpreußen, die Scharfmacher der Großindustrie, die junkerlichen Bureaukraten in den Ministerien und den Provinzialregierungen, das waren die konkreten Träger dieses innenpolitischen Machtsystems, dessen Komplement nach außen nun jene alldeutsche Bewegung wurde. Man mag nun die Unterschiede des damaligen unsozialen Herrengeistes von dem späteren Nationalsozialismus Hitlers noch so stark betonen – im großen Zusammenhang war es doch eine Vorstufe zu ihm" [ebd. 39]. In ähnlichem Sinne, wenn freilich zurückhaltender in Urteil und Formulierung hat auch HANS ROTHFELS in einem erstmals 1947 in englischer Sprache veröffentlichten, den Worten seines Autors zufolge noch während des Krieges verfaßten Aufsatz über „Probleme einer Bismarck-Biographie" geurteilt: „Wie weit und verschlungen auch der Weg ‚von Bismarck zu Hitler' gewesen sein mag, der Reichsgründer erscheint als der Verantwortliche für eine ‚Wendung', oder min-

Verbindung und Gegensatz zwischen Bismarck und Hitler

destens für die Legitimierung einer ‚Wendung', deren fatale Steigerung bis zum Gipfel in unseren Tagen nun allzu augenscheinlich geworden ist" [H. ROTHFELS, Bismarck. Vorträge und Abhandlungen, Stuttgart u. a. 1970, 21]. Wenn ROTHFELS' Einschätzung „indessen durchaus von Vorbehalten eingerahmt" [ebd., 11] war und die „Hauptlinie" [ebd., 12] seiner Auffassung gerade dahin ging zu betonen, wie er seine Überlegungen im Jahre 1970 rückblickend interpretierte, „daß das Bismarcksche Reich in scharfem Gegensatz stand zu allem, was das Dritte Reich getan oder gewollt hat" [ebd.], so sind doch gerade sein hier angeführtes Urteil und das Zitat von FRIEDRICH MEINECKE in der Diskussion um die innen- und außenpolitische Kontinuität in der modernen deutschen Geschichte auf ihrem Weg von Bismarck zu Hitler immer wieder herangezogen und erörtert worden.

Eine neue Kontinuitätsthese

Erneut angefacht und nachwirkend beeinflußt wurde diese Diskussion sodann durch das 1961 unter dem Titel „Griff nach der Weltmacht" veröffentlichte Werk des Hamburger Historikers FRITZ FISCHER über „Die Kriegszielpolitik des kaiserlichen Deutschland 1914/18" [Düsseldorf 1961]. Einleitend spricht FISCHER in diesem Buch davon, es weise über sein Thema im engeren Sinne hinaus, „indem es bestimmte Denkformen und Zielsetzungen für die deutsche Politik im Ersten Weltkrieg aufzeigt, die weiterhin wirksam geblieben sind. Von daher dürfte es auch ein Beitrag zu dem Problem der Kontinuität in der deutschen Geschichte vom Ersten bis zum Zweiten Weltkrieg sein" [2. Aufl. 1962, 12]. Am Ende seiner gewichtigen Darstellung betonte FISCHER darüber hinaus die aus dem Kaiserreich über die Weimarer Republik ins Dritte Reich hineinreichende Identität der deutschen Führungsgruppen und die Ähnlichkeit ihrer politischen Zielvorstellungen. 1968 wies er in einem an der Universität Sussex in England gehaltenen Vortrag im Zuge eines Vergleichs zwischen den deutschen Kriegszielen in beiden Weltkriegen auf deren verblüffende Ähnlichkeit hin, ohne vielleicht genügend stark die – allerdings beachteten – ideologischen Triebkräfte der Außenpolitik Hitlers von den politischen Motiven der deutschen Reichsleitung im Ersten Weltkrieg zu unterscheiden: „the similarity in the directions, even if not in the essence of German aims in the world wars is striking" [in 1122: J. RÖHL, From Bismarck to Hitler, 146; jetzt auch in deutscher Fassung, in: F. FISCHER, Der Erste Weltkrieg und das deutsche Geschichtsbild. Beiträge zur Bewältigung eines historischen Tabus. Aufsätze und Vorträge aus drei Jahrzehnten, Düsseldorf 1977, 364; vgl. auch DERS., Bündnis der Eliten. Zur Kontinuität der Machtstrukturen in Deutschland 1871–1945, Düsseldorf 1979].

Durch diesen mächtigen Anstoß FISCHERS in Gang gebracht, entwickelte sich eine lebhafte, nicht immer emotionsfreie Erörterung über das Problem der historischen Kontinuität in der rund achtzigjährigen Geschichte der preußisch-deutschen Großmacht. Insgesamt gesehen, bewegte sich diese Debatte dabei in zwei Richtungen, die beide vorerst weniger die gesamteuropäischen Bezüge der deutschen Entwicklung als vielmehr ihre nationalhistorische Seite betrachteten. ANDREAS HILLGRUBER hat in Fortentwicklung der Überlegungen von LUDWIG

Kontinuität und Bruch in der Außenpolitik

DEHIO und in Auseinandersetzung mit FRITZ FISCHERS Position die außenpolitischen Zielvorstellungen in der preußisch-deutschen Geschichte interpretiert und in seinen verschiedenen Studien, unter denen besonders seine inzwischen mehrfach aufgelegte Freiburger Antrittsvorlesung über „Kontinuität und Bruch in der Geschichte der deutschen Außenpolitik" aus dem Jahre 1969 hervorzuheben ist [1096], auf die Frage nach der Kontinuität in der deutschen Geschichte folgende Antwort gegeben, die der Autor rückblickend 1975 selbst noch einmal so zusammengefaßt hat: „Das ‚letzte' Ziel Hitlers in seinem ‚Programm' war ohne Zweifel ‚revolutionär', die rassisch begründete Weltherrschaft ebenso wie der Entwurf eines neuen ‚Herrenmenschen' als Glied einer biologisch gezüchteten Elite . . . Allerdings: Mochten in diesen ‚letzten Zielen' Hitlers auch der deutschen Tradition völlig fremde Wesenselemente enthalten sein, so zeigt seine im engeren Sinne außenpolitische Zielsetzung (sozusagen kürzerer und mittlerer Reichweite) doch erstaunlich viele Züge, die mit Einschätzungen und Wunschvorstellungen der Wilhelminischen Ära übereinstimmen" [A. HILLGRUBER, Zum Forschungsstand über die Geschichte des Nationalsozialismus, in: Auswärtiges Amt – Informationsdienst für die Auslandsvertretungen – 240-312.73. Beilage zum Blauen Dienst VII/Nr. 23, Nr. 87, 14].

Sozialer Imperialismus von Bismarck bis Hitler?

Stärker an der innenpolitischen Entwicklung Preußen-Deutschlands interessiert und seine Außenpolitik eher als Derivat innenpolitischer Vorgänge einschätzend, hat HANS-ULRICH WEHLER in seinen verschiedenen Arbeiten gleichfalls die Kontinuität der preußisch-deutschen Geschichte betont. Von seiner Theorie des sozialen Imperialismus geleitet, in deren Bezugsrahmen WEHLER auch den Gang der deutschen Entwicklung von der „Ära Bismarck" bis ins Dritte Reich interpretiert und dabei die Außenpolitik als innenpolitische Krisenstrategie zur Ablenkung gesellschaftlicher Spannungen sowie zur Konservierung bestehender Herrschaftsverhältnisse beurteilt, hat er die nationalsozialistische Politik in eine kontinuierliche Linie eingebettet, die „von Bismarck über Miquel, Bülow, Tirpitz bis hin" zu Hitler verläuft. Er begreift sie als Ausdruck eines „extremen Sozialimperialismus . . ., der durch den Ausbruch nach ‚Ostland' noch einmal den inneren Fortschritt aufzuhalten und von der inneren Unfreiheit abzulenken versucht hat – auch er wieder im Banne einer konservativen Utopie" [H.-U. WEHLER, Krisenherde des Kaiserreichs, 1871–1918. Studien zur deutschen Sozial- und Verfassungsgeschichte, Göttingen 1970, 161]. Auf die Schwächen einer solch funktionalistischen Betrachtungsweise ist im Hinblick auf WEHLERS Interpretation der Politik Bismarcks von THEODOR SCHIEDER [1123: Das Deutsche Reich, 446] und in bezug auf die Geschichte der Außenpolitik des Dritten Reiches vom VERFASSER [553: Innenpolitische Antriebskräfte, 640–641] hingewiesen worden.

Nationaler und universaler Rahmen

Ein in gewissem Maße erstes und repräsentatives Resümee, das vor allem auch auf die Erörterungen über die Beurteilung der preußisch-deutschen Außenpolitik im Weltstaatensystem einging, hat in diesem Zusammenhang sodann 1970 THEODOR SCHIEDER in seinem Aufsatz über „Das Deutsche Reich in seinen nationalen und universalen Beziehungen 1871–1945" [1123] gezogen, hat darin Kontinuitätsstränge und -brüche innerhalb der preußisch-deutschen Geschichte vorsichtig abwägend sichtbar werden lassen und hat insbesondere über den nationalen Bezugsrahmen hinausweisend daran erinnert, daß „die deutsche Frage" stets als „politisches, soziales und ideologisches Problem ein Teilproblem dieser Welt bleibt". Einen weiteren Versuch, die Diskussion über das Kontinuitätsproblem in der deutschen Geschichte gewissermaßen zu bilanzieren, hat dann der VERFASSER in seinem 1973 veröffentlichten Artikel über „Hitlers Ort in der Geschichte des preußisch-deutschen Nationalstaates" [1093] unternommen, der sich darum bemüht, innen- und außenpolitische Faktoren miteinander in Beziehung zu setzen und auch die vorliegenden sozialhistorischen Ergebnisse der Forschung einzubeziehen. Dabei wird einerseits der für die Entstehung des Dritten Reiches entscheidende „Bündnisabschluß zwischen alten Führungsschichten und nationalsozialistischer Bewegung" betont, andererseits werden die neuartigen Motive und Ziele in der Politik Hitlers als aus dem Rahmen der deutschen Tradition herausfallend eingeschätzt. Zwar wird der Neuanfang des Jahres 1933 in diesem Zusammenhang hervorgehoben, der vom Jahre 1936/37 an unübersehbar deutlich wurde, jedoch aus der langen Tradition einer antiparlamentarischen Politik im Deutschen Reich unter anderem herzuleiten ist. Auch das Problem der wohl mehr unfreiwillig als bewußt durch das Dritte Reich bewirkten Modernisierung, das für die Geschichte der Nachkriegszeit so erheblich wurde, wird in diesem Beitrag erörtert und dabei konstatiert, die Geschichte der Bundesrepublik Deutschland sei „gerade durch Hitlers Politik und Kriegführung von mancher die Entwicklung Preußen-Deutschlands bis 1933 resp. 1945 belastenden Hypothek befreit worden" und habe „für den zweiten parlamentarischen Versuch der deutschen Geschichte neue Erfolgsmaßstäbe zur Verfügung" gestellt.

Hitler in der preußisch-deutschen Geschichte

Vor allem in dreifacher Hinsicht ist gegenüber diesen der Forschung vergleichsweise geläufigen Überlegungen und Resultaten Kritik vorgetragen worden, die dem Bemühen um Differenzierung und Kategorienbildung entspringt:

Thomas Nipperdeys Kritik an der „Kontinuitätshistorie": Die Offenheit geschichtlicher Epochen

1. Mit seinen grundlegenden Betrachtungen über „1933 und die Kontinuität der deutschen Geschichte" hat THOMAS NIPPERDEY [in 1113: Nachdenken über die deutsche Geschichte, 186–205] das Problem, ob und inwieweit „1933" ein Ergebnis der modernen deutschen Geschichte sei, auf eine methodisch und sachlich abgewogene, eminent historisch die Vieldeutigkeit geschichtlicher Verläufe und Erscheinungen abhandelnde Art und Weise beantwortet, die den bis dato vorgelegten Deutungsversuchen überlegen ist. Daß „die Frage nach der Kontinuität, mit der das Spätere aus dem Früheren erklärt werden kann, . . . notwendig und legitim" ist, betont NIPPERDEY in seinem gedankenreichen Aufsatz ebenso, wie er „die Richtung der Frage" für „nicht umkehrbar" hält: „Ich kann das Frühere vom Späteren her allein – als ob es eine Quasi-Teleologie gäbe – nicht erklären. Sonst verkürze, vereinseitige ich die vergangene Wirklichkeit, trimme sie auf ein Ergebnis hin, das doch nur eines unter möglichen Ergebnissen

ist" [ebd. 204]. Vor solchem Hintergrund und „mit diesen Differenzierungen können wir sagen", so faßt NIPPERDEY sein „Nachdenken über die deutsche Geschichte" und Hitlers „Machtergreifung" zusammen, „daß 1933 sich zwar nicht aus ‚der' Kontinuität der deutschen Geschichte ergibt, wohl aber, daß 1933 mit der Mehrzahl der dominanten (wenn auch unterschiedlichen) Kontinuitäten der deutschen Geschichte eng verknüpft ist und ohne den Rekurs auf diese Kontinuität keine historische Erklärung möglich ist" [ebd. 197]. Freilich geht es NIPPERDEY darum, über der Frage danach, wie es zu „1933" kommen konnte, nicht diejenige zu verdrängen, wie es in den „1933" vorangehenden Epochen deutscher Geschichte eigentlich gewesen ist: „Vergangenheit ist mehr als Vorgeschichte. Jede Epoche vor 1933 ist mittelbar zu Hitler – manche mehr, manche weniger –, aber unmittelbar ist sie noch ganz anderes, ist sie sie selbst" [ebd., 204]. Das Plädoyer dafür, den Eigenwert der deutschen Geschichte vor 1933 von der Monstrosität der deutschen Geschichte nach 1933 differenzierend zu betonen, ohne darüber die von der Forschung seit langem entdeckten und nachgezeichneten Verbindungslinien zwischen der einen und der anderen insgesamt nicht teilbaren, aber auch nicht identischen deutschen Vergangenheit zu übersehen, berührt sich in gewisser Weise

Modernisierung Deutschlands

2. mit der nach wie vor umstritten erörterten Frage danach, wie weit die von der Geschichte des Dritten Reiches ausgehende Modernisierung, auf die bereits 1961 RALF DAHRENDORF [1083: Demokratie und Sozialstruktur] aufmerksam gemacht hat und auf die 1966 DAVID SCHOENBAUM [395 bzw. 1124: Die braune Revolution] ausführlicher eingegangen ist, eher intentionale Qualität als Zielvorstellung nationalsozialistischer Politik besitzt oder doch im Grunde stärker funktionales und unfreiwilliges Ergebnis seiner historischen Auswirkungen und Folgen ist. Im Anschluß an die Studien von TIMOTHY MASON hat HEINRICH AUGUST WINKLER erneut auf die Notwendigkeit des ideologiekritischen Ansatzes gegenüber jenen Verlautbarungen und Propagandaformeln des Dritten Reiches hingewiesen, die im modernisierenden Sinne auf den egalitären Charakter seiner revolutionären Politik verweisen: „Die langsame Aushöhlung des Großgrundbesitzes und die Schließung leistungsschwacher Kleinbetriebe kann wohl als eine partielle Modernisierung der deutschen Gesellschaft verstanden werden", so räumt WINKLER ein, „aber kaum als soziale Revolution". Und kritisch gegenüber der These, der Nationalsozialismus habe soziale Unterschiede eingeebnet, fährt der Autor sodann fort: „Noch weniger angemessen ist dieser Ausdruck, wenn man an die sozialen Beziehungen im industriellen Bereich denkt. Die Klassengegensätze wurden durch den Nationalsozialismus nicht abgeschliffen, sondern nur zeitweise verhüllt". Demgegenüber hebt auch WINKLER stark auf die nicht beabsichtigten Wirkungen des Nationalsozialismus und ihre modernisierenden Folgen ab: „Die größte soziale Zäsur, die der Nationalsozialismus gesetzt hat, ist sein Zusammenbruch. Ohne die militärische Niederlage Deutschlands wäre die wirtschaftliche Macht des Großgrundbesitzes kaum so radikal gebrochen worden, wie das in der sowjetischen Besatzungszone geschah.

Die Bevölkerungsbewegungen, die der Vormarsch der Roten Armee auslöste, waren auch ein Stück irreversiblen sozialen Wandels . . . die vorindustriellen Relikte, die die deutsche Gesellschaft bis 1945 entscheidend geprägt haben, gehören weitgehend der Vergangenheit an. Nichts von dem, was sich *während* der nationalsozialistischen Herrschaft in der deutschen Gesellschaft verändert hat, hat dieselbe historische Tragweite wie dieses Faktum" [H. A. WINKLER, Vom Mythos der Volksgemeinschaft, in: Arch. f. SozG 17 (1977), 490].

Ambivalenz des National-sozialismus

Insgesamt hat wiederum THOMAS NIPPERDEY den Stand der Forschung über die gerade auch in dieser Hinsicht januskopfige Gestalt des Dritten Reiches und über die nicht eindeutig identifizierbare Erscheinung des Nationalsozialismus treffend zusammengefaßt, der ja im Kern eine „Revolution gegen die Revolution" (K. HILDEBRAND) darstellte, ohne damit im überlieferten Begriff der Konterrevolution aufzugehen [vgl. dazu die anderslautende Einschätzung von H. A. WINKLER, in 416: Alltagsgeschichte der NS-Zeit, 62]: „Der Nationalsozialismus war eine Antwort auf die fundamentale Ambivalenz gegenüber der Modernität. Er versprach einerseits Sicherheit vor Wandel, Konflikt, Entfremdung, und andererseits Produktivität, Effektivität und ein Stück Egalität als soziale Anerkennung" [T. NIPPERDEY, Probleme der Modernisierung in Deutschland, in 1113: DERS., Nachdenken über die deutsche Geschichte, 58].

Probleme der Kategorienbildung

3. In einem vielleicht noch entscheidenderen Maße aber kreist die Diskussion nach wie vor um die Frage nach den Kategorien, an denen das Dritte Reich im Hinblick auf seine Entstehung und seinen Ort innerhalb des preußisch-deutschen Nationalstaates zu messen sei. Dabei wird mit überlegenswerten Argumenten jene latente oder offene Selbstverständlichkeit in der Wahl der Maßstäbe in Frage gestellt, mit der oftmals unbewußt die englische Entwicklung zum Parlamentarismus und zum Industriestaat als Parameter an die deutsche Geschichte angelegt wird. In diesem Zusammenhang ist durchaus erwogen worden, die Urteile vom „deutschen Sonderweg" und von der „verspäteten Nation" umzukehren und dafür angesichts des durch kein historisches Beispiel beeinflußten Ablaufs der britischen Geschichte deren Ausnahmecharakter zu betonen [vgl. dazu insgesamt 1095: K. HILDEBRAND, Der deutsche Eigenweg]. Ja, es ist in diesem Zusammenhang nachdrücklich auf die Tatsache einer über weite Strecken des 19. und 20. Jahrhunderts hin zu beobachtenden europäischen Normalität deutscher Geschichte hingewiesen worden [DERS., Deutscher Sonderweg und „Drittes Reich". Betrachtungen über ein Grundproblem der deutschen und europäischen Geschichte im 19. und 20. Jahrhundert, in 280: W. MICHALKA, Die nationalsozialistische Machtergreifung, 386–394]. Wie auch immer: Die Ende der siebziger und Anfang der achtziger Jahre erneut geführte Debatte über die Existenz oder Nicht-Existenz eines „deutschen Sonderweges" hat ungeachtet aller wissenschaftlichen Differenzen im einzelnen die historische Urteilsbildung durchaus bereichert, wenn man sich in diesem Zusammenhang auch immer wieder vor Augen führen muß, daß der Historiker im Zuge solcher Betrachtungen an die Grenzen seiner Wissenschaft stößt.

Deutscher Sonderweg und Drittes Reich

Ausgelöst wurde die neue „Sonderwegs-Debatte" durch einen amerikanischen und zwei britische Historiker, die die These über die Existenz eines für die Heraufkunft Hitlers als entscheidend angenommenen „deutschen Sonderwegs" mit seinen Mangelerscheinungen einer ausgebliebenen großen Revolution und einer coupierten parlamentarischen Tradition von ganz unterschiedlichen Positionen aus radikal in Frage stellten. David Calleo [1082: The German Problem Reconsidered] erblickte den Grund für gewisse Spezifika deutscher Innen- und Außenpolitik vielmehr in der vergleichsweise schwierigen geographischen Mittellage des Deutschen Reiches und beurteilte die Geschichte des modernen Deutschland darüber hinaus als ebenso normale wie schreckliche Inkarnation jener „Faustian lust after infinity", die ihm vorkam als „perhaps the principal theme running through modern bourgeois culture" [ebd. 133]. Derlei zu grob ausfallende Verallgemeinerungen sind in der Erörterung des Untersuchungsgegenstandes ebenso zurückgewiesen worden, wie Chancen und Grenzen dieser teilweise sehr pointiert vorgetragenen Kritik gegenüber der Existenz vom „deutschen Sonderweg" in der Diskussion recht bald klarer zutage traten [vgl. zusammenfassend dazu: K. Hildebrand, Staatskunst oder Systemzwang? Die „Deutsche Frage" als Problem der Weltpolitik, in: HZ 228 (1979), S. 624–644].

Von ganz anderen Kategorien sozialwissenschaftlicher, teilweise auch marxistischer Provenienz aus kritisieren David Blackbourn und Geoff Eley das Deutungsmuster vom „deutschen Sonderweg" [1078: Mythen deutscher Geschichtsschreibung]. Dessen Existenz als gedankliches Konstrukt ohne Entsprechung in der historischen Wirklichkeit verdanke seine Entstehung in erster Linie der Tatsache, daß zumindest ein erheblicher Teil der deutschen Historiker immer nur zeigen wolle, „wie es eigentlich nicht gewesen ist" und warum Deutschland nicht England war [D. Blackbourn, in: ebd. 71]. In diesem Sinne geht es David Blackbourn darum zu zeigen, „daß, wenn überhaupt, der englische Weg, nicht der deutsche, der eigentlich ungewöhnliche war" [ebd. 80] und daß es – im Gegensatz zu einer der Kernaussagen der „Sonderwegs-These" – angebracht erscheine, „eher von der Verbürgerlichung der deutschen Gesellschaft zu sprechen, als von der Feudalisierung der deutschen Bourgeoisie" [ebd. 89]. In dieser Perspektive entdecken die beiden im Ziel ihrer Argumentation einigen, wenn auch im Stil der Auseinandersetzung unterschiedlichen Autoren in der Geschichte des modernen Deutschland durchgehend eine „bürgerliche Hegemonie". Der Vorstellung vom „deutschen Sonderweg" liege ein verfehlter Begriff von „bürgerlicher Revolution" zugrunde, der von deutschen Historikern fälschlicherweise auf die Durchsetzung bestimmter verfassungsrechtlicher, liberaler und demokratischer Herrschaftsformen bezogen worden sei. Dagegen komme es „innerhalb der staatsbürgerlichen Gesellschaft" vor allem auf die „bürgerliche Vorherrschaft" [ebd. 101 und 29] an, und in dieser Perspektive spiegele die deutsche Entwicklung durchaus „die Logik des Monopolkapitalismus" [G. Eley, in: ebd. 48], der sodann anstelle der historischen Interpretationsfigur vom „Sonderweg" als probates Deutungsmuster für Hitlers „Machtergreifung" gelten darf.

Die intensive und kritische Auseinandersetzung [vgl. die einschlägigen Titel der „Literatur“ in dem Band 1087: Deutscher Sonderweg, 82–87, und die Miszelle von D. LANGEWIESCHE, Entmythologisierung des „deutschen Sonderweges“ oder auf dem Wege zu neuen Mythen? in: Arch. f. SozG 21 (1981), 527–532] mit den angelsächsischen Herausforderungen und Vorschlägen führte zu einem Überdenken und zu einer Differenzierung der Positionen. Während einerseits die „Ideologie des deutschen Weges“ [1090: B. FAULENBACH] nach wie vor im Sinne der „Sonderwegs-These“ als wesentlich für die Entstehung des Dritten Reiches angesehen wird, hat KARL DIETRICH BRACHER unterscheidend vorgeschlagen, „die ideologische Ausbildung eines deutschen Sonder*bewußtseins*“ abzuheben „von der Theorie und der Betonung eines deutschen Sonder*wegs*“: „Der deutsche Sonderweg ist auf die Epoche der NS-Herrschaft zu begrenzen, doch die Stärke des deutschen Sonderbewußtseins, das schon in der Auseinandersetzung mit der französischen Revolution entstanden, nach 1870 und 1918 vertieft worden war, ist zu betonen. Es machte aus überspannten Vorstellungen eine politische Kraft, aus einem Mythos furchtbare Realität. Der Weg von der Demokratie zur Diktatur war kein deutscher Sonderfall, wohl aber entsprach die Radikalität der NS-Diktatur jener Schärfe eines deutschen Sonderbewußtseins, das nun, 1933–1945, auch politisch voll und totalitär zur Geltung kam“ [K. D. BRACHER, in 1087: Deutscher Sonderweg, 53].

Karl Dietrich Brachers Vorschlag

Nun, davon abweichend, ist gerade die extreme Vernichtungsqualität der zwischen 1933 und 1945 in der Tat von ihrem „Eigenweg“ auf einen „Sonderweg“ geratenen deutschen Geschichte auch mit den spezifischen Bedingungen des totalitären 20. Jahrhunderts und der antagonistischen Verwandtschaft zwischen Nationalsozialismus und Kommunismus begründet worden (vgl. 147). Und ERNST NOLTE hat bereits vor einiger Zeit einen zentralen Gesichtspunkt der dem „Sonderwegs“-Deutungsmuster verpflichteten Historiker seiner aus dem europäischen und universalen Vergleich lebenden Kritik unterzogen: „In manchen der jüngeren Darstellungen der Geschichte des Bismarck-Reiches ist eine Art von Verdruß darüber spürbar, daß Bismarck die Macht der vorindustriellen Herrenschicht erhalten wollte und daß die Kräfte des status quo sich der Dynamik der industriellen Welt und den daraus resultierenden sozialen Veränderungen widersetzten. Doch man wird abermals die deutsche Perspektive mit ihren implizierten Grundannahmen überschreiten und sich fragen müssen: In welchem Lande Europas verzichtete die ‚vorindustrielle Herrenschicht‘, d. h. der Adel, jeweils freiwillig und in toto auf seine Machtpositionen – in welchem Lande Europas konnte und wollte er die ‚industrielle Dynamik‘ jemals unterdrükken? . . . Die angemessene historische Fragestellung und Perspektive ist vielmehr die folgende: Hat die soziale Struktur des Bismarck-Reiches den „Industrialisierungsprozeß“, der in seiner fundamentalen Bedeutung und Universalität damals noch nicht allgemein erkennbar war, wesentlich behindert, und hat sich dieser Prozeß mit vergleichsweise großen oder geringen Opfern vollzogen? . . . Wahrscheinlich hat sich in keinem Lande der Welt der (wie wir heute sagen müs-

Zur Phänomenologie des 20. Jahrhunderts

sen) frühe Industrialisierungsprozeß so erfolgreich und unter so geringen Opfern abgespielt wie im Deutschen Reich von 1871–1914 . . . Das humanitäre Argument schlägt also nicht durch, und man könnte unversehens zu der entgegengesetzten Folgerung getrieben werden: das Reich sei am Mangel ,industrieller Totalität (und Brutalität)' zugrundegegangen" [E. NOLTE, Ideologie, Engagement, Perspektive, in 1117: DERS. Marxismus, Faschismus, Kalter Krieg, 271].

Es fällt nicht allzu schwer, gegenüber diesen notwendigerweise allgemein gehaltenen Überlegungen Einwände vorzutragen. Dabei wäre beispielsweise auf die trotz unbestreitbarer Übereinstimmungen im Verlauf der politischen und sozialen Geschichte beider Länder in entscheidendem Maße doch unterschiedlichen Verhaltensweisen der englischen und deutschen Eliten gegenüber den Herausforderungen der Moderne zu verweisen. Gar nicht zu bestreiten ist jedoch die Erstrangigkeit, die der Diskussion des Kategorienproblems in diesem Zusammenhang zukommt, die zudem weit über sich hinausweist und uns noch einmal resümierend die Aufgabe, die Chancen und die Risiken einer „Historisierung des Nationalsozialismus" (M. BROSZAT) vor Augen zu führen vermag. PIERRE AYÇOBERRY mag zwar in vielerlei Hinsicht Recht gehabt haben, als er 1979 feststellte, „que les principales questions ont été posées entre 1960 et 1970, et que le travail historique consiste pour le moment à approfondir ou à réfuter la douzaine d'ouvrages importants parus dans cette décennie" [99: P. AYÇOBERRY, La question nazie, 295]. Mit dieser Tätigkeit der Vertiefung und Kritik einhergehend und darüber doch weit hinausreichend, haben ganz unterschiedlich begründete, angelegte und wirkende Impulse der Geschichtswissenschaft neue Möglichkeiten zu einer historisierenden Betrachtung des Dritten Reiches eröffnet, die in mancher Beziehung an frühe Versuche einer Ortsbestimmung des Nationalsozialismus [vgl. 224 und W. RÖPKE, Die Deutsche Frage, Erlenbach/Zürich, 3. veränderte u. erw. Ausg. 1948] erinnern mögen und sich von diesen doch aufgrund des inzwischen erheblich erweiterten Kennntnisstandes über den Untersuchungsgegenstand maßgeblich abzuheben vermögen, wenn es darum geht, die Geschichte des Nationalsozialismus in ihrer Kontur und Entgrenzung ebenso wie in ihrem Grundmuster und ihren Schattierungen als einen der deutschen Geschichte selbstverständlich zugehörigen und doch aus ihr herausfallenden Teil der europäischen und globalen Entwicklung der Menschheit zu verstehen.

„Historisierung des Nationalsozialismus"

Ohne das Verbrecherische des Dritten Reiches zu trivialisieren und das Banale seiner Erscheinung zu dämonisieren, ohne die Trennungslinie zwischen Herrschaft und Alltag, zwischen Verfolgung und Widerstand, zwischen Tätern und Opfern zu verwischen, ohne das Totalitäre des Nationalsozialismus im Normalen seiner Existenz zu übersehen, ohne die singulären Züge der Rassenpolitik Hitlers angesichts vergleichbarer Phänomene des Schreckens im „Zeitalter der Tyranneien" (E. HALÉVY) zu verkennen, und ohne Diktatur und Demokratie auch nur im entfernten miteinander zu verwechseln, geht die Tendenz der Geschichtswissenschaft dahin zu versuchen, die Gesamtheit des Dritten Reiches differenzierend zu erfassen und die Verschränkung des Gegensätzlichen, die Koexistenz des Antagonistischen sowie die Vereinbarkeit des Unvereinbaren, kurzum: das Zeitgenossen und Nachlebende so teuflisch Verwirrende, also die Diabolik dieser Tyrannis als Wesensmerkmal des modernen Totalitarismus im weltgeschichtlichen Zusammenhang einordnend zu entfalten.

Das gegenwärtige Urteil der Geschichtswissenschaft

Wenn die Erörterung über diese methodischen und sachlichen Fragen auch voll im Gange ist, so läßt sich der Forschungsstand zum Problem der historischen Urteilsbildung über Hitlers Drittes Reich, das zwischen Tradition und Revolution, zwischen Rückständigkeit und Modernität in erster Linie als ein historisches Phänomen sui generis einzuschätzen ist, doch einigermaßen repräsentativ mit Karl Dietrich Brachers Worten so zusammenfassen: Obwohl die europäischen Voraussetzungen und Bedingungen seiner Diktatur stets zu beachten sind, „ist Hitler ein deutsches Phänomen . . . Es war die scharfe Diskrepanz zwischen Idee und Realität, zwischen intellektuellem Radikalismus und politischer Rückständigkeit im neueren Deutschland des 19. und 20. Jahrhunderts, die in Hitlers doppelter Revolution, der des totalen Triumphes von 1933 und der totalen Widerlegung von 1945 endgültig ausgetragen wird. Die Brutstätte von Hitlers Denken lag im ‚deutschen Problem‘ des 19. Jahrhunderts; Hitler war vor allem ein deutsches – und österreichisches – Phänomen, so weltweit die Auswirkungen gingen“. Bündig hat Eberhard Jäckel diese Einsicht kürzlich so umschrieben [173: E. Jäckel, Hitlers Herrschaft, 146]: „Hitlers Weg kam aus der deutschen Geschichte und führte aus ihr heraus in Abgründe“, die sich als „Zweierlei Untergang“ (A. Hillgruber), nämlich des europäischen Judentums und des deutschen Nationalstaates, bis heute gähnend auftun. Daher gilt, so folgert Karl Dietrich Bracher den Untersuchungsgegenstand im engeren Sinne transzendierend, „für alle Nationen und Politiker eine Erfahrung und Warnung . . . Es ist die Lehre, die nicht vergessen, nicht mißverstanden und nicht mißbraucht werden sollte: daß extreme politische Konzeptionen, die als ‚Endlösung‘ für alle möglichen Probleme verheißen werden, niemals humanen Zielen dienen, sondern Menschen und ihre Werte erniedrigen zu bloßen Instrumenten eines destruktiven Machtwahns und eines barbarischen Regimes. Daß solche extremen Konzeptionen zum Scheitern verurteilt seien, woher sie kommen mögen, ist auch heute im Zeichen alter und neuer Extremismen die Hoffnung, die aus der Widerlegung und dem Untergang Hitlers gezogen werden kann“ [197: Bracher, Zeitgeschichtliche Kontroversen, 99–100].

III. Quellen und Literatur

A. QUELLEN

1. Aktenwerke

1. Akten zur deutschen auswärtigen Politik 1918–1945. Serie C 1933–1937, Bd. 1–6, Göttingen 1971–1981; Serie D 1937–1941, Bd. 1–13, Baden-Baden/Frankfurt a. M. u. a. 1950–1970; Serie E 1941–1945, Bd. 1–8, Göttingen 1969–1979.
2. Documents on British Foreign Policy 1919–1939. 2. Serie 1929–1938, Bd. 1–21, London 1947–1984; 3. Serie 1938–1939, Bd. 1–10, London 1949–1961.
3. Documents diplomatiques français 1932–1939. 1. Serie 1932–1935, Bd. 1–13, Paris 1964–1984; 2. Serie 1936–1939, Bd. 1–19, Paris 1963–1986.
4. Dokumenty vnešnej politikii SSSR (amtl. russ. Dokumentenausgabe), bisher 21 Bde. für Oktober 1917 bis 31. Dezember 1938, Moskau 1957.
5. Dokumente und Materialien aus der Vorgeschichte des Zweiten Weltkrieges, hrsg. vom Ministerium für Auswärtige Angelegenheiten der UdSSR, Bd. 1: November 1937–1938, aus dem Archiv des deutschen Auswärtigen Amtes, Moskau 1948; Bd. 2: Archiv Dirksen, 1938/39, Moskau 1949.
6. Foreign Relations of the United States, Diplomatic Papers, liegen für die Jahre 1933–1945 vollständig vor, Washington 1950–1969.
7. I Documenti Italiani. 8. Serie 1935–1939, bisher 2 Bde. für Mai–September 1939 (Bd. XII u. XIII), Rom 1952–1953; 9. Serie 1939–1943, bisher 5 Bde., die bis Oktober 1940 reichen (Bd. I–V), Rom 1954–1965.
8. Documents diplomatiques belges 1920–1940, bisher liegen die Bde. 3–5 für die Jahre 1931–1940 vor, Brüssel 1964–1966.
9. Documenten betreffende de buitenlandse politiek van Nederland 1919–1945, bisher liegen in der Periode C die Bde. 2 und 3 für den Zeitraum 1. November 1940 – 7. Dezember 1941 vor, s'-Gravenhage 1977–1980.
10. Actes et Documents du Saint Siège Relatifs à la Seconde Guerre Mondiale, Bd. 1–11, Vatikanstadt 1965–1981.

2. Editionen und Dokumentationen

11. Akten deutscher Bischöfe über die Lage der Kirche 1933–1945, 6 Bde., bearb. von B. Stasiewski (Bd. 1–3) und L. Volk (Bd. 4–6), Mainz 1968–1985.

12. Akten der Parteikanzlei der NSDAP. Rekonstruktion eines verlorengegangenen Bestandes. Sammlung der in anderen Provenienzen überlieferten Korrespondenzen, Niederschriften von Besprechungen usw. mit dem Stellvertreter des Führers und seinem Stab bez. d. Partei-Kanzlei, ihren Ämtern, Referaten u. Unterabteilungen sowie mit Heß und Bormann persönlich, hrsg. vom Institut für Zeitgeschichte, bearb. von H. Heiber, Teil I, 3 Bde., Regesten und Register, Teil II, 2 Bde., Microfiches, Wien/München u. a. 1983–1985.

13. Akten der Reichskanzlei. Regierung Hitler 1933–1938, hrsg. von K. Repgen und H. Booms. Teil I: 1933/34, Bd. 1: 30. Januar bis 31. August 1933, Bd. 2: 12. September 1933 bis 27. August 1934, bearb. von K.-H. Minuth, Boppard a. Rh. 1983.

14. D. Albrecht (Bearb.), Der Notenwechsel zwischen dem Heiligen Stuhl und der deutschen Reichsregierung, 3 Bde., Mainz 1965 (2. Aufl. 1974), 1969, 1980.

15. Arbeiten der Geschichte des Kirchenkampfes. Im Auftrage der „Kommission der Evangelischen Kirche in Deutschland für die Geschichte des Kirchenkampfes" in Verbindung mit H. Brunotte und W. Wolf hrsg. von K. D. Schmidt, Bd. 1–30, 13 Erg.-Bde., Göttingen 1958–1986.

16. H. Boberach (Hrsg.), Meldungen aus dem Reich. Die geheimen Lageberichte des Sicherheitsdienstes der SS 1938–1945, 18 Bde., Herrsching 1984/85.

17. W. A. Boelcke (Hrsg.), Kriegspropaganda 1939–1941. Geheime Ministerkonferenzen im Reichspropagandaministerium, Stuttgart 1966.

18. Ders. (Hrsg.), „Wollt Ihr den totalen Krieg?" Die geheimen Goebbels-Konferenzen 1939–1943, Stuttgart 1967.

19. Ders. (Hrsg.), Deutschlands Rüstung im Zweiten Weltkrieg. Hitlers Konferenzen mit Albert Speer 1942–1945, Frankfurt a. M. 1969.

20. H. Heiber (Hrsg.), Hitlers Lagebesprechungen. Die Protokollfragmente seiner militärischen Konferenzen 1942–1945, Stuttgart 1962.

21. A. Hillgruber (Hrsg.), Staatsmänner und Diplomaten bei Hitler. Vertrauliche Aufzeichnungen über Unterredungen mit Vertretern des Auslandes 1939–1944, 2 Bde., Frankfurt a. M. 1967–1970.

22. W. Hofer (Hrsg.), Der Nationalsozialismus. Dokumente 1933–1945, Frankfurt a. M. 37. Aufl. 1985.

23. J. u. K. Hohlfeld (Hrsg.), Dokumente der deutschen Politik und Geschichte von 1848 bis zur Gegenwart, Bde. 4 u. 5, München 1953.

24. W. Hubatsch (Hrsg.), Hitlers Weisungen für die Kriegführung

1939–1945. Dokumente des Oberkommandos der Wehrmacht. Frankfurt a.M. 1962.

25. H.-A. Jacobsen/W. Jochmann (Hrsg.), Ausgewählte Dokumente zur Geschichte des Nationalsozialismus 1933–1945. 8 Lieferungen. Loseblatt-Sammlung, Bielefeld 1961–1963. Kommentar 1966.
26. H.-A. Jacobsen, Der Weg zur Teilung der Welt. Politik und Strategie 1939–1945, Koblenz/Bonn 1977.
27. Kriegstagebuch des Oberkommandos der Wehrmacht (Wehrmachtführungsstab) 1940–1945, hrsg. von P. E. Schramm, 4 Bde., Frankfurt a.M. 1961–1965, Studienausgabe in 8 Bänden, Herrsching 1982.
28. A. Kupper (Bearb.), Staatliche Akten über die Reichskonkordatsverhandlungen 1933, Mainz 1969.
29. J. von Lang, Das Eichmann-Protokoll. Tonbandaufzeichnungen der israelischen Verhöre, Berlin 1982.
30. W. Lipgens (Hrsg.), Europa-Föderationspläne der Widerstandsbewegungen 1940–1945. Eine Dokumentation, München 1968.
31. H. Michaelis/E. Schraepler (Hrsg.), Ursachen und Folgen. Vom deutschen Zusammenbruch 1918 und 1945 bis zur staatlichen Neuordnung Deutschlands in der Gegenwart. Eine Urkunden- und Dokumentensammlung zur Zeitgeschichte, Bde. 9–23, Berlin 1964–1975.
32. Nürnberger Prozesse. Der Prozeß gegen die Hauptkriegsverbrecher vor dem Internationalen Militärgerichtshof. Nürnberg, 14.11.1945 – 1.10.1946, 42 Bde., Nürnberg 1947–1949, Studienausgabe der Verhandlungsniederschriften: Unveränderter Nachdruck der 23 bändigen Originalausg. in 13 Bänden, München/Zürich 1984.
33. W. Ruge/W. Schumann (Hrsg.), Dokumente zur deutschen Geschichte, 1933–1945, 4 Bde., Berlin-Ost 1977.
34. Th. Schieder (Bearb.), Dokumentation der Vertreibung der Deutschen aus Ost-Mitteleuropa, hrsg. vom Bundesministerium für Vertriebene in Verbindung mit W. Conze, A. Diestelkamp, R. Laun, P. Rassow, H. Rothfels, 8 Bde., (1954), München 1984.
35. K. Scholder (Hrsg.), Die Mittwochs-Gesellschaft. Protokolle aus dem geistigen Deutschland 1932 bis 1944, Berlin 1982.
36. H. Schwan/R. Steininger, Besiegt, besetzt, geteilt. Von der Invasion bis zur Spaltung Deutschlands. Eine historische Dokumentation, Oldenburg/München/Hamburg 1979.
37. L. Volk (Bearb.), Kirchliche Akten über die Reichskonkordatsverhandlungen 1933, Mainz 1969.
38. G. Wagner (Hrsg.), Lagevorträge des Oberbefehlshabers der Kriegsmarine vor Hitler 1939–1945, München 1972.

3. Selbstzeugnisse, Reden und – in beschränkter Auswahl – Memoiren

Below

39. N. von Below, Als Hitlers Adjutant 1937–1945, Mainz 1980.

Burckhardt

40. C. J. Burckhardt, Meine Danziger Mission 1937–1939, München 1969.

Dahlerus

41. B. Dahlerus, Der letzte Versuch. London-Berlin, Sommer 1939, München 1973 (schwed. 1945).

Dietrich

42. O. Dietrich, Zwölf Jahre mit Hitler, München 1955.

Dönitz

43. K. Dönitz, Zehn Jahre und zwanzig Tage, (1958), Bonn/Frankfurt a. M. 2. Aufl. 1963.
44. K. Dönitz, Mein wechselvolles Leben, Göttingen/Zürich u. a. 1968.

Eichmann

45. A. Eichmann, Ich, Adolf Eichmann, hrsg. von R. Aschenauer, Leoni 1980.

Engel

46. H. von Kotze (Hrsg.), Heeresadjutant bei Hitler, 1938–1943. Aufzeichnungen des Majors Engel, Stuttgart 1974.

Frank

47. H. Frank, Im Angesicht des Galgens. Deutung Hitlers und seiner Zeit auf Grund eigener Erlebnisse und Erkenntnisse, München 1953.
48. W. Präg/W. Jacobmeyer (Hrsg.), Das Diensttagebuch des deutschen Generalgouverneurs in Polen 1939–1945, Stuttgart 1975.

Goebbels

49. J. Goebbels, Vom Kaiserhof zur Reichskanzlei. Eine historische Darstellung in Tagebuchblättern, vom 1. Januar 1932 bis 1. Mai 1933, München 41. Aufl. 1943.
50. J. Goebbels, Tagebücher aus den Jahren 1942 bis 1943, hrsg. von L. P. Lochner, Zürich 1948.
51. H. Heiber (Hrsg.), Das Tagebuch von Joseph Goebbels 1925/26, Stuttgart 1961.
52. H. Heiber (Hrsg.), Goebbels Reden 1932–1945, 2 Bde., Düsseldorf 1971/72.
53. J. Goebbels, Tagebücher 1945. Die letzten Aufzeichnungen, Hamburg 1977.

Göring

54. H. Göring, Aufbau einer Nation, Berlin 1934.
55. H. Göring, Reden und Aufsätze, hrsg. von E. Gritzbach, München 1938.

Groscurth

56. H. Groscurth, Die Tagebücher eines Abwehroffiziers 1938–1940. Mit weiteren Dokumenten zur Militäropposition gegen Hitler, hrsg. von H. Krausnick und H. C. Deutsch, Stuttgart 1970.

Halder

57. F. Halder, Kriegstagebuch. Tägliche Aufzeichnungen des Chefs des Generalstabs des Heeres 1939–1942, bearb. von H.-A. Jacobsen, 3 Bde., Stuttgart 1962–1964.

Hassell

58. U. von Hassell, Vom andern Deutschland. Aus den nachgelassenen Tagebüchern 1938–1944, (1946), inzwischen: Nach der Handschrift rev. u. erw. Ausg., hrsg. von F. Frhr. Hiller von Gaertringen, Berlin 1986.

Herwarth

59. H. von Herwarth, Zwischen Hitler und Stalin. Erlebte Zeitgeschichte 1931 bis 1945, Frankfurt a. M./Berlin/Wien 1982.

Himmler

60. H. Himmler, Reichsführer! ... Briefe an und von Himmler, hrsg. von H. Heiber, Stuttgart 1968.
61. H. Himmler, Geheimreden 1933 bis 1945 und andere Ansprachen, hrsg. von B. F. Smith und A. F. Peterson, mit einer Einführung von J. C. Fest, Berlin/Frankfurt a. M. 1974.

Hitler

62. A. Hitler, Mein Kampf, 2 Bde., München 1925/27 (zahlreiche Neuauflagen bis 1944).
63. G. L. Weinberg (Hrsg.), Hitlers Zweites Buch. Ein Dokument aus dem Jahre 1928. Geleitwort von H. Rothfels, Stuttgart 1961.
64. E. Boepple (Hrsg.), Adolf Hitlers Reden, o.O. 1934.
65. E. Deuerlein (Hrsg.), Hitlers Eintritt in die Politik und die Reichswehr. Dokumentation, in: VfZg 7 (1959), 177–227.
66. M. Domarus (Hrsg.), Hitler. Reden und Proklamationen 1932–1945, 2 Bde., München 1965.
67. E. Jäckel/A. Kuhn (Hrsg.), Hitler. Sämtliche Aufzeichnungen 1905–1924, Stuttgart 1980.
68. H. von Kotze/H. Krausnick (Hrsg.), Es spricht der Führer. 7 exemplarische Hitler-Reden, Gütersloh 1966.
69. W. Treue, Hitlers Denkschrift zum Vierjahresplan 1936, in: VfZg 3 (1955), 184–210.
70. H. R. Trevor-Roper (Hrsg.), Hitler's Table Talks 1941–1944, London 1953 (amerik.: Hitler's Secret Conversations 1941–1944, New York 1953).
71. H. Rauschning, Gespräche mit Hitler, (1940), Wien 1973.

72. A. Hitler, Hitlers Tischgespräche im Führerhauptquartier 1941–1942. Aufgezeichnet von H. Picker, hrsg. von P. E. Schramm in Zusammenarbeit mit A. Hillgruber und M. Vogt, Stuttgart 4. überarb. Aufl. 1983.

73. A. Hitler, Libres propos sur la guerre et la paix, recueillis sur l'ordre de Martin Bormann, 2 Bde., Paris 1952–1954.

74. A. Hitler, Monologe im Führerhauptquartier 1941–1944. Die Aufzeichnungen Heinrich Heims, hrsg. von W. Jochmann, Hamburg 1980.

75. A. Hitler, Hitlers politisches Testament. Die Bormann-Diktate vom Februar und April 1945. Mit einem Essay von H. R. Trevor-Roper und einem Nachwort von A. François-Poncet, Hamburg 1981.

Hoess

76. R. Hoess, Kommandant in Auschwitz. Autobiographische Aufzeichnungen, eingel. und kommentiert von M. Broszat, Stuttgart 4. Aufl. 1978.

Hoßbach

77. F. Hossbach, Zwischen Wehrmacht und Hitler 1934–1938, (1949), Göttingen 2. Aufl. 1965.

Kehrl

78. H. Kehrl, Krisenmanager im Dritten Reich. 6 Jahre Frieden – 6 Jahre Krieg. Erinnerungen, Düsseldorf 2. Aufl. 1973.

Koller

79. K. Koller, Der letzte Monat. Die Tagebuchaufzeichnungen des ehemaligen Chefs des Generalstabes der deutschen Luftwaffe vom 14. April bis zum 27. Mai 1945, (1949); Neuausg. unter leicht verändertem Titel, Esslingen/München 1985.

Kordt

80. E. Kordt, Nicht aus den Akten. Die Wilhelmstraße in Frieden und Krieg. Erlebnisse, Begegnungen und Eindrücke 1928–1945, Stuttgart 1950.

Krosigk

81. L. Graf Schwerin von Krosigk, Es geschah in Deutschland. Menschenbilder unseres Jahrhunderts, Tübingen/Stuttgart 1951.

82. L. Graf Schwerin von Krosigk, Memoiren, Stuttgart 1977.

Meissner

83. O. Meissner, Staatssekretär unter Ebert, Hindenburg, Hitler. Der Schicksalsweg des deutschen Volkes von 1918–1945, wie ich ihn erlebte, Hamburg 1950.

Ribbentrop

84. J. von Ribbentrop, Zwischen London und Moskau. Erinnerungen und letzte Aufzeichnungen, hrsg. von A. von Ribbentrop. Leoni 1954.

85. A. von Ribbentrop, Die Kriegsschuld des Widerstandes. Aus britischen Geheimdokumenten 1938/39. Aus dem Nachlaß hrsg. von R. von Ribbentrop, Leoni 1975.

Rosenberg

86. A. ROSENBERG, Der Mythus des 20. Jahrhunderts, München 1930.
87. A ROSENBERG, Letzte Aufzeichnungen. Ideale und Idole der NS-Revolution, Göttingen 1955.
88. H.-G. SERAPHIM (Hrsg.), Das politische Tagebuch Alfred Rosenbergs aus den Jahren 1934/35 und 1939/40. Göttingen u.a. 1956.

Schacht

89. H. SCHACHT, 76 Jahre meines Lebens, Bad Wörishofen 1953.

Schellenberg

90. W. SCHELLENBERG, Aufzeichnungen. Die Memoiren des letzten Geheimdienstchefs unter Hitler, hrsg. von G. PETERSEN, im Anhang unter Verwendung bislang unveröffentl. Dokumente neu kommentiert von G. FLEMING, Wiesbaden/München 1979 (engl. 1956).

Schmidt

91. P. SCHMIDT, Statist auf diplomatischer Bühne 1923–1945. Erlebnisse des Chefdolmetschers im Auswärtigen Amt mit den Staatsmännern Europas, Bonn 1949.

Speer

92. A. SPEER, Erinnerungen, Frankfurt a.M. 1969.
93. A. SPEER, Spandauer Tagebücher, Berlin 1975.
94. A. SPEER, Der Sklavenstaat. Meine Auseinandersetzungen mit der SS, Stuttgart 1981.

Streicher

95. J. W. BAIRD, Das politische Testament Julius Streichers. Ein Dokument aus den Papieren des Hauptmanns Dolibois, in: VfZg 26 (1978), 660–693.

Weizsäcker

96. E. VON WEIZSÄCKER, Erinnerungen, München u.a. 1950.
97. L. E. HILL (Hrsg.), Die Weizsäcker-Papiere, Bd. 1: 1900–1932, Bd. 2: 1933–1950, Berlin/Frankfurt a.M./Wien 1974/1982.

Wiedemann

98. F. WIEDEMANN, Der Mann, der Feldherr werden wollte. Erlebnisse und Erfahrungen des Vorgesetzten Hitlers im Ersten Weltkrieg und seines späteren Persönlichen Adjutanten, Velbert-Kettwig 1964.

B. LITERATUR

1. Gesamtdarstellungen und Grundsätzliches

99. P. Ayçoberry, La question nazie. Essai sur les interprétations du national-socialisme (1922–1975), Paris 1979.

100. Ch. Bloch, Le IIIe Reich et le monde, Paris 1986.

101. K. D. Bracher, Die deutsche Diktatur. Entstehung, Struktur, Folgen des Nationalsozialismus, Köln/Berlin 5. überarb. u. erg. Aufl. 1976, (inzwischen 6. Aufl. 1980).

102. Ders., Die Krise Europas 1917–1975. Propyläen Geschichte Europas, Bd. 6, o.O. o.J. (Berlin 1976), (inzwischen als TB Frankfurt a. M./Berlin/Wien 1982).

103. Ders., Zeitgeschichte im Wandel der Interpretationen. Zur Neuausgabe von K. D. Erdmann, Die Zeit der Weltkriege, in: HZ 225 (1977), 635–655.

104. Ders., Europa in der Krise. Innengeschichte und Weltpolitik seit 1917, Frankfurt a. M./Berlin/Wien 1979.

105. Ders., Geschichte und Gewalt. Zur Politik im 20. Jahrhundert, Berlin 1981.

106. Ders., Demokratie und Ideologie im Zeitalter der Machtergreifungen, in: VfZg 31 (1981), 1–24.

107. Ders./M. Funke/H.-A. Jacobsen (Hrsg.), Nationalsozialistische Diktatur 1933–1945. Eine Bilanz, Bonn/Düsseldorf 1983.

108. M. Broszat, Plädoyer für eine Historisierung des Nationalsozialismus, in: Merkur 39 (1985), 373–385 (inzwischen wiederabgedruckt in: Nach Hitler. Der schwierige Umgang mit unserer Geschichte. Beiträge von Martin Broszat. Hrsg. von H. Graml u. K.-D. Henke, München 1986, 159–173).

109. Ders./H. Möller (Hrsg.), Das Dritte Reich. Herrschaftsstruktur und Geschichte. Vorträge aus dem Institut für Zeitgeschichte, München 1983.

110. Ders./N. Frei (Hrsg.), Ploetz. Das Dritte Reich. Ursprünge, Ereignisse, Wirkungen, Freiburg i. Brsg./Würzburg 1983.

111. H. Buchheim, Das Dritte Reich. Grundlagen und politische Entwicklung, München 1955.

112. Deutschland im zweiten Weltkrieg. Von einem Autorenkollektiv unter Leitung von W. Schumann (Bd. 1–6), K. Drechsler (Bd. 2) und G. Hass (Bd. 1), 6 Bde., Berlin-Ost 1974–1985, Bd. 1 inzwischen in 3. durchges. Aufl. 1986, Bd. 5 in 2. durchges. Aufl. 1986.

113. J. B. Duroselle, La Décadence, 1932–1939, Paris 1979.

114. K. D. Erdmann, Deutschland unter der Herrschaft des Nationalsozialismus und der Zweite Weltkrieg, in: Ders., Die Zeit der Weltkriege. Geb-

hardt, Handbuch der Deutschen Geschichte, 9. neu bearbeitete Aufl. hrsg. von H. GRUNDMANN, Bd. 4, Stuttgart 1976 (als TB-Ausg. München 1980).

115. J. C. FEST, Das Gesicht des Dritten Reiches. Profile einer totalitären Herrschaft, München 7. Aufl. 1980.

116. P. GAY, Freud, Juden und andere Deutsche. Herren und Opfer in der modernen Kultur, Hamburg 1986 (engl. 1978).

117. H. GOLLWITZER, Geschichte des weltpolitischen Denkens. Bd. 2: Zeitalter des Imperialismus und der Weltkriege, Göttingen 1982.

118. H. GREBING, Der Nationalsozialismus. Ursprung und Wesen, München/Wien 18. Aufl. o. J.

119. A. HILLGRUBER, Endlich genug über Nationalsozialismus und Zweiten Weltkrieg? Forschungsstand und Literatur, Düsseldorf 1982.

120. G. HIRSCHFELD/L. KETTENACKER (Hrsg.), Der „Führerstaat": Mythos und Realität. Studien zur Struktur und Politik des Dritten Reiches, Stuttgart 1981.

121. W. HOFER/H. MICHAELIS, Deutsche Geschichte der neuesten Zeit von Bismarcks Entlassung bis zur Gegenwart. Teil II: Von 1933–1945, Frankfurt a. M. 1965 (= Handbuch der deutschen Geschichte, 5 Bde., hrsg. von L. JUST, Bd. 4).

122. I. KERSHAW, The Nazi Dictatorship. Problems and Perspectives of Interpretation, London 1985.

123. E. KOLB, Die Weimarer Republik, München/Wien 1984.

124. G. MANN, Deutsche Geschichte 1919–1945, Frankfurt a. M. u. a. 1961.

125. H. MAU/H. KRAUSNICK, Deutsche Geschichte der jüngsten Vergangenheit 1933 bis 1945, Tübingen 5. Aufl. 1961.

126. H. MOMMSEN, Nationalsozialismus, in: Sowjetsystem und demokratische Gesellschaft. Eine vergleichende Enzyklopädie, Freiburg i. Brsg. 1971, Bd. 4, 695–713.

127. G. L. MOSSE, The Crisis of German Ideology: Intellectual Origins of the Third Reich, New York 1964.

128. DERS., Die Nationalisierung der Massen. Politische Symbolik und Massenbewegungen in Deutschland von den Napoleonischen Kriegen bis zum Dritten Reich, Frankfurt a. M. 1976 (engl. 1975).

129. M. OVERESCH, Das Dritte Reich Bd. 1: 1933–1939; Bd. 2: 1939–1945, Düsseldorf 1983.

130. TH. SCHIEDER, Europa im Zeitalter der Weltmächte, in: DERS. (Hrsg.), Handbuch der europäischen Geschichte, Bd. 7.1, Stuttgart 1979.

131. G. SCHULZ, Deutschland seit dem Ersten Weltkrieg 1918–1945, Göttingen 1976 (inzwischen 2. durchges. u. bibliogr. erg. Aufl. 1982).

132. DERS., Neue Kontroversen in der Zeitgeschichte: Führerstaat und „Führermythos", in: Der Staat 22 (1983), 262–280.

133. DERS. (Hrsg.), Die Große Krise der dreißiger Jahre. Vom Niedergang der Weltwirtschaft zum Zweiten Weltkrieg, Göttingen 1985.

134. B. F. SMITH, The Road to Nuremberg, New York 1981.

135. L. L. SNYDER, Encyclopedia of the Third Reich, New York u. a. 1976.

136. B. SÖSEMANN, Das Ende der Weimarer Republik in der Kritik demokratischer Publizisten. Theodor Wolff. Ernst Feder. Julius Elbau. Leopold Schwarzschild, Berlin 1976.

137. P. D. STACHURA (Hrsg.), The Shaping of the Nazi State, London 1978.

138. F. STERN, Kulturpessimismus als politische Gefahr. Eine Analyse nationaler Ideologie in Deutschland, Bern/Stuttgart 1963 (engl. 1961).

139. DERS., Das Scheitern illiberaler Politik – Studien zur politischen Kultur Deutschlands im 19. und 20. Jahrhundert, Frankfurt a. M. u. a. 1974 (engl. 1972).

140. H.-U. THAMER, Verführung und Gewalt. Deutschland 1933–1945, Berlin 1986.

141. The Third Reich. A study published under the auspices of the international Council for Philosophy and Humanistic Studies and with the assistance of UNESCO, New York 1955.

142. Das Unrechtsregime. Internationale Forschung über den Nationalsozialismus. Festschrift für W. JOCHMANN zum 65. Geburtstag, hrsg. von U. BÜTTNER, Bd. 1: Ideologie, Herrschaftssystem, Wirkung in Europa, Bd. 2: Verfolgung, Exil, belasteter Neubeginn, Hamburg 1986.

143. T. VOGELSANG, Die nationalsozialistische Zeit. Deutschland 1933 bis 1939, Frankfurt a. M./Berlin/Wien 5. Aufl. 1980.

144. W. WIPPERMANN, ‚Deutsche Katastrophe' oder ‚Diktatur des Finanzkapitals'? Zur Interpretationsgeschichte des Dritten Reiches im Nachkriegsdeutschland, in: Die deutsche Literatur im Dritten Reich. Themen, Traditionen, Wirkungen, hrsg. von H. DENKLER/K. PRÜMM, Stuttgart 1976, 9–43.

145. R. WISTRICH, Wer war wer im Dritten Reich. Anhänger, Mitläufer, Gegner aus Politik, Wirtschaft, Militär, Kunst und Wissenschaft, München 1983 (engl. 1982).

146. CH. ZENTNER/F. BEDÜRFTIG (Hrsg.), Das große Lexikon des Dritten Reiches, München 1985.

2. HITLER

147. P. ANGEL, Hitler et les Allemands, Paris 1982.

148. K. BARTHEL, Friedrich der Große in Hitlers Geschichtsbild, Wiesbaden 1977.

149. R. BINION, „... daß ihr mich gefunden habt". Hitler und die Deutschen: eine Psychohistorie, Stuttgart 1978 (engl. 1976).

150. A. Bullock, Hitler. Eine Studie über Tyrannei, vollständig überarbeitete Neuausgabe, Düsseldorf 1971 (engl. 1952; completely revised edition 1964), inzwischen Neubearbeitung d. dt. Ausg. Kronberg, Ts. 1977.

151. Ders., Hitler Studies (review article), in: Books and Booksmen 1977, 6–10 (erschien unter dem Titel „The Schicklgruber Story" zuerst in: The New York Review of Books vom 7.7.1977).

152. W. Carr, Adolf Hitler. Persönlichkeit und politisches Handeln, Stuttgart/Berlin u.a. 1980 (engl. 1978).

153. E. Deuerlein, Hitler. Eine politische Biographie, München 1969.

154. H.-J. Eitner, „Der Führer". Hitlers Persönlichkeit und Charakter, München/Wien 1981.

155. J. C. Fest, Hitler. Eine Biographie, Berlin/Frankfurt a.M. 1973 (und weitere Auflagen).

156. H. W. Gatzke, Hitler and psychohistory (review article), in: AHR 78 (1973), 394–401.

157. H. Graml, Probleme einer Hitler-Biographie. Kritische Bemerkungen zu Joachim C. Fest, in: VfZg 22 (1974), 76–92.

158. S. Haffner, Anmerkungen zu Hitler, München 1978 (und weitere Auflagen).

159. M. Hauner, Hitler. A Chronology of his Life and Time, London 1983.

160. K. Heiden, Adolf Hitler. Eine Biographie. Bd. 1: Das Zeitalter der Verantwortungslosigkeit, Zürich 1936, unveränd. Nachdr. München 1980, Bd. 2: Ein Mann gegen Europa, Zürich 1937, unveränd. Nachdr. München 1980.

161. Th. Heuss, Hitlers Weg. Eine Schrift aus dem Jahre 1932, neu hrsg. und eingel. von E. Jäckel, Stuttgart 1968.

162. K. Hildebrand, Hitler. Rassen- contra Weltpolitik. Ergebnisse und Desiderate der Forschung, in: MGM 19 (1976), 207–224.

163. Ders., Hitler, in: Staatslexikon, hrsg. von der Görres-Gesellschaft, 7. völlig neu bearb. Aufl., Bd. 2, Freiburg i. Brsg./Basel/Wien 1986, 1287–1291.

164. A. Hillgruber, Tendenzen, Ergebnisse und Perspektiven der gegenwärtigen Hitler-Forschung, in: HZ 226 (1978), 600–621.

165. D. Irving, Hitler's War. New York/London 1977 (Originalfassung des zuvor in deutscher Sprache erschienenen Werkes „Hitler und seine Feldherren", Frankfurt a.M. u.a. 1975).

166. Ders., Hitlers Weg zum Krieg, München/Berlin 1979 (engl. 1978).

167. E. Jäckel, Hitlers Weltanschauung. Entwurf einer Herrschaft, Tübingen 1969 (inzwischen erw. u. überarb. Neuausgabe Stuttgart 1981).

168. Ders., Rückblick auf die sogenannte Hitler-Welle, in: GiWuU 28 (1977), 695–710.

169. Ders., Wie kam Hitler an die Macht? In: K. D. Erdmann/H. Schulze (Hrsg.), Weimar. Selbstpreisgabe einer Demokratie. Eine Bilanz heute.

Kölner Kolloquium der Fritz Thyssen Stiftung Juni 1979, Düsseldorf 1980, 305–312, Diskussion: 313–321.

170. Ders., Hitler und die Deutschen. Versuch einer geschichtlichen Erklärung, in: Geschichte und Gegenwart. Festschrift für K. D. Erdmann, hrsg. von H. Boockmann, K. Jürgensen, G. Stoltenberg, Neumünster 1980, 351–364.

171. Ders., Der Machtantritt Hitlers – Versuch einer geschichtlichen Erklärung, in: V. Rittberger (Hrsg.), 1933. Wie die Republik der Diktatur erlag, Stuttgart/Berlin u. a. 1983, 123–139.

172. Ders., Hitler in History, Hanover/London 1984.

173. Ders., Hitlers Herrschaft. Vollzug einer Weltanschauung, Stuttgart 1986.

174. Ders./A. Kuhn/H. Weiss, Neue Erkenntnisse zur Fälschung von Hitler-Dokumenten, in: VfZg 32 (1984), 163–169.

175. W. Maser, Adolf Hitler. Legende-Mythos-Wirklichkeit, München 6. Aufl. 1974 (inzwischen Neuausg. Köln 1983).

176. Ders., Adolf Hitler. Das Ende der Führerlegende, Düsseldorf 1980 (als TB-Ausg. Rastatt 1982).

177. W. Michalka, Wege der Hitler-Forschung: Problemkreise, Methoden und Ergebnisse. Eine Zwischenbilanz, in: Quaderni di storia 8 (1978), 157–190, und 10 (1979), 123–151.

178. Ders., Hitler im Spiegel der Psycho-History. Zu neueren interdisziplinären Deutungsversuchen der Hitler-Forschung, in: Francia 8 (1980), 595–611.

179. G. Schreiber, Hitler. Interpretationen 1923–1983. Ergebnisse, Methoden und Probleme der Forschung, Darmstadt 1984.

180. J. P. Stern, Hitler. Der Führer und das Volk, München 1981 (engl. 1975).

181. N. Stone, Hitler, London/Sydney u. a. 1980.

182. V. Tallgren, Hitler und die Helden. Heroismus und Weltanschauung, Helsinki 1981.

183. J. Toland, Adolf Hitler. Bergisch Gladbach 1977 (engl. 1976).

184. H. R. Trevor-Roper, Hitlers letzte Tage, Frankfurt a. M. u. a. 3. Aufl. 1965.

185. R. G. L. Waite, The Psychopathic God Adolf Hitler, New York 1977.

186. R. Zitelmann, Hitlers Erfolge – Erklärungsversuche in der Hitler-Forschung, in: NPL 27 (1982), 47–69.

3. Nationalsozialismus, Faschismus, Totalitarismus

187. W. Abendroth (Hrsg.), Otto Bauer, Herbert Marcuse, Arthur Rosenberg u. a., Faschismus und Kapitalismus. Theorien über die sozialen Ursprünge und die Funktion des Faschismus, Frankfurt a. M. 3. Aufl. 1968.

188. L. K. ADLER/TH. G. PATERSON, Red Fascism: The Merger of Nazi Germany and Soviet Russia in the American Image of Totalitarianism, in: AHR 75 (1970), 1046–1064.

189. G. ALLARDYCE, What Fascism is Not: Thoughts on the Deflation of a Concept, in: AHR 84 (1979), 367–398.

190. P. H. AMANN, Les fascismes américains des années trente: Aperçus et reflexions, in: Rev. 2. guerre mond. 32 (1982), H. 126, 47–75.

191. G. AMENDOLA, Der Antifaschismus in Italien. Ein Interview von P. MELOGRANI. Mit einem Nachwort von J. PETERSEN, Stuttgart 1977 (ital. 1976).

192. G. D. ANDERSON, Fascists, Communists, and the National Government. Civil Liberties in Great Britain, 1931–1937, Columbia/London 1983.

193. H. ARENDT, Elemente und Ursprünge totaler Herrschaft, Frankfurt a. M. 1955 (engl. 1951), und weitere Auflagen.

194. R. ARON, Noch einmal: Hitler. Wie haltbar ist die Totalitarismus-Theorie? in: Der Monat, Heft 1 (1981), 42–55.

195. U. BACKES/E. JESSE, Totalitarismus, Extremismus, Terrorismus. Ein Literaturführer und Wegweiser zur Extremismusforschung in der Bundesrepublik Deutschland, Opladen 2. erw. u. aktualisierte Aufl. 1985.

196. S. BAHNE, ‚Sozialfaschismus' in Deutschland. Zur Geschichte eines politischen Begriffes, in: Int. Rev. Soc. Hist. 10 (1965), 211–245.

197. K. D. BRACHER, Zeitgeschichtliche Kontroversen – Um Faschismus, Totalitarismus, Demokratie, München 1976 (inzwischen 5. überarb. Aufl. 1984).

198. DERS., Der Faschismus. Sonderbeitrag für Meyers Enzyklopädisches Lexikon, Bd. 8, Mannheim u. a. 1973, 547–551.

199. DERS., Das Problem des „Antikommunismus" in den zwanziger und dreißiger Jahren, in: Deutsche Frage und europäisches Gleichgewicht. Festschrift für A. HILLGRUBER zum 60. Geburtstag, hrsg. von K. HILDEBRAND und R. POMMERIN, Köln/Wien 1985, 133–147.

200. M. BROSZAT, Soziale und psychologische Grundlagen des Nationalsozialismus, in: E. J. FEUCHTWANGER (Hrsg.), Deutschland. Wandel und Bestand. Eine Bilanz nach hundert Jahren, München 1973, 159–190.

201. H. BUCHHEIM, Totalitäre Herrschaft. Wesen und Merkmale, München 1962.

202. F. L. CARSTEN, Der Aufstieg des Faschismus in Europa, Frankfurt a. M. 1968 (engl. 1967).

203. J. DÜLFFER, Bonapartism, Fascism and National Socialism, in: JCH 11 (1967), 109–128.

204. D. EICHHOLTZ/K. GOSSWEILER (Hrsg.), Faschismusforschung. Positionen – Probleme – Polemik, Köln 1980.

205. DIES./W. RUGE u. a., Faschismus in Deutschland. Faschismus der Gegenwart, Köln 1980.

206. K. D. Erdmann, Nationalsozialismus-Faschismus-Totalitarismus, in: GiWuU 27 (1976), 457–469.

207. Der italienische Faschismus. Probleme und Forschungstendenzen (Kolloquien des Instituts für Zeitgeschichte), München/Wien 1983.

208. R. de Felice, Der Faschismus. Ein Interview von M. A. Leeden. Mit einem Nachwort von J. Petersen, Stuttgart 1977 (ital. 1975).

209. Ders., Die Deutungen des Faschismus, hrsg. von J. Schröder, Göttingen/Zürich 1980.

210. C. J. Friedrich, Totalitäre Diktatur, Stuttgart 1958 (engl. 1957; engl. Neuaufl. 1967).

211. Ders. (Hrsg.), Totalitarianism, New York 1964.

212. M. Funke (Hrsg.), Totalitarismus. Ein Studien-Reader zur Herrschaftsanalyse moderner Diktaturen, Düsseldorf 1978.

213. A. J. Gregor, The Fascist Persuasion in Radical Politics, Princeton, N. J. 1964.

214. Ders., The Ideology of Fascism. The Rationale of Totalitarianism, New York 1969.

215. Ders., Italian Fascism and Developmental Dictatorship, Princeton, N. J. 1979.

216. E. Hennig, Bürgerliche Gesellschaft und Faschismus in Deutschland – Ein Forschungsbericht, Frankfurt a. M. 1977.

217. K. Hildebrand, Nationalsozialismus (I–III und V–VI), in: Staatslexikon, hrsg. von der Görres-Gesellschaft, 7. völlig neu bearb. Aufl., Bd. 3, Freiburg i. Brsg./Basel/Wien 1987.

218. E. Jesse, Renaissance der Totalitarismuskonzeption? Zur Kontroverse um einen strittigen Begriff, in: NPL 28 (1983), 459–492.

219. M. Knox, Conquest, Foreign and Domestic, in Fascist Italy and Nazi Germany, in: JMH 56 (1984), 1–57.

220. A. Kuhn, Das faschistische Herrschaftssystem und die moderne Gesellschaft, Hamburg 1973.

221. W. Laqueur, Totalitarismus: Gibt es ihn? Gab es ihn jemals? In: Europäische Rundschau (Wien), Heft 1 (1986), 9–22.

222. S. U. Larsen/B. Hagtvet/J. P. Myklebust (Hrsg.), Who were the Fascists. Social Roots of European Fascism, Bergen/Oslo/Tromsø 1980.

223. M. A. Leeden, Universal Fascism: The Theory and Practice of the Fascist International, 1928–1936, New York 1972.

224. R. Lill, Italienischer Faschismus und deutscher Nationalsozialismus, in: Ders./H. Oberreuter, Machtverfall und Machtergreifung. Aufstieg und Herrschaft des Nationalsozialismus, München 2. Aufl. 1986.

225. U. Lindström, Fascism in Scandinavia 1920–40, Stockholm 1985.

226. K.-E. Lönne, Faschismus als Herausforderung. Die Auseinandersetzung der „Roten Fahne“ und des „Vorwärts“ mit dem italienischen Faschismus 1920–1933, Köln/Wien 1981.

227. L. Luks, Entstehung der kommunistischen Faschismustheorie. Die Auseinandersetzung der Komintern mit Faschismus und Nationalsozialismus 1921–1935, Stuttgart 1984.

228. A. Lyttelton, Il problema della violenza nel fascismo italiano. Fascismo e violenza: Conflitto sociale e azione politica in Italia nel primo dopoguerra, in: Storia contemporanea 13 (1982), 965–983.

229. B. Martin, Zur Tauglichkeit eines übergreifenden Faschismus-Begriffs. Ein Vergleich zwischen Japan, Italien und Deutschland, in: VfZg 29 (1981), 48–73.

230. M. Michaelis, Anmerkungen zum italienischen Totalitarismusbegriff. Zur Kritik der Thesen Hannah Arendts und Renzo de Felices, in: Quellen und Forschungen aus italienischen Archiven und Bibliotheken 62 (1982), 270–302.

231. H. Mommsen, Der Nationalsozialismus. Kumulative Radikalisierung und Selbstzerstörung des Regimes, in: Meyers Enzyklopädisches Lexikon, Bd. 16, Mannheim u. a. 1976, 785–790.

232. G. L. Mosse (Hrsg.), International Fascism: New Thoughts and New Approaches, London/Beverly Hills 1979.

233. K.-J. Müller, Protest – Modernisierung – Integration. Bemerkungen zum Problem faschistischer Phänomene in Frankreich 1924–1933, in: Francia 8 (1980), 465–524.

234. E. Nolte, Der Faschismus in seiner Epoche. Die Action française. Der italienische Faschismus. Der Nationalsozialismus, München 2. Aufl. 1965 (inzwischen München/Zürich 6. Aufl. 1984).

235. Ders., Die Krise des liberalen Systems und die faschistischen Bewegungen, München 1968.

236. Ders., (Hrsg.), Theorien über den Faschismus, Köln 5. Aufl. 1979.

237. Ders., „Epoche des Faschismus“: Sinn und Konsequenzen eines Begriffs, in: Ders., Marxismus, Faschismus, Kalter Krieg. Vorträge und Aufsätze 1964–1976, Stuttgart 1977, 193–208.

238. Ders., Zeitgenössische Theorien über den Faschismus, in: Ders., Marxismus, Faschismus, Kalter Krieg. Vorträge und Aufsätze 1964–1976, Stuttgart 1977, 153–174.

239. Ders., Konservativismus und Nationalsozialismus, in: Ders., Marxismus, Faschismus, Kalter Krieg. Vorträge und Aufsätze 1964–1976, Stuttgart 1977, 117–135.

240. St. G. Payne, Fascism. Comparison and Definition, Madison, Wisc. 1980.

241. J. Petersen, Die Entstehung des Totalitarismusbegriffs in Italien, in: M. Funke (Hrsg.), Totalitarismus. Ein Studien-Reader zur Herrschaftsanalyse moderner Diktaturen, Düsseldorf 1978, 105–128.

242. Ders., Il problema della violenza nel fascismo italiano, in: Storia contemporanea 13 (1982), 985–1008.

243. W. SAUER, National Socialism: Totalitarianism or Fascism? In: AHR 73 (1967/68), 404–424.

244. L. B. SCHAPIRO, Totalitarismus, in: Sowjetsystem und demokratische Gesellschaft. Eine vergleichende Enzyklopädie, Bd. 6, Freiburg i. Brsg. 1972, 465–490.

245. DERS., Totalitarianism, London 1972.

246. W. SCHIEDER, Faschismus, in: Sowjetsystem und demokratische Gesellschaft. Eine vergleichende Enzyklopädie, Bd. 2, Freiburg i. Brsg. 1968, 438–477.

247. DERS. (Hrsg.), Faschismus als soziale Bewegung. Deutschland und Italien im Vergleich, Göttingen 2. Aufl. 1983.

248. DERS., Das Deutschland Hitlers und das Italien Mussolinis. Zum Problem faschistischer Regimebildung, in: G. SCHULZ (Hrsg.), Die Große Krise der dreißiger Jahre. Vom Niedergang der Weltwirtschaft zum Zweiten Weltkrieg, Göttingen 1985, 44–71.

249. G. SCHULZ, Faschismus – Nationalsozialismus. Versionen und theoretische Kontroversen 1922–1972, Frankfurt a. M. u. a. 1974.

250. B. SEIDEL/S. JENKNER (Hrsg.), Wege der Totalitarismusforschung, Darmstadt 3. durchges. Tsd. d. 1. Aufl. 1974.

251. D. SETTEMBRINI, Fascismo Controrivoluzione Imperfetta. Movimento al servizio del capitale o primo esperimento di compromesso storico?, Firenze 1978.

252. M. G. STEINERT, Fascisme Et National-Socialisme: Cas Singuliers, Cas Spécifiques, Phénomène Générique?, in: L'Historien et les Relations Internationales. Recueil d'études en hommage à J. FREYMOND. Textes réunis par S. FRIEDLÄNDER, H. KAPUR, A. RESZLER, Genéve 1981, 167–179.

253. H.-U. THAMER, Ansichten des Faschismus, in: NPL 22 (1977), 19–35.

254. DERS., Faschismus und Nationalsozialismus. Ein Vergleich, in: Quaderni di storia 13 (1981), 79–115.

255. DERS./W. WIPPERMANN, Faschistische und neofaschistische Bewegungen. Probleme empirischer Faschismusforschung, Darmstadt 1977.

256. Totalitarismus und Faschismus. Eine wissenschaftliche und politische Begriffskontroverse. Kolloquium im Institut für Zeitgeschichte am 24. November 1978, München/Wien 1980.

257. H. A. TURNER, Faschismus und Anti-Modernismus, in: DERS., Faschismus und Kapitalismus in Deutschland. Studien zum Verhältnis zwischen Nationalsozialismus und Wirtschaft, Göttingen 1972, 157–182.

258. DERS. (Hrsg.), Reappraisals of Fascism, New York 1975.

259. H. A. WINKLER, Die „neue Linke" und der Faschismus: Zur Kritik neomarxistischer Theorien über den Nationalsozialismus, in: DERS., Revolution, Staat, Faschismus, Göttingen 1978, 65–117 und 137–159.

260. W. WIPPERMANN, Faschismustheorien. Zum Stand der gegenwärtigen Diskussion, Darmstadt 4. Aufl. 1980.

261. DERS., Europäischer Faschismus im Vergleich (1922–1982), Frankfurt a. M. 1983.
262. S. J. WOOLF (Hrsg.), European Fascism, London 1968 (Neuaufl. unter dem Titel: Fascism in Europe, London/New York 1981).
263. DERS. (Hrsg.), The Nature of Fascism, London 1968.

4. INNENPOLITIK

a) Allgemeine Geschichte und grundlegende Probleme

264. K. D. BRACHER, Die Auflösung der Weimarer Republik. Eine Studie zum Problem des Machtverfalls in der Demokratie, Villingen 5. Aufl. 1971 (6. Aufl. als TB-Ausg. Düsseldorf/Kronberg, Ts. 1978, 2. Nachdr. Düsseldorf 1984).
265. DERS./W. SAUER/G. SCHULZ, Die nationalsozialistische Machtergreifung. Studien zur Errichtung des totalitären Herrschaftssystems in Deutschland 1933/34, Köln 2. Aufl. 1962 (als 3-bändige TB-Ausgabe Frankfurt a. M./ Berlin/Wien 1973).
266. M. BROSZAT, Der Staat Hitlers. Grundlegung und Entwicklung seiner inneren Verfassung, München 5. Aufl. 1975 (inzwischen 9. Aufl. 1981).
267. DERS., Soziale Motivation und Führer-Bindung des Nationalsozialismus, in: VfZg 18 (1970), 392–409.
268. DERS., Zur Struktur der NS-Massenbewegung, in: VfZg 31 (1983), 52–76.
269. DERS., Die Machtergreifung. Der Aufstieg der NSDAP und die Zerstörung der Weimarer Republik, München 1984.
270. J. CAPLAN, Bureaucracy, Politics and the National Socialist State, in: P. D. STACHURA (Hrsg.), The Shaping of the Nazi State, London 1978, 234–256.
271. Deutsche Verwaltungsgeschichte, hrsg. von K. G. A. JESERICH/H. POHL/ G.-CH. VON UNRUH, Bd. 4: Das Reich als Republik und in der Zeit des Nationalsozialismus, Stuttgart 1985.
272. Deutschlands Weg in die Diktatur. Internationale Konferenz zur nationalsozialistischen Machtübernahme im Reichstagsgebäude zu Berlin. Referate und Diskussionen. Ein Protokoll, hrsg. von M. BROSZAT, U. DÜBBER, W. HOFER u. a., Berlin 1983.
273. P. DIEHL-THIELE, Partei und Staat im Dritten Reich. Untersuchungen zum Verhältnis von NSDAP und allgemeiner innerer Staatsverwaltung 1933–1945, München 1969.
274. J. DÜLFFER, Die Machtergreifung und die Rolle der alten Eliten im Dritten Reich, in: W. MICHALKA (Hrsg.), Die nationalsozialistische Machtergreifung, Paderborn/München u. a. 1984, 182–194.
275. L. DUPEUX, „Nationalbolschewismus“ in Deutschland 1919–1933. Kom-

munistische Strategie und konservative Dynamik, München 1985 (frz. 1976).

276. E. Fraenkel, Der Doppelstaat, Frankfurt a. M./Köln 1974 (als TB-Ausg. Frankfurt a. M. 1984), (engl. 1941).

277. N. Frei, „Machtergreifung“. Anmerkungen zu einem historischen Begriff, in: VfZg 31 (1983), 136–145.

278. G. Jasper (Hrsg.), Von Weimar zu Hitler 1930–1933, Köln/Berlin 1968.

279. E. Matthias/R. Morsey (Hrsg.), Das Ende der Parteien 1933, Königstein, Ts./Düsseldorf 2. Aufl. 1979.

280. W. Michalka (Hrsg.), Die nationalsozialistische Machtergreifung, Paderborn/München u. a. 1984.

281. H. Möller, Die nationalsozialistische Machtergreifung. Konterrevolution oder Revolution?, in: VfZg 31 (1983), 25–51.

282. H. Mommsen, Die Auflösung der Weimarer Republik und die nationalsozialistische Machteroberung, in: Faschistische Diktatur in Deutschland. Historische Grundlagen – gesellschaftliche Voraussetzungen – politische Struktur, in: Politische Bildung 5 (1972), 1–16.

283. Ders., Die innere Struktur des nationalsozialistischen Herrschaftssystems, in: Faschistische Diktatur in Deutschland. Historische Grundlagen – gesellschaftliche Voraussetzungen – politische Struktur, in: Politische Bildung 5 (1972), 37–52.

284. Ders., Ausnahmezustand als Herrschaftstechnik des NS-Regimes, in: M. Funke (Hrsg.), Hitler, Deutschland und die Mächte. Materialien zur Außenpolitik des Dritten Reiches, Düsseldorf 1976, 30–45 (inzwischen 2. Aufl. 1977).

285. R. Neebe, Die Großindustrie und die Machtergreifung, in: W. Michalka (Hrsg.), Die nationalsozialistische Machtergreifung, Paderborn/München u. a. 1984, 111–123.

286. F. Neumann, Behemoth. Struktur und Praxis des Nationalsozialismus 1933–1944, hrsg. und mit einem Nachwort von G. Schäfer, Frankfurt a. M. 1984 (engl. 1944).

287. J. Noakes (Hrsg.), Government, Party and People in Nazi Germany, Exeter 1980.

288. D. Rebentisch, Innere Verwaltung, in: Deutsche Verwaltungsgeschichte, hrsg. von K. G. A. Jeserich/H. Pohl/G.-Ch. von Unruh, Bd. 4: Das Reich als Republik und in der Zeit des Nationalsozialismus, Stuttgart 1985, 732–774.

289. Ders., Führerstaat und Verwaltung im Zweiten Weltkrieg. Verfassungsentwicklung und Verwaltungspolitik im sogenannten Altreich 1939–1943, Habilitationsschrift Frankfurt a. M. 1986.

290. K. Repgen, Ein KPD-Verbot im Jahre 1933?, in: HZ 240 (1985), 67–99.

291. G. A. Ritter/K. D. Bracher/H. Buchheim/M. Messerschmidt, Totalitäre Verführung im Dritten Reich. Arbeiterschaft. Intelligenz. Beamtenschaft. Militär, München 1983.

292. G. SCHULZ, Aufstieg des Nationalsozialismus. Krise und Revolution in Deutschland, Berlin/Frankfurt a. M. 1975.

293. DERS., Permanente Gleichschaltung des öffentlichen Lebens und Entstehung des nationalsozialistischen Führerstaates in Deutschland, in: DERS. (Hrsg.), Die Große Krise der dreißiger Jahre. Vom Niedergang der Weltwirtschaft zum Zweiten Weltkrieg, Göttingen 1985, 72–100.

294. W. TREUE/J. SCHMÄDEKE (Hrsg.), Deutschland 1933. Machtzerfall der Demokratie und nationalsozialistische „Machtergreifung". Eine Vortragsreihe, Berlin 1984.

295. H. A. WINKLER, Extremismus der Mitte? Sozialgeschichtliche Aspekte der nationalsozialistischen Machtergreifung, in: VfZg 20 (1972), 175–191.

296. DERS., Wie konnte es zum 30. Januar 1933 kommen?, in: Aus Politik und Zeitgeschichte, Beilage zu „Das Parlament", B 4–5/83 vom 29. 1. 1983, 3–15.

b) Geschichte der NSDAP

297. R. BESSEL, Political Violence and the Rise of Nazism. The Storm Troopers in Eastern Germany 1925–1934, New Haven/London 1984.

298. TH. CHILDERS, The Nazi Voter. The Social Foundation of Fascism in Germany, 1919–1933, Chapel Hill/London 1983.

299. DERS., Who, indeed, did vote for Hitler?, in: CEH 17 (1984), 45–53.

300. J. W. FALTER, Wer verhalf der NSDAP zum Sieg? Neue Forschungsergebnisse zum parteipolitischen und sozialen Hintergrund der NSDAP-Wähler 1924–1933, in: Aus Politik und Zeitgeschichte, Beilage zu „Das Parlament", B 28–29 vom 14. 7. 1979, 3–21.

301. DERS., Radikalisierung des Mittelstandes oder Mobilisierung der Unpolitischen? Die Theorien von Seymour Martin Lipset und Reinhard Bendix über die Wählerschaft der NSDAP im Lichte neuerer Forschungsergebnisse, in: Probleme politischer Partizipation im Modernisierungsprozeß, hrsg. von P. STEINBACH, Stuttgart 1982, 438–469.

302. DERS./A. LINK/J.-B. LOHMÜLLER/J. DE RIJKE/S. SCHUMANN, Arbeitslosigkeit und Nationalsozialismus. Eine empirische Analyse des Beitrags der Massenerwerbslosigkeit zu den Wahlerfolgen der NSDAP 1932 und 1933, in: Kölner Zeitschrift für Soziologie und Sozialpsychologie 35 (1983), 525–554.

303. DERS., Die erste moderne Integrationspartei? Historische Wahlforschung und die Kontroverse um das Wählerpotential der NSDAP, in: Frankfurter Allgemeine Zeitung vom 19. 3. 1986, 33.

304. DERS./D. HÄNISCH, Die Anfälligkeit von Arbeitern gegenüber der NSDAP bei den Reichstagswahlen 1928–1933, in: Arch. f. SozG 26 (1986), 179–216.

305. C. FISCHER, The Occupational Background of the SA's Rank and File Membership during the Depression Years, 1929 to mid-1934, in: P. D.

Stachura (Hrsg.), The Shaping of the Nazi State, London 1978, 131–159.

306. R. F. Hamilton, Who Voted for Hitler?, Princeton, N. J. 1982.

307. K. Hildebrand, wie Nr. 217.

308. W. Horn, Der Marsch zur Machtergreifung. Die NSDAP bis 1933, Königstein, Ts./Düsseldorf 1980 (unveränd. Nachdr. der Aufl. Düsseldorf 1972 mit verändertem Titel).

309. P. Hüttenberger, Die Gauleiter. Studie zum Wandel des Machtgefüges in der NSDAP, Stuttgart 1969.

310. M. Jamin, Zwischen den Klassen. Zur Sozialstruktur der SA-Führerschaft, Wuppertal 1984.

311. M. H. Kater, The Nazi Party. A Social Profile of Members and Leaders, 1919–1945, Cambridge, Mass. 1983.

312. Ders., Generationskonflikt als Entwicklungsfaktor in der NS-Bewegung vor 1933, in: GG 11 (1985), 217–243.

313. M. H. Kele, Nazis and Workers. National Socialist Appeals to German Labour 1919–1939, Chapel Hill 1972.

314. U. Kissenkoetter, Gregor Straßer und die NSDAP, Stuttgart 1978.

315. W. Maser, Die Frühgeschichte der NSDAP. Hitlers Weg bis 1924, Frankfurt a. M./Bonn 1965 (als erg. Neuausgabe unter dem Titel: Der Sturm auf die Republik. Frühgeschichte der NSDAP, Stuttgart 1973, und als TB-Ausg. Frankfurt a. M./Berlin/Wien 1981).

316. P. Moreau, Nationalsozialismus von links. Die „Kampfgemeinschaft Revolutionärer Nationalsozialisten“ und die „Schwarze Front“ Otto Straßers 1930–1935, Stuttgart 1984.

317. D. Orlow, The History of the Nazi Party, 2 Bde., Pittsburgh 1969–1973.

318. W. Schäfer, NSDAP. Entwicklung und Struktur der Staatspartei des Dritten Reiches, Hannover 1956.

319. P. D. Stachura, Gregor Strasser and the Rise of Nazism, London/Boston/Sydney 1983.

320. A. Tyrell, Tom Trommler zum Führer. Der Wandel von Hitlers Selbstverständnis zwischen 1919 und 1924 und die Entwicklung der NSDAP, München 1975.

321. Symposium: Who voted for Hitler, in: CEH 17 (1984), 3–87.

322. H. A. Winkler, Mittelstand, Demokratie und Nationalsozialismus. Die politische Entwicklung von Handwerk und Kleinhandel in der Weimarer Republik, Köln 1972.

323. U. Wörtz, Programmatik und Führerprinzip. Das Problem des Strasser-Kreises in der NSDAP. Eine historisch-politische Studie zum Verhältnis von sachlichem Programm und persönlicher Führung in einer totalitären Bewegung, Diss. phil. Erlangen/Nürnberg 1966.

c) Ideologie und Herrschaftssystem

324. J. Ackermann, Heinrich Himmler als Ideologe, Göttingen 1970.

325. U. Backes/K.-H. Janssen/H. Köhler/H. Mommsen/F. Tobias, Reichstagsbrand – Aufklärung einer historischen Legende. Mit einem Vorwort von L. de Jong, München/Zürich 1986.

326. H. Benecke, Hitler und die SA, München/Wien 1962.

327. R. B. Birn, Die Höheren SS- und Polizeiführer. Himmlers Vertreter im Reich und in den besetzten Gebieten, Düsseldorf 1986.

328. R. Bollmus, Das Amt Rosenberg und seine Gegner. Studien zum Machtkampf im nationalsozialistischen Herrschaftssystem, Stuttgart 1970.

329. M. Broszat/H. Buchheim/H.-A. Jacobsen/H. Krausnick, Anatomie des SS-Staates, 2 Bde., Freiburg i. Brsg. 1965.

330. A. Descroches, La Gestapo. Atrocités et secrets de l'inquisition nazie, Paris 1972.

331. G. Deschner, Reinhard Heydrich – Statthalter der totalen Macht, Esslingen erg. Neuaufl. 1986.

332. C. Fischer, Stormtroopers. A Social, Economic and Ideological Analysis, 1929–35, London/Boston/Sydney 1983.

333. M. Funke, Führer-Prinzip und Kompetenz-Anarchie im nationalsozialistischen Herrschaftssystem, in: NPL 20 (1975), 60–67.

334. Ch. Graf, Politische Polizei zwischen Demokratie und Diktatur. Die Entwicklung der preußischen Politischen Polizei vom Staatsschutzorgan der Weimarer Republik zum Geheimen Staatspolizeiamt des Dritten Reiches. Mit einem Vorwort von W. Hofer, Berlin 1983.

335. K. Grünberg, SS, szarna gwardia Hitlera, Warszawa 1975.

336. J. Henke, Verführung durch Normalität – Verfolgung durch Terror. Gedanken zur Vielfalt nationalsozialistischer Herrschaftsmittel, in: Aus Politik und Zeitgeschichte, Beilage zu „Das Parlament“, B 7/84 vom 18.2.1984, 21–31.

337. H. Höhne, Der Orden unter dem Totenkopf. Die Geschichte der SS, München 3. Aufl. 1981.

338. W. Hofer/E. Calic/K. Stephan/F. Zipfel (Hrsg.), Der Reichstagsbrand. Eine wissenschaftliche Dokumentation, Bd. 1, Berlin 1972; Bd. 2, hrsg. von W. Hofer/E. Calic/Ch. Graf/F. Zipfel, München/New York u. a. 1978.

339. W. Hofer/Ch. Graf, Neue Quellen zum Reichstagsbrand, in: GiWuU 27 (1976), 65–88.

340. P. Hüttenberger, Nationalsozialistische Polykratie, in: GG 2 (1976), 417–442.

341. I. Kershaw, Der Hitler-Mythos. Volksmeinung und Propaganda im Dritten Reich. Mit einer Einführung von M. Broszat, Stuttgart 1980.

342. R. L. Koehl, The Black Corps. The Structure and Power Struggles of the Nazi SS, Madison, Wisc./London 1983.

343. E. KOGON, Der SS-Staat. Das System der deutschen Konzentrationslager, (1947) München 10. Aufl. 1981.

344. E. KOLB, Bergen-Belsen. Vom „Aufenthaltslager" zum Konzentrationslager 1943–1945, Göttingen 1985.

345. E. KOSTHORST/B. WALTER, Konzentrations- und Strafgefangenenlager im Dritten Reich. Beispiel Emsland. Zusatzteil: Kriegsgefangenenlager. Dokumentation und Analyse zum Verhältnis von NS-Regime und Justiz. Mit historisch-kritischen Einführungstexten sowie statistisch-quantitativen Erhebungen und Auswertungen zum Strafvollzug in Arbeitslagern, 3 Bde., Düsseldorf 1983.

346. A. KUBE, Pour le mérite und Hakenkreuz. Hermann Göring im Dritten Reich, München 1986.

347. R. LILL/H. OBERREUTER, Machtverfall und Machtergreifung. Aufstieg und Herrschaft des Nationalsozialismus, München 2. Aufl. 1986.

348. K. MALETTKE (Hrsg.), Der Nationalsozialismus an der Macht. Aspekte nationalsozialistischer Politik und Herrschaft, Göttingen 1984.

349. H. MOMMSEN, Der Reichstagsbrand und seine Folgen, in: VfZg 3 (1964), 351–413.

350. W. J. MOMMSEN, Das nationalsozialistische Herrschaftssystem, in: Jahrbuch der Universität Düsseldorf 1970/71, 417–430.

351. E. N. PETERSON, The Limits of Hitler's Power, Princeton 1969.

352. F. PINGEL, Häftlinge unter SS-Herrschaft. Widerstand, Selbstbehauptung und Vernichtung im Konzentrationslager, Hamburg 1978.

353. L. POLIAKOV/J. WULF (Hrsg.), Das Dritte Reich und seine Diener. Dokumente, Nachdr. der 2. durchges. Aufl. Berlin 1978.

354. D. REBENTISCH/K. TEPPE (Hrsg.), Verwaltung contra Menschenführung im Staat Hitlers. Studien zum politisch-administrativen System, Göttingen 1986.

355. Der Reichstagsbrand. Die Provokation des 20. Jahrhunderts. Forschungsergebnis. Internationales Komitee Luxemburg. Mit Stellungnahmen über das historische Ereignis des 27. Februar 1933 von Pierre Gregoire u. a., München 1978.

356. Studien zur Geschichte der Konzentrationslager. Mit Beiträgen von H. TIMPKE, W. JOHE, G. RABITSCH, J. ARNDT, E. KOLB, M. BORNEMANN, M. BROSZAT, Stuttgart 1970.

357. F. TOBIAS, Der Reichstagsbrand. Legende und Wirklichkeit, Rastatt 1962.

d) Gesellschaft

358. H. BERNETT, Der Weg des Sports in die nationalsozialistische Diktatur. Die Entstehung des Deutschen (Nationalsozialistischen) Reichsbundes für die Leibesübungen, Schorndorf 1983.

359. H. BOBERACH, Jugend unter Hitler, Düsseldorf 1982.

360. H. C. Brandenburg, Die Geschichte der HJ. Wege und Irrwege einer Generation, Köln 2. durchges. Aufl. 1982.

361. W. Buchholz, Die nationalsozialistische Gemeinschaft „Kraft durch Freude". Freizeitgestaltung und Arbeiterschaft im Dritten Reich, Diss. München 1976.

362. J. Caplan, The Civil Servant in the Third Reich, Ph. D. thesis Oxford 1973.

363. W. Długoborski (Hrsg.), Zweiter Weltkrieg und sozialer Wandel. Achsenmächte und besetzte Länder, Göttingen 1981.

364. R. Eilers, Die nationalsozialistische Schulpolitik. Eine Studie zur Funktion der Erziehung im totalitären Staat, Köln/Opladen 1963.

365. J. E. Farquharson, The Plough and the Swastika. The NSDAP and Agriculture in Germany 1928–1945, London/Beverly Hills 1976.

366. D. Fauvel-Rouif (Hrsg.), Mouvements ouvriers et dépression économique de 1929 à 1939, Assen 1966.

367. W. Feiten, Der Nationalsozialistische Lehrerbund. Entwicklung und Organisation. Ein Beitrag zum Aufbau und zur Organisationsstruktur des nationalsozialistischen Herrschaftssystems, Weinheim/Basel 1981.

368. H.-J. Gamm, Führung und Verführung. Die Pädagogik des Nationalsozialismus, München 1964.

369. R. Grunberger, Das zwölfjährige Reich. Eine Sozialgeschichte des nationalsozialistischen Deutschland, Wien 1971 (engl. 1971).

370. M. H. Kater, Bürgerliche Jugendbewegung und Hitlerjugend in Deutschland von 1926 bis 1939, in: Arch. f. SozG 17 (1977), 127–174.

371. Ders., Die Sozialgeschichte und das Dritte Reich. Überlegungen zu neuen Büchern, in: Arch. f. SozG 22 (1982), 661–681.

372. Ders., Frauen in der NS-Bewegung, in: VfZg 31 (1983), 202–241.

373. G. H. Kleine, Adelsgenossenschaft und Nationalsozialismus, in: VfZg 26 (1978), 100–143.

374. D. Klinksiek, Die Frau im NS-Staat, Stuttgart 1982.

375. A. Klönne, Hitlerjugend. Die Jugend und ihre Organisation im Dritten Reich, Hannover 1955.

376. Ders., Jugend im Dritten Reich. Die Hitler-Jugend und ihre Gegner. Dokumente und Analysen, Düsseldorf/Köln 1982.

377. H. W. Koch, Geschichte der Hitlerjugend. Ihre Ursprünge und ihre Entwicklung 1922–1945, Percha (Starnberger See) 1975.

378. A. Kranig, Lockung und Zwang. Zur Arbeitsverfassung im Dritten Reich, Stuttgart 1983.

379. V. Kratzenberg, Die Nationalsozialistische Betriebszellen-Organisation. Ihre Entstehung, ihre Programmatik, ihr Scheitern 1927–1934, Frankfurt a. M./Bern 1986.

380. K. C. Lingelbach, Erziehung und Erziehungstheorien im nationalsozialistischen Deutschland. Ursprünge und Wandlungen der 1933–1945 in

Deutschland vorherrschenden erziehungstheoretischen Strömungen, ihre politischen Funktionen und ihr Verhältnis zur außerschulischen Erziehungspraxis des „Dritten Reiches", Weinheim 1970.

381. G. MAI, Die nationalsozialistische Betriebszellenorganisation. Zum Verhältnis von Arbeiterschaft und Nationalsozialismus, in: VfZg 31 (1983), 573–613.

382. DERS., „Warum steht der deutsche Arbeiter zu Hitler?" Zur Rolle der Deutschen Arbeitsfront im Herrschaftssystem des Dritten Reiches, in: GG 12 (1986), 212–234.

383. T. W. MASON, Arbeiterklasse und Volksgemeinschaft. Dokumente und Materialien zur deutschen Arbeiterpolitik 1936–1939, Opladen 1975.

384. DERS., Sozialpolitik im Dritten Reich. Arbeiterklasse und Volksgemeinschaft, Opladen 1977 (überarbeitete Fassung der Einleitung zu Nr. 383), inzwischen 2. Aufl. 1978.

385. H. MATZERATH, Nationalsozialismus und kommunale Selbstverwaltung, Stuttgart 1970.

386. H. MOMMSEN, Beamtentum im Dritten Reich. Mit ausgewählten Quellen zur nationalsozialistischen Beamtenpolitik, Stuttgart 1966.

387. D. ORLOW, Die Adolf-Hitler-Schulen, in: VfZg 13 (1965), 272–284.

388. D. PEUKERT, Volksgenossen und Gemeinschaftsfremde. Anpassung, Ausmerze und Aufbegehren unter dem Nationalsozialismus, Köln 1982.

389. M. PRINZ, Vom neuen Mittelstand zum Volksgenossen. Die Entwicklung des sozialen Status der Angestellten von der Weimarer Republik bis zum Ende der NS-Zeit, München 1986.

390. DERS., Der unerwünschte Stand. Lage und Status der Angestellten im „Dritten Reich", in: HZ 242 (1986), 327–359.

391. M.-L. RECKER, Die Großstadt als Wohn- und Lebensbereich im Nationalsozialismus. Zur Gründung der „Stadt des KdF-Wagens", Frankfurt a. M./New York 1981.

392. DIES., Nationalsozialistische Sozialpolitik im Zweiten Weltkrieg, München 1985.

393. A. VON SALDERN, Mittelstand im „Dritten Reich". Handwerker – Einzelhändler – Bauern, Frankfurt a. M./New York 1979.

394. DIES., „Alter Mittelstand" im „Dritten Reich". Anmerkungen zu einer Kontroverse, in: GG 12 (1986), 235–243.

395. D. SCHOENBAUM, Die braune Revolution. Eine Sozialgeschichte des Dritten Reiches, Köln/Berlin 1968 (engl. 1966), inzwischen Neuaufl. Köln 1980.

396. H. SCHOLTZ, Die „NS-Ordensburgen", in: VfZg 15 (1967), 269–298.

397. DERS., Nationalsozialistische Ausleseschulen. Internatsschulen als Herrschaftsmittel des Führerstaates, Göttingen 1973.

398. DERS., Erziehung und Unterricht unterm Hakenkreuz, Göttingen 1985.

399. H.-G. SCHUMANN, Nationalsozialismus und Gewerkschaftsbewegung. Die Vernichtung der deutschen Gewerkschaften und der Aufbau der „Deutschen Arbeitsfront", Hannover/Frankfurt a. M. 1958.

400. J. M. STEINER, Power, Politics and Social Change in National Socialist Germany. A Process of Escalation into Mass Destruction, The Hague 1976.

401. M. G. STEINERT, Hitlers Krieg und die Deutschen. Stimmung und Haltung der deutschen Bevölkerung im Zweiten Weltkrieg, Düsseldorf/Wien 1970.

402. J. STEPHENSON, Women in Nazi Society, London 1975.

403. DIES., The Nazi Organization of Women, London/Totowa, N. J. 1981.

404. R. STOMMER, Die inszenierte Volksgemeinschaft. Die „Thing-Bewegung" im Dritten Reich, Marburg 1985.

405. P. SUMMERFIELD, Women Workers in the Second World War. Production and Patriarchy in Conflict, London/Sydney u. a. 1984.

406. R. THALMANN, Frausein im Dritten Reich, München/Wien 1984.

407. H. UEBERHORST (Hrsg.), Elite für die Diktatur. Die Nationalpolitischen Erziehungsanstalten 1933–1945. Ein Dokumentarbericht, Düsseldorf 1969, unveränd. Nachdr. Königstein, Ts./Düsseldorf 1980.

408. W. F. WERNER, „Bleib übrig!" Deutsche Arbeiter in der nationalsozialistischen Kriegswirtschaft, Düsseldorf 1983.

409. R. WIGGERSHAUS, Frauen unterm Nationalsozialismus, Wuppertal 1984.

410. D. WINKLER, Frauenarbeit im „Dritten Reich", Hamburg 1977.

411. H. A. WINKLER, Mittelstandsbewegung oder Volkspartei? Zur sozialen Basis der NSDAP, in: W. Schieder (Hrsg.), Faschismus als soziale Bewegung, Hamburg 1976, 97–118 (inzwischen Göttingen 2. Aufl. 1983).

412. DERS., German Society, Hitler and the Illusion of Restoration 1930–33, in: JCH 11 (1976), 1–16.

413. DERS., Der entbehrliche Stand. Zur Mittelstandspolitik im „Dritten Reich", in: Arch. f. SozG 17 (1977), 1–40.

414. L. VAN ZANDT MOYER, The Kraft durch Freude movement in Nazi Germany: 1933–1939, Ann Arbor, Mich. 1977.

e) Alltag, Regionales, Lokales

415. W. S. ALLEN, „Das haben wir nicht gewollt!" Die nationalsozialistische Machtergreifung in einer Kleinstadt 1930–1935, Gütersloh 1966 (engl. 1966).

416. Alltagsgeschichte der NS-Zeit. Neue Perspektive oder Trivialisierung? (Kolloquien des Instituts für Zeitgeschichte), München 1984.

417. Bayern in der NS-Zeit, hrsg. von M. BROSZAT, E. FRÖHLICH u. a., 6 Bde., München/Wien 1977–1983.

418. P. Borscheid, Plädoyer für eine Geschichte des Alltäglichen, in: Ders./H. J. Teuteberg (Hrsg.), Ehe, Liebe, Tod, Münster 1983, 1–14.

419. M. Bosch/W. Niess (Hrsg.), Der Widerstand im deutschen Südwesten 1933–1945, Stuttgart/Berlin u. a. 1984.

420. G. Botz, Wien vom „Anschluß" zum Krieg. Nationalsozialistische Machtübernahme und politisch-soziale Umgestaltung am Beispiel der Stadt Wien 1938/39, Wien/München 1978.

421. M. Broszat, Plädoyer für Alltagsgeschichte. Eine Replik auf Jürgen Kocka, in: Merkur 36 (1982), 1244–1248 (inzwischen wiederabgedruckt in: Nach Hitler. Der schwierige Umgang mit unserer Geschichte. Beiträge von Martin Broszat. Hrsg. von H. Graml u. K.-D. Henke, München 1986, 239–244).

422. I. Buchloh, Die nationalsozialistische Machtergreifung in Duisburg. Eine Fallstudie, Duisburg 1980.

423. U. Buettner/W. Jochmann (Hrsg.), Zwischen Demokratie und Diktatur. Nationalsozialistische Machtaneignung in Hamburg. Tendenzen und Reaktionen in Europa, Hamburg 1984.

424. K. Goebel (Hrsg.), Wuppertal in der Zeit des Nationalsozialismus, Wuppertal 2. Aufl. 1984.

425. J. H. Grill, The Nazi Movement in Baden, 1920–1945, Chapel Hill 1983.

426. Ders., Local and Regional Studies on National Socialism: A Review, in: JCH 21 (1986), 253–294.

427. I. Kershaw, Popular Opinion and Political Dissent in the Third Reich. Bavaria 1933–1945, Oxford/London u. a. 1983 (als TB-Ausg. 1984).

428. A. Klein, Köln im Dritten Reich. Stadtgeschichte der Jahre 1933–1945, Köln 1983.

429. J. Kocka, Klassen oder Kultur? Durchbrüche und Sackgassen in der Arbeitergeschichte, in: Merkur 36 (1982), 955–965.

430. H. Kuss, Die Ausbreitung nationalsozialistischer Herrschaft im westlichen Teil des Deutschen Reiches. Ein Bericht über neuere regional- und lokalgeschichtliche Arbeiten, in: Blätter für deutsche Landesgeschichte 121 (1985), 539–582.

431. I. Marssolek/R. Ott, Bremen im Dritten Reich. Anpassung – Widerstand – Verfolgung, Bremen 1986.

432. W. Maser, Das Regime. Alltag in Deutschland 1933–1945, München 1983.

433. G. L. Mosse, Der nationalsozialistische Alltag. So lebte man unter Hitler, Königstein, Ts. 1978 (engl. 1966).

434. H. Münkler, Machtzerfall. Die letzten Tage des Dritten Reiches dargestellt am Beispiel der hessischen Kreisstadt Friedberg, Berlin 1985.

435. L. NIETHAMMER (Hrsg.), „Die Jahre weiß man nicht, wo man die heute hinsetzten soll". Faschismus-Erfahrungen im Ruhrgebiet. Lebensgeschichte und Sozialstruktur im Ruhrgebiet 1930 bis 1960, Bd. 1, Berlin/Bonn 1983.

436. D. PEUKERT/J. REULECKE (Hrsg.), Die Reihen fast geschlossen. Beiträge zur Geschichte des Alltags unterm Nationalsozialismus, Wuppertal 1981.

437. K. PREIS, München unterm Hakenkreuz. Die Hauptstadt der Bewegung: Zwischen Pracht und Trümmern, München 1980.

438. D. REBENTISCH/A. RAAB, Neu-Isenburg zwischen Anpassung und Widerstand. Dokumente über Lebensbedingungen und politisches Verhalten 1933–1945, Neu-Isenburg 1978.

439. DERS., Frankfurt am Main und das Reich in der NS-Zeit, in: Archiv für Frankfurts Geschichte und Kunst 57 (1980), 243–267.

440. K.-J. RUHL, Brauner Alltag. 1933–1939 in Deutschland, Düsseldorf 1981.

441. J. SCHADT/M. CAROLI (Hrsg.), Heidelberg unter dem Nationalsozialismus. Studien zu Verfolgung, Widerstand und Anpassung, Heidelberg 1985.

442. H. SCHWARZWÄLDER, Geschichte der Freien Hansestadt Bremen, Bd. 4: Bremen in der NS-Zeit (1933–1945), Hamburg 1985.

443. P. STEINBACH, Alltagsleben und Landesgeschichte. Zur Kritik an einem neuen Forschungsinteresse, in: Hessisches Jahrbuch für Landesgeschichte 29 (1979), 225–305.

444. L. D. STOKES, Kleinstadt und Nationalsozialismus. Ausgewählte Dokumente zur Geschichte von Eutin 1918–1945, Neumünster 1984.

445. J. V. WAGNER, Hakenkreuz über Bochum. Machtergreifung und nationalsozialistischer Alltag in einer Revierstadt, Bochum 1983.

f) Propaganda

446. K.-D. ABEL, Presselenkung im NS-Staat. Eine Studie zur Publizistik in der nationalsozialistischen Zeit, Berlin 1968.

447. G. ALBRECHT, Nationalsozialistische Filmpolitik. Eine soziologische Untersuchung über die Spielfilme des Dritten Reiches, Stuttgart 1969.

448. J. W. BAIRD, The Mythical World of Nazi Propaganda 1939 to 1945, Minneapolis 1974.

449. E. K. BRAMSTEDT, Goebbels und die nationalsozialistische Propaganda 1925–1945, Frankfurt a. M. 1971 (engl. 1965).

450. A. DILLER, Rundfunkpolitik im Dritten Reich, München 1980.

451. J. P. FOX, Der Fall Katyn und die Propaganda des NS-Regimes, in: VfZg 30 (1982), 462–499.

452. N. FREI, Nationalsozialistische Eroberung der Provinzpresse. Gleichschaltung, Selbstanpassung und Resistenz in Bayern, Stuttgart 1980.

453. E. Fröhlich, Katyn im neuen Licht? Goebbels und der Mord an den polnischen Offizieren im 2. Weltkrieg, in: GiWuU 37 (1986), 234–235.

454. J. Hagemann, Die Presselenkung im Dritten Reich, Bonn 1970.

455. W. Hagemann, Publizistik im Dritten Reich. Ein Beitrag zur Methodik der Massenführung, Hamburg 1948.

456. O. J. Hale, Presse in der Zwangsjacke 1933–1945, Düsseldorf 1965 (engl. 1964).

457. H. Heiber, Joseph Goebbels, Berlin 1962.

458. H. Pohle, Der Rundfunk als Instrument der Politik. Zur Geschichte des deutschen Rundfunks von 1923–1938, Hamburg 1955.

459. F. Sänger, Politik der Täuschungen. Mißbrauch der Presse im Dritten Reich. Weisungen, Informationen, Notizen 1933–1939, Wien 1975.

460. K. Schmeer, Die Regie des öffentlichen Lebens im Dritten Reich, München 1956.

461. J. Sywottek, Mobilmachung für den Krieg. Die propagandistische Vorbereitung der deutschen Bevölkerung auf den Zweiten Weltkrieg, Opladen 1976.

462. J. Wulf (Hrsg.), Presse und Funk im Dritten Reich. Eine Dokumentation, (1964), Nachdr. Frankfurt a. M./Berlin/Wien 1983.

463. Z. A. B. Zeman, Nazi-Propaganda, London 1964.

g) Kirchen

464. R. Baumgartner, Weltanschauungskampf im Dritten Reich. Die Auseinandersetzung der Kirchen mit Alfred Rosenberg, Mainz 1977.

465. E. Bethge, Dietrich Bonhoeffer. Theologe, Christ, Zeitgenosse, München 3. Aufl. 1970.

466. W. Bussmann, Der deutsche Katholizismus im Jahre 1933, in: Festschrift für H. Heimpel zum 70. Geburtstag, hrsg. von den Mitarbeitern des Max-Planck-Institutes für Geschichte, Bd. 1, Göttingen 1971, 180–205.

467. J. S. Conway, Die nationalsozialistische Kirchenpolitik 1933–1945. Ihre Ziele, Widersprüche und Fehlschläge, München 1969 (engl. 1968).

468. R. P. Ericksen, Theologen unter Hitler. Das Bündnis von evangelischer Dogmatik und Nationalsozialismus, München 1986 (engl. 1985).

469. K. Gotto/K. Repgen (Hrsg.), Kirche, Katholiken und Nationalsozialismus, Mainz 1980.

470. W.-D. Hauschild/G. Kretschmar/C. Nicolaisen (Hrsg.), Die lutherischen Kirchen und die Bekenntnissynode von Barmen. Referate des internationalen Symposiums auf der Reisensburg 1984, Göttingen 1984.

471. U. von Hehl, Kirche und Nationalsozialismus. Ein Forschungsbericht, in: Rottenburger Jahrbuch für Kirchengeschichte 2 (1983), 11–29.

472. Ders. (Bearb.), Priester unter Hitlers Terror. Eine biographische und statistische Erhebung, Mainz 1984.

473. H. G. Hockerts, Die Goebbels-Tagebücher 1932–1941. Eine neue Hauptquelle zur Erforschung der nationalsozialistischen Kirchenpolitik, in: Politik und Konfession. Festschrift für K. Repgen zum 60. Geburtstag, hrsg. von D. Albrecht u. a., Berlin 1983, 359–392.

474. M. Jacobs, Kirche, Weltanschauung, Politik. Die evangelischen Kirchen und die Option zwischen dem zweiten und dritten Reich, in: VfZg 31 (1983), 108–135.

475. G. Lewy, Die katholische Kirche und das Dritte Reich, München 1965 (engl. 1962).

476. R. Morsey, Der Untergang des politischen Katholizismus. Die Zentrumspartei zwischen christlichem Selbstverständnis und „Nationaler Erhebung“, Stuttgart/Zürich 1977.

477. J. Neuhäusler, Kreuz und Hakenkreuz. Der Kampf des Nationalsozialismus gegen die katholische Kirche und der kirchliche Widerstand, 2 Bde., München 1946.

478. G. van Norden, Der deutsche Protestantismus im Jahr der nationalsozialistischen Machtergreifung, Gütersloh 1979.

479. Ders., Mutloses Schweigen und tapferes Bekennen. Die evangelische Kirche im Dritten Reich, in: „Das Parlament“ Nr. 4–5 vom 29. 1./5. 2. 1983, 10.

480. H.-A. Raem, Katholischer Gesellenverein und Deutsche Kolpingsfamilie in der Ära des Nationalsozialismus, Mainz 1982.

481. K. Repgen, Hitlers Machtergreifung und der deutsche Katholizismus. Versuch einer Bilanz, Saarbrücken 1967.

482. Ders., Über die Entstehung der Reichskonkordats-Offerte im Frühjahr 1933 und die Bedeutung des Reichskonkordats. Kritische Bemerkungen zu einem neuen Buch, in: VfZg 26 (1978), 499–534.

483. Ders., Harte Verfolgung bei partieller Kooperation. Die katholische Kirche im „Dritten Reich“, in: „Das Parlament“ Nr. 4–5 vom 29. 1./5. 2. 1983, 10.

484. J. Schmidt, Martin Niemöller im Kirchenkampf, Hamburg 1971.

485. K. Scholder, Die Kirchen und das Dritte Reich, Bd. 1: Vorgeschichte und Zeit der Illusionen 1918–1934, Frankfurt a. M./Berlin/Wien 1977; Bd. 2: Das Jahr der Ernüchterung. 1934. Barmen und Rom, Berlin 1985.

486. Ders., Altes und Neues zur Vorgeschichte des Reichskonkordats. Erwiderung auf Konrad Repgen, in: VfZg 26 (1978), 535–570.

487. Ders., Die Krise der dreißiger Jahre als Fragen an Christentum und Kirchen, in: G. Schulz (Hrsg.), Die Große Krise der dreißiger Jahre. Vom Niedergang der Weltwirtschaft zum Zweiten Weltkrieg, Göttingen 1985, 101–119.

488. L. Volk, Das Reichskonkordat vom 20. Juli 1933. Von den Ansätzen in der Weimarer Republik bis zur Ratifizierung am 10. September 1933, Mainz 1972.

489. F. Zipfel, Kirchenkampf in Deutschland 1933–1945. Religionsverfolgung und Selbstbehauptung der Kirchen in der nationalsozialistischen Zeit, Berlin 1965.

h) Recht

490. K. Anderbrügge, Völkisches Rechtsdenken. Zur Rechtslehre in der Zeit des Nationalsozialismus, Berlin 1978.

491. E.-W. Böckenförde (Hrsg.), Staatsrecht und Staatsrechtslehre im Dritten Reich, Heidelberg 1985.

492. G. Buchheit, Richter in roter Robe. Freisler – Präsident des Volksgerichtshofes, München 1968.

493. G. Fieberg, Justiz im nationalsozialistischen Deutschland, Köln 1984.

494. Gesetze des NS-Staates. Dokumente eines Unrechtssystems. Zusammengest. von U. Brodersen, mit einer Einführung hrsg. von I. von Münch, Paderborn/München u.a. 2. durchges. u. erw. Aufl. 1982.

495. H. Hattenhauer, Das NS-Volksgesetzbuch, in: Festschrift für R. Gmür zum 70. Geburtstag, hrsg. von A. Buschmann u.a., Bielefeld 1983, 255–279.

496. M. Hirsch/D. Majer/J. Meinck (Hrsg.), Recht, Verwaltung und Justiz im Nationalsozialismus. Ausgewählte Schriften, Gesetze und Gerichtsentscheidungen von 1933 bis 1945, Köln 1984.

497. G. Jasper, Zur Rolle der Justiz von Weimar bis Bonn. Neuere Publikationen zur Justizgeschichte nach 1918, in: PVS-Literatur 25 (1984) H. 1, 143–151.

498. Die deutsche Justiz und der Nationalsozialismus. Bd. 1: H. Weinkauff, Die deutsche Justiz und der Nationalsozialismus. Ein Überblick; A. Wagner, Die Umgestaltung der Gerichtsverfassung und des Verfahrens- und Richterrechts im nationalsozialistischen Staat, Stuttgart 1968; Bd. 2: R. Echterhölter, Das öffentliche Recht im nationalsozialistischen Staat, Stuttgart 1970; Bd. 3: W. Wagner, Der Volksgerichtshof im nationalsozialistischen Staat, Stuttgart 1974.

499. D. Kirschenmann, „Gesetz" im Staatsrecht und in der Staatsrechtslehre des Nationalsozialismus, Berlin 1970.

500. D. Majer, „Fremdvölkische" im Dritten Reich. Ein Beitrag zur nationalsozialistischen Rechtssetzung und Rechtspraxis in Verwaltung und Justiz unter besonderer Berücksichtigung der eingegliederten Ostgebiete und des Generalgouvernements, Boppard a. Rh. 1981.

501. NS-Recht in historischer Perspektive, (Kolloquien des Instituts für Zeitgeschichte), München/Wien 1981.

502. H. Schorn, Die Gesetzgebung des Nationalsozialismus als Mittel der Machtpolitik, Frankfurt a. M. 1963.

503. M. Stolleis, Gemeinwohlformeln im nationalsozialistischen Recht, Berlin 1974.

i) Kultur

504. U. D. Adam, Hochschule und Nationalsozialismus. Die Universität Tübingen im Dritten Reich, Tübingen 1977.
505. P. Bertaux, Nationalsozialistische Kulturpolitik und ihre Folgen, in: G. Schulz (Hrsg.), Die Große Krise der dreißiger Jahre. Vom Niedergang der Weltwirtschaft zum Zweiten Weltkrieg, Göttingen 1985, 120–136.
506. A. D. Beyerchen, Wissenschaftler unter Hitler. Physiker im Dritten Reich, Köln 1980 (engl. 1977).
507. H. Brenner, Die Kunstpolitik des Nationalsozialismus, Reinbek 1963.
508. K. Corino, Intellektuelle im Bann des Nationalsozialismus, Hamburg 1980.
509. M. Damus, Sozialistischer Realismus und Kunst im Nationalsozialismus, Frankfurt a.M. 1981.
510. Die deutsche Universität im Dritten Reich. Eine Vortragsreihe der Universität München. 8 Beiträge, München 1966.
511. J. Dülffer/J. Thies/J. Henke, Hitlers Städte, Baupolitik im Dritten Reich, Köln/Wien 1978.
512. M. Funke, Universität und Zeitgeist im Dritten Reich. Eine Betrachtung zum politischen Verhalten von Gelehrten, in: Aus Politik und Zeitgeschichte, Beilage zu „Das Parlament", B 12/86 vom 22.3.1986, 3–14.
513. H. Heiber, Walter Frank und sein Reichsinstitut für Geschichte des neuen Deutschlands, Stuttgart 1966.
514. St. D. Helmer, Hitler's Berlin. The Speer Plans for Reshaping the Central City, Ann Arbor, Mich. 1985.
515. J. Herf, Reactionary Modernism. Technology, Culture, and Politics in Weimar and the Third Reich, Cambridge/London u.a. 1984.
516. B. Hinz, Die Malerei im deutschen Faschismus. Kunst und Konterrevolution, München 2. Aufl. 1984.
517. Ders., Appell zur Abwehr des Unverstandenen. Der „Kampf um die Kunst" im NS-Staat, in: „Das Parlament" Nr. 4–5 vom 29.1./5.2.1983, 5.
518. P. E. Hübinger, Thomas Mann, die Universität Bonn und die Zeitgeschichte. Drei Kapitel deutscher Vergangenheit aus dem Leben des Dichters 1905–1955, München/Wien 1974.
519. J. C. Jackman/C. M. Borden (Hrsg.), The Muses flee Hitler. Cultural Transfer and Adaption 1930–1945, Washington D. C. 1983.
520. H. Justin, „Tanz mir den Hitler". Kunstgeschichte und (faschistische) Herrschaft. Die Entfaltung einer Idee, exemplarisch verdeutlicht an Theorie und Praxis prominenter Kunsthistoriker unter dem Nationalsozialismus, München 1982.
521. Klassiker in finsteren Zeiten 1933–1945. Eine Ausstellung des Deutschen Literaturarchivs im Schiller-Nationalmuseum Marbach am Neckar. Katalog, 2 Bde., hrsg. von B. Zeller, Marbach 1983.

522. E. LOEWY, Literatur unterm Hakenkreuz. Das Dritte Reich und seine Dichtung. Eine Dokumentation, Frankfurt a. M. 3. überarb. Aufl. 1977 (als TB-Ausg. 1983).

523. V. LOSEMANN, Nationalsozialismus und Antike. Studien zur Entwicklung des Faches Alte Geschichte 1933–1945, Hamburg 1977.

524. P. LUNDGREEN (Hrsg.), Wissenschaft im Dritten Reich, Frankfurt a. M. 1985.

525. H. MEHRTENS/ST. RICHTER (Hrsg.), Naturwissenschaft, Technik und NS-Ideologie. Beiträge zur Wissenschaftsgeschichte des Dritten Reichs, Frankfurt a. M. 1980.

526. R. MERKER, Die bildenden Künste im Nationalsozialismus. Kulturideologie, Kulturpolitik, Kulturproduktion, Köln 1983.

527. B. MILLER LANE, Architektur und Politik in Deutschland 1918–1945, Wiesbaden 1986 (engl. 1968).

528. H. MÖLLER, Exodus der Kultur. Schriftsteller, Wissenschaftler und Künstler in der Emigration nach 1933, München 1984.

529. E. NOLTE, Zur Typologie des Verhaltens der Hochschullehrer im Dritten Reich, in: DERS., Marxismus, Faschismus, Kalter Krieg. Vorträge und Aufsätze 1964–1976, Stuttgart 1977, 136–152.

530. L. POLIAKOV/J. WULF (Hrsg.), Das Dritte Reich und seine Denker, (1959) Nachdr. Berlin 1983.

531. F. K. PRIEBERG, Musik im NS-Staat, Frankfurt a. M. 1982.

532. J. M. RITCHIE, German Literature under National Socialism, London/Canberra u. a. 1983.

533. H. SEIER, Universität und Hochschulpolitik im nationalsozialistischen Staat, in: K. MALETTKE (Hrsg.), Der Nationalsozialismus an der Macht. Aspekte nationalsozialistischer Politik und Herrschaft, Göttingen 1984, 143–165.

534. D. STROTHMANN, Nationalsozialistische Literaturpolitik. Ein Beitrag zur Publizistik im Dritten Reich, Bonn 1963.

535. A. TEUT, Architektur im Dritten Reich 1933–1945, Berlin u. a. 1967.

536. K. F. WERNER, Das NS-Geschichtsbild und die deutsche Geschichtswissenschaft, Stuttgart 1967.

537. J. WULF (Hrsg.), Literatur und Dichtung im Dritten Reich. Eine Dokumentation, (1963) Nachdr. Frankfurt a. M./Berlin/Wien 1983.

538. DERS. (Hrsg.), Die bildenden Künste im Dritten Reich. Eine Dokumentation, (1963) Nachdr. Frankfurt a. M./Berlin/Wien 1983.

539. DERS. (Hrsg.), Musik im Dritten Reich. Eine Dokumentation, (1963) Nachr. Frankfurt a. M./Berlin/Wien 1983.

540. DERS. (Hrsg.), Theater und Film im Dritten Reich. Eine Dokumentation, (1964) Nachdr. Frankfurt a. M./Berlin/Wien 1983.

5. Aussenpolitik und Kriegführung

a) Allgemeine Darstellungen, Überblicke und prinzipielle Fragen

541. D. Aigner, Hitler und die Weltherrschaft, in: W. Michalka (Hrsg.), Nationalsozialistische Außenpolitik, Darmstadt 1978, 49–69.

541a. Ch. Bloch, wie Nr. 100.

542. M. Broszat, Betrachtungen zu „Hitlers Zweitem Buch", in: VfZg 9 (1961), 417–429.

543. W. Carr, Arms, Autarky and Aggression. A Study in German Foreign Policy, 1933–1939, London 1972.

544. J. Dülffer, Zum „decision-making process" in der deutschen Außenpolitik 1933–1939, in: M. Funke (Hrsg.), Hitler, Deutschland und die Mächte. Materialien zur Außenpolitik des Dritten Reiches, Düsseldorf 1976, 186–204, (inzwischen 2. Aufl. 1977).

545. Ders., Grundbedingungen der nationalsozialistischen Außenpolitik, in: L. Haupts/G. Mölich (Hrsg.), Strukturelemente des Nationalsozialismus. Rassenideologie, Unterdrückungsmaschinerie, Außenpolitik, Köln 1981, 61–88.

546. E. Forndran/F. Golczewski/D. Riesenberger (Hrsg.), Innen- und Außenpolitik unter nationalsozialistischer Bedrohung. Determinanten internationaler Beziehungen in historischen Fallstudien, Opladen 1977.

547. M. Funke (Hrsg.), Hitler, Deutschland und die Mächte. Materialien zur Außenpolitik des Dritten Reiches, Düsseldorf 1976, (inzwischen 2. Aufl. 1977).

548. Geschichte des zweiten Weltkrieges 1939–1945 (Istorija vtoroj mirovoj vojny 1939–1945, dt.). Herausgeberkollektiv der DDR-Ausg.: H. Hoffmann u. a., 12 Bde. (nebst) Karten, Berlin-Ost 1975–1982.

549. M. Hauner, Did Hitler Want a World Dominion?, in: JCH 13 (1978), 15–32.

550. O. Hauser (Hrsg.), Weltpolitik I, 1933–1939. 13 Vorträge, Göttingen u. a. 1973.

551. Ders., (Hrsg.), Weltpolitik II, 1939–1945. 14 Vorträge, Göttingen u. a. 1975.

552. K. Hildebrand, Deutsche Außenpolitik 1933–1945. Kalkül oder Dogma? 4. Auflage mit einem Nachwort: Die Geschichte der deutschen Außenpolitik (1933–1945) im Urteil der neueren Forschung: Ergebnisse, Kontroversen, Perspektiven, Stuttgart/Berlin u. a. 1980.

553. Ders., Innenpolitische Antriebskräfte der nationalsozialistischen Außenpolitik, (1974), jetzt in: W. Michalka (Hrsg.), Nationalsozialistische Außenpolitik, Darmstadt 1978, 175–197.

554. Ders., Krieg im Frieden und Frieden im Krieg. Über das Problem der Legitimität in der Geschichte der Staatengesellschaft 1931–1941, in: HZ 244 (1987), 1–28.

555. A. Hillgruber, Deutschlands Rolle in der Vorgeschichte der beiden Weltkriege, Göttingen 2. erg. Aufl. 1979.

556. Ders., Grundzüge der nationalsozialistischen Außenpolitik 1933–1945, in: Saeculum 24 (1973), 328–345.

557. Ders., Quellen und Quellenkritik zur Vorgeschichte des Zweiten Weltkrieges, (1964), jetzt in: G. Niedhart (Hrsg.), Kriegsbeginn 1939. Entfesselung oder Ausbruch des Zweiten Weltkrieges?, Darmstadt 1976, 369–395.

558. Ders., Der Faktor Amerika in Hitlers Strategie 1938–1941, (1965), jetzt in: Ders., Deutsche Großmacht- und Weltpolitik im 19. und 20. Jahrhundert, Düsseldorf 1977, 197–222, (inzwischen 2. Aufl. 1979).

559. Ders., England in Hitlers außenpolitischer Konzeption, (1974), jetzt in: Ders., Deutsche Großmacht- und Weltpolitik im 19. und 20. Jahrhundert, Düsseldorf 1977, 180–197, (inzwischen 2. Aufl. 1979).

560. Ders., Die „Hitler-Koalition". Eine Skizze zur Geschichte und Struktur des „Weltpolitischen Dreiecks" Berlin-Rom-Tokio 1933–1945, in: Vom Staat des Ancien Régime zum modernen Parteienstaat. Festschrift für Th. Schieder, hrsg. von H. Berding u. a., München/Wien 1978, 467–483.

561. A. Hillgruber, Der Zweite Weltkrieg. Kriegsziele und Strategie der großen Mächte, Stuttgart/Berlin u. a. 4. Aufl. 1985.

562. A. Hillgruber/K. Hildebrand, Kalkül zwischen Macht und Ideologie. Der Hitler-Stalin-Pakt: Parallelen bis heute?, Zürich/Osnabrück 1980.

563. H.-A. Jacobsen, Karl Haushofer. Leben und Werk, Bd. 1: Lebensweg 1869–1946 und ausgewählte Texte zur Geopolitik; Bd. 2: Ausgewählter Schriftwechsel 1917–1946, Boppard a. Rh. 1979.

564. G. Jasper, Über die Ursachen des Zweiten Weltkrieges. Zu den Büchern von A. J. P. Taylor und David L. Hoggan, in: VfZg 10 (1962), 311–340.

565. P. Kluke, Nationalsozialistische Europaideologie, in: VfZg 3 (1955), 240–275.

566. E. Kordt, Wahn und Wirklichkeit. Die Außenpolitik des Dritten Reiches. Versuch einer Darstellung, Stuttgart 2. Aufl. 1948.

567. A. Kube, wie Nr. 346.

568. A. Kuhn, Hitlers außenpolitisches Programm. Entstehung und Entwicklung 1919–1939, Stuttgart 1970.

569. K. Lange, Der Terminus „Lebensraum" in Hitlers „Mein Kampf", in: VfZg 13 (1965), 426–437.

570. Ders., Hitlers unbeachtete Maximen. „Mein Kampf" und die Öffentlichkeit, Stuttgart u. a. 1968.

571. St. Martens, Hermann Göring. „Erster Paladin des Führers" und „Zweiter Mann im Reich", Paderborn 1985.

572. T. W. Mason, Zur Funktion des Angriffskrieges 1939, in: G. Ziebura (Hrsg.), Grundfragen der deutschen Außenpolitik seit 1871, Darmstadt 1975, 376–413.

573. M. Michaelis, World Power Status or World Dominion? A Survey of the Literature on Hitler's Plan of World Dominion (1937–1970), in: HJ 15 (1972), 331–360.

574. W. Michalka, Die nationalsozialistische Außenpolitik im Zeichen eines „Konzeptionen-Pluralismus". Fragestellungen und Forschungsaufgaben, in: M. Funke (Hrsg.), Hitler, Deutschland und die Mächte. Materialien zur Außenpolitik des Dritten Reiches, Düsseldorf 1976, 46–62, (inzwischen 2. Aufl. 1977).

575. Ders. (Hrsg.), Nationalsozialistische Außenpolitik, Darmstadt 1978.

576. G. Moltmann, Weltherrschaftsideen Hitlers, in: Europa und Übersee. Festschrift für E. Zechlin, hrsg. von O. Brunner/D. Gerhard, Hamburg 1961, 197–240.

577. N. Rich, Hitler's War Aims, 2 Bde., New York 1973–1974.

578. H. Rumpf, Nationalsozialistische Außenpolitik im Rückblick, in: Der Staat 22 (1983), 107–123.

579. Th. Schieder, Hermann Rauschnings „Gespräche mit Hitler" als Geschichtsquelle, Opladen, 1972.

580. W. Schieder, Spanischer Bürgerkrieg und Vierjahresplan. Zur Struktur nationalsozialistischer Außenpolitik, in: W. Schieder/Ch. Dipper (Hrsg.), Der Spanische Bürgerkrieg in der internationalen Politik (1936–1939), München 1976, 162–190.

581. G. Stoakes, The Evolution of Hitler's Ideas on Foreign Policy, 1919–1925, in: P. D. Stachura (Hrsg.), The Shaping of the Nazi State, London 1978, 22–47.

582. J. Thies, Architekt der Weltherrschaft. Die „Endziele" Hitlers, Düsseldorf 2. Aufl. 1976 (Neuausg. Düsseldorf/Königstein 1980).

583. Ders., Hitlers „Endziele": Zielloser Aktionismus, Kontinentalimperium oder Weltherrschaft?, in: W. Michalka (Hrsg.), Nationalsozialistische Außenpolitik, Darmstadt 1978, 70–91.

584. Ders., Peut-on qualifier Hitler de „dictateur faible"? Essai d'analyse des théses de la politique extérieure nationale-socialiste, in: Rev. 2. guerre mond. 30 (1980), H. 120, 33–48.

585. H. R. Trevor-Roper, Hitlers Kriegsziele, in: VfZg 8 (1960), 121–133.

586. D. C. Watt, The Debate over Hitler's Foreign Policy – Problems of Reality or Faux Problèmes?, in: Deutsche Frage und europäisches Gleichgewicht. Festschrift für A. Hillgruber zum 60. Geburtstag, hrsg. von K. Hildebrand und R. Pommerin, Köln/Wien 1985, 149–168.

587. G. L. Weinberg, The Foreign Policy of Hitler's Germany. Bd. 1: Diplomatic Revolution in Europe 1933–1936, London/Chicago 1970; Bd. 2: Starting World War II 1937–1939, London/Chicago 1980.

588. Weltherrschaft im Visier. Dokumente zu den Europa- und Weltherrschaftsplänen des deutschen Imperialismus von der Jahrhundertwende bis Mai 1945, hrsg. und eingel. von W. Schumann u. L. Nestler unter Mitarbeit von W. Gutsche u. W. Ruge, Berlin-Ost 1975.

589. Der zweite Weltkrieg 1939–1945. Kurze Geschichte, hrsg. von einem internationalen Redaktionskollegium unter dem Vorsitz von P. A. Shilin und E. M. Shukow, Berlin-Ost/Köln 1985.

b) 1933–1939

590. H. H. Abendroth, Hitler in der spanischen Arena. Die deutsch-spanischen Beziehungen im Spannungsfeld der europäischen Interessenpolitik vom Ausbruch des Bürgerkrieges bis zum Ausbruch des Weltkrieges (1936–1939), Paderborn 1973.

591. Ders., Deutschlands Rolle im Spanischen Bürgerkrieg, in: M. Funke (Hrsg.), Hitler, Deutschland und die Mächte. Materialien zur Außenpolitik des Dritten Reiches, Düsseldorf 1976, 471–488, (inzwischen 2. Aufl. 1977).

592. Ders., Mittelsmann zwischen Franco und Hitler. Johannes Bernhardt erinnert 1936, Marktheidenfeld 1978.

593. Ders., Die deutsche Intervention im Spanischen Bürgerkrieg. Ein Diskussionsbeitrag, in: VfZg 30 (1982), 117–129.

594. A. Adamthwaite, The Making of the Second World War, London/Boston/Sydney 1977.

595. Ders., War Origins Again, in: JMH 56 (1984), 100–115.

596. D. Aigner, Das Ringen um England. Das deutsch-britische Verhältnis. Die öffentliche Meinung 1933–1939, München-Esslingen 1969.

597. D. Albrecht, Der Hl. Stuhl und das Dritte Reich, in: Festschrift für E. Kessel zum 75. Geburtstag, hrsg. von H. Duchhardt und M. Schlenke, München 1982, 283–299.

598. Anschluß 1938. Protokoll des Symposiums am 14. und 15. März 1978, hrsg. von R. Neck und A. Wandruszka, München 1981.

599. R. A. Blasius, Für Großdeutschland – gegen den großen Krieg. Staatssekretär Ernst Frhr. von Weizsäcker in den Krisen um die Tschechoslowakei und Polen 1938/39, Köln/Wien 1981.

600. Ch. Bloch, La place de la France dans les différents stades de la politique extérieure du Troisième Reich (1933–1940), in: Les Relations Franco-Allemandes 1933–1939. Colloques internationaux du Centre National de la recherche scientifique No 563. Strasbourg 7.–10. Oktober 1975, Paris 1976, 15–31.

601. H. Bloss, Deutsche Chinapolitik im Dritten Reich, in: M. Funke (Hrsg.), Hitler, Deutschland und die Mächte. Materialien zur Außenpolitik des Dritten Reiches, Düsseldorf 1976, 407–429, (inzwischen 2. Aufl. 1977).

602. Ders., Die Zweigleisigkeit der deutschen Fernostpolitik und Hitlers Option für Japan 1938, in: MGM 27 (1980), 55–92.

603. H. Booms, Der Ursprung des Zweiten Weltkrieges – Revision oder Expansion? (1965), jetzt in: G. Niedhart (Hrsg.), Kriegsbeginn 1939. Entfesselung oder Ausbruch des Zweiten Weltkrieges?, Darmstadt 1976, 52–93.

604. D. Bourgeois, Le Troisième Reich et la Suisse 1933–1941, Neuchâtel 1974.

605. D. Brandes, Die Politik des Dritten Reiches gegenüber der Tschechoslowakei, in: M. Funke (Hrsg.), Hitler, Deutschland und die Mächte. Materialien zur Außenpolitik des Dritten Reiches, Düsseldorf 1976, 502–523, (inzwischen 2. Aufl. 1977).

606. M. Braubach, Der Einmarsch deutscher Truppen in die entmilitarisierte Zone am Rhein im März 1936. Ein Beitrag zur Vorgeschichte des Zweiten Weltkrieges, Köln/Opladen 1956.

607. Ders., Hitlers Weg zur Verständigung mit Rußland im Jahre 1939, Bonn 1960.

608. M. Broszat, Deutschland, Ungarn, Rumänien. Entwicklung und Grundfaktoren nationalsozialistischer Hegemonial- und Bündnispolitik 1938–1941, (1968), jetzt in: M. Funke (Hrsg.), Hitler, Deutschland und die Mächte. Materialien zur Außenpolitik des Dritten Reiches, Düsseldorf 1976, 524–564, (inzwischen 2. Aufl. 1977).

609. A. Bullock, Hitler und die Ursprünge des Zweiten Weltkrieges, in: G. Ziebura (Hrsg.), Grundfragen der deutschen Außenpolitik seit 1871, Darmstadt 1975, 337–375, (engl. 1967).

610. B. Celovsky, Das Münchener Abkommen, Stuttgart 1958.

611. J. V. Compton, Hitler und die USA. Die Amerikapolitik des Dritten Reiches und die Ursprünge des Zweiten Weltkrieges, Oldenburg 1968 (engl. 1967).

612. S. Dengg, Deutschlands Austritt aus dem Völkerbund und Schachts „Neuer Plan". Zum Verhältnis von Außen- und Außenwirtschaftspolitik in der Übergangsphase von der Weimarer Republik zum Dritten Reich (1929–1934), Frankfurt a. M./Bern/New York 1986.

613. D. Doering, Deutsche Außenwirtschaftspolitik 1933–35. Die Gleichschaltung der Außenwirtschaft in der Frühphase des nationalsozialistischen Regimes, Berlin 1969.

614. K. Drechsler, Deutschland – China – Japan, 1933–1939, Berlin-Ost 1964.

615. J. Dülffer, Weimar, Hitler und die Marine. Reichspolitik und Flottenbau 1920–1939, Düsseldorf 1973.

616. Ders., Der Beginn des Krieges 1939: Hitler, die innere Krise und das Mächtesystem, in: GG 2 (1976), 443–470.

617. Ders., Der Einfluß des Auslandes auf die nationalsozialistische Politik, in: E. Forndran/F. Golczewski/D. Riesenberger (Hrsg.), Innen- und Außenpolitik unter nationalsozialistischer Bedrohung. Determinanten internationaler Beziehungen in historischen Fallstudien, Opladen 1977, 295–313.

618. DERS., Politik zum Kriege: Das Deutsche Reich und die Mächte auf dem Weg in den Zweiten Weltkrieg, in: NPL 26 (1981), 42–58.

619. A. EBEL, Das Dritte Reich und Argentinien. Die diplomatischen Beziehungen unter besonderer Berücksichtigung der Handelspolitik (1933–1939), Köln/Wien 1971.

620. U. EICHSTÄDT, Von Dollfuß zu Hitler. Geschichte des Anschlusses Österreichs 1933–1938, Wiesbaden 1955.

621. I. FLEISCHHAUER, Das Dritte Reich und die Deutschen in der Sowjetunion, Stuttgart 1983.

622. J. P. FOX, Germany and the Far Eastern Crisis 1931–1938. A Study in Diplomacy and Ideology, Oxford u. a. 1982 (als TB-Ausg. 1985).

623. A. FRYE, Nazi Germany and the Western Hemisphere 1933–1941, New Haven, Conn. 1967.

624. M. FUNKE, Sanktionen und Kanonen. Hitler, Mussolini und der internationale Abessinienkonflikt 1934–36, Düsseldorf 2. Aufl. 1971.

625. J. GEHL, Austria, Germany and the Anschluss 1931–1938, London 1963.

626. F. GENZEL, Die deutsch-kanadischen Beziehungen (1933–1939), in: M. FUNKE (Hrsg.), Hitler, Deutschland und die Mächte. Materialien zur Außenpolitik des Dritten Reiches, Düsseldorf 1976, 327–338, (inzwischen 2. Aufl. 1977).

627. M. HAUNER, Das nationalsozialistische Deutschland und Indien, in: M. FUNKE (Hrsg.), Hitler, Deutschland und die Mächte. Materialien zur Außenpolitik des Dritten Reiches, Düsseldorf 1976, 430–453, (inzwischen 2. Aufl. 1977).

628. J. L. HEINEMAN, Hitler's First Foreign Minister Constantin Freiherr von Neurath. Diplomat and Statesman, Los Angeles/London 1979.

629. J. HENKE, England in Hitlers politischem Kalkül. Vom Scheitern der Bündniskonzeption bis zum Kriegsbeginn (1935–1938), Boppard a. Rh. 1973.

630. DERS., Hitlers England-Konzeption – Formulierung und Realisierungsversuche, in: M. FUNKE (Hrsg.), Hitler, Deutschland und die Mächte. Materialien zur Außenpolitik des Dritten Reiches, Düsseldorf 1976, 584–603, (inzwischen 2. Aufl. 1977).

631. K. HILDEBRAND, Vom Reich zum Weltreich. Hitler, NSDAP und koloniale Frage 1919–1945, München 1969.

632. DERS., Die Frankreichpolitik Hitlers bis 1936, in: Francia 5 (1977), 591–625.

633. DERS./K. F. WERNER (Hrsg.), Deutschland und Frankreich 1936–1939. 15. Deutsch-französisches Historikerkolloquium des Deutschen Historischen Instituts Paris (Bonn, 26.–29. September 1979), München 1981.

634. A. HILLGRUBER, Der Hitler-Stalin-Pakt und die Entfesselung des Zweiten Weltkrieges. Situationsanalyse und Machtkalkül der beiden Pakt-Partner, in: HZ 230 (1980), 339–361.

635. DERS., Zur Entstehung des Zweiten Weltkrieges. Forschungsstand und Literatur. Mit einer Chronik der Ereignisse September-Dezember 1939, Düsseldorf 1980.

636. DERS., Deutschland und Polen in der internationalen Politik 1933–1939, in: Deutschland und Polen von der nationalsozialistischen Machtergreifung bis zum Ende des Zweiten Weltkrieges. (Gemeinsame Deutsch-Polnische Schulbuchkommission). Schriftenreihe des Georg-Eckert-Instituts für internationale Schulbuchforschung, Band 22/IX, 1986, 47–63.

637. L. HIROSZOWICZ, The Third Reich and the Arab East, London 1966 (poln. 1963).

638. Y. P. HIRSCHFELD, Deutschland und Iran im Spielfeld der Mächte. Internationale Beziehungen unter Reza Schah 1921–1941, Düsseldorf 1980.

639. M. G. HITCHENS, Germany, Russia, and the Balkans. Prelude to the Nazi-Soviet Non-Aggression Pact, New York 1983.

640. W. HOFER, Die Entfesselung des Zweiten Weltkrieges. Darstellung und Dokumente. Mit dem Essay „Gibt es eine Kriegsschuldfrage 1939?", (1964), Düsseldorf 1984.

641. DERS., Wege oder Irrwege der Forschung? Erneute Auseinandersetzung mit „erneuten Betrachtungen" von A. J. P. Taylor, in: Staat und Gesellschaft im politischen Wandel. Beiträge zur Geschichte der modernen Welt. Festschrift für W. BUSSMANN, hrsg. von W. PÖLS, Stuttgart 1979, 523–538.

642. H.-J. HOPPE, Bulgarien – Hitlers eigenwilliger Verbündeter. Eine Fallstudie zur nationalsozialistischen Südosteuropapolitik, Stuttgart 1979.

643. H.-A. JACOBSEN, Nationalsozialistische Außenpolitik 1933–1938, Frankfurt a.M. 1968.

644. Das Jahr 1934: 25. Juli. Protokoll des Symposiums in Wien am 8. Oktober 1974, hrsg. von L. JEDLICKA und R. NECK, München 1975.

645. Das Juliabkommen von 1936. Vorgeschichte, Hintergründe und Folgen. Protokoll des Symposiums in Wien am 10. und 11. Juni 1976, hrsg. von L. JEDLICKA und R. NECK, München 1977.

646. D. E. KAISER, Economic Diplomacy and the Origins of the Second World War. Germany, Britain, France, and Eastern Europe, 1930–1939, Princeton, N. J. 1980.

647. G.-K. KINDERMANN, Hitlers Niederlage in Österreich. Bewaffneter NS-Putsch, Kanzlermord und Österreichs Abwehrsieg von 1934, Hamburg 1984.

648. F. KNIPPING, Frankreich in Hitlers Außenpolitik 1933–1939, in: M. FUNKE (Hrsg.), Hitler, Deutschland und die Mächte. Materialien zur Außenpolitik des Dritten Reiches, Düsseldorf 1976, 612–627, (inzwischen 2. Aufl. 1977).

649. DERS., Die deutsche Diplomatie und Frankreich 1933–1936, in: Francia 5 (1977), 491–512.

650. DERS./K.-J. MÜLLER (Hrsg.), Machtbewußtsein in Deutschland am Vorabend des Zweiten Weltkrieges, Paderborn 1984.

651. A. KUHN, Das nationalsozialistische Deutschland und die Sowjetunion, in: M. FUNKE (Hrsg.), Hitler, Deutschland und die Mächte. Materialien zur Außenpolitik des Dritten Reiches, Düsseldorf 1976, 639–653, (inzwischen 2. Aufl. 1977).

652. A. KUM' A N'DUMBE III, Hitler voulait l'Afrique. Le projet du 3[e] Reich sur le continent africain, Paris 1980.

653. S. KUUSISTO, Alfred Rosenberg in der nationalsozialistischen Außenpolitik 1933–39, Helsinki 1984.

654. W. LINK, Das nationalsozialistische Deutschland und die USA 1933–1941, in: NPL 18 (1973), 225–233.

655. H.-D. LOOCK, Nordeuropa zwischen Außenpolitik und „großgermanischer" Innenpolitik, in: M. FUNKE (Hrsg.), Hitler, Deutschland und die Mächte. Materialien zur Außenpolitik des Dritten Reiches, Düsseldorf 1976, 684–706, (inzwischen 2. Aufl. 1977).

656. R. LUZA, Österreich und die großdeutsche Idee in der NS-Zeit, Wien 1977 (engl. 1975).

657. B. MARTIN, Die deutsch-japanischen Beziehungen während des Dritten Reiches, in: M. FUNKE (Hrsg.), Hitler, Deutschland und die Mächte. Materialien zur Außenpolitik des Dritten Reiches, Düsseldorf 1976, 454–470, (inzwischen 2. Aufl. 1977).

658. I. MAXIMYTSCHEW, Der Anfang vom Ende. Deutsch-sowjetische Beziehungen 1933–1939, Köln 1985 (aus dem Russ.).

659. D. M. MCKALE, The Swastika Outside Germany, o.O. 1977.

660. D. S. MCMURRY, Deutschland und die Sowjetunion 1933–1936. Ideologie, Machtpolitik und Wirtschaftsbeziehungen, Köln/Wien 1979.

661. M. MERKES, Die deutsche Politik im spanischen Bürgerkrieg 1936–1939, Bonn 2. neu bearb. Aufl. 1969.

662. H. METZMACHER, Deutsch-englische Ausgleichsbemühungen im Sommer 1939, in: VfZg 14 (1966), 369–412.

663. W. MICHALKA, Ribbentrop und die deutsche Weltpolitik 1933–1940. Außenpolitische Konzeptionen und Entscheidungsprozesse im Dritten Reich, München 1980.

664. R.-D. MÜLLER, Das Tor zur Weltmacht. Die Bedeutung der Sowjetunion für die deutsche Wirtschafts- und Rüstungspolitik zwischen den Weltkriegen, Boppard a. Rh. 1984.

665. G. NIEDHART (Hrsg.), Kriegsausbruch 1939. Entfesselung oder Ausbruch des Zweiten Weltkrieges? Darmstadt 1976.

666. J. PETERSEN, Hitler – Mussolini. Die Entstehung der Achse Berlin–Rom 1933–1936, Tübingen 1973.

667. E. L. PRESSEISEN, Germany and Japan. A Study in Totalitarian Diplomacy 1933–1941, The Hague 1958.

668. G. RATENHOF, Das Deutsche Reich und die internationale Krise um die Mandschurei 1931–1933: Die deutsche Fernostpolitik als Spiegel und Instrument deutscher Revisionspolitik, Frankfurt a. M./Bern/New York 1984.

669. H. K. G. RÖNNEFARTH, Die Sudetenkrise in der internationalen Politik. Entstehung, Verlauf, Auswirkung, 2 Bde., Wiesbaden 1961.

670. K. ROHE (Hrsg.), Die Westmächte und das Dritte Reich 1933–1939. Klassische Großmachtrivalität oder Kampf zwischen Demokratie und Diktatur?, Paderborn 1982.

671. D. ROSS, Hitler und Dollfuß. Die deutsche Österreichpolitik 1933–1934, Hamburg 1966.

672. N. SCHAUSBERGER, Der Griff nach Österreich. Der Anschluß, Wien/München 2. Aufl. 1979.

673. H.-J. SCHRÖDER, Deutschland und die Vereinigten Staaten 1933–1939. Wirtschaft und Politik in der Entwicklung des deutsch-amerikanischen Gegensatzes, Wiesbaden 1970.

674. DERS., Hauptprobleme der deutschen Lateinamerikapolitik 1933–1941, in: JGL 12 (1975), 408–433.

675. DERS., Südosteuropa als „Informal Empire" Deutschlands 1933–1939. Das Beispiel Jugoslawien, in: JGO 23 (1975), 70–96.

676. DERS., Deutsche Südosteuropapolitik 1929–1936. Zur Kontinuität deutscher Außenpolitik in der Weltwirtschaftskrise, in: GG 2 (1976), 5–32.

677. DERS., Das Dritte Reich, die USA und Lateinamerika 1933–1941, in: M. FUNKE (Hrsg.), Hitler, Deutschland und die Mächte. Materialien zur Außenpolitik des Dritten Reiches, Düsseldorf 1976, 339–364, (inzwischen 2. Aufl. 1977).

678. DERS., Das Dritte Reich und die USA, in: M. KNAPP/W. LINK/H.-J. SCHRÖDER/K. SCHWABE, Die USA und Deutschland 1918–1975. Deutsch-amerikanische Beziehungen zwischen Rivalität und Partnerschaft, München 1978, 107–152.

679. V. J. SIPOLS, Die Vorgeschichte des deutsch-sowjetischen Nichtangriffsvertrags, Köln 1981.

680. R. M. SMELSER, Das Sudetenproblem und das Dritte Reich 1933–1938. Von der Volkstumspolitik zur nationalsozialistischen Außenpolitik, München/Wien 1980 (engl. 1975).

681. TH. SOMMER, Deutschland und Japan zwischen den Mächten 1935–1940. Vom Antikominternpakt zum Dreimächtepakt. Eine Studie zur diplomatischen Vorgeschichte des Zweiten Weltkrieges, Tübingen 1962.

682. K. VOLLAND, Das Dritte Reich und Mexiko. Studien zur Entwicklung des deutsch-mexikanischen Verhältnisses 1933–1942 unter besonderer Berücksichtigung der Ölpolitik, Frankfurt a. M. 1976.

683. R. W. WEBER, Die Entstehungsgeschichte des Hitler-Stalin-Paktes 1939, Frankfurt a. M./Bern/Cirencester, U. K. 1980.

684. N. Wiggershaus, Der deutsch-englische Flottenvertrag vom 18. Juni 1935, Diss. phil. Bonn 1972.

685. St. Wild, National Socialism in the Arab Near East between 1933 and 1939, in: Die Welt des Islams. Internationale Zeitschrift für die Geschichte des Islams in der Neuzeit 25 (1985), 126–173.

686. G. Wollstein, Vom Weimarer Revisionismus zu Hitler. Das Deutsche Reich und die Großmächte in der Anfangsphase der nationalsozialistischen Herrschaft in Deutschland, Bonn 1973.

687. Ders., Die Politik des nationalsozialistischen Deutschlands gegenüber Polen 1933–1939/45, in: M. Funke (Hrsg.), Hitler, Deutschland und die Mächte. Materialien zur Außenpolitik des Dritten Reiches, Düsseldorf 1976, 795–810, (inzwischen 2. Aufl. 1977).

688. J. Wuescht, Jugoslawien und das Dritte Reich. Eine dokumentierte Geschichte der deutsch-jugoslawischen Beziehungen von 1933 bis 1945, Stuttgart 1969.

c) 1939–1945

689. J. Ackermann, Der begehrte Mann am Bosporus – Europäische Interessenkollisionen in der Türkei (1938–1941), in: M. Funke (Hrsg.), Hitler, Deutschland und die Mächte. Materialien zur Außenpolitik des Dritten Reiches, Düsseldorf 1976, 489–507, (inzwischen 2. Aufl. 1977).

690. D. Albrecht, Zur Friedensdiplomatie des Vatikans 1939–1941. Eine Auseinandersetzung mit Bernd Martin, in: Politik und Konfession. Festschrift für K. Repgen zum 60. Geburtstag, hrsg. von D. Albrecht u. a., Berlin 1983, 447–464.

691. O. Bartov, The Eastern Front, 1941–45, German Troops and the Barbarisation of Warfare, Basingstoke/London 1985.

692. L. Besymenski, Sonderakte „Barbarossa". Dokumente, Darstellung, Deutung, Stuttgart 1968.

693. W. Birkenfeld, Stalin als Wirtschaftspartner Hitlers (1939–1941), in: VSWG 53 (1966), 477–510.

694. D. Brandes, Die Tschechen unter deutschem Protektorat 1939–1945, 2 Bde., München 1969–1975.

695. M. Broszat, Nationalsozialistische Polenpolitik 1939–1945, Stuttgart 1961.

696. W. Carr, Poland to Pearl Harbor. The Making of the Second World War, London 1985.

697. R. Cecil, Hitlers Griff nach Rußland, Graz u. a. 1977 (engl. 1975).

698. M. L. van Creveld, Hitler's Strategy 1940–1941. The Balkan Clue, Cambridge 1973.

699. A. Dallin, Deutsche Herrschaft in Rußland 1941–1945. Eine Studie über Besatzungspolitik, Düsseldorf 1981 (unveränd. Ndr. von 1958), (engl. 1957).

700. D. S. DETWILER, Hitler, Franco und Gibraltar. Die Frage des spanischen Eintritts in den Zweiten Weltkrieg, Wiesbaden 1962.

701. Das Deutsche Reich und der Zweite Weltkrieg, hrsg. vom Militärgeschichtlichen Forschungsamt, bisher 4 Bde., Stuttgart 1979–1984.

702. W. DŁUGOBORSKI (Hrsg.), wie Nr. 363.

703. P. DOSTERT, Luxemburg zwischen Selbstbehauptung und nationaler Selbstaufgabe. Die deutsche Besatzungspolitik und die Volksdeutsche Bewegung 1940–1945, Luxemburg 1985.

704. D. EICHHOLTZ/W. SCHUMANN (Hrsg.), Anatomie des Krieges. Neue Dokumente über die Rolle des deutschen Monopolkapitals bei der Vorbereitung und Durchführung des 2. Weltkrieges, Berlin-Ost 1969.

705. DERS., Der „Generalplan Ost". Über eine Ausgeburt imperialistischer Denkart und Politik, in: Jahrbuch für Geschichte 26 (1982), 217–274.

706. G. EISENBLÄTTER, Grundlinien der Politik des Reiches gegenüber dem Generalgouvernement 1939–1945, Diss. phil. Frankfurt a. M. 1969.

707. F. T. EPSTEIN/E. M. CARROLL, Das nationalsozialistische Deutschland und die Sowjetunion 1939–1941, Washington 1948.

708. P. W. FABRY, Iran, die Sowjetunion und das kriegführende Deutschland im Sommer und Herbst 1940, Göttingen 1980.

709. M. D. FENYO, Hitler, Horthy and Hungary. German-Hungarian Relations 1941–1944, New Haven/London 1972.

710. I. FLEISCHHAUER, „Unternehmen Barbarossa" und die Zwangsumsiedlung der Deutschen in der UdSSR, in: VfZG 30 (1982), 299–321.

711. W. A. FLETCHER, The German Administration in Luxemburg 1940–1942. Toward a „de facto" annexation, in: HJ 13 (1970), 533–544.

712. J. FÖRSTER, Stalingrad. Risse im Bündnis 1942/43, Freiburg i. Brsg. 1975.

713. F. FRIEDENSBURG, Die sowjetischen Kriegslieferungen an das Hitlerreich, in: Vierteljahrshefte zur Wirtschaftsforschung 1962, Heft 4, 331–338.

714. S. FRIEDLÄNDER, Auftakt zum Untergang. Hitler und die Vereinigten Staaten von Amerika 1939–1941, Stuttgart u. a. 1965 (frz. 1963).

715. C.-A. GEMZELL, Raeder, Hitler und Skandinavien. Der Kampf für einen maritimen Operationsplan, Lund 1965.

716. G. GORODETSKY, The Hess affair and Anglo-Soviet relations on the eve of „Barbarossa", in: EHR 11 (1986), 405–420.

717. J. T. GROSS, Polish Society under German Occupation. The Generalgouvernement, 1939–1944, Princeton, N. J. 1979.

718. F. GRUBE/G. RICHTER (Hrsg.), Flucht und Vertreibung. Deutschland zwischen 1944 und 1947, Hamburg 1980.

719. L. GRUCHMANN, Nationalsozialistische Großraumordnung. Die Konstruktion einer „deutschen Monroe-Doktrin", Stuttgart 1962.

720. R. HANSEN, Das Ende des Dritten Reiches. Die deutsche Kapitulation 1945, Stuttgart 1966.

721. Ders., Die deutsche Kapitulation 1945, in: Historisch-politische Streiflichter. Geschichtliche Beiträge zur Gegenwart, hrsg. von K. Jürgensen u. R. Hansen, Neumünster 1971, 235–256.

722. G. Hass/W. Schumann (Hrsg.), Anatomie der Aggression. Neue Dokumente zu den Kriegszielen des faschistischen deutschen Imperialismus im zweiten Weltkrieg, Berlin-Ost 1972.

723. M. Hauner, India in Axis Strategy. Germany, Japan, and Indian Nationalists in the Second World War, Stuttgart 1981.

724. P. Herde, Italien, Deutschland und der Weg in den Krieg im Pazifik 1941, Wiesbaden 1983.

725. Ders., Japan, Deutschland und die Vereinigten Staaten im Jahre 1941, in: J. Rohwer/E. Jäckel (Hrsg.), Kriegswende Dezember 1941. Referate und Diskussionsbeiträge des internationalen historischen Symposiums in Stuttgart vom 17.–19. September 1981, Koblenz 1984, 36–54.

726. A. Hillgruber, Hitler, König Carol und Marschall Antonescu. Die deutsch-rumänischen Beziehungen 1938–1944, Wiesbaden 2. Aufl. 1965.

727. Ders., Hitlers Strategie. Politik und Kriegführung 1940–1941, München 2. Aufl. 1982.

728. Ders., Noch einmal: Hitlers Wendung gegen die Sowjetunion. Nicht (Militär-) „Strategie oder Ideologie“, sondern „Programm“ und „Weltkriegsstrategie“, in: GiWuU 33 (1982), 214–226.

729. Ders., Der Zusammenbruch im Osten 1944/45 als Problem der deutschen Nationalgeschichte und der europäischen Geschichte, Opladen 1985.

730. G. Hirschfeld, Fremdherrschaft und Kollaboration. Die Niederlande unter deutscher Besatzung 1940–1945, Stuttgart 1984.

731. H. Holm, Besetzung und Widerstand in Dänemark und Norwegen 1940–1945 (Forschungs- und Literaturbericht), in: Jahresbibliographie der Bibliothek für Zeitgeschichte 56 (1984), 339–398.

732. W. Hubatsch, „Weserübung“. Die deutsche Besetzung von Dänemark und Norwegen 1940, Göttingen 2. neu bearb. Aufl. 1960.

733. H.-A. Jacobsen, Fall Gelb. Der Kampf um den deutschen Operationsplan zur Westoffensive, Wiesbaden 1957.

734. E. Jäckel, Frankreich in Hitlers Europa. Die deutsche Frankreichpolitik im Zweiten Weltkrieg, Stuttgart 1966.

735. Ders., Die deutsche Kriegserklärung an die Vereinigten Staaten von 1941, in: Im Dienste Deutschlands und des Rechtes. Festschrift für W. Grewe zum 70. Geburtstag, hrsg. von F. J. Kroneck und Th. Oppermann, Baden-Baden 1981, 117–137.

736. L. de Jong, Die deutsche Fünfte Kolonne im Zweiten Weltkrieg, Stuttgart 1959 (holl. 1953).

737. H. Jung, Die Ardennenoffensive 1944/45. Ein Beispiel für die Kriegführung Hitlers, Göttingen u. a. 1971.

738. M. Kehrig, Stalingrad. Analyse und Dokumentation einer Schlacht, Stuttgart 1974.

739. L. Kettenacker, Nationalsozialistische Volkstumspolitik im Elsaß, Stuttgart 1973.

740. K. Klee, Das Unternehmen „Seelöwe". Die geplante deutsche Landung in England 1940, Göttingen 1958.

741. E. Klink, Das Gesetz des Handelns – Die Operation Zitadelle 1943, Stuttgart 1966.

742. H. W. Koch, Hitler's „Programme" and the Genesis of Operation „Barbarossa", in: HJ 26 (1983), 891–920.

743. H. Krausnick, Kommissarbefehl und „Gerichtsbarkeitserlaß Barbarossa" in neuer Sicht, in: VfZg 25 (1977), 682–738.

744. L. Krecker, Deutschland und die Türkei im Zweiten Weltkrieg, Frankfurt a.M. 1964.

745. K. Kwiet, Reichskommissariat Niederlande. Versuch und Scheitern nationalsozialistischer Neuordnung, Stuttgart 1968.

746. B. A. Leach, German Strategy Against Russia 1939–1941, Oxford 1973.

747. H.-D. Loock, Quisling, Rosenberg und Terboven. Zur Vorgeschichte und Geschichte der nationalsozialistischen Revolution in Norwegen, Stuttgart 1970.

748. H.-J. Lutzhöff, Deutsche Militärpolitik und schwedische Neutralität 1939–1942, Neumünster 1981.

749. C. Madajczyk, Die deutsche Besatzungspolitik in Polen (1939–45), Wiesbaden 1967.

750. Ders., Polityka III Rzeszy w okupowanej Polsce, 2 Bde., Warszawa 1970.

751. B. Martin, Deutschland und Japan im Zweiten Weltkrieg. Vom Angriff auf Pearl Harbor bis zur deutschen Kapitulation, Göttingen 1969.

752. Ders., Friedensinitiativen und Machtpolitik im Zweiten Weltkrieg 1939–1942, Düsseldorf 2. Aufl. 1976.

753. E. Moritz (Bearb.), Fall Barbarossa. Dokumente und Vorbereitung der faschistischen Weltmacht auf die Aggression gegen die Sowjetunion 1940/41, Berlin-Ost 1970.

754. J. M. Meskill, Hitler und Japan. The Hollow Alliance, New York 1966.

755. M. Miyake, A Study on the Tripartite Alliance Berlin-Rome-Tokyo, Tokio 1975 (in jap. Sprache mit engl. Zusammenfassung).

756. S. Myllyniemi, Die Neuordnung der baltischen Länder 1941–1944. Zum nationalsozialistischen Inhalt der deutschen Besatzungspolitik, Helsinki 1973.

757. Ders., Die baltische Krise 1938–1941, Stuttgart 1979.

758. K. Olshausen, Zwischenspiel auf dem Balkan. Die deutsche Politik gegenüber Jugoslawien und Griechenland von März bis Juli 1941, Stuttgart 1973.

759. J. Petersen, Deutschland und der Zusammenbruch des Faschismus in Italien im Sommer 1943, in: MGM 37 (1985), 51–69.

760. R. Pommerin, Das Dritte Reich und Lateinamerika. Die deutsche Politik gegenüber Süd- und Mittelamerika 1939–1942, Düsseldorf 1977.

761. P. Queuille, La politique d'Hitler a l'égard de Vichy. Finassieren et Machtpolitik, in: Revue d'Histoire Diplomatique 97 (1983), 256–278.

762. G. Ránki, Unternehmen Margarethe. Die deutsche Besetzung Ungarns, Wien/Köln/Graz 1984.

763. Ders., Hitlers Verhandlungen mit osteuropäischen Staatsmännern, 1939–1944, in: Deutsche Frage und europäisches Gleichgewicht. Festschrift für A. Hillgruber zum 60. Geburtstag, hrsg. von K. Hildebrand und R. Pommerin, Köln/Wien 1985, 195–228.

764. K. Reinhardt, Die Wende vor Moskau. Das Scheitern der Strategie Hitlers im Winter 1941/42, Stuttgart 1972.

765. G. Reitlinger, The House Built on Sand: The Conflicts of German Policy in Russia 1939–1945, London 1960.

766. J. Rohwer/E. Jäckel (Hrsg.), Kriegswende Dezember 1941. Referate und Diskussionsbeiträge des internationalen historischen Symposiums in Stuttgart vom 17.–19. September 1981, Koblenz 1984.

767. K.-J. Ruhl, Spanien im Zweiten Weltkrieg. Franco, die Falange und das „Dritte Reich", Hamburg 1975.

768. M. R. Schärer, Deutsche Annexionspolitik im Westen. Die Wiedereingliederung Eupen-Malmedys im Zweiten Weltkrieg, Frankfurt a. M. 1975.

769. G. Schreiber, Der Zweite Weltkrieg – Probleme und Ergebnisse der Forschung, in: NPL 29 (1984), 453–482, und ebd. 30 (1985), 421–439.

770. B. P. Schröder, Deutschland und der Mittlere Osten im Zweiten Weltkrieg, Göttingen/Frankfurt a. M./Zürich 1975.

771. J. Schröder, Italiens Kriegsaustritt 1943. Die deutschen Gegenmaßnahmen im italienischen Raum: Fall „Alarich" und „Achse", Göttingen 1969.

772. Ders., Die Beziehungen der Achsenmächte zur Arabischen Welt, (1971), jetzt in: M. Funke (Hrsg.), Hitler, Deutschland und die Mächte. Materialien zur Außenpolitik des Dritten Reiches, Düsseldorf 1976, 365–382, (inzwischen 2. Aufl. 1977).

773. Ders., Bestrebungen zur Eliminierung der Ostfront, 1941–1943, in: Dienst für die Geschichte, Gedenkschrift für W. Hubatsch, hrsg. von M. Salewski und J. Schröder, Göttingen/Zürich 1985, 187–227.

774. W. Schumann (Hrsg.), Griff nach Südosteuropa. Neue Dokumente über die Politik des deutschen Imperialismus und Militarismus gegenüber Südosteuropa im zweiten Weltkrieg, Berlin-Ost 1973.

775. B. Stegemann, Hitlers Ziele im ersten Kriegsjahr 1939/40. Ein Beitrag zur Quellenkritik, in: MGM 27 (1980), 93–105.

776. Ders., Der Entschluß zum Unternehmen Barbarossa. Strategie oder Ideologie?, in: GiWuU 33 (1982), 205–213.

777. H. Stehle, Deutsche Friedensfühler bei den Westmächten im Februar/März 1945, in: VfZg 30 (1982), 538–555.

778. M. G. Steinert, Die 23 Tage der Regierung Dönitz, Düsseldorf 1967.
779. E. Thomsen, Deutsche Besatzungspolitik in Dänemark 1940–1945, Düsseldorf 1971.
780. H. Tillmann, Deutsche Araberpolitik im Zweiten Weltkrieg, Berlin-Ost 1965.
781. G. R. Ueberschär, Hitler und Finnland 1939–1941. Die deutsch-finnischen Beziehungen während des Hitler-Stalin-Paktes, Wiesbaden 1978.
782. Ders./W. Wette (Hrsg.), „Unternehmen Barbarossa". Der deutsche Überfall auf die Sowjetunion 1941. Berichte, Analysen, Dokumente, Paderborn 1984.
783. H. Umbreit, Deutsche Militärverwaltungen 1938/39. Die militärische Besetzung der Tschechoslowakei und Polens, Stuttgart 1977.
784. Ders., Nationalsozialistische Expansion 1938 bis 1941. Strukturen der deutschen Besatzungsverwaltungen im Zweiten Weltkrieg, in: Dienst für die Geschichte. Gedenkschrift für W. Hubatsch, hrsg. von M. Salewski und J. Schröder, Göttingen/Zürich 1985, 163–186.
785. J. Voigt, Indien im Zweiten Weltkrieg, Stuttgart 1978.
786. W. Wagner, Belgien in der deutschen Politik während des Zweiten Weltkrieges, Boppard a.Rh. 1974.
787. G. L. Weinberg, Germany and the Soviet Union 1939–1941, Leiden 2.Aufl. 1972.
788. J. M. West, German-Swedish Relations, 1939–1942, Ann Arbor, Mich./London 1979.
789. W. Wilhelmus, Zu den Beziehungen zwischen dem faschistischen Deutschland und Schweden nach dem Überfall auf die Sowjetunion (Juni bis Dezember 1941), in: ZfG 26 (1978), 687–699.
790. Ders., Deutschland und Schweden in der Schlußphase des zweiten Weltkrieges. Zur Überlebensstrategie des deutschen Imperialismus, in: ZfG 34 (1986), 387–401.
791. D. Wolfanger, Die nationalsozialistische Politik in Lothringen (1940–1945), Saarbrücken 1977.

6. Rassenfrage

792. I. Abella/H. Troper, None is too many. Canada and the Jews of Europe, 1933–1948, New York 1983.
793. U. D. Adam, Judenpolitik im Dritten Reich. Königstein, Ts. 1979 (Ndr. der Ausg. Düsseldorf 1972).
794. Ders., An Overall Plan for Anti-Jewish Legislation in the Third Reich?, in: Yad Vashem Studies 11 (1976), 33–55.

795. Ders., Der Aspekt der „Planung“ in der NS-Judenpolitik, in: Th. Klein/V. Losemann/G. Mai (Hrsg.), Judentum und Antisemitismus von der Antike bis zur Gegenwart, Düsseldorf 1984, 161–178.

796. Ders., Zur Entstehung und Auswirkung des Reichsbürgergesetzes, in: Aus Politik und Zeitgeschichte, Beilage zu „Das Parlament“, B 48/85 vom 30. 11. 1985, 14–27.

797. H. Arendt, Eichmann in Jerusalem. Ein Bericht von der Banalität des Bösen. Mit einem Essay von H. Mommsen, München 1986.

798. S. Aronson, Die dreifache Falle. Hitlers Judenpolitik, die Alliierten und die Juden, in: VfZg 32 (1984), 29–65.

799. H. Artzt, Mörder in Uniform. Organisationen, die zu Vollstreckern nationalsozialistischer Verbrechen wurden, München 1979.

800. J. Billig, Die Endlösung der Judenfrage. Studie über ihre Grundsätze im III. Reich und in Frankreich während der Besatzung, New York/Frankfurt a. M. 1979 (frz. 1977).

801. M. Blakeney, Australia and the Jewish refugees from Central Europe. Government policy 1933–1939, in: Yearbook of the Leo Baeck Institute 29 (1984), 103–133.

802. B. Blau, Das Ausnahmerecht für die Juden in den europäischen Ländern. 1. Teil: Deutschland, Düsseldorf 3. Aufl. 1965.

803. G. Bock, Zwangssterilisation im Nationalsozialismus. Studien zur Rassenpolitik und Frauenpolitik, Opladen 1985.

804. R. L. Braham, The Politics of Genocide: The Holocaust in Hungary, 2 Bde., New York 1981.

805. R. Breitling, Die nationalsozialistische Rassenlehre. Entstehung, Ausbreitung, Nutzen und Schaden einer politischen Ideologie, Meisenheim am Glan 1971.

806. M. Broszat, Hitler und die Genesis der „Endlösung“. Aus Anlaß der Thesen von David Irving, in: VfZg 25 (1977), 739–775.

807. Ders., „Holocaust“ und die Geschichtswissenschaft, in: VfZg 27 (1979), 285–298.

808. Ch. R. Browning, The Final Solution and the German Foreign Office. A Study of Referat D III of Abteilung Deutschland 1940–1943, New York/London 1978.

809. Ders., Zur Genesis der „Endlösung“. Eine Antwort an Martin Broszat, in: VfZg 29 (1981), 97–109.

810. K. Buchheim, Das Euthanasie-Programm, in: Gutachten des Instituts für Zeitgeschichte, München 1958, Bd. 1, 60–62.

811. R. Cecil, The Myth of the Master Race. Alfred Rosenberg and Nazi Ideology, London 1972.

812. N. Cohn, Warrant for Genodice, London 1967.

813. J. S. Conway, Der Holocaust in Ungarn. Neue Kontroversen und Überlegungen, in: VfZg 32 (1984), 179–212.

814. L. Dawidowicz, The War Against the Jews 1933–1945, London 1975.
815. Dies., The Holocaust and the Historians, Cambridge, Mass./London 1981.
816. K. Dörner, Nationalsozialismus und Lebensvernichtung, in: VfZg 15 (1967), 121–152.
817. K. D. Erdmann, „Lebensunwertes Leben", in: GiWuU 26 (1975), 215–225.
818. G. Fleming, Hitler und die Endlösung. „Es ist des Führers Wunsch...", Wiesbaden/München 1982 (engl. 1985).
819. J. P. Fox, The final solution: intended or contingent? The Stuttgart Conference of May 1984 and the historical debate, in: Patterns of Prejudice 18 (1984), 27–39.
820. H. Genschel, Die Verdrängung der Juden aus der Wirtschaft im Dritten Reich, Göttingen 1966.
821. M. Gilbert, Auschwitz und die Alliierten, München 1982 (engl. 1981).
822. S. Gordon, Hitler, Germans and the „Jewish Question", Princeton, N. J. 1984.
823. S. Goshen, Eichmann und die Nisko-Aktion im Oktober 1939. Eine Fallstudie zur NS-Judenpolitik in der letzten Etappe vor der „Endlösung", in: VfZg 29 (1981), 74–96.
824. L. Gruchmann, Euthanasie und Justiz im Dritten Reich, in: VfZg 20 (1972), 235–279.
825. Ders., „Blutschutzgesetz" und Justiz. Zu Entstehung und Auswirkung des Nürnberger Gesetzes vom 15. September 1935, in: VfZg 31 (1983), 418–442.
826. M. Hauner, A German Racial Revolution?, in: JCH 19 (1984), 669–687.
827. R. Hilberg, Die Vernichtung der europäischen Juden. Die Gesamtgeschichte des Holocaust, Berlin 1982 (engl. 1961).
828. M. u. C. Hillel, „Lebensborn e. V.". Im Namen der Rasse, Wien 1975, (frz. 1975).
829. A. Hillgruber, Die „Endlösung" und das deutsche Ostimperium als Kernstück des rassenideologischen Programms des Nationalsozialismus, (1972), jetzt in: Ders., Deutsche Großmacht- und Weltpolitik im 19. und 20. Jahrhundert, Düsseldorf 1977, 252–275, (inzwischen 2. Aufl. 1979).
830. Ders., Gutachten zur nationalsozialistischen Judenverfolgung auf dem Territorium der Sowjetunion (betr. Strafverfahren gegen Manfred R. K. Roeder, Az.: Js 175 (KLs)).
831. Ders., Der Ostkrieg und die Judenvernichtung, in: G. R. Ueberschär/W. Wette (Hrsg.), „Unternehmen Barbarossa". Der deutsche Überfall auf die Sowjetunion 1941. Berichte, Analysen, Dokumente, Paderborn 1984, 219–236.
832. J. S. Hohmann, Geschichte der Zigeunerverfolgung in Deutschland, Frankfurt a. M./New York 1981.

833. R. Hrabar, „Lebensborn“, czyli zrodlo zycia, Katowice 1975.

834. E. Jäckel/J. Rohwer (Hrsg.), Der Mord an den Juden im Zweiten Weltkrieg. Entschlußbildung und Verwirklichung, Stuttgart 1985.

835. L. de Jong, Die Niederlande und Auschwitz, in: VfZg 17 (1969), 1–16.

836. E. Klee, „Euthanasie“ im NS-Staat. Die „Vernichtung lebensunwerten Lebens“, Frankfurt a. M. 1983.

837. Ders., Was sie taten, was sie wurden. Ärzte, Juristen und andere Beteiligte am Kranken- und Judenmord, Frankfurt a. M. 1986.

838. E. Kogon/H. Langbein/A. Rückerl u. a. (Hrsg.), Nationalsozialistische Massentötungen durch Giftgas. Eine Dokumentation, Frankfurt a. M. 1983.

839. H. Krausnick/H.-H. Wilhelm, Die Truppe des Weltanschauungskrieges. Die Einsatzgruppen der Sicherheitspolizei und des SD 1938–1942, Stuttgart 1981.

840. O. D. Kulka, Die deutsche Geschichtsschreibung über den Nationalsozialismus und die „Endlösung“. Tendenzen und Entwicklungsphasen 1924–1984, in: HZ 240 (1985), 599–640.

841. K. Kwiet, Zur historiographischen Behandlung der Judenverfolgung im Dritten Reich, in: MGM 27 (1980), 149–192.

842. W. Laqueur, Was niemand wissen wollte. Die Unterdrückung der Nachrichten über Hitlers „Endlösung“, Frankfurt a. M./Berlin/Wien 1981 (engl. 1980).

843. Ders./R. D. Breitman, Der Mann, der das Schweigen brach. Wie die Welt vom Holocaust erfuhr, Berlin 1986 (engl. 1986).

844. G. Lilienthal, Rassenhygiene im Dritten Reich. Krise und Wende, in: Medizinhistorisches Journal 14 (1979), 114–134.

845. Ders., Der „Lebensborn e. V.“. Ein Instrument nationalsozialistischer Rassenpolitik, Stuttgart/New York 1985.

846. H. Lutzhöft, Der nordische Gedanke in Deutschland 1920–1940, Stuttgart 1971.

847. M. R. Marrus/R. O. Paxton, The Nazis and the Jews in Occupied Western Europe, 1940–1944, in: JMH 54 (1982), 687–714.

848. M. Michaelis, Mussolini and the Jews. German-Italian Relations and the Jewish Question in Italy 1922–1945, Oxford 1978.

849. W. Michalka, Geplante Utopie: Zur Ideologie des Nationalsozialismus, in: NPL 18 (1973), 210–224.

850. H. Mommsen, Die Realisierung des Utopischen: Die „Endlösung der Judenfrage“ im „Dritten Reich“, in: GG 9 (1983), 381–420.

851. J. F. Morley, Vatican Diplomacy and the Jews during the Holocaust, 1939–1943, New York 1980.

852. L. Poliakov/J. Wulf (Hrsg.), Das Dritte Reich und die Juden, (1955), Ndr. Frankfurt a. M./Berlin/Wien 1983.

853. R. POMMERIN, Rassenpolitische Differenzen im Verhältnis der Achse Berlin-Rom 1938–1943, in: VfZg 27 (1979), 646–660.

854. E. G. REICHMANN, Die Flucht in den Haß. Die Ursache der deutschen Judenkatastrophe, Stuttgart o.J. (1956).

855. G. REITLINGER, Die Endlösung. Hitlers Versuch der Ausrottung der Juden Europas 1939–1945, Berlin 1956 und weitere Auflagen (engl. 1953).

856. W. SCHEFFLER, Judenverfolgung im Dritten Reich 1933–1945, Berlin 1960.

857. DERS., Zur Entstehungsgeschichte der „Endlösung", in: Aus Politik und Zeitgeschichte, Beilage zu „Das Parlament", B 43/82 vom 30.10.1982, 3–10.

858. K. A. SCHLEUNES, The Twisted Road to Auschwitz. Nazi Policy Toward German Jews, 1933–1939, Urbana, Ill. 1970.

859. H. SEIDLER/A. RETT, Das Reichssippenamt entscheidet. Rassenbiologie im Nationalsozialismus, Wien/München 1982.

860. G. SERENY, Into That Darkness: From Mercy Killing to Mass Murder, New York 1974.

861. D. S. WYMAN, Das unerwünschte Volk. Amerika und die Vernichtung der europäischen Juden, München 1986 (engl. 1984).

862. J. ZISCHKA, Die NS-Rassenideologie. Machttaktisches Instrument oder handlungsbestimmendes Ideal?, Frankfurt a.M./Bern u.a. 1986.

863. H.-G. ZMARZLIK, Der Sozialdarwinismus in Deutschland als geschichtliches Problem, in: VfZg 11 (1963), 246–273.

7. MILITÄR (HEER, MARINE, LUFTWAFFE)

864. R. ABSOLON, Die Wehrmacht im Dritten Reich, bisher 4 Bde., Boppard a.Rh. 1969–1979.

865. H. BOOG, Die deutsche Luftwaffenführung 1935–1945. Führungsprobleme, Spitzengliederung, Generalstabsausbildung, Stuttgart 1982.

866. M. COOPER, The German Army 1933–1945: Its Political and Military Failure, London 1978.

867. H. C. DEUTSCH, Das Komplott oder die Entmachtung der Generale. Blomberg- und Fritsch-Krise. Hitlers Weg zum Krieg, Zürich 1974 (engl. 1974).

868. J. DÜLFFER, Die Reichs- und Kriegsmarine 1918–1939, in: Handbuch zur deutschen Militärgeschichte 1648–1939, hrsg. vom Militärgeschichtlichen Forschungsamt, Bd. 4, Abschnitt VIII, München 1977, 337–527.

869. M. GEYER, Aufrüstung oder Sicherheit. Die Reichswehr in der Krise der Machtpolitik 1924–1936, Wiesbaden 1980.

870. DERS., Militär, Rüstung und Außenpolitik – Aspekte militärischer Revisionspolitik in der Zwischenkriegszeit, in: M. FUNKE (Hrsg.), Hitler, Deutschland und die Mächte. Materialien zur Außenpolitik des Dritten Reiches, Düsseldorf 1976, 239–268, (inzwischen 2. Aufl. 1977).

871. DERS., Die Geschichte des deutschen Militärs von 1860 bis 1945. Ein Bericht über die Forschungslage (1945–1975), in: Die moderne deutsche Geschichte in der internationalen Forschung 1945–1975 (GG-Sonderheft 4), hrsg. von H.-U. WEHLER, Göttingen 1978, 256–286.

872. A. HILLGRUBER, Militarismus am Ende der Weimarer Republik und im „Dritten Reich", in: DERS., Deutsche Großmacht- und Weltpolitik im 19. und 20. Jahrhundert, Düsseldorf 1977, 134–148, (inzwischen 2. Aufl. 1977).

873. H. D. HÖLSKEN, Die V-Waffen. Entstehung – Propaganda – Kriegseinsatz, Stuttgart 1984.

874. E. L. HOMZE, Arming the Luftwaffe. The Reich Air Ministry and the German Aircraft Industry, 1919–39, Lincoln/London 1976.

875. G. MEINCK, Hitler und die deutsche Aufrüstung 1933–1937, Wiesbaden 1959.

876. M. MESSERSCHMIDT, Die Wehrmacht im NS-Staat. Zeit der Indoktrination, Hamburg 1969.

877. K.-J. MÜLLER, Das Heer und Hitler. Armee und nationalsozialistisches Regime 1933–1940, Stuttgart 1969.

878. DERS., Armee, Politik und Gesellschaft in Deutschland 1933–1945. Studien zum Verhältnis von Armee und NS-System, Paderborn 4. unveränd. Auflage 1986.

879. R. J. OVERY, The air war 1939–1945, London 1980.

880. G. SCHREIBER, Revisionismus und Weltmachtstreben. Marineführung und deutsch-italienische Beziehungen 1919 bis 1944, Stuttgart 1978.

881. M. SALEWSKI, Die deutsche Seekriegsleitung 1935–1945, 3 Bde., Frankfurt a. M./München 1970–1975.

882. DERS., Das maritime Dritte Reich – Ideologie und Wirklichkeit 1933–1945, in: Die deutsche Flotte im Spannungsfeld der Politik 1848–1985. Vorträge und Diskussionen der 25. Historisch-Taktischen Tagung der Flotte 1985. Hrsg. vom Deutschen Marine Institut und vom Militärgeschichtlichen Forschungsamt, Herford 1985, 113–139.

883. A. STREIM, Die Behandlung sowjetischer Kriegsgefangener im „Fall Barbarossa". Eine Dokumentation. Unter Berücksichtigung der Unterlagen deutscher Strafverfolgungsbehörden und der Materialien der Zentralen Stelle der Landesjustizverwaltungen zur Aufklärung von NS-Verbrechen, Heidelberg/Karlsruhe 1981.

884. CH. STREIT, Keine Kameraden. Die Wehrmacht und die sowjetischen Kriegsgefangenen 1941–1945, Stuttgart 1978.

885. R. STUMPF, Die Wehrmacht-Elite. Rang- und Herkunftsstruktur der deutschen Generale und Admirale 1933–1945, Boppard a. Rh. 1982.

886. K.-H. VÖLKER, Die deutsche Luftwaffe 1933–1939. Aufbau, Führung und Rüstung sowie die Entwicklung der deutschen Luftkriegstheorie, Stuttgart 2. Aufl. 1968.

887. B. WEGNER, Hitlers Politische Soldaten: Die Waffen-SS 1933–1945. Studien zu Leitbild, Struktur und Funktion einer nationalsozialistischen Elite, Paderborn 2. durchges. Aufl. 1983.

888. Wehrmacht und Nationalsozialismus 1933–1939. Handbuch zur deutschen Militärgeschichte 1648–1939, hrsg. vom Militärgeschichtlichen Forschungsamt, Bd. 4, Abschnitt VII, München 1978.

8. WIRTSCHAFT UND RÜSTUNG

889. A. E. BAGEL-BOHLAN, Hitlers industrielle Kriegsvorbereitung 1936 bis 1939, Koblenz/Bonn 1975.

890. A. BARKAI, Das Wirtschaftssystem des Nationalsozialismus. Der historische und ideologische Hintergrund 1933–1936, Köln 1977.

891. W. BERNHARDT, Die deutsche Aufrüstung 1934 bis 1939. Militärische und politische Konzeptionen und ihre Einschätzung durch die Alliierten, Frankfurt a. M. 1969.

892. CH. BETTELHEIM, Die deutsche Wirtschaft unter dem Nationalsozialismus, München 1974 (frz. 1946).

893. J. BILLIG, Les camps de concentration dans l'économie du Reich hitlérien, Paris 1973.

894. W. BIRKENFELD, Der synthetische Treibstoff 1933–1945. Ein Beitrag zur nationalsozialistischen Wirtschafts- und Rüstungspolitik, Göttingen 1964.

894a. DERS., wie Nr. 693.

895. F. BLAICH, Wirtschaftspolitik und Wirtschaftsverfassung im Dritten Reich, in: Aus Politik und Zeitgeschichte, Beilage zu „Das Parlament“, B 8/71 vom 20. 2. 1971, 3–18.

896. W. A. BOELCKE, Die deutsche Wirtschaft 1930–1945. Interna des Reichswirtschaftsministeriums, Düsseldorf 1983.

897. DERS., Die Kosten von Hitlers Krieg. Kriegsfinanzierung und finanzielles Kriegserbe in Deutschland 1933–1948, Paderborn 1985.

898. K. BORCHARDT, Zwangslagen und Handlungsspielräume in der großen Weltwirtschaftskrise der frühen dreißiger Jahre. Zur Revision des überlieferten Geschichtsbildes, in: DERS., Wachstum, Krisen, Handlungsspielräume der Wirtschaftspolitik. Studien zur Wirtschaftsgeschichte des 19. und 20. Jahrhunderts, Göttingen 1982, 165–205.

899. J. BORKIN, Die unheilige Allianz der I. G. Farben. Eine Interessengemeinschaft im Dritten Reich, Frankfurt a. M. 4. Aufl. 1986 (engl. 1978).

900. A. BRAMWELL, Blood and Soil. Walther Darré and Hitler's „Green Party“, Bourne End 1985.

901. W. Carr, Rüstung, Wirtschaft und Politik am Vorabend des Zweiten Weltkrieges, in: W. Michalka (Hrsg.), Nationalsozialistische Außenpolitik, Darmstadt 1978, 437–454.

902. B. A. Carroll, Design for Total War: Arms and Economics in the Third Reich, The Hague/Paris 1968.

903. E. Czichon, Der Primat der Industrie im Kartell der nationalsozialistischen Macht, in: Das Argument 10 (1968), 168–192.

904. D. Eichholtz, Geschichte der deutschen Kriegswirtschaft 1939–1945, Bd. 1: 1939–1941, Berlin-Ost 1969; Bd. 2: 1941–1943, Berlin-Ost 1985.

905. Ders./K. Gossweiler, Noch einmal: Politik und Wirtschaft 1933–1945, in: Das Argument 10 (1968), 210–227.

906. R. Erbe, Die nationalsozialistische Wirtschaftspolitik 1933–1939 im Lichte der modernen Theorie, Zürich 1958.

907. I. Esenwein-Rothe, Die Wirtschaftsverbände von 1933 bis 1945, Berlin 1965.

908. J. E. Farquharson, The Plough and the Swastika. The NSDAP and Agriculture in Germany 1928–45, London/Beverly Hills 1976.

909. F. Federau, Der Zweite Weltkrieg. Seine Finanzierung in Deutschland, Tübingen 1962.

910. W. Fischer, Deutsche Wirtschaftspolitik 1918–1945, Opladen 3. Aufl. 1968.

911. Ders., Weltwirtschaftliche Rahmenbedingungen für die ökonomische und politische Entwicklung Europas 1919–1939, Wiesbaden 1979.

912. F. Forstmeier/H.-E. Volkmann (Hrsg.), Wirtschaft und Rüstung am Vorabend des Zweiten Weltkrieges, Düsseldorf 1975.

913. Dies. (Hrsg.), Kriegswirtschaft und Rüstung 1939–1945, Düsseldorf 1977.

914. J. Freymond, Le IIIe Reich et la réorganisation économique de l'Europe 1940–1942, Leiden 1974.

915. E. Georg, Die wirtschaftlichen Unternehmungen der SS, Stuttgart 1963.

916. H. Gies, Aufgaben und Probleme der nationalsozialistischen Ernährungswirtschaft 1933–1939, in: VSWG 66 (1979), 466–499.

917. J. Gillingham, Industry and Politics in the Third Reich: Ruhr Coal, Hitler and Europe, Stuttgart 1985.

918. F. Grundmann, Agrarpolitik im „Dritten Reich". Anspruch und Wirklichkeit des Reichserbhofgesetzes, Hamburg 1979.

919. G. W. F. Hallgarten/J. Radkau, Deutsche Industrie und Politik von Bismarck bis heute, Frankfurt a. M./Köln 1974.

920. E. Hennig, Thesen zur deutschen Sozial- und Wirtschaftsgeschichte 1933 bis 1938, Frankfurt a. M. 1973.

921. F.-W. Henning (Hrsg.), Probleme der nationalsozialistischen Wirtschaftspolitik, Berlin 1976.

922. H. Henning, Kraftfahrzeugindustrie und Autobahnbau in der Wirtschaftspolitik des Nationalsozialismus 1933 bis 1936, in: VSWG 65 (1978), 217–242.

923. U. Herbert, Fremdarbeiter. Politik und Praxis des „Ausländer-Einsatzes" in der Kriegswirtschaft des Dritten Reiches, Berlin/Bonn 1985.

924. L. Herbst, Der Totale Krieg und die Ordnung der Wirtschaft. Die Kriegswirtschaft im Spannungsfeld von Politik, Ideologie und Propaganda 1939–1945, Stuttgart 1982.

925. J. D. Heyl, Hitler's Economic Thought: A Reappraisal, in: CEH 6 (1977), 83–96.

926. E. L. Homze, Foreign Labor in Nazi Germany, Princeton 1967.

927. Ders., wie Nr. 874.

928. J.-J. Jäger, Die wirtschaftliche Abhängigkeit des Dritten Reiches vom Ausland. Dargestellt am Beispiel der Stahlindustrie, Berlin 1969.

929. G. Janssen, Das Ministerium Speer. Die deutsche Rüstung im Kriege, Berlin u. a. 1968.

930. B. H. Klein, Germany's Economic Preparations for War, Cambridge, Mass. 1959.

931. J. von Kruedener, Zielkonflikt in der nationalsozialistischen Agrarpolitik. Ein Beitrag zur Diskussion des Leistungsproblems in zentral gelenkten Wirtschaftssystemen, in: Zeitschrift für Wirtschafts- und Sozialwissenschaften 1974, 335–361.

932. P. Krüger, Zu Hitlers „nationalsozialistischen Wirtschaftserkenntnissen", in: GG 6 (1980), 263–282.

933. K. Lermer, Autobahnbau in Deutschland 1933–1945. Zu den Hintergründen, Berlin-Ost 1975.

934. H. Marcon, Arbeitsbeschaffungspolitik der Regierung Papen und Schleicher. Grundsteinlegung für die Beschäftigungspolitik im Dritten Reich, Frankfurt a. M. 1974.

935. B. Martin/A. S. Milward (Hrsg.), Agriculture and Food Supply in the Second World War. Landwirtschaft und Versorgung im Zweiten Weltkrieg, Ostfildern 1985.

936. T. Mason, Der Primat der Politik – Politik und Wirtschaft im Nationalsozialismus, in: Das Argument 8 (1966), 473–494.

937. Ders., Primat der Industrie? – Eine Erwiderung, in: Das Argument 10 (1968), 193–209.

938. G. Meinck, wie Nr. 875.

939. A. S. Milward, Die deutsche Kriegswirtschaft 1939–1945, Stuttgart 1966 (engl. 1965).

940. Ders., The New Order and the French Economy, Oxford 1970.

941. Ders., The Facist Economy in Norway, New York 1972.

942. R. Neebe, Großindustrie, Staat und NSDAP 1930–1933. Paul Silverberg und der Reichsverband der Deutschen Industrie in der Krise der Weimarer Republik, Göttingen 1981.

943. E. Nolte, Hitlers Aufstieg und die Großindustrie, in: Ders., Der Nationalsozialismus, Frankfurt a. M. u. a. o. J. (1970), 188–196.

944. Omgus – Ermittlungen gegen I. G. Farben. Übers. u. bearb. v. d. Dokumentationsstelle zur NS-Sozialpolitik, Hamburg 1986.

945. R. J. Overy, The Nazi Economic Recovery 1932–1938, London/Basingstoke 2. Aufl. 1984.

946. D. Petzina, Autarkierpolitik im Dritten Reich. Der nationalsozialistische Vierjahresplan, Stuttgart 1968.

947. Ders., Die deutsche Wirtschaft in der Zwischenkriegszeit, Wiesbaden 1977.

948. Ders., Hitler und die deutsche Industrie. Ein kommentierter Literatur- und Forschungsbericht, in: GiWuU 17 (1966), 482–491.

949. Ders., Hauptprobleme der deutschen Wirtschaftspolitik 1932–1933, in: VfZg 15 (1967), 18–55.

950. Ders., La politique financière et fiscale de l'Allemagne pendant la seconde guerre mondiale, in: Rev. 2 guerre mond. 19 (1969), 1–14.

951. H. Pfahlmann, Fremdarbeiter und Kriegsgefangene in der deutschen Kriegswirtschaft 1939–1945, Darmstadt 1968.

952. G. Plumpe, Wirtschaftskrise, Wirtschaftspolitik und Nationalsozialismus, in: K. Malettke (Hrsg.), Der Nationalsozialismus an der Macht. Aspekte nationalsozialistischer Politik und Herrschaft, Göttingen 1984, 53–84.

953. H. Pohl, Zur Zusammenarbeit von Wirtschaft und Wissenschaft im „Dritten Reich". Die „Förderergemeinschaft der Deutschen Industrie" von 1942, in: VSWG 72 (1985), 508–536.

954. H.-J. Rautenberg, Deutsche Rüstungspolitik vom Beginn der Genfer Abrüstungskonferenz bis zur Wiedereinführung der allgemeinen Wehrpflicht 1932–1935, Bonn 1973.

955. M. Riedel, Eisen und Kohle für das Dritte Reich. Paul Pleyers Stellung in der NS-Wirtschaft, Göttingen u. a. 1973.

956. J. van Scherpenberg, Die Rüstungsfinanzierung des Deutschen Reiches von 1934 bis in die ersten Jahre des Zweiten Weltkrieges, Diss. oec. München 1974.

957. K. H. Schlarp, Wirtschaft und Besatzung in Serbien 1941–1944. Ein Beitrag zur nationalsozialistischen Wirtschaftspolitik in Südosteuropa, Stuttgart 1986.

958. M. Schmidt, Albert Speer: Das Ende eines Mythos. Speers wahre Rolle im Dritten Reich, Bern/München 1982.

959. A. Schweitzer, Big Business in the Third Reich, Bloomington, Ind. 2. Aufl. 1965.

960. E. SEEBER, Zwangsarbeiter in der faschistischen Kriegswirtschaft, Berlin-Ost 1964.
961. G.-H. SEEBOLD, Ein Stahlkonzern im Dritten Reich. Der Bochumer Verein 1927–1945, Wuppertal 1981.
962. F. W. SEIDLER, L'organisation Todt, in: Rev. 2. guerre mond. 34 (1984), H. 134, 33–58.
963. J. D. SHAND, The Reichsautobahn: Symbol for the Third Reich, in: JCH 19 (1984), 189–200.
964. D. STEGMANN, Zum Verhältnis von Großindustrie und Nationalsozialismus 1930–1933, in: Arch. f. SozG 13 (1973), 399–582.
965. F. STRATMANN, Chemische Industrie unter Zwang? Staatliche Einflußnahme am Beispiel der chemischen Industrie Deutschlands 1933–1949, Stuttgart 1985.
966. H. SUNDHAUSEN, Wirtschaftsgeschichte Kroatiens im nationalsozialistischen Großraum 1941–1945. Das Scheitern einer Ausbeutungsstrategie, Stuttgart 1983.
967. D. SWATEK, Unternehmenskonzentration als Ergebnis und Mittel nationalsozialistischer Wirtschaftspolitik, Berlin 1972.
968. K. THÖNE, Entwicklungsstadien und Zweiter Weltkrieg. Ein wirtschaftspolitischer Beitrag zur Frage der Kriegsursachen, Berlin 1974.
969. G. THOMAS, Geschichte der deutschen Wehr- und Rüstungswirtschaft (1918–1943/45), hrsg. von W. BIRKENFELD, Boppard a. Rh. 1966.
970. W. TREUE, Die Einstellung einiger deutscher Großindustrieller zu Hitlers Außenpolitik, in: GiWuU 17 (1966), 491–507.
971. DERS., Wirtschaft im Dritten Reich. Anmerkungen zu einigen Neuerscheinungen, in: Zeitschrift für Unternehmensgeschichte 29 (1984), 131–149.
972. TH. TRUMPP, Zur Finanzierung der NSDAP durch die deutsche Großindustrie. Versuch einer Bilanz, in: GiWuU 32 (1981), 223–241.
973. H. A. TURNER, Faschismus und Kapitalismus in Deutschland. Studien zum Verhältnis zwischen Nationalsozialismus und Wirtschaft, Göttingen 1972.
974. DERS., Das Verhältnis des Großunternehmertums zur NSDAP, in: H. MOMMSEN/D. PETZINA/B. WEISBROD (Hrsg.), Industrielles System und politische Entwicklung in der Weimarer Republik, Düsseldorf 1974, 919–931.
975. DERS., Großunternehmertum und Nationalsozialismus 1930–1933. Kritisches und Ergänzendes zu zwei neuen Forschungsbeiträgen, in: HZ 221 (1975), 18–68.
976. DERS., Die Großunternehmer und der Aufstieg Hitlers, Berlin 1985 (engl. 1985).
977. H.-E. VOLKMANN, Politik, Wirtschaft und Aufrüstung unter dem Nationalsozialismus, in: M. FUNKE (Hrsg.), Hitler, Deutschland und die

Mächte. Materialien zur Außenpolitik des Dritten Reiches, Düsseldorf 1976, 269–291, (inzwischen 2. Aufl. 1977).

978. DERS., Landwirtschaft und Ernährung in Hitlers Europa 1939–45, in: MGM 35 (1984), 9–74.

979. R. WAGENFÜHR, Die deutsche Industrie im Kriege 1939–1945, Berlin 2. Aufl. 1963.

980. H.-J. WEYRES-VON LEVETZOW, Die deutsche Rüstungswirtschaft von 1942 bis zum Ende des Krieges, Diss. rer. pol. München 1975.

981. G. WYSOCKI, Zwangsarbeit und Stahlkonzern. Salzgitter und die Reichswerke „Hermann Göring" 1937–1945, Braunschweig 2. Aufl. 1982.

982. K. WISOTZKY, Der Ruhrbergbau im Dritten Reich. Studien zur Sozialpolitik im Ruhrbergbau und zum sozialen Verhalten der Bergleute in den Jahren 1933 bis 1939, Düsseldorf 1983.

983. M. WOLFFSOHN, Industrie und Handwerk im Konflikt mit staatlicher Wirtschaftspolitik? Studien zur Politik der Arbeitsbeschaffung in Deutschland 1930–1934, Berlin 1977.

984. DERS., Arbeitsbeschaffung und Rüstung im nationalsozialistischen Deutschland 1933, in: MGM 22 (1977), 9–21.

985. H. YANO, Hüttenarbeiter im Dritten Reich. Die Betriebsverhältnisse und soziale Lage bei der Gutehoffnungshütte Aktienverein und der Fried. Krupp AG 1936 bis 1939, Stuttgart 1986.

986. L. ZUMPE, Wirtschaft und Staat in Deutschland 1933 bis 1945, Vaduz 1980 (Berlin-Ost 1979).

9. WIDERSTAND

987. W. ABENDROTH, Historische Funktion und Umfang des Widerstandes der Arbeiterbewegung im Dritten Reich, in: Festschrift für O. BRENNER zum 60. Geburtstag, hrsg. von P. VON OERTZEN, Frankfurt a. M. 1967, 303–323.

988. J. ARNDT u. a., Die Herkunft der Mitglieder des engeren Kreisauer Kreises: Das biographische und genealogische Bild einer Widerstandsgruppe, Berlin o. J. (1984).

989. D. BECK, Julius Leber. Sozialdemokrat zwischen Reform und Widerstand, Berlin 1983.

990. G. BEIER, Die illegale Reichsleitung der Gewerkschaften 1933–1945, Köln 1981.

991. M. BRAUBACH, Der Weg zum 20. Juli 1944, Köln 1953.

992. M. BROSZAT, Zur Sozialgeschichte des deutschen Widerstandes, in: VfZg 34 (1986), 293–309.

993. R. BÜCHEL, Der deutsche Widerstand im Spiegel von Fachliteratur und Publizistik seit 1945. Eine Bibliographie, Koblenz 1976.

994. G. BUCHHEIT, Ludwig Beck – ein preußischer General, München 1964.

995. G. BUCHSTAB/B. KAFF/H.-O. KLEINMANN, Verfolgung und Widerstand 1933–1945. Christliche Demokraten gegen Hitler, Düsseldorf 1986.

996. J. D. CARNES, General zwischen Hitler und Stalin. Das Schicksal des Walther v. Seydlitz, Düsseldorf 1980.

997. H. C. DEUTSCH, Verschwörung gegen den Krieg. Der Widerstand in den Jahren 1939–1940, München 1969 (engl. 1968).

998. CH. DIPPER, Der deutsche Widerstand und die Juden, in: GG 9 (1983), 349–380.

999. D. EHLERS, Technik und Moral einer Verschwörung, Frankfurt a. M. 1964.

1000. K. FINKER, Graf Moltke und der Kreisauer Kreis, Berlin-Ost 2. Aufl. 1980.

1001. DERS./A. BUSSE, Stauffenberg und der 20. Juli 1944, Berlin-Ost 6. überarb. Aufl. 1984.

1002. W. FOERSTER, Generaloberst Ludwig Beck. Sein Kampf gegen den Krieg. Aus den nachgelassenen Papieren des Generalstabschefs, München 1953.

1003. B. FREI, Der Kleine Widerstand, Wien 1978.

1004. H. GRAML (Hrsg.), Widerstand im Dritten Reich. Probleme, Ereignisse, Gestalten, Frankfurt a. M. 1984.

1005. P. GRASMANN, Sozialdemokraten gegen Hitler 1933–1945, München/Wien 1976.

1006. H. GREBING, Flucht vor Hitler? Historiographische Forschungsergebnisse über die Aussichten des Widerstandes der Arbeiterbewegung gegen die nationalsozialistische Machtübernahme, in: Aus Politik und Zeitgeschichte, Beilage zu „Das Parlament", B 4–5/83 vom 29. 1. 1983, 26–42.

1007. G. HELMERS/A. KENKMANN, „Wenn die Messer blitzen und die Nazis flitzen...". Der Widerstand von Arbeiterjugendcliquen und -banden in der Weimarer Republik und im „Dritten Reich", Lippstadt 1984.

1008. K. HILDEBRAND, Die ostpolitischen Vorstellungen im deutschen Widerstand, in: GiWuU 29 (1978), 213–241.

1009. L. E. HILL, Towards a New History of German Resistance to Hitler, in: CEH 14 (1981), 369–399.

1010. A. HOCH/L. GRUCHMANN, Georg Elser: Der Attentäter aus dem Volke. Der Anschlag auf Hitler im Bürgerbräu 1939, Frankfurt a. M. 1979 (Neuausg. 1980).

1011. P. HOFFMANN, Widerstand, Staatsstreich, Attentat. Der Kampf der Opposition gegen Hitler, (1969) München/Zürich 4. neu überarb. u. erw. Aufl. 1985.

1012. DERS., Ludwig Beck: Loyality and Resistance, in: CEH 14 (1981), 332–350.

1013. DERS., Generaloberst Ludwig Becks militärpolitisches Denken, in: HZ 234 (1982), 101–121.

1014. Ders., Warum mißlang das Attentat vom 20. Juli 1944?, in: VfZg 32 (1984), 441–462.

1015. P. Hüttenberger, Vorüberlegungen zum „Widerstandsbegriff“, in: Theorien in der Praxis des Historikers (GG-Sonderheft 3), hrsg. von J. Kocka, Göttingen 1977, 117–134 (Diskussion 134–139).

1016. L. Kettenacker (Hrsg.), Das „Andere Deutschland“ im Zweiten Weltkrieg. Emigration und Widerstand in internationaler Perspektive, Stuttgart 1977.

1017. K. von Klemperer, Adam von Trott zu Solz and Resistance Foreign Policy, in: CEH 14 (1981), 351–361.

1018. Ch. Klessmann/F. Pingel (Hrsg.), Gegner des Nationalsozialismus. Wissenschaftler und Widerstandskämpfer auf der Suche nach historischer Wirklichkeit, Frankfurt a. M./New York 1980.

1019. E. Kosthorst, Die deutsche Opposition gegen Hitler zwischen Polen- und Frankreichfeldzug, Bonn 3. Aufl. 1957.

1020. R. Lill/H. Oberreuter (Hrsg.), 20. Juli. Portraits des Widerstandes, Düsseldorf/Wien 1984.

1021. R. Löwenthal/P. von zur Mühlen (Hrsg.), Widerstand und Verweigerung in Deutschland 1933 bis 1945, Berlin/Bonn 1982.

1022. R. Luža, Der Widerstand in Österreich 1938–1945, Wien 1985 (engl. 1983).

1023. H. O. Malone, Adam von Trott zu Solz. Werdegang eines Verschwörers. 1909–1938, Berlin 1986 (engl. 1983).

1024. D. Melnikow, Der 20. Juli 1944. Legende und Wirklichkeit, Hamburg 1968 (russ. 1965).

1025. F. von Moltke/M. Balfour/J. Frisby, Helmuth James von Moltke 1907–1945. Anwalt der Zukunft, Stuttgart 1975 (Neuausg. 1984).

1026. H. Mommsen, Fritz-Dietlof Graf von der Schulenburg und die preußische Tradition, in: VfZg 32 (1984), 213–239.

1027. Ders., Der Widerstand gegen Hitler und die deutsche Gesellschaft, in: HZ 241 (1985), 81–104.

1028. Ders., Die Opposition gegen Hitler und die deutsche Gesellschaft 1933–1945, in: K.-J. Müller (Hrsg.), Der deutsche Widerstand 1933–1945, Paderborn/München u. a. 1986, 22–39.

1029. Ch. Müller, Oberst i. G. Stauffenberg. Eine Biographie, Düsseldorf 2. Aufl. 1971.

1030. K.-J. Müller, Staat und Politik im Denken Ludwig Becks. Ein Beitrag zur politischen Ideenwelt des deutschen Widerstandes, in: HZ 215 (1972), 607–631.

1031. Ders., General Ludwig Beck. Studien und Dokumente zur politisch-militärischen Vorstellungswelt und Tätigkeit des Generalstabschefs des deutschen Heeres 1933–1938, Boppard a. Rh. 1980.

1032. Ders., Militärpolitik, nicht Militäropposition! Eine Erwiderung, in: HZ 235 (1982), 355–371.

1033. DERS. (Hrsg.), Der deutsche Widerstand 1933–1945, Paderborn/München u. a. 1986.

1034. H. MUTH, Jugendopposition im Dritten Reich, in: VfZg 30 (1982), 369–417.

1035. D. PEUKERT, Der deutsche Arbeiterwiderstand 1933–1945, in: Aus Politik und Zeitgeschichte, Beilage zu „Das Parlament", B 28–29/79 vom 14. 7. 1979, 22–36.

1036. DERS., Die KPD im Widerstand. Verfolgung und Untergrundarbeit an Rhein und Ruhr 1933 bis 1945, Wuppertal 1980.

1037. DERS., Die Edelweißpiraten. Protestbewegungen jugendlicher Arbeiter im Dritten Reich. Eine Dokumentation, Köln 1980.

1038. G. PLUM, Widerstandsbewegungen, in: Sowjetsystem und demokratische Gesellschaft. Eine vergleichende Enzyklopädie, Freiburg i. Brsg. 1972, Bd. 6, 961–983.

1039. T. PRITTIE, Deutsche gegen Hitler. Eine Darstellung des Widerstandes gegen den Nationalsozialismus während der Herrschaft Hitlers, Tübingen 1965 (engl. 1964).

1040. N. REYNOLDS, Beck – Gehorsam und Widerstand. Das Leben des deutschen Generalstabschefs 1935–1938, Wiesbaden/München 1977 (engl. 1976).

1041. W. RINGS, Leben mit dem Feind. Anpassung und Widerstand in Hitlers Europa 1939–1945, München 1979 (gleichzeitig ersch. unter d. Titel: Europa im Krieg 1939–1945. Kollaboration und Widerstand, Zürich 1979).

1042. G. RITTER, Carl Goerdeler und die deutsche Widerstandsbewegung, (1954), Stuttgart Neuausg. 1984.

1043. W. RÖDER, Deutscher Widerstand im Ausland. Zur Geschichte des politischen Exils 1933–1945 in: Aus Politik und Zeitgeschichte, Beilage zu „Das Parlament", B 31/80 vom 2. 8. 1980, 3–22.

1044. G. VAN ROON, Neuordnung im Widerstand. Der Kreisauer Kreis innerhalb der deutschen Widerstandsbewegung, München 1967.

1045. DERS., Widerstand im Dritten Reich. Ein Überblick, München 5. vollst. neubearb. Aufl. 1986.

1046. DERS. (Hrsg.), Europäischer Widerstand im Vergleich. Die Internationalen Konferenzen Amsterdam, Berlin 1985.

1047. DERS. (Hrsg.), Helmuth James Graf von Moltke. Völkerrecht im Dienste der Menschen. Dokumente, Berlin 1986.

1048. H. ROTHFELS, Die deutsche Opposition gegen Hitler. Eine Würdigung, Frankfurt a. M. 8. Aufl. 1977 (engl. 1948, dt. 1949).

1049. H. R. SASSIN, Widerstand, Verfolgung und Emigration Liberaler 1933–1945, Bonn 1983.

1050. H. SCHEEL, Die „Rote Kapelle" und der 20. Juli 1944, in: ZfG 33 (1985), 325–337.

1051. B. Scheurig (Hrsg.), Deutscher Widerstand 1938–1944. Fortschritt oder Reaktion?, München 2. Aufl. 1984.

1052. Ders., Ewald von Kleist-Schmenzin. Ein Konservativer gegen Hitler, Oldenburg 1968.

1053. Ders., Henning von Tresckow. Eine Biographie, Oldenburg 3. Aufl. 1973 (als TB-Ausg. Frankfurt a. M./Berlin/Wien 1980).

1054. Ders., Freies Deutschland. Das Nationalkomitee und der Bund Deutscher Offiziere in der Sowjetunion 1943–1945, Köln Neuausg. 1984.

1055. J. Schmädeke/P. Steinbach (Hrsg.), Der Widerstand gegen den Nationalsozialismus. Die deutsche Gesellschaft und der Widerstand gegen Hitler, München/Zürich 1985.

1056. W. Schmitthenner/H. Buchheim (Hrsg.), Der deutsche Widerstand gegen Hitler. Vier historisch-kritische Studien, Köln/Berlin 1966.

1057. W. Ritter von Schramm (Hrsg.), Beck und Goerdeler. Gemeinschaftsdokumente für den Frieden 1941–1944, München 1965.

1058. H. J. Schultz (Hrsg.), Der 20. Juli – Alternative zu Hitler?, Stuttgart 1974.

1059. G. Schulz (Hrsg.), Geheimdienste und Widerstandsbewegungen im Zweiten Weltkrieg, Göttingen 1982.

1060. Ders., Nationalpatriotismus im Widerstand. Ein Problem der europäischen Krise und des Zweiten Weltkriegs – nach vier Jahrzehnten Widerstandsgeschichte, in: VfZg 32 (1984), 331–372.

1061. P. Steinbach, Widerstand. Ein Problem zwischen Recht und Geschichte, in: Recht und Politik 20 (1984), 57–67.

1062. Ders., Der Widerstand als Thema der politischen Zeitgeschichte. Ordnungsversuche vergangener Wirklichkeit und politischer Reflexionen, in: G. Besier/G. Ringshausen (Hrsg.), Bekenntnis, Widerstand, Martyrium. Von Barmen 1934 bis Plötzensee 1944, Göttingen 1986, 11–74.

1063. C. Sykes, Adam von Trott. Eine deutsche Tragödie, Düsseldorf 1969 (engl. 1968).

1064. M. Thielenhaus, Zwischen Anpassung und Widerstand: Deutsche Diplomaten 1938–1941. Die politischen Aktivitäten der Beamtengruppe um Ernst von Weizsäcker im Auswärtigen Amt, Paderborn 1984.

1065. R. G. Graf von Thun-Hohenstein, Der Verschwörer. General Oster und die Militäropposition, Berlin 1982.

1066. G. R. Ueberschär, Gegner des Nationalsozialismus 1933–1945. Volksopposition, individuelle Gewissensentscheidung und Rivalitätskampf konkurrierender Führungseliten als Aspekte der Literatur über Emigration und Widerstand im Dritten Reich zwischen dem 35. und 40. Jahrestag des 20. Juli 1944; in: MGM 35 (1984), 141–196.

1067. M. Voges, Klassenkampf in der „Betriebsgemeinschaft“. Die „Deutschland-Berichte“ der Sopade (1934–1940) als Quelle zum Widerstand der Industriearbeiter im Dritten Reich, in: Arch f. SozG 21 (1981), 329–383.

1068. Ders., Politische Opposition als Organisationsprozeß gesellschaftlicher Erfahrung. Zum Widerstandskonzept der Sopade im Dritten Reich, in: Aus Politik und Zeitgeschichte, Beilage zu „Das Parlament“, B 26/84 vom 30. 6. 1984, 13–24.

1069. Vollmacht des Gewissens, 2 Bde., hrsg. von der Europäischen Publikation e. V., Frankfurt a. M./Berlin 1960–1965.

1070. S. Wegner-Korfes, Graf von der Schulenburg – Mitverschwörer des 20. Juli 1944. Zur außenpolitischen Konzeption des Botschafters des faschistischen Deutschlands in Moskau, in: ZfG 32 (1984), 681–699.

1071. G. Weisenborn (Hrsg.), Der lautlose Aufstand. Bericht über die Widerstandsbewegung des deutschen Volkes 1933–1945, Frankfurt a. M. 4. verb. Aufl. 1974.

1072. R. Werner, Der Jungdeutsche Orden im Widerstand 1933–1945, München 1980.

1073. Widerstand 1933–1945. Sozialdemokraten und Gewerkschafter gegen Hitler. Hrsg. vom Archiv der sozialen Demokratie der Friedrich-Ebert-Stiftung, Bonn/Bad Godesberg 2. Aufl. 1983.

1074. Widerstand und Exil der deutschen Arbeiterbewegung 1933–1945. Grundlagen und Materialien, Bonn 1982.

1075. Zeitzeugen des Widerstands. Karl Anders, Wolf Graf von Baudissin, Willy Brandt, Max Diamant, Josef Felder, Fritz Hallerstede, Richard Löwenthal, Susanne Miller, Käthe Strobel u. a. Demokratische Sozialisten gegen Hitler. Über ein Symposium der Friedrich-Ebert-Stiftung berichtet A. Schlingensiepen, Bonn 1983.

1076. E. Zeller, Geist der Freiheit. Der 20. Juli, München 4. Aufl. 1963.

10. Deutungen

1077. R. Aron, Die letzten Jahre des Jahrhunderts, Stuttgart 1986 (frz. 1984).

1078. D. Blackbourn/G. Eley, Mythen deutscher Geschichtsschreibung. Die gescheiterte bürgerliche Revolution von 1848, Frankfurt a. M./Berlin/Wien 1980.

1079. K. D. Bracher, wie Nr. 103.

1080. Ders., Zeit der Ideologien. Eine Geschichte politischen Denkens im 20. Jahrhundert, Stuttgart 3. Aufl. 1984.

1081. M. Broszat, wie Nr. 108.

1082. D. Calleo, The German Problem Reconsidered. Germany and the World Order, 1870 to the Present, Cambridge/London u. a. 1978 (dt. 1980).

1083. R. Dahrendorf, Demokratie und Sozialstruktur in Deutschland, in: Ders., Gesellschaft und Freiheit. Zur soziologischen Analyse der Gegenwart, München 1961, 260–299.

1084. E. Davidson, Wie war Hitler möglich? Der Nährboden einer Diktatur, Düsseldorf/Wien 1980.

1085. L. Dehio, Gleichgewicht oder Hegemonie. Betrachtungen über ein Grundproblem der europäischen Staatengeschichte, Krefeld o.J. (1948).

1086. Ders., Der Zusammenhang der preußisch-deutschen Geschichte 1640–1945, in: A. Clement u. a., Gibt es ein deutsches Geschichtsbild?, Würzburg 1961, 65–91.

1087. Deutscher Sonderweg – Mythos oder Realität? (Kolloquien des Instituts für Zeitgeschichte), München/Wien 1982.

1088. G. Eley, From Unification to Nazism. Reinterpreting the German Past, London/Sydney 1986.

1089. K. D. Erdmann/H. Schulze (Hrsg.), Weimar. Selbstpreisgabe einer Demokratie. Eine Bilanz heute, Düsseldorf 1980.

1090. B. Faulenbach, Ideologie des deutschen Weges. Die deutsche Geschichte in der Historiographie zwischen Kaiserreich und Nationalsozialismus, München 1980.

1091. H. Gollwitzer, wie Nr. 117.

1092. J. Hiden/J. Farquharson, Explaining Hitler's Germany. Historians and the Third Reich, London 1983.

1093. K. Hildebrand, Hitlers Ort in der Geschichte des preußisch-deutschen Nationalstaates, in: HZ 217 (1973), 584–632.

1094. Ders., Nationalsozialismus ohne Hitler? Das Dritte Reich als Forschungsgegenstand der Geschichtswissenschaft, in: GiWuU 31 (1980), 289–304.

1095. Ders., Der deutsche Eigenweg. Über das Problem der Normalität in der modernen Geschichte Deutschlands und Europas, in: Demokratie und Diktatur – Geist und Gestalt politischer Herrschaft in Deutschland und Europa, Festschrift für K. D. Bracher, hrsg. von M. Funke, H. A. Jacobsen u. a., Düsseldorf 1987, 15–34.

1096. A. Hillgruber, Kontinuität und Diskontinuität in der deutschen Außenpolitik von Bismarck bis Hitler, in: Ders., Großmachtpolitik und Militarismus im 20. Jahrhundert. 3 Beiträge zum Kontinuitätsproblem, Düsseldorf 1974, 11–36.

1097. Ders., Deutsche Großmacht- und Weltpolitik im 19. und 20. Jahrhundert, Düsseldorf 1977 (inzwischen 2. Aufl. 1979).

1098. Ders., Die gescheiterte Großmacht. Eine Skizze des Deutschen Reiches 1871–1945, Düsseldorf 4. Aufl. 1984.

1099. Ders., Zweierlei Untergang. Die Zerschlagung des Deutschen Reiches und das Ende des europäischen Judentums, Berlin 1986.

1100. W. Hofer, 50 Jahre danach. Über den wissenschaftlichen Umgang mit dem Dritten Reich, in: GiWuU 34 (1983), 1–28 (engl. Fassung in: JCH 21 (1986), 225–252).

1101. E. Jäckel, wie Nr. 170.

1102. DERS., wie Nr. 169.

1103. DERS., wie Nr. 171.

1104. DERS., wie Nr. 173.

1105. M. H. KATER, Nazism and the Third Reich in Recent Historiography, in: Canadian Journal of History 20 (1985), 85–101.

1106. I. KERSHAW, wie Nr. 122.

1107. E. KESSEL, Adolf Hitler und der Verrat am Preußentum, in: Aus Politik und Zeitgeschichte, Beilage zu „Das Parlament", B 46/61 vom 15. 11. 1961, 649–661.

1108. H. LÜBBE, Der Nationalsozialismus im deutschen Nachkriegsbewußtsein, in: HZ 236 (1983), 579–599.

1109. G. LUKÁCS, Die Zerstörung der Vernunft, o. O. o. J.

1110. H. MATZERATH/H. VOLKMANN, Modernisierungstheorie und Nationalsozialismus, in: Theorien in der Praxis des Historikers (GG-Sonderheft 3), hrsg. von J. KOCKA, Göttingen 1977, 86–102, Diskussion 102–116.

1111. F. MEINECKE, Die deutsche Katastrophe. Betrachtungen und Erinnerungen, Wiesbaden 1946.

1112. H. MÖLLER, wie Nr. 281.

1113. TH. NIPPERDEY, Nachdenken über die deutsche Geschichte. Essays, München 1986.

1114. E. NOLTE, wie Nr. 234.

1115. DERS., Deutschland und der Kalte Krieg, Stuttgart 2. neubearb. Aufl. 1985.

1116. DERS., Marxismus und industrielle Revolution, Stuttgart 1983.

1117. DERS., Marxismus, Faschismus, Kalter Krieg. Vorträge und Aufsätze 1964–1976, Stuttgart 1977.

1118. H. PLESSNER, Die verspätete Nation. Über die politische Verführbarkeit bürgerlichen Geistes, Stuttgart u. a. 5. Aufl. 1969.

1119. H. RAUSCHNING, Die Revolution des Nihilismus, Zürich 1938.

1120. J. M. RHODES, The Hitler Movement. A Modern Millenarian Revolution, Stanford 1980.

1121. G. RITTER, Europa und die deutsche Frage. Betrachtungen über die geschichtliche Eigenart des deutschen Staatsdenkens, München 1948.

1122. J. C. G. RÖHL (Hrsg.), From Bismarck to Hitler. The Problem of Continuity in German History, London 1970.

1123. TH. SCHIEDER, Das Deutsche Reich in seinen nationalen und universalen Beziehungen 1871 bis 1945, in: Reichsgründung 1870/71. Tatsachen, Kontroversen. Interpretationen, hrsg. von TH. SCHIEDER/E. DEUERLEIN, Stuttgart 1970, 422–454.

1124. D. SCHOENBAUM, wie Nr. 395.

1125. M. STÜRMER, Jenseits des Nationalstaats. Bemerkungen zum deutschen Kontinuitätsproblem, in: Politik und Kultur 2 (1975), 119–138.

1126. S. SURI, Nazism and Social Change in Germany, New Dehli 1959.

Anhang

Zeittafel

	1933
30. 1.	Ernennung Hitlers zum Reichskanzler.
27. 2.	Reichstagsbrand.
28. 2.	„Verordnung des Reichspräsidenten zum Schutz von Volk und Staat."
5. 3.	Reichstagswahl (u. a.: NSDAP 43,9%; DNVP 8%; Zentrum 11,2%; SPD 18,3%; KPD 12,3%).
13. 3.	Ernennung Goebbels' zum Reichsminister für Volksaufklärung und Propaganda.
21. 3.	„Tag von Potsdam".
23. 3.	Gesetz „zur Behebung der Not von Volk und Reich" („Ermächtigungsgesetz").
31. 3.	Erstes Gesetz zur Gleichschaltung der Länder mit dem Reich.
1. 4.	Organisierter Boykott jüdischer Geschäfte.
7. 4.	Zweites Gesetz zur Gleichschaltung der Länder. Einsetzung von Reichsstatthaltern. Gesetz „zur Wiederherstellung des Berufsbeamtentums".
2. 5.	Auflösung der Gewerkschaften.
10. 5.	Öffentliche „Verbrennung undeutschen Schrifttums" durch die nationalsozialistische Studentenführung (in Anwesenheit von Goebbels) auf dem Opernplatz in Berlin.
Juni/Juli	(Selbst-)Auflösung aller Parteien mit Ausnahme der NSDAP.
14. 7.	Gesetz gegen die Neubildung von Parteien. Gesetz „zur Verhütung erbkranken Nachwuchses".
20. 7.	Konkordat zwischen dem Deutschen Reich und dem Vatikan.
22. 9.	Errichtung der Reichskulturkammer.
29. 9.	Reichserbhofgesetz.
4. 10.	Schriftleitergesetz.
14. 10.	Deutschland verläßt die Abrüstungskonferenz; Austritt Deutschlands aus dem Völkerbund.
12. 11.	Sog. Reichstagswahl und Volksabstimmung.
	1934
20. 1.	Gesetz „zur Ordnung der nationalen Arbeit".
26. 1.	Nichtangriffspakt zwischen Deutschland und Polen.

30. 1.	Gesetz „über den Neuaufbau des Reiches".
20. 4.	Ernennung Himmlers zum Chef der Gestapo in Preußen.
24. 4.	Bildung des „Volksgerichtshofes".
14./15. 6.	Erstes Treffen Hitlers und Mussolinis in Venedig.
17. 6.	Rede von Papens in Marburg.
30. 6.	Sog. „Röhm-Revolte".
25. 7.	Nationalsozialistischer Putsch in Österreich. Ermordung des österreichischen Bundeskanzlers Engelbert Dollfuß.
2. 8.	Tod von Hindenburgs. Vereinigung der Ämter des Reichskanzlers und des Reichspräsidenten durch den „Führer und Reichskanzler Adolf Hitler", auf dessen Person als „Oberster Befehlshaber" die Wehrmacht am gleichen Tag vereidigt wird.
19. 8.	Volksabstimmung zum Gesetz vom 2. 8. 1934.
	1935
13. 1.	Volksabstimmung im Saargebiet: 91% der abgegebenen Stimmen für die Rückführung ins Reich.
16. 3.	Wiedereinführung der allgemeinen Wehrpflicht. Aufhebung der militärischen Bestimmungen des Versailler Vertrages durch Hitler.
11.–14. 4.	Konferenz von Stresa (Beschluß, „sich . . . jeder einseitigen Aufkündigung von Verträgen zu widersetzen").
21. 5.	Hitlers Reichstagsrede mit dem „Friedensprogramm" von dreizehn Punkten.
18. 6.	Deutsch-englisches Flottenabkommen.
26. 6.	Einführung der Arbeitsdienstpflicht.
15. 9.	Die antisemitischen „Nürnberger Gesetze" („Gesetze zum Schutz des deutschen Blutes und der deutschen Ehre" und „Reichsbürgergesetz") entrechten und diskriminieren die jüdische Bevölkerung Deutschlands.
	1936
7. 3.	Einmarsch deutscher Truppen in das durch den Versailler Vertrag entmilitarisierte Rheinland. Verletzung des Locarno-Vertrages.
29. 3.	In den „Reichstagswahlen" wird Hitlers Politik mit 99% der abgegebenen Stimmen gebilligt.
11. 7.	Deutsch-österreichisches Abkommen.
25./26. 7.	Hitlers Entscheidung zum deutschen Eingreifen in den am 17.7.1936 begonnenen Spanischen Bürgerkrieg.
1. 8.	Beginn der Olympischen Spiele in Berlin.
24. 8.	Einführung der zweijährigen Wehrdienstpflicht.
9. 9.	Verkündigung des „Vierjahresplanes" auf dem Nürnberger Reichsparteitag (8.–14. 9. 1936).
25. 10.	Deutsch-italienischer Vertrag („Achse Berlin-Rom").
25. 11.	Antikominternpakt zwischen Deutschland und Japan.
1. 12.	„Gesetz über die Hitlerjugend" macht die HJ zur Staatsjugend.

1937

30. 1.	Verlängerung des „Ermächtigungsgesetzes" um vier Jahre.
14. 3.	Enzyklika von Papst Pius XI.: „Mit brennender Sorge".
25.–28. 9.	Besuch Mussolinis in Deutschland.
5. 11.	Hitlers Ansprache vor den Oberbefehlshabern der drei Wehrmachtteile und dem Reichsaußenminister über seine außenpolitischen Ziele („Hoßbach-Niederschrift").
6. 11.	Italien tritt dem Antikominternpakt bei.
19. 11.	Lord Halifax besucht Hitler auf dem Obersalzberg.
26. 11.	Entlassung Schachts als Reichswirtschaftsminister.

1938

4. 2.	Entlassung des Reichskriegsministers von Blomberg und des Oberbefehlshabers des Heeres Frhr. von Fritsch. Hitler wird „Oberbefehlshaber der Wehrmacht". Schaffung des Oberkommandos der Wehrmacht (Chef: General Keitel).
	Ersetzung des Reichsaußenministers von Neurath durch von Ribbentrop.
12. 2.	Unterredung zwischen dem österreichischen Bundeskanzler von Schuschnigg und Hitler auf dem Obersalzberg.
12. 3.	Einmarsch deutscher Truppen in Österreich.
13. 3.	Gesetz über die „Wiedervereinigung Österreichs mit dem Deutschen Reich" („Anschluß").
10. 4.	Volksabstimmung über die Wiedervereinigung Österreichs mit dem Deutschen Reich.
24. 4.	Konrad Henleins Sudetendeutsche Partei fordert Autonomie für die sudetendeutschen Gebiete der Tschechoslowakei.
20. 5.	Mobilmachung der Tschechoslowakei („Wochenendkrise").
30. 5.	Hitlers Weisung an die Wehrmacht zur Zerschlagung der Tschechoslowakei.
18. 8.	Rücktritt des Chefs des Generalstabes des Heeres Beck.
15. 9.	Unterredung des britischen Premierministers Neville Chamberlain mit Hitler in Berchtesgaden über die „Sudetenkrise".
22.–24. 9.	Unterredung Neville Chamberlains mit Hitler in Bad Godesberg zur Regelung der „Sudetenkrise".
26. 9.	Hitlers Rede im Sportpalast. Versicherung, die Abtretung des Sudetenlandes sei seine letzte territoriale Revisionsforderung in Europa.
September	Vorbereitung einer nicht zum Zuge kommenden Aktion der konservativen Opposition, insbesondere führender Militärs, gegen Hitler.
29. 9.	Münchener Konferenz zwischen Hitler, Mussolini, Neville Chamberlain und Daladier beschließt unter anderem die Abtretung der sudetendeutschen Gebiete an das Deutsche Reich.
30. 9.	Gemeinsame Erklärung Hitlers und Neville Chamberlains.
1. 10.	Beginn des Einmarsches deutscher Truppen in die sudetendeutschen Gebiete.

21. 10.	Erste Weisung Hitlers zur „Erledigung der Resttschechei".
7. 11.	Attentat des jüdischen Emigranten Herschel Grynszpan auf den Legationssekretär Ernst vom Rath in der deutschen Botschaft in Paris. Vom Rath stirbt am 9. 11.
9. 11.	Organisierte Ausschreitungen gegen die deutschen Juden in der sog. „Reichskristallnacht".
12. 11.–3. 12.	Kollektivbestrafung und Sonderverordnungen gegen die deutschen Juden.
6. 12.	Unterzeichnung der deutsch-französischen Nichtangriffserklärung in Paris.
	1939
20. 1.	Entlassung Schachts als Reichsbankpräsident.
30. 1.	Hitlers „Prophezeiung" vor dem Großdeutschen Reichstag über „die Vernichtung der jüdischen Rasse in Europa" während eines künftigen „Weltkrieg[es]".
15. 3.	Einmarsch der deutschen Truppen in die Tschechoslowakei („Griff nach Prag").
16. 3.	Bildung des Reichsprotektorats Böhmen und Mähren.
21. 3.	Hitler fordert von Polen die Rückgabe Danzigs und den Bau einer exterritorialen Auto- und Eisenbahn durch den Korridor. Er bietet eine langfristige Garantie der deutsch-polnischen Grenze an.
23. 3.	Die Slowakei stellt sich unter den „Schutz" des Deutschen Reiches.
	Unter politischem Druck gibt Litauen das Memelgebiet an das Deutsche Reich zurück. Einmarsch der deutschen Truppen.
	Deutsch-rumänisches Handelsabkommen.
27. 3.	Spanien tritt dem Antikomintern-Pakt bei.
31. 3.	Britische und französische Garantieerklärung für die Unabhängigkeit Polens.
22. 5.	Abschluß eines Militärbündnisses zwischen Italien und Deutschland („Stahlpakt").
23. 8.	Abschluß des deutsch-sowjetischen Nichtangriffspakts (mit geheimem Zusatzprotokoll), sog. „Hitler-Stalin-Pakt".
25. 8.	Hitlers „großzügiges" Angebot an Großbritannien zur Zusammenarbeit für die Zeit *nach* Beilegung der Auseinandersetzung mit Polen.
27. 8.	Einführung der Rationierung von Lebensmitteln in Deutschland.
1. 9.	Beginn des deutschen Angriffs auf Polen.
3. 9.	Großbritannien und Frankreich erklären dem Deutschen Reich den Krieg.
27. 9.	Kapitulation von Warschau.
	Gründung des „Reichssicherheitshauptamtes".
6. 10.	Hitlers „Friedensappell" an die Westmächte.
7. 10.	Himmlers Bestellung zum „Reichskommissar für die Festigung deutschen Volkstums".

9. 10.	Hitlers erste Weisung zum Angriff im Westen.
12. 10.	Ernennung Franks zum Generalgouverneur der besetzten polnischen Gebiete („Generalgouvernement").
Oktober	Auf den 1. 9. zurückdatierter Führererlaß zum sog. „Euthanasieprogramm".
8. 11.	Georg Elsers Attentat auf Hitler im Münchener Bürgerbräukeller.
	1940
11. 2.	Deutsch-sowjetisches Wirtschaftsabkommen.
1. 3.	Erste operative Weisung Hitlers für die Besetzung Dänemarks und Norwegens (Unternehmen „Weserübung").
18. 3.	Treffen Hitlers und Mussolinis am Brenner.
9. 4.	Besetzung Dänemarks. Invasion in Norwegen.
10. 5.	Deutscher Angriff gegen Belgien, die Niederlande, Luxemburg und Frankreich.
15. 5.	Kapitulation der niederländischen Streitkräfte.
28. 5.	Kapitulation Belgiens.
10. 6.	Kriegseintritt Italiens.
	Kapitulation der norwegischen Streitkräfte.
18. 6.	Treffen Hitlers und Mussolinis in München.
22. 6.	Waffenstillstand zwischen Deutschland und Frankreich in Compiègne.
16. 7.	Hitlers Weisung für die Vorbereitungen einer Landung in England (Unternehmen „Seelöwe").
19. 7.	Reichstagsrede Hitlers: letzter „Friedensappell" an Großbritannien.
31. 7.	Besprechung Hitlers mit von Brauchitsch, Halder, Keitel, Jodl u. a. auf dem Berghof: Das Vorhaben, die Sowjetunion anzugreifen, konkretisiert sich in der Gedankenbildung Hitlers.
13. 8.	Beginn der Luftschlacht um England.
27. 9.	Dreimächte-Pakt zwischen Deutschland, Italien und Japan.
4. 10.	Treffen Hitlers und Mussolinis am Brenner.
12. 10.	Abbruch der Vorbereitungen für das geplante Unternehmen „Seelöwe".
23. 10.	Treffen Hitlers und Francos in Hendaye.
24. 10.	Treffen Hitlers mit Pétain und Laval in Montoire.
28. 10.	Italienischer Angriff auf Griechenland. Treffen Hitlers und Mussolinis in Florenz.
12./13. 11.	Besuch Molotows in Berlin.
18. 12.	Unterzeichnung der Weisung Nr. 21 („Barbarossa") durch Hitler, die die Vorbereitung für den Ostfeldzug „bis zum 15. 5. 1941 abzuschließen" befiehlt.
	1941
19./20. 1.	Treffen Hitlers und Mussolinis auf dem Berghof.
2. 3.	Einmarsch deutscher Truppen in Bulgarien.

30. 3.	In Hitlers Ansprache vor über zweihundert führenden Offizieren werden Grundzüge des „Kommissar-Befehls" (6. 6. 1941) im Zuge des geplanten Vernichtungskrieges im Osten angekündigt.
31. 3.	Angriff des deutschen „Afrika-Korps" unter Rommel in der Cyrenaika.
6. 4.	Beginn des Feldzuges gegen Jugoslawien und Griechenland.
17. 4.	Kapitulation Jugoslawiens.
23. 4.	Kapitulation Griechenlands.
10. 5.	Flug des „Stellvertreters des Führers", Rudolf Heß, nach Schottland.
12. 5.	Martin Bormann wird Heß' Nachfolger als Leiter der Parteikanzlei.
13. 5.	Erlaß Hitlers über die Ausübung der Kriegsgerichtsbarkeit im Gebiet des geplanten Unternehmens „Barbarossa" (Vorgehen gegen die sowjetische Zivilbevölkerung).
2. 6.	Treffen Hitlers und Mussolinis am Brenner.
6. 6.	„Kommissar-Befehl" des OKW enthält die „Richtlinien für die Behandlung politischer Kommissare" der Roten Armee.
11. 6.	Entwurf der „Führerweisung Nr. 32" durch den Wehrmachtführungsstab über die Strategie nach Beendigung des Unternehmens „Barbarossa". Von Hitler nicht unterzeichnet.
22. 6.	Angriff gegen die Sowjetunion. „Einsatzgruppen" des SD und der Sipo beginnen mit der systematischen Vernichtung der in den eroberten Territorien im Osten lebenden Juden.
Juni	Unter Berufung auf Hitler befiehlt Himmler dem Kommandanten des Lagers Auschwitz, Höß, die Schaffung von Vergasungsanlagen.
8. 7.	Hitlers Entschluß, Leningrad und Moskau „dem Erdboden gleichzumachen".
14. 7.	Weisung Hitlers, den Schwerpunkt der Rüstung vom Heer auf die Kriegsmarine und die Luftwaffe zu legen, um für den nach dem als sicher erwarteten Sieg über die Sowjetunion gegen die angelsächsischen Mächte zu führenden Krieg gerüstet zu sein. Hitler schlägt dem japanischen Botschafter Oshima ein umfassendes Offensivbündnis zwischen Deutschland und Japan vor, um „gemeinsam" die UdSSR und die USA zu „vernichten".
15. 7.	Der Leiter des Planungsamtes im Stabshauptamt des „Reichskommissariats für die Förderung des deutschen Volkstums", Meyer-Hetling, der dazu am 24. 6. 1941 von Himmler den Auftrag erhalten hatte, legt den Entwurf eines „Generalplans Ost" vor.
16. 7.	Hitler legt im Beisein von Rosenberg, Göring, Keitel, Lammers und Bormann die politischen Zukunftsziele im Osten fest (u. a. Aufteilung der UdSSR in vier Reichskommissariate).

17. 7.	Rosenberg wird Chef des neugebildeten „Reichsministeriums für die besetzten Ostgebiete". Himmler wird mit der "politischen Sicherung der neubesetzten Ostgebiete" beauftragt.
21. 7.	Hitler eröffnet dem kroatischen Verteidigungsminister Kvaternik gegenüber sein Vorhaben, die Juden aus Europa zu entfernen.
31. 7.	Beauftragung Heydrichs mit den „Vorbereitungen für eine Gesamtlösung der Judenfrage in Europa".
August	Anhalten und Einschränkung des sog. „Euthanasieprogramms".
19. 9.	Einführung des Judensterns im Deutschen Reich.
19. 11.	Hitlers Resignation über den stockenden Vormarsch im Osten findet ihren Ausdruck in der „Erkenntnis, daß die beiden Feindgruppen sich nicht vernichten können".
1. 12.	Generalfeldmarschall von Bock, Oberbefehlshaber der Heeresgruppe Mitte im Osten, meldet, der Zeitpunkt sei „sehr nahe gerückt . . ., in dem die Kraft der Truppe völlig erschöpft ist". Der deutsche Vormarsch kommt vor Moskau zum Stehen.
Dezember	Beginn der Vernichtung von Juden durch Vergasung in Chelmno.
7. 12.	„Nacht- und Nebel-Erlaß" Hitlers.
11. 12.	Kriegserklärung Deutschlands (und Italiens) an die USA, nachdem die USA am 8. 12. Japan als Reaktion auf den japanischen Überfall auf Pearl Harbor am 7. 12. den Krieg erklärt hatten.
19. 12.	Hitler übernimmt den Oberbefehl über das Heer.
	1942
6. 1.	Präsident Roosevelt nennt die „Zerschmetterung des deutschen Militarismus" als Kriegsziel der USA.
14. 1.	Ende der „Arcadia"-Konferenz zwischen Churchill und Roosevelt: Konzentration der alliierten Kriegführung auf Europa gegen Deutschland.
18. 1.	Deutsch-italienisch-japanische Militärabmachung mit der Abgrenzung von „Operationszonen" (70 Grad Ost).
20. 1.	„Wannsee-Konferenz" der Staatssekretäre der wichtigsten deutschen Ministerien unter Vorsitz des Chefs des Reichssicherheitshauptamtes Heydrich (Ankündigung der „Endlösung der Judenfrage" in ganz Europa durch „Evakuierung" in den Osten und „andere Maßnahmen").
8. 2.	Nachfolger des tödlich verunglückten Reichsministers Fritz Todt (seit 17. 3. 1940 Reichsminister für Bewaffnung und Munition) wird Albert Speer.
23. 2.	In seinem Befehl Nr. 55 erklärt Stalin: „Die Hitler kommen und gehen; das deutsche Volk, der deutsche Staat bleiben".
21. 3.	Ernennung von Gauleiter Sauckel zum Generalbevollmächtigten des Arbeitseinsatzes.

26. 4. Der Reichstag bestätigt Hitler als „Obersten Gerichtsherrn".
29./30. 4. Treffen Hitlers und Mussolinis auf dem Berghof.
7. 5. Erlaß Hitlers über die einheitliche Steuerung der Rüstung.
26. 5. Attentat auf Heydrich in Prag.
30./31. 5. Britischer Großangriff auf Köln (erster Tausend-Bomber-Angriff auf eine deutsche Stadt).
10. 6. Zur „Vergeltung" für den am 4. 6. seinen Attentatsverletzungen erlegenen stellvertretenden „Reichsprotektor für Böhmen und Mähren", Reinhard Heydrich, wird das tschechische Dorf Lidice vernichtet.
12. 6. Himmler billigt den sog. „Generalplan Ost" (Plan einer Aussiedlung der Polen, Tschechen, Ukrainer und Weißruthenen nach Sibirien).
3. 7. Deutsch-italienischer Vormarsch in Nordafrika kommt hundert Kilometer westlich von Alexandria (Enge von El Alamein) zum Stehen.
21./22. 7. Beginn der systematischen Deportierung der ca. 350 000 Juden des Warschauer Ghettos in das Vernichtungslager Treblinka.
20. 8. Roland Freisler wird Präsident des Volksgerichtshofes. Der bisherige Präsident Otto Thierack tritt die Nachfolge des am 29. 1. 1941 verstorbenen Reichsjustizministers Gürtner an.
25. 8. Befehl Hitlers für den Bau des „Atlantik-Walles".
3. 11. Britischer Durchbruch bei El Alamein. Beginn des Rückzuges des deutschen „Afrika-Korps".
11. 11. Deutscher Einmarsch in das bislang unbesetzte französische Gebiet als Reaktion auf die Landung der Alliierten in Nordafrika („Operation Torch") am 7.–8. 11.
19. 11. Sowjetische Gegenoffensive bei Stalingrad.
23. 11. Stalingrad von sowjetischen Truppen eingeschlossen.

1943

13. 1. Erlaß Hitlers über den Einsatz der Männer und Frauen für die Aufgaben der Reichsverteidigung.
14.–25. 1. Konferenz von Casablanca zwischen Roosevelt und Churchill verkündet die Forderung nach „bedingungsloser Kapitulation" (unconditional surrender).
27. 1. Verordnung des „Generalbevollmächtigten für den Arbeitseinsatz", Gauleiter Sauckel, zur Führung des totalen Krieges.
31. 1.–2. 2. Kapitulation der 6. Armee in Stalingrad.
11. 2. Beginn der Einberufung von Schülern, die das 15. Lebensjahr vollendet haben, zur Dienstleistung als Luftwaffenhelfer.
18. 2. In seiner Rede im Berliner Sportpalast verkündet Goebbels den „totalen Krieg".
Widerstand der Münchener Studentengruppe „Weiße Rose" gegen das nationalsozialistische Regime. Verhaftung von Hans und Sophie Scholl.

27. 2.	Deportation der in der Berliner Rüstungsindustrie arbeitenden Juden nach Auschwitz.
13. 3.	Attentat der Widerstandsbewegung auf Hitler mißlingt.
21. 3.	Attentatsvorhaben der Widerstandsbewegung auf Hitler in Berlin gescheitert.
8.–9. 4.	Treffen Hitlers und Mussolinis in Kleßheim.
13. 4.	Bei Katyn (in der Nähe von Smolensk) werden die Massengräber mit den Leichen von über 4100 polnischen Offizieren, die im Frühjahr 1940 von der sowjetischen NKWD ermordet worden sind, entdeckt.
19. 4.	Beginn des Aufstands im Warschauer Ghetto, der bis zum 19. 5. blutig niedergeschlagen wird.
19. 5.	Berlin wird für „judenfrei" erklärt.
24. 5.	Abbruch der Geleitzugsbekämpfung im Atlantik. Wende des U-Boot-Krieges.
10. 6.	Beginn der in Casablanca (14.–25. 1. 1943) beschlossenen „Combined Bomber Offensive" der Engländer und Amerikaner gegen Deutschland.
5. 7.	Beginn des Unternehmens „Zitadelle" (deutsche Offensive gegen den sowjetischen Frontbogen um Kursk).
10. 7.	Alliierte Landung auf Sizilien.
12. 7.	Beginn der sowjetischen Sommeroffensiven (hier: auf Orel).
12./13. 7.	Gründung des „Nationalkomitee Freies Deutschland" in Krasnogorsk bei Moskau.
13. 7.	Scheitern des Unternehmens „Zitadelle".
19. 7.	Treffen Hitlers und Mussolinis in Feltre.
24. 7.–3. 8.	Zerstörung großer Teile von Hamburg durch Bomberangriffe.
25. 7.	Sturz Mussolinis und Ende des faschistischen Regimes in Italien.
6. 8.	Goebbels' Ankündigungen einer Evakuierung der Berliner Bevölkerung.
14.–24. 8.	Treffen Roosevelts und Churchills in Quebec (u. a. Planung für die Invasion in Frankreich).
24. 8.	Himmler wird Reichsinnenminister.
2. 9.	Erlaß Hitlers über die Konzentration der Kriegswirtschaft (Umwandlung des Ministeriums für „Bewaffnung und Munition" in das „Reichsministerium für Rüstung und Kriegsproduktion").
8. 9.	Nach Veröffentlichung des am 3. 9. geschlossenen und zunächst noch geheimgehaltenen Waffenstillstandes zwischen Italien und den Alliierten beginnt die deutsche Besetzung Nord- und Mittelitaliens.
19.–30. 10.	Moskauer Konferenz zwischen den Außenministern der UdSSR (Molotow), Großbritanniens (Eden), der USA (Hull) über die Nachkriegsplanungen.
28. 11.–1. 12.	Teheraner Konferenz zwischen Roosevelt, Churchill und Stalin (u. a. Unterrichtung Stalins über den vorgesehenen Termin –

	1. 5. 1944 – der alliierten Invasion in Frankreich; Kriegsziele und Zukunftsplanung gegenüber Deutschland).
22. 12.	Einführung des „NS-Führungsoffiziers".
	1944
19. 3.	Besetzung Ungarns durch deutsche Truppen.
6. 6.	Alliierte Invasion in Nordwestfrankreich.
10. 6.	Zerstörung des französischen Dorfes Oradour-sur-Glane und Tötung seiner Einwohner als Vergeltung für Greueltaten französischer Partisanen.
22. 6.	Beginn der sowjetischen Sommeroffensive gegen die deutsche Heeresgruppe Mitte.
3. 7.	Zusammenbruch der Heeresgruppe Mitte im Osten.
20. 7.	Attentat von Stauffenbergs auf Hitler. Staatsstreichversuch in Berlin und Paris.
23. 7.	Einführung des „Deutschen Grußes" in der Wehrmacht.
28. 7.	Zweite „Hydrier-Denkschrift" Speers (erste Denkschrift am 30. 6. 1944) verdeutlicht Hitler die katastrophale Lage der synthetischen Treibstoffherstellung als Folge der alliierten Luftoffensive gegen die Hydrierwerke seit dem 12. 4. 1944.
1. 8.	Hitlers Verfügung über Sippenhaftung.
	Beginn des Warschauer Aufstandes der polnischen „Heimatarmee".
23. 8.	Umsturz in Rumänien. Kapitulation vor den sowjetischen Streitkräften.
8. 9.	Kriegserklärung Bulgariens an das Deutsche Reich.
11. 9.	Amerikaner erreichen die Reichsgrenze.
11. 9.–16. 9.	Zweite Konferenz in Quebec zwischen Roosevelt und Churchill (u. a. Unterzeichnung des 1. Zonenprotokolls für Deutschland).
25. 9.	(Am 18. 10. veröffentlicher) Erlaß Hitlers, alle waffenfähigen Männer zwischen sechzehn und sechzig Jahren zum „Deutschen Volkssturm" aufzurufen.
2. 10.	Ende des Warschauer Aufstandes.
Ende Oktober	Einstellung der Vergasungen in Auschwitz.
26. 11.	Himmlers Befehl zur Zerstörung der Auschwitzer Krematorien.
16.–24. 12.	Hitlers Ardennen-Offensive.
	1945
3. 1.	Alliierte Gegenoffensive in den Ardennen.
12. 1.	Sowjetische Offensive an der Weichsel.
14. 1.	Sowjetische Offensive zur Eroberung Ostpreußens.
23. 1.	Sowjetische Truppen erreichen die Oder in Schlesien.
4.–11. 2.	Konferenz von Jalta (u. a. Behandlung der Zukunftsplanungen für Deutschland).
12. 2.	Frauen werden zum Hilfsdienst für den „Volkssturm" aufgerufen.

13./14. 2.	Alliierte Bombardierung Dresdens.
7. 3.	Amerikanischer Rheinübergang bei Remagen.
19. 3.	Hitlers Befehl „Verbrannte Erde" („Nero-Befehl"). Ausführungsbestimmungen des Oberkommandos der Wehrmacht vom 30. 3. und 4. 4. heben den Befehl praktisch auf.
2. 4.	Aufruf zum „Werwolf".
12. 4.	Harry S. Truman wird Nachfolger des plötzlich verstorbenen Präsidenten Roosevelt.
25. 4.	Amerikanische und sowjetische Truppen treffen sich bei Torgau an der Elbe.
30. 4.	Hitler begeht Selbstmord.
2. 5.	Dönitz tritt als „Reichspräsident" die Nachfolge Hitlers an und verlegt am 2. 5. sein Hauptquartier nach Flensburg.
5. 5.	Bildung einer „Geschäftsführenden Reichsregierung" unter Graf Schwerin von Krosigk.
7.–8./9. 5.	Unterzeichnung der deutschen Kapitulation in Reims und Berlin-Karlshorst. Waffenruhe in Europa.
23. 5.	Verhaftung und Gefangennahme aller Mitglieder der Reichsregierung Dönitz und des Oberkommandos der Wehrmacht in Flensburg-Mürwik.

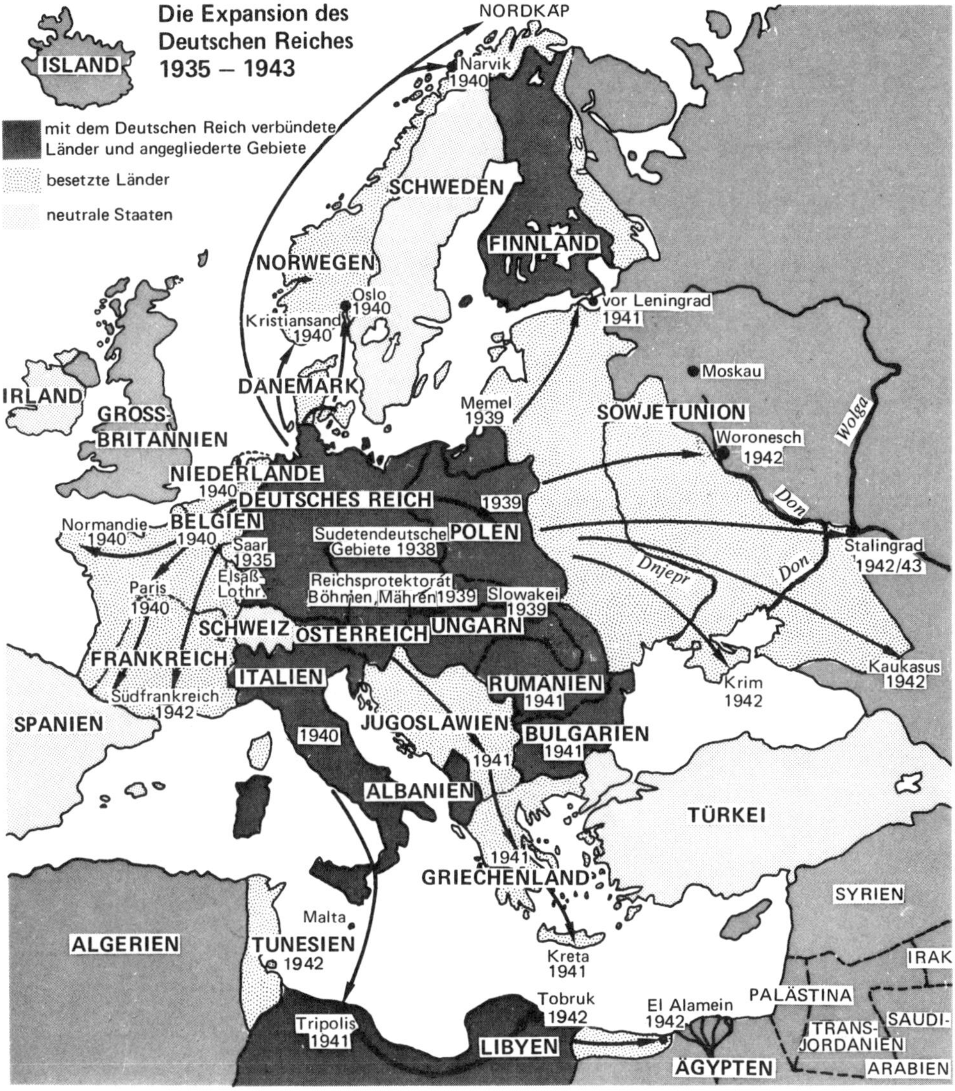
Die Expansion des Deutschen Reiches 1935 – 1943
mit dem Deutschen Reich verbündete Länder und angegliederte Gebiete
besetzte Länder
neutrale Staaten
ISLAND
NORDKAP
Narvik 1940
SCHWEDEN
FINNLAND
NORWEGEN
Oslo 1940
Kristiansand 1940
vor Leningrad 1941
Moskau
DÄNEMARK
IRLAND
GROSS-BRITANNIEN
Memel 1939
SOWJETUNION
Woronesch 1942
Wolga
NIEDERLANDE 1940
DEUTSCHES REICH
1939
Don
Normandie 1940
BELGIEN 1940
Saar 1935
Sudetendeutsche Gebiete 1938
POLEN
Stalingrad 1942/43
Elsaß-Lothr.
Reichsprotektorat Böhmen, Mähren 1939
Slowakei 1939
Dnjepr
Don
Paris 1940
SCHWEIZ
ÖSTERREICH
UNGARN
FRANKREICH
ITALIEN
RUMÄNIEN 1941
Krim 1942
Kaukasus 1942
Südfrankreich 1942
SPANIEN
1940
JUGOSLAWIEN 1941
BULGARIEN 1941
ALBANIEN
TÜRKEI
1941
GRIECHENLAND
SYRIEN
Malta
ALGERIEN
TUNESIEN 1942
Kreta 1941
IRAK
Tobruk 1942
El Alamein 1942
PALÄSTINA
Tripolis 1941
LIBYEN
TRANS-JORDANIEN
SAUDI-ARABIEN
ÄGYPTEN

Abkürzungsverzeichnis der wichtigsten Zeitschriften

Arch. f. SozG	=	Archiv für Sozialgeschichte
AHR	=	American Historical Review
CEH	=	Central European History
EHQ	=	European History Quarterly
EHR	=	English Historical Review
GiWuU	=	Geschichte in Wissenschaft und Unterricht
GG	=	Geschichte und Gesellschaft
H. Jb.	=	Historisches Jahrbuch der Görres-Gesellschaft
HJ	=	Historical Journal
HZ	=	Historische Zeitschrift
Int. Rev. Soc. Hist.	=	International Review of Social History
JCH	=	Journal of Contemporary History
JGL	=	Jahrbuch für Geschichte Lateinamerikas
JGO	=	Jahrbücher für Geschichte Osteuropas
JMH	=	Journal of Modern History
MGM	=	Militärgeschichtliche Mitteilungen
NPL	=	Neue Politische Literatur
Rev. 2. guerre mond.	=	Revue d'histoire de la deuxième guerre mondiale
Saec.	=	Saeculum
VSWG	=	Vierteljahrschrift für Sozial- und Wirtschaftsgeschichte
VfZg	=	Vierteljahrshefte für Zeitgeschichte
ZfG	=	Zeitschrift für Geschichtswissenschaft

Personenregister

Die Register für die 3., überarbeitete und ergänzte Auflage fertigte Herr Christoph Studt M. A. an.

Nicht aufgenommen wurde der Name „Hitler".

Abendroth, H.-H. 196
Abraham, D. 166f.
Adam, U.D. 202
Adamthwaite, A.P. 199
Adenauer, K. 94, 159
Aigner, D. 192
Allardyce, G. 143f., 147
Altgeld, W. 210, 216
Antonescu, I. 89
Aquarone, A. 146
Ara, A. 146
Arendt, H. 129
Aretin, K.O. Frhr. von 133
Aron, R. 24, 130, 135
Attlee, C.R. 89
Auerbach, H. 118
Auerbach, I. 199
Ayçoberry, P. 120, 162, 232

Backes, U. 179
Badoglio, P. 91
Bauer, O. 124, 126
Beck, L. 52, 97, 100, 108, 212, 216, 302
Bell, G.K.A. (Bischof von Chichester) 100
Benz, W. 218
Bergander, G. 93
Besson, W. 135ff., 150
Best, W. 76
Bethmann Hollweg, Th. von 190
Bettelheim, Ch. 157
Beveridge, W.H. 173
Binion, R. 153
Birkenfeld, W. 176
Bismarck, O. von 98, 104, 110ff., 133, 214, 223ff., 231
Blackbourn, D. 230
Bloch, Ch. 197
Blomberg, W. von 1, 12, 14, 31, 51, 302
Bock, F. von 306
Bodelschwingh, F. von 12, 84
Bodensieck, H. 169
Boehm, H. 77
Boelcke, W.A. 157, 170f.
Bollmus, R. 180
Bonnet, G. 34
Borchardt, K. 162
Borkenau, F. 126
Borkin, J. 171
Bormann, M. 74, 79, 305
Bosch, M. 136, 202
Bose, H. von 13
Bouhler, Ph. 84
Bracher, K.D. 22, 70, 84, 107, 117, 119, 123, 127, 130, 133, 140, 147ff., 158, 163, 178ff., 190, 197, 200, 209, 231, 233
Bramwell, A. 169
Brandt, K. 84
Brauchitsch, W. von 51, 304
Bredow, K. von 13, 51
Breschnew, L. 130
Brill, H. 212
Broszat, M. XI, 46, 115, 132, 141, 154, 163, 170f., 179f., 183ff., 187f., 196, 200ff., 210, 219ff., 232
Browning, Ch. 201, 204
Brüggemeyer, F.J. 186
Brüning, H. 4, 15, 18, 125
Brzezinski, Z. 129
Buchheim, H. 213
Buchstab, G. 218
Bülow, B. von 226
Bullock, A. 135, 150f., 153, 185, 191, 203
Burckhardt, C.J. 41
Burckhardt, J. 154

Camus, A. XII
Calleo, D. 230
Campbell, C. 167
Campbell, F. G. 197
Carls, R. 36f.
Chamberlain, N. 28, 30, 33ff., 39f., 99, 302
Churchill, W. 59, 61, 68, 88f., 94, 199, 306ff.
Ciano, G. Graf 27, 66
Cienciala, A. M. 197
Croce, B. X
Czichon, E. 166, 174

Dahlerus, B. 42
Dahrendorf, R. 151, 214, 228
Daladier, E. 302
Darré, R. W. 9
Dawidowicz, L. 202
Dehio, L. 223ff.
Deist, W. 175
Deuerlein, E. 119, 150
Diehl-Thiele, P. 141
Dimitroff, G. 158
Dipper, Ch. 196, 215
Dönitz, K. 93, 95, 184, 310
Dollfuß, E. 301
Dülffer, J. 125, 142
Duroselle, J. B. 199

Eden, A. 90, 308
Ehlers, D. 212
Eichholtz, D. 140, 159, 174
Eisenhower, D. D. 92f.
Eitner, H.-J. 152f.
Eley, G. 230
Elser, G. 99, 304
Eltz-Rübenach, P. Frhr. von 1
Ender, W. 131
Engels, F. 127
Epp, F. X. Ritter von 37
Erbe, R. 171
Erdmann, K. D. 46, 50, 96, 117, 123, 138, 148, 154, 164, 168 194, 216
Erhard, L. 134

Falkenhausen, A. von 77
Falkenhorst, N. von 76
Falter, J. W. 163ff.
Farquharson, J. E. 9, 120, 136, 157
Faulenbach, B. 231
Feldman, G. D. 167
Felice, R. de 130, 144, 147, 149, 185
Fest, J. 83, 131, 150f., 207
Finker, K. 210
Fischer, C. 129, 164
Fischer, F. 134, 225f.
Fischer, W. 157, 169, 171, 184
Flaig, H. 10
Fleming, G. 201
Forstmeier, F. 159, 169, 171f., 181, 184
Fraenkel, E. 4, 132f.
Franco, F. 27f., 59, 63, 304
Frank, H. 56, 75, 138, 304
Freisler, R. 72, 307
Frick, W. 1, 12
Friedeburg, H.-G. von 93
Friedländer, S. 217
Friedrich, C. J. 129
Friedrich Wilhelm I. 223
Fritsch, W. Frhr. von 31, 51, 302
Funk, W. 46

Galen, C. A. Graf von 84
Gall, L. 223
Gaulle, Ch. de 68, 92
Gay, P. 152
Geary, D. 129
Geiger, Th. 163
Georg, E. 170
Gerstein, K. 217
Geyer, M. 175
Gilbert, M. 206
Gillingham, J. 171
Gisevius, H. B. 150, 211
Globocnik, O. 81
Goebbels, J. 1, 4, 6, 37, 44, 73, 82, 89, 91, 94, 101, 204, 300, 307f.
Goerdeler, C. 97f., 100f., 212, 216
Göring, H. 1f., 11, 13, 27, 32, 34, 38, 40ff., 45ff., 51, 71, 74, 79, 143, 170ff., 177, 184, 196, 207, 305
Gossweiler, K. 140, 174
Gotto, K. 220
Graf, W. 99
Graml, H. 132, 213
Gramsci, A. 166
Gregor, A. J. 144
Groehler, O. 189
Grohé, J. 77
Grundmann, F. 169
Grynszpan, H. 38, 303
Guérin, D. 126
Gürtner, F. 1, 307

Haakon VII. 76
Habermas, J. 166
Hänel, W. 132
Hänisch, D. 164
Haffner, S. 94, 152, 180f., 205f.
Hagtvet, B. 143
Haile Selassie 26
Halder, F. 60, 65, 304
Halévy, E. 200, 232
Halifax, E.F. Viscount 30, 195, 302
Hamilton, R. 163f.
Hanneken, H. von 76
Harnack, A. von 97, 216
Harriman, A. 88
Hassell, U. von 25, 95, 97f., 211
Haubach, Th. 216
Hauner, M. 192, 195
Hauser, O. 169
Hayek, F.A. von 131
Hegel, G.W.F. 154
Hehl, U. von 188
Heiber, H. 150
Heiden, K. 131, 192
Held, H. 6
Henke, K.-D. 132
Henke, J. 116, 183
Henlein, K. 33, 302
Hennig, E. 157, 167
Henning, H.J. 170
Herbert, U. 156
Herbst, L. 157, 172f.
Herde, P. 192
Hermlin, St. 210f.
Herre, F. 118
Heß, R. 65, 74, 305
Heuss, Th. 131
Heydrich, R. 13, 38. 44f., 79, 82, 201, 204, 306f.
Hiden, J. 120, 136, 157
Hildebrand, K. 118, 129, 131, 134, 136, 151f., 189, 191, 197ff., 207, 215, 217, 226f., 229f.
Hill, L. 217
Hillgruber, A. 24, 28, 38, 42, 58, 65, 79, 92, 117ff., 129ff., 133, 144, 151f., 159, 163, 169, 176, 180, 185, 190f., 193f., 197, 199ff., 207, 209, 211ff., 217, 219, 225f., 233
Himmler, H. 13, 37f., 51, 70f., 75f., 79, 81, 83, 91, 95, 177, 201, 203f., 301, 303, 305ff.
Hindenburg, P. von 1ff., 13, 21, 301
Hintze, O. 108
Hirschfeld, G. 182
Hockerts, H.G. 220
Hoesch, L. von 27
Höß, R. 81, 305
Hofer, W. 2, 6, 8, 45, 71, 118, 179, 191, 220
Hoffmann, J. 199
Hoffmann, P. 216
Hoggan, D.L. 194f.
Horkheimer, M. 126, 163
Hoßbach, F. 29, 49, 191, 302
Huber, K. 99
Hürten, H. 218
Hüttenberger, P. 118, 217
Hugenberg, A. 1f., 162
Hull, C. 308

Irving, D. 151, 203

Jacobsen, H.A. 20, 195
Jäckel, E. 67, 83, 118, 127f., 141, 151f., 185, 189, 192f., 200, 202ff., 206, 233
Jamin, M. 164
Janssen, K.H. 179
Jasper, G. 195
Jesse, E. 130
Jodl, A. 51, 64, 93, 304
Jung, E. 13

Kaff, B. 218
Kahr, G. Ritter von 13
Kaltenbrunner, E. 102
Kater, M.H. 163f., 178
Kehr, H. 118
Keitel, W. 51, 75, 79, 93, 302, 304f.
Kele, M.H. 164
Kellenbenz, H. 157
Keppler, W. 32
Kerrl, H. 44
Kershaw, I. 120, 154, 157f.
Kessel, E. 224
Kettenacker, L. 182
Klausener, E. 13
Klee, E. 207
Klein, F. 166
Kleinmann, H.-O. 218
Klessmann, Ch. 218
Kluge, G. von 101
Knox, M. 145
Koch, H.W. 192
Kocka, J. 130, 186f.

Köhler, H. 179
Kogon, E. 207
Kolb, E. 162
Kosthorst, E. 210
Kranig, A. 183
Kraus, A. 116, 129
Krausnick, H. 186, 201
Krupp von Bohlen und Halbach, A. 9
Kube, A. 143, 171, 196
Kuhn, A. 140
Kulka, O. D. 200
Kuss, H. 118
Kuusisto, S. 196
Kvaternik, S. 78, 81, 306

Lammers, H. H. 37, 79, 305
Langbein, H. 207
Langewiesche, D. 231
Langmaid, J. 118
Laquer, W. 130, 148, 206
Larsen, S. U. 143
Laval, P. 304
Leber, J. 97, 101, 216
Leipart, Th. 7
Leuschner, W. 216
Ley, R. 7, 44
Lilienthal, G. 207
Lill, R. 141, 144f., 210, 216
Lindström, U. 143
Lloyd George, D. 28
Lochner, L. P. 159
Löwenthal, R. 218
Loock, H.-D. 76
Ludendorff, E. 153
Luther, M. 133, 222
Luža, R. V. 197
Lyttelton, A. 146

Mai, G. 176
Mammach, K. 209
Mann, G. IX, 103f.
Mann, Th. 128
Martel, G. 194
Martens, St. 143, 171f., 196, 207
Martin, B. 149, 207, 215
Marx, K. 125, 127
Maser, W. 151f.
Mason, T. W. 140, 167, 169f., 174ff., 182, 228
McGovern, W. M. 222
Meinecke, F. 104, 108, 110, 129, 224f.
Messerschmidt, M. 186
Meyer-Hetling, K. 79, 305
Michael I. 91
Michaelis, M. 129, 144, 146
Michalka, W. 118f., 142, 152f., 196, 207, 229
Miklas, W. 32
Milward, A. S. 169, 172, 181
Miquel, J. von 226
Möller, H. 183, 210, 219
Molotow, W. 63, 304, 308
Moltke, H. J. Graf von 97f., 210, 216
Moltmann, G. 192
Mommsen, H. 118f., 136, 141, 150, 164, 178ff., 202, 210, 213, 216f., 219
Mommsen, W. J. 136, 141, 180, 200
Mosse, G. L. 135, 148
Mühlen, P. von zur 218
Müller, Ch. 209
Müller, H. 125
Müller, K.-J. 186, 210, 216ff.
Müller, L. 11f.
Mussolini, B. 16ff., 25ff., 32, 34, 63, 69, 78, 80, 89, 91, 109, 129, 144ff., 301f., 304f., 307f.
Muth, H. 218
Myklebust, J. P. 143
Myrdal, G. 159

Namier, L. 211
Nedić, M. 78
Neebe, R. 142, 162, 169
Nestler, L. 166
Neumann, F. 133
Neumann, S. 164
Neurath, K. Frhr. von 1, 15, 29, 31, 52, 302
Niemöller, M. 12
Niethammer, L. 186
Nipperdey, Th. 227ff.
Nocken, U. 167
Nolte, E. 86, 102f., 109, 128, 137f., 140f., 144, 148f., 161, 175, 207, 221, 231f.
Norden, G. van 218

Oberreuter, H. 210, 216
Offe, C. 166
Ohlendorf, O. 172
Oshima, H. 26, 65ff., 79, 305

Papen, F. von 1, 4, 11ff., 15, 31, 125, 162, 301

Pavelić, A. 78
Pavese, C. X
Payne, St. 143, 146
Pechel, R. 211
Pétain, Ph. 63, 77f., 304
Petersen, J. 128, 146
Peterson, E.N. 180
Petwaidic, W. 132, 179
Petzina, D. 157, 169f.
Peukert, D.J.K. 218
Phipps, Sir E. 19
Pilsudski, J. 19
Pingel, F. 218
Pius XI. 43, 302
Plessner, H. 131
Plum, G. 210f., 219
Polybios 221
Pommerin, R. 217
Popitz, J. 98
Poulantzas, N. 166
Prinz, M. 163
Probst, Ch. 99

Quisling, V. 76

Rademacher, F. 80
Raeder, E. 60, 74, 77, 80
Rath, E. vom 38, 303
Rauschning, H. 131f.
Rebentisch, D. 72, 116, 133, 138, 183
Recker, M.-L. 173
Reich-Ranicki, M. 210
Reichwein, A. 97, 101, 216
Reinhardt, K. 88
Remer, O.-E. 101
Renthe-Fink, C. von 76
Repgen, K. 116, 129, 188, 219f.
Rett, A. 207
Ribbentrop, J. von 17, 19f., 25, 27ff., 40, 52, 59, 60, 62f., 65f., 91, 196, 207, 302
Rich, N. 138, 150, 177, 184f., 193, 197, 217
Ritter, G. 212, 223f.
Robinsohn, H. 218
Röhl, J.C.G. 225
Röhm, E. 12f., 184, 301
Röpke, W. 131, 232
Rohwer, J. 193, 200, 202, 204, 206
Rommel, E. 68, 92, 305
Roon, G. van 212
Roosevelt, F.D. 30, 60f., 65, 67f., 88ff., 94, 199, 306ff.
Rosenberg, A. 17, 20, 77, 79, 180, 196, 305f.
Rossmann, G. 209
Rothfels, H. 110, 211f., 224f.
Rückerl, A. 207
Rüstow, A. 131
Rundstedt, G. von 56

Saldern, A. von 166
Salewski, M. 95, 172, 184, 207
Sarti, R. 144
Sassin, H.R. 218
Sauckel, F. 74, 173, 306f.
Sauer, W. 144, 158
Schacht, H. 8, 10, 15f., 31, 45ff., 171f., 177, 302f.

Scheel, H. 212
Scheel, W. 135
Scheffler, W. 201
Scheibert, P. 199
Schieder, Th. 132, 194, 226
Schieder, W. 125f., 144, 146ff., 165, 180, 196
Schlabrendorff, F. von 211
Schleicher, K. von 4, 13, 15, 51, 125, 162
Schleunes, K.A. 202
Schmädeke, J. 146, 210, 215, 221
Schmidt, M. 173
Schmitt, C. 13
Schmitthenner, W. 213
Schmorell, A. 99
Schnabel, F. 223
Schoenbaum, D. 50, 151, 228
Scholder, K. 188
Scholl, H. 99, 307
Scholl, S. 99, 307
Schramm, W. Ritter von 212
Schreiber, G. 131, 153
Schulz, G. 22, 132, 147, 158, 164f., 179, 182
Schulze-Boysen, H. 97
Schumacher, K. 94
Schumann, W. 166, 174, 189
Schuschnigg, K. von 31f., 302
Schweitzer, A. 10, 46, 157, 169f.
Schwerin von Krosigk, J.L. Graf 1, 93, 310
Seebold, G.-H. 171
Seidler, H. 207

Seldte, F. 1
Seraphim, H.-G. 201
Settembrini, D. 143
Seyß-Inquart, A. 32, 77
Shirer, W.L. 222
Silone, I. 126
Simon, G. 77
Simon, Sir J. 17, 25
Sinowjew, G. 124
Speer, A. 72, 74f., 95, 171, 173, 177, 184, 306, 309
Srbik, H. Ritter von 223
Stachura, P.D. 164
Stalin, J. 28, 30, 36, 40ff., 54ff., 68, 87ff., 93, 96, 102, 124f., 129f., 199, 210, 303, 306, 308
Stauffenberg, C. Graf Schenk von 99ff., 209, 216, 309
Stegemann, B. 194
Stegmann, D. 157, 167
Steinbach, P. 210, 215, 218, 221
Steinert, M.G. 144
Sternberger, D. 216
Steurer, L. 195
Stoll, A. 129
Streicher, J. 194
Streit, Ch. 207
Stresemann, G. 15, 195
Stülpnagel, K.-H. von 77, 101, 216
Stülpnagel, O. von 77
Stumpff, H.-J. 93

Tannenbaum, E.R. 144
Taylor, A.J.P. 194f.
Tenfelde, K. 187
Teppe, K. 183
Terboven, J. 76f.
Thalheimer, A. 124ff.
Thamer, H.-U. 117, 143f., 148
Thielenhaus, M. 217
Thierack, O. 307
Thies, J. 193f.
Thomas, G. 72, 74, 172
Tirpitz, A. von 226
Todt, F. 74, 306
Toland, J. 151
Toynbee, A. 142
Tresckow, H. von 99, 101
Treue, W. 146, 159, 161
Trevor-Roper, H.R. 150, 185, 192f., 202f.
Troeltsch, E. X
Trumann, H.S. 89, 310
Turner, H.A. 130, 140, 143, 145, 147, 149, 156f., 162f., 167f.

Ueberschär, G.R. 210
Ullrich, V. 168
Unfug, D.A. 167

Vansittart, R. 133
Vermeil, E. 222
Volkmann, H.-E. 159f., 169, 171f., 181, 184

Wagner, E. 61
Weber, A. 142
Weber, E. 148
Wehler, H.-U. 186, 226
Weinberg, G.L. 197
Weingartner, Th. 125
Weisenborn, G. 212
Weiss, J. 111, 165
Weizsäcker, E. Frhr. von 34, 217
Wels, O. 4
Wendt, B.-J. 191
Werner, W.F. 176
Weymar, E. 141
Wheeler-Bennet, J.W. 211
Wilhelm, H.-H. 186, 201f.
Winkler, H.A. 111, 139, 163ff., 168, 175f., 187, 228f.
Wippermann, W. 119, 143, 147f., 222
Witzleben, E. von 216
Wohlthat, H. 47
Woolf, St. 148
Wyschinskij, A. 72

Yorck von Wartenburg, P. Graf 97

Zitelmann, R. 152, 193f.
Zumpe, L. 166

Sachregister

Nicht aufgenommen wurden die Begriffe „Drittes Reich", „Nationalsozialismus" und „Nationalsozialistische Deutsche Arbeiterpartei (NSDAP)"

Abessinienkrieg 24, 26, 28
Abrüstungskonferenz 17, 300
Achse Berlin-Rom 26, 301
Agententheorie 124f., 139, 168 (vgl. Marxistische Interpretationen des Dritten Reiches)
Aktion Gewitter 94
Alliierte Landung in der Normandie 91, 309
Alltag XI, 115, 135, 178ff., 183, 186ff., 218f.
Alpen-Reduit 92, 95
Alternativen zu Hitlers Politik 10, 15f., 27, 34f., 40, 45, 47, 61f., 95, 137, 171f., 177, 183f., 196, 207
Anschluß Österreichs 25, 31f., 302
Antibolschewismus 3, 5, 16, 20, 29, 81, 87, 197
Antikomintern-Pakt 26, 29, 41, 301ff.
Apologetische Interpretationen des Dritten Reiches 159, 194f.
Appeasement 17, 19, 28, 30, 33f., 36, 39f., 199
Arbeiterschaft 7ff., 49f., 142, 161, 163ff., 174ff., 218
Arbeitskräfte 8, 48ff., 72, 94 (vgl. Fremdarbeiter)
Arbeitsdienst s. Reichsarbeitsdienst
Arcadia-Konferenz 68, 306
Archivlage 115f.
Ardennen-Offensive 91f., 309
Attentat vom 20. Juli 1944 96, 99f., 212, 214, 216, 223, 309
Aufrüstung/Rüstungspolitik/Rüstungsindustrie 9f., 16ff., 23, 41f., 45ff., 53f., 64f., 70, 73f., 142, 170, 172ff., 175, 307f.
Außenhandel 10, 15f., 45, 49
Auswärtiges Amt 15, 19f., 26, 29, 31, 34, 38, 43, 45, 51ff., 72, 77, 80, 217
Autarkiebestrebungen s. Rohstoffe
Barbarossa s. Unternehmen Barbarossa
Befreiung 104, 211
Bekennende Kirche 12, 43f.
Besatzungspolitik, allgemein 54, 56, 72, 75ff., 86f., 103, 207, 305f.
Bildung/Erziehung 50
Blitzkrieg-Konzept 28, 41, 48, 54, ,61, 64, 72, 172f., 175
Blomberg-Fritsch-Krise 31, 51, 302
Brandverordnung 3, 300
Bücherverbrennung 6, 300
Bürokratie/Beamtenschaft 2f., 133, 181
Bundesrepublik Deutschland 102, 104ff., 109, 112, 144, 161, 179, 197, 209f., 212ff., 227

Deutsche Demokratische Republik 159, 166, 174, 209f., 214
Deutsch-englisches Flottenabkommen 19, 301
Deutsch-französische Nichtangriffserklärung 35, 303
Deutsch-italienischer Stahlpakt 40f., 303
Deutsch-österreichisches Juli-Abkommen 25, 301
Deutsch-polnischer Nichtangriffspakt 18f., 300
Deutsch-sowjetischer Nichtangriffspakt (Hitler-Stalin-Pakt) 36, 40ff., 54f., 96, 176, 303
Deutsche Arbeitsfront (DAF) 7ff.
Deutsche Christen 11f.
Deutscher Volkssturm 95, 309
Deutschnationale Volkspartei (DNVP) 2ff., 300
Devisen 9ff., 15, 38, 45, 48
Doppelstaat 4, 6, 21f., 38, 45f., 75, 95, 103, 132f., 184
Dreimächtepakt 63, 67, 304
Dresden (Bombardierung) 93, 310
Dualismus von Partei und Staat s. Doppelstaat

Egalisierung 7f., 50, 102, 108, 164, 228
Einmarsch in die entmilitarisierte Zone des Rheinlandes 26, 301
Elite, neue 16, 38, 50, 58, 74, 84, 86f., 106, 110f., 192, 226
Eliten, traditionelle 1f., 7, 11, 21ff., 50, 58, 86, 102, 105, 110ff., 124, 127, 141f., 160, 162, 165, 176f., 190f., 214f., 224f., 227, 231f.
Emigration 6, 218
Endlösung 38, 79ff., 189ff., 200ff., 306ff.
Englische und französische Garantieerklärung für Polen 40, 303
Ermächtigungsgesetz 3f., 300, 302
Euthanasieprogramm 5, 81, 84, 137, 206f., 304, 306
Expansion/Revisionismus 8, 15ff., 23ff., 28, 33, 36, 53, 63, 85, 107, 110, 191ff., 200

Faschismus, italienischer 109, 123f., 128f., 143ff., 149
Faschismusbegriff und -theorie 109ff., 120ff., 135, 137ff., 143ff., 149, 153ff., 156ff., 182f.
Flotte(npolitik)/Marine 17, 19, 32, 35ff., 49, 51, 53, 58, 60, 64f., 74, 76, 88, 305, 308
Frauen im Dritten Reich 50, 72, 186, 307
Fremdarbeiter 49, 70, 72f., 156

Geheime Staatspolizei (Gestapo) 13, 56, 71, 101, 301
Generalplan Ost 79, ,305, 307
Gesetz über den Neuaufbau des Reiches 6, 301
Gesetz zur Wiederherstellung des Berufsbeamtentums 3, 300
Gewerkschaften 6ff., 168f., 213f., 300
Gleichschaltung 5ff., 9, 11, 20ff., 46, 52, 171, 183, 300
Goerdeler-Beck-von-Hassell-Gruppe 97f., 212 (vgl. Widerstand)
Großgermanisches Imperium 37, 72, 78, 111, 193

Heimtückegesetz 3
Heß-„Mission" 65, 74, 305
Historisierung IXf., XIf., 91, 115, 121f., 129f., 136f., 146f., 154, 184ff., 188, 198ff., 207, 215, 219, 221, 231ff.
Hitler-Stalin-Pakt s. Deutsch-sowjetischer Nichtangriffspakt
Hitlerzentrik/Biographischer Ansatz 119ff., 131ff., 135ff., 150ff., 178ff.
Hoßbach-Niederschrift 29, 49, 191, 302

Imperialismus, sozialer 110, 226
Industrie (einschl. Unternehmer, „das Kapital") 7ff., 21, 46, 49f., 75, 113, 133, 138, 142, 155ff., 189ff.
Invasion 1944 s. Alliierte Landung in der Normandie

Judenpolitik/Rassenpolitik 3, 5f., 8, 13, 16, 20, 23, 32, 35, 38f., 42, 44, 52, 76, 78f., 80ff., 86, 103f., 106ff., 121f., 130, 137, 145ff., 149, 156, 173, 177, 186, 188ff., 232, 301, 303, 306ff.
Justiz 13, 71f., 301, 305, 307

Kapital („das Kapital") s. Industrie
Kapitulation 93, 310
Kirchen 11f., 18, 21, 43, 52, 81, 84, 188, 212f., 218, 220, 300, 302
Kolonialfrage 17, 25, 32, 35, 37, 39, 53, 58ff., 72, 88, 106, 193
Kommissarbefehl 78f., 305
Kommunistische Partei Deutschlands (KPD)/Kommunisten 3, 12, 96f., 124, 163, 165f., 209, 212f., 215, 217, 300
Kompetenzen- und Ämterchaos (einschl. Polykratie) 6, 20f., 31, 45, 53f., 71, 74, 76f., 121, 132f., 136, 158, 178ff., 195f. (vgl. Dualismus von Partei und Staat und Doppelstaat)
Konferenz von Casablanca 90, 100, 307
Konferenz von Jalta 89, 309
Konferenz von Potsdam 89
Konferenz von Stresa (Stresafront) 20, 301
Konferenz von Teheran 88f., 308f.
Konkordat 11, 18, 43, 300
Konsum, ziviler (einschl. Verbrauchsgüterindustrie) 47ff., 52, 54, 73, 173, 175
Kontinuitätsproblem 15, 20, 106ff., 133f., 210, 212, 222ff.
Konzentrationslager 13, 70, 73, 83, 305, 307ff.
Kraft durch Freude (KdF) 8
Kreisauer Kreis 97f., 210, 213

Kriegführung s. Politik und Kriegführung...
Kriegsverbrechen 84, 89f., 307ff.
Kriegsziele der Alliierten 69, 90, 103, 211, 306, 309

Landwirtschaft 9, 49, 73, 169
Lebensborn 207
Lebensraum s. Raumfrage (Lebensraum)
Lokalgeschichte XI, 118, 186, 214, 218
Luftoffensive gegen England 61f., 304
Luftwaffe 19, 51, 64f., 74, 305

Machtergreifung 2ff., 8, 11, 13, 20ff., 110, 125, 141f., 156ff., 162f., 165ff., 177, 183, 189, 228
Madagaskar-Plan 79f.
Marine s. Flotte(npolitik)/Marine
Marxistische Interpretationen des Dritten Reiches 123ff., 139f., 156ff., 166f., 189f., 209f.
Militär s. Reichswehr und Wehrmacht
Mittelstand 9, 163ff.
Modernisierung 8, 95, 104, 106f., 109, 111, 139, 142ff., 151, 164, 173, 186, 214f., 227f., 233
Modernisierungstheorie 143f.
Moskauer Konferenz 88, 308
Münchener Konferenz und Abkommen 34ff., 100, 199, 302

Nacht-und-Nebel-Erlaß 70f., 306
Nero-Befehl s. Verbrannte Erde (Nero-Befehl)
Nürnberger Gesetze 5, 23, 44, 301
Nürnberger Kriegsverbrecherprozesse 160f., 191

Parteien, allgemein 2ff., 11, 169, 300
Phänomenologische Interpretationen des Dritten Reiches 140f.
Polykratie s. Kompetenzen- und Ämterchaos
Politik und Kriegführung gegen(über) bzw. in
- Abessinien 24, 26, 28, 146f.
- Belgien 58, 77, 304
- Bulgarien 91, 304, 309
- China 29
- Dänemark 58, 76, 304
- England 16ff., 24ff., 39, 41, 45, 55ff., 65f., 69, 77, 87ff., 193f., 197, 205, 303
- Frankreich 16, 18f., 28, 33, 35, 41f., 56ff., 62f., 77, 86, 205, 303f.
- Griechenland 63f., 78, 91, 304f.
- Italien 17f., 24ff., 31, 45, 56, 59, 61, 88, 91f.
- Japan 17, 24, 26f., 31f., 56, 59ff., 65ff., 91, 193, 199, 306
- Jugoslawien 64, 78, 305
- Luxemburg 77, 304
- Nahost 27, 64
- Niederlande 58, 77, 304
- Nordafrika 63f., 68, 91
- Norwegen 58, 76f., 304
- Österreich 20, 24, 30f.
- Polen 15, 34, 39, 41f., 54ff., 75, 78, 85, 199, 206, 303
- Rumänien 41, 91, 309
- Schweden 58
- Spanien 24, 26ff., 41, 59, 63, 196, 301, 303
- Südamerika 10, 45
- Südosteuropa 10, 27, 45, 63f., 78, 91
- Tschechoslowakei 30, 32ff., 39, 302f.
- UdSSR 15ff., 24, 26ff., 30, 34ff., 39ff., 54ff., 60ff., 69, 75, 78f., 86, 88ff., 193f., 205f., 304f.
- Ungarn 34, 88, 91, 309
- USA 16f., 30, 32, 35, 37, 45, 57, 59f., 62ff., 88ff., 192f., 206, 305
Programm (Dogma, Weltanschauung) Hitlers 18f., 29f., 35ff., 53f., 57, 60ff., 68f., 82, 85ff., 106f., 112, 121, 131, 145, 149, 181, 189f., 191f., 194, 197f., 200, 204f., 226 (vgl. Stufenplan)
Propaganda 1, 4, 21, 26, 47, 55, 73, 87f., 90, 92, 94, 96, 103, 211
Psychohistorische Interpretationen des Dritten Reiches 153

Rassenpolitik s. Judenpolitik/Rassenpolitik und Züchtungselement nationalsozialistischer Rassenpolitik
Raumfrage (Lebensraum) 15f., 18, 28ff., 34, 49, 53, 55, 60, 86, 160, 173, 192ff.
Region XI, 118, 135, 183, 186, 214, 218
Reichsarbeitsdienst (RAD) 8f., 50, 301
Reichserbhofgesetz 9, 300
Reichskristallnacht 38, 44, 303
Reichskulturkammer 6, 300
Reichsnährstand 9
Reichsrat 4, 6

Reichssicherheitshauptamt 70, 102, 201, 303
Reichsstand der Deutschen Industrie 9f.
Reichstag 2ff., 38, 71, 307
Reichstagsbrand 3, 179, 300
Reichstagswahl vom 5. März 1933 2f., 11, 300
Reichswehr 10, 12ff., 21 (vgl. Wehrmacht)
Revisionismus s. Expansionismus/Revisionismus
Revisionistische Interpretationen des Dritten Reiches 118f., 132f., 180ff., 196ff.
Revolution s. Tradition/Revolution
Röhm-„Putsch" 13, 301
Rohstoffe 9ff., 41, 45, 48f., 55, 58, 72f., 160, 170
Rote Kapelle 97, 212
Rüstung s. Aufrüstung/Rüstungspolitik/Rüstungsindustrie

Schutzstaffel (SS) 2, 5, 13, 37f., 51, 56, 70f., 76, 79f., 83, 91, 95, 101f., 149, 170, 177
Seelöwe s. Unternehmen Seelöwe
Sicherheitsdienst (SD) 56, 70, 76f., 80f., 101, 201, 305
Sicherheitspolizei (Sipo) 70, 76, 80f., 101, 201, 305
Sozialdemokratische Partei Deutschlands (SPD)/Sozialdemokraten 3f., 11, 97, 124f., 163, 165, 212f., 300
Sozialfaschismustheorie 124f.
Sozialpolitik 7f., 167, 172f.
Spanischer Bürgerkrieg 24, 26ff., 196, 301
Stahlpakt s. Deutsch-italienischer Stahlpakt
Stalingrad 68, 73, 82, 90, 94, 102f., 307
Stresafront s. Konferenz v. Stresa (Stresafront)
Strukturell-funktionale Interpretationen des Dritten Reiches 119f., 135ff., 141ff., 182ff.
Strukturgeschichte 119f., 123, 132f., 135ff., 154
Stufenplan 15f., 38, 59, 61, 65, 67, 88, 121, 191ff., 197, 206 (vgl. Programm-Dogma, Weltanschauung – Hitlers)
Sturmabteilung (SA) 2, 5, 7, 12
Tag von Potsdam 4, 300
Terror 2f., 9, 11, 21f., 71ff., 86, 94, 96, 103, 111, 115, 175, 178
Totaler Krieg 94, 307
Totalitarismusbegriff und -theorie 120f., 123, 128ff., 135, 143, 147f., 158, 178f., 182f.
Tradition/Revolution 1, 4, 7, 12, 14, 19ff., 38, 45, 76, 85, 102, 105ff., 110f., 144, 173, 222ff., 228f., 233
Treuhänder der Arbeit 7f.

Unternehmen Barbarossa 64, 66, 78f., 194, 201, 304f.
Unternehmen Seelöwe 61, 304
Unternehmen Weserübung 60, 304
Unternehmen Zitadelle 90, 308
Unternehmer s. Industrie

Verbrannte Erde (Nero-Befehl) 95, 310
Versailler Vertrag 15, 17, 22, 24f., 29, 56, 301
Vierjahresplan 28, 45ff., 52, 56, 73, 170, 172, 301
Völkerbund 17, 300
Volksabstimmung im Saargebiet 19, 301
Volksgerichtshof 72, 301, 307
Volkssturm s. Deutscher Volkssturm

Wannsee-Konferenz 82, 306
Wehrmacht (Militär, allgemein) 26, 31, 33f., 43, 45, 49, 51ff., 64, 67, 73, 76, 79, 82f., 86, 91, 95, 98ff., 103, 111, 133, 186, 300, 302, 309f. (vgl. Reichswehr)
Wehrpflicht 8, 17, 20, 49, 301
Weimarer Republik und Verfassung 2ff., 8, 11, 15, 19f., 23, 105, 112, 119, 125, 127, 162, 164ff., 168f., 180f., 225
Weiße Rose 99, 307
Werwolf 95, 310
Weserübung s. Unternehmen Weserübung
Widerstand 4, 11ff., 33, 44, 50, 52, 71, 76, 78, 85, 94, 96ff., 103, 105, 142, 161, 171f., 176, 178, 209ff., 223, 302ff., 307ff.
Wirtschaft(spolitik)/Wirtschaftliche Entwicklung, allgemein 7ff., 15f., 23, 27, 41ff., 52, 74f., 156ff., 189ff., 308f.
Wochenendkrise 33, 302

Zentrum 3f., 11, 165, 300
Zitadelle s. Unternehmen Zitadelle
Züchtungselement nationalsozialistischer Rassenpolitik 5, 16, 23, 84, 111f., 130, 137, 145, 192, 207, 226, 300
Zweite Front 68f., 88, 199